T. S. 엘리엇
詩·社會·藝術

T. S. 엘리엇 연구총서 4

T. S. 엘리엇
詩·社會·藝術

한국 T. S. 엘리엇학회 편

도서출판 동인

발간사

　한국T.S.엘리엇학회는 학회지『T. S. 엘리엇연구』를 창간한 지 올해로 스무 돌을 맞이하게 되었다. 돌이켜보면, 1991년 9월에 창립된 학회가 처음으로 정기간행물인 학회지를 발간하게 된 것은 그로부터 2년이 지난 1993년 5월이었다. 이 학회지가 발간되기 앞서 본 학회는 4차례의 학술발표회를 가졌고, 그 학술대회에서 발표된 논문에 기초해서 "T. S. 엘리엇과 종교"라는 주제로 특집호를 발간한 것이 제1호 학회지이다. 그 후, 해마다 한 권의 학회지를 출간하는 것을 목표로 설정했으나 게재할 논문이 부족하여 1994년에는 제2호 학회지를 발간하지 못하였다. 제2호와 제3호를 통합하여 합본으로 발간된 것은 창간호가 발간되고 2년이 지난 1995년이다. 학술지가 매년 한 권씩 발행되기 시작한 것은 1996년에 제4호를 발간한 그 이후부터이다. 그리하여 1999년도에 제7호가 발간될 때까지 학회지는 매년 한 권씩 정기적으로 간행되었다. 그러나 학회 창립 이후 해마다 회원 수가 증원되고, 기고자의 요구가 폭발적으로 증가하자 2000년부터 일 년에 두 권씩 학회지를 발행하게 되었다. 이 규정은 현재까지 지속되고 있으며, 본 학회는 매년 전반기에 한 권 또 후반기에 한 권씩 학회지를 발행해왔다. 2013년도 전반기에 간행된 학회지를 포함하여 창간 20주년을 맞이하는 이 시점까지 발간된 학회지의 수는 총 34권에 이르고 있다.

　지금으로부터 10년 전, 한국T.S.엘리엇학회는 학회지 창간 10주년을 맞아 기념사업의 일환으로 단행본 총서 시리즈의 발간을 기획하여 성공적으로 완수한 바 있다. 그 사업으로 발간된 세 권의 총서 단행본은 제1권이『T. S. 엘리엇 詩』로서 2006년 2월에 발간되었고, 제2권『T. S. 엘리엇 批評』은 2007년 11월, 제3권『T. S. 엘리엇 詩劇』은 2009년 9월에 각각 발간되었다. 세 권의 총서는 20세기의 세계적인 대문호 T. S. 엘리엇의 문학적인 업적을 시인・

비평가·극작가의 영역으로 대별하여 10년 간 학회가 축적해온 괄목할만한 논문을 엄정하게 선별하여 영·미문학 전공자이거나 혹은 다른 문학연구자에게도 읽혀질 수 있도록 수정·보완하여 발행한 것이다.

엘리엇이 세계문학사에서 20세기의 가장 중요한 작가 중 한 사람이라는 견해에는 이견이 없는 듯하다. 물론 그가 중요한 작가로 평가되는 것은 시·비평·시극 영역에서만 한정된 것은 아니다. 그는 한때 철학을 평생의 생업으로 삼으려고 철학에 몰두했던 철학도였고, 동서양의 고전을 섭렵(涉獵)하여 해박한 지식을 갖춘 지식인으로서 문학을 비롯하여 동시대의 철학·정치·사회·예술에도 탁견(卓見)을 가졌던 사상가였다. 학회지 발간 10주년 기념 단행본 총서에서 배제되었던 연구 논문들이 있었다면, 그것들은 주로 엘리엇의 문학적 업적으로 심도 있게 다루지 않은 그의 사상의 현현(玄玄)함을 보여주는 철학, 사회, 정치 및 예술의 범주에 속하는 것들이다. 총서 제4권은 엘리엇의 시문학을 비롯하여 그의 정치·사회·예술에 관한 논문을 주로 수록하고 있다. 학회지 발간 20주년을 맞이하는 올해 초에 한국T.S.엘리엇학회는 총서 제4권을 발행하기로 의결했고, 총서에 수록될 논문은 지난 20년에 걸쳐 학회지에 게재된 논문 중에서 엘리엇의 철학적·사회적·정치적·문화적 사상을 다룬 논문들을 우선적으로 선정하였다. 그리하여 여러 차례에 걸쳐 발간위원회의 토론을 거쳐 총서 제1권에서 밝힌 선정기준에 의거하여 총서 제4권에 수록할 논문을 선정하였다. 제4권에 수록될 논문의 선정기준은 다음과 같다.

   첫째, 선정대상 논문은 창간호부터 2013년 6월 30일까지 학회지에 발간된 논문으로 한정한다.
   둘째, 각 필자의 논문은 한 편을 초과하지 않는다.
   셋째, 새로운 자료 발굴, 접근방법이나 해석의 독창성, 논의의 명료성을 우선한다.
   넷째, 예상 독자를 영미문학 전공학생이나 연구자로 하고, 게재논문의 자구수정을 허용하되 논문의 책임은 전적으로 필자가 진다.

위의 선정 기준에 입각하여 2013년 5월 4일에 열린 발간위원회에서 1차로 30편의 논문이 선정되었다. 그 후, 제2차 논문 평가회를 거쳐 6월 8일자에 열린 발간위원회에서 18편의 논문이 선정되었다. 총서 제4권은 모두 3부로 나누어져 있다. 제1부에는 여섯 편의 논문이 수록되어 있고, 서로 직접적인 연계성은 없지만 각 논문은 엘리엇의 초기시에 나타난 시적 특징을 다양하고 새로운 관점에서 논하고 있다. 제2부는 여덟 편의 논문을 수록하고 있고, 엘리엇의 사회적 사상 및 관점을 여러 가지 측면에서 다루고 있다. 마지막으로 제3부는 네 편의 논문을 수록하고 있으며, 그들은 각각 엘리엇의 작품에 나타나는 고급예술과 대중예술의 특징을 밝히는 데 초점을 두고 있다.

총서 제4권이 발간되기까지 T. S. 엘리엇 연구의 발전과 학회발전을 위한 일념으로 옥고를 써 주신 필자님들께 이 자리를 빌려 깊이 감사를 드린다. 또 총서발간을 위해 많은 시간과 정력을 아낌없이 쏟아주신 발간위원님들에게도 심심한 사의를 표한다. 특히 총서 제4권이 나오기까지 물심양면으로 도움을 주신 김재화 회장님, 이만식 부회장과 양병현 부회장 그리고 간사 일을 맡아주신 배순정 선생님에게 고마움을 표한다. 끝으로 본 학회의 학회지 발간 10주년 기념사업으로 총서 단행본 세 권을 발간해 주신 동인 출판사 이성모 사장님이 총서 제4권의 출판도 맡아주신 것에 대해 깊이 고마움을 표한다.

2013년 10월
총서발간위원회 위원장 노저용

인사말
― 한국T.S.엘리엇학회 총서 제4권과 대표논문집의 출간을 자축하며 ―

한국T.S.엘리엇학회는 정기적으로 발간해온 학회지가 어느덧 20년을 거치면서 많은 양의 귀한 논문들을 확보하게 되었습니다. 그 안에는 한두 번 읽거나 참조하고 덮어두기에는 아까운 논문들의 양이 풍부합니다.

다시 빛을 보도록 분야별로 선별하여 우선 총서 제4권으로 엮었습니다. 또한 새롭게 대표논문집을 출간하게 된 기쁨도 갖게 되었습니다.

문학의 창작과 이를 연구하는 지적 활동은 다른 길이라 해도 돌이켜 보면 한국에서의 학문적 연구는 하나의 엘리엇 세계에서 좋은 화음으로 결실을 맺은 듯합니다. 이를 자축하면서도 한국T.S.엘리엇학회 치적의 평가는 항상 미래의 것입니다. 진지한 학문적 연구의 질문과 방법론도 달라질 것입니다.

이번 대표논문집과 총서 제4권 출간은 또 하나의 책을 낸다는 명분주의를 극복하고 20년 결실의 현주소를 정리하고 앞으로의 위상을 그려보는 계기로 삼고자 합니다. 이 일을 위해 힘쓰신 발간위원회 임원진과 필자 선생님들에게 노고의 보람과 각별한 기쁨 있으시기를 기원합니다.

2013년 10월
학술지발간 20주년에 즈음하여
한국T.S.엘리엇학회 회장 김재화

❧ T. S. 엘리엇 연보

1888년 9월 26일 Henry Ware Eliot과 Charlotte Champe Stearns Eliot의 일곱 번째 막내둥이로 미국 Missouri 주 St. Louis에서 출생. 그의 조상 Andrew Eliot이 1668년에 영국 Somerset 주 East Coker에서 Massachusetts Bay Colony로 이주. 그의 할아버지 William Greenleaf Eliot은 1834년 Harvard College를 졸업하고, St. Louis로 옮겨 목사로서 최초의 유니테리언 교회 건립. 또 Washington University, Smith Academy, St. Mary 학교도 설립.

1898년 Smith Academy 입학.

1905년 *Smith Academy Record*에 처음으로 시 발표. Smith Academy 졸업 후 Massachusetts 주 Milton Academy에 입학.

1906년 Harvard 대학교 입학.

1907년 *Harvard Advocate*에 습작 시 발표.

1909년 B. A. 학위 취득. 희랍어, 나전어, 독일어, 불어, 영어영문학, 역사, 프로렌틴 회화, 역사 등 수강.

1910년 M. A. 학위 취득. Irving Babbitt, George Santayana, W. D. Briggs 교수의 강의 수강. 9월 프랑스 Sorbonne 대학에서 1년간 베르그송의 강의를 수강하기 위해 도불. Alain-Fournier로부터 불어 개인지도 받음. 의학도 Jean Verdenal과 친교 맺음.

1911년 Harvard대학교 철학과 박사과정 입학.
희랍철학, 실험 심리학, Descartes, Spinoza, Leibniz 연구. 인도어, 철학, 산스크리트 강의 수강.
"The Love Song of J. Alfred Prufrock," "Portrait of a Lady," "Preludes"와 "Rhapsody on a Windy Night" 씀.

1912년 철학과 조교로 임명. Emily Hale 만남. 논리학, 칸트철학, 심리학, 형이상학 등 연구.

1913년   윤리학, 형이상학 세미나 및 Josiah Royce의 세미나 수강. 영국철학자 F. H. Bradley의 저서 *Appearance and Reality* 탐독. Bradley 철학에 관하여 박사학위 논문 쓰기로 결정.

1914년   Bertrand Russell 만남. Harvard 대학으로부터 장학금 받아 옥스퍼드에서 1년간 연구함. 옥스퍼드에서 Harold Joachim 지도로 아리스토텔레스의 철학 연구. 영국 도착 전에 독일 Marburg 대학에서 국제여름학교 참가 예정이었으나 제1차 세계대전의 발발로 독일에서 약 2주 체류했다가 8월 말경 급히 런던으로 피신. 9월 22일 런던에서 Ezra Pound를 만나 평생에 걸친 우정 시작.

1915년   6월 26일 영국인 Vivienne Haigh-Wood와 결혼. 8월 잠시 미국 귀국 가족상봉.

"The Love Song of J. Alfred Prufrock"을 미국의 시 전문지 *Poetry*에 발표함. "Preludes"와 "Rhapsody on a Windy Night"를 영국의 *Blast*에 최초로 발표함. 또 세 편의 시 "The Boston Evening Transcript," "Aunt Helen," "Cousin Nancy"를 *Poetry* 10월 호에 발표함. 뒤이어 11월 Ezra Pound가 편집한 현대시선 *Catholic Anthology*에 5편의 시 "The Love Song of J. Alfred Prufrock," "Portrait of a Lady," "The Boston Evening Transcript," "Miss Helen Slingsby," "Hysteria" 발표. High Wycombe 문법학교의 교사로 취업.

1916년   Highgate Junior School로 이직. Harvard 대학에 박사학위 논문 제출, 우수한 논문으로 평가되었으나 구술시험에 참석하지 못함. 저널에 서평 기고 시작. 옥스퍼드 대학교 및 런던 대학교 연장강의 시작하여 1918년까지 지속.

1917년   3월에 London City에 있는 Lloyds 은행 입사. 발표된 12편의 시를 모아 첫 시집 *Prufrock and Other Observations*를 6월에 출간. *The Egoist* 잡지의 부편집장직 맡음. 불어 시와 4행시 씀.

1919년   1월 부친 Henry Ware Eliot 타계. "Burbank with a Baedeker: Bleistein with a Cigar"와 "Sweeney Erect"를 계간지 *Art and Letters*의 여름 호에 발표. *The Egoist*에 평론 "Tradition and the Individual Talent" 발표.

1920년   2월 시집 *Ara Vos Vrec* 출간. 11월 평론집 *The Sacred Wood* 발간.
1921년   신경쇠약 진단받고 Lloyds로부터 3개월간 유급휴가 받음. 처음 Margate로 휴양 갔다가 스위스의 Lausanne로 옮김. Lausanne로 가는 길에 파리에서 Pound 만나고 Vivienne는 파리에 남겨 둠. Lausanne에서 "The Waste Land"의 후반부 탈고. 1922년 1월 중순경 런던으로 귀가하여 복직. 3월까지 Pound의 도움으로 "The Waste Land" 추가 수정.
1922년   계간지 *The Criterion* 편집장 맡음. 10월 15일 *The Criterion* 창간호에 "The Waste Land" 발표. 11월 미국의 *The Dial*에 발표. 12월 자신의 "Notes"를 포함한 단행본 *The Waste Land*가 뉴욕의 Boni & Liveright 출판사에서 출간. The Dial Award 수상.
1924년   평론집 *Homage to John Dryden* 출간.
1925년   Lloyds 은행에서 Faber & Gwyer 출판사로 이직. *Poems, 1909-1925*를 Faber사에서 출간.
1926년   케임브리지 대학교에서 Clark Lectures 강의. "Fragment of a Prologue"를 *The New Criterion*에 발표.
1927년   영국국교회에서 세례와 견진 받음. 영국 신민으로 귀화. "The Journey of the Magi"를 "The Ariel Poems, No. 8"로 Faber & Gwyer에서 출간. "Fragment of an Agon"을 *The New Criterion*에 발표.
1928년   "Salutation"을 *The Monthly Criterion*에 발표. "A Song for Simeon"을 "The Ariel Poems, No. 16"으로 출간. 평론집 *For Lancelot Andrewes: Essays on Style and Order* 출간.
1929년   9월 모친 Charlotte Champe Eliot 타계. 평론집 *Dante*와 시작품 "Animula" 발표.
1930년   *Ash-Wednesday*, "Marina," St.-J. Perse의 *Anabase* 영역본 출간.
1931년   "Triumphal March" 발표.
1932년   *Selected Essays 1917-1932* 출간. Harvard 대학교 Charles Eliot Norton 강연자로 1년간 미국 체류. "Fragment of a Prologue"와 "Fragment of an Agon"을 *Sweeney Agonistes*라는 제목으로 단행본 출간.

1933년	Charles Eliot Norton 강연집 *The Use of Poetry and the Use of Criticism* 출간. Vivienne과 별거. University of Virginia에서 Page-Barbour Lectures 강연. The Johns Hopkins 대학교 강연.
1934년	Page-Barbour Lectures를 단행본으로 묶어 *After Strange Gods*로 발간.
1935년	Canterbury Cathedral에서 *Murder in the Cathedral* 초연.
1936년	"Burnt Norton"을 수록한 *Collected Poems 1909-1935* 발간.
1937년	East Coker 방문.
1939년	*The Family Reunion* 첫 공연. *The Idea of a Christian Society*와 *Old Possum's Book of Practical Cats* 출간.
1940년	"East Coker"를 *The New English Weekly*의 부활절 호에 발간.
1941년	"The Dry Salvages"를 Faber & Faber에서 발간.
1942년	"Little Gidding"을 Faber & Faber에서 발간.
1943년	*Four Quartets*를 미국 Harcourt, Brace and Company에서 발간.
1947년	Harvard, Yale, Princeton 대학교로부터 명예 박사학위 받음. Vivienne 세상 떠남.
1948년	Penguin 판 *Selected Poems* 발간. *Notes Towards the Definition of Culture* 발간. Order of Merit 및 노벨 문학상 수상.
1949년	*The Cocktail Party* 초연.
1951년	1950년 11월 하버드 대학교에서 행한 The Theodore Spencer Memorial Lecture를 *Poetry and Drama*로 출간.
1952년	미국판 *The Complete Poems and Plays* 출간.
1953년	*The Confidential Clerk* 초연. John Hayward가 편집한 엘리엇의 *Selected Prose*를 Penguin 사에서 출간.
1955년	The Hanseatic Goethe Award 수상.
1957년	Valerie Fletcher와 재혼. *On Poetry and Poets* 출간.
1958년	Edinburgh 축제에서 *The Elder Statesman* 초연.
1963년	*Collected Poems 1909-1962* 출간.
1964년	US Medal of Freedom 수상. *Knowledge and Experience in the Philosophy of F. H. Bradley* 출간.

1965년	1월 4일 타계. 유언에 따라 그의 유골이 East Coker의 St. Michael Church에 안장됨. *To Criticise the Critic and Other Writings* 출간.
1969년	*Complete Poems and Plays* 출간.
1971년	Valerie Eliot의 편집으로 *The Waste Land: a Facsimile & Transcript of the Original Drafts Including the Annotation of Ezra Pound* 출간.
1988년	탄신 100주년을 맞아 Valerie여사가 서간집 제1권 *The Letters of T. S. Eliot: 1898-1922*를 발간.
1993년	Cambridge대학교 강연(Clark Lectures 1926)과 The Johns Hopkins 대학교 강연(Turnbull Lectures 1933)을 Ronald Schuchard가 편집하여 Faber에서 *The Varieties of Metaphysical Poetry* 발간.
1996년	Christopher Ricks의 편집으로 *Inventions of the March Hare: Poems 1909-1917* 발간.
2009년	서간집 제1권 *The Letters of T. S. Eliot: 1898-1922*를 Valerie 여사와 Hugh Haughton이 개정판 발간. 서간집 제2권 *The Letters of T. S. Eliot: 1922-1925*를 Valerie 여사와 Hugh Haughton이 편집 발간.
2012년	서간집 제3권 *The Letters of T. S. Eliot: 1926-1927*을 Valerie 여사와 Hugh Haughton이 편집 발간. Valerie Eliot 여사가 11월 2일 향년 86세에 타계. 유해는 부군 T. S. 엘리엇이 묻혀 있는 East Coker의 St. Michael 교회에 안장됨.
2013년	서간집 제4권 *The Letters of T. S. Eliot: 1928-1929*를 Valerie 여사와 John Haffenden이 편집 발간. 1924년 11월 8일에 케임브리지 대학교의 문학클럽의 초청으로 엘리엇이 발표했으나 발간되지 않은 채로 잊혀져 온 그의 평론 "A Neglected Apsect of Chapman"이 2013년 11월 7일자 *The New York Review of Books*에 처음으로 발간됨. 이 평론은 엘리엇의 산문전집 총 여덟 권 중에서 앤토니 쿠다(Anthony Cudda)와 로날드 슈하르드(Ronald Schuchard)가 공동으로 편집하여 2014년 4월에 발간할 전집의 제2권에 수록될 예정임.

차 례 │

- 발간사 ··· 5
- 인사말 ··· 8
- T. S. 엘리엇 연보 ··· 9

제1부 시

1. 엘리엇과 여성: 「J. 알프레드 프루프록의 사랑 노래」를 중심으로 ·· 19
   김구슬
2. T. S. 엘리엇의 『황무지』에 나타난 도상학적 이미지 분석 ············ 41
   김성현
3. 엘리엇의 시에 나타난 (포스트)모더니즘의 언어관 ····················· 79
   김양순
4. 파편화된 시간 ·· 113
   김희성
5. 프로이트, 라캉, 그리고 T. S. 엘리엇 읽기 ··························· 139
   이정호
6. 엘리엇 시의 재음미
   - 아놀드, 예이츠, 베킷, 엘리엇, 스티븐스 ····················· 179
   이창배

제2부 사회

1. 만하임 사회이론에 대한 엘리엇의 응답
   - 개성배제와 전통의 문제를 중심으로 ····················· 203
   김병옥
2. T. S. 엘리엇과 "악숑 프랑세즈"의 정죄 ····················· 237
   노저용

3. 엘리엇은 진정한 고전주의자, 왕당파, 영국국교도인가? ·············· 259
　　　　　　　　　　　　　　서광원

　　4. T. S. 엘리엇을 통해 본 문학 경제학 ································· 293
　　　　　　　　　　　　　양병현

　　5. T. S. 엘리엇의 반유태주의 논쟁 ····································· 311
　　　　　　　　　　　　　이만식

　　6. 근대성과 기억: 발터 벤야민과 T. S. 엘리엇 ······················ 329
　　　　　　　　　　　　　　이홍섭

　　7. 성범죄와 식인과 T. S. 엘리엇 ······································ 357
　　　　　　　　　　　　　존 지로스 쿠퍼

　　8. 미국 청교주의에 대한 엘리엇의 태도:
　　　　낙관성과 진보지향주의에 대한 반대를 중심으로 ··············379
　　　　　　　　　　　　　　한현숙

▪ 제3부　예술

　　1. 엘리엇의 모더니즘: 고급문화와 대중문화의 대립과 통합 ·············· 405
　　　　　　　　　　　　　　권승혁

　　2. 문학과 음악의 관계: 이론적 배경과 T. S. 엘리엇의 관점 ············ 425
　　　　　　　　　　　　　배순정

　　3. 엘리엇의 음악에 대한 여러 배경지식들 ······························ 443
　　　　　　　　　　　　　줄리안 홀

　　4. 엘리엇 문학의 대중문화적 요소
　　　　－『투사 스위니』(*Sweeney Agonistes*)를 중심으로 ············· 469
　　　　　　　　　　　　　　최영승

▪ 편집 후기 ·· 493

제1부
시 詩

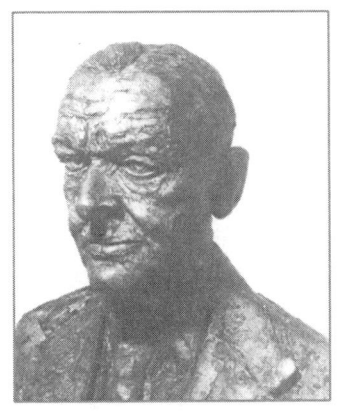

엘리엇과 여성:
「J. 알프레드 프루프록의 사랑 노래」를 중심으로

| 김구슬 |

1

　엘리엇과 여성의 문제를 다루고 있는 대부분의 평자들은 엘리엇의 초기시가 남성과 여성의 관계의 주제를 다루고 있음에는 대체로 동의하고 있다. 그러나 일부 평자들은 엘리엇이 여성과 관련하여 언급한 부정적인 말들에 지나치게 집중하여 그를 여성혐오자로 규정한 나머지 편향된 시각을 보여주고 있다. 이에 대해 자이버트(M. Teresa Gibert-Meceda)는 엘리엇이 여성을 다루고 있는 관점이라든가 그에 함축된 민감한 문제에 대해 균형 잡힌 시각을 갖기 어렵다는 점은 인정하면서도 엘리엇을 여성혐오자로 규정하는 것은 경계해야 한다고 주장한다(Gibert 105-106). 가령 엘리엇의 여성혐오를 언급할 때마다 인용되는 『스위니 아고니스테스』(*Sweeney Agonistes*) 중 2부 「극의 갈등의 단편들」("Fragments of Agon")의 다음 구절이 그 대표적인 예들 중의 하나가 될 것이다.

　　이런 일이 있었지, 옛날에 한 남자가 한 소녀를 죽였어.
　　어떤 남자고 여자를 죽일 수 있지.

---

* 이 논문은 『T. S. 엘리엇 연구』 14 (2004)에 「T. S. 엘리엇의 여성과 언어: J. 알프레드 프루프록의 사랑 노래를 중심으로」로 게재되었던 것을 수정·보완한 것임.

어떤 남자고 일생에 한 번은 여자를 죽여야 하고,
죽일 필요가 있고, 죽이고 싶어 하지.

I knew a man once did a girl in.
Any man might do a girl in

Any man has to, needs to, wants to
Once in a lifetime, do a girl in. (*CPP* 124)

스위니는 엘리엇 자신의 인격을 모델로 한 것이 아닐 뿐만 아니라 야만성과 혼합된 관능성의 희화적 구현임에도 불구하고 엘리엇이 여성에 대한 폭력을 제시한 것으로 해석되어 자주 비판을 받아왔다(Gibert 106). 자이버트가 지적하듯이(106) 엘리엇의 초기작으로부터 후기 『가족의 재회』(*The Family Reunion*)에 이르기까지 성과 살해의 빈번한 연상은 기본적으로 그의 복합적인 심리적 불안을 드러내는 것으로 볼 수 있으며, 성과 살해의 이미지는 그 원인이 무엇이든 엘리엇을 여성혐오주의자로 비난받도록 하는 데 기여한 점이 있었던 것은 사실이다.

그의 심리적 불안을 설명해주는 가장 설득력 있는 이유로는 가정적인 배경을 들 수 있다. 특히 엘리엇의 어머니 샬롯 엘리엇(Charlotte Champe Eliot)은 청교도 가문의 종교적, 도덕적 열정을 지녔으며, "고결한 정신과 소박한 삶"(high-minded and plain-living)을 자녀 교육의 제1의 원칙으로 삼았다(Gordon, *EEY* 3-4). 어머니는 엘리엇이 16세 되던 해 뉴잉글랜드 정신의 화신이라 할 수 있는 엘리엇의 할아버지 윌리엄 그린리프 엘리엇(William Greenleaf Eliot)의 자서전을 발간하여 자녀들이 할아버지에 대해 잘 알도록 그것을 자녀들에게 헌정하기도 했다. 그것은 주로 도덕적 판단, 의무와 자기 방종 사이의 판단 등 할아버지가 정한 행동 규범을 담고 있는 것이었다. 문제는 그것을 어기면 마치 죄를 짓는 것 같이 엘리엇이 느꼈다는 점이다(8). 할아버지를 존경했던 어머니가 자녀들에게 가르쳤던 행동 규범은 자기 부정과 공적 봉사였다. 어린 시절의 자기 부정의 훈련은 엘리엇으로 하여금 해롭지 않은 쾌락조차도 즐길 수 없도록 하는 뿌리 깊은 상처를 주었다(8). 엘리엇의 작품,

특히 초기시에 나타나는 성적 욕망과 관련된 심리적 불안감 등은 어린 시절의 금욕적인 자기 부정의 교육의 결과로 보인다. 한편 작가적 재능이 있었던 어머니는 엘리엇이 시인으로서의 재능을 보이자 자신이 작가로서 대성하지 못한 것을 아들이 보상해주기를 기대하면서 1910년 4월 하버드에 있는 아들에게 다음과 같은 편지를 썼다(4).

> 문학 활동에 있어서 내가 노력했지만 얻지 못했던 인정을 일찍이 네가 받게 되기를 바란다. 나는 대학 과정을 그렇게 원했지만 19세가 되기 이전에 가르치는 일을 하지 않을 수 없었다. (*LTS* 13)

고든(Lyndall Gordon)은 어머니의 힘이 본질적으로 설교자의 힘이라고 규정하면서 1911-1912년 사이의 엘리엇의 많은 작품들에 어머니의 이미지가 지배적이라는 점에 주목한다. 다만 차이점이 있다면 어머니가 은총을 확신하는 낙관주의자라면, 엘리엇이 창조한 프루프록과 같은 나약한 인물은 '압도적인 질문'을 해야 한다고 느끼면서도 그것을 피해버리고 만다는 것이다(Gordon, *EEY* 6).

엘리엇의 여성에 대한 태도는 초기 작품들에서 라포르그적 아이러니 또는 농담으로 위장되거나 때로는 노골적으로 표현되고 있다(Gibert 108). 그러나 여성에 대한 많은 부정적, 폄하적 진술들에도 불구하고 중요한 것은 엘리엇의 작품을 면밀하게 분석할수록 그의 작품에서 남성들뿐만 아니라 여성들도 단조로운 삶을 살아가는 소외되고 불행한 인물들로 그려지고 있고, 그런 가운데 여성들에 대한 동정이나 공감도 드러나고 있다는 사실이다. 벤틀리(Joseph Bentley)는 이 점에 대해 매우 분명한 관점을 보여준다. 그는 엘리엇의 작품에서 남성들뿐만 아니라 여성들도 불행하고 불만족스러운 삶을 살아가는 것으로 그려지고 있는데 이는 인간의 삶의 조건이며 인생이란 양성간의 조화로운 관계없이는 행복할 수 없다는 비교적 단순하지만 명쾌한 해석을 내리고 있다. 적어도 융합을 위한 자기 초월이 없이는 인생은 비참하고 암담할 수밖에 없다는 것이다. 일견 단순해 보이기는 하지만 이것은 어떻게 개인이 타자나 공동체와 관계를 가지며, 어떻게 주체가 객체와, 이성이 감성과, 인간이 신과 관계를 가지며, 사랑에 빠지는 것이 스피노자를 읽는 것과 어떤 관계를 가지는가 등 엘리엇의 시나 비평, 철학의 핵심인 관계의 문제와 직결되는 매우 중요한 해석이다(Bentley 39). 또한 그의 시들, 특히 초기시들은 어떤 의미에서는 실패한 관계의 설명이라는 것이다(39). 이는 남성이나 여성 모두 조화로운 관계를 갖지 못할 때 자기중심적이며 자족적인 세계 속에서 소외된 삶을 살아갈 수밖에 없다는 것을 입증한다.

2

이 글은 엘리엇의 첫 시집 『프루프록 및 기타 관찰들』(*Prufrock and Other Observations*, 1917)의 권두시에 해당하는 「J. 알프레드 프루프록의 사랑노래」 ("The Love Song of J. Alfred Prufrock"; 이하 「프루프록」)를 통하여 여성이 어떻게 재현되고 있으며, 남성과 여성의 관계가 엘리엇의 영적 의식의 발전과 정과 어떤 관계를 맺는가를 고찰하고자 한다. 엘리엇에게 모든 시인의 출발점은 자신의 감정이며, 성적인 사랑은 종교와 연결되기 때문이다. 엘리엇에게 성은 단편화를 극복하고, 그것을 하나의 전체로 재결합하는 하나의 방식이며, 그런 의미에서 성은 종교의 대체물이라고 할 수 있다(Brooker 42). 단지 차이점이 있다면 종교가 상향적 초월의 방식이라면 에로스는 하향적 초월의 방식이라는 것이다(43). 물론 궁극적으로 기독교가 그의 지적, 정서적 필요를 만족시켰던 유일한 체계이고, 그의 삶과 예술을 통합했던 유일한 체계이기는 했지만, 위의 관점에서 볼 때 엘리엇의 작품에서 남성과 여성의 관계를 통한 사랑의 주제는 그의 영적 발전 과정과 궤를 같이 한다는 것이 필자의 생각이다.

엘리엇은 단테를 논하면서 단테의 시 전체는 "하나의 거대한 은유"(*SE* 244)라고 했다. 엘리엇의 시 역시 궁극적으로 시인의 영적 의식의 발전과정을 보여주는 하나의 은유이다. 특히 「프루프록」은 화자인 프루프록의 고뇌와 갈등을 나타내는 "의식의 장"(Kenner 36)이라는 거대한 은유로 볼 수 있다. 이는 마치 제임스 조이스(James Joyce)의 작품 전체를 더블린 또는 더블린 사람들의 정신적 마비를 다루는 하나의 거대한 은유로 읽을 수 있는 것과 마찬가지이다. 이 작품을 읽는 일차적인 방법은 엘리엇의 작품 전체를 엘리엇의 의식의 변모·발전 과정을 보여주는 거대한 은유로 보고, 사랑을 주제로 하는 남성과 여성의 관계의 관점에서 이러한 과정을 추적해보는 것이다. 호머(Homer)의 『오디세이』(*Odyssey*)가 율리시즈의 자기 탐색의 과정이듯이 엘리엇의 작품 역시 "나의 시작에 나의 끝이 있"(*CP* 177)는 사랑의 주제를 통한 하나의 긴 서사시로 읽을 수 있다는 것이다(이 글은 엘리엇의 작품을 사랑의 주제를 통한 하나의 긴 서사시로 읽으려는 일련의 과정의 첫 출발점이다). 초기시의 혐오적인 여성의 육체로부터 후기시의 이상화된 인물들로의 변화 과정이 그의 영적 의식의 발전 과정을 동시에 드러내주기 때문이며 그의 정신이 점차 단테의 베아트리체나 성모 마리아와 같은 여성들로 대변되면서, 성으로부터 해방된 여성의 아름다운 묘사로 가득 차게 되기 때문이다(Gibert 117).

 엘리엇의 전 작품을 호머의 『오디세이』에 비견하여, 플롯이나 이미지 그리고 주제 및 신화적 요소, 여행의 구조에 있어 엘리엇의 전 작품의 모델이 되었다고 주장하는 커디(Lois A. Cuddy)는 현대 세계에서 엘리엇의 문학의 전범으로 호머를 들면서 율리시즈의 신화가 세계에 대한 지식, 그리고 자신과 삶에 대한 이해를 추구하며 외국으로 여행하는 방랑하는 영웅의 패러다임에 적합하다고 지적한다(Cuddy 30). 당시 미국에는 율리시즈와 같은 영웅이 존재하지 않았다. 엘리엇이 창조하는 영웅은 어떤 의미에서는 반영웅(anti-hero)이며, 소극적이며 소시민적인 아이러닉한 영웅이다. 호머의 패러다임은 이 작품에서 아이러닉한 패러다임으로만 적합할 뿐이다. 이런 의미에서 커디는 프루프록에게서 호머의 율리시즈의 아이러닉한 대응물(counterpart)을 발견하여, "프루프록의 성격 및 관심사의 모든 측면은 호머의 영웅의 날카로운 전도(reversal)"라고 말하고 있는 것이다(37).

 남성과 여성의 관계의 주제를 통해 엘리엇의 영적 의식의 발전과정을 동시에 추적해보려는 시도는 엘리엇의 일생을 통해 볼 때, 에밀리 헤일(Emily Hale)을 중심으로 비비엔(Vivienne Haigh-Wood)을 통해 발레리 여사(Valerie Fletcher)로 나아가는 동심원적 구조를 드러낸다. 여행의 모티브로 전개되는 이 작품으로 볼 때는 미켈란젤로를 이야기하는 여인들로부터 출발하여 살로메(Salomé), 오필리아(Ophelia)/거트루드(Gertrude) 그리고 원시적 열정의 상징으로서의 인어들로 나아가는 과정이 될 것이다. 이것을 엘리엇의 실제의 여인들과 관련시켜볼 때, 미켈란젤로를 이야기하는 여인들은 『황무지』(The Waste Land)의 여인의 전조로서 비비엔을 예고하며, 인어들의 이미지는 인간화된 에밀리 헤일이라고 할 수 있다. 이러한 주제를 보여주는 중요한 실마리는 단테의 제사로부터 시작된다. 제사가 보여주는 삶과 죽음의 역설적인 상황은 이 작품의 핵심적인 인물인 나사로를 중심으로 미켈란젤로, 세례요한, 햄릿 등을 통해 전개되면서 마지막 인어들의 이미지로 종결된다.

「프루프록」의 남성과 여성은 어떤 상호 교류나 이해가 불가능하며 양자는 서로로부터 소외되어 있다. 여성은 외부와 단절된 밀폐된 공간에 갇혀있는 존재로 그려지고 있으며, 남성은 지나치게 자의식적이며 우유부단한 당시 보스턴 사회의 소시민의 모습을 잘 보여준다. 실제로 엘리엇은 19세기 말 급격한 산업주의의 팽창으로 야기된 삶의 단조로움과 뉴잉글랜드의 퓨리턴 문화의 상실에 대해 민감한 반응을 보였다. 청년 시절 엘리엇의 보스턴은 더 이상 퓨리턴적 양심이 지배하는 '옛 보스턴'이 아니라, 기울어져가는 사회였다. 근육질의 버지니아 인이 대중적인 영웅이 되어가고 있었다. 그는 이러한 변화로부터 많은 억압을 받았으며 그것으로부터의 탈출을 시도했다(EEY 14-16). 날카로운 시대의식을 지녔던 엘리엇은 이 작품의 화자 프루프록을 통해 옛 보스턴과 새로운 보스턴의 가치관 사이에서 주저하며 고통 받는 인물의 내적 불안을 잘 보여준다. 그것은 물론 절대적인 가치를 상실한 인간의 실존적인 절망으로부터 기인하는 것이기도 하다. 프루프록의 끊임없는 자의식적인 질문은 여성과의 교류, 더 나아가서는 진정한 인간적 교류의 가능성을 타진하는 것이다. 이 작품에 드러나는 상징적인 이미지들은 음울한 도시풍경 가운데서 라포르그의 아이러니의 기법을 통해 죽음 지향적인 에로티시즘을 드러내면서 동시에 엘리엇의 중요한 주제인 성과 죽음의 주제를 잘 보여준다.

엘리엇은 불과 22세이던 1910년 하버드에서 「프루프록」의 초고를 쓰기 시작해서 이 작품의 대부분을 파리에서 쓰고, 1911년 여름 뮌헨에서 이 시를 탈고했다. 이 작품은 시인의 최초의 중요한 성공작이자 그의 후기시의 싹으로서 중요한 의미를 지닌다. 이 시에서 프루프록의 사랑 노래를 그의 "의식의 장"(zone of consciousness; Kenner 36)으로 보는 케너(Hugh Kenner)의 해석은 이 작품을 프루프록의 의식의 은유로 읽는 것을 가능하게 하는 실마리를 제공한다.

제목과 관련된 많은 해석(Palmer 19-20)에도 불구하고, 엘리엇은 1916년 9월 자신의 형 헨리(Henry Eliot)에게 보낸 편지에서 이 작품과 관련해 다음과 같이 말했다.

> "나는 때로 'J.A.P.'가 백조의 노래라는 생각이 들지만 그 사실을 절대 이야기하지 않는다. 왜냐하면 그렇다고 하면 비비엔이 매우 불안해할 것이고, 그렇지 않다고 하면 아주 실망할 것이기 때문이다." (*LTS* 151)

엘리엇 자신의 이 말은 대단히 시사적이다. 사실 이 작품은 시인의 첫 시집의 권두시에 해당되는, 시인으로서의 출발점이라고 할 수 있다. 그럼에도 불구하고 이 작품을 백조가 죽을 때 부르는 마지막 노래, 말하자면 시인의 일생을 종결짓는 일종의 비문으로 생각한다는 것은 매우 아이러니컬하다(Palmer 19). 그러나 이 아이러니는 제사와 연결된다. 엘리엇은 셰익스피어와 단테를 비교하면서 셰익스피어가 인간의 열정의 폭을 준다면 단테는 깊이를 준다고 말했다(*SE* 265). 단테는 엘리엇에게 인간 영혼의 본질, 즉 인간 영혼이 얼마나 깊이 타락하고 동시에 얼마나 높이 고양될 수 있는지를 가르쳐 주었던 것이다.

단테의 지옥편의 인유인 제사(epigraph)의 귀도(Guido da Montefeltro)가 단테를 저 세상으로 되돌아갈 수 없는 사람으로 생각하여 자신의 죄를 고백한다면, 프루프록은 이미 "유아론자의 지옥"(Kirk 57) 속에 감금되어 있으므로 자신의 이야기를 두려움 없이 할 수 있다. 엘리엇이 단테론에서 말하고 있듯이 "지옥이란 장소가 아니라 상태"(*SE* 250)이다. 제사의 지옥의 "불길"이나 "심연"이 암시하는 이 폐쇄된 공간은 자아의 세계에 감금되어 있는 프루프록의 의식의 상태에 대한 은유이다. 되돌아갈 길 없는 지옥 속의 귀도의 독백과 대비를 이루는 프루프록의 극적 독백은 자신의 "백조의 노래"가 된다. 다만 차이점이 있다면 반역죄를 부끄러움 없이 고백하는 귀도와 달리 프루프록의 고통은 자기가 여인들의 통상적인 기대를 저버릴지 모른다는 지나친 자의식으로부터 야기된다는 것이다.

이 작품의 제목에 이미 사랑 노래가 약속되고 있지만, 실제로 그 사랑의 노래는 결코 불리지 않을 뿐 아니라 프루프록은 그것에 대해 말하는 것조차 힘들어하므로 그의 노래는 아이러닉할 뿐이라고 브룩스는 주장한다(Brooks 79). 그럼에도 불구하고 사랑은 이 시의 중요한 주제이며, 프루프록의 밤의 배회의 첫 순간부터 마지막 인어의 장면에 이르기까지 사랑의 주제가 이 작품을 지배한다(Palmer 23). 엘리엇에게 사랑은 무엇인가? 그에게 사랑은 우리가 흔히 생각하는 낭만적이거나 성적인 사랑이 아니다. 엘리엇 자신이 말했듯이 "남녀의 사랑은 더 고양된 사랑에 의해서만 설명되고 이해되는 것이며, 그렇지 않다면 단지 동물들의 교미에 불과하다(SE 274). 그에게 사랑은 일체의 인간적인 욕망이 순치된 완전한 사랑이다. 그는 욕망의 에너지를 인간적인 것으로부터 절대적인 어떤 것으로 바꾸고 싶어 했으며 궁극적으로 완전한 사랑만을 원했다.

이 작품에서 "나"는 독백을 통해 말하고 관찰하는 화자이다. 그런가 하면 "그대"(you)는 화자가 말을 거는 대상으로 듣고만 있는 청자이다. 엘리엇 자신이 고백했듯이(Bush 30-31) 화자의 목소리는 그가 극적으로 창조한 중년 남자의 그것이지만, 실제로는 당시 20대이던 엘리엇 자신의 자의식이 창조한 상징적인 목소리이다. 소말린(Marianne Thormählen) 역시 「프루프록」의 화자 속의 기묘한 이중성에 대해, 그것이 "청년의 자의식과 우유부단함, 그리고 늙어가는 남성의 냉소주의와 체념이 혼합되어 창조된 것이라고 지적한다"(Palmer 29 재인용). 화자의 목소리는 청년의 현실적인 목소리, 그리고 인생의 모든 것을 다 아는듯하지만 실제 상황에 있어서는 무력한 중년의 관념적인 목소리의 혼합으로 보인다. 이중적 목소리는 사랑을 노래할 수도 있으면서, 동시에 사랑이 이루어지지 않은 것에 대한 변명도 될 수 있는 새로운 시적 목소리이다. 여기에 엘리엇의 개성과 특성이 있다. 이렇게 본다면 프루프록은 "젊으면서 동시에 늙은, 어쩌면 "시간을 넘어선"(timeless)(Palmer 29) 존재인지도 모른다. 그는 "커피 스푼으로" 삶을 "측정"하면서 인생을 살아왔고 "저녁과, 아침과, 오후를" 다 알고 있는 시간적 존재인가 하면, 나사로처럼 삶에서 죽음으로, 그리고 다시 삶으로 이동하는 시간을 넘어선 존재이기도 하다. 이런 의미에서 죽었다가 살아난 나사로는, 『황무지』의 티레시아스의 역할이 그렇듯이, 이 작품에서 모든 인물들을 포괄하는 핵심적인 인물이 된다.

3

이 작품의 공간 이동에 대해서 살펴보자. 프루프록이 배회하는 공간은 서로 다른 세 개의 공간이다. 첫째는 밤의 도시이다. 밤의 도시는 그에게 사랑에 대한 갈망을 촉발하지만 동시에 그것은 자신의 고독을 강조할 뿐이다. 둘째는 남자들이 여자들을 만나는 방이며, 셋째는 해변과 바다이다(Palmer 29).

> 그러면 우리 갑시다, 그대와 나,
> 저녁이 마치 수술대 위에 에테르로 마취된 환자처럼
> 하늘을 배경으로 펼쳐져 있습니다.
> 우리 갑시다, 어떤 반쯤 인적이 끊어진 거리를 통해
> 싸구려 일박 호텔에서 불안한 밤이면
> 웅얼거리는 소리 들리는 뒷골목으로 해서
> 굴 껍데기와 톱밥 흩어진 음식점들 사이로.
> 음흉한 의도의
> 지루한 논의처럼 이어지는 거리들은
> 그대를 압도적인 문제로 이끌고 가리라. . . .
> 아, "그것이 무엇이냐"고 묻지는 마세요.
> 우리 가서 방문합시다.

> Let us go then, you and I,
> When the evening is spread out against the sky
> Like a patient etherised upon a table;
> Let us go, through certain half-deserted streets,
> The muttering retreats
> Of restless nights in one-night cheap hotels
> And sawdust restaurants with oyster-shells:

> Streets that follow like a tedious argument
> Of insidious intent
> To lead you to an overwhelming question. . . .
> Oh, do not ask, 'What is it?'
> Let us go and make our visit. (1-12)[1]

　　화자가 배회하는 밤거리는 도시의 뒷골목일 것이다. 엘리엇은 슬럼가를 즐겨 배회했다. 후에 엘리엇은 이렇게 말했다. "예술가가 무시무시하거나 더러운, 또는 역겨운 것을 명상하는 것은 미의 추구를 위한 충동의 필연적이며 부정적인 측면이다"(*SW* 143). 이 작품의 중요한 실마리는 "저녁"을 세계에 대한 "제유적 환치"(a synecdochic displacement)가 아니라 프루프록 자신의 의식에 대한 "환유적 환치"(a metonymic displacement)(Childs 68) 로 읽어야 한다는 데 있다. 브루커가 지적하듯이 "저녁이 아니라 프루프록이 수술대 위에 에테르로 마취되어 있으며, 이 작품의 다른 모든 것이 그렇듯이 지치고 졸린 듯한 저녁은 프루프록의 의식의 한 측면이라는 것이다"(48). 에테르로 마취된 무기력과 비활동 상태는 "불안한"(restless) 밤과 상충된다고 팔머는 지적한다. 그러나 불안한 밤거리의 "웅얼거"림은 오히려 정신의 무기력한 상태를 더욱 강조하고 있다고 생각된다. 그런 점에서 팔머의 지적은 부적절하다. 하지만 에테르로 마취된 "환자"의 비유는 삶과 죽음의 중간 상태로서, 상황은 전체적으로 놀랄 정도로 "마비되어 있다"(Palmer 30)는 팔머의 지적은 적절하다고 하겠다. 정신의 마비란 일종의 삶과 죽음의 중간 상태로서 그것의 상향적 지향성은 시간적 세계와 초시간적 세계를 동시에 볼 수 있는 제3의 상태를 가능하게 하기도 하기 때문이다. 베르그송 식으로 말하자면 그것은 삶으로부터 초연한 꿈꾸는 상태로서, 이 시의 말미의 신비로운 인어의 비전을 예시하는 것으로 해석할 수 있다.

　　제사의 지옥이 그러하듯이 프루프록이 배회하는 밤거리는 마치 "음흉한 의도"를 지닌 미로와도 같다. 화자가 "그대"와 함께 배회하는 도시의 뒷골목

---

[1] 작품의 인용은 *The Complete Poems and Plays of T. S. Eliot* (London: Faber, 1975)에서 하며, 앞으로 행수만 표시한다. 본 논문의 번역은 이창배 교수의 번역을 참고로 하되 필요할 경우 수정을 하였음을 밝혀둔다.

들은 화자의 의식의 상태를 보여주는, 케너가 말한 화자의 "의식의 장"이라는 점에서 또 다른 환유가 된다.

이렇게나 말해볼까, 나는 해거름에 좁은 길들을 지나왔습니다.
셔츠만 입은 외로운 사내들이 창밖으로 몸을 내밀고
파이프로 뿜어내는 연기를 바라보았습니다 라고?. . . .

Shall I say, I have gone at dusk through narrow streets
And watched the smoke that rises from the pipes
Of lonely men in shirt-sleeves leaning, out of windows?. . . . (70-74).

인간의 관계라는 관점에서 볼 때, 굴 껍데기와 톱밥 흩어진 뒷골목에 사는 사내들 역시 사람들 간의 진정한 교류가 불가능한 소외된 소시민의 모습을 보여준다. 남자들은 창안에서 창밖을 내다보며 화자가 그러하듯이 자유와 해방을 갈망하고 있다. 프루프록만이 유폐된 상황에 처해 있는 것이 아니라는 것이다. 그들 역시 자신의 세계 속에 갇혀있는 고독한 개인들이다. 프루프록이 배회하는 도시의 공간이 그의 의식의 환유로서의 폐쇄되고 고독한 공간이라면, 실제이든 상상이든, 화자가 여성들과 만나는 여성들의 방 역시 닫힌 공간이다(Palmer 32). 다만 차이점이 있다면 남성들의 공간이 외부에 있다면, 여성들의 공간은 내부에 있다는 것이다.

방안에서 여인들이 왔다 갔다 한다
미켈란젤로를 이야기하며.

In the room the women come and go
Talking of Michelangelo. (13-14)

이 문장은 이 작품에 두 번 반복되어 나온다. 중요한 것은 "방으로"(to the room)가 아니라 "방안에서"(in the room)이다. 즉 전치사 "in"에 주목해야 한다는 것이다(Palmer 32). 여인들의 세계 역시 어떤 활력도 변화도 없으며, 오직 자기들 방안에서 "왔다 갔다" 하는 반복적인 움직임만이 있을 뿐이다. 여성들 역시 외로운 사내들처럼 폐쇄된 공간 속의 고독하고 소외된 개인들이라는 것이다.

이 작품의 배경이 되고 있는 20세기 초의 당시 보스턴 사회, 특히 상류층은 프루프록처럼 대단히 "자의식적"(Brooks 79)이며 지나치게 세련된 인물들이다. 좀 더 반성적인 사람들은 문명이 충분히 꽃 피어 이제 그 기본적인 활력이 소진되어가고 있다는 막연한 불안감을 느꼈을 것이다(79). 이것은 세계대전을 눈앞에 둔 지식인의 불안한 예감이라고 할 수도 있다. 엘리엇이 "위대한 시인은 자신을 쓰면서 그의 시대를 쓴다"(*SE* 117)고 했듯이 프루프록이 처한 상황은 문화 그 자체의 궁경의 전형이며, 그런 의미에서 이 작품은 한 개인이나 특정한 도시의 궁경이라기보다 서구 문명 그 자체의 궁경에 관한 것이라고 보는 것이 더 적절할 것이다(Brooks 79-80).

이 작품에서 가장 먼저 언급되는 남성은 미켈란젤로이다. 더 정확히 말하면 미켈란젤로의 예술이 보여주는 남성이다. 왜 하필이면 미켈란젤로인가? 미켈란젤로의 예술은 힘차고 강렬하고 영웅적이기 때문이며, 티 테이블에서 잡담하는 여인들의 무기력을 상쇄시켜 줄 것이기 때문이다(81). 우선 미켈란젤로는 우리에게 다비드 상을 떠올리게 한다. 다비드 상은 프루프록과는 달리 우람한 남성적인 육체미를 가지고 있다. 프루프록은 분명히 여인들이 자기보다는 미켈란젤로의 예술이 보여주는 이상적인 남성미를 지닌 인물에게 더 매력을 느낄 것이라고 생각했을 것이며, 당시의 여성들은 분명 허약한 지식인들보다는 미켈란젤로가 보여주는 활력적인 남성미를 지닌 인물을 더 좋아했을 것이다(Palmer 33). 두 차례 반복되는 미켈란젤로 2행시는 이 시의 사랑의 주제를 도입하는 중요한 시행이자, 성적 함축이 짙은 다음 구절의 고양이의 이미지로 자연스럽게 연결된다.

여인들이 미켈란젤로를 이야기하는 것을 상상하자 위축된 프루프록은 자신이 만날 사람들을 위한 시간을 계속 미룬다. 사실 엘리엇은 시간이야말로 자신의 완전한 이상을 실현하는 데 있어서 제1의 적이라고 생각했으며 그에게 시간과 파멸에 대한 두려움은 사실적인 것이었다(*EEY* 24). 그가 계속해서 "시간은 있을 것이다"(There will be time, there will be time)(26)라고 말하는 것은 마블(Andrew Marvell)의 「수줍은 연인에게」("To His Coy Mistress")에서의 위협적이며 파괴적인 시간에 대한 아이러니이기도 하다. 목소리의 이중성을 염두에 둔다면, 그것은 시간이 있을 것이라고 말하는 20대의 청년의 목소리와, 흘러가는 시간에 대해 불안감을 느끼고 이제 더 이상 사랑할 시간이 없다는 것을 잘 알고 있는 중년의 목소리가 기묘하게 혼합된 아이러니라는 것이다. 공상하고 수정할 시간은 "살해하고 창조할 시간"(time to murder and create)(28)으로까지 그 사유의 공간이 확대된다.

다시 미켈란젤로를 이야기하는 여인들의 목소리를 들으며 화자는 잠시 "감히 한 번 해볼까?"(Do I dare?)(38) 하고 결의에 찬 생각을 해본다. 그러나 자신의 모습을 자의식적으로 상상해보자 그 결의는 좌절된다. 그는 미켈란젤로가 아니다. 그는 겨우 "대머리"진 머리를 한, 게다가 온통 숱이 빠진 머리에, 팔다리는 가늘기 짝이 없는, 남성미라고는 찾아볼 수 없는 허약한 중년일 뿐이다. 정말 "발길을 돌려 계단을 내려갈 시간은"(Time to turn back and descend the stair)(39) 있을까? 시간이 없다고 재촉하는 마블의 연인과는 달리 그것은 백번이나 망설이고 몽상하고 수정하고 나서 하는 소심한 사람의 이야기이며, 무한대의 시간이 주어져도 할 수 없을 때의 무능력을 강조하고 있는 것이다. 그에게 아무리 시간과 공간이 주어진다 해도 그는 마블의 카르페 디엠(carpe diem)의 주제를 실현할 용기가 도저히 없다. 여기서 계단은 프루프록과 여인들을 갈라놓는 공간적 경계이자 여성과 남성의 차이를 보여주는 인식의 경계이기도 하다. 여성은 남성을 육체적인 조건으로 이해할 뿐이므로, 화자가 계단을 내려간다는 것은 연인으로서나 남성으로서 실패자로 인식될 수밖에 없는 남성과 여성의 인식의 차이를 보여준다는 것이다.

이 작품의 지배적인 정서는 두려움과 공포(horror)이다(Brooker 47). 이러한 정서는 부분적으로는 청교도적 가정교육에서 비롯된 것으로 보인다. 두려움과 공포의 정서는 살해와 관련된다. 도입부의 "수술대"(table)위에 마취되어 있는 환자로부터 시작하여 "핀에 꽂혀 벽 위에서 허우적거릴 때"(when I am pinned and wriggling on the wall)(58)의 박제된 곤충의 모습을 거쳐 자신의 머리가 잘려 쟁반 위에 놓여 들어오는 모습을 상상할 때 화자의 공포는 극에 달한다. 이리하여 살해의 연상은 세례 요한, 햄릿을 거쳐 인어들의 세계로 발전된다.

　여기서 흥미로운 것은 세례 요한의 인유이다. 선지자 세례 요한은 하나님으로부터 선택받은 예언자가 되기 위해 살로메의 사랑을 거부하며, 살로메는 거부당한 사랑을 복수하기 위해 헤롯(Herod)왕에게 세례 요한의 목을 베도록 한다. 세례 요한은 육체적으로는 죽지만 정신적으로는 죽지 않고, 어떤 의미에서는 죽음을 통해 승리한다(Palmer 35). 이로써 성과 죽음/살해와 창조의 주제가 부각된다. 물론 세례 요한이 살로메의 유혹을 거부한 것은 프루프록이 여성들을 두려워하는 것과는 다르다. 그러기에 그는 "나는 예언자가 아니다"(I am no prophet)(83)라고 말할 수밖에 없다. 그런데 그에게 "이건 큰 문제가 아니다."(here's no great matter)(83). 지금 그에게 큰 문제는 자신이 단지 하나님에게 선택받은 예언자가 아니라는 데 있는 것이 아니라 어떤 여인에게도 선택받지 못했다는 사실에 있을 것이다(Palmer 35). 그는 미켈란젤로가 보여주는 육체적인 의미의 영웅도, 세례 요한이 보여주는 정신적인 의미의 영웅도 아니다. 그의 고통의 원인이 여기에 있다.

　이렇게 본다면 미켈란젤로처럼 세례 요한 역시 여성들에게 매력적인 인물이다. 그들은 어쩌면 프루프록이 꿈꾸어온 열정적이며 영웅적인 인물들이다. 이제 프루프록의 사랑의 실현은 좌절되고 그의 "위대한 순간"은 명멸한다. 그는 두려움을 느낄 수밖에 없다. 이 두려움 앞에서 낭만적 사랑을 꿈꾸는 화자는 그렇게 한다고 해서 과연 그것이 가치 있는 일일까 반문해본다.

　　　그럴만한 가치가 있었을까,
　　　미소로 문제를 물어뜯고,
　　　우주를 압축하여 공으로 만들어
　　　어떤 압도적인 문제로 그것을 굴려 가는 것이,

　　　Would it have been worth while,
　　　To have bitten off the matter with a smile,
　　　To have squeezed the universe into a ball
　　　To roll it towards some overwhelming question, (90-93)

마블의 「수줍은 연인에게」에서 차용한 이미지인 공은 이 작품에서 사랑의 행위의 상징이다. 마블의 시에서 공은 힘과 승리의 모습을 보이지만 이 작품에서는 화자의 목적 상실과 무기력을 암시할 뿐이며, 마블의 시에서의 화자의 집요한 결의와 비교해볼 때 프루프록의 무기력은 아이러니컬하게 강조될 뿐이다(Palmer 40). 마블의 사랑 노래가 수줍은 연인에게 보내는 적극적이며 남성적인 노래라면, 프루프록의 사랑 노래는 수줍은 남성이 스스로 독백하고 반문하고 회의하는 노래이다. 어쩌면 엘리엇의 의식의 한 측면에는 마블처럼 수줍은 여인에게 강렬한 사랑 노래를 불러주고 싶은 욕망이 있었을 것이다. 그러나 그렇지 못하다는 것이 문제이다. 여기서 지적해야 될 것은 여인이 "one"으로 지칭되고 있다는 점이다. 여인을 막연한 대상인 일반 범칭으로 지칭한다는 것은 화자가 여인과의 관계를 거리감으로 인식할 뿐 어떤 개인적인 이해도 교류도 공감도 느끼지 못한다는 것을 의미한다.

>만약 한 여인이 머리맡에 베개를 놓고서,
> '나는 전혀 그런 뜻이 아니에요.
> 전혀 그런 뜻이 아니에요'라고 말한다 한들.
>
>If one, settling a pillow by her head,
> Sould say: 'That is not what I meant at all.
> That is not it, at all.' (96-98)

다음 구절 역시 두 사람 사이의 거리감을 더욱 강조한다.

>만약 한 여인이 베개를 놓고, 숄을 벗어던지고는,
>창문으로 고개를 돌리며,
> '전혀 그게 아니에요,
> 전혀 그런 뜻이 아니에요, 전혀'라고 말한다 한들.
>
>If one, settling a pillow or throwing off a shawl,
>And turning toward the window, should say:
> 'That is not it at all,
> That is not what I meant, at all.' (107-110)

반복되는 구절 "전혀 그런 뜻이 아니에요"(That is not what I meant at all)는 프루프록과 "one"으로 지칭되는 여인 사이의 상상적인 대화의 일부이다. 흥미로운 것은 프루프록이 상대의 여성을 온전한 인물이나 인격체로서 말하지 않고 "목소리", "팔들", "눈들" 등 신체의 단편으로 이야기하고 있다는 것이다(Schwartz 194). "그들"(they)로 지칭되는 여인들이 프루프록을 "머리" "팔다리" 등 단편으로 인식하듯이 여인 역시 프루프록에 의해 단편으로 인식될 뿐이다. 결국 남성이나 여성 모두 온전한 인격으로서가 아니라 단편적인 부분들로 인식되어 남성과 여성 사이에 있어 온전한 관계가 이루어지지 못하고 있다는 것이다.

"창밖으로 몸을 내밀고"(71) 담배를 피우는 외로운 사내들이 상징하듯 남성들의 세계가 외롭고 소외된 것인 것처럼, 여성들의 세계 역시 방안에서 소설이나 읽고 차나 마시는("After the novels, after the teacups, after the skirts that trail along the floor)(102) 따분하고 단조로운 것이다. 남성이 창밖으로 몸을 내밀 듯 여성 역시 창으로 고개를 돌린다. 이들은 각기 서로의 내적 갈망에 응답해주지 못하는 좁은 현실에 갇혀있다. 이들은 창밖의 세계와의 진정한 교류와 창밖의 세계로의 자유를 갈망하지만 남성은 여성의 세계에서, 여성은 남성의 세계에서 서로 이방인일 뿐이다. 프루프록 역시 자신의 의미를 상대에게 전달할 수 없기 때문이다. "내가 의미하는 바를 정확하게 말할 수가 없구나!"(It is impossible to say just what I mean!)(104). 남성과 여성 모두 서로의 소망이나 갈망이 상대방에게 전달되지도 공감되지도 못하며 서로로부터 소외되어 있다.

소말린이 『황무지』에 대해 "누구도 서로의 욕망에 반응을 보일 수 없거나 심지어는 욕망의 본질을 파악할 수도 없다. . . . 그리고 성적 불협화가 개인의 소외의 징후이다"(Palmer 재인용 42)라고 한 말은 프루프록과 여인에게도 적용될 수 있을 것이다. 그렇다면 어떻게 의미하는 바를 그대로 말하고, 그럼으로써 소외를 극복할 수 있을까. 그것은 "마치 환등불이 신경을 모양 지어 스크린 위에 비추듯"(as if a magic lantern threw the nerves in patterns on a screen)(105)" 자신을 있는 그대로 보여줄 수 있을 때 가능할 것이다. 프루프록의 좌절의 원인은 자신의 감정에 충실하지 못한 데 있다고 볼 수 있으며, 결국 유아론적 자아를 포기하고 자신을 사랑의 감정에 충분히 몰입할 때 소외가 극복될 수 있다는 것이다(Unger 20). 그렇다면 그를 "공식적인 문구로"(in a formulated phrase)(56) 꼼짝 못하게 하는 눈들은 그에게 자신의 감정에 충실했는가를 묻고 있는 눈일 것이다. 그가 사랑의 감정에 충분히 반응하여 상대와 하나가 될 때 그는 비로소 자신을 꼼짝 못하게 하는 두려운 눈들로부터 자유로울 수 있을 것이다.

그러나 그에게는 그럴 용기가 없다. 그런 의미에서 그는 미켈란젤로적이라기보다는 햄릿적이다. 여기서 햄릿과 오필리아, 그리고 어머니 거트루드 등과의 관계를 생각해보자. 햄릿이 여성에게, 특히 오필리아에게 보이는 여성혐오, 그리고 성에 대한 혐오는 자기의 아들을 비정상적일 정도로 관능적인 애정으로 대한 어머니와의 외디푸스적 문제에서 기인하는 것으로 해석될 수 있다. 엘리엇을 햄릿과 비교하는 것은 또 다른 문제이다. 여기서 말하고자 하는 것은 햄릿과 오필리아의 사랑, 그리고 거트루드와 클로디어스(Claudius)의 사랑은 서로 다른 차원의 사랑이지만 양자 모두 강렬하고 열정적인 사랑임에는 틀림이 없다는 점이다. 화자가 자신은 햄릿이 아니고 될 처지도 아니라고 말하는 것은 자신은 햄릿처럼 여성(오필리아)의 열정적인 사랑을 받을 수도 없고 또 여성을 죽게 할 수도 없다는 것을 너무나 잘 알고 있다는 말이기도 하다. 그럴 뿐더러 그는 거트루드와 클로디어스의 사랑을 통해 순치되지 않은 욕정의 불길이 어떤 것인지 잘 알고 있다. 그러기에 프루프록은 자신이 햄릿 같은 위인이 못되고 고작해야 진실과 열정을 외면한 폴로니어스(Polonius)같은 시종일 뿐이라고 자조적으로 말한다. 여기에서 열정적인 사랑의 모티브는 이 시의 말미에 등장하는 인어들의 세계로 연결된다.

4

프루프록은 여성의 관능성을 세련미보다는 원시적이라 할 정도로 야성적인 활력으로 파악하고 있는 것 같다. 가령 결미 부분의 낭만적인 인어들의 모습이 바로 그것이다(Palmer 36). 이 작품에는 성적 함축을 지닌 "털"(hair)의 모티브가 세 차례 활용된다. "옅은 갈색 솜털로 뒤덮인"(downed with light brown hair!)(64) 팔들과, 결미 부분의 "내 머리를 뒤에서 갈라볼까?"(Shall I part my hair behind?)(122)의 머리카락, 그리고 마지막 인어들의 세계의 묘사 등이 그것이다.

> 나는 인어들이 서로 노래를 주고받는 것을 들은 일이 있다.
>
> 그 인어들이 날 들으라고 노래 부르는 것은 아니겠지.
> 그것들이 물결을 타고 바다 안쪽으로 가는 것을 보았다.
>
> 희고 검은 물결이 바람에 흔들릴 때
> 뒤로 젖혀지는 파도의 흰 머리채를 빗질하며.
>
> I have heard the mermaids singing, each to each.
>
> I do not think that they will sing to me.
> I have seen them riding seaward on the waves
> Combing the white hair of the waves blown back
> When the wind blows the water white and black. (124-128)

여기에서 머리를 뒤에서 가르는 것은 자신이 "파도의 흰 머리채를 빗질하며" 바다를 향해 가는 그런 인어들을 만나고 싶은 욕망의 표현이며, 동시에 인어들이 보여주는 힘찬 이미지로의 전이를 촉발시키는 매개적 행동이다. 물론 인어들이 빗질하는 것은 머리카락이 아니라 흰 포말을 일으키는 파도이다. 여기에서 "털/머리카락"의 모티브는 "옅은 갈색 솜털로 뒤덮인" 팔들이 불러일으키는 나른한 욕망과는 달리 "붉은, 갈색의 해초"가 암시하듯이 격정적인 욕망을 불러일으킨다. 이는 또한 생명력의 상징으로서의 물의 모티브와 결합하여 더욱 강렬하고 낭만적인 성적 연상을 불러일으킨다. 인어들은 여성적인 아름다운 이미지를 지니면서 동시에 그것을 통해 더 고양된 차원으로 들어갈 수 있는 가능성을 열어주는 매개이다.

인어들은 사실상 미켈란젤로를 이야기하는 여인들보다 더 원시적이며 야성적인 성적 함축을 지닌다. 전설에 의하면 인어들의 노래를 들은 남자들은 미치거나 잠들어 파선하게 되기도 하여 인어들이 남자들을 황량한 곳으로 데려가 사랑을 구하고, 거역하면 죽여 버린다고 한다. 여기서 한 가지 지적하고 싶은 것은 인어들이 미켈란젤로를 이야기하는 여인들보다 훨씬 강렬한 생명력과 활력을 지닌 매혹적인 존재이긴 하지만 동시에 사랑을 거역한 세례 요한을 살해하도록 한 살로메처럼 위협적인 존재이기도 하다는 점이다. 브룩스가 말하듯이 인어들이 설령 상상력의 허구라 해도 그들은 폐쇄된 공간에서 미켈란젤로를 이야기하며 왔다 갔다 하는 활력 없는 여인들보다 더 강렬한 생명력을 소유하고 있다는 것이다. 파도를 타고 가며 흰 포말을 일으키는 인어들은 초자연적인 에너지와 원초적인 힘의 상징이다. 사랑과 풍요의 희랍의 여신 아프로디테가 해면의 거품에서 태어났듯이 생명력이란 바다로부터 시작된 것이다. 프루프록은 세기말의 세계가 가지지 못한 생명력을 전설적이며 신화적인 것이 가지고 있다는 것을 알고 있다(Brooks 85). 불행히도 프루프록이나 미켈란젤로의 여인들은 이런 것을 가지지 못하고 있다(86). 이것이 세련되었지만 허약한 현대인들의 운명이다.

　실제로 엘리엇은 어린 시절에 뉴잉글랜드 해변을 즐겨 찾았다. 바다의 상징은 만물의 근원이요 귀착지로서의 원초적인 바다의 비전을 환기한다(Palmer 46). 바다는 삶과 죽음이, 주체와 객체가 하나가 되는 시원의 공간이다. 바다는 화자가 여성을 두려움의 존재로 인식하는 지상의 방과는 대조되는 자유와 해방의 공간이다. 그것은 화자에게 잃어버린 어린 시절에 대한 향수를 불러일으킨다. 공간적인 관점에서 보자면 화자는 지상의 방인 시간적 세계로부터 인어들의 세계가 상징하는 무시간적 세계로 여행을 한 셈이다. 인어들의 세계의 비전은 지상의 세계에서 그를 "공식적인 문구로 꼼짝 못하게 하는 눈들"(56)에 의해 화자가 "핀에 꽂혀 벽 위에서 허우적거리"(58)는 두려운 일상의 세계로부터 벗어난 신비로운 해방이며 초월적인 경험이다. 현재적 삶으로부터 초연한 순간 기억의 저편으로 사라졌던 과거가 고스란히 되살아난다(*CM* 179-180). 이 순간은 삶과 죽음이, 시간과 무시간이 교차하는 순간이며, 죽음에서 살아난 나사로의 의미로 응축되는 순간이기도 하다. 이 순간 우리는 바야흐로 살기보다 꿈꾸는 존재가 된다(*MM* 201). 그러나 이제까지 낭만적이고

에로틱한 꿈의 세계를 거닐던 프루프록은 환상을 깨는 타자의 목소리에 깨어나 다시 현실의 세계에 빠지게 된다.

> 우리는 적색, 갈색의 해초를 두른 바다처녀들 옆에서
> 바다의 방에서 서성이다가
>
> 인간의 목소리에 그만 깨어나 물에 빠진다.
>
> We have lingered in the chambers of the sea
> By sea-girls wreathed with seaweed red and brown
> Till human voices wake us, and we drown. (CP 129-131)

인간의 목소리가 일깨우는 현실이 죽어있는 세계라면 브룩스가 지적했듯이 인어들의 세계야말로 진정 "살아있는 실재"(living reality)(86)이다. 물론 이 작품에서 화자의 사랑 노래는 상호적이지는 못하지만, 자기부정을 통해 일별한 신비로운 초월적 경험은 궁극적으로 화자의 지향점이 무엇인가를 상징적으로 보여준다.

 인어들의 비전은 엘리엇에게 있어 이상적이며 관념적인 여성상인 에밀리 헤일의 모습을 예고한다. 인간화된 인어의 비전이 에밀리 헤일인 셈이다. 그것은 절대적인 것을 매개한, 그럼으로써 인간적인 두려움으로부터 해방된 이미지로 제시된다.[2] 그것은 엘리엇 작품 전반을 통해 심화·확대되면서 『황무지』의 히아신스 소녀, 「번트 노튼」("Burnt Norton")의 장미원의 목소리로 발전해나가며 성숙한 세계에 이르기까지 끊임없이 변주되는 시적 모티브이다. 그가 본 살아있는 실재는 영적인 싹을 내면에 품고 있다. 그것은 우리들의 의식 속에서 사라지지 않고 의식의 밑바닥에 남아 우리를 초월의 세계로 인도하는 영적 안내자이다.

---

[2] 엘리엇의 작품 전반을 통해 볼 때, 그의 작품에 나타나는 여성상은 초기의 혐오와 두려움의 대상으로서의 여성, 그리고 이상적이며 관념적인 존재로서의 여성, 그리고 후기시에 나타나는 균형과 화해로서의 진정한 인간적인 여성상으로 발전된다. 엘리엇의 개인사에 적용시켜 본다면 그것은 비비엔으로부터 에밀리 헤일을 거쳐 발레리 여사로 나아가는 과정으로 읽을 수 있을 것이다. 이에 관한 세밀한 고찰은 앞으로 지속될 일련의 연구에서 이루어질 것이다.

참고문헌

이창배. 『현대영미시감상』. 서울: 동국대학교 출판부, 2002.

Bentley, Joseph. "Some Notes on Eliot's Gallery of Women." *Approaches to Teaching Eliot's Poetry and Plays*. Ed. Jewel Spears Brooker. New York: The Modern Language Association of America, 1988. 39-45.

Bergonzi, Bernard. *T. S. Eliot*. New York: Macmillan, 1972.

Bergson, Henri. *The Creative Mind*. Trans. Mabelle L. Andison. New York: F. Hubner & Co. (*CM*으로 표기함)

_____. *Matter and Memory*. Trans. Nancy Margaret Paul and W. Scott Palmer. London: George Allen & Unwin Ltd. (*MM*으로 표기함)

_____. 『시간과 자유의지』. 정석해. 정경석 역. 서울: 삼성출판사. 1990.

Blisset, William. "Eliot and Heraclitus." *T. S. Eliot and Our Turning World*. New York: St. Martin's Press, 2001. 29-46.

Brooker, Jewel Spears. "Substitutes for Christianity in Eliot." *T. S. Eliot: Essays from the Southern Review*. Ed. James Olney. Oxford: Clarendon P, 1988. 39-54.

Brooks, Cleanth. "Teaching 'The Love Song of J. Alfred Prufrock'". *Approaches to Teaching Eliot's Poetry and Plays*. Ed. Jewel Spears Brooker. New York: The Modern Language Association of America, 1988. 78-87.

Bush, Ronald. *T. S. Eliot.: A Study in Character and Style*. New York: Oxford UP, 1983.

Childs, Donald. *From Philosophy to Poetry*. London: The Athlone P, 2001.

Cuddy. Lois A. "Eliot's Classicism: A Study in Allusional Method and Design." *T. S. Eliot Annual*. No. 1. Ed. Shyamal Bagchee. London: Macmillan P, 1990. 27-62.

Eliot, T. S. *The Complete Poems and Plays of T. S. Eliot*. London: Faber, 1975. (*CPP*로 표기함)

_____. *Sacred Wood*. London: Faber, 1997. (*SW*로 표기함)

_____. *Selected Essays*. London: Faber, 1980. (*SE*로 표기함)

_____. *The Use of Poetry and the Use of Criticism*. London: Faber, 1975. (*UPUC*로 표기함)

Eliot, Valerie(ed). *The Letters of T. S. Eliot*. Volume I. 1898-1922. London: Faber, 1988. (*LTS*로 표기함)

Gibert-Maceda, M. Teresa. "T. S. Eliot on Women Women on T. S. Eliot." *T. S. Eliot at the Turn of the Century*. Ed. Marianne Thormählen. Sweden: Lund UP, 1994. 105-19.

Gordon, Lyndall. *Eliot's New Life*. Oxford: Oxford UP, 1988. (*ENW*로 표기함)

_____. *Eliot's Early Years*. Oxford: Oxford UP, 1977. (*EEY*로 표기함)

_____. "Eliot and Women." *T. S. Eliot: The Modernist in History*. Ed. Ronald Bush. Cambridge: Cambridge UP, 1991. 9-22.

Kenner, Hugh. *The Invisible Poet: T. S. Eliot*. London: Methuen & Co, 1976.

Kirk, Russell. *Eliot and His Age: T. S. Eliot's Moral Imagination in the Twentieth Century*. Illinois: Sherwood Sugden & Company, 1988.

Palmer, Marja. *Men and Women in T. S. Eliot's Early Poetry*. Sweden: Lund UP, 1996.

Smidt, Kristian. *Poetry and Belief in the Work of T. S. Eliot*. London: Routledge & Kegan Paul, 1961.

Schwartz, Sanford. *The Matrix of Modernism: Pound, Eliot, and Early Twentieth-century Thought*. Princeton: Princeton UP, 1985.

Unger, Leonard. *T. S. Eliot: Moments and Patterns*. Minneapolis: U of Minnesota P, 1956.

T. S. 엘리엇의 『황무지』에 나타난 도상학적 이미지 분석

| 김성현 |

1. 서론

T. S. 엘리엇(Thomas Stearns Eliot)을 모더니스트라고 부를 때, '모더니스트'라는 개념 속에 반영된 '모더니즘'의 범예술적 함의를 우리는 간과할 수 없다. 모더니즘은 비단 문학텍스트에만 국한된 것이 아니라, 철학, 회화, 음악, 조각, 영화 등에 이르기까지 그것이 태동했던 20세기 초의 광범위한 문화예술 활동을 포괄하기 때문이다. 조셉 프랑크(Joseph Frank)는 모더니즘 시기에 서사적인 구조를 핵심으로 하는 시간의 범주에 놓여있던 문학이 회화나 조형예술로 대표되는 "공간의 범주로 편입되어 가고 있는"[1] 현상에 주목하고 있는데, 이러한 경향 속에서 활동했던 엘리엇이나, 에즈라 파운드(Ezra Pound), 마르셀 프루스트(Marcel Proust), 그리고 제임스 조이스(James Joyce)와 같은 작가들의 작품 속에는 어느 정도 시각예술에서와 같은 공간화 된 특성이 나타나게 되었다고 한다. 월러스 스티븐스(Wallace Stevens)도 『필요한 천사』(*The Necessary Angel*)를 통해 회화에서의 분석이 시에도 종종 유효하게 적용된다는 것은 매우 분명한 사실이라고 지적하면서 어떻게 시가 회화적 기법을 통해 그 기법적 외연을 확장시키고, 의미를 풍부히 할 수 있는가를 설명하고 있다.[2]

---

* 이 논문은『서강 인문 논총』33 (2012)에 「T. S. 엘리엇의 황무지에 나타난 도상학적 이미지」로 게재된 논문을 수정・보완한 것임.
1) Joseph Frank, *The Idea of Spatial Form* (Rutgers UP, 1991), 10.
2) *Wallace Stevens, The Necessary Angel: Essays on Reality and the Imagination* (Vintage Books,

스티븐스는 윌리엄 블레이크(William Blake)가 그랬듯이 회화를 연구함으로써 시를 연구하거나, 혹은 그 반대의 경우가 가능하다고 주장하는데, 그것은 궁극적으로 회화와 시가 개별적 창작 활동이면서 동시에 보편적 예술에 관한 것이기 때문이라는 것이다.

이런 배경에서, 모더니즘 시기의 대표적 화가인 피카소(Pablo Picasso)와 브라크(Georges Braque)를 위시한 입체파 회화와 『황무지』(The Waste Land)의 연관성을 고찰한 제이콥 코르그(Jacob Korg)의 「『황무지』에 나타난 현대 예술적 기법」이라는 논문은 서로 다른 장르인 시와 회화를 공간적인 관점에서 분석하는, 독특한 입장을 피력한 논문이라고 할 수 있겠다. 코르그는 이 논문을 통해, 엘리엇과 동시대 화가들, 특히 "입체파, 미래파, 다다이스트, 초현실주의자" 등과의 유사성을 지목하면서, 그들 모두가 전체적으로 '상실' 혹은 '사랑'과 같은 주제를 다루고 있음을 지적하고 있다.3) 특히 이 논문은 『황무지』가 가지고 있는 파편성 그리고 그 파편적 이미지들의 재통합이라는 특성이 입체파 화가들의 기법과 매우 유사하다는 점에 주목한다.4) 엘리엇은 문학의 고전, 유행하던 노래, 오페라, 신화, 전설 등 기존의 원전 속에서 일부분들을 단편적 인유로 추출해 내어 자신의 작품 속에서 다시 재통합하고 있는데,5) 이러한 기법은 엘리엇의 역사의식, 즉, 역사라고 하는 것이 하나의 유기적이고 연속적인 흐름이 아니라, 연속적인 "시간의 법칙"을 부정하며 하나하나 분절된 순간들의 집합이라는 것을 표현하고 있다는 것이다. 엘리엇의 이러한 관점이 연속된 "공간의 법칙을 억압"6)하여 다양한 관점에서의 형상을 동시적으로 재현하려고 했던 입체파나 미래파 화가들의 기법과 유사하다는 코르그의 지

1951), 160.
3) Jacob Korg, "Modern Art Techniques in the Waste Land," *The Journal of Aesthetics and Art Criticism* 18.4(Jun. 1960), 456-463.
4) Korg, 458.
5) 보다 정확하게 제시하자면, 만주 자인(Manju Jain)의 간략한 설명이 도움이 될 것이다. "엘리엇의 인유는 '신의 죽음과 부활; 성배전설; 타롯카드'와 같은 다양한 체계들과 관련되어 있으며, 또한 다양한 장르와 형식들, 즉, "명상적 서정시, 영적인 자서전, 로망스, 비가, 서사시, 자코비안 드라마, 추리소설, 뮤직 홀 코미디 등을 아우르고 있다." Manju Jain, *A Critical Reading of the Selected Poems of T. S. Eliot* (New York, 1991), 133.
6) Korg, 458.

적은 시와 회화분석의 공통분모를 밝히고 있다는 점에서 주목할 만하다. 이러한 파편적 이미지들의 동시적이면서 이질적인 재현은 절대적인 전체라는 개념을 부정하게 되며, 그것은 보다 거시적인 관점에서 전체성 혹은 절대성의 역사라는 인식에 종말을 가져오게 함으로써, 결과적으로 모더니즘에게 불가피한 상실의 인식을 심어주게 되었다고 코르그는 주장한다.7) 전체성과 절대성의 상실이라는 모더니즘의 주제의식은 현대사회에서의 본질의 상실, 혹은 인간성의 상실이라는 『황무지』의 주제의식과 밀접하게 연관되어 있는데, 이것은 『황무지』 전체를 관통하게 되는 주제의식, 곧 멜랑콜리적인 세계관이라고 할 수 있을 것이다.

『황무지』에서 시와 시각예술과의 밀접한 관계는 눈에 띄게 두드러진다. 코르그가 고찰하였고, 이후 몇몇 비평가들에 의해 간헐적으로 주장되어왔듯, 엘리엇의 『황무지』는 심지어 영화의 몽타주 이론이나, 회화의 기법중 하나인 콜라주 기법이론에 의해서도 접근이 이루어졌다. 딕슨 헌트(Dixon Hunt)는 『황무지』에서 『네 사중주』(Four Quartets)에 이르기까지 엘리엇이 "입체파적 전략"8)을 사용하고 있음을 지적하고 있으며, 외부의 사물이나 이미지를 회화 속에 물리적으로 삽입했던 브라크와, 피카소의 콜라주 기법이 『황무지』에서 시도되고 있음을 주장하였다.9) 이런 주장의 연속선상에서, 앤드류 클리어필드(Andrew M. Clearfield)는 엘리엇이 대표적인 "콜라주 기법의 시인"10)이라고까지 주장하게 된다. 이것은 엘리엇과 이미지즘 사이의 경향적 친연성을 염두에 둘 때 그리 놀라운 일은 아닐 것이다.

이러한 맥락에서 최영승은 회화에서의 콜라주 기법, 특히 장르를 초월한 다양한 인유로 얻어지는 효과를 통해 『황무지』를 살펴보았고,11) 이정호는 영

---

7) Korg, 458.
8) John Dixon Hunt, "'Broken Images' : T. S. Eliot and Modern Painting," *The Waste Land in Different Voices,* ed. A. D. Moody (Billing and Sons Ltd., 1974), 182.
9) 클리어필드에 따르면 콜라주 기법은 피카소에 의해 주도적으로 이루어졌으며, 그 기법은 "외부의 사물이나 이미지를 자신의 작품 속에 물리적으로 삽입함으로써 보는 이들로 하여금 예술작품이 단지 하나의 대상일 뿐이라는 인식을 갖게 하는 것으로 정의되고 있다." Andrew M. Clearfield, *These Fragments I have Shored: Collage and Montage in Early Modernist Poetry* (Ann Harbor, 1984), 10.
10) Clearfield, 111.

화의 몽타주 곧, "병치"(juxtaposition)와 "중첩"(superimposition)으로 요약되는 기법을 통해『황무지』의 시각예술적 측면을 고찰하였다.12) 보다 더 직접적으로는, 엘리엇 스스로가『황무지』안에서 밝히고 있듯,『황무지』는 "파편적 이미지들을 한데 모아놓은 더미"(a heap of broken images)이며 이 시 전체는 다양한 문화적, 문학적, 예술적 파편들과 편린들을 한데 모아둔 것이라는 암시를 주고 있다. 린다 노클린(Linda Nochlin)은『절단된 신체와 모더니티』(*The Body in Pieces*)라는 저서를 통해, 19세기부터 20세기에 이르기까지 특히, 제리코, 마네, 르누아르, 드가, 다미애 등의 화가들이 실제의 파편성과 유동적이며 모호한 이미지에 천착했던 증거를 제시하며, 모더니티의 인식은 원칙적으로는 절대성과 절대적 존재, 가치 그리고 전체성이라는 이상적 개념에 대한 부정으로 나타났고, 회화적으로는 절단된 신체의 재현으로 나타났음을 지적한다.13) 파편성, 그리고 그것의 미적 재통합의 과정을 루이 메난드(Louis Menand)는, "조각난 것처럼 보이는 단편들이 사실은 보다 완벽한 형태를 이룬다"14)고 평가함으로써, 모더니즘의 핵심적 요소인 "전체성의 상실"15)과 그에 따른 파편성이 사실상 모더니즘 미학의 출발조건이었음을 밝히며, 이것을 바탕으로 엘리엇과 입체파 화가들 사이에서 공통적으로 나타나는 파편성과 통합이라는 특징을 고찰하고 있다. 단순히 기법적인 유사성을 넘어서, 현실을 파편적으로 인식하고, 이상적인 전체성 혹은 절대성의 허위를 자각한 것에 대한 반응이라는 점에서 엘리엇의 시와 입체파는 서로 공명하고 있는 것이다. 이러한 맥락에서『황무지』가 보여주는 텍스트의 파편성은 이러한 경향의 일부로서 읽힐 수 있을 것이며, 여기서 유추된 파편성은 모더니티의 가장 두드러진 특성으로 이해되어 왔다.

하지만 기존의 시각예술적 접근 방법들은, 그 기법에 있어서의 물리적 방

---

11) 최영승,「엘리엇 초기 시의 콜라쥬 기법」,『동아영어영문학』12 (동아대학교, 1996), 319.
12) 이정호,「T. S. 엘리엇과 영화기법」,『신영어영문학』16 (2000.8), 신영어영문학회 (39-62), 48.
13) Linda Nochlin, *The Body in Pieces: The Fragment as a Metaphor of Modernity* (Thames & Hudson, 1994), 8.
14) Louis Menand, *Discovering Modernism: T. S. Eliot and His Context* (Oxford UP, 1987), 26.
15) Nochlin, 8.

식의 유사성을 근거로 접근하고 있으므로,『황무지』의 주제적 측면을 부각시키기에는 그 한계가 쉽게 드러난다. 널리 알려져 있다시피,『황무지』는 현대 세계의 불모성, 황폐해진 정신세계, 대도시의 일상 속에 적체되는 공허한 권태와 짙은 우울이라는 문명세계의 묵시론적인 이면을 매우 묵직한 어조로 더듬고 있다. 이러한 주제의식과의 효율적이고 유기적인 관계를 고려할 때,『황무지』는 시에 등장하는 구체적이고 파편화된 이미지들의 상징적 의미와 배치를 유기적으로 해석할 수 있는 도상학적 접근으로 분석이 가능하며, 그 도상학적 이미지 분석은『황무지』의 주제를 보다 직접적이고 효과적으로 드러낼 것으로 예상된다. 이렇게 부분적으로 제시되는 이미지들은 도상학적 해석의 관점에서 분석될 때, 유기적이고 일관적인 주제의식을 보여주고 있는데, 그것은 중세의 죽음 혹은 죽음의 제시과 관련된 마카브르(macabre)의 주제들이다. 마카브르의 주제들은 보통 '메멘토 모리,' '죽음의 춤,' '바니타스,' '카르페 디엠'과 같은 모티프로 구성된다.16) 멜랑콜리는 이러한 마카브르의 주제들과 매우 밀접한 관계를 갖고 있는 것으로 유추되는데, 많은 경우, 마카브르의 모티프들이 멜랑콜리의 도상학적 모티프와 함께 나타나기 때문이다.

이런 배경에서, 보들레르(Charles Baudelaire)로부터 엘리엇으로 이어지는 모더니즘의 정신성을 삶에 대한 허무와 멜랑콜리(melancholy)적인 세계관이라고 상정할 때, 회화의 역사에서 멜랑콜리가 통상 도상학적인 이미지들로 표현되었음은 도상학적 분석이『황무지』의 멜랑콜리적 요소를 보다 두드러지게 나타낼 수 있는 근거가 될 것으로 여겨진다. 따라서 본 논문은, 먼저 도상학에 대한 개념과 대표적인 도상학적 주제들을 살펴본 후, 이것을 통해,『황무지』

---

16) 바니타스(vanitas)란 인생의 유한성, 덧없음, 허무를 의미하며, 이러한 상징적인 의미를 표현할 수 있는 사물들, 즉, 해골, 모래시계, 꽃, 비눗방울, 아기, 촛불, 거울 등을 이미하며 그러한 사물들로 구성된 정물화를 뜻한다. 메멘토 모리(memento mori)는 인간에게 자신들의 필멸성을 상기시켜주는 사물들인데, 보통 해골의 이미지로 많이 나타난다. 이러한 생에 대한 유한성에 대한 인식은 호라티우스(Horace)의 시 구절에서 연유한 카르페 디엠(carpe diem)의 경구로도 나타나는데, 이것은 인간의 생은 유한하므로 현재의 시간을 즐겨야 한다는 메시지를 담고 있다. 죽음의 춤(danse macabre) 인간에게 불가항력적으로 다가오는 죽음의 힘을 나타내는 중세로부터 연유하는 일종의 예술적 주제이다. 이것은 앞서 언급된 바니타스, 메멘토 모리, 카르페 디엠과 함께 비슷한 문화사적 의미를 가지고 있으며, 궁극적으로 멜랑콜리적 정서와도 밀접한 관계를 가지고 있다.

에 나타난 메멘토 모리, 바니타스, 죽음의 춤과 같은 도상학적 요소들이 멜랑콜리라는 주제의식으로 수렴하고 있음을 살펴보겠다.

2. 도상학과 도상학적 이미지 분석

도상학(Iconography)은 19세기 독일의 아비 바르부르크(Aby Warburg)에 의해 문화학 연구의 한 갈래로 정립된 후, 에르빈 파노프스키(Erwin Panofsky)에 의해서 본격적으로 그 이론과 적용이 널리 알려진 회화분석의 기본적인 틀이다. 바르부르크 이전의 도상학자들에게는 주로 "종교, 문학적 기원, 제식과 종교미술의 관계"가 주된 연구대상이었지만, 바르부르크에게 그림의 연구란 곧 "종교, 시, 신화, 학문 그리고 사회적 정치적 생활과 그림의 관계"[17])에 대한 연구였으며, 그에게 미술은 단지 눈을 즐겁게 하는 시각적인 심미적 자극이 아니라, "역사적 삶의 다층적 구조와 밀접하게 연관"[18])된 것이었다. 따라서, 도상분석은 각 시대와 유파가 어떤 도상학적 이미지를 사용하느냐를 파악하여 작품의 주제와 의미를 시대와의 연관성 속에서 이해할 수 있게 해준다. 파노프스키는 도상학을 "미술작품의 주제나 의미를 형식과 대별하여 다루는 분야"[19])라고 정의하였고, 얀 비알로스토키(Jan Bialostocki)는 파노프스키의 해석체계가 "관습적 알레고리, 문학적 주제와 정신사의 한 부분인 상징에 대해 이해하고 해석하는 일"이라고 규정하고 있다.[20]) 그 결과 도상해석학은 미술사학자뿐만 아니라, 인문학 연구 및 학자들에게도 커다란 영향력을 발휘하게 되었으며,[21]) 시각예술이 가지는 보편적인 특질을 생각할 때, 도상해석학은 인류의 모든 시각유산을 그 대상으로 한다고 해도 지나치지 않을 것이다.[22])

---

17) 얀 비알로스토키, 「도상학의 역사」, 『도상학과 도상해석학』, 에케하르트 캐멀링 편, 이한순 옮김 (사계절, 1997), 50.
18) 비알로스토키, 50.
19) 에르빈 파노프스키, 『도상해석학 연구』, 이한순 옮김 (시공사, 2001), 23.
20) 비알로스토키, 53.
21) 비알로스토키, 53.
22) 에케하르트 캐멀링, 「머리말」, 『도상학과 도상해석학』, 에케하르트 캐멀링 편, 이한순 옮김 (사계절, 1997), 3.

따라서, 기존의 회화에 적용되는 도상해석의 준거틀을 시 분석에 적용함으로써 시에 나타나는 시각적 이미지들의 문화적, 사회적, 역사적 의미를 살펴볼 수 있을 것이다. 기본적으로 도상학은 "작품에 재현된 주제를 확인하는 데 우선적으로 요구"[23]되어온 만큼, 『황무지』의 도상학적 분석은 『황무지』가 지닌 주제의식을 어떻게 효과적으로 전달하고 있는지를 잘 보여줄 것이다.[24]

도상학적 분석은 예술적 모티프들의 열거작업으로 구성되는 전도상학적 단계와 여기서 파악된 모티프의 주제와 개념에 관습적으로 해석되는 의미를 적용하는 단계를 거쳐 최종적으로 그 의미에 담긴 "이미지, 이야기, 알레고리"를 정확히 종합하고 해석하는 것[25]을 의미한다. 이러한 도상학적 분석을 통해 『황무지』가 쓰인 역사, 사회적 상황 속에 그 "테마와 개념을 매개로 인간정신의 본질적 성향"이 어떻게 나타났는가를 유추함으로 해서, 『황무지』에 나타난 "문화적 징후"[26]로서의, 즉 멜랑콜리적 요소를 확인할 수 있을 것이다. 이러한 도상학적 접근의 유효성은 『황무지』의 중심 주제를 멜랑콜리로 상정할 때, 더욱 두드러지게 나타나는데, 그것은 멜랑콜리가 도상학적 분석과 매우 관련이 깊기 때문이다. 파노프스키가 뒤러의 "멜랑콜리아 I"에 대한 기념비적인 도상학적 분석을 했던 것처럼, 아담 키츠스(Adam H. Kitzes) 역시 도상학적 연구와 멜랑콜리와의 밀접한 관계를 강조하고 있다.[27] 이후 부연되겠지만 멜랑콜리라는 주제는 중세의 화가였던 알브레흐트 뒤러(Albrecht Dürer)나 그의 동시대인이었던 루카스 크라나흐(Lucas Cranach)와 같은 화가들에 의해 대표적인 알레고리로 다루어졌다. 알레고리는 다시 파노프스키의 정의에 따라 "좁

---

23) 캐멀링, 9.
24) 르네상스 이후, 조형예술에서 역사로 대변되는 관념적인 주제가 더 많은 관심을 받게 되었는데 이것은 "문학이 조형예술보다 앞선다"는 르네상스적 사고 때문이었고, 이런 이유로 호라티우스의 '시는 그림과 같다'(ut pictura poesis)는 원칙이 지배적이었던 이유라고 한다. 역사적으로 중세이후 도상학은 문학에 대한 의존도가 점차 높아졌으며 결국 도상학적 해석은, 시각예술에 적용된 문학적 이론을 다시 문학으로 되돌려 가져온다는 의의가 있다고 하겠다. 얀 비알로스토키, 「도상학의 역사」, (서울: 사계절, 1997), 28~29.
25) 파노프스키, 26-29.
26) 파노프스키, 40.
27) Adam H. Kitzes, *The Politics of Melancholy from Spenser to Milton* (New York: Routledge, 2006), 11.

은 의미의 도상학적 영역"28)에 속하기 때문에 멜랑콜리라는 주제를 도출해 내기에는 도상학적 분석이 매우 유용한 것이다. 이런 분석을 통해, 한 시대의 정신적 경향과 문화적 의미를 파악할 수 있고, 『황무지』의 경우, 작품이 쓰인 1920년대 모더니즘의 정신성, 혹은 세계감이 어떤 도상학적 배치를 통해 어떤 의미로 표현되었는지를 추적해 볼 수 있을 것이다.

멜랑콜리는 비록 그 개념의 시초는 플라톤으로까지 거슬러 올라갈 만큼 긴 역사를 가지고 있지만 20세기, 특히 모더니즘 시기에 그 문화적 개념이 다시 "정의되고, 재평가"된 매우 중요한 현상이다.29) 『우울의 해부』(*The Anatomy of Melancholy*)에 나타난 로버트 버튼 (Robert Burton)의 정의에 따르면 멜랑콜리는 "슬픔, 두려움, 고통, 불만, 고뇌, 권태" 등을 수반하는 일종의 병리학적인 정신상태라고 할 수 있다.30) 특히, 보들레르와 라포르그(Jules Laforgue) 그리고 엘리엇으로 이어지는 모더니즘적 기류에 나타난 멜랑콜리는 당시의 사회문화적 조류를 살펴보는 핵심적인 시금석의 역할을 하고 있는 만큼, 『황무지』 전편에 흐르고 있는 멜랑콜리라는 주제의식을 간과할 수 없을 것이다. 멜랑콜리는 프로이트의 「애도와 우울」("Mourning and Melancholia")을 통해서 단지 슬픈 감정의 상태를 지칭하는 것 이상의 사회문화적인 의미를 갖게 되었고, 특히 발터 벤야민(Walter Benjamin)의 연구, 『독일 비애극 원천』(*The Origin of German Tragedy*)에서, 멜랑콜리의 현대적 르네상스가 본격적으로 이루어졌다. 특히, 엘리엇 작품의 미학적 시도가 벤야민의 비평이론에 공명하고 있다는 에

---

28) 파노프스키, 26.
29) Harvie Ferguson, *Melancholy and the Critique of Modernity* (London: Routledge, 1995), 19.
30) Robert Burton, *The Anatomy of Melancholy*, ed. Lawrence Babb (Michigan: Michigan State UP, 1965), 125. 멜랑콜리아(melancholia)라는 단어는 "그리스어 μελαγχολία의 라틴 번역어"(Stanley Jackson 4)로서, 이것은 두려움이나 우울과 같은 정신적 질병을 의미한다. 이 용어는 atra bilis라는 라틴어를 거쳐서 서양의 4체액설 중 하나인 검은 담즙을 의미하는 black bile로 옮겨진다(Jackson 4). 멜랑콜리를 의미하는 용어는 약간씩 형태가 다르게 나타나는데, malencolye, melancoli, malencolie, melancholie, melancholy 등으로 표기되었다. 스탠리 잭슨에 따르면, 17세기 멜랑콜리아melancholia라는 용어는 일종의 질병을 가리키는 용어로 쓰였다고 한다(5). 특히 감정적인 징후로서 중요한 위치를 가지고 있는 멜랑콜리는 특히 모더니즘 시기에 만연했던 권태의 감정을 비롯, 슬픔과 절망, 좌절 등의 우울한 감정들과 매우 밀접한 관계를 가지고 나타난다.

릭 스바니(Erik Svarny)의 지적은 엘리엇과 벤야민의 관계가 멜랑콜리를 공통의 미학적 토대로 하고 있을 만큼 매우 밀접하다는 것을 보여준다.31)

그럼에도 불구하고 『황무지』에 나타난 멜랑콜리적 요소에 대한 관심과 연구는 콘래드 에이킨(Conrad Aiken)의 서평을 제외하고는 거의 언급되지 않았다. 엘리엇의 가까운 친구이기도 했던 에이킨은 황무지의 출간 이후인 1923년 한 서평을 통해, 『황무지』는 "강력한 멜랑콜리적 어조의 작품"32)이라고 평가했었는데, 서평의 제목이 「우울의 해부」("An Anatomy of Melancholy")라는 사실은 단순한 우연의 일치는 아닐 것이다. 비록 멜랑콜리를 『황무지』의 중요한 요소로 다루는 더 이상의 비평은 나타나지 않았지만, 『황무지』에 나타난 '메멘토 모리,' '죽음의 춤,' '바니타스'33)와 같은 다수의 도상학적 이미지들이 멜랑콜리를 주제적 수렴점으로 삼고 있는 것은 매우 분명하다. 이것은 다음 장에서 자세하게 분석될 것이며, 이러한 관점에서 도상해석학적으로 해석된 이미지들은 궁극적으로 문명과 신화라는 거대한 서사적 주제에 천착했던 엘리엇의 작품세계를 좀 더 분명하게 이해하는 데 도움을 줄 수 있을 것이다.

3. 『황무지』에 나타난 도상학적 주제들: 바니타스, 메멘토 모리, 멜랑콜리

『황무지』는 총 5부에 걸쳐서 현대인의 정신적인 황폐성과 현대문명의 비인간성, 생에 대한 권태와 우울이라는 암울한 주제를 표현하고 있다. 도상학적인 측면에서, 엘리엇은 다양한 도상학적 이미지들을 효과적으로 배치하고, 제시하여 궁극적으로는 멜랑콜리와 그 인접 모티프라고 할 수 있는 '바니타스,'

---

31) Erik Svarny, 'The Men of 1914' T. S. Eliot and Early Modernism (Milton Keynes: Open UP, 1988), 161.
32) Conrad Aiken, "An Anatomy of Melancholy," T. S. Eliot: The Critical Heritage, ed Michael Grant, Vol. 1 (London: Routledge & Kegan Paul, 1982), 161.
33) "바니타스는 인생의 덧없음을 뜻한다. 이것을 표현하기 위해 주로 해골, 썩은 과일, 모래시계, 연기, 비눗방울, 악기 등이 등장한다. 해골은 언젠가는 죽는다는 죽음의 확실성을, 썩은 과일은 늙음을, 모래시계, 연기, 비눗방울, 악기는 짧은 인생을 의미한다." 울리 분덜리히, 『메멘토 모리의 세계: 죽음의 춤을 통해 본 인간의 삶과 죽음』, 김종수 옮김 (길, 2008), 152.

'메멘토 모리,' '카르페 디엠,' 그리고 '죽음의 춤'이라는 죽음에 관한 고전적인 주제를 표현하고 있다. 벤야민에 의해 현대적, 특히 모더니즘적 중요성을 부여받게 된 멜랑콜리는, 단지 보들레르에게서 엘리엇으로 이식된 19세기의 감성적인 유산만은 아니었다. 멜랑콜리는 오랜 역사를 가지고 있는 문화사적 개념으로, 신화적으로는 새턴, 크로노스, 의미적으로는 죽음과 시간, 그리고 상징적으로는 중세의 회화에서 다루어졌듯, 다양한 "우의도상"34)을 중심으로 표현되어왔다. 벤야민은 "개, 공, 돌"35)의 이미지를 멜랑콜리의 도상으로 지적하고 있지만,『황무지』에는 훨씬 더 많고 다양한, 전형적인 도상학적 아이콘들이 등장한다.

    1부는 4월에 꽃피는 라일락에 대한 언급으로 시작하는데, 여기에는 꽃이라는 아주 전형적인 바니타스의 도상이 제시되고 있다. 바니타스는 중세에 인생의 허망함, 덧없음, 인간의 유한성 등을 상기시켜주는 사물들을 지칭하는 개념으로 정물화나 초상화의 한 장르를 의미한다.36) 여기에는 죽은 사람 혹은 죽음 자체를 표현하는 마카브르 주제가 자주 동반되어 나타나는데, 그것은 해골, 노인, 뼛조각, 모래시계, 괘종시계, 낫 혹은 묘지 인부들의 삽과 같은 상징들로 나타난다.37) 죽음의 땅에서 다시 피어나는 라일락의 이미지는 삶과 죽음의 순환이라는 원형적 모티프를 제시하면서 동시에 인간의 필멸성, 유한성, 죽음으로의 예속이라는 의미를 상기시킨다. 다소 음울하고 어두운 주제는, 곧 거칠고 메마른 삶의 편린에 대한 단상으로 이어진다.

    "기억과 욕망"이 마치 "엉겨 붙은 뿌리"처럼 교직되어 ". . . .where the sun beats,/ And the dead tree gives no shelter, the cricket no relief,/ And the dry stone no sound of water"(*CPP* 61) ". . . . 태양이 내리쬐고, / 죽은 나무 밑엔 그늘이 없고, 귀뚜라미의 위안도 없고 / 메마른 돌 틈엔 물소리 하나 없다"(『엘리엇 전집』 47-48)38)는 현실의 묘사는 사막과 같은 이미지를 환기시

---

34) 발터 벤야민,『독일 비애극의 원천』, 조만영 옮김 (새물결, 2008), 194.
35) 벤야민, 194.
36) 필립 아리에스,『죽음앞의 인간』, 고선일 옮김 (새물결, 2004), 576.
37) 아리에스, 576-577.
38) 이후의 시 본문 인용은 이창배 교수님의 번역을 따랐으며『엘리엇 전집』으로 표기한 후, 쪽수를 병기하였고 필요한 경우엔 부분적으로 수정하였다.

키며 뒤 이어 이어지는 "트리스탄과 이졸데"에서 사랑의 상실이라는 이미지로 수렴 진다. 바그너의 오페라를 사용한 이 부분은, 특히 멜랑콜리의 상징성을 밝히는 데 매우 유용한 것으로 볼 수 있는데, 왜냐하면, 전통적으로 "트리스탄과 이졸데"는 상실과 비극이라는 주제의식과 맞물려져서 인용되고 또 이해되어 왔기 때문이다. 조지 윌리엄슨(George Williamson)이 지적했듯이, 트리스탄과 이졸데는 "비극적 열정"39) 때문에 치유될 수 없는 상처를 입었고, 이것은 작품의 주된 메타포 중 하나인 어부왕의 상처와 유비적인 관계를 맺고 있는 것이다.40)

> Frisch Weht der Wind
> Der Heimat zu
> Mein Irisch Kind
> Wo weilest du?

'You gave me hyacinths frist a year ago;
'They called me the hyacinths girl.'
-Yet when we came back, late, from the hyacinths garden,
Your arms full, and your hair wet, I could not
Speak, and my eyes failed, I was neither
Living nor dead, and I knew nothing,
Looking into the heart of light, the silence.
Oed' und leer das Meer. (CPP 61-62)41)

> 바람은 가볍게
> 고국으로 부는데
> 아일랜드의 우리님
> 그대 어디서 머뭇거리느뇨
> . . . .

---

39) George Williamson, *A Reader's Guide to T. S. Eliot: A Poem-by-Poem Analysis* (New York: Syracuse UP, 1998), 131.
40) Grover Smith, *T. S. Eliot's Poetry and Plays: A Study in Sources and Meaning* (Chicago: U of Chicago P, 1974), 75.
41) 『황무지』 원문의 인용은 *T. S. Eliot: The Complete Poems and Plays*를 따랐고, 이후 *CPP*로 표기한 후 페이지 수를 표시하였다.

밤 늦게 히아신스 정원에서 나와 함께 돌아왔을 때,
나는 말이 안 나왔고 눈도 보이지 않았고, 나는
산 것도 죽은 것도 아니었고, 아무것도 몰랐다.
다만 빛의 한복판, 그 정적을 들여다보았을 뿐이었다.
바다는 황량하고 님은 없네. (『이창배 전집』 48)

"바다는 황량하고 님은 없네"라는 구절에 이르러서, 시는 상실의 바다라는 이미지를 제시하고 있는데, 이것은 19세기 낭만주의 화가 카스파르 데이비드와 같은 화가들이 멜랑콜리적 우울, 혹은 경이로운 자연 앞에서 인간의 유한함을 표현하는 방식과 유사하다.42) 여기 등장하는 히아신스 꽃과 소녀는 라일락과 같이 꽃이라는 바니타스의 전통을 따르고 있는데, 꽃이라는 도상적 아이콘으로 유추할 수 있는 생의 덧없음에 대한 인식이 바로 "산 것도 아니고 죽은 것도 아닌" 허무의 주제로 드러난다. 그것은 "빛의 심장" 속에 있는 죽음과도 같은 "침묵"이며, 한때 화려하게 살았던 삶의 어두운 종말인 것이다. "넓고 황량한" 바다의 그 무한함 앞에서, 인간은 한낱 한줌의 먼지와 같은 존재이며, 그러한 각성은 바로 "한 줌 흙 속의 공포"로 나타나게 되는 것이다. 이러한 인간의 필멸성에 대한 인식, 혹은 유한함과 왜소함의 인식은 바다라고 하는 무한의 도상, 영원의 이미지와 대조적으로 병치되면서 멜랑콜리적인 정서를 주도적으로 환기하고 있다.

And the dead tree gives no shelter, the cricket no relief,
And the dry stone no sound of water, Only
There is shadow under this red rock,
(Come in under the shadow of this red rock), *(CPP 61)*

죽은 나무 밑엔 그늘이 없고, 귀뚜라미의 위안도 없고
메마른 돌 틈엔 물소리 하나 없다. 다만
이 붉은 바위 밑에만 그늘이 있을 뿐,
(이 붉은 바위 그늘 밑으로 들어오라), (『엘리엇 전집』 47-48)

---

42) 백내승, 「카스파 다비드 프리드리히의 그림에 나타난 '죽음'의 의미」 (숙명여대 석사학위 논문, 1996), 22.

대상이 존재하지 않는 무의 이미지, 그리고 바위 밑의 "그늘"이라는 이미지는 공교롭게도 죽음과 허무를 잘 표현해주는 도상들이다. 중세시대 이후 죽음에 대한 인간의 실존적 문제의식을 문화사적인 관점에서 파악한, 필립 아리에스(Philippe Aries)는 18세기 로마의 산타마리아 인 캄피텔리 성당에 있는 한 무덤의 예를 들면서, "무와 그림자"는 바니타스에서 메멘토 모리로 이어지는 죽음과 허무의 주제를 잘 표현해 주는 것이라고 지적하고 있다.43) 묘지와의 즉각적인 연상을 불러일으키는 이러한 이미지는 18세기 토마스 그레이(Thomas Gray)가 멜랑콜리적인, 삶의 우울과 허무한 측면을 그려낸 묘지의 이미지와 비교적 정확하게 교차한다. 묘지는 17-18세기에 사용된 "죽음에 대한 또 다른 이미지"이며 "지상에 있으나 빛이 제거된 공간"44)이다.

이러한 멜랑콜리적인 정서는 같은 연에서 사용된 전도서의 인유에 의해서 좀 더 분명하게 읽힐 수 있다. 엘리엇이『황무지』의 노트에서 밝히고 있다시피, 1부의 2연에서는 성서의 에제키엘서와 전도서에서 인용된 부분이 있다. 23행 "죽은 나무는 쉴 곳이 되지 못하고 귀뚜라미도 위안의 소리를 전하지 않는다"라는 부분은 전도서에서 인유한 것으로 밝히고 있는데, 전도서는 그 전체의 주제가 하늘아래 새로운 것은 아무것도 없다는 매우 허무적인 주제의식을 표현하고 있다. 또한 비슷한 맥락에서 인유된 에제키엘서 역시 비탄의 고통과 슬픔에 관한 것으로 끝나고 있음을 상기할 때, 성서의 인유에서 엘리엇이 차용하고 있는 것은 삶의 공허하고 우울한 측면을 강조하기 위함이며, 그것은 개념적으로 멜랑콜리라는 문화적 징후로 나타난다고 할 수 있을 것이다. 인간 삶의 바니타스를 탄식하는 전도서의 일부를 옮겨보면 다음과 같다.

"전도자가 가로되 헛되고 헛되며 헛되고 헛되니 모든 것이 헛되도다. 사람이 해 아래서 수고하는 모든 수고가 자기에게 무엇이 유익한고 한 세대는 오되 땅은 영원히 있도다. 해는 떴다가 지며, 그 떴던 곳으로 빨리 돌아가고 바람은 남으로 불다가 북으로 돌이키며 이 돌며 저리 돌아 불던 곳으로 돌아가고 모든 강물은 다 바다로 흐르되 바다를 채우지 못하며 어느 곳으로 흐르든지 그리로 연하여 흐르느니라." (전도서 1장. 2-7)

---

43) 아리에스, 604.
44) 아리에스, 609.

여기서 '헛되다'는 뜻의 'vanity'는 헤브라이어 'הֶבֶל'에서 온 것으로 그 의미는 숨결, 수증기, 혹은 진공과 같은 뜻을 가지고 있는 것이다.(http://www.milon.co.il/general/general.php?term=הֶבֶל). 이와 같이 '헛됨'이라는 바티나스의 의미는 기본적으로 안개, 구름, 연기와 같은 곧 사라지기 쉬운 물질성을 지 난 것과 매우 밀접한 관계를 지니는데, 이러한 이미지들은 이후 촛불, 안개, 비실재, 연기 등과 같은 형태로 매우 빈번하게 등장한다. 이러한 바니타스의 개념에는 다소 기독교적인 관념도 포함되어 있는데, 그것은 엘리엇이 차용하고 있는 성배전설과도 관련이 깊다.

도시의 비인간화와 문명의 불모성이라는 문화사적인 주제에 대해 엘리엇이 상당부분 성배전설에 근거하고 있는 것은 널리 알려진 사실이다. 헬렌 가드너(Helen Gardner)가 『황무지』의 일관성은 그 형식이 아니라 "내재된 신화"45)에 의한 것이라고 했을 때, 신화의 내용에 해당되는 것은 제시 웨스턴(Jessie L. Weston)이 분석한 바 있는 성배전설을 의미하는 것이었다. 여기서 성배전설이 가지는 기독교적 함의는 '바니타스'를 통해서 유추될 수 있는데, 역사적으로 '바니타스'는 '메멘토 모리' 사상과 더불어 중세의 기독교에 적극적으로 수용되었고46) 많은 예술작품 속에 반영되었다. 따라서 성배의 도상학적 의미는 다른 일련의 도상학적 아이콘과 같이 '바니타스'나 '메멘토 모리'와 비슷한 맥락에서 이해될 수 있는 것이다. 기독교에서 추구하는 영원의 개념과 비교해 볼 때, 현세는 지극히 짧고, 순간적이며, 전도서에서 아주 분명하게 표현되고 있듯, 인간의 삶은 기독교적 세계관에 비해서 아주 덧없는 것이기 때문이다. 더욱이 '죽음의 춤'을 그리고 있는 중세 그림 중에는 십자가에 매달린 '예수의 도상'과 '죽음의 춤'의 도상이 동시에 나타나는 경우47)가 존재하는 것은, 이러한 해석에 많은 설득력을 제공해 주고 있다. 이러한 주제를 나타내는 도상학적 아이콘은 계속 제시된다.

뒤이어 등장하는 소소스트리스 부인의 에피소드에도 다양한 도상학적 아

---

45) Helen Gardner, *The Art of T. S. Eliot* (London: The Cresset Press, 1949), 43.
46) 울리 분덜리히, 『메멘토 모리의 세계: 죽음의 춤을 통해 본 인간의 삶과 죽음』, 김종수 옮김 (길, 2008), 18.
47) 분덜리히, 45.

이콘들이 등장한다. 소소스트리스 부인은 카드점을 잘 치기로 유명하다. 여기서 카드를 통해서 제시되는 이미지들, 즉 익사한 수부의 쾌나 "떼를 지어 빙빙 돌고 있는 군중" 그리고 "천궁도" 등은 죽음, 죽음의 춤, 그리고 우주적인 시간의 의미를 지닌 도상학적 아이콘이라고 할 수 있다. 특히 죽음의 춤이라는 모티프는 중세부터 이어져 내려오는 도상학적인 기호중 하나로 신분의 지위 고하를 막론하고 죽음은 누구에게나 공통적으로 찾아오는 피할 수 없는 인간의 운명이라는 묵시론적인 주제를 표현하고 있다. 특히 한스 홀바인(Hans Holbein)을 비롯한 많은 화가들이 그리고 있는 '죽음의 춤'을 다룬 회화들에서는 죽음을 상징하는 해골들과 인간들이 둥글게 원을 그리면서 춤을 추고 있는데, 이러한 원형의 이미지는 생의 덧없음을 상징하는 바니타스를 표현하는 둥근 수레바퀴의 이미지로 연결된다.

> I see crowds of people, walking round in a ring.
> Thank you. If you see dear Mrs. Equitone,
> Tell her I bring the horoscope myself:
> One must be so careful these days. (CPP 62)
>
> 아, 떼를 지어 빙빙 돌고 있는 군중이 보이는군.
> 고맙습니다. 만일 에퀴톤씨 부인을 만나시거든
> 천궁도는 내 자신이 가지고 간다고 말해 주세요.
> 요새는 조심해야 하니까요. (『엘리엇 전집』 49)

소소스트리스 부인의 점괘가 보여주는 도상학적 이미지들이 바니타스 혹은 묵시론적 시간이라는 주제와 밀접한 관련이 있을 뿐 아니라, 부인이 사용하는 카드 자체도 중세 회화에서 아주 전형적인 멜랑콜리적인 주제를 표현하는 도상학적 아이콘이었다는 사실은, 『황무지』 1부에 매우 집약적이고 전형적인 도상학적 이미지들이 배치되어 있음을 부정할 수 없게 만든다. 소소스트리스 부인의 천궁도 역시 자신의 꼬리를 물고 있는 뱀(우로보로스), 혹은 모래시계와 더불어 시간을 나타내는 도상학적 상징중 하나이다.[48] 또한 동시에 멜랑콜

---

48) 파노프스키, 130.

리적인 상징을 나타내기도 하는데, 이것은 멜랑콜리를 주관하는 새턴의 의미가 종종 "운명의 수레바퀴"49)로 나타나기 때문이다. 운명의 수레바퀴는 결국 계속해서 순환하는 시간을 의미하며, 시간에 대한 이러한 인식이 결국 인간의 덧없는 삶과 필연적인 죽음이라는 문제를 제기하는 것이다. 천궁도의 시각적 표현도 이러한 바니타스의 수레바퀴와 같이 원으로 표현되며, 동시에 천궁도가 궁극적으로 의미하는 것이 우주론적인 시간이라는 사실을 상기할 때, 죽음의 춤과 수레바퀴, 그리고 천궁도 모두는 인간으로서 피할 수 없는 필멸성과 그것에 대한 자각으로부터 오는 삶에 대한 허망함에 이르는 매우 묵시론적인 주제를 표현하고 있다고 할 수 있다. 죽음과 삶의 허무감을 직시하게 하는 이미지들은 1부의 끝으로 가면서 그 현대성 혹은 도시의 어두운 측면을 강조하는 도상학적 상징과 함께 나타나고 있다.

> Unreal City,
> Under the brown fog of a winter dawn,
> A crowd flowed over London Bridge, so many,
> I had not thought death had undone so many.
> Sighs, short and infrequent, were exhaled,
> And each man fixed his eyes before his feet.
> Flowed up the hill and down King William Street,
> To where Saint Mary Woolnoth kept the hours
> With a dead sound on the final stroke of nine. (*CPP* 62)

> 비실재의 도시
> 겨울나라 새벽 갈색 안개 속으로
> 군중이 런던교 위로 흘러간다. 저렇게 많이
> 나는 죽음이 저렇게 많은 사람을 죽게 했다고는 생각지 못했다.
> 때로 짤막한 한숨이 터져 나오고,
> 각자 자기 발 앞에 시선을 집중하고 간다.
> 언덕을 오르고, 킹 윌리엄가로 내려가 성 메어리 울노드 교회가
> 마지막 일격이 꺼져가는, 아홉시 종소리로
> 예배시간을 알리는 그곳으로 군중은 흘러갔다. (『엘리엇 전집』 49)

---

49) 리차드 커니, 『이방인, 신, 괴물』, 이지영 옮김 (개마고원, 2004), 307.

휴 케너(Hugh Kenner)에 따르면『황무지』는 근원적인 "공포와 절망 그리고 뭔가 더 오래되고 더 깊은 곳에 있는 두려움"을 표현한다고 한다.50) 이렇듯, 공포와 두려움을 야기하는 도시의 "비실재"적 이미지는 뒤에 제시되는 "갈색 안개"에 의해서 구체화 되고 있는데, 이 안개는 객관적인 현실세계를 가리고 실재와 환상의 경계를 모호하게 하여 실제 런던교를 건너가는 살아있는 사람들과 그들의 피할 수 없는 죽음의 운명을 중첩적으로 그려내고 있다. 오로지 자신의 "발 앞에 시선을 집중하고" 걸어가는, 마치 영혼을 잃어버린 좀비처럼 정해진 시계 소리에 맞추어 자기 삶을 살아가는 군중들의 모습을, 죽음의 춤을 추고 있는 도상학적인 이미지로 재현하고 있는 것이다. 이것은 개인에게 찾아오는 죽음이 아닌, 집단적 죽음이라는 암시를 통해 죽음의 실존적 측면보다는 신화적이고 문화사적인 의미를 상기시키고 있는 듯하다.

2부 "장기두기"는 제목에서부터 전형적인 도상학적 이미지를 유추할 수 있는데, 전체적으로 시각적인 모티프들이 첫 부분에 집약적으로 제시되고, 뒷부분에서는 도상학적 주제와 밀접한 메시지를 직접적으로 제시하고 있는 구조를 보여주고 있다. 장기 혹은 체스는 도상학적 전통에서 카드놀이와 같이 인간의 허망한 인생이라는 바니타스의 주제를 표현하기 위해 자주 사용되는 모티프이다.51) 20세기 초 스웨덴의 영화감독 잉그마르 베르히만(Ingmar Begman)이 페스트가 창궐하던 중세의 '죽음의 춤'이라는 모티프를 차용하여 만든 영화『제7의 봉인』(The Seventh Seal)에서도 장기는 매우 상징적인 장치로 나타난다. 현대적인 의미에서 모든 인류를 의미하는 '에브리맨'을 상징하는 십자군 기사는 자신에게 찾아온 죽음을 조금이라도 더 늦추기 위해, 죽음과 계속 장기를 두려고 한다. 기사가 만난 죽음은 개별적인 죽음이 아니라, "보편적인 죽음과의 대면"52)이라는 것을 아주 명백하게 보여주고 있는데, 결국, 기사는 죽음을 이기지 못하고 다른 사람들과 마찬가지로 죽음의 손에 이

---

50) Hugh Kenner, *The Invisible Poet* (London: Methuen Co., 1979), 138.
51) 분덜리히, 15.
52) Denise Ming-yueh Wang, "Ingmar Bergman's Appropriations of the Images of Death in The Seventh Seal,"『중세르네상스 영문학』17.1 (중세르네상스영문학회, 2009), 41.

끌려 '죽음의 춤'을 추면서 죽음을 뒤따라가게 된다. 이것은 1부에서 런던교를 지나는 군중들의 모습을 상기시킨다.

특히 2부의 도입부분에서 엘리엇이 묘사하고 있는 부분은 마치 중세의 바니타스 회화를 보는 것처럼 아주 세부적으로 생생하게 그리고 있는데, 주된 이미지들은 바로 촛불이나 향수를 담고 있는 색색의 유리병들이다. 많은 바니타스 회화에서 나타나듯이, 촛불은 그 자기소진성과 꺼지기 쉬움의 특성 때문에 "전통적으로 생과 죽음 혹은 사랑 등을 상정한다고" 알려져 있다.53) 향수 역시 공기 중에 쉽게 흩어지고 그것을 담고 있는 유리병들 역시 깨지기 쉬운 것들로, 도상학에서 자주 등장하는 "바니타스의 어트리뷰트(attribute)"54)이며, 촛불이 비치는 체경, 즉 거울은 16-17세기에는 덧없음의 모티프로서뿐만 아니라, 시간의 상징물로 사용되었다.55) 파노프스키는 체사레 리파(Cesare Ripa)의 "시간"에 대한 해설을 인용하며 시간들 가운데 현재만이 보이고 존재하는데, 그 현재라는 것도 아주 짧고 불확실하여 거울속의 허상에 지나지 않음을 상기시켜준다.56) 거울이 주는 이러한 덧없음의 인식으로 인해 마침내 거울은 덧없음, 즉 바니타스의 전형적인 상징이 된다.57) 따라서 거울 속에 비친 촛불은 그 이중적 배치로 인해 중첩된 도상적 이미지의 의미를 강조하고 있는데, 그것은 인간 삶의 덧없음을 직시하라는 도상학적 의미를 가진 것으로 이해될 수 있을 것이다. 16세기 독일의 루카스 푸르테나겔(Lucas Furtenagel)의 그림 "Der Maler Hans Burgkmair unde seine Frau Anna"은 거울을 들여다보는 한 쌍의 나이든 부부를 묘사하고 있는데, 거울 속에서 죽음의 상징인 두개골이

---

53) 정영목,「막스 벡크만의 밤-도상학적 이미지에 관한 연구」,『미술사 연구』(미술사연구회, 1990), 49.
54) Matilde Battistini, *Symbols and Allegories in Art*, trans. Stephen Sartarelli (Los Angeles: The J. Paul Getty Museum, 2002), 292. 어트리뷰트(attribute)는 어떤 주제의 특성을 표현하는데 그러한 속성을 지닌 것으로 나타나는 전형적인 사물들 혹은 상징이다. 이를테면 깃털, 보석, 향수병, 꽃 등은 바니타스의 어트리뷰트라고 할 수 있다.
55) 파노프스키, 160.
56) 체사레 리파의 11번 도판, "세월"에는 시간과 관련된 다양한 도상학적 아이콘이 등장하는데, 그것은 어린아이, 거울, 천궁도, 모래시계, 낫을 든 신과, 서로 꼬리를 물고 있는 뱀, 그리고 천궁도 등이다. 체사레 리파,『이코놀로지아』, 김은영 옮김 (루비박스, 2007), 44. 이러한 도상들은 흥미롭게도『황무지』에 직접적 혹은 약간 변형된 형태로 나타난다.
57) 파노프스키, 160.

튀어 나오려고 하고 있다. 이것은 거울이 주는 바니타스의 모티프와 메멘토 모리의 모티프가 동시에 표현된 것이라고 할 수 있을 것이다. 아리에스의 지적처럼, "전통적 메멘토 모리"는 주제적 친화성으로 인해 '바니타스'로 전이되는 과정이 있었기 때문이다.58) 여기에서 제시되는 촛불, 거울, 향수, 그리고 유리병 모두가 인간의 바니타스라고 하는 도상학적 주제를 일관적으로 제시해주고 있는 효과적인 아이콘들이라고 할 수 있을 것이다.

> Doubled the flames of sevenbranched candelabra
> Reflecting light upon the table as
> The glitter of her jewels rose to meet it,
> From satin cases poured in rich profusion.
> In vials of ivory and coloured glass
> Unstoppered, lurked her strange synthetic perfumes, (*CPP* 64)

> 일곱 개 가지 친 촛대의 불길이 체경에 이중으로 비쳤고
> 이 빛을 받으며 비단갑에서 쏟아져 나오는
> 보석의 광채는 한데 어울려
> 원탁위에 넘쳐 흘렀다
> 상아병이나 색유리병들의 마개는 빠져 있는데
> 그 속에 든 것은 그 여자의 이상한 합성 향료, (『엘리엇 전집』 50)

여기서 엘리엇이 묘사하고 있는 부분은 흡사 정물화와 같은 인상을 주는데, 아리에스에 의하면, 정물화는 일종의 바티나스와 같은 것이다.59) 왜냐하면 "이러한 유형의 정물화에서는 사물들이 그 기능이나 마모성으로 시간의 흐름과 불가피한 종말"60)을 환기시키기 때문이다. 또한 궁극적으로 이러한 사물들이 표현하는 것은 바로 "불확실한 삶에 대한 멜랑콜리"61)였음을 아리에스는 밝히고 있다. 이러한 관점은 바로 뒤에 제시되는 필로멜라의 신화가 제공하고 있는 주제적 맥락에 의해서 더욱 강조된다. 필로멜라는 테레우스에 의해 "무참

---

58) 아리에스, 579.
59) 아리에스, 580.
60) 아리에스, 580.
61) 아리에스, 582.

하게 능욕당했"였고, 그에 대한 복수로 필로멜라는 테레우스에게 그의 자식을 요리해서 먹게 한다. 이것은 실질적으로 도상학적 이미지라고 간주할 수는 없겠지만, 넓은 의미에서 멜랑콜리적인 주제, 즉 토성의 카니발리즘이라는 모티프와 연관되고 있음을 생각할 때, 변형된 멜랑콜리의 모티프이며, 그럼으로써 도상학적 의미를 강화하는 데 효과적으로 나타나고 있다. 그것은 필로멜라의 신화가 시의 1차적인 서사구조에 직접 등장하는 것이 아니라, 시가 묘사하고 있는 한 장면 속에 있는 또 하나의 그림 속에 나타나는 필로멜라이기 때문이다. 그리하여, 마치 필로멜라의 신화는 시가 묘사하는 장면 속에 하나의 도상학적 모티프로 간주될 수 있는 것이다. 형식적인 측면에서 벽난로위에 놓인 필로멜라의 그림은 마치 중세에 유행하던 관습을 살짝 변형시킨 것처럼 보인다.

> Above the antique mantel was displayed
> As though a window gave upon the sylvan scene
> The change of Philomel, by the barbarous king
> So rudely forced; yet there the nightingale
> Filled all the desert with inviolable voice
> And still she cried, and still the world pursues, (CPP 64)

> 고풍의 벽난로 위에는
> 삼림의 풍경을 내려다보는 창문과도 같이
> 그 야만스런 왕에게 무참히 능욕당한
> 필로멜라의 그림이 걸려있다. 그러나 그림 속에서 나이팅게일은
> 감히 범할 수 없는 목소리로 전 황야를 가득 채우며
> 여전히 울고 있고, 세상은 여전히 그 짓을 계속하고 있다.
> (『엘리엇 전집』 50)

아리에스가 밝힌 바에 따르면 16세기에서 19세기 중엽에 이르기까지 바니타스의 상징들, 즉, 해골이나 인생의 덧없음에 대한 경구 따위가 실생활 매우 깊은 곳까지 퍼져 있었는데 특히, 벽난로위의 선반에 "인생이 짧고 불확실하다는 사실을 떠올리게 하는 경구를 새기는 일이 매우 일상화되어 있었다"[62]고

---

62) 아리에스, 581.

한다. 벽난로의 선반은 생활 속에서 늘 지나치고, 마주치는 공간으로서 그곳에 배치된 것이 무엇이건 간에 보는 사람의 시선을 늘 받을 수밖에 없는 것이다. 따라서, 선반위에 놓인 필로멜라의 그림은 보는 이로 하여금 신화속의 복수와 잔혹함, 그리고 카니발리즘으로 표현된 시간의 파괴적 속성은 새턴신화와 멜랑콜리와의 관계를 떠올리게 하며, 동시에 그러한 비극적인 사건을 통해 인간에게 남는 것은 허망함뿐이라는 생에 대한 허무적인 인식을 지속적으로 상기시킬 수 있었을 것이다. 이렇듯, 바니타스 회화에서 자주 나타나는 도상학적 아이콘과 필로멜라의 신화는 결국 직접적으로 삶의 무의미를 드러내는 대화로 연결된다.

  'What is that noise?'
    The wind under the door.
  'What is that noise now? What is the wind doing?'
    Nothing again nothing.
        'Do
  'You know nothing? Do you see nothing? Do you remember
  Nothing?' (*CPP* 65)

  "저 소리는 무엇이에요?"
    문 밑을 지나는 바람소리지.
  "자 저 소리는 무엇이에요? 바람이 무얼 하는가요?"
    아무것도 아무것도 아니지.
  "아무것도 모르시나요? 아무것도 안 보이나요? 아무것도 기억 안 나나요?"
              (『엘리엇 전집』 51)

바람은 형체가 없지만, 그러한 형체 없음 곧 무에 대한 지시성으로 인해 도상학적 의미를 띠고 있으면서 실제로는 바람과 같은 성질과 직접적으로 연관되는 부채와 바람을 상징하는 악기 등으로 표현되고 있다. 여기서 바람이 "아무것도 없음"을 의미함으로써, 이전에 등장했던 바니타스의 도상학적 아이콘들은 일관된 흐름 속에서 나타나고 있음을 알 수 있다. 왜냐하면, 이러한 "아무것도 없음"의 혼란한 상태에서 화자는 결국 "장기"를 두기로 결심하는데, 그것은 도상학적 측면에서 볼 때 생의 덧없음을 자각하는 것에서 시작되어 결국,

그것을 극복하지 못하고 다시 생의 덧없음을 상기하는 도상학적 아이콘으로 회귀하는 구조를 보여주고 있는 것이다. 마지막 부분에서, "시간입니다. 서두르십시오"라고 강조하는 것은 마치 삶에서 누릴 수 있는 것을 놓치지 말고 빨리 누려야 한다는 메시지를 강조하고 있는 것처럼 보인다. 그것은 외견상 '카르페 디엠'이라는 자신에게 남아있는 삶의 에너지를 즐길 수 있을 때 즐겨야 한다는 메시지와 일맥상통하는 것처럼 보인다. '카르페 디엠'의 주제의식은 사실상 바니타스의 인식과 매우 밀접한 관계를 가지고 있는데, 그것은 바니타스의 인식이 바로 인간의 필멸성을 인식하는 데 있기 때문이고, 그러한 필멸성에 대한 인식에서 현재를 누려야 한다는 자각이 발생하기 때문이다. 이런 맥락에서 '카르페 디엠'은 '메멘토 모리'와 밀접한 관계가 있으며 늘 인간의 필멸성을 자각하고 살아가는 삶은 부인할 수 없는 생의 허무를 의미하는 '바니타스'의 개념으로 이어진다.63)

3부 "불의 설교"는 템즈 강변에 대한 묘사로 시작하지만 뒤이어지는 주된 이미지는 죽음과 연관된 것들이다. '해골'은 직접적인 죽음의 상징일 뿐만 아니라 연속해서 강조되는 '쥐'의 출현은 마치 중세에 창궐했던 페스트를 연상시킨다. 해골과 쥐의 이러한 병치는 흑사병이 몰고 온 집단적인 죽음을 그린 중세의 '죽음의 춤'의 도상학적 이미지와 일치한다.

> But at my back in a cold blast I hear
> The rattle of the bones, and chuckle spread from ear to ear.
> A rat crept softly through the vegetation
> Dragging its slimy belly on the bank
> . . . .
> And bones cast in a little low dry garret,
> Rattled by the rat's foot only, year to year. (*CPP* 67)

해골이 부딪는 소리와 귀에서 귀로 퍼지는 킥킥대는 웃음소리를 듣는다. 쥐가 한 마리 살며시 풀숲 속으로

---

63) 분덜리히, 14.

끈적거리는 배때기를 끌며 둑 위로 기어갔다.
. . . . .
낮은 추녀 밑 작은 메마른 다락방에 버려진 해골들은
해마다 쥐 발에 걸려 덜그럭거릴 뿐이다. (『엘리엇 전집』 54)

여기에 등장하는 해골들─정확히 말해서─뼛조각들은 그 조각난 상태로도 해골이 지니는 것과 같은 "동등한 상징적 가치"64)를 지니고 있다. 파노프스키는 '쥐'의 모티프가 시간을 의미하는 도상학적 체계에 등장하는 사례를 제시하며 이러한 '쥐'의 도상학적 의미는 "매일 밤과 낮에 파괴되는 생명"65)이라고 설명하고 있다. 쥐와 시간 그리고 그 궁극적 유추개념이라고 할 수 있는 죽음으로 이어지는 관계는 '죽음의 춤'이라는 이미지로 수렴된다. 울리 분덜리히(Uli Wunderlich)가 지적하듯, '죽음의 춤'은 문화, 사회, 예술적인 현상이지만, 그 개념을 분명히 정의내리기는 어렵다. 이 개념은 지역에 따라서 조금씩 변형된 명칭으로 나타나는데, 일반적으로 프랑스어 Danse Macabre로 독일어로 Totentanz 혹은 영어로 Dance of death 라고 부르는 것이 통상적이다. 이 죽음의 춤은 여러 의미를 지니는데, 춤을 추는 사신을 의미하거나 망자를 위한 춤, 혹은 망자에 맞선 춤을 의미하기도 한다. 장례식과 추도식 혹은 죽음을 내쫓기 위한 춤도 포함되지만66) 가장 지배적인 도상학적 이미지는 앞에서 언급한 바니타스 혹은 메멘토 모리와 같은 인간의 필멸성을 드러내는 도상학적 아이콘으로 나타난다고 할 수 있다. 이 '죽음의 춤'과 관련된 쥐와 해골들의 이미지는 뒤이어 5부에서 좀 더 구체적인 시의성을 가지고 나타나게 된다.

'죽음의 춤'이라는 도상학적 이미지와 더불어, 3부에서는 현대 사회에서의 정신적인 불모성 혹은 권태와 황폐성이라는 측면이 그려지고 있다. 특히 비실재의 도시와 호텔에 대한 묘사는 마치 20세기 대도시 삶의 고독과 권태 그리고 쓸쓸함을 주로 그렸던 에드워드 호퍼(Edward Hopper)나 혹은 도시와 멜랑콜리의 주제를 자주 그렸던 키리코(Giorgio de Chirico)의 그림의 한 장면을 떠올리게 한다. 메난드는 『황무지』를 단지 서구문화의 "정신적 메마름"(spiritual

---
64) 아리에스, 577.
65) 파노프스키, 153.
66) 분덜리히, 31-32.

dryness)에 대한 것이 아니라, 어떻게 그 "정신적 불모성"이 인식되느냐에 관한 것이라고 주장하는데,67) 여기서 멜랑콜리는 바로 정신적 불모성이 수용되는 과정이 외화된 징후라고 볼 수 있는 것이다.

> Unreal city
> Under the brown fog of a winter noon
> Mr. Eugenides, the Smyrna merchant
> Unshaven, with a pocket full of currants
> C.i.f. London: documents at sight,
> Asked me in demotic French
> To luncheon at the Cannon Street Hotel
> Followed by a weekend at the Metropole. (CPP 68)

> 비실재의 도시
> 겨울 한낮의 갈색 안개 속에서
> 스미르나의 상인, 수염이 시꺼먼
> 유게니데스는 포켓 가득히 건포도의
> 런던착 운임 보험료 지불 보증 일람불 어음을 가지고 있었다.
> 그는 저속한 프랑스 말로
> 캐논 스트릿 호텔의 오찬에 나를 초대하고
> 이어서 주말 휴가는 메트로폴 호텔에서 쉬자는 것이었다.
> (『엘리엇 전집』 55)

도시 전체를 감싸고 있는 "갈색 안개"는 도시의 황폐함을 가려줄 수 있을지 모르지만, 오히려 "갈색"이라는 색채에서 유추할 수 있는 것처럼, 이것은 자연적인 안개가 아닐 것이다. 오히려 여기서 안개는 공업화 산업화의 여파로 오염된 자연이며, 그 속에서 인간은 집이라는 안락한 공간보다 늘 이방인들로 채워지는 "호텔"에서 안식을 찾게 되는 것이다. 이러한 비인간화된 도시에서의 삶은 마치 안개처럼 금방이라도 사라질 것처럼 별다른 의미도 가치도 없는 것으로 여겨지며, 이런 맥락에서 안개는 매우 중요한 의미를 관장하고 있다.

뒤이어서, 타이피스트와의 감정 없는 사랑의 장면이 나타나는데 여기서도

---

67) Menand, 89.

매우 전형적인 도상학적 아이콘들이 등장한다. 전통적인 관점에서 여자가 들여다보는 "거울"이나 "만돌린" 등은 바니타스를 소재로 한 회화에서 빈번하게 나타나는 도상학적 모티프이며 그것은 곧 사라져 버릴 삶의 의미와 가치를 상징한다. 또한, 타이피스트와의 의미 없는 정사장면 속에 나타나는 "양초와 축음기"는 『황무지』와 비슷한 시기에 세계대전 이후의 암울한 실존적 조건을 그린 막스 베크만의 그림, 『밤』에서도 "남녀의 성적인 상징물로" 풀이되고 있다.68) 여기 묘사된 두 사람의 사랑 없는 관계에 대해 축음기에 바늘을 올려놓는 것처럼 아주 단순하고 무의미한 행위라는 암시가 전통적으로 읽혀 왔던 것은 축음기가 가지고 있는 기계적인 반복, 그리고 그 행위의 무미건조함을 통해서이다. 축음기는 이전에 실제 노랫소리가 가지고 있었던 일회적인 가치, 직접 노래를 부르고 그 노랫소리를 듣는 것에서 느껴지는 생생한 의미를 상실하게 하고, 음악이라는 것을 언제든지 원하기만 하면 무한히 반복해서 들을 수 있는, 그렇기 때문에 효용적 가치는 있을지 몰라도 그 존재론적 가치는 상실한 단순한 오락거리로 만들어 버리고 말았다. 그리하여 본질의 상실이라는 현대세계의 획일적인 특성을 상징적으로 드러내고 있는 것이다.

    She turns and looks a moment in the glass,
    Hardly aware of her departed lover;
    Her brain allows one half-formed thought to pass:
    . . . .
    She smoothes her hair with automatic hand,
    And puts a record on the gramophone. (*CPP* 69)

    여자는 돌아서서 잠시 거울을 들여다본다.
    떠나간 애인의 생각은 이제 거의 없이
    하나의 희미한 생각이 여자의 머리를 지나간다.
    . . . .
    기계적인 손길로 머리를 쓰다듬고,
    축음기에 레코드를 거는 것이다. (『엘리엇 전집』 56-57)

---

68) 정영목, 「막스 베크만의 밤도상학적 이미지에 관한 연구」, 『미술사 연구』 (미술사연구회, 1990), 50.

엘리자베스 드류(Elizabeth Drew)는 타이피스트와의 사랑의 장면에 나타난 축음기에 대해 "성적 행위의 기계적이고 자동적인 측면을 강조"69)하기 위한 것이라고 언급하고 있는데, 이것은 앞서 소개된 베크만에 의해서도 동일하게 지적된 부분이며, 도상학적인 의미가 매우 분명하게 나타난 것이라고 할 수 있을 것이다. 축음기와 함께 여자가 거울을 들여다보는 것은 자신의 모습을 아름답게 치장하려고 하는 노력이라기보다는 아주 습관화된 행동으로써 축음기에 레코드를 거는 것과 같은 매우 무의식적이고 기계적인 반응이라고 해야 할 것이다. 또한, 앞서 살펴보았듯이 거울이 지니는 도상학적 의미는 삶의 허무와 필멸성에 대한 자각등과 결부되면서 전체적인 사랑의 허망함과 무의미함을 강조하고 있다. 찰나에 지나고 마는 의미 없는 사랑의 허망함은 뒤에 나타나는 "만돌린의 음악"이나 파도에 부서지는 "포말"과 같은 금방 사라져 버리는 이미지들에 의해 그 바니타스적 함의가 지속적으로 유지되고 있다. 그것은 마치 선술집에서 들려오는 노랫가락과 "어부들의 껄껄대고 지껄이는 소리"처럼 잠시 떠들다가 금방 사라져 버리고 마는 것이다. 이런 생의 덧없음에 대한 자각은 결국 인간으로 하여금 삶에 대한 아무런 기대도 갖지 못하게 만들고 만다.

    'On Margate Sands.
    I can connect
    Nothing with nothing.
    The broken fingernails of dirty hands.
    My people humble people who expect
    Nothing.' (*CPP* 70)

    "마게이트 모랫벌에서였습니다.
    나는 무엇이 무엇인지
    알 수가 없습니다.
    더러운 양 손의 갈라진 손톱,
    아무것도 기대하지 않는
    비천한 인간들" (『엘리엇 전집』 58)

---

69) Elizabeth Drew, *T. S. Eliot: The Design of His Poetry* (New York: Charles Scribner's Sons, 1949), 81.

이러한 허무적인 인식은 바로 4부에서 화려하고 아름다웠던 인생의 시기가 결국은 죽음으로 종결될 수밖에 없다는 냉정한 자각을 요청하는 것으로 이어진다. 4부 "물가의 죽음"은 "페니키아 사람 플레바스"가 죽은 지 2주일이 된 것을 알리는 것으로 시작해서, 플레바스가 살아있었을 때 얼마나 멋진 사람이었는지를 생각해 보라는 종용으로 끝이 난다. 이러한 삶과 죽음의 극적인 대비는 현재의 삶을 살아가는 사람들에게 한편으로는 죽음을 준비해야 하는 필요성을(아르스 모리엔디) 또 한편으로는 현재를 즐기는(카르페 디엠) 인식을 제공해 주었을 것이다.70) 한때 아름다운 사람도 죽어서 해골이 된다는 모티프는 분딜리히의 조사에서 밝혀진 것처럼, 다음과 같은 오래된 구절에서도 확인된다. "우리가 과거에 그러했던 것이 지금의 그대들이고, 지금 우리의 모습은 장차 그대들의 모습이다"(Quod fuimus estis-qoud sumus eritis).71) 이것은 바로 살아있는 사람과 해골의 모습으로 나타난 죽음과의 대화인 것이다.

삶과 죽음의 순환적인 운명은 5부 "우뢰가 말한 것"에서 다시 나타난다.

He who was living is now dead
We who were living are now dying (CPP 72)

살아 있던 그분은 이미 죽었고
살아 있던 우리들은 지금 죽어간다. (『엘리엇 전집』 60)

이러한 생의 허무함을 인지하고 난 후의 세상은 엘리엇이 묘사하고 있듯이 황

---

70) 엘리엇의 초기시 "Song"에서도 이러한 관점이 엿보인다. 일부를 발췌하면 다음과 같다.
 The fly that lives a single day
 Has lived as long as we.
 But let us live while yet we may,
 While love and life are free (Complete Poems 591)
 "그러나 우리는 허락된 시간동안 살자" (But let us live while yet we may"라는 구절의 Carpe Diem 이라는 주제를 보다 극명하게 제시하고 있는 Robert Herrick 의 시 "To the Virgins, to Make Much of Time"의 변형 시구라는 점을 안중은은 지적하고 있다. 안중은, 「T. S. 엘리엇과 하버드 대학교」, 『T. S. 엘리엇 연구』 21.1 (한국T.S.엘리엇학회, 2001), 22.
71) 분딜리히, 82.

폐하고 심지어 부조리하며 절망적이다. 그곳에서는 "설 수도 누울 수도 앉을 수도 없"고 "산속엔 정적마저 없"으며 "비가 따르지 않는 메마른 불모의 우레만 있을 뿐"인 것이다. 거기에서 들려오는 소리는 마치 파헤쳐진 무덤 속에서 일어난 죽음이 살아있는 사람을 향해 "비웃"듯이 지르는 비명뿐이다.

> There is not even solitude in the mountain
> But red sullen faces sneer and snarl
> From doors of mudcracked houses (*CPP* 72)

> 산 중엔 고독마저 없고
> 다만 금간 흙벽집 문에서
> 시뻘건 음산한 얼굴들이 비웃으며 소리 지른다. (『엘리엇 전집』 60)

이러한 절망적 분위기는 뒤이어 보다 직접적인 죽음의 자각에 이르게 된다. 엘리엇의 노트에 따르면 "항상 그대와 나란히 걷는 그 제 삼자는 누군가?"에 등장하는 이미지는 섀클턴의 탐험대가 극지방에서 겪었던 환각을 모티프로 하고 있다고 밝히고 있는데, 그것은 동시에 앞서 언급된 "죽음의 춤" 회화에서 자주 등장하는 전형적인 죽음의 이미지와 중첩된다.

> There is always another one walking beside you
> Gliding wrapt in a brown mantle, hooded
> I do not know whether a man or a woman
> —But who is that on the other side of you? (*CPP* 73)

> 항상 그대와 나란히 걷는 또 한 사람이 있다.
> 갈색 망토에 싸여, 머리를 싸맨 채 발자국 소리도 없이
> 그것이 남자인지 여자인지도 모르겠다.
> —그러나 그대 곁에 있는 자 누구인가? (『엘리엇 전집』 61)

항상 곁에 있지만 막상 보려고 하면 볼 수 없고, 남자인지 여자인지 알 수 없는 이 형체는 바로 죽음이다. 수도사의 망토를 걸친 해골의 모습으로 종종 표현되고, 종종 죽음의 상징인 낫을 들고 있기도 하며, 신분의 지위고하를 막론

하고 모든 사람들을 이끌고 죽음으로 행진하는 사신의 이미지인 것이다. '죽음의 춤'의 주제는 19세기를 거쳐 현대에 이르기까지 계속해서 다양한 방식으로 수용되고 있는데, 특히 19세기와 20세기를 뒤흔들었던 유례없는 대규모의 전쟁과 사회변혁들은 중세의 페스트가 그랬던 것처럼, 대규모의 집단학살과 죽음을 목격하게 하였다. 유례없는 규모의 집단적 죽음을 목격하고 난 후, 죽음의 소재, 즉 '마카브르'의 주제들은 크게 유행하게 된다.72) '마카브르'란 인간의 사실적인 죽음을 소재로 표현한 것을 일반적으로 가리키는데, 아리에스에 따르면 마카브르는 '죽음의 춤'의 개념에서 비롯된 의미의 확장으로 여겨진다.73) 이것은 세계대전 시기 영국과 프랑스에서 '죽음의 춤'을 소재로 한 예술활동이 매우 급속한 유행으로 퍼져나갔다는 분덜리히의 조사와도 일치하는 사실이다74). 모더니즘시기에 '죽음의 춤' 모티프가 많은 사람들의 관심을 끈 것은 비단, 문학, 회화뿐 아니라 무용과 춤에 이르기까지 광범위한 것이었다.75) 특히, 전쟁과 같은 사회문화적 외상에 대한 상징으로 20세기의 많은 예술작품들에서 두드러지게 나타났는데, 오토 딕스(Otto Dix)나 프란스 마저렐(Frans Masereel), 막스 베크만(Max Beckmann)의 그림에서 보이듯, 전쟁과 비참한 병사, 해골의 모습 등이 빈번한 소재로 선택되었고, 『황무지』에서도 역시 이러한 전쟁과, 병사, 폭격의 이미지 등이 전편에 걸쳐서 간헐적으로 나타나고 있다. 2부의 끝에서 앨버트가 귀환한 병사로 나타나는 것은 마치 5부에서 본격적으로 묘사되고 있는 전쟁의 참상을 위한 작은 암시처럼 보이는데, 5부에서는 마치 폭격으로 인해 파괴되는 도시들과 그 폐허 위로 중첩되는 죽음의 행렬을 묘사하고 있는 것처럼 보인다.

    What is that sound high in the air
    Murmur of maternal lamentation
    Who are those hooded hordes swarming

---

72) 아리에스, 238.
73) 아리에스, 212.
74) 분덜리히, 224.
75) 이명주,『기독교무용에 나타난 '죽음의 춤'과 도상해석학을 통한 의미체계 연구』(세종대 박사학위 논문, 2011), 161.

Over endless plains, stumbling in cracked earth
Ringed by the flat horizon only
What is the city over the mountains
Cracks and reforms and bursts in the violet air
Falling towers
Jerusalem Athens Alexandria
Vienna London
Unreal (*CPP* 73)

공중에 높이 들리는 저 소린 무엇인가
모성적인 슬픔의 울음소리
끝없는 벌판 위에 떼 지어 가는 후드를 쓴 군중들은 누구인가
다만 평평한 지평선에 에워싸여
갈라진 대지에서 고꾸라지며 가는 그들은 누구인가
산 너머 저 도시는 무엇인가
보랏빛 대기 속에 깨지고 다시 서고 터진다
무너지는 탑들
예루살렘 아테네 알렉산드리아
비엔나 런던
비실재의 (『엘리엇 전집』 61-62)

마치 중세의 페스트가 무차별적으로 인간을 죽음의 고통으로 몰고 갔던 것처럼, 전쟁 또한 인간에게 혹독한 죽음의 자각을 불러 일으켰다. 뒤이어 "나자빠진 무덤들" 사이에 나타나는 "마른 뼈"들은 무덤가에서 춤을 추는 도상학적 이미지와 정확하게 일치하고 있다. 하지만 페스트에서 유추할 수 있는 죽음은 단순한 죽음이 아니다. 그것은 사람들이 특히나 더 두려워했던 "준비되지 않은 죽음"76)이다. 햄릿이 클로디어스를 살해할 수 있는 결정적 순간에 망설인 이유는, 자신의 일격이 클로디어스에게 '준비된 죽음'을 가져다 줄 것을 우려했기 때문 아니었을까. 이것은 중세에 아르스 모리엔디(Ars Moriendi) 즉, "죽음의 기술"을 의미하는데, 보통 중세 후기에 나타난 교훈적인 내용의 종교서나 기도서를 지칭한다.77) 이러한 아르스 모리엔디의 주된 내용은, 바로 슬기

---

76) 분덜리히, 17.
77) 분덜리히, 16.

롭게 죽음을 맞기 위해 "올바른 삶을 사는 방법"78)이다. 죽음의 문제를 다루고 있다는 점에서, 아르스 모리엔디는 '죽음의 춤'과 동등한 문화적 의미를 갖는데, 이러한 아르스 모리엔디의 특별한 교훈은 『황무지』의 마지막 부분, 천둥이 말한 것과 상당 부분 일치한다고 볼 수 있다. "우레의 울림: 주라, 동정하라, 자제하라"의 충고 속에는 온통 죽음으로 꽉 채워진 현대문명의 야만성 속에서 우리가 어떻게 살아가야 할 것인가를 매우 축약적으로 나타내주고 있는 것이다. 이것은 비인간화된 도시와 문명으로부터의 해방이고, 삶을 살아가는 과정이 곧 죽음의 과정이라는 프로이트의 명제를 상기할 때, 매 순간 우리가 우리의 죽음을 자각하며 견지해야 하는 태도인 것이다. 죽음으로 충만한 이 삶의 세계는 필연적으로 인간을 고뇌하고 사색하게 하는데, 이러한 멜랑콜리적인 요소는 말미에 등장하는 '히에로니모'에 의해서 더욱 분명해진다.

Le Prince d'Aquitaine à la tour abolie
These fragments I have shored against my ruins
Why then Ile fit you. Hieronymo's mad againe. (CPP 75)

"폐허의 탑 안의 아퀴테느 왕자"
이러한 단편으로 나는 나의 폐허를 지탱해 왔다
그러면 당신 말씀대로 합시다. 히에로니모는 다시 머리가 돌았다. *(CPP 63)*

'히에로니모'는 셰익스피어의 『햄릿』에 결정적인 모티프를 제공한 것으로 여겨지는 『스페인 비극』에 등장하는 인물로, 자식을 잃은 것을 복수하기 위해 연극을 이용하는 플롯을 보여준다. 자식을 잃은 피해자이면서 동시에 그 복수를 추구하는 살인자이기도 한 히에로니모는 필연적으로 삶과 죽음의 문제를 고뇌하지 않을 수 없었을 것이다. 자식을 잃은 것에 대한 복수심으로 가득 찬 히에로니모는 명백히 햄릿과 같은 멜랑콜리적 인물로 이해될 수 있을 것이며,79) 히에로니모와 더불어 자신의 왕권을 잃어버린 채 높은 탑 위에 유폐된 아퀴텐느 왕자 역시 멜랑콜리의 도상학적 인물로서 상당한 설득력을 지닌다.

---

78) 분덜리히, 17.
79) 리차드 커니, 『이방인, 신, 괴물』, 이지영 옮김 (개마고원, 2004), 280.

라인하르트 쿤(Reinhard Kuhn)에 의하면 "왕좌에서 쫓겨난 군주의 상징"80)으로서 아퀴테느 왕자는 어부왕과 함께 좌절과 절망, 그리고 깊은 상실감을 표현한다고 한다. 권좌에서 쫓겨난 모티프는 신화적으로 새턴신화, 즉, 제우스에게 축출당한 크로노스 신화와 관련이 있으며 궁극적으로 이 신화적 도상은 크로노스의 또 다른 이름 사투르누스, 곧 멜랑콜리를 주관하는 새턴으로 연결되면서, 궁극적으로는 멜랑콜리라는 수렴점을 지향하게 된다.

아퀴테느 왕자에 관한 인유의 출처는 프랑스의 시인 네르발의 「물려받지 못한 자」인데, 줄리아 크리스테바(Julia Kristeva)는 멜랑콜리에 관한 자신의 연구서 『검은 태양』(Black Sun)의 제목을 바로 같은 시의 같은 연에서 빌려왔다. 크리스테바에 의해 비유적으로 묘사된 검은 태양, 즉 우울의 태양은 환하게 세상을 비추는 것 같지만, 사실 그 빛은 어둠이고 그 희망은 절망의 끝이다. 역사적으로 우울은 천재성의 징조 혹은 광기의 증거로 이해되었다. 서양의 4체액설은 중세 아랍학자들에 의해 천체에 대한 학문과 결합되면서(Arikha 118) 멜랑콜리는 토성과 매우 밀접한 관계를 갖게 된다.81) 파노프스키에 따르면, 토성의 그리스식 이름은 크로노스(Kronos)이다. 이 이름은 그리스어로 시간을 가리키는 단어 흐로노스(Chronos)와 발음이 유사해서, 사람들은 결국 토성을 의미하는 단어와 시간의 신을 의미하는 단어를 혼동하였고, 결국에는 토성을 가리키는 새턴(Saturn)이라는 말에 시간의 신을 의미하는 흐로노스 의 문화적 의미가 결합하게 되었다고 한다.82) 토성은 중세의 아랍학자들에 의해 지구를 둘러싼 천체의 행성들 중 가장 느린 별로 인식되었으며, 나중에는 토성

---

80) Reinhard Kuhn, *The Demon of Noontide: Ennui in Western Literature* (New Jersey: Princeton UP, 1976), 108.
81) 레이몬드 클리방스키, 프리츠 삭슬, 에르윈 파노프스키의 공저, 『토성과 멜랑콜리』는 이러한 천체와 인간의 체액과의 연관관계에 대해, 멜랑콜리는 토성과, 낙천성은 목성, 다혈질의 담즙질은 화성, 무기력의 점액질은 금성이 관장한다고 한다. Raymond Klibansky, Fritz Saxl, Erwin Panofsky, *Saturn and Melancholy* (Nendeln: Krausreprint, 1964), 127.
82) 크로노스와 Κρονος Kronos, 흐로노스는 Χρονος Chronos (in Rome, Saturn) 그 발음상의 유사성 때문에 사람들에게 두 개별적인 신화적 존재의 속성이 하나로 통합되었을 것이라고 추측한다. 이것으로 농업의 신인 크로노스의 상징인 낫이 시간의 신, 곧 죽음을 관장하는 크로노스의 속성으로 겹쳐지면서 낫은 인간을 추수하는 도구로써, 즉 죽음을 상징하는 아이콘으로 나타났음을 지적한다. 파노프스키, 134.

을 의미하는 새턴이라는 단어가 시간과 토성이라는 의미를 동시에 갖게 된다. 결국 토성과 시간이라는 두 개념적 주체가 합쳐지는 결과를 가져왔고, 의인화된 시간의 이미지 속에는 전통적인 토성의 이미지, 즉 늙고, 거칠고, 사나운 농부이면서 동시에 지혜로운 이미지가 중첩되게 된다. 토성의 바로 그 '느림'의 이미지는 현대의 권태, 혹은 지루함이라는 정서적인 세계감으로 연결된다. 『황무지』에 나타난 '권태'와 '지루함' 혹은 '생명력이 없음'에 이르는 많은 이미지들은 벤야민이 "마음의 나태"83)라고 설명한 중세의 '아케디아'(acedia)의 연장선상에 있는 것인데, 이러한 감정은 19세기 이후 현대에 이르기까지는 '권태'(ennui) 혹은 '지루함'(boredom)으로 나타나게 된다. 특히, 아케디아는 사막 한가운데에 있던 수도원의 수도사들에게 결정적인 영향을 미치게 되었으며, 특히 수도사들의 수행에 가장 취약한 시간인 정오에 빈번히 발현하게 된다. 이러한 정오의 권태감은 수도사들에게 종교적 의무를 다하지 못한다는 죄책감을 안겨주어, 아케디아는 '정오의 악마'(the demon of noontide)라고도 여겨졌다. 그 죄책감에서 연유하는 슬픔의 감정은 현대의 실존적 권태의 감정으로까지 연결되어, 문화적으로 권태, 슬픔, 멜랑콜리, 등의 정서적 친근어들은 모두 동일한 문화사적 배경을 가지고 있다고 할 수 있다. 이러한 일련의 도상학적 아이콘들은 죽음의 문제와 멜랑콜리의 문제를 도상학적으로 수렴하여, 시 전체를 관통해서 흐르는 '죽음의 춤,' '메멘토 모리,' 그리고 '바티타스'와 같은 주제의식들을 멜랑콜리와 연결시킴으로써 작품의 주제의식을 종합적으로 천명하고 있다고 할 수 있겠다.

끝으로, "And bats with baby faces in the violet light/ Whistled, and beat their wings/ And crawled head downward down a balckened wall"(*CPP* 73) "아기 얼굴의 박쥐들이 보랏빛 황혼 속에서 / 휴우 휴우 울고 날개치며 / 까만 벽을 거꾸로 기어 내려"(『엘리엇 전집』 62)가는 괴기한 초현실주의적인 장면 속에도 멜랑콜리의 알레고리가 표현되는 전형적인 도상학적 이미지가 집약적으로 나타난다. 이 묘사는 도상학적 측면에서 멜랑콜리를 가장 성공적으로 표현한 것으로 여겨지는 뒤러의 "멜랑콜리아 I"의 장면과 도상적 이미지가 중첩되

---

83) 벤야민, 199.

고 있는데, 이것은 멜랑콜리가 인간의 정신을 덮치는 시간대인 "저녁"이라는 시간대와 이 시간대를 지배하는 "박쥐"의 존재, 그리고 멜랑콜리의 도상에 자주 등장하는 "아기 천사"의 이미지가 그것이다.84) 이 멜랑콜리의 도상들은 전쟁의 이미지로 유추된 죽음의 문제와 결부되어, 현대 문명에 대한 우울한 사색을 종용하고 있는 것처럼 여겨진다. 이와 같이 『황무지』에 나타난 주된 도상학적 상징들을 종합해 볼 때, 『황무지』에 나타난 도상학적 아이콘들은 바니타스, 메멘토 모리, 멜랑콜리라는 주제로 수렴되는 양상을 보이고 있으며, 이러한 도상학적 기호들은 도시에서의 권태와 삶의 무의미, 허무의식과 불안한 실존과 같은 주제의식을 표현한 비슷한 시기 모더니즘의 회화들에서도 쉽게 발견된다. 이러한 측면에서 회화와 시라는 이질적으로 보이는 예술장르가 동일한 문제의식으로 공명하는 모더니즘이라는 포괄적인 자장 속에서 도상학적 해석은 그 울림이 더욱 깊어질 수 있을 것으로 판단된다.

4. 결론

지금까지 엘리엇의 『황무지』에 대한 도상학적 분석의 효용과 의의 및 그 실제적인 분석을 시도해 보았다. 파노프스키는 도상해석학의 과정을 보다 정확하게 하기 위해 "문화적 징후의 역사"가 고려되어야 한다고 했는데, 이것은 작품에 대한 "다양한 역사적 연관관계에 있다고 생각되는 문화적 증거자료들을 비교하면서 해석을 보완하고 완성해 가는 것"85)을 의미한다. 여기서의 "문화적 증거자료"들은, 인물, 시대, 나라, 정치, 종교, 문학, 철학 등 사회 전반에 걸친 모든 자료를 의미하며, 지금까지 『황무지』에 나타났던 다양한 도상학적 모티프들이 고찰된 맥락이기도 하다. 『황무지』는 모더니즘 시기에 점차 문학 고유의 서사적 시간의 측면보다 공간적인 미학, 즉 회화적 특성을 보여준 대표적인 작품이며, 이런 맥락을 바탕으로 『황무지』는 입체과 회화와의 기법적

---

84) 하인리히 뵐플린, 『알브레히트 뒤러의 예술』, 이기숙 옮김 (한명, 2002), 244-249.
85) 에르빈 파노프스키, 「도상학과 도상해석학」, 『도상학과 도상해석학』, 에케하르트 캐멀링 편, 이한순 옮김 (사계절, 1997), 158.

인 유사성이나 몽타주와 같은 영화의 시각예술적 기법, 혹은 콜라주 기법과 같은 회화적 기법의 관점 분석되기도 하였다. 하지만, 기존의 회화적 분석의 틀은 다소 외형적인 관점에서만 적용되어왔던 반면, 도상학적 분석은 시에서 차용된 이미지에 대한 문화사적이며 동시에 어느 정도 일관된 관점을 제공함으로써 모더니즘의 세계감과 밀접하게 맞닿아 있는 『황무지』의 주제의식을 드러내는 데 보다 효율적인 것으로 여겨졌다. 보들레르와의 영향관계에서도 유추될 수 있듯이, 『황무지』의 전반적인 어조와 분위기 그리고 그 저류에 흐르는 주제의식은 도시 속에서 비인간화된 문명에 대한 멜랑콜리적 시선이라고 할 수 있을 것이다. 다시 말해, 점점 황폐해져 가고 있는 현대 문명의 이면과 그 속에서 살아가는, 상실감과 무기력과 권태감으로 가득한 현대인들의 실존적 고뇌의 미학적 발현이라고 할 수 있는 것이다.

　　모더니스트로서 엘리엇이 다양한 문학적 인유를 통해 그 당시의 모더니즘적 기류의 "문화적 조건들을 모색"[86]하려고 했던 것이라면, 그 문화적 조건들에 해당되는 요소들 중 멜랑콜리는 매우 중요한 위치를 차지한다고 볼 수 있는데, 이러한 멜랑콜리적 측면들은 『황무지』에 나타나는 도상학적 이미지들로 수렴되고 읽힐 수 있다. 따라서 도상학적 해석의 적용은 『황무지』에 나타난 멜랑콜리의 도상이라는 특성을 매우 분명하게 제시해 줄 수 있었다. 주제적인 측면에서, 『황무지』에 나타난 많은 다양한 도상들은, 전통적으로 멜랑콜리의 도상들과 아주 밀접한 관계를 가진 것으로 파악되었다. 그것은 중세의 정물회화에서 나타나는 바니타스, 혹은 인간의 덧없는 인생과 필멸성을 강조한 메멘토 모리, 필멸성에 대한 인식을 통해서 지금 현재를 즐겨야 한다는 카르페 디엠, 그리고 모든 인간은 지위고하를 막론하고 죽음을 피할 수 없다는 메멘토 모리라는 주제들이 다양한 도상학적 아이콘을 통해 제시되었다. 그리하여, 궁극적으로는 엘리엇의 『황무지』에 나타나는 암울한 세계관과 삶에 대한 허무적인 인식이 다양한 도상들을 통한 멜랑콜리라는 문화적 징후를 나타내는 장치들로 충분히 파악될 수 있음을 살펴보았다.

---

86) Menand, 6.

참고문헌

리차드 커니. 『이방인, 신, 괴물』. 이지영 옮김. 개마고원, 2004.
발터 벤야민. 『독일 비애극의 원천』. 조만영 옮김. 새물결, 2008.
백내승. 「카스파 다비드 프리드리히의 그림에 나타난 '죽음'의 의미」. 숙명여대 석사학위 논문, 1996.
울리 분덜리히. 『메멘토 모리의 세계: 죽음의 춤을 통해 본 인간의 삶과 죽음』. 김종수 옮김. 길, 2008.
안중은. 「T. S. 엘리엇과 하버드 대학교」. 『T. S. 엘리엇 연구』 21.1 (2001). 한국T.S.엘리엇학회, 2001.
얀 비알로스토키. 「도상학의 역사」. 『도상학과 도상해석학』. 에케하르트 캐멀링 편. 이한순 옮김. 사계절, 1997.
에르빈 파노프스키. 「도상학과 도상해석학」. 『도상학과 도상해석학』. 에케하르트 캐멀링 편. 이한순 옮김. 사계절, 1997.
에르빈 파노프스키. 『도상해석학 연구』. 이한순 옮김. 시공사, 2001.
이명주. 「기독교무용에 나타난 '죽음의 춤'과 도상해석학을 통한 의미체계 연구」. 세종대 박사학위 논문, 2011.
이정호. 「T. S. 엘리엇과 영화기법」. 『신영어영문학』 16. 신영어영문학회, 2000.
정영목. 「막스 벡크만의 밤-도상학적 이미지에 관한 연구」. 『미술사 연구』. 미술사연구회 NO. 4, 1990.
체사레 리파. 『이코놀로지아』. 김은영 옮김. 루비박스, 2007.
최영승. 「엘리엇 초기 시의 콜라쥬 기법」. 『동아영어영문학』 12. 동아대학교 영어영문학과, 1996.
T. S. 엘리엇. 『T. S. 엘리엇 전집: 시와 시극』. 이창배 옮김. 동국대학교 출판부, 2001.
필립 아리에스 『죽음앞의 인간』. 고선일 옮김. 새물결, 2004.
하인리히 뵐플린. 『알브레히트 뒤러의 예술』. 이기숙 옮김. 한명, 2002.
Aiken, Conrad. "An Anatomy of Melancholy." *T. S. Eliot: The Critical*

Heritage. Ed Michael Grant. Vol. 1. London: Routledge & Kegan Paul, 1982.

Arikha, Noga. *Passions and Tempers: A History of the Humours*. New York: Harper Perennial, 2007.

Battistini, Matilde. *Symbols and Allegories in Art*. Trans. Stephen Sartarelli. Los Angeles: The J. Paul Getty Museum, 2002.

Burton, Robert. *The Anatomy of Melancholy*. Ed. Lawrence Babb. Michigan: Michigan State UP, 1965.

Clearfield, Andrew M. *These Fragments I Have Shored: Collage and Montage in Early Modernist Poetry*. Ann Harbor: UMI, 1984.

Drew, Elizabeth. *T. S. Eliot: The Design of His Poetry*. New York: Charles Scribner's Sons, 1949.

Eliot, Thomas Stearns. *The Complete Poems and Plays of T. S. Eliot*. New York: Faber and Faber, 1969.

Ferguson, Harvie. *Melancholy and the Critique of Modernity*. London: Routledge, 1995.

Frank, Joseph. *The Idea of Spatial Form*. New Brunswick: Rutgers UP, 1991.

Gardner, Helen. *The Art of T. S. Eliot*. London: The Cresset Press, 1949.

Hunt, John Dixon. "'Broken Images' : T. S. Eliot and Modern Painting." *The Waste Land in Different Voices*. Ed. A. D. Moody. London: Billing and Sons Ltd., 1974.

Jackson, Stanley. *Melancholia and Depression*. New Haven: Yale UP, 1990.

Jain, Manju. *A Critical Reading of the Selected Poems of T. S. Eliot*. New York: Oxford UP, 1991.

Kenner, Hugh. *The Invisible Poet*. London: Methuen Co., 1979.

Kitzes, Adam H. *The Politics of Melancholy from Spenser to Milton*. New York: Routledge, 2006.

Klibansky, Raymond. Erwin Panofsky and Fritz Saxl. *Saturn and Melancholy*.

Nendeln: Krausreprint, 1964.

Korg, Jacob. "Modern Art Techniques in the Waste Land." *The Journal of Aesthetics and Art Criticism* Vol. 18. No. 4 (Jun 1960): 456-463.

Kuhn, Reinhard. *The Demon of Noontide: Ennui in Western Literature.* New Jersey: Princeton UP, 1976.

Materer, Timothy. *Vortex:Pound, Eliot, and Lewis.* Ithaca: Cornell UP, 1979.

Menand, Louis. *Discovering Modernism: T. S. Eliot and His Context.* Oxford UP, 1987.

Nochlin, Linda. *The Body in Pieces: The Fragment as a Metaphor of Modernity.* New York: Thames & Hudson, 1994.

Smith, Grover. *T. S. Eliot's Poetry and Plays: A Study in Sources and Meaning.* Chicago: U of Chicago P, 1974.

Stevens, Wallace. *The Necessary Angel: Essays on Reality and the Imagination.* New York: Vintage Books, 1951.

Svarny, Erik. *'The Men of 1914' T. S. Eliot and Early Modernism.* Milton Keynes: Open UP, 1988.

Wang, Denise Ming-yueh. "Ingmar Bergman's Appropriations of the Images of Death in The Seventh Seal." 『중세르네상스 영문학』 17.1. 서울: 중세르네상스영문학회, 2009. 41-62.

Williamson, George. *A Reader's Guide to T. S. Eliot: A Poem-by-Poem Analysis.* New York: Syracuse UP, 1998.

엘리엇의 시에 나타난 (포스트)모더니즘의 언어관

| 김양순 |

1. 현재는 엘리엇의 시대인가

T. S. 엘리엇(Eliot)의 시와 비평의 총체적인 영향은 모더니즘의 전성기인 1930년과 1950년 사이에 그 절정을 이루었다. F. R. 리비스(Leavis)의 중요한 활동과 미국 내에서의 이와 유사한 방식인 신비평이 현대시에 관한 엘리엇의 의견을 확장하고 체계화하여, 그것을 교육의 장(educational context)에 적용시켰다는 것은 주지의 사실이다. 엘리엇에 관한 리비스의 초기 선구적인 연구인 『영시의 새로운 방향』(*New Bearings in English Poetry*)과 『재평가』(*Revaluation*)는 영시의 역사를 20세기의 관점에서 재기술하려고 시도하였다(Wellek 177-78). 다시 말해서 엘리엇의 기준에 따라 시의 정전을 근본적으로 재구성한 것이다. 리비스의 책 제목에서도 엘리엇의 위상이 암시되어 있듯이, "그는 새로운 시발점을 창출했고, 새로운 방향을 설정했다"(*New Bearings* 28). 그는 당대인들보다 일반적 곤경을 더욱 첨예하게 의식하고 있었고, 그것을 더욱 명확하게 표현할 수 있었다. 즉 엘리엇은 자신을 시대의식의 대변인으로 만들었고, 시인이자 비평가였기에 더욱 효과적으로 그 일을 수행해 나갈 수 있었다. 리비스에 따르면, 현대 영시의 비평적 혁명에 그 책임이 있는 이가 바로 엘리엇

---

* 이 논문은 『T. S. 엘리엇 연구』 7 (1999)에 「엘리엇의 시에 나타난 (포스트)모더니즘의 언어관」으로 게재되었던 것을 수정한 것임.

이고, 그가 변화한 감수성에 새로운 목소리를 부과한 진정으로 중요한 시인이라는 것이다.

1920년대에 시에 관한 혁명적이고 충격적인 이론들이 1940년대에는 친숙한 것들로 자리 잡게 되었다. 엘리엇을 정전화하는 데 기여한 리비스와 미국의 신비평가들의 시대와 취향이 쇠퇴함에 따라, 이제는 엘리엇의 성공적인 현상을 어떻게 설명·해명하느냐는 문제가 야기되었다. 이에 따라 20세기 후반부에 새로운 세대의 비평가들이 모더니스트들의 각각 다른 측면에 관한 고도로 전문적인 연구와 함께 인상적인 일단의 주석서를 산출해 냈다. 그러나 시인, 비평가로서 지대했던 엘리엇의 영향은 포스트모던 시대, 즉 문학비평에 영향을 끼치는 논의와 쟁점의 틀이 급진적으로 변화한 시대에 이르러 쇠약해진 것이 사실이다. 그의 영향의 그늘에서 벗어나기를 갈망하는 신세대의 비평가들에게 엘리엇은 점증하는 불만의 원천이 되고, 엘리엇의 작품은 인간애와 삶의 창조성으로부터의 이탈이라는 이유 등으로 그 평판이 떨어지게 된다. 그는 현시대의 감수성을 위협하는 존재, 해체되어야 할 정통비평의 초기 입안자, 백인남자 그리고 보수적 엘리트의 전형적인 문인 상으로 평가받기에 이르렀다 (Gilbert and Gubar 253, 256). 그는 "삶의 동력의 적"으로 비난받기 "가장 쉬운 표적"이 된 것이다(Glück 19).

엘리엇에 대한 비판적 시각과 더불어 그가 모더니즘의 대표격 인물인가에 대한 재해석이 이루어지고 있다. 마조리 펄로프(Marjorie Perloff)는 모더니스트 시기가 과연 "파운드 시대"(Pound era)인가 아니면 "스티븐스 시대"(Stevens era)인가에 대한 논의를 어떻게 두 그룹의 비평가들이 전개해 나가는가를 설명하는 글의 결말에서, 우리가 20세기의 전반부를 "엘리엇 시대"(the Eliot Era)라고 부름으로써 확연히 다른 또 하나의 논의를 펼칠 수 있으리라 추측한다 ("Pound / Stevens: Whose Era?" 506). 그러나 펄로프의 명백한 입장은 엘리엇이 모더니즘의 핵심적인 문제를 제기하지 못했다는 것이다. 동시에 최근 비평에서 모더니즘은 종전과는 다소 다른 언어들로 새롭게 정의되고 있다. 예컨대 휴 케너(Hugh Kenner)는 엘리엇이 "상징주의자의 기질"을 가지고 그것을 끊임없이 추구해 나간 반면, 파운드는 시를 자연과 역사의 사실들을 결합시킨다는 점을 들어 파운드를 엘리엇 우위에 둔다. 펄로프는 『비결정성의 시론』(*The Poetics of Indeterminacy*)에서 상징주의의 서정적인 결말을 향한 시론과 랭보(Arthur Rimbaud)의 넘쳐흐르는 비결정적 에너지를 추구하는 시론을 대조하면서, 엘리엇을 전자의 전통에 파운드를 후자의 전통에 속한다고 주장한다. 펄로프는 역시 파운드를 포함한 "랭보적인 전통"의 가치를 부각시키는 것이다.

모더니즘을 설명하고 정전을 재정의하는 작업이 이루어진 이후, 현재 우리가 직면하게 되는 문제는 이전과 동일한 분야를 어떻게 다른 비평적 주안점을 갖고 접근하는가, 그리고 엘리엇과 같은 모더니스트의 압도적인 참고문헌들에 관해 어떤 새로운 것을 논의할 수 있는가 하는 것이다. 한 가지 건설적인 방책은 이미 확고하게 인정된 가치를 재확인하는 새로운 비평방식을 발견하는 것이다. 지금은 참신한 재평가와 재판단을 기대할 때이다. 현 시대의 시각을 통하여 점차로 확대·심화된 모더니즘의 회고를 배경으로 엘리엇의 작품을 보아야 할 시기인 것이다. 그러나 최근 비평이론들은 엘리엇을 포함한 현대비평의 창시자들을 주목하거나, 진지하게 연구하려는 것 같지 않다. 어떤 면에서는 이러한 무관심이 놀랍게 여겨진다. 왜냐하면 포스트모던 비평가들이 개시했다고 간주되는 언어의 문제성에 대한 집요하고 면밀한 관심은 또한 엘리엇의 시와 비평의 중심논제이었기 때문이다. 한편 마이클 그랜트(Michael Grant)는 『T. S. 엘리엇: 비평의 유산』(*T. S. Eliot: The Critical Heritage*)의 서문에서 엘리엇에 관한 비평에서 결여되어 있는 유형에 주목하면서 다음과 같이 말한다. 엘리엇에 대한 비평 중 "가장 중요한 연구는 엘리엇 자신의 결정적인 신념이라는 점에서, 그리고 전통에 대한 이해를 바탕으로 자신의 시어를 명백히 한다는 점에서 그의 언어관에 대한 검토로부터 나올 법한 것 같다"(63). 필자는 엘리엇에 대한 최근 비평의 회의적 태도에도 불구하고 우리가 그의 업적의 영향을 완전히 벗어나지는 않았다는 입장에서 논의를 전개해 나가고자 한다. 그러므로 본 논문에서 지금까지 무수히 검토된 엘리엇의 작품을 재검토하려는 시도는 그의 작품과 포스트모던 사상가들과의 관련성에 대한 시기적절한 연구를 제공하기 위한 것이다. 엘리엇 연구의 새로운 방향은 언어에 대한 이론적 관심과의 관련성을 인식하게 됨에 따라 더욱 확고히 설정될 수 있다.

20세기 후반부는 그 어느 때보다 언어의 신뢰도에 대한 우리의 자의식이 두드러지게 표면화된 때이고, 이 점은 엘리엇의 작품을 새롭게 읽는 것을 가능하게 해 준다. 특히『황무지』(*The Waste Land*)는 어떤 담화의 유형이 어느 정도 신뢰될 수 있는지를 결정하고, 의사소통의 매체로서의 언어자체에 대한 깊은 관심과 의혹을 드러내는 데 몰두한 실험작으로 읽힐 수 있다. 언어와 투쟁하는 시인 그리고 말로 표현할 수 없는 영역에 굴복하는 시인, 이러한 역설이 이 글에서 다룰 엘리엇의 정수이다.

2. 모더니스트 엘리엇

엘리엇은 자신의 비평서,『신성한 숲』(*The Sacred Wood*)이 "색다른 하나의 강타"가 되기를 바란다고 말한 적이 있다. 그 일격은 "거대한 저널리즘적 조직체, '비평의' 혹은 평론의 간행물"(*Letters* 355)에 의해 대표되는 당대의 시와 비평적 산문에 좋은 글의 모범이 결여되어 있는 현실에 대항하여 던진 것이다. 그는 자신이 지향하는 바와는 다른 당대의 문학을 대담하지 않고 정체되어 있는 것으로 간주하고 이를 지적 실패라고 지적한다. 1922년에「런던편지」("London Letter")라는 글에서 그는 당시 문학계의 분위기를 "도덕적 비겁함"이라 지칭하며 신랄하게 비판한다. 이는 단순한 비겁함이 아니라, 야심의 부족, 태만, 마비된 무관심, 무기력에 해당되는 것이다(510). 아울러 두 권의 새 시선집,『현대시 선집』(*An Anthology of Modern Verse*),『현대 미국시』(*Modern American Poetry*)[1]에 대해 엘리엇은 "양쪽 모두 영어를 모욕하는 것으로 보인다. 둘 다 내게는 인습적이고 소심한 것으로 보인다"("London Letter" 511)고 말한다. 그는 이러한 문학의 평범함과 활기 없는 언어를 공격하면서 "영어는 양국에서 모두 확실히 서투르게 사용되고 있다. 영국에서는 그것이 비문법적이지는 않으나 평범하고, 천하지는 않으나 오히려 품위가 없다"고 주장한다("London Letter" 512). 또한「세 가지 편협성」("The Three

---

[1] 『현대시 선집』은 메듄(A. Methuen)이 편찬한 것이고,『현대 미국시』는 언터마이어(Louis Untermeyer)가 편찬한 것임.

Provincialities", 1922)에서 엘리엇은 "영국문학계에서의 노력의 완전한 와해"를 지적한다(11-12). 엘리엇은 이 글에서 '뿌리를 덮어 보호하고, 가지치고, 잡초를 뽑고'와 같은 은유적인 표현을 사용하여 현대문학의 활력을 찾기 위해 필수적인 작업이 무엇인지 밝힌다. 즉 자신의 관심은 성급한 대량생산보다, 현대적인 목소리의 계발에 집중되어 있음을 강조한다. 이러한 계발과 경작을 위한 작가들의 도구는 다름 아닌 그들의 언어이다. 엘리엇은 위대한 문학이란 작가의 언어에 대한 "참된 지식"을 반영하고 "그 언어의 진수를 표현함"으로써 예술성을 드러내는 것이라고 주장한다.

엘리엇은 언어를 활성화하고, 과거로부터 사용 가능한 단편들을 구제하며, 그것들을 현재의 새로운 요구에 적합한 것으로 변형시킨다. 「번트 노튼」("Burnt Norton")에서 말했듯이, "말이 부담과 긴장으로 금이 가고 때로는 부서지고, 부정확할 때에 미끄러지고 소멸하고 부패하며 고요히 머물지 못한다."(Words strain, / Crack and sometimes break, under the burden, / Under the tension, slip, slide, perish, / Decay with imprecision, will not stay in the place, / Will not stay still.)는 사실을 그는 날카롭게 의식하고 있었다(*CPP* 175). 엘리엇은 그의 시작품을 통해 언어의 동요와 부정확성에 대한 반작용을 가함으로써 이러한 부패를 저지하고 문학의 불멸성에 대한 자신의 시각을 보존하려고 노력한다.

엘리엇에게 언어란 자신과 주변 세계(과거와 현재) 사이를 연결하는 데 필수적인 매체이다. "언어의 전통들은 국가나 인종의 전통들에 비해 작가들이 우선적으로 관심을 갖는 것이다"("The Three Provincialities" 12). 그는 자신의 시에서, 전통이 유지·확장되고, 동시에 당대의 즉각적인 요구를, "객관적 상관물"을 구현함으로써 충족시킬 수 있는 언어를 추구한다. 특히 『황무지』에서 이러한 언어의 탐색은 과거의 축적물과 파멸을 재현하는 '언어의 풍경'을 발견하는 것을 의미한다. 엘리엇은 시어에 활기를 불어넣은 점에서 20세기 영시의 대표 인물임이 명백하다. 더 나아가 한때 엘리엇의 견해와 포스트모더니스트 관점 사이의 거대해 보였던 차이가 점차 줄어들어, 이제는 엘리엇의 문학이론을 후기구조주의 관심사들과 나란히 놓고 고려해도 크게 무리가 없는 듯하다.

3. 엘리엇의 시에 나타난 포스트모더니즘적인 통찰

20세기의 이론에 대한 몰두와 엘리엇 시의 "문제성," 특히『황무지』사이의 관계를 주목하는 것은 의미 있는 일이다. 엘리엇은 최근 비평가들이 추상적으로 파헤치는 문제들과 유사한 질문들을 구체적으로 제기하고 있다.『황무지』의 실제 주제 중 하나가 언어의 문제성이므로, 그 주제를 이론과 시작품과의 관련 속에서 추적할 필요가 있다. 최근의 시들은 언어의 문제에 긍정적으로, 다소 안일하게 답변하는 데 익숙해졌다. 또한 최근의 비평, "서로 대립하는 용어들의 바벨탑"은 신뢰할 수 있는 언어의 존재 가능성을 부인하느라 분주한 것 같다.『황무지』는 이 문제를 일련의 구체적인 것들을 이용하여 발견해낸다. 다시 말하면 이 문제를 시험적으로 다루는 가운데 엘리엇은 언어의 재현 기능에 대해 희망찬 무지함을 갖거나 도그마적인 거부를 행사하지는 않는다.

그런데 언어의 문제성은 엘리엇의 초기시부터 후기시까지 그의 전 작품에 걸쳐 나타난다. 자신이 뜻하는 바를 말로 표현하는 것이 불가능하다("It is impossible to say just what I mean!")는 프루프록(Prufrock)의 절망에 찬 절규와(CPP 16) 상대방에게 얘기하려면 말을 사용할 수밖에 없는("I gotta use words when I talk to you") 불가피한 상황에 대한 스위니(Sweeney)의 한탄(CPP 125),「엘리엇 씨의 주일 아침 예배」("Mr. Eliot's Sunday Morning Service")에서 "to en"과 같은 "말씀"(Word)을 지시하는 불가해한 표현 모두는 언어의 문제에 대한 엘리엇의 관심, 특히 언어의 한계에 대한 그의 인식을 드러내고 있다(Wolosky 11).「J. 알프레드 프루프록의 연가」("The Love Song of J. Alfred Prufrock")와「투쟁하는 스위니」("Sweeney Agonistes")에서 언어는 화자가 협상해야만 할 장벽이다. 스위니가 "내가 당신들에게 얘기할 때 말을 사용해야만 한다"(I've gotta use words when I talk to you)고 말하면서, 정작 자신의 공포와 환멸을 표현할 적절한 말을 구사하지 못한다 하더라도, 스위니는 그의 상황의 절망적인 두려움을 알고 있다. 그러므로「투쟁하는 스위니」의 단편들은 다음과 같은 야만적인 언어 이하의 음절들로 끝을 맺는다. "후하하 / 후하하 / 후 / 후 / 후 / 노크 노크 노크 / 노크 노크 노크 / 노크 / 노크 / 노크"(Hoo ha ha / Hoo ha ha / Hoo / Hoo / Hoo / KNOCK KNOCK KNOCK

/ KNOCK KNOCK KNOCK / KNOCK / KNOCK / KNOCK)(*CPP* 126). 「엘리엇 씨의 주일 아침예배」는 단순한 말들을 초월한 "말씀"에 대한 갈망을 다만 그것의 패러디적 실패를 통해서 투사하고 있다. 아이러니가 대폭 줄어든 『재의 수요일』(*Ash-Wednesday*)에서는 이러한 갈망이 긍정적으로 표현되어 있다. 『네 개의 사중주』(*Four Quartets*)에서는 그 언어가 명료하고 긴박한 형태를 띠게 된다. 여기서는 언어의 수사(the trope of language)가 명상의 중심을 이루고, 각 사중주의 결정적인 부분에서 그 명상은 긴급하게 진행된다(Wolosky 11). 『네 개의 사중주』에서도 역시 언어에 대한 상반된 생각이 드러나 있다. 언어는 필수적인 도구이지만 그 자체에 결함이 있고 한계가 있다는 것이다.

엘리엇의 작품은 어떻게 말이 제대로 작용하지 못하는가하는 경험을 "낯설게 함"(defamiliarizing)으로써 언어이론을 수립하는 경향이 있다. 언어가 실패하는 순간들이 실재한다는 것을 인정하는 것, 즉 어떤 얘기를 하더라도 "그것은 전혀 의미한 바가 아니었다"고 실토하는 것은 타당하다. 이런 맥락에서, 라잔(Balachandra Rajan)이 『압도적인 문제』(*The Overwhelming Question*)에서 지적하듯이, 「프루프록의 연가」는 엘리엇의 첫 시집의 발단으로서의 위치뿐 아니라, 결말을 기대하는 시작으로, 부단히 계속되는 탐구의 조건을 정의하는 시발점으로서 자리매김하는(7) 중요한 작품이다.

『프루프록과 다른 관찰들』(*Prufrock and Other Observations*, 1917)의 관점은 언어의 신빙성 여부를 포함해서, 엘리엇의 박사학위 논문 『F. H. 브래들리의 철학에서의 인식과 경험』(*Knowledge and Experience in the Philosophy of F. H. Bradley*)에서 명시된 관심들과 유사한 것이다. 둘 다, 언어를 통해 실재에 접근하는 인식론적인 문제에 관심을 모으고 있다. 이 두 권의 책은 인식의 표현매체로서의 말과 표기의 문제 그리고 인식과 경험과의 관련성을 중요하게 다룬다. 흥미롭게도 엘리엇은 그의 시에서 "직접적인 발화의 어조를 회복"하고 "사소하거나 부수적이거나 일상적인 사물들에 관심을 집중"하려고 시도함으로써, 철학적인 문제들을 보다 쉽게 접근할 수 있게 해 준다("Reflections on Contemporary Poetry" 118).

그러므로 「프루프록의 연가」를 쓸 당시 엘리엇이 철학도이었다는 사실을 염두에 두고 이 시를 읽을 때, 우리는 논의, 질문, 묘사, 그리고 다른 유형의 언어활동이 이 작품 내에 편재하는 점을 간과할 수 없다. 이런 종류의 언어 행위는 프루프록의 두려움을 야기하고 그것에 형태를 부여한다("And in short, I was afraid")(*CPP* 15). 여기서 우리는 몇 가지 의문을 제기할 수 있다. 프루프록의 불행의 원인이 무엇인가? 자주 지목되었듯이 프루프록의 연가가 결코 노래 불리지 못한 이유는 무엇인가? 그가 자의식적으로 인정했듯이 매력이 없고 무기력하기 때문인가? 그의 머리칼은 점점 숱이 적어지고("his hair is growing thin!") 그의 팔 다리는 가늘기만 하다("his arms and legs are thin")(*CPP* 14). 즉 그의 이미지가 "여인들이 방에서 오고 가며"(*CPP* 13 & 14) 얘기를 나누는 미켈란젤로의 힘세고 건장한 남성상과 정반대이기 때문인가? 또한 그의 정신상태는 "수술대 위에 에테르로 마취되어 누워 있는 환자"(a patient etherised upon a table)(*CPP* 13)와 졸리운 고양이처럼 움직이는 저녁 안개 같이 나른하기 때문인가? 아니면 사랑의 노래를 부르지 못하는 프루프록의 무능함은 단순한 아이러니가 아니라 패배(실존적 상황)의 상기(詳記)인가? 사랑의 노래를 부르는 것은 화자의 감정에 정의를 내리는 것이고, 프루프록의 운명은 그 정의에 도달하지 못하고, 중요한 소식을 다만 출발점에만 옮겨 놓는 처지이다. 근본적으로 「프루프록의 연가」는 사고와 행동의 영역 둘 다에서 질문하는 것이 불가능함을 극화한 시이다. 보다 일반적으로, 이 작품은 언어가 더 이상 자기주장과 자기표출의 타당한 매체가 아니라고 생각하는 프루프록같은 이들에게 그 언어가 불러일으키는 공포에 대한 생생한 묘사이다. 같은 맥락에서 「프루프록의 연가」는 사랑의 노래, 고백, 논의, 설명, 묘사와 같은 언어 유형을 암시하고, 예증하며, 회피한다. 이런 과정에서 이 시는 발화, 화자, 그리고 발화의 주제 간의 형식적 통일성에 관한 모든 가설의 진리 여부를 문제시 한다.

이 시의 제목이 암시하듯이 「프루프록의 연가」는 사랑(love) 그리고 노래(song)를 탐구하는 시, 즉 언어와 욕망의 명확한 표현, 그리고 그 만족스런 표현으로부터의 이탈을 다룬 것이다. "J. 알프레드 프루프록은 이름 플러스 목소리이다"라는 휴 케너의 평은 유용한 공식이 될 수 있다(The Invisible Poet 35). 왜냐하면 이는 프루프록을 언어의 가공물로 간주하기 때문이다. 우리가 프루프록을 이해하려 한다면, 자신의 메시지에 적합한 말과 구문을 발견할 수 없는 그의 무능함의 정확한 성격을 밝혀내야 한다. 우리는 언어가 프루프록의 내적 자아의 본질이라는 사실, 그래서 미확정적인 내적 자아를 행동으로 옮기고, 유지하고, 드러내는 데에 필수적인 수단이라는 사실에 주목해야 한다.

프루프록 자신과 그의 언어 표현 사이의 부조화에 대한 그의 인식을 우리가 감지할 때, 우리는 역시 그와 더불어 언어가 실재의 불가피한 은폐이고, "기쁨이 필연적으로 따라오게 되는" 표출, 폭로가 아니라는 것을 깨달아야 한다. 발화는 본질적 자아의 극 중심에서 출현하는 진정한 존재구현이 아니라, 옷입기, 말쑥하게 차려입기, 향수(perfume), 공상에 빠지는 것, 우아한 어구 만들기 등과 같은 일련의 왜곡, 변조이다. 거리들은 "중얼대는"(mutter) 후미진 길들이고(retreats), 유행에 따라 말들은 하지만 우리가 이해할 수 있는 것은 하나도 없다. 기억하는 것(remembering)은 해체하는 것(dismembering)이 되고, 그의 모든 기억과 환상은 불가능한 총체성의 "동강들"(the butt-ends)로 붕괴된다. 일련의 대조들은, "내 머리를 뒤로 갈라 볼까?"(Shall I part my hair behind?), "과감하게 복숭아를 하나 먹어볼까?"(Do I dare to eat a peach?)(CPP 16)와 같은 자조적인 비근한 질문들로 이어지고, 이 작품의 최종 장면인 해변, "바다의 방"(chambers of the sea)(CPP 17)에 이른다. 그가 명상의 언어와 사회적 활동의 언어로부터 차단되어 있다는 것을 의식하고 세상에서 물러나와 신화의 영역으로 옮겨가는 것이다. 언어의 노래가 희망과 해방의 가능성을 암시해 줄 듯도 한데, 정작 언어들은 "각기 서로"(each to each)에게만 노래한다. 여기서 진정한 의사소통, 진정한 대면은 주관적 자아가 "인간의 목소리가 우리를 깨웠을" 때 우리는 "익사했다"라고 인정하는 것 그 이상을 함의한다. 그가 여전히 언어를 두려워한다는 사실은 또한 명백하다. 왜냐하면 바다의 물거품이 아니라 인간의 목소리의 침입이 그를 깨우고 익사시키기 때문이다.

엘리엇의 언어문제에 대한 몰두는 브래들리(F. H. Bradley)를 확장・비판한 그의 논의의 핵심이다. 우리가 진정으로 의미하는 바를 표현하기가 어렵다는 것을 고백하고, 그럼에도 불구하고 어떤 것이라도 말하는 것을 허용하는 실재관을 발견할 필요가 있다고 주장한다는 점에서, 그의 견해는 양가적이다. 언어는 의사소통의 수단일 뿐만 아니라 인간성의 공통기반을 발견하거나 구성하는 주요한 수단이기도 하다. 언어는 불가피하게 사회적이며 외부의 세계가 내재화되는 범위 내에서만 인식될 수 있다면, 우리가 인지하는 것은 필연적으로 대상 그 자체가 아니라, 대상에 대한 우리의 지각이다. 우리는 자신의 지각과 다른 이들의 지각을 서로 연결할 수 있다. 그러나 그러한 상관관계는 언어진술을 통해서만 이루어질 수 있고, 그 진술은 이제 내재화의 불확실성에 좌우되기 쉬운 처지이다. 따라서 의사소통의 단절이나 붕괴의 가능성을 무시할 수 없게 된다. 정확히 표현하려는 노력에 세심한 주의를 부단히 기울이지 않는다면, "그것은 전혀 제 뜻이 아니에요."(That was not what I meant at all) (CPP 16)라는 말이 표준적인 답변이 되는 것도 당연하다. 여기에 중요한 문제가 있다. 그것은 어떠한 매개체가 각각 다른 일련의 "유한중심들"(finite centers)로 하여금 동일한 세계를 협동적으로 지향하는 것을 가능하게 하는가 라는 문제이다. 엘리엇은 조직하고, 실재를 부과하는 능력을 언어에 부여함으로써, 언어에 통달하고, 언어를 보호하는 시인의 특별한 영역을 구획한다.

「게론티온」("Gerontion")과 『황무지』의 "정화되지 않은 세상"에서는 의사소통이 타락하여 말이 인간에게 진리를 드러내는 도구로서 더 이상 효과적이지 않다. 언어의 가능성을 문제시하고 있는 「게론티온」에서 엘리엇은 전통의 상실과 양립하는, 지각(perception)과 정체(identity)의 상실을 출발점으로 사용하고 있다. 의미심장하게 엘리엇은 게론티온이란 인물을 공동체사회 바깥에 설정한다. 그는 일차대전 이후의 어느 음침한 도시에서, 다른 떠돌이들, 하층민들 사이에서, "세든 집"에서(in a rented house) 살고 있다. 자신의 집이 아닌 공간에서, 그리고 자신의 권리를 박탈당한 채, 부패·쇠잔해 가는 상황에서, 게론티온은 외부사회를 대표할 그 어떤 것도 제공할 능력이 없다.

버나드 베르곤지(Bernard Bergonzi)와 다른 비평가들이 지목했듯이, 사실상 「게론티온」은 엘리엇의 작품 중 가장 불명확한 시이고, "언어 자체가 독자와 이 시의 본질적인 경험 사이에 장벽이나 연막(煙幕)을 형성하고 있다"(55). 케너 역시 이 점에 대해 명백하게 설명했듯이, 「게론티온」은 "핵심 단어들을 분해시키는" 모호성, 다의성을 활용한다(The Invisible Poet 110-11). 그러므로 「게론티온」은 아더 시몬즈(Arthur Symons)가 번역한 말라르메(Stéphane Mallarmé)의 구절과 같이 상징주의의 개념에 접근하고 있는 것으로 보인다. 단어들은 그 선택과 조정 그리고 단어들 간의 상호반영을 위한 배열에 있어서 극도로 신중하게 사용되어야 한다는 것이 바로 그 개념이다(The Symbolist Movement in Literature 70). 엘리엇이 단어들의 병렬을 통하여 작품 내에 반향을 일으키고, "깊은 공포와 욕망까지 다다를 촉수모양의 뿌리의 조직망"(Selected Essays 155)을 제공할 수 있었던 것은 바로 말라르메가 언급한 "반영"과 "울림" 때문이다. 「게론티온」은 함의와 연상을 거의 제한 없이 확산시킴으로써, 언어의 암시적 특질을 최대한 개발한다. 그러나 베르곤지에 따르면, 이 시는 전체적으로 볼 때 "그 언어의 불안정성"으로 인하여 실패한다는 것이다. 말의 암시성에 대해 최대한으로 개방해 두려는 의도로 인해, 「게론티온」은 많은 재미난 소음들이 있긴 하지만 그 어떤 소리도 명백하게 구분될 수 없는 메아리의 방으로 되고 만다는 것이다(55-56). 어떤 평자들은 「게론티온」이 「프루프록의 연가」에서 사용된 방법을 확장하려다가 실패한 것이라고 더욱 부정적으로 평가하는데, 그 대표적 이유로 「프루프록의 연가」는 느슨하게나마 심리적 일관성을 드러내는 반면에 「게론티온」은 "급진적으로 일관성이 없다"는 점을 들고 있다(Brooker 82). 일곱 개의 연은 그 길이와 내용 면에서 이질적이고, 이어지는 의미 단위들은 사실상 연결되는 논리가 아니라는 것이다.

그러나 「게론티온」의 언어와 구조의 모호성은 그 주제적 관심을 실현하고 있다. 이 시는 상징주의적 관심과 기교를 유지하면서도, 언어는 여러 다른 형태로 끊임없이 낡아빠지게 된다는 사실에 초점을 맞춘다. 게론티온 자신도 "보존한댔자 그것은 불순해지고 말 것이다"(what is kept must be adulterated) (CPP 38)라고 말한다. 여기서 중요한 점은 다만 모호하거나, 불완전하게 지시적인 의미에 대한 몰두 그 이상의 것이다. 무엇에 "관한" 진술은 희미하게 포착된 것 이상이 될 수 없으며, 이 점이 어쨌든 언어진술의 존재조건에 해당된다.

그러면 기호와 언어가 우리 경험에 대한 사고활동과 표현으로서 어떤 가치가 있는 것일까? "내가 말하고 싶은 것을 표현하기란 불가능하다"(It is impossible to say just what I mean!)(*CPP* 16)는 철학적 단언이 게론티온의 고백에서는 구체성을 획득한다. 그러나 그의 경험은 여전히 언어를 통해 부정적으로 정의되고 있다.

> 나는 격전의 성문에 서본 적도 없고
> 더운 빗발 속에서 싸운 일도 없고
> 짠 늪에서 무릎까지 빠져가며 단검을 휘두르고
> 파리떼에 뜯기면서 싸운 적도 없다.
>
> I was neither at the hot gates
> Nor fought in the warm rain
> Nor knee deep in the salt marsh, heaving a cutlass,
> Bitten by flies, fought. (*CPP* 37)

어린 소년이 아마도 서구 문명에 관한 책을 노인에게 읽어 주는 장면인데, 위에 인용된 부분에서 우리는 한 노인이 그의 옛 기억과 대면하게 되는 것, 그 이상을 추측할 수 있다. 문장 전체가 부정어들, 그리고 그가 행하지 않았던 것들의 나열로 구성되어 있다. 프루프록의 경우, "나는 예언자가 아니다"(I am no prophet) "나는 햄릿 왕자가 아니다"(I am not Prince Hamlet)(*CPP* 15, 16)라고 고백하는 것처럼, 게론티온의 "정체성"도 결정적인 부재(absences)에 의존한다. 게론티온이 자신을 공허하고 "바람 센 허공 속의 둔한 머리"(A dull head among windy spaces)(*CPP* 37)로 칭하는 것도 놀랍지 않다. 다음과 같은 집요한 명령문들은 독자를 의미의 탐색에 동참하도록 초대하고 언어와 기호에 대한 급진적인 회의주의에 빠뜨린다.

> 이제 생각해 보라
> 역사가 많은 교활한 통로와 술책의 회랑을 가졌다는 것을. . . .
> 이제 생각해 보라
> 역사는 우리의 주의가 산만해 졌을 때 준다는 것을. . . .

>   생각해 보라
> 공포도 용기도 우리를 구하지 못함을. . . .
>   결국 생각해 보라
> 우리는 아직 결론에 이르지 못한 것임을. . . .

>   Think now
> History has many cunning passages, contrived corridors. . . .
>   Think now
> She gives when our attention is distracted. . . .
>   Think
> Neither fear nor courage saves us. . . .
>   Think at last
> We have not reached conclusion. . . . (CPP 38)

프루프록의 "음흉한 의도에서 나오는 논의"(argument of insidious intent)가 여기서는 역사의 "교활한 통로들"과 "술책의 회랑들"을 통해 기호에 대한 의문에 이른다. 역사가 일련의 기만이라는 게론티온의 묘사는 역사가 진리를 향해 선형(線形)으로 움직인다고 보는 전통적 역사관을 거스르는 것이다. 더구나 위의 시행들은 완성을 향한 지속적인 갈망과, 그것이 결국 끝없는 차이(differences)만을 낳게 되는 아이러니컬한 기능을 나타낸다. 여기서 우리는 한 가지 질문을 제기할 수 있다. 「게론티온」이 기호에 대해 그렇게 부정적인 견해를 고수하고 있다면, 도대체 이 시는 무슨 이유로 존재하는 것일까? 반면 화자 게론티온은 "마지막으로 생각해 보라. 내가 아무 목적 없이 이런 모습을 드러낸 건 아니라는 것을"(Think at last / I have not made this show purposelessly) (CPP 38)이라고 대답한다. 기호나 언어의 타당성을 부인하고, 진리의 가능성을 부정하면서, 그는 놀랍게도 여전히 "나는 이 점에 대해 정직하게 당신을 대하겠다."(I would meet you upon this honestly)(CPP 38)라고 역설한다.

『황무지』와 긴밀하게 연결되어 있는 「게론티온」은 그 자체가 "말"(words)과 "말씀"(the Word)과의 관계 그리고 한 쪽의 타락은 다른 쪽의 상실과 연관되어 있다는 사실을 드러내 보여준다. 이 두 편의 시에서 언어는 모호하고, 사람들을 통합하기보다 오히려 분열시킨다. 『황무지』에서의 말의 다양성, "주

석"에까지 등장하는 여러 언어들은 바벨탑으로 인하여, 의사소통을 위해 고안된 언어가 이제는 장벽으로 세워져 있다는 사실을 입증해 준다. 「게론티온」에서의 말들은 "수사로 채워져" 있지만 "비어 있는" 것들이다. "빈 북"(vacant shuttle)처럼 그 말들은 다만 바람을 짜고, 그 암시적인 힘은 말이 지시·표현해야 할 대상들로부터 떨어져 날아간다. 로날드 부쉬(Ronald Bush)가 지적했듯이, 「게론티온」에는 바람을 구성하는 주된 요소가 있는데, 그것은 감정의 원천으로부터 출발하여 수사로 떨어져 버린 발화, 바로 "공허한 얘기"의 움직임이다(34). 게론티온의 담화는 그의 내적 실재와 상응하지 못하고, 그가 자신의 외부의 실재를 포착하는 데도 도움이 되지 못한다. 그것은 단지 침묵을 지연시키고, 그가 자신의 상황에 대한 진실을 파악하는 것을 가로막는 역할을 할 뿐이다.

노인과 유럽정신의 타락한 상황을 묘사한 이후, 다음의 시행에서 개인과 사회의 부패상의 이유를 제시한다.

> 징조들이 기적으로 오인된다. '우리에게 징조를 보여 주소서!'
> 말 속의 말, 한 마디의 말도 할 수 없는
> 어둠의 강보에 싸인 말.
>
> Signs are taken for wonders, 'We would see a sign!'
> The word within a word, unable to speak a word,
> Swaddled with darkness. (*CPP* 37)

위 시행은 현대문명이 최소한 부분적이나마 기독교 신앙의 타락으로 인해 "부패한 집"(a decayed house)이 되었다는 의미를 지닌다. 그러나 더 나아가서, 이것은 게론티온의 세계에서의 언어의 의미실패에 대한 비판처럼 보인다. 즉 기표와 기의 사이의 관계가 불투명해지는 것을 암시한다. 기호들(징조들)이 경이(기적)로 여겨질 수 있다. 왜냐하면 그 의미와 단절된 말도 나름대로 경이로운 생명을 취할 수 있기 때문이다. 언어 내에서 이론상 초월적 기표는 잠들어 누워있고, "어둠에 싸여 있고"(swaddled with darkness), 자기존재를 표명할 수 없다.

"나는 나의 열정을 잃어버렸다"(I have lost my passion)(*CPP* 38)는 시행에 게론티온의 비극의 정수가 있다. "느끼지 못하는 것"이 그의 주된 난제이다. 게론티온의 곤경은 다만 그의 신앙을 잃은 데 있지 않고 어떤 정신적 혹은 도덕적 정서를 느낄 수 있는 능력을 잃은 데 있다. 왜냐하면 엘리엇의 다음과 같은 주장에 타당성이 있기 때문이다. "당신이 더 이상 믿지 않는 신앙은 당신이 어느 정도까지는 여전히 이해할 수 있는 어떤 것으로 남아 있다. 그러나 종교적 감정을 상실했을 때는, 인간이 그것을 표현해 보고자 노력해 왔던 모든 말들이 무의미하게 된다"(*On Poetry and Poets* 25). 감정의 샘의 고갈과 함께, 게론티온은 인간의 요구나 신성의 부름에 정서적으로 응답하지 못한다. 그에게는 본질적인 관계의 가능성, "더욱 밀접한 접촉"(a closer contact)의 방법이 없다. 프루프록처럼 그도 의사소통을 할 수 없다.

이런 것들은 수많은 사소한 생각을 일으켜
싸늘한 망상의 이익을 연장하고,
감각이 식을 때 매운 소스로
얇은 막을 자극하고, 황량한 거울들 속에서
변종을 증가시킨다. 이 거미는 무엇을 하려는가?
그 작업을 중지시킬 것인가? 바구미 벌레는 지체할 것인가?
드 바이아쉬, 프레스카, 캐멀 부인,
떨리는 큰 곰좌 저 편에서 원자의 가루가 되어
회오리쳤다. 바람센 벨 섬 해협에서 혹은 호온 곳에서
바람을 거스르며 나르는 갈매기.
눈 속에 묻힌 하얀 깃털을 만(灣)이 삼킨다,
그리고 무역풍에 휘몰려 졸음의 구석으로
쫓겨난 노인.

These with a thousand small deliberations
Protract the profit of their chilled delirium,
Excite the membrane, when the sense has cooled,
With pungent sauces, multiply variety
In a wilderness of mirrors. What will the spider do,
Suspend its operations, will the weevil
Delay? De Bailhache, Fresca, Mrs. Cammel, whirled

> Beyond the circuit of the shuddering Bear
> In fractured atoms. Gull against the wind, in the windy straits
> Of Belle Isle, or running on the Horn.
> White feathers in the snow, the Gulf claims,
> And an old man driven by the Trades
> To a sleepy corner. (*CPP* 38-39)

게론티온은 자신을 위해 변명하면서, 동시에 "수많은 사소한 생각들"로 얽혀 있는 미궁에 불가피하게 갇힌 인간을 대변한다. 그가 시의 결말에서 명백히 하듯이, 그의 삶은 초월적 기표, 말씀에의 귀결이 아닌 분열로 끝을 맺는다. "메마른 계절에 메마른 머리의 생각들" 속에서 우리는 인간의 타락에서 현재까지의 역사를 엿볼 수 있다. 테르모필레(Thermopylae), 벨 섬, 호온 곶, 큰 곰 별자리까지의 전 세계가 이 노인의 "바람 센 허공 속의 둔한 머리" 속에 갇혀 있다. 그가 할 수 있는 최상의 것은 일견 산만한 그의 이야기에서 "징조들이 기적으로 오인"될 때 그 계시의 무의미함을 드러내는 것이다. 구원, 화합의 추구는 아직은 더 많은 분열을 야기한다. 관계사들이 제거되고, 동사 형태들이 깨뜨려지고 마침내 완전히 생략된다. 궁극에는 "메마른 계절에 메마른 머릿속의 생각들"(Tenants of the house, / Thoughts of a dry brain in a dry season) (*CPP* 39)이라는 단편적인 이미지들만이 남게 된다.

이 결말의 이미지는 그 자체로서 하나의 구조적 해답이 되지는 못한다. 이 이미지는 이 시를 다시 읽는 독자의 마음속에 자리 잡을 때만이 하나의 실마리로 작용할 수 있다. 즉 이것은 더 포괄적인 전체의 일부분으로서만 존재하게 된다는 것이다. 따라서 독자는 「게론티온」의 마지막 이미지, 남의 집에 세든 사람들, 머릿속에 자리 잡은 생각들에서 말의 메아리, 즉 집들 내부의 집들 내부의 집들, 다시 말해서 파멸되어 죽어 가는 문 *내부의* 그의 허물어져 가는 셋집 *내부의* 그의 쇠잔해 가는 육체, 바로 그 자신 *내부의* 그의 둔한 머리 *내부의* 게론티온의 몽상의 허구들을 감지하게 된다. 이 시에서의 바람이 새어들어 오는 주거지는 역시 화자의 주거지인 말, 그리고 독자를 종잡을 수 없는 숨은 회랑들로 몰고 가는 텍스트를 나타낸다. 화자와 같이 독자는 의미를 찾기 위해 이 주거지를 공격한다. 시의 한 부분에서 다른 부분으로, 단편에서 컨

텍스트로의 이동은 독자에게 자신의 시점을 뒤로, 앞으로, 옆으로, 끊임없이 변화시킬 것을 요구한다. 이러한 시점의 변화는 때로는 시간이나 공간적 차원, 때로는 논리적인 면, 때로는 이 둘 다를 포함한 이동을 가리킨다. 「게론티온」의 한 부분에서 다른 부분으로 이동할 때 독자는 다른 시점, 견해를 가져야 하며, 동일한 연 내에서도 계속적으로 자신의 관점을 재조정해야 한다 (Brooker 88).

「프루프록의 연가」의 경우에서처럼, 「게론티온」에서 엘리엇의 언어사용은 말이 경험적 연결고리로부터 이탈하여 자유롭게 부유한다는 생각과 관련이 깊다. 말과 지시대상 사이에 필연적인 일대일의 대응관계가 존재하지 않는다는 것이다. 케너가 지적했듯이, 「게론티온」에서 독특하게 특징짓는 리듬, 명료한 동사들, 일련의 명령문들이 담고 있는 구문상의 박력 등과 같은 구체적인 요소들은 "바람을 짜는 데"(weaving the wind) 소모되고, 그 담화력은 다만 애매성, 환영, 실체 없는 은유를 다룰 뿐이다(*The Invisible Poet* 109). 그런데 의미가 불투명해 질 때 단어들은 바로 그 비결정성을 통해 잠재적 의미의 풍부함을 나타낼 수 있다. 기표의 유희 그 자체가 경이로움으로, 아마도 의미의 대체물로서 제시될 수도 있다. 한편으로 의미의 비결정성은 게론티온의 삶에서의 의미의 실패를 보여준다. 그러나 다른 한편으로 그러한 비결정성이나 애매모호함은 명백하게 다양성을 증가시킬 수 있고, 자극을 필요로 하는 정신에 첨가되는 "매운 소스"(pungent sauce)가 될 수 있다. 언어관의 측면에서, 게론티온은 실패하는 반면, 「게론티온」은 성공한 것이다.

4. 포스트모던 이론과 『황무지』

『황무지』가 모더니즘을 대표하는 동시에, 포스트모더니즘적 통찰을 예시한다는 기본입장을 가지고, 여기서는 브룬즈(Gerald Bruns), 바르트(Roland Barthes), 윌리엄스(Raymond Williams)의 언어관과 엘리엇의 언어관을 병치·토론할 것이다. "언어의 위기"와 "비평의 폭발" 이래로 이론가들과 시인들이, 서로 뚜렷이 다른 방식이긴 해도, 언어가 인간의 복잡한 지적·정서적 경험을 전달하는 도구로서 문제가 있다는 공통된 견해를 갖고 있다. 이 시점에서 특히 『황무지』를 새롭게 읽는 작업은 그 의미가 클 것이다. 왜냐하면 『황무지』만큼 다양한 반응을 야기하거나, 우리 시대의 비평의 파동에 대해 더 나은 지표가 된 현대시가 없기 때문이다. 1922년 10월 『크라이테리언』(*The Criterion*)에, 다음 달에 『다이얼』(*The Dial*)에 발표되고, 그 해 12월에 "주석"(Notes)과 함께 단행본으로 출판된 이후, 『황무지』는 20세기 문학연구가 고안해 낸 거의 모든 비평방식의 주제가 되었다. 최초의 소란, 즉 "혼동, 상반되는 감정의 교차, 불쾌감"(Cuddy and Hirsch 1)과 신비평적 분석에서부터 하이데거(Martin Heidegger)와 데리다(Jacques Derrida)에 의해 발생된 철학, 비평이론을 적용하는 최근 해설에 이르기까지 계속적으로 『황무지』는 일반적으로 인정된 그리고 인정할 수 있는 의미를 밝히는 것을 거부한다. 따라서 "『황무지』는 우리가 다루는 법을 배운 시이지만 우리가 길들일 수 있었던 시는 아니다. 그것은 물론 언제나 어려웠던 시이다"(Cooper 1). 이 작품은 여전히 도전, 신비, 논쟁, 계속되는 매력의 원천으로 남아있다.

프랭크 커모드(Frank Kermode)는 「혼란스런 방언」("A Babylonish Dialect") (1967)에서 『황무지』는 "파괴"행위라고 주장한다. 이 작품 안에서 질서와 일관성을 찾아내려는 시도에 대항해서 커모드는 "엘리엇은 『황무지』내에서 시대의 절망이라는 이미지를 찾은 비평가들을 조롱했다. 그러나 그는 더욱 최근의 기독교적인 비평에도 역시 거부감을 느꼈을 것이다. 이 시는 강요된 질서를 거부한다"고 진술한다(239). 토르멜렌(Marianne Thormählen)은 커모드의 논의에서 한 걸음 나아가서, "『황무지』는 강요된 질서를 거부할 뿐만 아니라, 어떤 하나의 해설에 국한시키는 것을 거부한다"라고 말한다(206). 이는 작품의 특성상 『황무지』가 의미의 완성을 위해 독자와 독서행위를 필요로 한다는 점을 강조한다.

『황무지』는 '해설로의 초대'라는 점에서 여러 다른 의미를 갖는다. 신비평의 가장 독창적인 공로는 작품의 내용보다 구조에 관심을 기울인 것이고, 그러한 구조에 대한 생각이 과거 형식에 집착한 편견을 넘어선 점이다. 그러므로 이전에 시인, 즉 작가만이 관여했던 언어의 유희에 독자도 긴밀하게 관여하게 되었다. 그러나 포스트모던 독자는 결국 시가 주제, 형식, 내용 면에서 "적절하게 자족적"이어야 한다는 신비평적 견해에 대해 회의적이다. 한편 흥미롭게도, 시어에 대한 신비평의 구조중심적인 관점은 보다 최근의 언어관인 브룬즈의 이분법(hermetic / Orphic) 중 "밀폐성"(the hermetic)과 유사해 보인다. 왜냐하면 "밀폐언어관" 역시 시를 말의 의미보다는 "자족적인 언어구성물"로 간주하기 때문이다. 같은 맥락에서 우로프(Margaret Dickie Uroff)는 다음과 같이 말한다.

> 『황무지』에서 자기를 지칭하는 시인, 자기를 지시하는 화자들, 유사어를 되풀이하는 언어, 이 모두가 초월적 의미보다 단어들의 동심원 내부로 관심을 돌리고 있다. 그리고 그 동심원에서 경험과 언어의 활동, 혼동, 난해함이 통합된다. 말이 어떤 다른 것을 나타내는 것이 아니라, 그것이 바로 실재이다. . . . 시의 권위는 그것의 전체적인 구조로부터 나온다. (165)

우로프에 따르면, 엘리엇이 독자에게 그의 텍스트를 이해하기 위해서 다른 텍스트들을 참조하기를 요구할 때, '과연 이 시작품이 의미하는 바가 무엇인가'라는 의문이 생겨나고, 그 의문은 독자에게 새로운 방식으로 『황무지』를 읽도록 강요하며, 이 시의 헌사와 주석뿐만 아니라 다른 진술과 책략들의 자기지시적인 특성에 관심을 기울이게 한다.

더구나 브룬즈의 통찰력 있는 분석에서 엘리엇의 언어관과 말라르메의 "언어의 밀폐성"(hermetic nature of language)에 대한 견해, 일상 언어와의 분리, 그리고 창조 과정에 대한 개념을 연결해 볼 수 있다. 특히 말라르메의 시론은 단어들의 구조를 예술가의 내부감정을 정화하고, "경험의 주체로서"의 자신을 전멸시킨 후의 독립적인 존재물로 파악한다. 이러한 그의 시론은 엘리엇이 「전통과 개인의 재능」("Tradition and the Individual Talent")에서 논의한 몰개성의 시론을 연상하게 한다. 이와 같은 관점에서 말은 기호로서 그 기능을 행사하기보다는 물질적인 속성을 띤 "시의 본질"이 되는 것이다. 사실상 엘리엇은 불란서 상징주의 시인들에 관해 여러 차례 자신의 생각을 밝혔다. 예를 들어 「폴 발레리의 방식에 대한 간략한 서언」("A Brief Introduction to the Method of Paul Valéry", 1924)에서 엘리엇은 발레리(Paul Valéry)가 많은 시적 요소를 개별적으로 새롭게 구성해 낼 수 있었다고 평가한다(11). 발레리는 언어가 본질적으로 "시적"인 "요소들"을 이미 내포하고 있다고 생각한 것이다. 말이 정서와 감정을 표현하기 위해 사용되는 것이 아니라, 말에는 이미 정서와 감정이 포함되어 있다는 것이다. 이는 고도로 그 자체를 의식하고 있는 진보한 단계의 언어를 가리킨다. 한편 20여년이 지난 후에 상징주의의 전통을 회고하는 강연,「포우에서 발레리까지」("From Poe to Valéry", 1948)에서 엘리엇은 이와 같이 언어의 자의식이 증가해 가는 과정에서 "순수시"(la poésie pure)를 이론적 목표로 삼을 수 있지만, 그러한 목표는 결코 달성될 수 없다고 주장한다. 왜냐하면 얼마간의 "불순함"을 유지할 때만이 시는 비로소 시가 될 수 있기 때문이다. 다시 말해서 주제가 그 나름대로의 가치를 지니기 때문이다(To Criticize the Critic 39). 정서적·역사적 연상으로부터 언어를 정화하려는 시도는 언어에서 인간적인 내용을 제거하려는 것이고, 이러한 시도는 "자살일 것이다"(would be suicide)(Perl 83 재인용). 엘리엇은 상징주의의 미학은 진행될 만큼 진행되었다고 생각했고, 그것을 뒤따를 예술관에 대해 우려를 표명했다(To Criticize the Critic 41).『황무지』는 고도로 자의식적인 텍스트이고, 중심주제는 브루커(Jewel Spears Brooker)와 벤틀리(Joseph Bentley)가 주장한 대로 "언어의 불확실성(우연성)"이다. 그러나 상징주의 시가 "항상 그 자체만을 가리키는"(what it says is always only itself) 유아론적(唯我論的) 미학에 의존한다 해도,『황무지』의 유아론은 단순한 미학의 문제에 머무르지 않는다. 이 작품은 밀폐 언어(hermetic language), 언어의 우연성 이상의 문제들에 관련되어 있다.

또한『황무지』의 구조분석에 바르트의 문학이론—readerly/writerly texts —이 도입될 수 있다. 바르트는 특히『텍스트의 즐거움』(The Pleasure of the Text)에서 "글쓰기"에 대한 접근법의 차이, 언어운용 단계의 차이를 규명한다. 그는 이러한 차이를 "읽히는/쓰이는"(readerly/writerly) 혹은 "즐거움/즐김"(pleasure/ bliss)이라는 이중 축을 따라 구분한다. 바르트는 일차 단계를 단순하고 반복 가능한 "텍스트의 즐거움"과 연결시키고, 또한 예측가능하고 이미 구축된 세계관이나 질서를 밝혀내는 독서행위와 결부시킨다. "읽히는" 텍스트의 언어는 지시적이고, 구문은 서술적이며, 목소리는 총체적이고, 이미 체계화된 문화를 전수하고 확인한다. 반면에 "쓰이는" 언어는 "본질적으로 상반되는 기호들" 사이에서 충돌하고 마찰하는 지점에 놓인다. 『글쓰기의 영도』(*Writing Degree Zero*)에서는 이후에 전개될 언어관을 예상하면서, 다의(多義)의 모더니스트 글쓰기를 "간극, 부재, 영양과다의 기호들로 채워져 있고, 예견이나 안정적인 의도가 없는" 것으로 특징짓는다(48). 따라서 이는 인습적 언어의 관계와 목적을 약화시키고, 시간·공간적 그리고 인과관계의 배열을 어긋나게 하며, 지시대상을 모호하게 만든다. 바르트적인 관점에서, 『황무지』는 전형적인 모더니스트 텍스트로서, 독자를 텍스트의 파괴와 재생산, 즉 "자유로운 해설의 다양한 선택에 의한 나름대로의 해체과정"으로 초대한다는 것이다(Eco 40). 제럴드 도헐티(Gerald Doherty)는 『황무지』의 분석을 위해 바르트적 비평방식을 채택한다. 도헐티는 『황무지』의 각 부(部)의 첫 부분은 문체상 전통적인 시적 발화로 이루어져 있고, 그 부분에서는 구문의 통일성, 또한 종결을 향한 일련의 순탄한 움직임이 의미의 혼란을 최소화한다고 주장한다(247). 그의 논의에 따르면, 이러한 시작부분 이후의 텍스트는 병렬식으로 구성되어 있고, 단절로 가득 차 있어서, 화자들과 그들이 지시하는 실재가 분리되어 있다는 것이다(247). 지시대상은 불명확하거나 모호하다. 묘사와 진술은 불연속적으로 구성되어 있다. 마침내 텍스트의 "극한"지점에서는 기표와 기의간의 관계가 깨어진다. 그러나 도헐티가 "상당히 동질적이고 일관성이 있어서 '읽힐 수' 있는 텍스트"로 간주했던 「주검의 매장」("The Burial of the Dead")의 첫 부분까지도 사실상 독자를 매력적인 혼란에 빠뜨린다. 이 문제를 논의할 때 릭스(Christopher Ricks)의 설명이 더욱 설득력 있는 것으로 여겨진다. 릭스는 『T. S. 엘리엇과 편견』(*T. S. Eliot and Prejudice*)에서 어떻게 『황무지』의 첫 단어들의 "힘, 진의"가 "오해의 여지가 없는 직접성"과 "그 방향에 혼동을 일으킬 숨은 가능성"의 결합에 달려있는지 잘 설명하고 있다. 첫 다섯 단어들은 우리가 감상적으로 믿고 있는 바와는 명백하게 불일치를 이루는 것이다. 즉 독자가 "4월"(April), "이다"(is), 혹은 "가장 잔인한"(cruellest) 중 어느 단어에 강세를 두느냐에 따라 그 진의가 달라질 것이다 (Ricks 175-76). 더구나 이 단어들로 『황무지』가 시작하기 때문에, 대개 도입부가 독자에게 제공하는 확고한 컨텍스트와 그에 따르는 안정감을 이 시작품에서는 충분히 얻지 못하게 된다. 따라서 『황무지』의 첫 단락은 시 작품 전체의 효과, 즉 친숙하게 들리는 것이 그 위치를 바꾸어 낯설어지는 효과를 불러 일으킨다.

의미의 통일성을 깨뜨리는 보기로 「주검의 매장」의 마지막 스테트슨(Stetson) 편을 잠시 살펴보자. 안정성의 효과는 정확한 위치(London Bridge, King William Street), 특정한 교회(Saint Mary Woolnoth), 이야기의 확실한 시각(nine o'clock)을 기록하는 정밀함과 반복, 대구에 의해서, 또한 종결에 대한 통합적 예상에 의해서 달성되는 듯하다. 그러나 이렇게 지속적으로 나타나는 직설법의 담화가 스테트슨의 등장으로 서술, 명령 그리고 극적 의문문의 담화로 변모한다.

'스테트슨!
'자네 밀라에 해전 때 나와 같은 배에 있던 친구로군!
'자네가 작년에 정원에 심었던 시체에선
'싹이 트기 시작했나? 올해에는 꽃이 필까?
'아니면 갑작스런 서리가 그 화단을 망쳤나?
'오 인간에겐 친구인 개를 멀리하게,
'그러지 않으면 그 놈이 발톱으로 다시 파헤칠 거야!
'그대! 위선적인 독자여!—나의 동포—나의 형제여!'

'Stetson!
'You who were with me in the ships at Mylae!
'That corpse you planted last year in your garden,
'Has it begun to sprout? Will it bloom this year?
'Or has the sudden frost disturbed its bed?
'O keep the Dog far hence, that's friend to men,
'Or with his nails he'll dig it up again!
'You! hypocrite lecteur!—mon semblable,—mon frère!' (*CPP* 62-63)

이러한 대면에서, 텍스트가 문자상의 단계와 비유적 단계, 그리고 정확한 지시대상과 모호한 지시영역 사이에서 심하게 진동할 때 안정성의 효과는 와해된다. 최소한 표면상으로는 권위가 있고 믿을 만한 관찰자에서부터 신경질적인 참가자와 질문자로 화자가 전이됨에 따라, 의미가 흐려지게 된다. 마지막 시행, "그대! 위선적인 독자여!—나의 동포—나의 형제여!"는 독자를 이제 막 이루어진 기이한 관계 속에 말려들게 할 뿐만 아니라, 동시에 이러한 관계를 독자가 직접 연출해보게 한다. 이 시점에서 독자와 시인은 자의식이 짙은 문학의 공모자라는 위치에 놓이게 된다. 시인과 독자의 위선은 명백하게 문제적이고 탈중심적인 담론의 성격을 통합하는 화자를 허구적으로 구상한다는 데 있다. 여기서 시인은 우리가 독자이지 시인자신이 창조한 이 장면의 동참자가 아니라는 점을 상기시켜 줌과 동시에, 우리가 화자보다 오히려 시인과 유사한 입장임을 일깨우고 있다. 따라서 독자는 위선적 독자이며, 시인의 동지인 것이다. 그러나 자신의 표현이 아닌 보들레르의 시행을 인용함으로써, 엘리엇은 작가자신의 개인적 주장이 그의 독자와 완벽한 친밀감을 형성하는 것 또한 회피한다. 그는 자신이 독자와 친밀한 관계를 이룰 수 없었음을 다른 시인의 표현, 즉 인유를 통해 인정하고 있는 것이다. 한편 엘리엇이 이 시행을 빌려 온 보들레르의 원작품에서 인간의 영혼은 다만 하나의 "평범한 캔버스"에 지나지 않고 그 위에는 성적 폭행과 파괴로 얼룩진 가련한 운명들이 그려져 있다. 영혼을 육체로, 뇌, 폐, 벌레 먹는 살로 급격하게 환원시킴으로써, 보들레르는 『황무지』와 같은 작품에 나타난 방식을 예견하는 비속한 시적 담화를 구축한다. 『황무지』는 언어 그 자체로서, 차이에 의존하고 있는 언어의 재현체계로서, 무자비하게 시작품의 정신, 목소리, 몸체를 해체하는 시이다. 이 시에 나타난 강간, 유산, 흩어진 뼈, 부서진 손톱, 이빨 빠진 입, 잘려진 혀 등의 특정한 이미지, 즉 "부서진 이미지늘의 더미"(a heap of broken images)(*CPP* 61)뿐만 아니라, 텍스트의 몸체 그 자체가 해체되고 전복된다. 「불의 설교」("The Fire Sermon")의 도입부는 특정한 각본과 그것을 준수하고 실현하는 화자를 설정하여, 그 지시적 효과로 안정된 텍스트를 세우고 있는 듯하다. 이렇게 시작한 제3부는 도입부의 대표화자와 그의 대표진술로부터 최대한 떨어져 있는 지점에서 순전히 혼란스러운 소리를 분출한다.

트윗 트윗 트윗
적 적 적 적 적 적
참으로 잔인하게 폭행을 당하여.
테루

Twit twit twit
Jug jug jug jug jug jug
So rudely forc'd.
Tereu (*CPP* 67-68).

표면상 트윗(Twit), 적(Jug)과 같은 단어들은 의성어의 모방적인 잔류요소를 보유하고 있다. 이들은 특정한 컨텍스트나 의미의 결정성을 넘어 무의미한 기표로서 그 주된 역할을 하는 것처럼 보인다. 그러나 사실상 가장 순수한 소리로 된 발화조차도 테리우스(Tereus), 필로멜라(Philomela), 프로크네(Procne) 등의 인유의 깊이로 그 순수성에 손상을 입게 된다.

부수적으로 도입부의 화자 "나"(I)는 공통 집단의 "사람"(one)으로 융해되고, 마침내 언어수행 그 자체로, 즉 순간적으로 이미지를 형성하지만 이내 다시 말의 소리로 해체되는 기표 내로 흡수된다.

다만 물소리라도 있다면
매미나
마른 풀잎의 노래가 아닌
바위 위로 흐르는 물소리라도 들린다면
그 곳 소나무 숲속에서 은둔 티티새가 노래한다
드립 드롭 드립 드롭 드롭 드롭 드롭
그러나 물은 없다

If there were the sound of water only
Not the cicada
And dry grass singing
But sound of water over a rock
Where the hermit-thrush sings in the pine trees
Drip drop drip drop drop drop drop
But there is no water (*CPP* 72-73).

마치 물 떨어지는 소리처럼 노래하는 새 소리는 있지만 정작 물은 없다. 부재의 존재를 환기시키는 장면은 두건을 쓴 인물의 출현에서 더욱 극적으로 다루어진다. 이 인물은 화자에게 멀리서는 환각적인 인물로 눈에 띄고, 실제의 형상이 보일 수 있을 만큼 가까운 지점에서는 부재하는 존재이다. 이와 같은 실재와 부재간의 변증법은 텍스트가 자신의 위치를 명명할 때, 바로 그 순간에 텍스트의 비유적 "파멸"이 완성되는, "분열"의 효과와 함께 그 절정을 이룬다.

> 산 너머 보랏빛 대기 속에
> 부서지고 개조하고 폭발하는 저 도시는 무엇인가?
> 무너지는 탑들
> 예루살렘 아테네 알렉산드리아
> 비엔나 런던
> 공허한
>
> What is the city over the mountains
> Cracks and reforms and bursts in the violet air
> Falling towers
> Jerusalem Athens Alexandria
> Vienna London
> Unreal (*CPP* 73).

레이먼드 윌리엄스의 언어관, 즉 통일된 단순한 언어가 아닌, 사회적으로 층위가 나누어진 언어의 소란스런 다양성에 대한 인식이 과거의 문학과 문화적 전통으로부터 나온 다양한 목소리들로 채워져 있는 『황무지』를 읽는 데 유용한 관점을 제공해 줄 수 있다(*Marxism and Literature* 21-44). 윌리엄스가 일종의 "바흐친적인"(Bakhtinian) 사회언어학자라는 점을 염두에 두고, 바흐친적인 시각(Bakhtin 295)을 적용해서 이 작품을 읽어볼 수 있다. 왜냐하면 『황무지』에서 우리는 언어들의 충돌, 다른 종류의 사회 언어들 간의 마찰을 목격하게 되기 때문이다.

이 논의의 입증을 위한 최상의 예는 「장기 놀이」("A Game of Chess")이다. 「장기 놀이」의 도입부분은 다양한 문학작품―『안토니와 클레오파트라』

(*Antony and Cleopatra*), 『이니드』(*Aeneid*), 『변신』(*Metamorphoses*), 미들턴 (Thomas Middleton)의 희곡인 『여자는 여자를 조심하라』(*Women Beware Women*), 그리고 『실락원』(*Paradise Lost*)―에 대한 암시와 인유들로 가득 차있다. 패러디 양식, 사회적으로 전형적이라 할 만한 언어 유형 등이 「장기 놀이」의 첫 시행에서부터 뚜렷하게 나타난다. 우아한 어법("burnished," "wrought," "fruited"), 동일하게 우아한 물건들("marble," "candelabra," "laquearia")과 더불어, 이것은 서사시의 격식을 띤 표현이다. 그러나 이 부분은 패러디적인 형식성을 풍자하는 것으로 변모한다. 과장되게 "시적"으로 들리는 표현들로 "살찌워진"(fattened) 행들은 단순히 문어체적인 사례를 넘어서는 것이다. 폐소적(閉所的) 구문과 어법은 닫혀 있는 방을 떠올리게 한다. 시각적인 세부사항에 대한 묘사가 증가하면 할수록 우리가 보고 있다고 확신할 수 있는 것은 더욱 줄어든다. 시의 언어적, 문법적 "의미"(sense)와 더불어 우리의 "감각들"(senses)은 "어지럽고, 혼란스럽고, 익사하게"(troubled, confused /And drowned)(*CPP* 64) 된다. 이 장면을 묘사하는 단어들이 동시에 그 문체를 묘사해 준다. "고풍의"(antique), 희귀하고 부자연스런 단어들("fruited," "Cupidon," "unguent," "coffered," "carvèd," "sylvan")로써, "합성적인"(synthetic), "찬란한"(burnished), 공들여 "세공한"(wrought), 그리고 "번쩍거리는"(glittering) 문체를 드러내는 것이다. 더구나 "-ed"로 끝나는 과다한 단어들이 이러한 혼동의 또 하나의 이유가 된다.

> 마개 뽑힌 상아병과 색유리병 속에는
> 연고와 가루와 액체로 된
> 이상한 합성 향료가 들어 있어,
> 그 향내에 감각이 어지럽고 혼란스럽고 익사하게 된다.
> 창문으로 선선하게 불어오는 바람에
> 향기는 흩어져. . . .
>
> In vials of ivory and coloured glass
> Unstoppered, lurked her strange synthetic perfumes,
> Unguent, powdered, or liquid-troubled, confused
> And drowned the sense in odours: stirred by the air
> That freshened from the window. . . . (*CPP* 64)

여기에 명확한 운동감은 거의 없다. 과도한 동사와 형용사형의 분사는 신선한 움직임을 일으키지("freshen," "stir") 못한다. 언어가 진정으로 인상적이면서 동시에 질식할 것 같이 억압적인 이 부분의 과도한 장엄과 폐소적인 격조와는 대조적으로, 이어서 등장하는 선술집 장면에서는 목소리의 연출을 만날 수 있다.

> 릴의 남편이 제대했을 때, 내 말했지요―
> 노골적으로 내 자신 릴에게 말했지요,
> 서두르십시오 시간이 다 되었습니다
> 이제 앨버트도 돌아오니 좀 근사하게 단장을 해 봐.
> 그가 너에게 이빨 해 넣으라고 준 돈 네가 어디다 썼는지
> 알고 싶어 할 거야.

> When Lil's husband got demobbed, I said―
> I didn't mince my words, I said to her myself,
> HURRY UP PLEASE ITS TIME
> Now Albert's coming back, make yourself a bit smart.
> He'll want to know what you done with that money he gave you
> To get yourself some teeth. (*CPP* 65-66)

제2부 도입부분의 장엄한 문체를 시들게 했던 언어가 이제는 노동계층 여자의 비속성, 하층계급 잡담의 제지할 수 없이 활기찬 어조를 띤다. 이는 『황무지』에서 가장 "사실적인" 에피소드 중 하나이고, 또한 가장 자의식적이기도 하다. "다양한 목소리로" 이루어진 『황무지』의 징후를 드러내주는 이 에피소드의 중요한 특색은 바로 음성이다. "말했지요"(said)라는 단어가 잡담의 형태로 열다섯 번이나 출현한다. "서두르십시오 시간이 다 되었습니다"(HURRY UP PLEASE ITS TIME)라는 말은 재치 있게 모든 목소리를 종결짓는 목소리가 된다. 술집 지배인의 말이 이야기에 끼어들고, 그 말의 대문자 표기가 낭랑하고 한편 불길한 소리를 가리킨다.

사회적으로 "논쟁의 여지가 있고, 논쟁하는"(Bakhtin 332) 전형적인 담론에서 화자나 화자들을 밝혀낼 수 없는 점이 『황무지』의 또 하나의 논제가 된다. 이 작품을 꿰뚫어 흐르는 일관된 이야기나 화자가 없다는 점은 자주 지적

되었다. 대신에 표면상 상호 간에 관련이 없는, 그리고 상호 간의 소통을 차단하는 일단의 화자들이 존재한다. 티레시어스(Tiresias)가 시의 나머지 부분들을 통합할 수 있는 가장 중요한 인물이라는 엘리엇 자신의 설명과(*CPP* 78), 그의 설명이 독자의 관심을 『황무지』의 관점의 유동성으로 이끈다는 사우덤(B. C. Southam)의 논의에도 불구하고(172), 티레시어스는 예언자이기보다는 무력한 관찰자에 머문다. 런던의 중심을 가로지르는 여행(ll. 257-65)과 강을 따라 가는 두 번의 여행의 묘사(ll. 266-91)는 이 텍스트를 주제, 장소, 인용문들의 극한 파편을 향해 효과적으로 열어두고 있다. 그리고 이 부분은 다음과 같이 끝맺는다.

그 때 나는 카르타고로 왔다

탄다 탄다 탄다 탄다
오 주여 저를 건지시나이다
오 주여 건지시나이다

탄다

To Carthage then I came

Burning burning burning burning
O Lord Thou pluckest me out
O Lord Thou pluckest

burning (*CPP* 70).

이러한 다성적 텍스트에서 과도한 반복, 깨어진 구문, 불협하는 담화는 화자와 제시되는 장면과의 조화로운 일치를 방해한다. 여기에 중재되지 않은, 직접적인 작가의 발화, 시인의 목소리는 없다. 포스트모던 글쓰기는 글쓰는 혹은 말하는 주체의 기원을 삭제하거나 은폐한다. 그리고 초월적 가치로서의 주체의 개념을 기원, 현존의 초월적 가치와 함께 해체한다. 화자의 파괴와 재구성이란 측면에서 『황무지』는 포스트모던 시의 범주에 속한다고 볼 수 있다.

이 시점에서, 『황무지』는 433행에 불과하지만 "영어(English langwidge)로 써어진 가장 긴 시"라는 파운드의 지적이 그렇게 심한 과장으로 여겨지지 않는다(*Letters* 169). 파운드가 의도하는 언어(langwidge)는 진부한 인습적 함의 없이 새롭게 재구성된 언어이다. 새로운 언어(langwidge)의 출발점은 일상적인 언어(language)이다. 그러나 모더니스트의 미학은 발생 초기부터 인습의 구속을 넘어서는 것이었다. 전통언어의 잔류물이 배후에 남아 있긴 하지만, 모더니즘의 미래는 각 저자의 새로운 언어(langwidge)에 대한 지각으로 생겨난다. 이러한 파운드의 논의에 따르면, 엘리엇은 새 시대에 적합한 새 언어로써 글을 쓴 시인이다. 새로운 언어는 소외, 혼동, 왜곡, 가속된 세계, 전복된 세상을 향해 그리고 그와 같은 현실을 통해서 그 의미를 전달해야 한다는 것이다.

5. 결론

우리는 실제 작품, 언어가 무엇을 할 수 있는지에 대해 숙고해야 한다. 이는 완성된 텍스트에 항상 남겨져 있는 문제이다. 시의 능력이란 그 의미가 어떤 것이든 간에 기호나 상징을 통해 어떻게 의미에 도달하게 되는가를 독자에게 보여주는 것이다. 『황무지』의 "의미"는, 우선 독자에게 의미를 탐색하도록 훈련시켰던 종래의 문학적 감수성을 의도적으로 익살맞은 모조와 패러디를 통해 약화시킴으로써, 현대의 의미탐색의 위기에 대해 논평하는 데 있다. 이런 관점에서 『황무지』는 의미에 도달하는 능력의 한계를 평하는 것이다. 그리고 전통적으로 의미 있는 문학작품의 기교에서 이탈함으로써 시의 "의미"를 달성한다. 다시 말해서, 『황무지』는 시인의 언어에 대한 위기감을 공유하는 독자에게 의존하고 있다. 그 위기감이란 상호이해의 위기감뿐만 아니라 특히 우리의 말이 문화, 시대, 여러 언어들을 초월하는 의미를 갖는다고 가정할 때 이러한 언어에 대한 위기의식을 가리킨다.

우리의 처참한 갈망은 표현 가능한 의미에 대한 갈망이다. 의미에 대한 갈망과 그 갈망의 실패 사이의 끝없는 긴장이 인유로 가득 찬 『황무지』의 하부구조를 통해 표현된다. 『황무지』 내부로 유입된 다른 시작품의 행들이 인유적 구조를 형성하고, 이는 때로는 『황무지』의 구조를 지지하고 때로는 위협한다. 인용된 일단의 시작품들은 주로 노래로 구성되어 있고, 더욱 구체적으로 말해서 노래 부르는 것에 관한 노래들로 이루어져 있다. "노래 부르는 것"의 본질적인 성격에 관심이 있었던 여러 시대의 가수나 시인들을 인용함으로써, 엘리엇은 『황무지』의 구조를 강화하지만, 한편 이러한 인용과 인유는 끊임없이 변화하고 재정의되는 컨텍스트로서 『황무지』에 불안정성을 부여한다.

다양한 예들 중에서, 필로멜라의 신화(the myth of Philomel)는 예술창조의 본질적인 단면, 언어의 한계성내에서 의미의 구성체를 창조하는 시인의 상황을 함의하는 훌륭한 예이다. 필로멜라의 "범할 수 없는 목소리"(inviolable voice)는 그 이상의 반향을 울린다. 자신이 당한 폭행에 대해 이야기하지 못하도록 혀가 잘려진 필로멜라는 『황무지』가 묘사하고 항변하는 표현의 절단된 상태를 여실하게 대표하는 인물이다. 이것은 또한 시인의 창작활동의 이미지와 그 활동이 독자에게 미치는 영향을 드러냄으로써, 시의 위상과 역할을 정의한다. 필로멜라처럼("yet there the nightingale / Filled all the desert with inviolable voice.") 시인은 사막에 목소리를 채움으로써 그 사막을 변화시킨다. 사막은 심리화 된 풍경이고, 예술로의 변용이 그 목적인 시인이 처한 곤경의 이미지이다. 필로멜라의 이야기는 과거로부터 현재의 우리에게까지, 즉 "비극적 범행의 과거를 공허하고 죄 있는 현재"로 옮겨와 전달된다. 이 이야기는 여전히 "범할 수 없는 목소리"로 소리치고 우리의 반응을 시험하고 있다. "범해진" 필로멜라, 자신의 이야기를 언어화하지 못하도록 절단된 혀는 그럼에도 불구하고 그 비애를 "범할 수 없는 노래"로 표현한다. 다만 절단과 추적에도 "불구하고"가 아니라, 바로 그 절단과 추적으로 "인하여" 노래 부르는 것이 가능해진다. 엘리엇 작품에 나타난 황무지의 묘사는 고통과 그 고통의 심미적 변용의 이미지이다. 절단된 혀, 그 한계적 상황에 대결하는 필로멜라는, 언어의 문제성, 그 본질적 한계에 직면한 시인에게 어떻게 말로 나타낼 수 없는 것을 말로 나타내는가, 어떻게 "나는 말을 할 수가 없었다"(I could not / Speak) (CPP 62)라는 의식을 극복하는가를 예증해 준다.

참고문헌

Bakhtin, M. M. *The Dialogic Imagination*. Ed. Michael Holquist. Trans. Caryl Emerson and Michael Holquist. Austin: U of Texas P, 1981.
Barthes, Roland. *The Pleasure of the Text*. 1973. Trans. Richard Miller. New York: The Noonday P, 1989.
_____. *Writing Degree Zero*. 1953. Trans. Annette Lavers and Colin Smith. New York: The Noonday P, 1988.
Bergonzi, Bernard. *T. S. Eliot*. New York: Macmillan, 1972.
Brooker, Jewel Spears. *Mastery and Escape: T. S. Eliot and the Dialectic of Modernism*. Amherst: U of Massachusetts P, 1994.
Brooker, Jewel Spears, and Joseph Bentley. *Reading The Waste Land: Modernism and the Limits of Interpretation*. Amherst: U of Massachusetts P, 1990.
Bruns, Gerald L. *Modern Poetry and the Idea of Language*. New Haven: Yale UP, 1974.
Bush, Ronald. *T. S. Eliot: A Study in Character and Style*. New York: Oxford UP, 1984.
Cooper, John Xiros. *T. S. Eliot and the Politics of Voice*. Ann Arbor: UMI Research P, 1987.
Cuddy, Lois A., and David H. Hirsch. Introduction. *Critical Essays on T. S. Eliot's The Waste Land*. Ed. Lois A. Cuddy and David H. Hirsch. Boston: G. K. Hall, 1991. 1-24.
Davie, Donald. "Eliot in One Poet's Life." *"The Waste Land" in Different Voices*. Ed. A. D. Moody. New York: St. Martin's P, 1974. 221-37.
Doherty, Gerald. "'The Waste Land' as Modernist Discourse." *Orbis Litterarum* 40 (1985): 244-57.
Eco, Umberto. *The Role of the Reader Explorations in the Semiotics of Text*.

Bloomington: Indiana UP, 1979.

Eliot, T. S. "A Brief Introduction to the Method of Paul Valéry." *Le Serpent*. By Paul Valéry. Trans. Mark Wardle. London: Hazell, Satson & Viney, 1924. 7-15.

____. *The Complete Poems and Plays of T. S. Eliot*. London: Faber and Faber, 1978. [CPP로 표기함]

____. *Inventions of the March Hare: Poems 1909-1917*. Ed. Christopher Ricks. New York: Harcourt Brace, 1996.

____. *Knowledge and Experience in the Philosophy of F. H. Bradley*. London: Faber and Faber, 1964.

____. *The Letters of T. S. Eliot: Vol. 1 1898-1922*. Ed. Valerie Eliot. New York: Harcourt Brace Jovanovich, 1988.

____. "London Letter." *The Dial* 72 (May 1922): 510-13.

____. *On Poetry and Poets*. London: Faber and Faber, 1987.

____. *The Sacred Wood: Essays on Poetry and Criticism*. London: Routledge, 1989.

____. *Selected Essays*. London: Faber and Faber, 1980.

____. "The Three Provincialities." *The Tyro* 2 (Spring 1922): 11-13.

____. *To Criticize the Critic and Other Writings*. Lincoln: U of Nebraska P, 1992.

Gilbert, Sandra M., and Susan Gubar. *No Man's Land: The Place of the Woman Writer in the Twentieth Century*. Vol. 1. New Haven: Yale UP, 1988.

Glück, Louise. *Proofs & Theories: Essays on Poetry*. Hopewell, NJ: The Ecco P, 1994.

Grant, Michael. Introduction. *T. S. Eliot: The Critical Heritage*. Ed. Michael Grant. London: Routledge & Kegan Paul, 1982. 1-65.

Heaney, Seamus. "The Government of the Tongue." *Partisan Review* 55 (1988): 292-308.

Kenner, Hugh. *The Invisible Poet: T. S. Eliot*. London: Methuen, 1979.
_____. *The Pound Era*. Berkeley: U of California P, 1971.
Kermode, Frank. "A Babylonish Dialect." *T. S. Eliot: The Man and His Work*. Ed. Allen Tate. London: Chatto & Windus, 1967. 231-43.
Perl, Jeffrey M. *Skepticism and Modern Enmity: Before and After Eliot*. Baltimore: Johns Hopkins UP, 1989.
Perloff, Marjorie. *The Poetics of Indeterminacy: Rimbaud to Cage*. Princeton: Princeton UP, 1981.
_____. "Pound / Stevens: Whose Era?" *New Literary History* 13 (1982): 485-514.
Pound, Ezra. *The Letters of Ezra Pound 1907-1941*. Ed. D. D. Paige. New York: Harcourt Brace, 1950.
Rajan, Balachandra. *The Overwhelming Question: A Study of the Poetry of T. S. Eliot*. Toronto: U of Toronto P, 1976.
Ricks, Christopher. *T. S. Eliot and Prejudice*. London: Faber and Faber, 1988.
Southam, B. C. *A Guide to the Selected Poems of T. S. Eliot*. 6th Ed. New York: Harcourt Brace, 1994.
Thormählen, Marianne. *The Waste Land: A Fragmentary Wholeness*. Lund: C. W. K. Gleerup, 1978.
Uroff, Margaret Dickie. "*The Waste Land*: Metatext." *Centennial Review* 24 (1980): 148-66.
Williams, Raymond. *Marxism and Literature*. Oxford: Oxford UP, 1977.
_____. *The Politics of Modernism: Against the New Conformists*. New York: Verso, 1989.
Wolosky, Shira. *Language Mysticism: The Negative Way of Language in Eliot, Beckett, and Celan*. Stanford: Stanford UP, 1995.

파편화된 시간

| 김희성 |

1

모더니즘 시기에는 시간을 순차적인 흐름이 아니라 개인이 경험하는 의식에 따라 규정하는 새로운 시각이 문학의 중심 주제로 자리잡기 시작한다. 엘리엇이 번역한 바 있는 모롱(Charles Mauron)의 「아인쉬타인을 읽고」("On Reading Einstein")에서는 이러한 새로운 시간 개념이 다루어지고 있다. 모롱은 인간이 과거, 현재, 미래를 분명하게 구분하려는 경향을 보이고 이러한 경향은 모든 현상들이 연속적으로 그리고 질서 지워져 발생하는 시간의 개념을 초래하였다고 분석한다. 그러나 시간은 이와 같이 절대적으로 정의될 수 없고 특정한 관측자와의 관계에 의해 정의될 뿐이라고 반박한다. 시간 그 자체가 흐름의 속도를 지니고 있는 것이 아니라 특정 관측자에 의하여 그 속도를 부여받는다는 것이다. 그러므로 시간을 정의하는 가능성은 무한히 열려있다는 것이 그의 주장이었다(Mauron 78). 엘리엇은 시간을 한 방향으로 흘러가며 객관적으로 측정되는 것이 아니라 경험자의 의식에 따라 유동적으로 정의하는 개념에 맞닿아 있었다.

이와 같이 시간을 인간이 개인적으로 혹은 집단적으로 성장할 수 있는 매개로 보지 않는 입장(Hollinton 431)은 통념상의 '시간성' 대신 프랭크(Joseph

---

* 이 논문은 『T. S. 엘리엇 연구』 17 (2007)에 「파편화된 시간」으로 게재되었던 것을 수정·보완한 것임.

Frank)가 개념화한 "공간화된 시간"(spatialization of time)으로 이어질 수 있다. 프랭크에 의하면 개별적 경험들은 순차적 시간에 의하여 연결되지 않고 각기 다른 시점을 점한 경험들이 병치되어 동시에 인지된다. 결국 "공간화된 시간" 이란 현재라는 일순간의 공간에 다양한 시점들이 배치됨으로써 시간의 개념을 벗어나고 있다는 의미이다. 이제 시간은 다양한 시점들이 놓여있는 표면으로 과거, 현재, 미래와 같은 구획화가 소멸된 영역인 것이다(Frank 56-59). 그리고 미분화된 시간 개념은 주체의 의식 역시 분절된 순간들에 따라 독립적으로 구성되는 분절된 단편들로 정의하게 하였다.

이러한 미분화된 시간과 의식의 개념은 엘리엇의 주체에 대한 입장과 조응한다. 엘리엇은 주체를 "하나의 관점"(a point of view) 혹은 "유한 중심"(finite centre)으로 정의하면서 의식은 하나의 "한정된 중심"에서 다른 "한정된 중심"으로 끊임없이 이동하며 다양하게 실제 세계에 대한 이해를 구성한다고 본다(*KE* 91). 의식은 특정 한 시점에 그 자체로 독립된 개별체이고 다른 시점들에서의 의식과는 불연속적인 특성을 보인다는 것이다(28). 엘리엇은 의식의 불연속성과 다양성을 받아들임으로써 이러한 의식에 동반되는 시간의 개념 역시 인과율을 벗어나 불연속적이고 미분화된 것으로 접근할 수 있었다.

엘리엇과 같이 연속적이고 통합적인 시간 개념에 대한 저항은 일찍이 성 아우구스티누스(Saint Augustine)에게서도 찾아볼 수 있다. 그는 일직선적 시간관이 내포한 문제점을 철학적 입지에서 설명하려고 노력한 첫 번째 인물이라고 할 수 있을 것이다. 아우구스티누스는 시간을 과거, 그리고 과거를 기준으로 형성된 미래가 운동하는 불안정한 장소로 이해하였다. 더불어 영원성이란 '항상 오늘'인 상태, 다시 말해 '시간의 전체 영역이 동시에 존재하는' 상태로 보았다. 아우구스티누스는 『참회록 (*Confessions*)』에서 과거, 현재, 미래에 대한 주관성을 언급한다.

> 3가지 종류의 시간, 다시 말해 과거, 현재, 미래가 존재한다고 이야기 하는 것은 옳지 않다. 아마도 지나간 존재가 현존하는 시간, 현재의 존재가 현존하는 시간, 그리고 미래의 존재가 현존하는 시간, 이러한 3가지 종류의 시간이 존재한다라고 말하는 것이 더 옳을 것이다. 왜냐하면 비록 내가 인

지할 수는 없지만 이 3가지 종류의 시간은 영혼 속에서 어떠한 방식으로든 공존하고 있기 때문이다. 위에서 언급한 첫 번째 시간은 기억(memory)이다; 두 번째 시간은 직접적 경험(direct experience)이다; 그리고 세 번째 시간은 기대이다. (Patrides 5 재인용)

아우구스티누스는 시간을 인간 정신 속에서의 내면적 경험, 다시 말해 인지의 문제로 귀결시키며 과거, 현재, 미래의 구분의 무의미함을 주장하였다. 또한 모더니즘에 크게 영향을 미친 페이터(Walter Pater) 역시 의식과 조응하는 시간의 개념을 받아들인다. 그는 의식이란 외부의 객체에 대한 각자의 인상들과 일치한다고 주장한다. 그런데 이 인상들은 순간마다 새로운, 다시 말해 불안정하고 명멸하며 불연속적인 특성을 지닌다. 이와 같이 의식이 단편적 인상들로 구성된다는 것은 시간 역시 무한히 분절된 상태로 경험된다는 것을 의미한다는 것이다(Pater 1561-566). 페이터는 분절된 의식을 기반으로 분절된 시간 개념을 도입하여 연속적이고 통합적인 시간 개념을 거부하게 된다.

엘리엇의 시간 철학에 직접적인 영향을 미친 것은 베르그송(Henri Bergson)이라 할 것이다. 엘리엇은 1910년경 베르그송의 강의를 듣고 그 후 3, 4년 후에 그에 대한 논문을 썼던 것으로 보인다(Gordon 41). 따라서 "지속"(duration)의 개념을 중심으로 한 시간의 심리학을 개진한 베르그송은 이 시기의 엘리엇에게 영향을 미쳤던 것으로 추측된다. 베르그송은 "지속"이란 단순한 연속 개념의 지속과는 차별적인 것으로 상호 침투적이고 유기적인 것이라고 한다. 이러한 순수 지속은 표현할 수 없고 신비로운 것, 그리고 분리될 수 없는 어떤 것으로 지각되는 시간의 개념으로 대치된다(Gish 11-12 재인용). 결국 상호 침투성에 기반한 "지속"의 개념은 현재와 과거가 상호 침투되어 분리될 수 없는 기억을 통하여 성립 가능하다. 이를 베르그송은 "순수 기억"(pure memory)이라고 지칭한다. 이러한 순수 기억의 상태에서 인간은 수많은 다양한 상태의 의식, 살아가는 과정 속의 경험 전체의 필연적이고 다양한 반복들을 발견할 수 있다(*MM* 322). 요컨대 베르그송에게 시간이란 진행(becoming)하는 데 있어서 지속성을 지니고 있지만, 인간의 지력으로 인하여 이러한 연속성이 불연속적인 것으로 그리고 단일체가 파편으로 분해되었다는 것이다. 그러므로 인간의 지력이 어떻게 불연속성을 초래하였는지, 그리고 인간의 의식이 어떻게 이를 초월하고 다시 진정한 지속성으로 회귀할 것인지가 논의의 중심을 이루고 있다(Lloyd 96). 엘리엇은 기억의 상호 침투성을 통하여 과거와 현재가 하나의 순간 안에 병치될 수 있다는 가능성의 측면에 있어서 베르그송의 영향을 받은 것으로 보인다.

엘리엇 역시 외부 시간 개념으로부터 벗어나 개인의 의식 속에서 주관적으로 경험되는 시간을 추구했다. 그는 일방적으로 앞으로만 진행하는 시간을 거부하고, 분절 혹은 "공간화된 시간" 개념을 받아들여 주체가 다양한 인상과 경험들이 결합되는 유동적 매개체로 기능하고 있음을 주장하였다(SE 42). 다시 말해 엘리엇은 의식 속의 현재 시점을 공간의 개념으로 대치하였고 이러한 측면에서 베르그송과의 차이가 발견된다. 베르그송은 시간을 미분화하는 시간의 공간화에 반대하는데 즉, 우리가 시간을 순간순간들로 분할하는 것은 움직이고 있는 실체의 진행을 중지시키는 것과 같다는 것이다. 이러한 측면에서 시간을 선으로 표현하는 통념에도 반대한 것으로, 선은 이미 움직임이 결여된 공간이고 따라서 계속 진행하고 있는 시간의 움직임을 표현해낼 수 없다는 것이다. 요컨대 베르그송에 있어서 과거와 현재의 공존이 가능한 순수 기억은 서로 다른 시점들의 병치라기보다는 하나의 상태 속에서 서로 다른 요소들이 공존하고 있는 것이 더 정확한 설명이 될 것이다(Lloyd 96-101). 더불어 엘리엇은 베르그송의 시간 철학에 있어 모든 것이 변하고, 변하고 있으며, 변해야 한다는 전제는 인간이 현재와 가까운 미래에 대하여 도덕적으로 책임을 진다는 것을 의미한다고 비난한다. 또한 베르그송을 19세기 진보주의적 전통에 속한 것으로 보고, 이는 곧 인본주의의 잔재가 남아 있음을 의미한다고 지적하기도 한다(Douglass 55-56 재인용). 엘리엇은 베르그송의 기억 개념으로부터 영향을 받았으나, 더불어 베르그송의 시간 철학을 그 인본주의적 특성으로 인하여 "매우 파괴적"이라고 지적하며 자신의 시간 개념을 차별화하고자 한 듯하다. 다시 말해 엘리엇은 베르그송의 시간 개념보다 무한히 분절화되고 독립적인 시점들이 불연속적으로 공존하면서 현재 의식을 이룬다는 점에서 주체의 매개적 혹은 공간적 개념에 주목하고자 하였다(Miller 125). 엘리엇의 철학적 관념들이 형성되던 시기에 베르그송의 영향하에서 그의 시간 개념은 의식이라는 공간에서 분절된 시점들의 공존으로서 정의되고 있는 것이다.

서구 인본주의는 시간을 일직선적으로 흐르는 통합체로 보기에 인간이 일관되게 성장, 진행하여 죽음에 이른다고 믿는다. 이 명제는 개인마다 다르게 경험하는 시간을 무시한 채 하나의 공적 제도, 절대적인 객체로서의 시간을 인정하고 있는 것이다. 그러나, 엘리엇의 시에서 인물들은 한 방향으로 흐르며 통합체를 형성하는 시간보다는 무한히 분절된 순간들이 각각 공간으로서 존재하는 시간을 경험한다. 즉, 과거 한 시점이 원인이 되어 현재 시점이 발생하고 이것이 미래 시점을 유도하는 순차적 흐름은 거부된다. 엘리엇의 인물들은 논리적 인과 관계에 따라 진보하는 시간을 벗어나 미분화된 시점들의 공존을 경험하고 있다. 엘리엇은 이와 같은 시간관을 그의 철학 논문에서 구체적으로 언급하고 있다.

> 경험된 과거와 기억되는 과거는 비록 이들이 동일한 것이라거나 혹은 상이한 것이라고 말할 수 있는 어떠한 근거가 없기는 하지만 사실상 의도에 있어 하나이고 같은 것이다. 이 두 가지 중 어떤 진술을 하기 위해서는 두 가지 진술이 설명하는 한 시점의 사실 혹은 한 가지 언급이 설명하고 있지만 다른 것은 그렇지 않은 한 시점의 사실에 대해 보여주어야 한다. 그러면 동일한 관점은 발생하지 않는다. 당신이 과거를 산다, 그러면 그것은 현재이다, 또는 당신이 그것을 기억한다, 그러면 그것은 당신이 한때 살았던 것과 같은 과거가 아니다. 그 차이는 두 개의 객체 사이에 존재하는 것이 아니라 두 가지 관점 사이에 있는 것이다. (KE 51)

엘리엇에게 주체는 미분화된 각각의 순간마다 이질적인 경험들을 하고 있는 "유한 중심" 혹은 "하나의 관점"의 개념으로 정의된다. 특정 시점에서 주체의 의식은 다른 시점의 의식과 어떤 논리적 연계를 지니지 않는다는 측면에서 독립적인 동시에 그 시점에서만 의미를 지닌다는 측면에서 유한하고 조건적이다. 따라서 엘리엇의 주체는 다양한 "유한 중심" 혹은 "관점"들로 무한히 변환하며 존재힌다. 이러한 맥락에서 과거 어느 시점의 한 경험과 이를 다른 시점에 기억으로 재생한 경험은 완전히 동일한 것이 될 수 없다. 그렇다면 실제 과거의 경험 자체보다는 이를 현재에서 기억해내는 특정 관점의 의식이 의미를 갖게 된다. 사실상 과거란 기억된 과거, 다시 말해 현재화된 과거로 존재하기 때문이다. 과거는 시간의 흐름과 함께 현재로 변화된다기보다는 현재라는 의식상에서 다시 재현됨으로써 존재하게 된다.

엘리엇은 「전통과 개인적 재능」("Tradition and Individual Talent")에서도 "과거의 현재성"을 통하여 시간의 미분화를 주장한다. 엘리엇에 따르면 역사의식은 과거의 과거성뿐만 아니라 그것의 현재성에 대한 인식을 포함한다. 역사의식 속에서 개인은 자신이 경험하는 시대뿐만 아니라 그 이전의 시간들을 동시적으로 위치시키며 질서를 형성한다는 것이다. 결국 이러한 역사의식은 "일시성"(the temporal)과 "무시간성"(the timeless)을 동시에 포함하는 것이다 (*SE* 38). 엘리엇이 과거 시점들이 정지된 채 과거로 묻히지 않고 현재에서 살아 움직인다고 주장하는 것은 시간을 분절된 순간들로서 파악함으로써 가능한 것이었다. 그는 과거, 현재, 미래의 질서 체계를 거부하고 현재라는 공간에서 과거의 미분화된 경험들이 병치되고 있다고 본다. 그럼으로써 엘리엇은 주체를 절대적이고 통합적이며 이상적인 구축물인 자아의 개념이 아닌 분절된 기억들의 결합 양식에 따라 변화하는 공간으로서 정의할 수 있었다. 이러한 입장은 초기시 속에서도 드러나는데, 엘리엇은 주체가 개인적이고 추상적인 차원에서 일직선적으로 흐르며 통합체를 형성하는 시간과 대조적으로 공간과 같은 분절된 순간들을 경험하고 있음을 보여준다는 것이다. 그리고 좀 더 확장되고 구체적인 측면에서 엘리엇은 주체가 진보적 역사관과 대조되는 신화적 시간의 분절체들을 경험하고 있음을 보여주고 있다. 통합적 의식이 아닌 한정된 시점들을 통해 이동하는 주체의 의식은 통합적 시간이 아닌 분절된 순간들을 경험하고 이는 엘리엇의 다원적 주체에 대한 입장을 반영하는 시도였다.

2

『프루프록과 다른 관측들』(*Prufrock and Other Observations*)에서는 통합적 시간과 불연속적인 순간들의 긴장 관계가 개인적이고 추상적인 차원에서 그려진다. 이 시집의 인물들은 연속체로서의 시간과 분절적 시간 사이에서 갈등하는 의식을 보여주고 있다는 것이다. 「한 여인의 초상」("Portrait of a Lady")에서는 화자가 연속체로서의 시간을 받아들이려 하지만 분절된 시간의 반복을 통하여 의식을 구성하고 있으며 따라서 이 두 시간 사이에서 갈등하는 모습이 드러난다. 한 젊은 남자가 일 년에 걸친 세 차례의 방문을 통하여 한 로맨틱한 분위기의 여인을 관측하는 상황이 그려진 이 시는 세 부분으로 나뉘어져 있으며 각 부분의 시작은 객관적 시간의 진행을 지시하는 문장으로 짜인다.

    Ⅰ : 어느 12월 오후의 연기와 안개 속에서
        "오늘 오후는 당신을 위하여 바치기로 했어요"라는 말로써
        당신은 장면을 마련하였다-그렇게 될 것 같다-
        . . . .
    Ⅱ : 라일락이 만발한 지금
        그녀는 라일락 꽃병을 방에 놓고
        가지 하나를 손가락으로 비틀며 이야기한다.
        . . . .
    Ⅲ : 10월의 밤이 내려온다;

    Ⅰ : Among the smoke and fog of a December afternoon
        You have the scene arrange itself-as it will seem to do-
        With "I have saved this afternoon for you";
        . . . .
    Ⅱ : Now that lilacs are in bloom
        She has a bowl of lilacs in her room
        And twists one in her fingers while she talks.
        . . . .
    Ⅲ : The October night comes down;   (*CPP* 8-10)

이 시의 화자는 각 부분의 시작을 통하여 객관적 시간이 흘러가고 있음을 명시하려 하고 그럼으로써 뒤따르는 일련의 생각들 역시 이러한 시간에 따라 배열하려는 시도한다. 또한, 그는 객관적 시간의 틀에 따라 충실하게 의식을 구성하려는 태도 역시 명백히 드러낸다. "기념비"(the monument)를 찬양하고,

"최근의 사건들"(the late events)을 논의하고, "공공 시계"(public clocks)에 우리의 시계들을 맞추고, "30분 동안"(for half an hour) 앉아 맥주를 마시자라는 언급 속에서 과거를 재생 불가능한 매장된 시간으로 취급하는 "기념비" 혹은 순차적으로 흐르는 시간이 반영된 "최근의 사건들"과 같은 표현은 의도적으로 사용되고 있다. 나아가 "공공 시계"가 의미하는 외부의 객관적 시간에 자신이 경험하는 시간을 조응시켜 보려고 하고 그 결과 "30분 동안"과 같이 기계적으로 분할된 시간에 따르는 경험을 추구한다. 화자는 외부의 시간이 그의 사고를 점유하도록 의식적인 자기 암시를 걸고 있는 것이다.

더불어 이 시의 특징 중 하나는 음악의 흐름을 통하여 화자의 시간에 대한 의식을 고찰할 수 있다는 점이라 할 것이다. 1부 시작과 함께 화자는 "바이올린의 가는 선율"(attenuated tones of violins)을 듣고 있는 모습이다. 가락을 지닌 음악의 흐름은 발전을 수반하는 일직선적 시간을 상징해준다. 그런데, 곧 순차적 시간을 상징하는 바이올린 가락 속에 침입하는 북소리가 프루프록의 의식 속에서 울려 퍼진다.

   바이올린의 선회하는 가락과
   금간 코르넷의 소곡 사이에서
   나의 두뇌 속에는 지루한 북소리가
   터무니없게 그것만의 서곡을 두들겨대며 시작된다,

   Among the windings of the violins
   And the ariettes
   Of cracked cornets
   Inside my brain a dull tom-tom begins
   Absurdly hammering a prelude of its own,   (CPP 9)

화자가 의식 속에서 듣고 있는 북소리는 끊임없이 흐르고 있는 바이올린 선율을 중단시키는 기능을 한다. 화자는 북소리의 울림을 통하여 연속체로서의 시간이 중간 중간 끊어지는 것으로 인식하는 것이다. 이처럼 바이올린 선율에 북소리가 침투하는 이미지는 끊임없이 흘러가는 시간대신 분절된 단위체들로 구성된 시간 개념을 상징한다고 볼 수 있다.

2부와 3부에서는 화자가 단편적 순간들을 동일하게 의식에 떠올리는 상황을 연출한다. 화자는 계절의 흐름으로 표현된 시간의 진행과는 무관하게 같은 유형의 행동만을 보여주는 여성의 모습을 떠올리고 있다(Gish 18). 배경이 되는 시간은 1부의 "팔월의 어느 날 오후"에서 2부의 "10월의 밤"으로 현저히 경과되었지만 그는 특정한 순간을 떼어내어 의식상에 동일하게 등장시키고 있는 것이다. 즉, 계절의 흐름을 통하여 일관되게 발전하는 외부 세계와는 대조적으로 화자는 개별적 단위체들의 결합으로 이루어진 시간을 경험하고 있기 때문에 이야기하고 있는 여인을 보았던 한 순간을 독립적 시간의 단위로 취급하고 이를 반복적으로 의식하고 있다.

II : "난 친구들에게 차를 접대하면서, 여기에 앉아 있을 거예요. . . ."
. . . .
III : "난 친구들에게 차를 접대하면서, 여기에 앉아 있을 거예요. . . ."

II : "I shall sit here, serving tea to friends. . . ."
. . . .
III : "I shall sit here, serving tea to friends. . . ." (CPP 8-11)

위에서 화자가 경험하는 세계만을 분석해보면 이 시가 상정했던 시간의 일관된 흐름은 추정해내기 어렵다. 대신 시간의 흐름 속에 한 순간이 떨어져 나와 그 단위체가 되풀이되고 있을 뿐이다. 즉, 남성 화자를 둘러싸고 있는 외부 체계의 시간은 끊임없이 앞으로 흘러가지만 그의 의식은 여인의 이미지를 매개로 동일한 시점의 반복만을 떠올림으로써 외부 시간과는 무관한 시간의 무관한 시간을 경험하는 것이다.

외부 세계의 시간과 의식 속의 시간 사이의 괴리를 겪고 있는 남성 화자가 우선적으로 보이는 반응은 계기적 시간이 지배하는 세계로 도망치고자 하는 것이다(Thompson 45). 화자는 "지루한 북소리"가 "흐르는 바이올린 선율"을 분할하는 것으로 의식함으로써 선형적 흐름에 의한 통합적 시간의 붕괴를 경험하였음에도 불구하고 시의 결말 부분에 이르면 "춤"과 같은 표현법을 사용해야 할 당위성에 쫓기게 되는 것이다.

그리고 나는 표현법을 알아내기 위하여
모든 변화하는 형태들을 차용하여야만 한다. . . . 춤, 춤,
춤추는 곰처럼,
앵무새처럼 소리 지르고, 원숭이처럼 지껄여야 한다.
밖에 나가서 담배 연기에나 취해보자.

And I must borrow every changing shape
To find expression. . . . dance, dance,
Like a dancing bear,
Cry like a parrot, chatter like an ape.
Let us take the air, in a tobacco trance-　　　　　(CPP 11)

　그가 추구하고자 하는 "춤"은 "모든 변화하는 형태"들의 상징물로서 제시된다. 춤은 음악과 같이 끊임없는 동작의 변화와 더불어 하나의 통합체를 이루어내는 예술이다. 즉, 화자는 끊임없는 변화, 그리고 그 변화들이 기, 서, 결을 이루면서 통합되는 의식을 추구해야 할 필요성에 시달리고 있다. 그러나 그는 이러한 의식과 병행하는 통합적 시간에 대하여 절대적 신뢰를 하고 있지는 못하다. 3, 4행에서 드러나듯이 연속적 변화를 추구하는 자신의 모습을 "곰", "앵무새", "원숭이"등 하등한 동물들에 투영시키고 있는 것이다. 특히 "곰", "앵무새", "원숭이"는 감금당하여 인간에게 놀잇감이 되는 동물들이다. 따라서 화자는 질서 지워진 변화에 매달리는 자신의 모습을 외부 세계를 통괄할 수 있는 주체로서가 아니라 외부 세계에 의하여 통제되는 복종적 존재로서 파악하고 있는 것이다.

　결국 화자는 자신의 경험과 동떨어진 외부 시간의 무의미함을 인지하나 그로부터 완전히 탈피하지 못하는 딜레마에 빠짐으로 인하여 정신적 위기에 직면하는 모습을 보인다. 시의 말미에서 화자는 여인의 "죽음"을 상상하는 데 집착하게 된다.

자! 어느날 오후 그녀가 죽게 된다면,
회색빛과 연기 자욱한 오후, 노르스름하고 장밋빛의 저녁;
죽게 되고 지붕 위에 연기가 내려앉을 때
내가 손에 펜을 들고 앉아 있는 상태로 두고 간다면;

> Well and what if she should die some afternoon,
> Afternoon grey and smoky, evening yellow and rose;
> Should die and leave me sitting pen in hand
> With the smoke coming down above the housetops; (*CPP* 11)

그는 여인이 "오후" 혹은 "저녁"에 죽음을 맞이하는 상황을 가정해본다. 즉, 화자는 여인의 죽음을 상상함으로써 존재의 끝이 설정된 일직선적 시간을 의식하려는 노력을 드러낸다. 더불어 그 끝의 개념을 "오후"나 "저녁"과 같은 객관적 시간의 분리 체계에 맞춤으로써 외부 시간에 의하여 자신의 의식을 통제하려는 움직임을 이중으로 강화해본다. 결국 화자는 여인의 죽음을 상상함으로써 자신이 느낀 괴리의 근원지로서의 여인에 대한 대응을 한다. 화자는 여인이 말하고 있는 특정 순간을 하나의 단위체로 삼아 반복적으로 의식함으로써 연속적인 시간의 흐름이 단절된 것으로 경험하였다. 이렇게 화자는 여인을 매개체로 분절된 시간을 의식하게 되고 연속체적 시간에 대한 회의를 하기에 이르는 것이다. 결국 화자는 여인을 통하여 객관적 시간의 허구를 인지하고 이것이 괴리감과 연결되자 여인의 죽음을 상상함으로써 자신이 느꼈던 두려움을 상쇄하려 한다. 이와 같이 화자는 끝을 상정하고 일관되게 흐르는 통합적 시간에 천착함으로써 공적인 세계로 회귀하고 있다(Gish 20).

「한 여인의 초상」과는 달리 「서곡」("Prelude")에서는 화자가 두 시간 사이의 긴장 관계를 상당한 정도로 해소하고 있다. 즉, 이 시에서는 화자가 분절된 이미지들과 그들의 순환으로써 의식을 구성하고 있다는 점이 드러난다. 「서곡」은 일련의 현대인의 생활을 4부분으로 구성하여 첫 두 부분은 지저분하고 악취를 풍기는 도시 거리의 모습에 대한 의식을 그리고 나머지 두 부분에서는 불결함과 기계적 반복으로 특징지어지는 비참한 일상에 대한 의식을 그린다. 이 시에서도 각 부분을 규정해주는 시간상의 용어들을 통해 시가 표면적으로 객관적 시간의 틀을 따라 짜였음을 보여준다.

> Ⅰ : 서울 저녁이 내려 있는다
> 통로에 스테이크 냄새를 풍기며
> 6시

Ⅱ : 김 빠진 맥주의 희미한 냄새의
     의식에 아침은 오고

Ⅲ : 당신은 꾸벅 꾸벅 졸았고,
     당신의 영혼을 구성했던
     수많은 더러운 이미지들을 드러내는 밤을 관측했다

Ⅳ : 그의 영혼은 시가지 뒤로 희미해지는
     하늘을 가로질러 팽팽하게 뻗어있거나
     지속적인 발들에 짓밟혔다
     네 시 그리고 다섯 시 그리고 여섯 시에

Ⅰ : The winter evening settles down
    With smell of steaks in passageways.
    Six o'clock.

Ⅱ : The morning comes to consciousness
    Of faint stale smells of beer

Ⅲ : You dozed, and watched the night revealing
    The thousand sordid images
    Of which your soul was constituted;

Ⅳ : His soul stretched tight across the skies
    That fade behind a city block
    Or trampled by insistent feet
    At four and five and six o'clock;   (CPP 12-13)

각각의 부분에서 화자는 외부의 시간을 염두에 두고 이에 따라 사고를 순차적으로 진행시키는 듯이 보인다. 그렇지만 화자는 이러한 연속체적 시간을 통하여 자신의 실제 경험들이 왜곡되었다는 점을 인식하는 수준에 도달한다. 즉 2부에서 화자는 "매일 아침 커피 판매대로 달려가는"(press/ To early coffee-stands) 것으로 시작하는 인간의 일상을 인간이 주체가 아니고 시간이 주체가 되어 시작하는 "가장 무도회"(masquerades)로 취급하는 것이다. 화자는 외부 시간에 얽매여 맹목적으로 돌진하고 있는 인간을 자신의 실체를 상실한 채 가장된 모습으로 조종되는 허상의 존재와 동일시한다.

3부와 4부에서도 인간은 분절되고 무질서한 경험들을 하고 있지만 계기적 시간은 이를 왜곡시키고 체계화하려 한다는 점이 시사된다. 3부와 4부에서 화자는 각각 "당신"(you)과 "그"(he)로 지칭된 대상들을 관측하고 있다. 그런데 화자는 "당신"이라고 지칭된 존재에 대하여 "수많은 더러운 이미지, 그런 이미지들로 그대의 영혼은 만들어진 것"(The thousand sordid images/ Of which your soul was constituted)이라고 묘사한다. 또한 "그의 영혼"(his soul)은 외부적 분리 체계, 즉 계기적 시간인 "네 시 그리고 다섯 시 그리고 여섯 시에 지속적인 발들에 짓밟히고 있는"(trampled by insistent feet/ At four and five and six o'clock) 상황이다. 즉 의식이 다수의 분절화되고 일관성 없는 이미지들로 구성되었음에도 불구하고 이를 "네 시에서 다섯 시 그리고 여섯 시"와 같은 일직선적 시간의 틀에 맞추려 한다면 인간이 외부적 시간에 의하여 억압되는 상태가 유발될 것이다.

화자는 분절된 시점마다 형성된 수많은 이미지들을 인식하고 있음을 인정한다. 화자는 "이러한 이미지 주변에 얽힌 공상에 마음 흔들려 나는 매달린다"(I am moved by fancies that are curled/ Around these images, and cling)라고 말함으로써 자신의 의식이 다양한 이미지들에 의해 구성되었음을 암시하고 있는 것이다. 또한 "세계는 빈터에서 땔감을 거둬 모으는 노파들처럼 회전한다"(The worlds revolve like ancient women/ Gathering fuel in vacant lots)라며 화자의 의식 세계가 어떤 선험적 의미도 부여되지 않은 "빈터"와도 같은 공간으로, 그리고 파편화된 이미지들이 취합되는 곳과 같음을 드러낸다. 화자는 분절된 순간들을 인정함으로써 수많은 이미지들의 취합과 순환으로 의식이 구성되고 있음을 받아들이는 것이다.

앞서 살펴본 바와 같이 『프루프록과 다른 관측들』에서는 개인적 차원에서 경험하는 연속체로서의 시간과 분절체로서의 시간 사이의 긴장 관계가 표출되고 있다면 『시 1920』(Poems 1920)에서는 좀 더 확장되고 구체적인 측면으로 초점이 전이되어 인류가 일관되게 발전한다는 진보적 역사관이 부정된다. 우선 엘리엇 자신의 진보적 역사에 대한 입장을 살펴보면 그는 1905년경에는 스미스 학교(Smith Academy)의 모토가 "진보하라!"(Progress!)가 되어야 한다고 주장한 바가 있었다. 그러나 엘리엇은 늦어도 1917년 정도에 이르면 더 이상 진보주의를 고수하고 있지 않았던 것이 명백하다. 이는 엘리엇이 "언어와 문학을 포함한 역사에 대한 연구는 '집단 정신'의 효용성을 밝히기 위함이다"라고 거듭 주장했던 사실에서도 증명된다(Douglass 84-85). 또한, 엘리엇이 「『율리시스』, 질서, 그리고 신화」("'Ulysses', Order, and Myth")에서 진보적 역사관에 대치되는 입장을 취했던 사실도 지적될 수 있을 것이다. 엘리엇은 조이스(James Joyce)의 『율리시스』를 '혼돈'에 지나지 않는 작품으로 비난하는 시각들에 반박한다. 대신, 신화의 사용에 있어 현재와 과거 사이의 지속적인 유사성을 찾아내고 그럼으로써 내러티브적 방식을 대치하는 "신화적 방법"(mythical method)이 현대 사회에서 추구되어야 할 질서이고 형식이라고 주장한다(SE 174-78). 엘리엇은 인과율에 기초한 통합적 시각을 거부하고 현재와 과거의 다양한 시점들이 공존하는 의식을 추구하고자 하였다.

『시 1920』 중 「게론티온」("Gerontion")에서 화자인 게론티온은 자신이 경험한 바가 진보적 역사관과 무관하고 오히려 역사가 인간의 본성을 왜곡시키고 있다고 지적한다. 삭막하고 비영웅적인 인생을 통한 노인의 상실감 그리고 종교적, 역사적 쇠퇴를 통한 인간성의 타락을 그려내고 있는 이 시의 화자 게론티온은 스스로를 역사의 중심에 위치해 본 적 없이 그 변방에 속한 인물로서 인식한다.

> 여기에 나는 있다, 메마른 달의 한 늙은이
> 한 소년이 책 읽는 것을 들으며, 비를 기다리는.
> 나는 열전의 성문에 있어본 적도
> 따뜻한 비속에서 싸워본 적도
> 소금기 있는 늪 깊숙이 무릎을 적시며, 단검을 휘두르고
> 파리에 뜯기면서 싸워본 적도 없다.
>
> Here I am, an old man in a dry month,
> Being read to by a boy, waiting for rain.
> I was neither at the hot gates
> Nor fought in the warm rain

>   Nor knee deep in the salt marsh, heaving a cutlass,
>   Bitten by flies, fought. (*CPP* 21)

1, 2행에서 게론티온은 자신이 생명력과 열정을 상실해버린 한 늙은이에 지나지 않는다고 생각하고 있다. 그는 외부 세계를 변화시킬 적극적 행동은 취하지 못한 채 "한 소년이 책 읽는 것을 듣고" "비가 내리기를 기다리는" 수동적 상태만을 유지할 뿐이다. 그런데 그는 이러한 무기력 상태가 역사 속에 기록된 전쟁에 참여해 본 적이 없던 사실에서 기인한 것이라고 생각한다. 3행의 "열전의 성문"은 그리스의 테르모파일레이(Thermopylae)라는 지명을 문자 그대로 번역한 것이다. 그런데 테르모파일레이는 기원전 480년에 그리스와 페르시아간의 전쟁이 벌어졌던 장소이다. 게론티온은 인류의 과거 중 주목받는 대규모 사건과 자신이 완전히 격리되어 있다는 것을 상기하고 있다. 이어 등장하는 묘사들 역시 전쟁에 참여한 영웅들의 행적에 관련된 것이다. 현대의 한 시점에 위치하고 있는 게론티온이 기원전의 전쟁 그리고 특별한 영웅적 행위와 동떨어져 있는 것은 당연하다. 그런데 그가 이 때문에 무기력함을 느끼고 있다는 것은 소수의 영웅들의 행동만이 강조, 확대된 역사가 그와 관련 없는 개인들의 삶을 황폐화하는 폭력적 성향을 지니고 있음을 암시한다. 결국 대다수의 개인들과 무관한 역사라는 하나의 제도가 게론티온을 수동적 상태로 몰고 간 것이다. 즉, 위에서 게론티온은 역사적 진행을 주도하는 집행인이 아니라 역사가 만들어낸 희생자로 그려지고 있다(Mayer 233).

이와 같이 게론티온은 개인적 경험과 무관한 역사가 개인에게 초래한 부정적 영향을 암시한 후 그 역사 자체에 대한 더욱 직접적이고 자세한 분석을 제시하고 있다.

>   역사는 많은 교활한 통로들과, 계략된 회랑들과
>   출구를 가지고, 야심을 속삭이면서 속이고,
>   허영으로서 우리를 인도한다. 이제 생각하라
>   우리의 집중이 분열되었을 때, 그녀는 준다
>   그리고 그녀가 주는 것은 갈망을 굶주리게 하는
>   그러한 가냘픈 혼란으로서 주는 것이다. 너무도 늦게 준다.

믿음성 없는 것을, 혹 믿어진다 해도
겨우 기억에서뿐이고, 재고된 정열 같은 것을. 너무 일찍 준다.
약한 손에, 없어도 좋으리라 생각되는 것을,
결국 거절이 공포를 확대할 때까지.

History has many cunning passages, contrived corridors
And issues, deceives with whispering ambitions,
Guides us by vanities. Think now
She gives when our attention is distracted
And what she gives, gives with such supple confusions
That the giving famishes the craving. Gives too late
What's not believed in, or if still believed
In memory only, reconsidered passion. Gives too soon
Into weak hands, what's thought can be dispensed with
Till the refusal propagates a fear.   (CPP 22)

인용된 부분의 1행부터 3행에서 나타나듯, 게론티온은 역사를 "통로"와 "회랑"과 "출구"를 지닌 일직선적 공간, 즉 한 방향으로 전진하는 체계로 인지하고 있다 할 것이다. 그리고 이러한 역사는 "교활"하고 "계략적"이며 "야심만만"하게 인간을 "기만"하고 결국 "허영"에 잠기게 한 것으로 비난받는다. 나아가 진보적 역사가 인간을 "인도"하는 주체가 됨으로써 인간은 수동적 상태로 전락한다. 즉, 게론티온은 역사란 발전한다는 개념이 하나의 허구이고 이러한 개념에 의하여 인간이 지배되고 있음을 지적하고 있다.

인용한 부분의 4행에서부터는 "역사"가 "그녀"로 지칭된다. 성적으로 무능력한 늙은이 게론티온에게 있어서 여성은 자신이 성취할 수 없는 욕망의 대상이다. 즉, 그에게 여성은 그가 인지할 수 없고 자신과 완전히 격리된 타자(other)인 것이다(Longenbach 191). 그런데 역사는 이를 경험하는 사람의 시각이 투영된 관념적 구축물이다. 즉, 역사는 개인의 외부에 있는 객체가 아니라 그의 의식이 구성해내는 주관의 소산물인 것이다. 그러므로 역사가 "여인"과 같이 자신에게서 완전히 분리된 타자로 묘사되는 것은 진보적 시간관이 인간의 실제 의식과는 동떨어진 궤도를 형성한다는 것을 암시한다. 한편, 여인으로 묘사된 역사는 성적인 유혹을 하는 창녀로 그려지고 있다(Ross 57). 그리고 그 여인은 "너무도 늦게" 혹은 "너무도 빨리" 다가옴으로써 자신의 성적 욕망과는 어긋나는 상황을 만든다. 이는 역사의 흐름이 게론티온의 의식과 조응을 이루지 못한다는 것을 의미한다(Ellmann 85). 그리고 여인의 성적 접근 자체도 우리의 "분열"과 맞닿아 있고 "믿을 수도 없는 것"이며 "없어도 좋고" 더불어 "공포"를 자아내는 위협적인 요소로 드러난다. 즉, 여인과의 성적 접촉은 게론티온의 욕망을 채워주는 완성의 의미를 지니지 못하고 오히려 게론티온의 심리적 불안만을 야기할 뿐이다. 이는 "여인"으로 대치된 역사가 개인의 의식을 왜곡시키고 있는 측면을 드러내는 것이다.

이와 같이 게론티온은 역사가 만들어낸 병폐를 제시하고 뒤이어 이러한 폐해가 인간에 의하여 발전적 역사가 형성된다는 시각에 의한 것임을 지적한다.

> 부자연스러운 악덕이
> 우리의 영웅주의에 의하여 생성된다. 미덕은
> 우리의 건방진 죄에 의해 우리에게 강요된다.
>
> Unnatural vices
> Are fathered by our heroism. Virtues
> Are forced upon us by our impudent crimes.   (*CPP* 22)

위에서 "악덕"은 "부자연스러운" 특성을 지닌 것으로 서술되었다. 그런데 앞에서 게론티온이 역사가 인간의 경험과는 조응되지 않는 체계라는 비판을 한 맥락에 비추어 볼 때 "부자연스러운 악덕"은 역사를 일컫는 것이다. 이러한 왜곡된 진보적 시간은 "영웅주의"로 이어진다. "영웅주의"는 에머슨(Ralph Waldo Emerson)의 개인과 역사에 대한 입장에서 반향되고 있다. 즉, 에머슨은 "모든 역사는 소수의 굳건하고 성실한 개인들의 전기로 아주 쉽게 용해되어 들어간다"라고 주장한다(154). 에머슨은 역사와 특출한 개인의 생애를 등치시킴으로써 인간은 연쇄적인 시간의 흐름에 따라 성장하고 따라서 전체 인류 역시도 이들의 성장과 함께 지속적으로 발전할 수밖에 없다는 입장을 취한다. 이와 같은 주장은 게론티온이 기계적 인과율에 의하여 앞으로 진행하는 역사가 인간의 경험과 무관하다고 비판했던 것과 완전한 대조를 이룬다. 따라서 그에게 에머슨의 "영웅주의"가 의미하는 바는 인간이 경험하는 의식을 순차적으로 나열하는 작위성을 초래한 근원지이다. 더불어 앞에서 제시되었듯이 진보적 역사가 인간에게 불어넣은 "허영"은 "건방진 죄"로 이어지고 이를 통하여 "미덕"이 인간에게 강요되고 있다고 한다. 이렇게 "죄"와 "미덕"이 병치되는 상황을 통하여 "미덕"의 의미는 부정적 색채를 띠게 된다. 결국 인간의 의식과 동떨어진 발전적 역사관이 형성한 도덕률은 그 자체가 왜곡된 장치로서 기능하고 있는 것이다. 이와 같이 게론티온은 인간의 실질적 경험이 배제된 진보적 역사의 흐름을 부정하고 이의 왜곡상들을 짚어낸다.

엘리엇은 『시 1920』에서 진보적 역사를 거부한데 이어 『황무지』(The Waste Land)에 이르면 연속적 시간 대신 원형적 신화를 통한 시간을 보여주고 있다. 엘리엇이 그의 주석에서 밝히고 있듯이 『황무지』는 프레이저 경(Sir James Frazer)의 『황금 가지』(The Golden Bough)와 웨스톤(Jessie Weston)의 『제례에서 로망스로』(From Ritual to Romance)로부터 영향을 입은 바 크다. 엘리엇은 전체적으로 『황무지』가 원형적 신화와 의식이 함축하고 있는 의미를 그 기본 토대로 하고 있다고 밝힌다. 그런데 원시적 신화와 제례 의식은 시대를 불문하고 특정 사건들에 의미의 적용이 가능한 보편성을 지니고 있다(Mayer 246). 즉, 신화와 제례 의식은 원시 인류 사회에 존재하던 사건이 단발성의 과거로 그치지 않고 현재에도 그 의미가 순환, 반복됨을 함축하고 있다는 것이다. 이는 신화와 제례 의식을 진보적 역사관과는 대치되는 개념으로 간주하도록 유도한다1). 이와 같이 현대 문학에서는 역사적 시간이 자취를 감추고 대신 이질적인 과거의 시점들이 현재라는 공간에서 동시에 병치되는 상황을 통하여 시간이 지니는 연속성의 인상이 사라지고 있다. 이러한 맥락에서 현대 문학은 무시간성을 실현하고 있다는 것이다(Frank 59). 결국 신화적 시간은 그 자체가 진보적 역사와는 대조적으로 무한히 반복되며 경험됨으로써 발

---

1) 이러한 의식을 신화적 시간으로 지칭할 수 있다. 신화적 시간은 비역사적 시간으로 한 순간에 지적측면 그리고 감정적 측면의 복합적 발생을 가능케 한다. 그리고 시간적 그리고 공간적 제약으로부터의 자유 그리고 현재를 초월한 영역으로부터 도래하는 치유의 의미를 지닌다(Williams 153-55).

전적 흐름으로부터 떨어져 나온 무시간적 시간이다. 그런데『황무지』의 화자는 이 신화적 시간을 다시 미분화하여 그 중 한 순간들을 현재의 일순간을 구성하는 분자들로 인식한다. 그럼으로써 현재의 한 시점은 더욱 미분화된 시간의 단편들로 이루어진다.

전체적으로『황무지』는 화자의 내적 독백(interior monologue)으로 이루어져 있다. 내적 독백 형식에서 화자는 마음속에서 떠오르는 생각들을 자유롭게 연합하게 된다. 즉, 생각들의 연합과 그에 수반하는 생각의 비약들이 동시에 순간적으로 일어나기 때문에 내적 독백 기법을 통하여 시간은 실험적으로 다루어질 수 있다는 것이다.『황무지』에서도 화자는 주관적으로 시간을 경험하게 된다. 우선 화자는 자연 세계의 흐름을 순차적으로 의식하지 않고 이를 역행한 시간을 의식하고 있음을 시의 시작과 함께 보여준다.

> 4월은 가장 잔인한 달,
> 죽은 땅에서 라일락을 키워내고
> 기억과 욕망을 뒤섞으며
> 봄비가 지루한 뿌리를 뒤흔든다.
> 겨울은 우리를 따뜻하게 했었다
> 망각의 눈속에 대지를 감추고
> 메마른 구근으로 작은 생명체를 먹이며
>
> April is the cruellest month, breeding
> Lilacs out of the dead land, mixing
> Memory and desire, stirring
> Dull roots with spring rain.
> Winter kept us warm, covering
> Earth in forgetful snow, feeding
> A little life with dried tubers.   (CPP 37)

위에서 봄과 겨울 각각이 상징하는 바는 뒤바뀌고 있다. 이 부분은『켄터베리 이야기』(The Canterbury Tales)를 원용한 것인데『켄터베리 이야기』에서 4월은 봄비를 내려 메마른 뿌리들을 적시고 이를 꽃피우는 계절로 묘사된다. 그런데『황무지』의 화자는 겨울에서 봄으로의 전이를 죽음에서 생명으로의 전환으로 생각하고 있지 않다. 오히려 그는 "봄"을 "잔인한 달"로 인지하고 "겨울"에서 "따뜻함"을 느낀다. 즉, 화자가 인지하는 "4월"은 객관적인 의미의 '4월'과는 다른 것이다. 그가 경험하는 4월의 특성은 "라일락이 싹트고" "기억과 욕망이 뒤섞이는" 것으로 요약된다. 우선 "라일락"은 "한 여인의 초상"에서 "아, 나의 친구여, 당신은 모른다, 당신은 모른다"("Ah, my friend, you do not know, you do not know")라고 되뇌는 여인이 "손가락으로 라일락 가지를 비틀고 있는"(twists one in the fingers while she talks) 장면에서 등장한 바 있는 꽃이다. 이 장면에서 "라일락"은 타인들과의 피상적인 관계 속에서 자신의 감정을 표현하지 못하고 매장시켜버리는 여인의 채우지 못한 욕망을 상징한다. 그러므로 위에서 인용된 "라일락" 역시 달성되지 않는 바람을 의미한다. 결국 화자는 겨울을 지나고 도래한 봄이 죽음으로부터 생명을 싹틔우리라는 기대가 성취되지 않는 것으로 의식하고 있는 것이다. 대신 "기억"이 의미하는 과거의 시점들과 "욕망"이 의미하는 미래의 시점들을 혼합시키는 주관적 시간을 경험하고 있다는 것을 암시한다.

이와 같이 화자는 외부 세계에서 흐르는 시간과는 차별화된 시간을 의식한다. 그리고 그가 의식 속에서 경험하고 있는 시간의 실체는 신화적 사건들이 분절적으로 의식 속에 들어옴으로써 미분화된 순간들로 구성된 시간이다. 우선 엘리엇이 이 시의 구성상 뼈대로 기능하고 있다고 언급한 바 있는 웨스턴의 『제례에서 로망스까지』의 주요 신화인 어부왕(Fisher King)의 신화는 단편적으로 화자의 의식에 반복하여 떠오르고 있다. 제3부 「불의 설교」("The Fire Sermon")에서 화자 "나"는 "나는 한산한 운하에서 고기를 낚고"(I was fishing in the dull canal)있는 자신의 모습을 생각한다. 동시에 "나의 형왕의 난파와/ 그전에 있던 나의 부왕의 죽음에 대하여 명상"(Musing upon the king my brother's wreck/ And on the king my father's death before him)하는 장면을 통해 어부왕을 단편적으로 의식 속에 끌어들인다. 그런데 그는 "경적과 자동차들의 소리"(sound of horns and motors)가 들리는 현대 사회의 "어느 겨울 저녁"(on a winter evening), 그리고 산업화된 도시의 이미지가 배어있는 "가스 저장소 뒤편"(round behind the gashouse)이라는 공간을 생각하는 모습을 보인다. 즉, 화자는 신화상의 한 순간을 현대 산업 사회의 한 시점과 함께 생각하고 있는 것이다. 이는 "내"가 시간을 무한히 분절된 순간들의 모임으로 경험하기에 가능한 것이다.

위에서 "경적과 자동차들의 소리"를 들은 화자는 곧 "포터 씨 부인"(Mrs. Porter)이 등장하는 민요와 성배의 전설(Grail Legend)중의 한 대목으로 구성된 의식을 구성한다. "달이 포터 씨 부인에게 밝게 비추었다"(the moon shone bright on Mrs. Porter)로 시작되는 대목에서 포터 씨 부인은 "소다수에 발을 씻는"(wash their feet in soda water) 모습이다. 이러한 묘사는 한 민요(ballad) 속에 등장하는 카이로의 포주인 포터 씨 부인의 반영인 것이다. 앞에서 인용된 바 있듯이 현대 산업 사회를 상징하는 소리들을 듣고 있는 화자는 스위니로 지칭된 남자를 이 "포터씨 부인"에게로 데리고 갈 것을 상상한다. 스위니는 「직립한 스위니」("Sweeney Erect")와 「나이팅게일 사이의 스위니」("Sweeney among the Nightingales")에서와 같이 엘리엇의 시에서 현대 사회의 육감적이고 본능적인 남성의 상징으로 기능한다. 즉, 화자는 현대의 특징으로서 감정의 교류가 결여된 성적 쾌락만이 본능적으로 추구되고 있는 측면을 생각하고 있다. 그리고 이러한 현 시점을 특정 과거에 국한되지 않고 의미를 지닌다는 측면에서 무시간성을 획득한 민요속의 "포터 씨 부인"이 달빛을 받으며 발을 씻고 있는 순간과 병치시키고 있는 것이다. 또한 이 지점에서 화자는 "오 원형 천정 아래에 합창하는 소년 성가대의 노래여"(*Et O ces voix d'enfants, chantant dans la coupole!*)와 같이 성배의 전설을 의식 속으로 끌어들인다. 이처럼 현대 사회의 한 순간에 위치한 화자는 무시간성을 지니는 신화와 민요의 조각들로서 현재를 구성하고 있다.

5부에서 화자는 어부왕 신화와 성배의 전설의 단편들을 현재의 한 순간에 경험하고 있다.

　　　　　　　　나는 해안에 앉아 있었다
낚시질하며, 메마른 들판을 뒤로 한 채
적어도 내 땅만이라도 정돈해 볼까?

>   I sat upon the shore
> Fishing, with the arid plain behind me
> Shall I at least set my lands in order?   (CPP 50)

위에서 화자는 "해안에 앉아 낚시질하는" 어부왕 신화상의 한 순간을 경험한다. 그런데 동시에 성배의 전설 중의 한 순간이 의식 속에 삽입된다. 성배의 전설에 의하면 성배를 찾아 떠나는 기사는 도중 위험의 예배당(Chapel Perilous)이 있는 황무지를 지나게 된다는 것이다. 그리고 이 예배당에서 위기를 넘김으로써 이 황무지를 비옥하게 할 수 있었다고 한다. 즉, "메마른 들판을 뒤로" 하고 있는 "나"는 성배의 전설상의 기사가 황무지를 지난 순간을 의식하고 있다. 따라서 인용된 부분에서 화자는 성배의 전설의 한 순간과 어부왕 신화 중의 한 순간을 동시에 떠올린다. 그런데 3행에서 드러나듯 "나"는 현재 내면에서 혼돈 상태를 경험하며 이러한 정신적 혼란이 치유되기를 바라는 상황에 처해있는 것이다. 즉, 화자는 특정 순간을 3가지의 단편적 순간들로 세분화하여 경험한다.

화자가 어부왕의 신화를 계속적으로 의식 속에 끌어들이면서 시간을 분절된 상태로 경험하고 있는 측면은 "강의 요정들"(nymphs)이 화자의 의식에 등장하는 부분에서도 발견된다. 3부 「불의 설교」의 시작과 함께 화자는 여름이 끝나고 잎들이 떨어지는 어느 가을 템즈 강가에 있다.

> 강의 천막은 무너졌다. 잎사귀의 마지막 손가락들이
> 젖은 강둑을 움켜잡고 파고든다. 바람은
> 갈색 대지를 가로지른다, 소리도 들리지 않는 채. 요정들은 사라졌다.
> 사랑스런 템즈여, 부드럽게 흘러라, 내가 나의 노래를 끝낼 때까지
> 강물은 빈병, 샌드위치 포장지,
> 실크 손수건, 마분지 상자갑, 담배 꽁초,
> 혹은 기타 여름밤의 증거물을 아무것도 품고 있지 않다. 요정들은 사라졌다.
> 그리고 그들의 친구들인 도시 관리자들의 놀고먹는 상속자들도
> 사라졌고 주소도 남기지 않았다.
>
> The river's tent is broken: the last fingers of leaf
> Clutch and sink into the wet bank. The wind

Crosses the brown land, unheard. The nymphs are departed.
Sweet Thames, run softly, till I end my song.
The river bears no empty bottles, sandwich papers,
Silk handkerchiefs, cardboard boxes, cigarette ends
Or other testimony of summer nights. The nymphs are departed.
And their friends, the loitering heirs of city directors;
Departed, have left no addresses.   (CPP 42)

위에서 화자는 여름이 끝나자 휴양을 끝내고 떠나버린 도시의 부유층들을 생각하고 있다. 이 대목에서는 휴가가 끝나자 "주소도 남기지 않고" 떠난 그들에 의하여 버려진 소녀들에 대한 암시가 숨어 있다. 더불어 화자는 "빈병, 샌드위치 포장지, 실크 손수건, 마분지 상자갑, 담배꽁초"등과 같이 사용되고 버려지는 소비재들을 생각한다. 이처럼 화자는 이상과 낭만 대신 일회적으로 사용되고 버려지는 소비적 도시의 어느 가을을 의식하고 있다. 그런데 화자는 이러한 시점 속에 신화상의 인물인 강의 요정들이 "사랑스런 템즈여, 부드럽게 흘러라, 내가 나의 노래를 끝낼 때까지"라며 노래를 부르는 순간을 끌어들이는 것이다. 즉, 현대 도시에 위치하고 있는 화자는 한 순간이 미분화되어 현재와 신화상의 시간이 병치되는 시간을 경험한다.

한편, 제3부에서 화자인 "나 티레시아스"(I Tiresias)는 한 타이피스트가 "여드름투성이의 젊은이"(young man carbuncular)와 성교를 하는 장면을 관찰하고 있다. 화자 "나"는 "모든 장면을 인지했고 또 나머지를 예언"(Perceived the scene, and foretold the rest)했다고 한다. 그런데 화자의 의식 속에서 그려지는 타이피스트의 모습은 시간이 무한히 분절되어 존재한다는 점을 증명해준다. 이 대목에서 타이피스트는 남자와의 무감각한 성교 이후 "잠시 거울을 들여다보고"(looks a moment in the glass) 방안을 오가며 "축음기에 레코드판을 올려놓으며"(puts a record on the gramophone) 축음기를 틀고 있는 모습이다. 더불어 타이피스트는 "자 이제 끝났다 그리고 난 이것이 끝나서 기뻐"(Well now that's done: and I'm glad it's over)라며 직접 화법으로 자신의 내면에서 일어나는 생각들을 드러낸다. 그런데 마지막 행 "이 음악은 내 곁에서 물위로 기어올랐다"(This music crept by me upon the water)에서 드러나듯이 그녀는 강의 요정이 노래하는 신화적 시간의 단편 역시 경험하고 있다. 즉, 타이피스트가 주관적으로 경험하는 시간은 감정의 교류가 전혀 결여된 성교를 끝마치고 난 후의 순간과 강의 요정의 노래가 흐르는 신화 상의 한 순간으로 분화되어 형성된다. 그리고 이는 화자인 "나 티레시아스"에 의하여 옮겨진 것이므로 화자 역시 수많은 개체들로 이루어진 시간을 의식 속에서 경험하는 것이다. 이와 같이『황무지』는 되돌릴 수 없이 일직선적으로 흐르는 진보적 역사가 아닌 무한히 분절된 신화들이 구성한 현재라는 공간에 의하여 점유되고 있다.

3

엘리엇은 그의 철학적 개념들이 확립되던 초기시에서 방향성을 지니고 진보하는 시간을 거부하였다. 대신 현재라는 한 시점이 불연속적이고 분절화된 순간들로 무한히 나누어지는 미분화된 시간을 보여준다. 나아가 엘리엇은 객관적 시간이 순차적으로 배열해 놓은 과거, 현재, 미래의 질서 체계를 전복시키고 이질적 시간의 단편들을 임의적으로 한 공간에 공존시킨다. 다시 말해, 엘리엇은 인과율에 따라 발전하는 체계인 과거, 현재, 미래의 구도를 무의미하게 하는 시간 개념을 그의 시에서 형상화하고자 하였다. 같은 맥락에서 그는 진보적 역사관을 벗어나 신화적 시간들의 분절체를 병치시킴으로써 주체의 의식을 구성하였다. 그리고 이러한 시간관은 엘리엇이 그의 철학 논문에서 주장하였듯이 인과율에 따르는 통합적 의식이 아닌 분절적 의식들의 결합체로서의 주체의 정의와 조응하고 있는 것이다. 엘리엇의 주체는 다양한 과거 시점들의 집합으로 정의될 수 있고 그 다양한 과거 경험은 신화적 시간에 대한 경험으로 그 영역을 확장한다. 이러한 측면에서 엘리엇의 주체는 인류의 근원으로부터 축적된 모든 경험을 품고 이를 재조합하는 공간으로서 기능한다고 할 것이다.

참고문헌

Bergson, Henri. *Matter and Memory*. Trans. Nancy Margaret Paul & W. Scott Palmer. London: George Allen & Unwin, 1950.
Douglass, Paul. *Bergson, Eliot, and American Literature*. Lexington: UP of Kentucky, 1986.
Eliot, T. S. *The Complete Poems and Plays*. New York: Harcourt, Brace and Company, 1952.
____. *Selected Prose of T. S. Eliot*. Ed. Frank Kermode. Orlando: Harcout Brace Jovanovich, 1975.
____. *Knowledge and Experience in the Philosophy of F. H. Bradley*. 1916. New York: Columbia UP, 1989.
Ellmann, Maud. *The Poetics of Impersonality*. Brighton: Harvester, 1987.
Emerson, Ralph Waldo. *The Complete Essays and Other Writing of Ralph Waldo Emerson*. Ed. Brooks Atkinson. New York: Random House, 1950.
Frank, Joseph. *The Widening Gyre: Crisis and Mastery in Modern Literature*. Bloomington: Indiana UP, 1963.
Gish, Nancy K. *Time in the Poetry of T. S. Eliot: A Study in Structure and Theme*. Totowa: Barnes & Noble Books, 1981.
Gordon, Lyndall. *Eliot's Early Years*. New York: Noonday, 1977.
Hollington, Michael. "Svevo, Joyce and Modernist Time." *Modernism: A Guide to European Literature 1890-1930*. Ed. Malcolm Bradbury & James McFarlane. London: Penguin Books, 1991. 430-42.
Lloyd, Genevieve. *Being: Selves and Narrators in Philosophy and Literature*. London: Routledge, 1993.
Longenbach, James. *Modernist Poetics of History: Pound, Eliot, and the Sense of the Past*. Princeton: Princeton UP, 1987.
Mauron, Charles. "On Reading Einstein." *Aspects of Time*. Ed. C. A. Patrides. Manchester: Manchester UP, 1976. 75-80.

Mayer, T. John. *T. S. Eliot's Silent Voices.* Oxford: Oxford UP, 1989.

Miller, J. Hillis. *Poets of Reality: Six Twentieth-Century Writers.* Cambridge: Harvard UP, 1965.

Pater, Walter. "The Renaissance." *The Norton Anthology of English Literature.* Vol. 2 5th ed. New York: W. W. Norton & Company, 1986. 1560-1567.

Patrides, C. A. Ed. "T. S. Eliot and the Pattern of Time." *Aspects of Time.* Manchester: Manchester UP, 1976. 159-171.

Ross, Andrew. *The Failure of Modernism: Symptoms of American Poetry.* New York: Columbia UP, 1986.

Thompson, Eric. *T. S. Eliot: The Metaphysical Perspective.* Carbondale: Southern Illinois UP, 1965.

Williams, Alan. "Forms of Simultaneity in *The Waste Land* and 'Burnt Norton'." *T. S. Eliot: The Modernist in History.* Ed. Ronald Bush. Cambridge UP, 1991. 153-68.

프로이트, 라캉, 그리고 T. S. 엘리엇 읽기

| 이정호 |

1. 시작하는 말

   T. S. 엘리엇을 정신 분석학적으로 읽는 경우는 그리 흔한 읽기가 아니다. 이 같은 사실은 이 분야의 논문이나 저서가 그리 많지 않다는 사실로도 알 수 있다. 정신 분석학적으로 엘리엇을 읽은 대표적인 경우는 토니 핑크니(Tony Pinkney)의 『T. S. 엘리엇의 시에 나타난 여인들: 정신 분석학적 접근』 (*Women in the Poetry of T. S. Eliot: A Psychoanalytic Approach*)이 있는데, 이 책도 주로 정신 분석학의 한 분야인 대상-관계(object-relations) 이론을 원용하여 읽은 것으로, 여기서 주로 사용한 이론은 클라인(Klein)과 위니콧(Winnicot)의 이론이다. 따라서 핑크니의 정신 분석학적 접근은 프로이트와 라캉의 정신 분석을 원용한 것이 아니다. 필자는 이 글에서 엘리엇의 텍스트를 프로이트와 라캉의 정신 분석 이론을 원용하여 읽으려 한다. 필자가 이 같은 읽기를 하는 이유는 프로이트와 라캉의 정신 분석이론을 원용하여 엘리엇을 읽을 경우, 우리는 다른 읽기의 접근이 미처 발견하지 못한 엘리엇의 글쓰기의 특징을 찾아낼 수 있기 때문이다. 이 같은 읽기는 또한 그가 쓴 텍스트뿐만 아니라 그 자신의 성격까지도 살피는 계기를 제공함으로써 우리는 그의 문학 텍스트와 삶을 함께 아우르는 다각적인 접근을 시도할 수 있게 된다.

---

* 이 논문은 『T. S. 엘리엇 연구』 8 (2000)에 「프로이트, 라캉 그리고 T. S. 엘리엇 읽기」로 게재되었던 것을 수정, 보완한 것임.

엘리엇에게서 필자가 주목하는 것은 그 자신이 가지고 있던 신경증적인 증상이며, 이 같은 그의 신경증적인 증상이 그의 텍스트에 어떻게 나타나는가 하는 것이다. 이 같은 필자의 관심은 그가 프루프록을 언급하면서, 그는 40대의 남성이지만, 그는 또한 "부분적으로는 [엘리엇] 자신"(in part himself)(Gordon [1977] 45)이라는 그 자신의 말로 뒷받침된다. 프루프록은 엘리엇 자신이 가지고 있던 수줍은 성격과 옷에 대한 관심 등을 그대로 드러낸다는 점에서 이 같은 그의 말은 신빙성이 높다. 또한 "프루프록의 분열된 자아"(Prufrock's divided self)(Gordon [1977] 45)는 엘리엇 자신의 신경증적인 성격을 잘 보여주는 측면이기도 하다. 프루프록이라는 인물을 그 자신의 시에서 창조함으로써 엘리엇은 허구적인 인물을 통하여 자기 자신의 자전적 요소를 투사했을 뿐만 아니라, 또한 글쓰기 치유(writing cure)를 통하여 자신의 신경증을 스스로 치유했다고도 볼 수 있다.

프루프록 같은 인물을 창조하여 그가 글쓰기의 치유를 행한 것이라면, 우리는 엘리엇 자신이 초자아(super ego)가 강한 인물이라는 사실을 염두에 두어야 한다. 이 같은 그의 성격은 그가 스스로의 행동을 억제하는 것으로 나타나는데, 특히 그가 언행에 조심하거나, 철학이나 종교 그리고 신비주의에 관심을 가진 것은 이 같은 그의 성격의 발로라고 할 수 있다. 이 글에서는 따라서 그의 시에 나타난 인물들이 보이는 신경증적인 증상들이 엘리엇 자신과는 어떤 관계를 가지며, 또한 현대 사회에 대한 그의 생각이 그의 텍스트에 나오는 인물들의 신경증과는 어떻게 연관되는지를 살펴보기로 한다.

2. 형이상학적 기상(metaphysical conceit)의 폭압성

엘리엇이 이룩한 문학적인 업적은 여러 가지가 있으나, 그 중에서도 그가 17세기 형이상학파 시인들(metaphysical poets)의 명예를 회복한 것은 대단한 업적이 아닐 수 없다. 그는「형이상학파 시인들」("The Metaphysical Poets")이라는 논문을 통하여 이 같은 형이상학파 시인들의 명예를 적극적으로 복원한다. 그는 이 논문에서 형이상학파 시인들의 특징을 열거하면서, 그 두드러진 특징으로 그들은 다양하고 단편적인 경험을 하나의 경험으로 통합하는 데 있다고 다음과 같이 쓰고 있다.

> 시인의 정신이, 활동하기 위하여 준비되었을 때에는, 분산된 경험을 끊임없이 통합하는데, 일반인의 경험은 무질서하고 불규칙하고 단편적이다. 시인이 아닌 사람은 연애를 하거나 스피노자를 읽기는 하지만, 이 두 경험은 서로 하등의 관계를 이루지 못하며, 타이프라이터 소리나 요리하는 냄새와도 아무 관계가 없다. 시인의 마음속에서는 이런 경험들이 항상 새로운 전체를 형성하고 있는 것이다. (이창배, 『문학비평』 321-322)
>
> When a poet's mind is perfectly equipped for its work, it is consistently amalgamating disparate experience; the ordinary man's experience is chaotic, irregular, fragmentary. The latter falls in love, or reads Spinoza, and these two experiences have nothing to do with each other, or with the noise of the typewriter or the smell of cooking; in the mind of the poet these experiences are always forming new wholes. (*Selected Prose* 117)

엘리엇의 형이상학파 시인들의 시에 나타난 경험에 대한 이 같은 묘사는 라캉이 그의 정신 분석 이론에서 말하는 상상계(the Imaginary)에서 어린애가 경험하는 것과 아주 유사하다. 상상계에 사는 어린애는 아직 신체와 의식이 완전히 성숙하지 않은 상태에 있기 때문에 모든 것을 어머니에게 의존하는 생활을 하고 있다. 또한 이러한 어린애는 자신과 타자(외부 세계)를 구분하지 못하는 생활을 하고 있다. 이 같은 상상계에 사는 어린애는 또한 라캉이 말하는 거울 단계(the mirror stage)에 속해 있는데, 이 시기는 생후 6개월에서부터 18개월까지의 기간을 말하는 것이다. 이 시기에 있는 어린애의 특징은 자신의 모습을 거울에 비춰 보고, 자신이 완전하다(whole)는 착각을 갖고 있다. 그러나 이 시기에 있는 어린애는 아직도 자신의 몸을 자유자재로 움직이지도 못할 뿐만 아니라 자신의 신체가 파편화된 몸(a fragmented body)임을 알고 실제로는 소외감(alienation)을 느낀다. 따라서 이 시기에 있는 어린애는 자신이 완전한 존재라고 오인(méconnaissance)하는 동시에, 한편으로는 자신의 거울에 비친 실제 모습(specular image)을 보고 자신이 생각하는 모습과 실제의 모습 사이의 괴리로 인해 자신이 소외되는 시기이기도 하다. 위에서 인용한 형이상학파 시인들에 대한 엘리엇의 말에서 우리는 거울 단계의 어린애가 느끼는 두 가지의 서로 다른 감정을 발견할 수 있다. 그 첫 번째 감정은 시인이 여러 가지 서로 다른 경험을 통합함으로써 얻어지는 통합된 이미지로서의 시인의 모습이다. 이것은 사실은 어린애가 거울에 비친 자신의 허상을 실제 모습으로 오인하여 얻는 느낌과 비슷한 것으로 이러한 느낌은 사실이 아니다. 이것은 "희열을 약속하는 감추어진 사물을 감싸고 있는 이미지들에 대한 [잘못된] 믿음"(a belief in images that cover over the veiled object that promises jouissance, Wright)(173)일 뿐이다.

엘리엇이 지적하는 또 다른 양상은 평범한 사람들의 경험이다. 어린애나 형이상학파 시인들과는 달리 이들은 이미 현실계(the Real)에 깊숙이 들어와 있기 때문에 이 같은 오인으로 생긴 자신들의 허상을 더 이상 믿지 않는다. 엘리엇은 이 같은 두 가지의 서로 다른 양상이 거울 단계에 공존한다는 사실보다는 이들이 별개로 존재한다고 가정함으로써 시인만이 서로 다른 경험을 통합 할 수 있다고 믿는다. 이 같은 경험의 통합을 이룬 시인들의 대표적인 예로 그는 17세기 형이상학파 시인들을 들고 있다. 이에 대해 엘리엇은 다음과 같이 말한다.

> 우리는 이 차이를 다음과 같은 이론으로 표현할 수 있다. 즉, 16세기 극작가의 후예들인 17세기 시인은, 어떤 종류의 경험이고 탐식할 수 있는 감수성의 메카니즘(기구)을 가지고 있었다. (이창배, 『문학비평』 322)
>
> We may express the difference by the following theory: The poets of the seventeenth century, the successors of the dramatists of the sixteenth, possessed a mechanism of sensibility which could devour any kind of experience. (*Selected Prose* 117)

위의 인용에서 우리는 아주 놀라운 단어와 직면하게 된다. 그것은 한국어로는 '탐식(貪食)하다'라고 번역되는 'devour'라는 단어이다. 17세기 형이상학파 시인들이 그들의 시에서 감성의 통합을 이룰 수 있었던 비결은 다름이 아니라 이처럼 어떤 경험이든지 먹어 치울(탐식할)수 있는 감성의 구조를 가지고 있었다는 데 있는 셈이다. 그러나 우리는 이 '탐식하다'라는 단어가 바로 엘리엇이 구축하고 있는 형이상학파 시인론의 핵심어임을 인식할 필요가 있으며, 이 같은 우리의 인식은 이 단어가 가지고 있는 폭압성을 인식하는 것이다.

우선 '탐식하다'라는 단어가 가지는 의미의 영역을 보자. 이 단어는 구강 이미저리(oral imagery)를 가지고 있을 뿐만 아니라 또한 가학성(sadism)을 드러낸다. 이렇게 볼 때 형이상학적 기상이 구강기의 경험과 같은 맥락에 있음을 알 수 있다. 구강기는 어린애가 어머니와 대단히 밀접한 관계를 유지하는 시기이다. 이 시기에는 어린애는 사실상 어머니와 분리된 존재가 아니기 때문에 어린애는 자신과 어머니를 분리해서 생각할 수도 없을 뿐만 아니라 이 같은 생각 자체를 아직은 하지도 못한다. 따라서 이 시기에는 어머니는 어린애에게 있어 최초의 사랑의 대상이 된다. 그러나 어머니는 어린애에게 긍정적으로만 나타나는 것은 아니다. 이 시기에 어머니가 어린애에게 미치는 영향력이 이처럼 막강하기 때문에 어린애는 동시에 어머니를 자신의 존재를 위협하는 것으로 느낀다. 이 같은 어린애의 어머니에 대한 위협은 어머니가 유아인 자신을 먹어 치우지나 않을까 하는 공포감을 수반한다. 이 같은 유아가 어머니에게서 느끼는 공포감은 라캉의 저작에서 계속적으로 나오는 주제이기도 하다(Evans 117). 자신을 먹어 치우지나 않을까 하는 유아의 환상과 공포감은 유아로 하여금 어머니에 대해 상상 속에서 가학적인 관계(sadistic relation)(Evans 117)를 갖게 하며, 이는 유아가 어머니의 몸에 대해 심한 공격을 하는 것으로 나타난다. 이 같은 구강기에 있는 유아의 심리 상태를 고려한다면, 엘리엇이 사용한 '탐식하다'(devour)라는 단어는 구강기에 있는 유아가 가지고 있는 구강적인 본능이 내포하고 있는 가학성을 아주 잘 드러낸 것이라 할 수 있다.

그렇다면 형이상학파 시인들이 자신들의 다양한 경험을 '먹어 치움'으로써 감성의 통합을 이룬다는 엘리엇의 주장은 어떻게 해석될 수 있을까? 이는 다음의 두 가지 측면에서 이해될 수 있다. 그 첫 번째 측면은 어머니(또는 여성)의 막강한 힘에 저항하는 측면이다. 어머니의 힘이 막강하기 때문에 이것을 방어하는 방법은 '이(齒)에는 이'로 대항해야 하므로 어머니에 대해 "식인적인 환상"(cannibalistic fantasies)(Evans 117)을 가지고 상상적인 어머니를 먹어치우는 것이 된다. 이 같은 공격성(aggressivity)은 따라서 애정 행위에서나 공격적인 행위에서나 모두 똑같이 나타난다고 라캉은 주장한다(Evans 6). 이 같은 공격성은 "자선 사업가나 이상주의자 교육자 그리고 사회 개혁가의 활동의 근저에 깔려 있다"(*Ecrits* 7)고 라캉은 주장한다. 이것이 바로 형이상학적 기상의 근저에 깔려 있는 '먹어 치운다'(devour)라는 단어의 공격성의 실체이기도 하다.

'먹어 치운다'라는 단어가 가지는 두 번째 의미는 이 단어가 가지는 폭압성이다. 이 같은 폭압성은 여러 가지의 다양한 경험을 통합하는 근거를 이루는 힘이기도 하다. 이 같은 폭압성은 '시인의 지성[정신]'(a poet's mind)의 특성이기도 하다. 여기서 시인의 지성은 감성과 타자로서의 경험을 폭압하고 배제함으로써 감성의 통합을 이룩한다. 여기서 경험을 여성 또는 어머니로 대체하면 우리는 엘리엇이 주장하는 형이상학적 기상이 여성적인 경험을 폭압적으로 억압하고 배제함을 알 수 있다. 따라서 그가 말하는 형이상학적 기상은 시인(작가) 중심의 남성적인 지성이 여성적인 언어 이전의 경험을 폭압으로 억압함으로써 구축한 이성 중심적 공격성의 산물임을 알 수 있다. 그렇다면, 형이상학과 시인들이 억압하는 것은 곧 여성 또는 여성적인 특징으로서의 경험이며 욕망이라는 결론에 이르게 된다. 이렇게 보면 왜 엘리엇의 작품에서 여성 혐오와 여성 배제가 큰 몫을 하는가를 알 수 있게 된다. 이제 이러한 구체적인 예를 그가 쓴 산문시인 「히스테리」에서 보기로 하자.

3. 여자의 웃음을 두려워하라: 「히스테리」 읽기

「히스테리」는 엘리엇의 정전(canon) 중에서 아주 독특한 위치를 차지하는 시이다. 우선 이 시는 그의 다른 시들과는 달리 산문으로 쓰였다는 점에서 특이하다. 운문으로 쓴 시는 글쓰기 자체가 엄격한 언어의 규칙을 따른다는 의미에서 아버지의 법의 속박 속에 있음을 의미한다. 그러나 이 시가 산문시라는 점은 이 시가 이처럼 엄격한 아버지의 법 밖에 있음을 의미할 뿐만 아니라, 더구나 이 시의 주제가 여성의 히스테리인 점을 생각하면, 히스테리는 곧 아버지

(남성)의 통제와 제어 밖에 있음을 뜻한다. 이는 또한 남성의 통제 밖에 있는 여성이 남성 권력 내지는 가부장제의 권위를 전복할 수 있는 음험한 힘을 가지고 있다고도 할 수 있다. 그렇다면 여성의 히스테리는 가부장제의 근간을 이루는 남근 로고스 중심주의(phallogocentrism)을 무너뜨리기까지 할 수 있는 주술적인 힘도 있음을 의미한다. 더구나 이 시가 아주 짧은 시임에도 불구하고 박력과 극적인 요소로 가득 차있다는 사실은 이 같은 히스테리의 잠재력이 얼마나 큰 것인가를 보여준다고 할 수 있다. 이 시에는 여성이 주인공으로 나오고 사건은 남성 화자의 관점으로 서술되기 때문에 여성은 전적으로 관찰의 대상일 뿐 담론 권력에서 배제돼 있음을 알 수 있다. 반면, 화자인 남성은 이 시의 서술자로서 담론권을 독점적으로 행사하지만, 이러한 그의 담론은 모두 무의식 속에서 이루어지는 독백이라는 점에서 이 시는 화자의 억압된 욕망과 두려움을 드러내는 것이라고 할 수 있다. 이 시의 전문(全文)은 다음과 같다.

히스테리

그녀가 웃었을 때 나는 그녀의 웃음에 말려들어 그 일부가 되는 것을 의식했고, 그녀의 이는 결국 분대훈련의 재능이 있는 우발적인 성좌쯤으로 보였다. 나는 그녀가 잠깐 헐떡일 때마다 끌려들었고, 잠시 숨을 돌릴 때마다 빨려들어, 결국 그녀의 어두운 목의 동굴 속에서 길을 잃어, 보이지 않는 근육의 떨림에 상처 입었다. 한 늙은 웨이터가 떨리는 손으로 녹슨 녹색 철제 테이블 위에 황급히 핑크빛과 흰빛 체크무늬의 식탁보를 펼치면서 이렇게 말했다."마나님과 손님이 정원에서 차를 드시고 싶으시다면, 마나님과 손님이 정원에서 차를 드시고 싶으시다면. . . ."그녀의 젖가슴의 떨림을 멈출 수 있다면 이 오후의 조각들을 약간은 주어 모을 수 있을 것이라고 생각했으므로 나는 세심한 주의를 기울여 관심을 이 목적에 집중시켰다. (이창배, 『전집』 34)

HYSTERIA

As she laughed I was aware of becoming involved in her laughter and being part of it, until her teeth were only accidental stars with a talent for squad-drill. I was drawn in by short gasps, inhaled at each momentary recovery, lost finally in the dark caverns of her throat, bruised by the ripple of unseen muscles. An elderly waiter with trembling hands was hurriedly spreading a pink and white checked cloth over the rusty green iron table, saying: "If the lady and gentleman wish to take their tea in the garden, if the lady and gentleman wish to take their tea in the garden. . . ." I decided that if the shaking of her breasts could be stopped, some of the fragments of the afternoon might be collected, and I concentrated my attention with careful subtlety to his end. (*CPP* 19)

이 시의 처음은 여자의 통제될 수 없는 그리고 통제되지 않는 웃음으로 시작된다. 그러나 그녀가 왜 이처럼 웃는지에 대한 답은 어디에도 나와 있지 않다. 다만 그녀의 이처럼 이유를 알 수 없고 통제 불가능한 웃음에 화자가 애써 말려들어 가지 않으려고 발버둥 치며 안간힘을 쓰고 있는 것을 알 수 있다. 여기서 화자는 남성이며, 또한 이 같은 여자의 미치게 하는 그리고 미친 것 같은 웃음에 방어적이며 동시에 호기심을 가지고 있음을 알 수 있다. 이 경우 우리는 화자는 이성적이고, 여성은 비(非)이성적, 또는 몰(沒)이성적이라고 말 할 수 있다. 그러나 우리가 알 수 있는 사실은 화자의 이성이 미칠 듯이 웃는 여성의 비이성을 제어하기에는 힘이 부친다는 사실에 유의할 필요가 있다. 그녀가 정신없이 웃는 동안 그녀는 입을 크게 벌리게 되고, 그는 자기도 모르게 어두운 동굴 같은 그녀의 목구멍을 보게 된다. 여기서 어두운 동굴이란 한 번 빠져 들어 가면 길을 잃어 다시는 빠져 나올 수 없는 미로 같은 길을 말한다. 미로에서 빠져 나올 수 없는 이유는 거기에는 이성이라는 나침반에 의해 만들어진 지도가 없기 때문이다. 여기서 우리는 이 시에 나오는 남성 화자와 여성의 차이점을 볼 수 있다. 그녀는 몸으로 말하는 반면에 그는 단지 이성으로 생각하고 말로 행동한다. 그가 말로 행동한다는 말은 곧 그가 말로 이러한 사건을 서술함을 의미한다. 특히 그녀의 걷잡을 수 없고 거리낄 것이 없는 웃음은 그녀가 어떤 인물인가를 잘 드러낸다. 웃음이란 아리스토텔레스의 『시학』에서도 알 수 있듯이 단지 희극(comedy)의 효과일 뿐으로, 따라서 진지성(seriousness)을 생명으로 하는 비극에 비하여 희극은 진지성이 결여된 문학의 장르가 된다. 희극에서 진지성이 결여돼 있다는 말은 희극에는 목적성(telos)이 없다는 말과 동의어로, 목적성이 없다는 말은 곧 이성의 통제권 밖에 있음을 의미한다. 이 같은 이유로 해서 진지성을 가장 큰 덕목으로 하는 비극에 비하여 진지성이 결여된 희극이 저급한 것은 이 같은 이유에서이다. 이 시에 나오는 남성 화자가 여성의 히스테리적인 웃음에 빨려 들지 않으려 하는 것은 바로 자신의 진지성을 잃지 않으려는 노력이라고 할 수 있다. 그러나 그의 이 같은 노력은 그를 비극적인 인물로 만들기보다는 오히려 더 희극적인 인물이 되게 하는 아이러니를 보여준다.

남성 화자가 그녀의 목구멍에서 본 것은 그러나 단지 미로 같은 어두운 동굴만이 아니다. 그녀의 목구멍은 또한 그것이 보통의 경우 남의 눈에 띄지 않는 깊숙하고 은밀한 곳이며, 더구나 교양 있는 여성이라면 그녀처럼 목구멍을 보이게 할 정도로 천박하게 웃지 않는다는 측면에서 그것은 여성기(女性器)를 연상시킨다. 이 같은 여성기가 "우발적인 성좌"(accidental stars)라는 표현에 나오는 accidental의 dental과 연관될 경우 우리는 이 같은 여성기가 성적 유혹을 일으키는 여성기이기보다는 남성에게 거세 공포(castration complex)를 일으키는 이빨같이 생긴 여성기(vagina denta, Pinkney 21)임을 직감할 수 있다. 여기에서 우리는 엘리엇이 여성에게 가지고 있던 성적 호기심과 혐오감, 즉 그의 양가적인 감정(ambivalent feeling)을 읽을 수 있다. 이 같은 엘리엇의 여성에 대한 양가적인 감정은 이 시의 배경이 식당이라는 사실에서도 잘 드러난다. 식당은 인간의 가장 원초적인 본능인 구순적 만족 욕구(oral gratification)를 만족시켜 주는 장소이기 때문이다. 남성 화자와 대면하고 있는 여성은 따라서 그의 구순적 만족 욕구를 자극할 뿐만 아니라 또한 그의 거세 공포를 일으키기도 한다. 그가 생각하기로는 그녀는 더 나아가서 음식을 통해 그녀 자신의 구순적 만족을 얻기보다는 오히려 그녀 앞에 앉아 있는 그에게서 식인적인 만족감(cannibalistic gratification)을 얻으려 한다고 볼 수 있다. 그의 그녀에 대한 이 같은 공포는 그녀의 목구멍과 이가 합쳐진 이미지인 이빨같이 생긴 여성기가 불러일으키는 거세 공포로 구체화된다. 그의 이 같은 거세 공포는 그로 하여금 그녀가 그를 집어삼키지 않을까(devour)하는 공포로까지 진전된다.

이 시의 남성 화자가 보여주는 이 같은 거세 콤플렉스는 그러나 프로이트가 말하는 거세 콤플렉스와 다르다는 점에서 우리의 주목을 요한다. 프로이트가 말하는 거세 콤플렉스는 아들(또는 남성)이 아버지의 법이 지배하는 상징 질서에 진입할 때 아버지의 "안 돼"(No)로 대표되는 억압에 의하여 생기는 것인 데 비하여, 여기서 화자가 느끼는 거세 공포는 여성에 의해 유발되기 때문이다. 이 시에 나오는 여성은 그러므로 어린애가 환상 속에서 상상하는 막강한 힘을 소유한 남근적 어머니(phallic mother)인 셈이다. 어머니는 어린애가 상징 질서에 진입하기 전 그의 심리적 및 성적인 발육에 지대한 영향을 미치는 중요한 인물이다. 그러므로 어머니는 어린애의 성적인 욕망을 제재하는 역할을 한다(Wright 315). 이같이 강력한 힘을 가진 남근적 어머니는 어린애에게 모든 것을 해 줄 수 있는 인물이고, 욕망의 대상이며, 또한 어린애를 그녀 자신의 소유가 되기를 욕망하는 주체이기도 하다(Wright 315). 어머니가 어린애에게 이처럼 막강한 힘을 가진 존재라면, 어린애가 어머니로부터 가능한 한 빨리 독립하는 것이 그의 정신 건강에 좋을 것이다. 이 같은 정신 분석 이론을 염두에 둘 때 우리는 엘리엇의 자전적인 사실에서 아주 흥미로운 사실을 발견할 수 있다. 그것은 이 시에 나오는 여성의 이미지가 엘리엇 자신의 어머니와 서로 유사점을 가지고 있다는 사실이다. 엘리엇의 어머니인 샬롯 챔프 엘리엇(Charlotte Champe Eliot)은 그녀 자신이 시인이 되려고 했으나 성공하지 못했다. 이 같은 그녀 자신의 이루지 못한 욕망을 그녀는 자신의 아들인 엘리엇이 대신 이루어 주기를 간절히 소원했다. 이 같은 그녀의 간절한 소원은 엘리엇이 대학에 다닐 때 그녀가 엘리엇에게 보낸 편지에서 발견된 다음과 같은 구절에서 잘 드러난다. 그녀는 그 편지에서 "내가 얻으려고 하다가 얻지 못한 명성을 네가 문학을 통해 이룩하길 바란다"(Gordon [1977] 4)라고 쓰고 있다.

남근적 어머니는 어린애가 외디푸스의 법칙이 지배하는 상징질서 속으로 편입하기 전까지는 그에게는 막강한 힘을 가지는 존재이다. 어린애는 따라서 이러한 어머니에게 성적인 욕망과 동시에 위협을 느낀다. 남근적 어머니에게서 어린애가 느끼는 이 같은 양가적인 감정은 그가 외디푸스 체제 속으로 편입되면서 아버지에게 전이된다(Wright 315). 어린애가 외디푸스적인 질서에 성공적으로 편입되지 못할 경우, 그는 여성에 대해 신경증적인 증상(neurotic symptoms)을 보이게 되는데, 이러한 신경증적인 증상은 다음의 두 가지 유형으로 나타난다. 즉 그는 (1)여성 혐오감을 나타내거나 또는 (2)여성에 대해 가학적(masochistic)이거나 또는 순종적(submissive)이 된다(Rycorft 131). 이제 화자가 이 시에 나오는 여성에게 느끼는 감정을 살펴보자. 그는 그녀의 떨리는 젖가슴에서 강한 성적 유혹을 느끼지만, 이러한 그녀의 유혹은 그녀가 그를 삼켜버릴지도 모른다는 공포감을 동반한다.

바로 여기에 문제가 있다. 강력한 힘을 가진 남근적 어머니는 어린애로 하여금 그녀 자신의 거세를 인정하지 못하게 함으로써 그의 정상적인 성장을 방해한다. 라캉에 따르면 어린이가 어머니의 거세를 인정하는 것이 곧 그로 하여금 정상적인 발육을 하게 하는 것이 된다. 어린애가 어머니의 거세를 인정함으로써 그는 자신이 어머니의 남근 결핍을 보완할 수 없음을 알게 되고, 이 같은 그의 인식은 그로 하여금 남근(phallus)을 가지고 있는 상징적인 아버지와 동일시하게 된다. 이같이 하여 어머니는 결핍되고(lacking) 거세된(castrated) 존재가 된다. 이렇게 해서 남아나 여아를 막론하고 어린애는 어머니로부터 실망과 역겨움을 느껴 그녀로부터 멀어지게 된다(Wright 315). 이 시기의 어린애가 어머니의 거세와 결핍을 인정하는 것은 또한 자신의 거세와 결핍을 인정하는 계기가 된다. 여기서 말하는 거세와 결핍은 따라서 실제적인 남성기(penis)의 결핍이 아니라 존재의 결핍(want-to-be)으로서의 남근(phallus)의 거세를 말한다. 그러나 이 시의 화자는 아직도 남근적 어머니에 집착해 있다는 관점에서 볼 때, 어머니의 남근의 결핍을 인정하지 못하고 있는 셈이다. 이 같은 그의 신경증적 증상은 여성의 떨리는 젖가슴에 대한 집착에서 잘 읽을 수 있다. 그는 무의식 속에서 다음과 같은 독백을 하고 있다. "그녀의 젖가슴의 떨림을 멈출 수 있다면 이 오후의 조각들을 약간은 주어 모을 수 있을 것이라고 생각했으므로 나는 세심한 주의를 기울여 이 목적에 집중시켰다." 그가 이처럼 그녀의 젖가슴의 떨림을 멈추려고(?) 노력하는 이유는 그것이 바로 그에게는 욕망의 대상이 되는 동시에 또한 거세에 대한 불안을 초래하기 때문이다. 따라서 그가 이같이 매혹적이고 무시무시한 그녀의 젖가슴의 떨림을 막기 위해 "세심한 주의"를 기울이는 것은 결코 놀라운 일이 아니다. 이러한 그의 세심한 주의는 그가 가지고 있는 신경증적인 증상을 보여 주는 예이다. 보통 사람의 경우 이 같은 세심한 주의에 의해 타자인 여성의 젖가슴의 떨림을 방지할 수 없음을 알고 있겠지만, 화자는 무의식 속에서 남근적 어머니인 그녀와 자신을 동일시하고 있기 때문에 이것이 가능할 것으로 생각하고 있는 셈이다.

화자의 이 같은 신경증적 증상은 프로이트의 사례에 나타나는 쥐 사나이(Rat Man)나 이리 사나이(Wolf Man)가 자신들의 강박신경증(obsessional neurosis)을 억압하고 합리화하기 위해 자신들이 만든 의식(ritual)을 무수히 반복하는 것과 궤를 같이 한다고 말할 수 있다. 프로이트의 사례에서는 신경증이 반복적인 의식으로 나타나는 데 비하여, 이 시의 화자의 경우에는 노력 집중이라는 의식으로 나타나는 것만이 다를 뿐이다. 이들(쥐 사나이, 이리 사나이, 화자) 모두는 또한 질서에 집착을 보임으로써 이들의 강박증이 항문기 고착(anal fixation)에 기인함을 알 수 있다. 이 시에서는 이 같은 화자의 청결함과 질서에 대한 집착은 군인들이 하는 분대훈련이라든가, 또는 웨이터가 더럽고 녹슨 녹색 철제 테이블을 감추기 위하여 핑크빛과 체크무늬의 식탁보를 펴는 것에서 읽을 수 있다. 더구나 체크무늬는 이같이 더러운 테이블과는 대조를 이루는 청결함과 질서의 표본이기도 하다. 따라서 화자가 여성 인물의 걷잡을 수 없는 웃음으로부터 자신을 보호하려는 행동은 곧 남근적 어머니의 거세 위협으로부터 자신을 지키려는 행동일 뿐만 아니라, 질서와 청결을 지키기 위한 방어 기제이기도 하다. 그녀의 목구멍을 어두운 동굴로 비유함으로써 화자 자신이 그 같은 동굴에서 길을 잃을 것을 걱정하는 것은 그녀가 질서와 청결과는 거리가 먼 인물임을 드러내는 것이다. 따라서 이 같은 여성과 대면하면서 지낸 시간이 질서 있고 청결한 것일 수 없다. 그는 이같이 불결한 시간에게 질서와 청결함을 회복시켜 주는 것을 자신의 최대의 임무라고 생각한다. 따라서 그는 "그녀의 젖가슴의 떨림을 멈출 수만 있다면 이 오후의 조각들을 약간은 주어 모을 수 있을 것"이라고 말한다. "약간"이라는 말에서 풍기는 뉘앙스로 미루어 알 수 있듯이 그는 신경증 환자의 특징이기도 한 완전성(perfection)을 추구하는 완전주의자임을 알 수 있다. 이 같은 완전성은 오직 아버지의 법과 이름에 의해서만 가능하므로 그는 거세 공포를 느끼고 있는 셈이다. 물론 그가 아직도 남근적 어머니로부터 독립된 존재가 아니기 때문에 남근적 질서에 대한 희구는 더욱 더 크다고 할 수 있다.

여기서 우리는 이 시에 나오는 두 인물(화자와 여인) 중 누가 정말로 히스테리 환자인가를 살펴볼 필요가 있다. 여인은 자신의 본능(id)을 제어하지 못하는 인물로서, 그녀는 아버지의 이름이라는 초자아의 통제 밖에 있는 인물일 뿐이다. 이는 그녀가 레스토랑에서 큰 소리로 웃는 행위에서 드러난다. 레스토랑은 어떤 장소인가? 이곳은 인간의 기본적인 욕구 중의 하나인 식욕을 해소시키는 장소이다. 그러나 이 같은 식욕의 해소가 레스토랑에서 본능적으로 이루어지기보다는 사회의 규범이라는 이름으로 대표되는 엄격한 식당 예절, 즉 초자아의 규칙에 따라 이루어진다. 더구나 이 같은 식사 예절은 서양의 식당인 레스토랑에서 아주 철저히 지켜진다는 사실을 상기한다면, 레스토랑은 인간이 가진 식욕이라는 본능이 초자아인 식당 예절에 의해 가장 엄격히 통제되는 장소라고 할 수 있다. 이 같은 본능의 통제는 식사 중에는 잡음을 내서는 안 된다는 가장 기본적인 식사 예절에 의해 이루어진다. 그러나 이 여인은 이 같은 식사 예절의 통제 밖에 존재하는 인물이다. 남성 화자는 여인이 큰 소리로 입을 벌리고 웃는 것을 보고, 그녀의 무례함과 교양 없음에 크게 당황한다. 화자는 여성 인물과는 달리 사회의 모든 규범, 즉 아버지의 이름으로 행해지는 모든 통제를 자기 것으로 내면화하여 이를 철저히 지키는 인물이기 때문이다. 이 같은 그의 당혹감은 두 가지 측면에서 해석될 수 있다. 그 첫째는 그가 그녀의 이 같은 무절제한 행동에 경악하는 면이며, 또 다른 측면은 그가 그녀의 이러한 무례한 행동을 마음속으로 은근히 선망하는 측면이다. 이 같은 그의 두 가지 측면은 그녀에 대한 그의 경악감으로 압축되어 나타난다. 그는 자신도 이같이 무절제한 행동을 하지 않아야 되겠다고 안간힘을 쓰고 있는 반면에, 그녀에 대한 그 자신의 선망이 겉으로 표출되지 않도록 애쓰고 있기 때문이다. 후자에 대한 그의 행동은 이 시에 나타난 독백의 형태를 취하고 있다는 측면에서 그는 자신의 욕망을 억제하고 있는 셈이다. 이렇게 볼 때 여인은 히스테리 환자라고 말할 수 없다. 그녀는 단지 사회적인 규범의 통제 밖에 존재함으로써 어느 면에서 보면 치외법권적인 존재라고 할 수 있다. 그렇게 본다면, 그녀는 히스테리 환자라고 보는 화자나 또는 이 시를 쓴 엘리엇 자신이 오히려 히스테리 환자라고 할 수 있다. 이 시에 나오는 화자는 자신의 욕망을 극도로 자제하고 억압하여 이를 무의식 속에 가두려 하기 때문이다. 따라서 히스테리라는 이 시의 제목은 이 시에 나오는 여성 인물에게 붙여지기보다는 남성화제에게 붙여져야 오히려 타당하다고 할 수 있다(Pinkney 19). 이렇게 본다면 화자는 여인의 본능적인 행동에 의해 삼켜지는 것을 극도로 두려워하여 이 같은 일이 일어나지 않게 하기 위하여 정신은 바짝 차리고 긴장하며 앉아 있는 히스테리(신경증)환자라고 해야 할 것이다.

화자는 여인의 통제불능의 웃음 앞에서 힘없이 허물어질 것 같은 자신(ego)을 힘겹게 지탱하기 위해 이처럼 모든 노력을 기울여 정신을 잃지 않으려 애쓰고 있지만, 그의 이 같은 총력적인 방어는 다른 몇 가지 형태로 나타난다. 우선 그 첫 번째 방어 전략은 그가 그녀에게 보내는 빈틈없는 응시(gaze)이다. 그의 이 같은 세심한 응시는 "그녀가 잠깐 헐떡일 때마다"라든가 "그녀의 어두운 목구멍 동굴," 그리고 "보이지 않는 근육의 떨림"등에서 잘 드러난다. 그는 그녀의 외양뿐만 아니라 보통의 경우에는 거의 남의 눈에 띄지 않는 그녀의 목구멍의 모양까지도 묘사하고 있다는 점을 볼 때 그의 응시는 아주 치밀한 것이 아닐 수 없다. 응시라는 개념은 관객의 시각에 유의하는 영화 이론에서 아주 중요한 자리를 차지하고 있다. 영화 문법에서는 관객의 관심에 시선의 초점을 맞춘 서사(narrative)와 스펙터클(spectacle)이 두 가지의 축을 이루고 있다. 서사는 영화의 주인공(대부분의 경우 남성)의 행동이나 이야기를 논리적으로 엮어 나가는 방식이다. 반면, 스펙터클은 일종의 눈요기이다. 스펙터클의 예는 뮤지컬에 나오는 쇼걸들의 현란한 춤이라든지, 또는 클로즈업으로 보여주는 여배우들의 얼굴, 가슴, 허벅지 등의 이미지 등이다(Childes 173-174).

이 시에서 우리가 알 수 있는 것은 남성 화자가 여인의 일거수일투족을 면밀히 응시하고 있다는 점이다. 이는 그가 자신의 무너져 내리는 자아를 추스르기 위한 방편이기도 하지만, 이는 또한 여성을 물화(reification)하는 방편이기도 하다. 이 시에 나오는 여인은 단지 응시될 뿐, 여성 자신이 보는 주체가 되지 못한다. 이 같은 응시의 대상으로서의 여인은 응시로부터 소외됨으로써 수동화(passivization)되고 물화된다(Hawthorn 135). 이처럼 수동화되고 물화된 여인은 따라서 전인적인 인간이라고 할 수 없다. 이는 그녀의 성격 묘사가 이 시에서는 대단히 피상적인 데 비하여 그녀의 몸에 대한 묘사는 그녀를 파편화시킴으로써 대단한 호소력을 갖는다는 사실에서도 알 수 있다. 이 시에 나오는 여인은 하나의 통합된 인격체로서의 인간이 아니라 이빨, 목구멍, 젖가슴 등으로 단지 파편화되어 나타난다. 이렇게 파편화된 그녀의 몸은 전체적으로 드러나는 것이 아니라 영화에서처럼 하나씩 따로 따로 클로즈업되어 나타난다. 그녀의 몸의 각 부분이 이처럼 파편화되어 나타나지만, 이보다 더욱 더 크게 클로즈업된 것은 그녀의 웃음(laughter)이다. 그녀의 웃음은 따라서 의식(consciousness)과 로고스(logos)로서의 말(씀)과 이성으로 지탱되는 가부장제라는 상징 질서를 단번에 그 근본부터 전복시키고 붕괴시킬 수 있는 음험한 힘을 가지고 있다. 이 같은 괴력(怪力)을 가진 그녀를 통제하고 경계하며 억압하는 유일한 무기는 바로 화자의 응시일 뿐이다. 남성 화자는 그녀를 응시함으로써 그녀는 그에게 보는 즐거움의 대상이 되며 동시에 공포의 대상이 된다. 그녀가 그에게 이처럼 동시에 기쁨과 공포의 대상이 되는 이유는 그는 그녀가 가진 이 같은 괴력에 양가적인(ambivalent)감정을 가지고 있기 때문이다. 이 같은 화자의 양가적인 감정을 가장 잘 드러내는 것이 그녀의 웃음이다. "그녀가 웃었을 때 나는 그녀의 웃음에 말려들어 그 일부가 되는 것을 의식했다"는 표현에서 우리는 그녀의 웃음이 그에게 얼마나 큰 마력을 가지고 있는가를 쉽게 알 수 있다. 그는 그녀의 젖가슴을 응시함으로써 그녀를 물화시키고 소외시킬 수 있었지만, 그녀의 웃음만은 그가 어쩔 수 없는 마력 그 자체이다. 그녀의 웃음은 들뢰즈(Deleuze)와 가타리(Guattari)가 말하는 욕망(desire)의 덩어리로서 결코 그녀의 무의식 속으로 억압되어 속박되기를 거부한다.

여기서 잠깐 욕망에 대한 라캉과 들뢰즈/가타리의 견해를 살펴보고 이를 이 시에 나오는 여성 인물의 웃음에 원용해 보자. 라캉은 인간의 욕망은 결코 채워질 수 없는 것으로 본다. 그가 욕망을 성취 불가능한 것으로 보는 이유는 욕망이 어떤 구체적인 사물의 획득이 아니라 주체의 무의식과 상징질서(the symbolic order)와의 관계에 기인하기 때문이다. 이 같은 욕망의 형성에 대해 라캉은 "욕망은 대타자의 욕망을 향한 것이다"(desire is for the desire of the Other)라고 말한다. 여기서 대타자는 남자 어린애의 경우 어머니가 된다. 어린애는 따라서 대타자인 어머니에 의해 욕망되기를 바라며 동시에 대타자를 소유하기를 욕망한다. 그러나 이 같은 남자아이의 욕망은 그가 남근(phallus)으로 대표되는 외디푸스적인 상징 질서 속에 편입되는 순간 금기시되고 억압된다. 왜냐하면 아버지의 상징 질서 속에서는 대타자로서의 어머니에 대한 욕망은 결코 성취될 수 없는 금기에 속하기 때문이다. 따라서 욕망은 언제나 이룰 수 없는 것에 대한 욕망인데, 이는 욕망이 "원초적인 부재"(primordial absence, Brooker 58)에 기초한 것이기 때문이다. 라캉의 이 같은 욕망에 대한 이론과는 달리, 들뢰즈/가타리는 욕망을 긍정적이고 혁명적인 힘으로 본다. 이 같은 욕망은 "자유로운 합성"(free syntheses, *Anti-Oedipus* 116)을 가능하게 함으로써 가부장제의 특징인 이성에 기초한 사회의 영토화하려는 음모를 계속적으로 좌절시키고 전복시키려 한다. 더구나 이러한 가부장제 사회는 욕망 자체를 영토화하려고 하는데, 욕망은 수직적이고 위계적인 가부장제 사회의 이 같은 노력을 욕망이 가지고 있는 "활력의 흐름"(a flow of energies, Brooker 59)과 수평적인 연계를 통해 좌절시키고 전복시킨다. 따라서 들뢰즈/가타리가 생각하는 욕망은 "잠재적으로 해방적인 정신 상태"(potentially liberatory psychic condition, Best and Kellner 90)라고 할 수 있다. 이 시에 나오는 여성 인물은 따라서 이 같은 긍정적이고 혁명적인 욕망의 소유자라고 말할 수 있다. 그녀는 화자로 대표되는 가부장제의 수직적이고 위계적인 가치 체계를 그녀의 웃음으로 전복시킴으로써 화자로 하여금 수세를 취하지 않으면 안 되게 만든다. 웃음으로 대표되는 그녀의 욕망은 따라서 어떠한 가부장적인 음모에 의해서도 영토화 되지 않는 활력이며 긍정적인 힘인 셈이다. 화자가 그녀에게 애증(愛憎)의 상반되는 양가감정을 가지는 이유는 바로 여기에 있다.

　　여기서 우리는 화자가 취하는 방어 기제를 살펴보자. 그는 무의식 속에 갇혀 있는 언어를 통하여 자신의 억압된 욕망을 다독거린다. 라캉이 "무의식은 언어처럼 구조돼 있다"(The unconscious is structured like a language)라고 말한 바와 같이 화자의 이루어질 수 없는 욕망은 그의 무의식 속에 침잠해 있다. 이 경우 그가 취할 수 있는 유일한 방어 기제는 언어를 통한 것임을 알 수 있다. 더구나 엘리엇 자신도 언어와 사물과는 일대일(一對一)의 관계를 갖는 것이라는 다분히 가부장적인 언어관을 가졌음을 상기한다면, 화자의 이 같은 방어 기제는 오히려 당연한 것이라고 할 수 있다. 엘리엇은 "건강한 언어는 사물을 있는 그대로 현전시키며, 사물과 언어는 아주 근사(近似)하기 때문에 이 둘[언어와 사물]은 서로 동질성을 갖는다"(Language in a healthy state presents the object, is so close to the object that the two are identified)(*Selected Essays* 327)라고 말한다. 이 같은 엘리엇의 언어관은 그가 주장하는 객관적 상관물(objective correlative)이론의 근간이 되기 때문에 새로울 것이 없다. 그는 소쉬르나 데리다와는 달리 사물=언어라는 구시대적인 언어관을 가지고 있던 인물이다. 따라서 그에게 있어 최상의 시어(詩語)는 바로 사물을 가장 적확하게 현전(現前)하게 하는 적절한 말(*mot juste*)일 뿐이다. 이처럼 적절한 말의 정도를 넘어 언어를 쓰는 것을 그는 "병적인 것"(morbidity)(*Selected Essays* 327)이라고 말했다. 시에서 이 같은 언어의 병적인 사용, 즉 과도한 언어의 사용의 예로 그는 스윈번(Swinburne)을 들고 있다. 우리는 같은 맥락에서 「히스테리」의 남성 화자가 내적 독백(interior monologue)에서 사용하는 언어의 사용이 과다하다는 점에서 마찬가지로 병적이라고 말할 수 있다. 「히스테리」의 경우 화자는 여인의 웃음과 그녀의 목구멍으로 연상되는 위협적인 여성기의 공포로 인해 무너져 내리는 자신의 방어 기제로 과도한 언어를 사용함으로써 그가 가진 강박 신경증적인 증상(symptoms of obsessional neurosis)을 감추려 하지만, 오히려 이 같은 그 자신의 과도한 언어 사용은 자신의 신경증을 드러내는 결과를 가져온다. 엘리엇은 「햄릿과 그의 문제들」("Hamlet and His Problems," 1919)이라는 논문에서 셰익스피어는 『햄릿』에서 햄릿이 가지고 있는 "특정한 정서"(*particular* emotion)를 전달하기 위해 '객관적 상관물'로서 언어를 사용하는 대신에 과도한 언어를 사용했기 때문에 이 작품이 실패작이라고 주장한 바 있다. 「히스테리」도 이 같은 그의 '객관적 상관물'이론에 따르면 여기에 나오는 화자는 언어를 필요 이상으로 사용함으로써 자신의 강박 신경증적인 증상을 드러낸다. 그러나 이 시는 『햄릿』과는 반대로 이처럼 과도한 언어의 사용을 통해 이 시가 실패한 시가 된 것이 아니라 오히려 성공한 시가 된다. 이는 그의 신경증은 곧 이 같은 과도한 언어의 사용을 통해서만 적절히 드러나기 때문이다.

프로이트에 따르면 신경증은 두 가지 형태로 나타난다. 그 하나는 히스테리(hysteria)이고, 또 다른 하나는 강박 신경증(obsessional neurosis)이다. 히스테리는 다시 전환 히스테리(conversion hysteria)와 불안 히스테리(anxiety hysteria)로 나누어진다(Levin 44). 이 시에 나오는 여인은 그녀의 통제되지 않은 웃음으로 미루어 보아 전환 히스테리 증상을 보이는 것으로 추정된다. 전환 히스테리 환자는 감가 마비, 동통, 운동 마비, 떨림, 청각 장애, 시각 장애, 구토, 딸꾹질 등의 증상을 보인다(황익근 83). 그녀가 이 시에서 보여주는 숨 가쁨(short gasps)은 그녀의 통제되지 않은 웃음과 더불어 그녀의 전환 히스테리 증상의 주요한 증상이기도 하다. 한편 이 시의 남성 화자는 강박 신경증 증상을 보인다. 강박 신경증의 증상으로는 강박증적 청결 의식과 깨끗함(compulsive neatness and cleanliness)(Levin 44)을 들 수 있다. 이는 리비도가 항문 피학 단계(reaction formation)이라고 볼 수 있다. 따라서 이 시는 히스테리 증상을 가진 여인과 강박 신경증을 가진 남성 화자의 대면이라고 할 수 있다.

이 시의 화자는 청결에 대한 병적인 집착을 보임으로써 자신의 강박 신경증 증상을 드러낸다. 이는 그의 청결에 대한 집착과 불결에 대한 병적인 혐오의 형태로 나타난다. 이 시는 아주 짧은 시임에도 불구하고 화자의 이 같은 집착은 금방 드러난다. "그녀의 어두운 목[구멍]의 동굴 속"이라는 묘사에서 우리는 그의 불결에 대한 극단적인 혐오감을 읽을 수 있다. 이 같은 그의 불결에 대한 혐오감은 그가 여성에 대해 가지는 혐오감의 다른 이름이기도 하다. 강박 신경증 환자는 불결한 것을 아주 싫어하기 때문에 여성을 더러운 존재로 봄으로써 여성 혐오자가 된다. 강박 신경증적인 남성이 여성 혐오증 환자가 되는 것은 특히 여성이 경험하는 월경 등으로 유발되는 배설물의 불결함과 여성을 연관시켜 여성을 성적으로 혐오하기 때문이다. 이 시에서 쓰인 "핑크빛과 흰빛 체크무늬의 식탁보"라는 묘사와 "녹슨 녹색 철제 테이블"이라는 묘사는 따라서 남성 화자의 이 같은 청결 선호와 불결 혐오를 각각 대조적으로 보여 주는 예이다. 녹슨 녹색 철제 테이블은 불결해 보인다. 이처럼 더러운 철제 테이블을 가리기 위하여 웨이터는 아주 잘 정돈되고 산뜻한 청결감을 주는 핑크빛과 흰색 체크무늬의 식탁보를 그 위에 덮은 것이다. 체크무늬는 그 기하학적 질서로 인하여 청결감과 질서감을 높여 준다. 화자의 청결벽은 또한 그로 하여금 불결함 속에서도 청결을 찾는 성향으로 나타난다. 이러한 예는 여인이 발작적으로 입을 벌리고 웃을 때 보이는 치아가 그에게는 마치 질서정연한 분대 훈련으로 보인다는 사실에서 드러난다. 이는 그가 질서와 청결함을 추구하는 그의 강박증적 성격을 아주 잘 보여주는 예라 할 수 있다. 그러난 그는 강박증 환자이기 때문에 그녀에게서 나타나는 이 같은 청결감과 불결감이라는 양가적인 성향은 서로 균형을 유지하기가 힘들다. 그는 그녀의 발작적인 웃음과 불결한 목구멍을 봄으로써 그의 오후 시간이 산산이 부서졌다고 생각하는데, 이 같은 질서 파괴는 곧 그녀의 불결함에서 기인하는 것으로 생각한다. 이제 그가 할 수 있는 최선의 길은 이처럼 망가진 오후를 청결함과 정연한 질서로 회복하는 일이 될 것이다. 이 같은 화자의 노력은 또한 엘리엇의 성격의 반영이라는 측면에서 우리는 화자와 엘리엇이 전혀 다른 인물들이 아니라고 말할 수 있다. 엘리엇의 글쓰기는 따라서 그의 글을 통해 자신이 살던 시대의 혼란과 불결에 질서와 청결을 회복하는 것이 가장 중요한 임무라고 그는 생각한다.

4. 엘리엇의 시 텍스트에 나타난 강박증적 증상들

「히스테리」는 이처럼 신경증적인 화자와 전환 히스테리 증상을 보이는 여인과의 대면을 주제로 한 시라는 점에서 대단히 흥미 있는 시라고 할 수 있다. 그러나 엘리엇의 다른 시 텍스트에서 우리는 이와 비슷한 신경증적인 증상을 만날 수 있다는 점에서 「히스테리」는 예외적인 시라기보다는 오히려 그의 시의 전형이라고 할 수 있다. 그의 시에서 이처럼 신경증적인 증상을 발견하게 되는 것은 엘리엇 자신이 신경증적인 기질이 있었다는 측면에서 그의 시는 그의 성격의 일면을 표출한 것이라고 할 수 있다. 이 같은 신경증적인 증상은 그의 대표적인 시라고 할 수 있는 『황무지』(*The Waste Land*)에서도 나타난다. 그뿐만 아니라 우리는 엘리엇 자신이 이 시에 대해 언급한 말에서도 이 같은 그의 신경증적인 측면을 읽을 수 있다. 우리는 밸러리(Valerie)가 편집한 이 시의 팩시밀리 판 처음에 나오는 엘리엇 자신이 한 말에 유의할 필요가 있다. 그는 여러 비평가들이 이 시를 현대 사회의 비평으로 받아 들여 해석하고 있으나, "나에게 있어 이 시는 단지 개인적이고 하찮은 불평을 토로한 것에 불과한 것으로, 이것은 단지 [이러한]불만을 운율에 맞춰 적어 본 한편의 시일 뿐이다"(To me it was only the relief of a personal and wholly insignificant grouse against life; it is just a piece of rhythmical grumbling)(*Facsimile* 1)라고 말한다. 우리는 일단 엘리엇의 이 같은 말을 액면 그대로 수긍하자. 엘리엇이 이 시의 초고를 쓰던 1921년의 상황을 생각하면 이 같은 그의 말이 전혀 근거가 없는 말은 아니기 때문이다. 그는 이 당시 과로, 경제적인 문제, 미국에 있는 부모와의 마찰, 성격 차이가 심한 비비언(Vivien)과의 결혼 생활에서 오는 스트레스 등이 겹쳐 신경 쇠약 증상을 보이고 있었다. 이 시는 그가 이처럼 신경 쇠약 때문에 마르부르크(Marburg)와 스위스의 로잔(Lausanne)에서 요양하는 동안 쓰였다(Pinkney 94). 따라서 그가 팩시밀리 판의 처음에서 한 이 같은 말은 전적으로 사실과 부합한다. 물론 이 시가 이 같은 그의 사생활의 어려움 속에서 쓰이긴 했지만, 여기에 덧붙여 제1차 세계 대전(1914-1918)이라는 인간의 지능과 문명이 빚어낸 미증유(未曾有)의 대규모 전쟁이 끝난 후 쓰인 이 시가 전쟁으로 야기된 사회 윤리와 도덕의 혼란을 드러낸다는 측면에서, 이 시는 단지 개인적인 차원의 시로만 자리매김할 수는 없다.

이 시에서 가장 두드러진 점은 이 시의 화자의 정체이다. 물론 엘리엇은 이 시를 쓸 당시 유행하던 초현실주의 미술의 기법인 다중시점(多重視點)을 이 시에 원용한 것이라고 할 수 있으나, 이 같은 다중 시점의 채택은 단지 시의 기법으로만 끝나는 것이 아니라 그가 이 시를 쓸 당시의 엘리엇 자신의 심리적인 상태가 또한 이 시에 반영됐다고 볼 수 있다. 히스테리와 강박 신경증은 둘 다 모두 신경증(neurosis)의 범주에 속하는 신경증으로, 특히 히스테리적인 특성을 가진 것으로 흔히 묘사돼 있다(Pinkney 85). 이 같은 냄새의 대표적인 예로 우리는 프루프록의 코를 자극하는 "[여성의] 옷에서 풍기는 향수 냄새"(perfume from a dress)(*CPP* 5)가 있다. 그러나 엘리엇의 작품에 나오는 여자의 냄새는 대부분 "발정기의 동물이 내는 진하고 강한"(a dense, heated animality)(Pinkney 85) 냄새가 대부분이다. 이같이 역겨운 냄새가 여성과 연관되어 상기됨으로써 여성 혐오로까지 발전함을 알 수 있다. 이 같은 여성 혐오의 대상으로 대표적인 예는 여성 특유의 냄새가 심하게 난다(the good old heaty female stench)(*Facsimile* 23). 더구나 그녀는 화장실에서 대변을 보면서 "리차드슨의 눈물겨운 소설"(the pathetic tale of Richardson)(*Facsimile* 23)을 읽는 것으로 묘사돼 있다. 또한 여성 인물들은 남성 인물들과는 달리 "덧문 닫힌 방의 여인 [특유]의 냄새"(female smells in shuttered rooms)(*CPP* 25)를 피우면서 밀폐된 공간에 가두어져 있는데 이는 스위니(Sweeney Erect)의 공격적이고 동물적인 성충동과는 정반대의 특질을 보인다.

『황무지』는 어느 면에서 보면 엘리엇이 가지고 있던 결벽증을 잘 드러낸 시라고 할 수 있다. 이 시에서 드러나는 그의 결벽증은 사물을 지나치게 그로테스크(grotesque)하게 과장적으로 묘사함으로써 나타난다. 이 같은 과장되고 그로테스크한 묘사가 가능한 이유는 제1차 세계 대전이 끝난 후 전쟁의 폐허가 몰고 온 도덕적 타락을 결벽증적인 시선을 통해 봄으로써 이러한 세계가 만화경 같은 세계로 나타나기 때문이다. 이러한 세계는 도덕적으로 황폐한 세상이므로 엘리엇은 이 시의 제목을 『황무지』라고 붙인 것이다. 도덕적 타락은 문란한 성으로 클로즈업되어 묘사되어 나타나는데, 이 과정에서 여성의 성적인 문란이 부각됨으로써 이러한 도덕적 타락은 여성 혐오의 형태로 나타난다. 히야신스 정원의 묘사에 나오는 히야신스 아가씨(the hyacinth girl)를 제외하고 『황무지』에 나오는 많은 여성들이 부정적인 이미지를 보이는 것은 이 같은 이유에서이다. 이 같은 예로, 마담 소소스트리스(Madame Sosostris)는 자기가 예언하는 바를 자신도 알지 못하는 여자 점쟁이이고, 바위의 처녀(the Lady of the Rocks)는 유혹하는 여성이며, 에키톤 여사(Mrs. Equitone)은 마담 소소스트리스의 고객이다. 그러나 황무지의 여인들 중에서 도덕적 타락을 가장 잘 보여주는 인물은 아무런 애정도 없고 또한 성적인 쾌락마저 느끼지 못하면서 아무런 의미 없이 성관계를 맺는 타이피스트이다. 그녀가 성관계를 맺고 난 후의 모습을 묘사한 다음과 같은 묘사는 그녀의 도덕적 불감증과 마비를 아주 잘 보여준다. "여자는 돌아서서 잠시 거울을 들여다본다,/ 떠나간 애인의 생각은 이제 거의 없이"(She turns and looks a moment in the glass,/ Hardly award of her departed lover)(ll. 249-250). 이 시는 이처럼 현대인이 앓고 있는 도덕적 불감증을 사실적으로 보여줌으로써 현대인의 삶이 얼마나 공허한 것인가를 역력히 드러내 보여준다.

이 같은 황폐화된 현대인의 정신의 지도는 이 시의 등장인물의 묘사에서 뿐만 아니라 배경 묘사에서도 잘 드러난다. 이 같은 불모적인 상황은 황무지가 얼마나 건조한가를 묘사함으로써 극명하게 드러난다. 이러한 건조한 불모지의 묘사는 제5부 「우뢰가 말한 것」("What the Thunder Said")에 아주 잘 묘사돼 있는데, 여기서는 건조한 상태의 묘사가 거의 30줄 가까이 이어지면서 쉼표도 없이 숨 가쁘게 이어진다. 이 같은 건조한 상태에 대한 묘사는 곧 엘리엇이 도덕적 불감증을 앓고 있는 현대인에 대해 느끼는 결벽증적인 혐오감의 표출이라고 할 수 있다. 이 시의 끝까지 이같이 건조한 풍경의 묘사가 지속적으로 나오는데, 아직도 비가 내리지 않는 황무지에 등을 돌리고 앉아 있는 어부왕의 모습은 이러한 도덕적 불감증 환자들이 사는 황무지에 생명수인 비가 올 가능성이 희박함을 웅변적으로 보여주는 것이라 하겠다. 더구나 그가 자신의 영토에 질서를 줄 수 있을지의 여부를 질서를 줄 수 있을지의 여부를 자문하는 것은 그 자신도 결벽증의 정신 상태를 가지고 있음을 드러내는 것이라는 점에서 어부왕은 곧 엘리엇의 분신(alter ego)이라고 할 수 있다.

> 나는 강가에 앉아
> 낚시질 했다 등 뒤엔 메마른 벌판
> 최소한 내 땅이나 정돈할까?
>
> I sat upon the shore
> Fishing with the arid plain behind me
> Shall I at least set my lands in order? (CPP 74)

강박 신경증 환자의 두드러진 특징 중의 하나는 자신의 실존에 대한 의문이다. 이는 자신의 죽음에 대한 질문이기도 한데, 이를 구체적으로 말하면, "죽을 것인가 살 것인가?," "나는 죽어 있는 것인가 살아 있는 것인가?," "나는 왜 살아 있는가?" 등으로 나타난다. 『황무지』가 죽음과 삶에 대한 의문으로 가득 차 잇는 것은 바로 엘리엇이 가지고 있던 죽음과 삶에 대한 강박 신경증적인 의문들이 이 시에 투사되어 나타난 것이라고 할 수 있다. 특히 이 시의 제4부 「수사」(水死)에 죽음의 이미지가 집중적으로 나타나는 것은 바로 이 같은 해석을 가능하게 한다. 물론 여기에 나오는 물은 죽음을 야기시키는 물이지만, 기독교의 세례에서 구체적으로 보듯이 물은 또한 재생과 부활을 나타내는 상징이라는 측면에서 볼 때 여기에 나타나는 물에 의한 죽음은 동시에 물에 의한 삶이 되기도 한다(Jain 181-182).

강박 신경증 환자는 존재와 죽음에 대해 항상 생각하기 때문에 그의 삶은 다른 말로 하면 죽음을 기다리는 삶이라고 할 수 있다. 따라서 그의 삶은 "지속적인 망설임과 주저"(perpetual hesitation and procrastination)(Evans 126)라고 바꿔 말할 수 있다. 이 같은 주저와 망설임은 「프루프록의 사랑 노래」("The Love Song of J. Alfred Prufrock")의 가장 중요한 주제라는 점을 생각한다면 이 시 또한 죽음과 삶이 중요한 주제를 이루고 있는 『황무지』의 변주라고 말할 수 있다. 이는 엘리엇이 스위스의 로잔에서 신경 쇠약으로 요양과 치료를 받으면서 『황무지』의 초고를 쓸 때 올딩턴(Aldington)에게 보낸 편지에서 다음과 같이 쓴 것에서도 드러난다. 그는 이 편지에서 "여기[로잔] 온 이래로 내 신경 쇠약 증상이 심각한 것이 아니라는 사실을 알고 만족하고 있습니다. [내 신경 쇠약 증상은] 과로에 의한 것이라기보다는 내가 평생 동안 앓고 있는 의욕 결여와 정서적인 불안정에 기인하는 것입니다"(I am satisfied, since being here, that my "nerves" are a very mild affair, due not to overwork but to an aboulie and emotional derangement which has been a lifelong affliction) (*Facsmile* xxii)라고 쓰고 있다. 더구나 프루프록은 엘리엇 자신의 성격상의 특징을 가장 잘 드러내는 인물이라는 사실은 우리가 이 시를 특히 주목하는 이유이기도 하다. 프루프록은 자신이 햄릿 왕자가 아니라고 강력히 부정한다. 그러나 강한 부정은 강한 긍정의 표현이 되듯이, 그는 햄릿처럼 우유부단하고 주저하는 성격의 소유자임을 부정하기는 힘들다. 프루프록이 이처럼 우유부단한 가장 큰 이유는 그가 자신의 삶의 이유에 대해 부단히 생각하기 때문이다. 따라서 주저와 무위(無爲), 저지되거나 억제된 행위가 엘리엇의 시를 관통하는 주제(Smith 43)라는 그로버 스미스의 지적은 대단히 적절한 것이 아닐 수 없다. 이 같은 주제는 특히 프루프록, 「게론촌」("Gerontion"), 그리고 「텅 빈 사람들」("The Hollow Men")에 일관되게 나타나는 공통된 주제이며 엘리엇의 시에 나오는 인물들의 행동 양식이기도 하다. 이들은 내면 세계와 현실 세계, 꿈과 실제, 그리고 이상과 현실 사이에 화해될 수 없는 간극이 있음을 발견하고 이 둘 사이를 끊임없이 방황하는 인물들이다. 이 같은 서로 다른 두 세계 사이의 메울 수 없는 틈새에서 실존에 대한 심각한 고민에 빠진 대표적인 인물이 프루프록이다.

프루프록은 그러나 좀 더 자세히 살펴보면 편집형 정신 분열증(paranoid-schizoid)의 증세를 보인다(Pinkney 40). 그가 편집형 정신 분열증의 증상을 보인다고 말할 수 있는 것은 이 시에는 그가 구순적 고착(oral fixation)을 드러내는 많은 구순적 이미지(oral images)가 있다는 사실이 이를 뒷받침한다. 이 같은 그의 고착 증상은 그가 구순기로 퇴행해 있음을 의미한다. 그는 "매일 매일의 끄트머리를 뱉어내고 싶어 하며"(To spit out all the butt-ends of my days and ways), "사건을 미소 지으며 뱉어내고 싶어 한다"(To have bitten off the matter with a smile). 구순기로의 퇴행은 그러나 그로 하여금 상징계(외디푸스적인 세계)의 억압에 그가 잘 견뎌 내지 못함을 의미한다. 따라서 그는 복숭아를 먹을 수 있을지를 알지 못하며, 차와 케이크와 아이스크림을 먹은 후에 위기로 몰아 갈 용기가 있을까에 대해 자신이 없다.

이처럼 구순기로 퇴행된 세계 속에 사는 프루프록의 눈에 비친 세상은 파편화된 세계이다. 세상이 이처럼 분열돼 있고 통합성을 잃은 것으로 인지하는 것은 편집형 정신 분열증 환자의 특징적인 인식 형태이다. 편집형 정신 분열증의 인식 체계에서는 세상의 사물은 선한 것과 악한 것이라는 이분법적인 유형으로 나누어지며, 이러한 사람은 세상의 악한 것들에 의해 파괴되지 않을까

하는 불안감에 시달린다(Laplanche 298). 이 같은 공포감은 공격적인 가학증으로 표출되기도 한다. 프루프록이 집게발이 필요 이상으로 발달된 게로 자신을 투사하는 것은 바로 이 같은 심리의 표출이다.

차라리 나는 소리 없는 바다 바닥을 허둥대며 건너는
한 쌍의 털보숭이 집게발이었으면.

I should have been a pair of ragged claws
Scuttling across the floors of the silent seas.

이 인용에서 보듯이 게는 하나의 통합적인 동물의 이미지로 나타나기보다는 단지 한 쌍의 털보숭이 집게발이라는 환유(metonymy)로 묘사됨으로써 파편화된 화자의 인식을 드러낸다. 또한 게의 집게발이라는 이미지는 그가 가지고 있는 구순적 가학증(oral sadism)을 정확히 드러낸 묘사이다(Pinkney 41). 게의 집게발 이미지에 대하여 마이클 에드워즈(Miachael Edwards)는 이를 엘리엇 자신의 글쓰기와 연관시킨다. 게가 옆으로 가는 것은 글 쓰는 행위가 옆으로 진행되는 것과 같은 것이라고 하면서, 이 둘을 동일시한다(9). 그러나 여기서 우리가 보는 게는 아주 발 빠르게 움직이는(scuttle) 데 비하여, 프루프록은 자신의 의사를 분명히 나타내지 못하는 사람이라는 사실을 유념할 필요가 있다. 따라서 우리는 엘리엇이 잣니의 글쓰기가 느림에 대해 자의식을 느낀다고 볼 수 있다. 그러므로 그는 한편으로는 자신과 게를 동일시하면서도, 게의 발 빠른 행동만큼이나 자신의 글쓰기가 능숙하지 못함을 느끼면서 게를 부러움의 대상으로 보고 있는 셈이다.

화자가 구순적 가학증을 드러낸다는 사실은 그가 아직도 외디푸스적인 상징체계에 진입해 있지 못함을 의미한다. 외디푸스적 상징체계를 가장 두드러지게 특징짓는 상징체계(symbolic system)는 이 상징체계를 구성하는 구성원들의 수직적인 위계질서를 유지하기 위해 사용되는 언어이다. 이는 또한 아버지의 법을 유지하기 위한 장치이기도 하다. 그러므로 이 상징체계에 적응한다는 것은 이러한 언어를 자신의 의사소통과 권력 유지의 도구로 효과적으로 사용하는 것을 의미한다. 그러나 프루프록이 이 같은 상징 질서의 가장 특징적인 언어를 자신의 것으로 만들지 못했다는 사실은 그가 이러한 상징 조직에 적응하지 못했을 뿐만 아니라 또한 그가 이러한 상징조직의 일원이 되지 못했음을 의미한다. 그의 이 같은 언어 사용에 대한 공포감은 미켈란젤로(Michelangelo)를 방안에서 거침없이 담론하는 여인들에 대한 공포로 나타난다. 그의 이 같은 부적응에 대한 공포는 "내 진의를 말로 하기가 불가능하다!"(It is impossible to say just what I mean!)이라든가 "전혀 그런 뜻이 아니었는데요."(That's not what I meant at all)라는 표현으로 구체적으로 드러난다.

우리가 단호하고 과감하게 죽음까지도 무서워하지 않고 순교하는 『대성당에서의 살인』(Murder in the Cathedral)의 주인공이 베케트 주교에게서 신경증을 발견하는 것은 그러나 의외의 사실처럼 보인다. 프루프록이 우유부단하고 자의식적인 인물인 데 비하여 베케트 주교는 그와는 정반대로 과감하고 용기 있는 인물로 묘사돼 있기 때문이다. 그러나 겉으로 보기에는 천양지판(天壤之判)의 서로 다른 유형의 인물로 보이는 베케트 주교와 프루프록이 근본에 있어서는 같은 유형의 인물들이라는 사실은 우리를 놀라게 한다. 프로이트에 따르면 신경증과 종교는 아주 밀접한 관계를 가지고 있다. 엘리엇에게 신경증적인 기질이 있으며, 또한 종교적인 문제가 그의 일생의 대부분에 있어 주요 관심사였다는 사실을 감안한다면(Tamplin 35), 프로이트가 신경증에 대해 언급한 다음과 같은 말은 엘리엇에게 있어서도 맞는 말이 된다. 프로이트는 "사람들을 신비적이고 종교적이거나 또는 철학적이고 종교적인 교파나 공동체에 묶어 놓는 모든 끈들은 [이들이 가진] 모든 종류의 신경증을 왜곡되게 치료하려는 의지의 표출이다"(All the ties that bind people to mystico-religious or philosophico-religious sects and communities are expressions of crooked cures of all kinds of neruoses)(Levin 45)라고 말한다. 엘리엇이 일생에 걸쳐 종교적인 믿음을 찾아 헤맸으며, 1927년 6월 29일에 드디어 영국 국교인 성공회로 입교한 것은 이 같은 그가 가지고 있던 죽음과 구원에 대한 회의와 의문이 일단락 됐음을 보여주는 것이다.

엘리엇은 불멸에 대한 동경(immortal longings)(Gordon [1977] 7)을 간직한 사람이었으며, 그의 이 같은 동경은 성공회에 귀의함으로써 대단원을 맺었다고 할 수 있다. 엘리엇의 이 같은 종교에로의 귀의는 성공회에 입교한 후인 1930년에 쓰인 『재의 수요일』(Ash-Wednesday)에 잘 나타나 있다. 그는 이 시에서 다음과 같이 쓰고 있다.

주여, 저는 합당치 않나이다
주여, 저는 합당치 않나이다
그러나 한 말씀만 하소서.

Lord, I am not worthy
Lord, I am not worthy
but speak the word only.

이 구절은 성공회와 천주교의 미사에서 쓰이는 기도문의 일부를 그대로 옮겨 적은 것으로 이는 그의 시 쓰기와 종교적인 신앙이 별개의 것이 아니라 하나라는 사실을 보여주는 것이다.

같은 맥락에서 우리는 『대성당에서의 살인』(1935)을 읽을 수 있다. 이 희곡은 1170년에 있었던 캔터베리 대성당의 베케트 대주교의 순교를 극화한 것으로, 그는 세속 권력을 대표하는 영국의 왕권과 예수의 대리인인 성 베드로(St. Peter)의 후계자로서 그의 권한을 승계한 교황과의 권력 싸움에서 교황의 편에 섬으로써 순교자가 된다. 베케트에게 있어 영원히 사는 길은 오직 교황의 편에 서서 천주교회를 위해 죽는 길 밖에 없는데, 이는 교황으로 대표되는 로마 가톨릭 교회는 곧 예수의 가르침을 따르는 유일하고 진정한 교회라는 그의 믿음에 기초한 것이기 때문이다. 베케트는 이처럼 순교의 길을 택함으로써 자신의 삶의 의의에 대한 의문을 확실히 해결한 셈이다. 이 같은 베케트 주교의 입장은 의심의 여지없이 엘리엇의 입장이기도 하다. 베케트 대주교가 "[인간의] 운명은 정치가의 손에 달려 있는 것이 아니라 신의 손에 달려 있다"(Destiny waits in the hand of God, not in the hands of statesmen)(*CPP* 240)고 믿었다면, 이것은 또한 엘리엇의 믿음이기도 하다. 베케트의 이같이 굳은 신앙

앞에 나타난 4명의 유혹자들은 순교할 마음의 준비가 다 돼있는 베케트에게는 오히려 거추장스런 존재일 뿐이다. 베케트 주교가 죽기 전에 행한 그의 마지막 성탄 미사의 강론에서 그는 순교에 대한 의견을 다음과 같이 피력한다.

> 사랑하는 신자 여러분, 우리는 순교자를 단순히 그가 기독교인이기 때문에 살해당한 훌륭한 기독교인이라고만 생각하지 않습니다. 그것만이라면 우리는 다만 슬퍼하기만 하면 될 것입니다. 우리는 그가 단순히 성인의 반열에 오른 훌륭한 한 사람의 기독교인으로만 생각하지 않습니다. 그런 이유만이라면 우리는 단순히 기뻐하기만 하면 될 것입니다. 우리가 슬퍼하고 기뻐하는 것은 세상 사람들이 슬퍼하고 기뻐하는 것과는 다릅니다. 기독교의 순교는 우연히 되는 것은 아닙니다. 성인은 우연히 되는 것은 아닙니다. 인간을 지배하는 자가 되기 위해서는 의지나 노력이 있어야 합니다만, 기독교의 순교자는 의지와 노력으로 되는 것은 더더구나 아닙니다. 순교자는 언제나 하느님의 의도로 만들어지는 것입니다. 왜냐 하면 하느님은 인간을 사랑하며, 인간이 잘못하면 경고하고, 인간을 이끌어 하느님의 길로 돌아오게 하기 때문입니다. 순교는 결코 인간의 의도로 되는 것은 아닙니다. 진정한 순교자는 하느님의 도구가 된 사람입니다. 그는 하느님의 의지 안에 자신의 의지를 맡김으로써 자신의 의지를 잃어버린 것이 아니라 자신의 의지를 찾은 사람입니다. 순교자는 하느님께 순종함으로써 자유를 찾은 사람입니다. 순교자는 자신을 위해 더 이상 아무 것도 바라지 않는 사람입니다. 그는 순교의 영광마저도 바라지 않습니다. 이렇게 하여 지상에 있는 교회가 세속 사람들이 이해하지 못하는 방식으로 동시에 슬퍼하고 기뻐할 때, 천국에서는 성인들이 자기 자신을 가장 낮추었기 때문에 가장 높이 된 것입니다. 성인들은 우리가 그들을 우러러 보듯이 자신들을 보지는 않습니다. 성인들은 그들을 존재하게 하시는 하느님의 빛 속에 있는 것입니다.

이것은 죽기 전에 베케트 대주교가 자신의 순교를 예상하면서 순교를 정의한 말이지만, 이는 또한 엘리엇 자신의 죽음, 특히 기독교인으로서의 죽음에 대한 생각을 적은 것이라고 할 수 있다. 기독교인에게 있어 죽음은 곧 그의 삶의 목표이므로, 이는 또한 엘리엇이 생각한 이상적인 기독교인의 삶의 목표라고도 말할 수 있다. 그렇다면 엘리엇이 생각하는 기독교인의 삶의 목표는 무엇인가? 이것은 위에 인용한 부분에서도 나와 있는 것처럼 자신을 자신도 모르게 그리고 아무런 의도 없이 하느님 앞에서 낮춤으로써 결과적으로 가장 높이 되는 것이다. 순교, 또는 성인이 되는 방법은 그러므로 정신 분석학의 용어를 빌려 말하면, 가장 숭고한 형태의 피학증(masochism)이라고 말할 수 있다. 그렇다면 이는 또한 가장 숭고한 형태의 신경증(neurosis)이라고 해도 크게 잘못된 해석은 아닐 것이다.

5. 강박 신경증의 소멸: 『네 사중주』

지금까지 우리가 살펴 본 것처럼, 「히스테리」에 나타난 신경증으로부터 『대성당에서의 살인』에 이르기까지 엘리엇의 고뇌의 길은 길고도 험한 것이었다. 그는 망설임과 여성 혐오, 그리고 자신의 실존에 대한 고뇌를 그의 시속에 발자취처럼 남겨 놓은 셈이다. 그러나『네 사중주』(Four Quartets)에 이르면 이 같은 그의 지금까지의 고뇌는 일단 정점(still point)에 이르게 됨으로써 대단원을 맺는다. 그가 이제까지 겪은 고뇌가 크면 클수록, 이들과 정면으로 대적하면서 맞닥뜨려 대항하면서 그 또한 더욱 더 큰 시련을 이겨내기 위해 혼신의 힘을 쏟았다. 이런 의미에서 그의 시는 어느 면에서 보면 글쓰기 치유(writing cure)가 된 셈이다. 더구나 우리가『황무지』를『네 사중주』와 비교하면 우리는 그의 이 같은 노력의 깊이와 크기를 잘 알 수 있다.『황무지』가 주체의 분열된 의식의 표출이라면,『네 사중주』는 주체가 자신의 무의식과 화해하는 환희의 노래이기 때문이다.

그러면 이 같은 주체와 무의식의 화해는 어떻게 이루어지는가? 주체와 무의식의 화해는 무엇보다도 시간과의 화해 속에서 이루어진다. 따라서『네 사중주』의 가장 중요한 주제는 곧 시간에 대한 의문의 해소에서 찾을 수 있다. 『황무지』의 시간은 조각나고 흩어진 시간이었다. 이 시에서 시간이 이처럼 파편화된 이유는 이상이 현실로부터 괴리(乖離)되고 소외된 때문이다. 이 시에서의 시간은 현세의 시간인데 이는 직선적인 진행을 한다. 이 같은 시간의 직선적인 진행은 이상적으로 말하면 처음과 중간과 끝의 순서로 진행하면서, 그 목적(telos)을 달성해야 하는데, 이상으로부터 이처럼 괴리된 시간은 도저히 합

목적적(teleological)일 수 없다. 이 같은 이유로 해서 주체로서의 의식은 무의식과 합일을 이루지 못한다. 그러나 『네 사중주』에 이르면, 시간의 흐름 자체가 『황무지』에서의 직선적인 시간과는 달리 순환적이 된다. 이 같은 시간의 순환은 우리가 보는 사계절의 시간과 같은 것으로 이는 항상 흐르면서도 시작과 끝을 시간 자체 속에 가지고 있다. 이는 마치 사계절 중 어느 것이 처음이고 어느 것이 끝이라고 말할 수 없는 것과 같다. 그러므로 모든 시간은 시작과 끝을 동시에 그 속에 가지고 있다고 말할 수 있다. 또한 앞의 시간(과거)은 뒤의 시간(현재) 속에 살며, 지금의 시간(현재)은 앞으로의 시간(미래)을 그 속에 간직하고 있다. 이는 마치 봄이 여름 속에 살고, 여름이 가을 속에 살며, 가을이 겨울 속에 살고, 겨울은 봄 속에 사는 것과 같다. 이 같은 원운동으로서의 순환적인 시간 속에는 이상과 현실이 유리되거나 소외되지 않고 이상과 현실은 둘이 아니면서 또한 이 두 시간은 동시에 다른 시간이 된다. 따라서 이 같은 순환적인 시간은 신비의 시간이며, 우주적인 시간이며, 또한 동시에 조화와 융합이 이루어지는 지상에서의 시간이기도 하다. 왜냐하면 이상으로서의 시간은 현실적인 시간이 없이는 그 목적($telos$)에 다다르지 못하기 때문이다.

시간이 이처럼 따로 따로 떨어져 있지 않으며 연결돼 있고 하나의 시간이 다른 시간을 포용하고 있는 이유는 시간 자체가 갑자기 우주적이고 초시간적이 됐기 때문에 그런 것은 아니다. 시간이 이처럼 우주적이고 순환적이 된 것은 엘리엇이 시간 속에서 무시간(timelessness)을 볼 수 있는 깨달음에 다다랐기 때문이다. 이는 그가 말하는 정점(still point)의 개념에 의해 드러난다. 기쉬(Nancy K. Gish)는 엘리엇이 말하는 정점에 대해 "엘리엇의 정점은 속성이 없으며, 모든 운동과 형상의 근원이고 공간과 시간밖에 존재한다"(Eliot's still point is without attribute, is the source of all motion and form and is outside space and time)(Gish 100)라고 말한다. 이 같은 정점으로서의 시간은 우리가 『프루프록』에서 본 시간과는 큰 대조를 보인다. 이 시에서 우리는 주인공인 프루프록의 의식이 무의식과 유리돼 있음을 알 수 있다. 이 같은 의식과 무의식의 유리는 자신의 존재 자체가 조화를 상실했음을 보여주는 측면이기도 하다. 이 같은 의식의 분열은 "자 가세, 너와 나"(Let us go then, you and I)로 시작되는 이 시의 첫 줄에서부터 드러나는데, 이처럼 분열된 주체는 신경증적인 증상을 보이게 된다. 따라서 프루프록은 죽음을 의식하고, 자신의 삶이 목적을 잃었음을 느끼게 된다. 따라서 그는 삶 자체를 회의하게 되고 세상일에 대해 흥미를 잃고 만다. 그의 삶은 의미 없는 죽음을 기다리면서 죽지 못해 사는 아무 의미 없는 삶이 된다. 이 같은 삶은 주저와 오직 주저와 회의와 미룸의 연속일 뿐이다. 그러나 『네 사중주』에 오면 인간의 시간은 단지 직선적인 진행 과정만을 가진 무의미한 시간이 아니라, 신의 무시간과 인간의 시간이 하나가 된 의미 있는 시간으로 바뀐다. 따라서 엘리엇은 「이스크 코우커」("East Coker")에서 "나의 시작에 나의 종말이 있다"(In my beginning is my end)라고 두 번이나 반복해서 강조하고 있다. 시작은 곧 목적을 위한 최초의 시간이므로, 이 같은 시간 속에는 곧 목적, 즉 끝을 내포한다. 따라서 여기에 나오는 end는 끝이라고 번역할 수도 있으나 동시에 목적이라고 번역할 수 있다. 이렇게 되면 시간 속에서 일어나는 모든 것은 그저 우연히 발생하는 것이 아니라 거기에는 목적이 있게 마련이다. 엘리엇은 이에 대해 다음과 같이 쓴다.

> 세우는 시간이 있고,
> 사는 시간, 생식하는 시간이 있다.
> 또는 바람이 흔들리는 유리창을 깨뜨리는 시간,
> 들쥐가 달음질치는 벽 판장을 흔드는 시간, 그리고
> 무언의 표어를 짜넣은 해진 애라스천 벽걸이를 흔드는 시간이 있다.

> [T]here is a time for building
> And a time for living and for generation
> And a time for the wind to break the loosened pane
> And to shake the wainscot where the field-mouse trots
> And to shake the tattered arras woven with a silent motto. (*CPP* 177)

위에 인용한 길지 않은 구절에서 우리는 몇 가지 흥미 있는 사실을 발견하게 된다. 우선 이처럼 신의 무시간이 이 세상의 시간과 합일돼 있기 때문에 세상의 모든 것이 발생하는 데에는 필연적인 시간이 있게 마련임을 알게 된다. 이 같은 필연적인 시간은 살고, 생식하는 시간 등 굵직굵직한 일들이 일어나는 시간만이 필연성을 가지는 것이 아니라, 바람이 불어와 흔들거리는 유리창을 깬다든가, 또는 들쥐가 소리 내고 달음질치며 벽판장을 흔드는 시간 등 사소하고 무의미해 보이는 것들도 필연적인 시간 속에 포함된다는 사실이다. 이처럼 시간은 이제 모든 것을 필연성으로 묶는 역할을 한다. 또한 이 구절은 몇 개의 단어의 반복으로 이루어져 있음을 알 수 있다. 반복적으로 쓰이는 단어는 시간(time)과 흔든다(shake)그리고 연결사인 and 등이다. 이 같은 반복은 이 시에 주술적인 효과를 준다. 예를 들면 시간이라는 단어의 경우, 단순히 흘러가는 물리적인 시간으로만 존재하는 것이 아니라 이 같은 반복을 통하여 제의(ritual)에서 쓰이는 주술로까지 승화되어, 시간 자체가 무시간화의 과정을 거치게 된다. 그리고 and의 경우에는 이 같은 무시간적 과정이 언제까지나 끝나지 않고 계속됨을 보여 준다.

이같이 무시간화된 세상의 시간은 단지 시간으로만 존재하는 것이 아니라 공간과 함께 존재함으로써 깊이와 무게를 가지게 되고 삼차원적인 실체가 된다. 인간의 의식 속에서 시간은 단지 시간 혼자만으로 존재할 경우 아무런 의미가 없기 때문이다. 시간이 인간의 역사와 기억 속에 자리를 잡기 위해서는 필연적으로 장소와 함께 있어야 한다. 이런 의미에서 『네 사중주』는 지금까지 우리가 보아 온 다른 시에 비해 엘리엇의 가장 원숙한 시라고 할 수 있다. 시간과 공간의 조화로운 공존은 인간의 역사와 기억의 뼈대를 이루는 것이기도 하지만, 이는 또한 우주의 근본적인 존재 원리이기도 하다. 이 시에 나오는 공간은 현실 세계의 공간이며 동시에 원형적인 공간이라는 점에서 시간과 공간은 인간의 역사와 기억으로부터 소외돼 있지 않으면서 동시에 이들은 인간의 원초적이고 원형적인 기억의 골조를 구성하고 있다. 시간과 공간이 이처럼 현실적이고 원초적이라는 사실은 이제까지의 서양 철학에서 현실과 이상을 이분법적으로 보아온 것과도 전혀 다른 관점이라고 할 수 있다. 이상과 현실의 합일은 기독교의 교리에서 말하는 육화(incarnation)와도 맥을 같이하면서 동시에 이 둘(이상과 현실)의 구분 자체를 허물어뜨린다는 의미에서 가장 보수적이면서 동시에 가장 혁신적인 시적 진실에 대한 발상이 된다. 이 같은 사실은 이 시를 이루는 네 편의 시들의 제목으로 쓰인 버언트 노오튼, 이스트 코우커, 드라이 샐비지스, 그리고 리틀 기딩 등의 지명들을 보면 잘 알 수 있다. 이들은 시간 속에서 변하지 않는 자리를 잡고 있는 굳건한 터전인 동시에 시간의 때에 의해 언제나 새롭게 변하는 장소이기 때문이다. 또한 『네 사중주』의 시편들에 공통적으로 나오는 강과 바다는 이 같은 시간의 변화를 가장 잘 드러내는 이미지들이면서 또한 언제나 변하지 않는 인간 생명의 원초적인 발원지라는 의미에서 아주 적절한 이미지가 아닐 수 없다. 엘리엇은 「드라이 샐비지스」에서 강과 바다가 "우리들 안"에 있다고 말함으로써 원초적인 물이 우리의 생명력의 근간임을 강조하고 있다.

> 강은 우리 안에 있고, 바다는 온통 우리 주위에 있다.
> 바다는 또한 육지의 끝이고, 화강암이다.
> 그 속으로 바다는 뻗어간다. 그리고 해안, 거기에는
> 태초의 신의 창조의 흔적을 보여 주는,
> 불가사리, 집게, 고래의 등뼈 등이 밀려온다.
> 바닷물이 잔잔한 곳에는 우리의 호기심에 답하는
> 아주 신기한 해초와 말미잘 등이 있다.
> 바다는 우리가 잃은 것들, 찢겨진 그물,
> 깨진 새우 항아리, 꺾인 삿대, 죽은 외국인의 장비(裝備) 등을 끌어올린다.

> The river is within us, the sea is all around us;
> The sea is the land's edge also, the granite
> Into which it reaches, the beaches where it tosses
> Its hints of earlier and other creation:
> The starfish, the horseshoe crab, the whale's backbone;
> The pools where it offers to our curiosity
> The more delicate algae and the sea anemone.
> It tosses up our losses, the torn seine,
> The shattered lobsterpot, the broken oar
> And the gear of foreign dead men. ("Dry Salvages", *CPP* 184)

여기서 보듯이 바닷물은 그것이 원초적이기만 한 것이 아니라 바닷물 속에 잠기는 쓸모없고 사소한 기억의 찌꺼기들까지도 원형적인 시간의 축적물로 바꿔 놓는 마력을 가지고 있다. 이는 시간의 침전물이 바다라는 원초적이며 마

력적인 공간에 빨려 들어오면 이처럼 원형적인 사물로 바뀌는 것을 의미한다. 이 같은 원형적인 사물들은 따라서 바닷물 속에서 제자리를 찾았다고 할 수 있는데, 이는 곧 시간과 공간의 공존에 의해 가능해진 것이라고 할 수 있다. 거기에서는 불안과 초조, 주저와 미룸, 그리고 의미 없는 지루한 삶 뒤에 오는 의미 없는 죽음을 기다리는 지루한 기다림의 시간도 없다. 바닷물 속의 시간은 곧 현실의 시간이며 동시에 영원의 시간이기 때문이다. 이렇게 볼 때 이 시가 보여 주는 것은 곧 "기도가 대답되어진 곳"(Where prayer has been valid)("Little Gidding," *CPP* 192)이다. 현실과 이상이 하나가 되고, 시간과 영원이 한데 어우러진 이곳에서는 따라서 "모든 일이 다 잘 될 것이고,/ 모든 일이 두루 두루 다 잘 될 것이다"(All shall be well, and/ All manner of things shall be well)("Little Gidding," *CPP* 195).

이 시에서 우리가 유의할 것은 다른 시에서는 보이지 않던 음악과 춤의 이미지가 이 시에서 나타난다는 점이다. 이는 하늘과 땅, 바다와 육지, 인간과 자연 등 서로 대립되는 것들이 한데 어우러져 화합해서 일어나는 화음이 이 같은 모습으로 나타난 것이다. 더구나 우리가 여기서 주목할 것은 우리가 일반적으로 혐오하는 분노와 죽음까지도 우주의 질서 속에서 제자리를 찾아 음악과 춤의 이미지를 통해 드러난다는 사실이다. 이는 우리가 생각하는 싫고 좋음은 어디까지나 상대적인 개념일 뿐으로 이러한 상대적인 개념은 우주적인 질서 속에서는 서로 보완적인 관계에 있으므로 어느 하나도 그 자체로서 우열의 가치를 가지는 것이 아님을 보여 주는 것이다. 이 같은 우주적인 질서는 곧 모든 것이 어우러져서 춤을 추는 상태인 셈이다.

  이 넓은 들판에서
  너무 가까이 가지 않아도, 너무 가까이 가지 않아도,
  여름 날 밤에 음악 소리가 들릴 것이다.
  가냘픈 피리와 작은 북소리의.
  그리고 그들이 모닥불 가에서 춤추는 것을 보리라.
  남녀가 한데 어울려
  춤추는 그 모습은 남녀 간 혼인의 의의,
  장엄하고도 적절한 혼배 성사 광경.

쌍쌍이 손에 손 잡고, 팔에 팔 끼고
필연적인 결합을 이루니
그것은 화합의 징조 불 둘레를 돌고 돌며,
훨훨 불길 속으로 뛰며, 원과 원으로 묶여,
촌스럽게 진지한 표정, 아니면, 소박한 웃음.
맵시 없는 신을 신은 무거운 발을 쳐들고
소박한 기쁨 속에 흙발 진흙발 쳐든다.
그것은 땅 속에서 오랫동안 보리를 살찌게 해온
기쁨. 박자 맞추고
곡에 맞추어 춤을 춘다.
마치 생동하는 춘하추동 그들의 생활에서
계절과 별자리의 시간이
젖 짜기와 거둬들임의 시간이
남녀 교합의 시간이나 동물의 그것이
율동을 갖듯이, 발이 올라가고 내려가고
먹고 마시고, 분뇨와 죽음.

In that open field
If you do not come too close, if you do not come too close,
On a Summer midnight, you can hear the music
Of the weak pipe and the little drum
And see them dancing around the bonfire
The association of man and woman
In daunsinge, signifying matrimonie-
A dignified and commodious sacrament.
Two and two, necessary conjunction,
Holding each other by the hand or the arm
Whiche betokeneth concorde. Round and round the fire
Leaping through the flames, or joined in circles,
Rustically solemn or in rustic laughter
Lifting heavy feet in clumsy shoes,
Earth feet, loam feet, lifted in country mirth
Mirth of those long siince under earth
Nourishing the corn. Keeping time,
Keeping the rhythm in their dancing
As in their living in the living seasons
The time of the seasons and the constellations

> The time of the coupling of man and woman
> And that of beasts. Feet rising and falling
> Eating and drinking. Dung and death ("East Coker", *CPP* 177-178)

6. 맺는 말

　엘리엇의 초기 시인「프루프록」과「히스테리」에서 우리가 볼 수 있는 것은 이 시들에 나오는 주인공인 화자들이 보여주는 신경증적인 증상들이다. 그리고『황무지』는 엘리엇 자신도 인정하듯이 그의 신경쇠약을 치료하는 중에 쓴 시이다. 그런 의미에서 이 시들을 읽는 데 있어 우리는 엘리엇 자신의 신경증적 증상 및 신경쇠약을 고려에 넣지 않을 수 없다.「히스테리」가 우리의 주목을 요하는 것은 이 시에 나오는 여자 주인공뿐만 아니라 화자 역시 신경증적 증상을 보인다는 점이다. 여자 주인공이 히스테리 증상을 보인다면, 남성 화자는 강박 신경증적인 증상을 보인다. 프루프록은 우리가 햄릿에서 보는 주저와 우유부단함을 보임으로써 강박신경증 환자들이 보여 주는 죽음과 실존에 대한 회의를 드러낸다.『황무지』에서는 분열된 주체로서의 화자가 등장하는데, 이는 히스테리 증상의 중요한 증상인 이중인격 내지는 다중 인격의 표출이라고 볼 수 있다. 히스테리와 강박 신경증이 모두 신경증에 속한다는 사실을 염두에 둔다면,『황무지』의 화자 역시 신경증의 증상을 보여 준다고 할 수 있다.『대성당에서의 살인』은 캔터베리 대주교 토마스 베케트의 순교를 다룬 시극인데, 이 또한 신경증적인 증상을 보이는 인물이라고 볼 수 있다. 신경증의 근본 원인이 죽음을 기다리는 분열된 주체의 시간과의 싸움인데, 베케트 대주교는 종교(이 극시에서는 기독교)의 신비적인 초월성을 자신의 것으로 내면화하여 순교함으로써 자신이 가지고 있는 신경증을 치유한 셈이다. 종교에서는 순교는, 특히 예수를 신의 아들이며 구세주라고 믿는 기독교에서의 순교는, 순교자로 하여금 신의 전능함에 자신을 완전히 예속시킴으로써 자신이 가지고 있는 죽음 뒤에 오는 내세의 불안과 살아 있을 동안에 가지고 있던 실존적인 갈등에 대해 가장 확실하고 강력한 해답을 제공하기 때문이다.

『네 사중주』에서는 그러나 이 같은 신경증적 증상이 모두 사라진다. 네 편의 각기 다른 시가 한 편의 시로 엮어진 이 시는 엘리엇이 성공회에 입교한 후에 쓰인 것으로, 이 시에서는 그가 종교적인 귀의에 의해 정신적인 안정을 얻음으로써 더 이상 신경증적인 증상을 가지고 있지 않음을 알 수 있다. 여기서 우리는 신경증에 대해 프로이트와 라캉이 서로 다른 견해를 가지고 있음에 유의할 필요가 있다. 프로이트의 경우 신경증과 정상적인 정신 상태와의 차이는 질적인 문제가 아니라 양적인 문제라고 생각한다. 따라서 신경증은 어떤 사람에게 병적으로 존재하느냐 않느냐의 문제가 아니라 그것이 어느 정도로 나타나느냐 하는 문제라고 본다. 따라서 신경증은 모든 사람에게 다 나타나지만, 그것이 병적일 정도로 많이 나타날 경우에만 문제가 된다고 프로이트는 생각했다. 그러나 라캉은 이 같은 프로이트의 신경증에 대한 견해에 동의하지 않는다. 그는 프로이트의 견해에 따르면 신경증적인 증상이 많이 나타나지 않기 때문에 정상이라고 여겨지는 사람의 경우도 신경증을 가지고 있다고 주장한다. 이 같은 그의 주장은 "주체는 근본적으로 분열돼 있다"([T]he subject is essentially split)(Evans 123)는 그의 가정에 근거한 것이다. 따라서 라캉의 정신분석학이론에 따르면 인간에게는 온전함(wholeness)은 오직 허구로서만 존재할 뿐 실재하지 않는다.

이 같은 프로이트와 라캉의 신경증에 대한 이견은 신경증 치료에 대한 견해에서도 그대로 드러난다. 프로이트는 따라서 신경증적 증상이 많이 나타나는 개인의 경우 이런 증상의 양을 줄이면 신경증이 치료된 것으로 보았다. 그러나 라캉은 신경증을 인간 정신의 하나의 구조(structure)라고 봄으로써 신경증은 치료 대상이 되지 않는다고 본다. 따라서 라캉은 신경증을 정신 분석적으로 치료하는 것은 신경증의 발본에 있는 것이 아니라, 주체가 자신의 신경증을 보는 태도에 변화를 가져오는 것일 뿐이라고 주장한다. 그러므로 라캉에 따르면 신경증은 "[인간의] 실존이 주체에게 제기하는 질문"([A] question that being poses for the subject)(*Ecrits* 108)이라고 할 수 있다. 사정이 이러하므로 신경증은 인간을 인간이게 하는 계기를 마련해 준다고 할 수 있다(동물의 경우에는 신경증이라는 증상 자체가 존재하지 않는다). 따라서 신경증을 통해 인간은 자신의 주체로서의 정체성에 대해 질문함으로써 성숙한(?) 주체로 발전할 수 있는 계기를 갖게 되는 셈이다. 히스테리의 경우, 히스테리 환자는 자신의 성정체성에 대해 의문을 제기함으로써 자신을 받아들이는 계기를 마련하게 되며, 강박 신경증의 경우 죽음과 실존의 문제에 대한 근본적인 의문을 제기함으로써 이를 보는 새로운 시각을 갖게 된다고 할 수 있다.

그렇다면 엘리엇의 시에 나타나는 여러 가지 유형의 신경증적인 증상은 그가 가진 신경증적인 성격이 투사된 것으로 우리는 그의 시를 통하여 그가 성정체성, 실존, 죽음 등 인간이 보편적으로 가지고 있는 여러 가지의 문제들과 씨름하고 있었음을 알 수 있다. 독자들이 이 같은 신경증적 증상이 많이 나타난 그의 시 텍스트를 좋아하는 것은 이 같은 텍스트를 읽음으로써 독자들도 자신이 가지고 있는 근본적인 신경증을 읽기 치유(reading cure)할 수 있기 때문이다. 이 같은 사실은 그가 현대인의 실존의 문제를 자신의 화두로 삼아 이를 끝까지 붙들고 씨름했음을 의미한다. 이런 측면에서 그 자신이 보이고 있는 신경증적 증상이나 그의 시에 나타난 신경증들은 오히려 그의 사색의 깊이를 보여주는 중요한 지표가 된다. 이 같은 그의 신경증적 경향은 그로 하여금 삶을 더욱 깊이 있게 통찰할 수 있는 계기를 제공했을 뿐만 아니라, 이 같은 그의 통찰은 그의 시의 밑거름이 되었다. 특히『황무지』에 등장하는 인물들이 보이는 신경증적 경향은 현대인이 가지고 있는 존재의 불안을 보여줌으로써 이 시를 현대의 위대한 시로 만든다. 또한『네 사중주』에 와서는 그 이전의 시에서 보이던 신경증들이 대승적으로 소멸됨으로써 그동안 그가 그처럼 신경증적으로(들뢰즈와 가타리의 주장을 원용하면 편집광적으로) 붙들고 씨름하던 화두를 영토화하려는 노력이 헛된 것이 아니었음을 보여준다.

인용문헌

이창배(번역).『T. S. 엘리엇 전집: 시와 시극』. 서울: 민음사, 1988.
이창배(번역).『T. S. 엘리엇 문학 비평』. 서울: 동국대학교 출판부, 1999.
황익근(번역).『정신분석 용어 해설집』. 서울: 하나 의학사, 1993.

Best, Steven, and Douglas Kellner. *Postmodern Theory: Critical Interrogations*. London: Macmillan, 1991.

Brooker, Jewel Spears. Ed. *The Placing of T. S. Eliot*. Columbia, Missouri, and London: U of Missouri P, 1991.

Brooker, Peter. *A Concise Glossary of Cultural Theory*. London: Arnold, 1999.

Childers, Joseph, and Gary Hentzi. Eds. *The Columbia Dictionary of Modern Literary and Cultural Criticism*. New York: Columbia UP, 1995.

Deleuze, Gilles, and Félix Guattari. *Anti-Oedipus: Schizophrenia and Capitalism*. New York: Viking Press, 1983.

Edwards, Michael. *Eliot/Language*. Isle of Skye, Scotland: Aquila, 1975.

Eliot, T. S. *Complete Poems and Plays of T. S. Eliot*. London: Faber and Faber, 1968.

_____. *Selected Essays*. London: Faber and Faber, 1980.

_____. *Selected Prose*. Ed. John Hayward. Penguin Books, 1953.

_____. *The Waste Land: A Facsimile and Transcript of the Original Drafts Including the Annotations of Ezra Pound*. Ed. Valerie Eliot. New York: Harcourt, 1971.

Evans, Dylan. *An Introductory Dictionary of Lacanian Psychoanalysis*. London and New York: Routledge, 1996.

Gish, Nancy K. *Time in the Poetry of T. S. Eliot*. Totowa, NJ: Barnes and Noble, 1981.

Gordon, Lyndall. *Eliot's Early Life*. New York: Oxford UP, 1977.

_____. *Eliot's New Life*. New York: Farrar, Straus, Giroux, 1988.

Hawthorn, Jeremy. *A Glossary of Contemporary Literary Theory*. 3rd Ed. London and New York: Edward Arnold, 1998.

Jain, Manju. *A Critical Reading of The Selected Poems of T. S. Eliot*. Delhi, India: Oxford UP, 1991.

Lacan, Jacques. *Ecrits: A Selection*. Tr. Alan Sheridan. London: Tavistock, 1977.

Laplanche, Jean, and Jean-Bertrand Pontalis. *The Language of Psychoanalysis*. Tr. Donald Nicholson-Smith. London: Hogarth Press and the Institute of Psychoanalysis, 1973.

Levin, Gerald. *Sigmund Freud*. Boston: Twayne, 1975,

Pinkney, Tony. *Women in the Poetry of T. S. Eliot: A Psychoanalytic Approach*. London: Macmillan, 1984.

Rycroft, Charles. *A Critical Dictionary of Psychoanalysis*. 2nd Ed. Penguin, 1995.

Smith, Carol H. "The Elder Statesman: Its Place in Eliot's Theater." In Jewel Spears Brooker, pp. 145-151.

Smith, Grover. "T. S. Eliot and the Fascination of Hamlet." In Jewel Spears Brooker, pp. 43-59.

Tamplin, Ronald. *A Preface to T. S. Eliot*. London and New York: Longman, 1987.

Wright, Elizabeth. Ed. *Feminism and Psychoanalysis: A Critical Dictionary*. Oxford, UK: Blackwell, 1992.

엘리엇 시의 재음미
– 아놀드, 예이츠, 베킷, 엘리엇, 스티븐스

| 이창배 |

　엘리엇의 시는 그동안 너무나 많이 읽히고 논의의 대상이 되어왔기 때문에 누구나가 잘 아는 것처럼 자부하면서도 막상 정확한 이해의 단계에 이르러서는 혼란에 빠져드는 영원한 숙제이고 영원한 도전의 대상인 듯싶습니다. 그래도 음미하고 재음미하고, 여러 가지로 새로운 시도를 해보는 것이 바람직하다는 생각에서 엘리엇 시 이해의 초보적이고 기초적인 졸견(拙見) 몇 가지를 피력하고자 합니다.
　한 시인의 시를 정확히 읽기 위해서는 아무런 선입견 없이 읽는 것도 좋지만, 그 시인에 대하여 사전 지식을 가지고 읽는 것이 효과적일 수도 있습니다. 특히 엘리엇의 경우처럼 의미가 겹겹이 가리어져 우회적인 '난해 시인'의 경우는 그렇습니다. 엘리엇 자신도 한 시인을 정확히 알기 위해서는 그 시인이 무슨 책을 읽었고, 무슨 사상을 가졌는지를 살펴보는 것이 중요하다는 말을 한 일이 있습니다.
　나는 엘리엇 읽기의 사전 지식에 해당하는 것을 두 가지로 나누어서 말씀드리고자 합니다. 한 가지는 엘리엇은 모더니스트 시인이라는 그의 역사성을 정확히 알고 있어야 한다는 것, 이것은 어떤 시인이든 그 시인의 정체성을 알지 못하고는 그의 시 세계를 규명하기가 어렵다는 얘기입니다. 두 번째는 엘리엇은 철학으로 박사학위 논문을 쓸 정도로 철학에 심취했고, 철학적 기질이 농후한 시인이라는 것을 알아야 한다는 것입니다.

1. 엘리엇은 모더니스트 시인이다.

우선 모더니즘이란 무엇인가를 알아야 하겠습니다. 우리나라에서 지난 세기 1940년대 후반으로부터 50년대에 걸쳐 우리들이 접한 모더니즘이란 문학 용어는 그 뜻을 정확히 알지도 못한 채 지적 호기심이 왕성했던 우리들 문학도들에게는 신선한 충격으로 다가왔습니다. 모더니즘이란 혁명적인 문예사조는, 정통 모더니스트 시인, 작가가 등장하기 이전에 이미 전주곡처럼 그 목소리가 들려왔습니다. 19세기 말 낭만주의 문학 황혼기에 매슈 아놀드(Matthew Arnold)는 그의 유명한 시 「도버해변」("Dover Beach") 제3연에서 "한때 충만하여 찬란하던 신앙의 바다"가 이제 숨져가는 우울한 소리로 들려온다고 노래했습니다.

> 신앙의 바다도 역시
> 한때 꽉 차서 지구의 해변을
> 겹겹이 접힌 찬란한 띠 모양 감았더니라.
> 그러나 이제 들리는 것은 다만
> 그 우울하고 긴 숨져가는 물결 소리가
> 밤바람의 숨결 따라
> 음산한 거대한 절벽과
> 알알이 드러난 세계의 조약돌로 물러가는 소리뿐이다.

> The Sea of Faith
> Was once, too, at the full, and round earth's shore
> Lay like the folds of bright girdle furled.
> But now I only hear
> Its melancholy, long, withdrawing roar.
> Retreating, to the breath
> Of the night-wind, down the vast edges drear
> And naked shingles of the world.

이 시가 쓰인 것은 1867년입니다. 20세기에 접어들기 훨씬 이전에 이미 신의 죽음을 감지한 놀라운 혜안의 시라고 할 수 있지 않습니까. 또 한편은 아놀드보다 훨씬 후배 시인 예이츠(W. B. Yeats)가 「재림」("Second Coming")에서 인간들이 중심적 신념을 상실하고 혼란과 무질서의 종말론적 아비규환 속에서 메시아의 재림을 기다리고 있음을 다음 구절에서 노래하고 있습니다.

> 만물은 흩어져 중심이 안 잡히고
> 한갓 무질서만이 세상에 충만하다.
> 피에 물든 조수가 터져 나와 도처에
> 순수한 의식은 자취를 감춘다.
> 선인은 일체 신념을 상실하고
> 악인은 격정에 차있다.

> Things fall apart; the centre cannot hold;
> Mere anarchy is loosed upon the world,
> The blood-dimmed tide is loosed, and everywhere
> The ceremony of innocence is drowned;
> The best lack all conviction, while the worst
> Are full of passionate intensity.

이 두 편의 시에서 쓰인 신앙의 상실이라든지 거기에 따르는 혼란과 무질서와 같은 모더니즘 문학의 주제가 되는 말들의 뜻이 과연 무슨 뜻인지 우리들에겐 실감이 와 닿지 않습니다. 그것은 문화권이 다르기 때문입니다. 근대문학비평에서 흔히 듣는 '불안의 시대'라든지 '고독'이라든지 '황무지'와 같은 말들을 우리는 기껏해야 세계대전 같은 사회혼란 상황에 연관 지어 알아듣는 정도입니다. 니체가 '신의 죽음'이란 말을 썼을 때 그것은 일단은 기독교 신앙심의 흔들림을 말한 것이고, 신앙심의 흔들림은 곧 기독교 문화권의 유럽인들에게는 절대적 가치, 절대적 진리의 상실을 의미합니다. 그리고 그것은 나아가 유럽적 도덕의 근간을 이루는 이성의 빛이 꺼졌음을 말합니다. 그들에게 있어 신은 진리이고, 진리는 신입니다. 낭만주의 문학의 정상 존 키츠(John Keats)의 "Beauty is truth, truth beauty"라는 시구가 생각납니다. 희랍인들이 쓴 '로고스'(logos)라는 어휘는 합리적이고 이성적이라는 뜻에서 절대적이란 뜻으로 진화하여 신의 말씀 또는 신이라는 뜻으로도 쓰이게 된 것이니, 유럽인들의 이성 절대시의 정신적 기조는 역사가 유구하다고 할 수 있습니다. 지금까지 사람들은 이성이라고 하는 빛에 의존하여 무엇이 옳고, 무엇이 옳지 않다는 것을 판단하며 살아온 것입니다.

그런데 그 절대적 빛이 흐려지니 무엇이 진리이고, 무엇이 선이고, 무엇이 미(美)인지를 측정할 수 없는 혼란에 빠져든 것입니다. "선인은 신념을 잃고, 악인은 격정에 차있는" 무질서의 세태가 빚어진 것입니다. 그들의 정신세계의 궁전을 떠받치던 기둥이 흔들리게 된 것이니 불안합니다. 지금까지 질서정연하게 짜인 태평성세의 안전망 속에서 영원을 노래하던 그들은 방황하고 고독에 몸부림칠 수밖에 없다고 할 수 있지요. 지금까지 이성의 빛으로만 보았던 인간상은 그 빛이 꺼지자, 허상이 아닌 실상이 드러난 셈이지요. 벌거벗은 그 실상(naked reality)은 부조리와 황막 그 자체입니다. 그것을 극으로 형상화한 작품이 새뮤얼 베킷(Samuel Beckett)의 『고도를 기다리며』(Waiting for Godot)라는 작품입니다. 1950년대에 공연으로 보았던 기억으로는 그 작품은 취지도 알 수 없고, 줄거리도 파악할 수 없는 그저 어리둥절할 뿐이었습니다. 정체불명의 두 사람의 떠돌이가 동문서답의 의미도 없는 대사를 지껄이며 정체불명의 고도를 기다리는 내용인데 희극 같기도 하고 비극 같기도 한 이 전위극이 소위 말하는 부조리극(absurd theater)의 랜드마크였고 모더니스트 문학의 표본이었습니다. 아일랜드 출신으로 제임스 조이스(James Joyce)의 친구였던 이 극작가는 이 작품에서 생의 목적도 모르고 그저 생존하니까 살아가면서 있지도 않고 온다는 기약도 없는 메시아 같은 것을 기다리며 살아가는 인간상을 제시한 것이지요.

이 작품의 배경 철학이 바로 한 때 지식인들을 매혹시킨 사르트르(Jean Paul Sartre)의 실존주의철학입니다. 인간이란 존재는 이유도 없고 원인도 없고, 필연성도 없는 허무한 존재자라는 것이고, 왜 그런지도 모르면서 의미 없이 연명하다가 죽는다는 것입니다. 이런 작품이 논증의 필요도 없이 당시의 청년들을 매혹시켰던 것입니다. 베킷의 극에서는 신이 죽은 부조리 시대의 허무한 인간상이 제시되었는가 하면, 다음 두 편의 시에서는 역시 유사한 우리 시대인의 초상화가 의미심장한 주제로 다루어져 있습니다. 한 편은 엘리엇의 시이고, 한 편은 월러스 스티븐스(Wallace Stevens)의 시입니다.

엘리엇이 살아있되 죽은 것이나 다름없는 생중사(生中死)의 인간상을 제시한 대작은 물론 『황무지』(*The Waste Land*)이지만, 그 작품은 뒤에서 다루기로 하고, 그 이전에 같은 주제를 다룬 작품 「텅 빈 사람들」("The Hollow Men")을 보기로 하겠습니다.

우리들은 텅 빈 사람들
우리들은 짚으로 채워진 사람들
짚으로 채워진 머리를
서로 기대고 있는. 아!
우리들은 모여 수근대지만
그 메마른 목소리는
소리도 없고 의미도 없다.
마치 마른 풀숲을 지나가는 바람
또는 메마른 지하창고에서
깨어진 유리 위를 밟는 쥐 소리처럼

형체 없는 모양, 빛깔 없는 그늘
마비된 힘, 동작 없는 몸짓.

We are the hollow men
We are the stuffed men
Leaning together
Headpiece filled with straw. Alas!
Our dried voices, when
We whisper together
Are quiet and meaningless
As wind in dry grass
Or rats' feet over broken glass
In our dry cellar

Shape without form, shade without colour,
Paralysed force, gesture without motion;

이 시는 종교를 상실한 이 시대의 '공허한 인간상'(hollow men)을 속이 짚으로 채워진 허수아비 이미지로 형상화한 시의 일부입니다. 이 허수아비 상은 영국에서 매년 11월 5일 아이들이 그것을 만들어 들고 다니면서, "이 녀석에 한 푼 주시오"(이 구절이 시의 에피그라프로 나와 있는데 매우 야유조로 들립니다)라고 외치면서 돈을 모아 허수아비를 불태우면서 모닥불 놀이(bonfire)를 하는 전통적인 민속놀이와 관련됩니다. 시인이 가이 포크스(Guy Fawkes) 이미지에서 시상을 얻었을 수도 있고, 시상을 그 이미지에 의탁했을 수도 있습니다. 시의 길이가 꽤 되는 이 시는 허수아비의 이미지가 죽음의 나라의 장면으로 전개되면서 "이것이 세상 종말의 방식 / 이것이 세상 종말의 방식 / 이것이 세상 종말의 방식 / 쾅 소리가 아니라 훌쩍훌쩍 울면서(Not with a bang but a whimper)"라는 시구로 끝납니다. 이 세상의 종말은 지구의 파멸이 아니라 인간정신의 파멸 앞에서 인간들이 서러워하는 모습으로 끝난다는 의미심장한 뜻을 말해줍니다. 잘 생각해보면 인간이 훌쩍훌쩍 울면서 서러워할 만도 합니다.

돌이켜보면 유럽 문화사에서 르네상스로 인간 재생을 맞이한 서구인들은 그것을 계기로 찬란한 문화유산의 금자탑을 세웠고, 한편 세계를 무대로 인간들은 욕망의 한계에까지 도전하지 않았습니까. 우리의 정신사에서 지금까지의 역사는 인간정신의 승리의 시기였고, 한편 인간 신격화의 시기이기도 했습니다. 인간만능 사상, 인간독존 사상, 인본주의적 사유 전통의 확립 등은 인류문화사에 기록될 만한 위대한 그러나 오만한 정신사적 유산입니다. 이러한 휴머니즘의 역사는 낭만주의 문학으로 꽃을 피우기도 했습니다.

그러나 아이러니컬하게도 한편으로 물질 만능사상, 과학 절대시의 사조를 자초하여 종교의 상실과 이성 불신의 시대를 맞이하게 된 것이 슬픈 일이라 하겠습니다. 신을 버리고 신에게서 버림받은 우리 시대 인간들은 이 세상의 이방인으로 살아있되 죽어있는 허깨비가 되어 황량한 벌판을 방황하게 되었습니다. 이 땅에 인간의 온기는 없고 소외와 단절과 허무만이 있을 뿐입니다. 엘리엇은 "이것은 죽음의 나라 / 이것은 선인장의 나라"라고 했고, 거기에 배회하는 인간의 군상을 "속이 텅 빈 허수아비"로 형상화하였습니다.

한편 이러한 인간상을 미국 시인 스티븐스는 「눈사람」("The Snow Man") 으로 형상화였습니다. 한 때 인간만세를 부르던 시대에는 인정이 넘치는 훈훈한 세상이던 것이 찬바람 휘몰아치는 황야가 되어 속도 거죽도 차디찬 눈으로

뭉쳐놓은 눈사람의 세상이 되었습니다. "눈이 더덕더덕 얼어붙은 로뎀나무"와 더불어 비참한 자기 처지를 생각지 않고 황량한 장소에 의지할 데 없이 서 있는 눈사람의 이미지는 신에게서 버림받은 오늘날의 인간상에 대한 놀랄만한 형상화라 하겠습니다. 모더니스트 시대 시의 걸작으로 알려진 이 시를 전편 그대로 읽어보겠습니다.

눈사람

이 사람은 겨울의 마음을 가졌음이 틀림없다.
눈이 더덕더덕 얼어붙은 소나무의
큰 가지나 서리를 생각한다.

그리고 오랜 동안 추위 속에 있었음이 틀림없다.
얼음으로 녹초가 된 로뎀나무나
1월 태양의 아득한 광채 속에서

거칠게 드러나는 가문비나무를 본다,
그리고 바람소리나 몇 잎 나무 이파리 소리에
어떠한 비참함도 생각지 않는다.

그 소리는 똑 같은 황량한 장소에서
불고 있는 똑 같은 바람 가득 찬
땅에서의 소리이다.

귀 기울이는 자에게, 그는 눈 속에서
귀 기울이며, 無로서의 자신이
거기에 없는 無와 거기에 있는 無를 본다.

One must have a mind of winter
To regard the frost and the boughs
Of the pine-trees crusted with snow;

And have been cold a long time
To behold the junipers shagged with ice,
The spruces rough in the distant glitter

Of the January sun; and not to think
Of any misery in the sound of the wind,
In the sound of a few leaves,

Which is the sound of the land
Full of the same wind
That is blowing in the same bare place

For the listener, who listens in the snow,
And, nothing himself, beholds
Nothing that is not there and the nothing that is.

위의 시에서 가장 난해해서 문제가 되고 있는 시구 '無'(nothing)의 뜻을 내 나름대로 알기 쉽게 해석한다면, 그것을 '없음'의 뜻으로 읽을 것이 아니라 '아무것도 아닌 것'(not important)의 뜻으로, 그러니까 아무 의미도 없는 것, 실체도 없는 것, 텅 빈 허깨비(shade) 같은 것으로 읽으면 어떨까 하는 것입니다¹⁾. 엘리엇의 시 「텅 빈 사람들」이나 『황무지』에 나오는 유령의 도시(unreal city)의 군상들이 모두 같은 뜻이겠지요.

월러스 스티븐스는 모더니스트 시 전통에서 아주 중요한 시인입니다. 로스쿨을 졸업하고 변호사가 되어 평생을 보험회사의 CEO로 있으면서 시를 쓰고 시에 대한 많은 생각을 한 사람답게 리얼리티에 대한 그의 생각은 철저히 실질적이고 현실적입니다. 지금까지 논해온 바와 같이 모더니스트 시 전통은 신이 죽은 이 시대의 인간상을 있는 그대로(리얼하게) 드러내 보이는 데에 집중되어 있습니다. 리얼리티라는 단어를 있는 그대로의 사상(事象, things as they are)으로 풀어서 쓰기도 합니다. 그래서 이 시대 시를 사실주의 시라고 씀 직도 하지만, 소설론에서 쓰는 사실주의와 구별 짓기 위해서 리얼리스트 시라고 쓸 수밖에 없는 것 같습니다. 힐리스 밀러(Hillis Miller)가 책 제목을 『리얼리티의 시인들』(Poets of Reality)이라고 붙인 것도, 이 시대의 시인들은 리얼

---

1) 스티븐스는 실재(리얼리티)를 가공하기 전의 원석과 같은 것으로 생각하여 그것을 '황막한 실재' 또는 '원초적 순수' 또는 '근본적 무(nothing)'라고 표현한 일이 있기 때문에 '무'를 그렇게 해석할 수도 있다.

리티 탐구의 시인들이란 뜻을 강조한 것으로 보입니다. 인간 중심적 관점에서 벗어나 있는 그대로의 사물에 접근하고자 한 모더니스트 시의 대표 시인 엘리엇은 탈개성시론을 제시했고, T. E. 흄(Hulme)은 안티휴머니즘을 제시했고, 에즈라 파운드(Ezra Pound)는 이미지즘 시론을 제시했고, 스티븐스는 「아이스크림 황제」("The Emperor of Ice-Cream")의 철학을 제시했고, 윌리엄 칼로스 윌리엄즈(William Carlos Williams)는 "관념이 아닌 사물로 말하라"(Say it, no ideas, but in thing)고 주장했습니다. 그러면 리얼리티란 말의 정의는 무엇일까, 그것을 풀이해준 스티븐스의 말을 들어보기로 하겠습니다.

> 시인은 리얼리티에 대하여 자기 특유의 의미를 갖고 있다. 화가는 화가대로, 음악가는 음악가대로 각자 자기 고유의 의미를 갖는다. 이성과 감성으로 파악되는 의미와는 별도로, 말하자면 각기 자기의 리얼리티의 의미가 있다. . . . <u>시의 주제는 공간 안에 펼쳐진 질적이고 정적(靜的)인 사물들의 결합이 아니라 구성된 장면 안에서 살아 움직이는 삶</u>이다. 그러므로 리얼리티는 <u>외적인 장면이 아니라 그 장면 안에서 살아 움직이고 있는 그대로의 사물들</u>이다. 그 말의 일반적인 의미는 그 말 고유의 의미를 분화시킨다. <u>리얼리티는 정글이다.</u> 정글의 경우에서처럼 그 정글의 구성요소는 흡사 단일 색깔로 보인다(Stevens, *The Necessary Angels* 25-26).

위 글에서 밑줄 친 부분은 필자가 중요하다고 생각해서 표시한 부분입니다. 스티븐스의 이 글은 널리 공감을 얻어 자주 인용되기도 하는 명언입니다. 이 글을 부연해서 사족을 부친다면, 첫째 리얼리티는 간혹 잘못 인식되어온 신이라든지 이데아 같은 형이상학적 실체가 아니라는 것, 두 번째는 정물(靜物)적이고 표면적인 것이 아니라 삶 그 자체이기 때문에 내적 외적으로 복합 다양한 살아서 움직이는 현장이라는 것입니다. 셋째로 리얼리티의 질서는 인산석인 질서가 아니고 정글의 법칙이라고 풀이할 수 있습니다.

이제 엘리엇의 시에 대해서 논할 차례입니다. 엘리엇을 모더니스트 시인이라고 할 때에 그것은 주로 그의 대표시『황무지』계열의 시를 두고서 하는 말입니다. 그의 후기 시『네 사중주』(*Four Quartets*)는 그렇게 말할 수가 없고,

굳이 구별해서 말한다면 철학적 명상시라고 말할 수 있습니다. 타골(Rabindranath Tagore)이나 우리나라의 한용운의 시와 같은 계열의 시입니다. 이들 명상시인들은『님의 침묵』의 경우처럼, 오직 사색의 세계에서만 파악할 수 있는 추상적 실체에 대한 몰입과 도취의 황홀한 감정을 고양된 리듬으로 읊어내는 것입니다. 그렇기 때문에『네 사중주』는 낭랑한 목소리로 소리 내어 읽어서 그 리듬에 도취되어야 제 맛을 느낄 수 있는, 운율의 효과가 크게 강조되는 특별한 시라고 할 수 있습니다. 그래서 시 제목을 사중주라고 했는지도 모릅니다.

『네 사중주』를 사색과 명상의 시라고 한다면『황무지』는 관찰(observation)의 시라고 할 수 있기 때문에 시의 리듬보다는 시에 제시된 이미지를 주의 깊게 살펴보아야 합니다. 내가 여기에서 말하는 이미지는 의식의 장(scene)을 말합니다. 수많은 의식의 장이 모여 있는 이 장시를 한 말로 설명하기는 쉬운 일이 아닙니다. 시인의 의식의 장에 흡수되어 있는 내용은 관련 의미가 넓기 때문에 때로는 시인의 의식이 인물의 의식과 동일화되어 있어서 어디까지가 시인의 생각이고 어디까지가 제3자의 의식인지 구별하기가 어렵고, 또 어떤 때엔 현장 묘사가 치밀하여 주고받는 대화를 현장에서 보고 있는 듯하고, 어떤 때엔 제3자의 발언을 인용문 그대로 들려주기도 합니다.

이 수많은 의식의 장의 단편(fragment)을 전후 맥락에 상관없이 읽어서 시인의 의도를 짐작하기가 어렵지만, 시의 어조(tone)가 단편마다 다르기 때문에 그 어조를 통하여 시 전체의 취지를 가늠할 수 있고 시를 큰 안목으로 읽을 수 있습니다.

『황무지』에서 종교를 상실한 현대의 인간상에 대한 엘리엇의 자세는 매우 부정적입니다. 그래서 때로는 그 어조가 시니컬하고, 때로는 풍자적이고, 때로는 애타게 구원을 기다리는 엄숙함도 느낄 수 있습니다. 이러한 변화 있는 어조를 통하여 평면적인 서술의 시에서는 읽을 수 없는 입체감 있는 극적인 장면을 체험하는 것은 흥미 있는 일이라 하겠습니다.

현대 문명의 타락의 현장을 시니컬한 어조로 드러내 보이는 제3부「불의 설교」("The Fire Sermon")의 템즈 강가에서 놀아나는 젊은 것들, 아무 의식 없이 성적 쾌락을 즐기는 타이피스트와 복덕방 집 청년의 그 장면 등은 매우 인상적입니다. 그리고 거기에 이어지는 다음과 같은 흥겨운 가락의 장면은 과연 놀라운 시인의 수법이라 하겠습니다. 오늘날의 런던의 타락의 현장에서 인간이 신의 뜻에 순응하던 엘리자베스 조 시대의 태평성세로 비약한 것입니다.

강물은 땀 흘린다.
기름과 타르
짐배는 둥실
썰물에 뜨고
붉은 돛은
활짝
바람 길 따라 묵중한 돛대에 펄럭인다.
짐배는 아일어브도그즈를 지나
그리니치 하구로
통나무를 흘려내 보낸다.
　　웨이아랄라 레이아
　　월라라 레이아랄라

엘리자베스 여왕과 레스타 전하
노는 물결에 부딛고
. . . .
종소리는 흘러가고
하얀 탑들
　　웨이아랄라 레이아
　　월라라 레이아랄라

The river sweats
Oil and tar
The barges drift
With the turning tide
Red sails
Wide
To leeward, swing on the heavy spar.
The barges wash
Drifting logs

          Down Greenwich reach
          Past the Isle of Dogs.
                    Weialala leia
                      Wallala leialala
          Elizabeth and Leicester
          Beating oars
          . . . .
          The peals of bells
          White towers
                    Weialala leia
                      Wallala leilala

이렇게 시인의 의식의 장(scene)은 잔잔히 머물다간 황홀하게 고양되기도 하고, 급박한 숨소리로 톤(tone)이 거칠어지기도 합니다. 신에게서 버림받은 인간들은 생명의 물을 찾아 물 없는 사막에서 갈증과 고난의 시련을 겪고 있습니다. 제5부 「우뢰가 말한 것」("What the Thunder Said")에 나오는 다음 장면에서 구원의 생명수를 갈구하는 애타는 목소리를 들어보겠습니다.

          여기엔 물은 없고 다만 바위 뿐
          바위 있고 물은 없고 모래 길 뿐
          이 길은 꼬불꼬불 산 속으로 올라간다.
          이 산은 물 없는 바위 산
          물이 있다면 우리는 발을 멈추고 마실 것인데
          바위틈에서 우리는 멈출 수도 없고 생각할 수도 없다.
          땀은 마르고 발은 모래에 파묻힌다.
                    바위틈에 다만 물만 있다 해도
          썩은 이빨의 죽은 산 아가리는 물을 뿜지 못한다.
          여기에서 우리는 설 수도 누울 수도 앉을 수도 없다.
          산 중엔 정막마저 없고
          비가 따르지 않는 메마른 불모의 우뢰가 있을 뿐
          산 중엔 고독마저 없고
          다만 금간 흙벽 집 문에서
          시뻘건 음산한 얼굴들이 비웃으며 소리 지른다.
          . . . .
          거기에선 봉작메추리가 송림 속에서 노래 부른다

드립 드롭 드립 드립 드롭 드롭
그러나 물은 없다.

Here is no water but only rock
Rock and no water and the sandy road
The road winding above among the mountains
Which are mountains of rock without water
If there were water we should stop and drink
Amongst the rock one cannot stop or think
Sweat is dry and feet are in the sand
If there were only water amongst the rock
Dead mountain mouth of carious teeth that cannot spit
Here one can neither stand nor lie nor sit
There is not even silence in the mountains
But dry sterile thunder without rain
There is not even solitude in the mountain
But red sullen faces sneer and snarl
From doors of mudcracked houses
. . . .
Where the hermit-thrush sings in the pine trees
Drip drop drip drop drop drop
But there is no water.

이상 읽어 본 몇 장면의 단편만으로도 과연 이 시가 모더니즘 시대의 기념비적인 작품임을 재확인하였으리라고 생각합니다. 한편 조각조각 모자이크 된 단편들로 구성된 이 시의 기법상의 특성을 살펴봄으로써 모더니즘 시대의 시는 과거의 시와 어떤 면에서 다른가를 알아보아야 합니다. 한 말로 모더니즘 시대에 이르러 시에 대한 정의가 달라진 것을 주목해야 합니다. 과거(낭만주의 시대)에는 힘찬 감성이나 위대한 사상을 쏟아내는 것이 시의 기능이라고 생각하였던 것이 모더니즘 시대에 들어서는 그런 것이 아니라 경험에서 얻어진 정서를 자기의 주관이나 개성으로 희석하거나 부풀려서 추상화하지 말고 있는 그대로를 모방하여 재현하는 것이라고 생각하게 되었습니다. 한 말로 모더니스트 시학은 리얼리티 시학이라고 말할 수 있습니다. 엘리엇의 시론이 바로 그런 것입니다. 시인은 자신의 주관이나 개성을 내세우지 말고 있는 그대로의 사상(事象) 자체로 돌아갈 것을 주장한 논문이 1919년 발표된 「전통과 개인의 재능」이라는 글입니다. 그는 이 글에서 "시는 정서로부터의 해방이 아니라 정서에서의 도피이며 개성의 표현이 아니라 개성에서의 도피"라고 주장한 것입니다.

이 탈개성시론을 방법론적으로 요약한 문학용어가 '객관적 상관물' (objective correlative)입니다. 시인이 자신의 감정을 설명하거나 묘사하는 시는 낭만주의 시대에 흔히 보아온 표현론적 시(expressive poetry)입니다. 이런 주관적인 시와 달리 리얼리티 시인들은 '일군의 사물들, 하나의 상황, 일련의 사건'을 제시함으로써 경험을 간접적으로 전달해야 한다는 것이 엘리엇의 객관적 상관물 시론입니다. 이 시론은 흡사 극과 유사합니다. 극작가는 무대와 대사와 연기를 통해서 발언을 할뿐 관객에게 직접 말하지 않습니다. 엘리엇도 잘 쓰인 시는 아무리 짧은 한 편의 서정시라 해도 그것이 극과 같지 않은 시가 없다고 말한 일이 있습니다.

『황무지』에 제시된 단편들은 시인 엘리엇이 20세기 특유의 문화 환경 안에서 느낀 정서의 객관적 상관물인 셈이지요. 시에 시인 자신의 주장이나 조리 있는 묘사 같은 것이 나타나 있지 않기 때문에 독자들은 당황할 수밖에 없습니다. 부조리 시대, 단절의 시대 시의 전형이라고 할 수 있습니다.

리얼리티 시학의 원조는 아리스토텔레스의 모방(mimesis) 시학입니다. 아리스토텔레스는 "예술은 자연을 모방한다"(Butcher 116)라고 말하고 인간은 모방을 통해서 앎을 얻게 되고 앎으로써 기쁨을 얻는다고 말합니다. 여기에서 말하는 '자연'은 있는 그대로의 사상(事象)이고 '모방'이란 말은 여러 가지 해석이 있을 수 있습니다. 그 말은 '흉내낸다', '베낀다', '모사한다' 등의 뜻으로 해석할 수 있지만, 이 말을 '재현' (representation)의 뜻으로 해석한 것은 아우에르바흐(Erich Auerbach, 1892- 1957)의 저서 『모방: 현실의 재현』(*Mimesis: The Representation of Reality*)에서입니다. 사물의 실상을 이미지나 장면 같은 것으로 대체시켜 제시한다는 뜻이 되겠습니다. 리얼리티 시학의 핵심 기법을 '재현의 시론'으로 본 것입니다.

2. 『네 사중주』를 어떻게 읽을 것인가

『네 사중주』에는 「번트 노튼」("Burnt Norton," 1938), 「이스트 코우커」("East Coker," 1940), 「드라이 셀비지즈」("Dry Salvages," 1940), 「리틀 기딩」("Little Gidding," 1942) 등 각기 발표 연도도 다르고, 시를 쓴 계기도 같지 않은, 그러나 여러 면에서 유사점이 많은 네 편의 시가 네 개의 사중주라는 총괄적 타이틀에 묶여서 1943년에 나온 엘리엇의 후기 시 중에서 『황무지』와 맞먹는 시인의 또 하나의 대표 시로 인정받고 있습니다.

시인 자신이 밝힌 바와 같이 엘리엇은 처음부터 이 네 편의 시를 한 셋의 시집으로 꾸밀 생각을 한 것이 아니라, 마지막 시 「리틀 기딩」을 쓰면서 네 편의 시가 한 셋의 사중주 시집이 될 수 있다는 생각을 하고서 사중주라는 음악용어로 타이틀을 붙인 것입니다. 그것은 두 말 할 필요 없이 네 시편이 5악장으로 꾸며진 사중주곡과 같은 구조와 전개수법을 갖고 있기 때문입니다. 엘리엇은 시인은 시에서 리듬 의식 못지 않게 음악적 구조 의식을 가져야 하다고 주장한 시인입니다. 그는 「시의 음악성」("Music of Poetry," 1942)에서 음악과 시의 관계를 다음과 같이 논했습니다.

> 음악이 시인에게 가장 깊이 관계되는 특성은 리듬의식과 구조의식이라고 믿는다. . . . 반복되는 주제를 사용하는 것이 음악에서와 같이 시에서도 자연스럽다. 운문에는 각기 다른 부분의 악기에 의하여 한 테마가 전개해 나가는 음악과 유사한 가능성도 있고, 교향악이나 사중주의 각 색의 리듬에 비할 수 있는 전조(轉調)도 시에서는 가능한 것이고 주제의 대위법(對位法)적 편곡도 가능한 것이다. 오페라관에서 보다는 콘서트 룸에서 시의 싹은 그 생명을 부여받을 것이다.

이 주장은 『네 사중주』를 출간하면서 책 제목에 관련해서 자기변명을 한 것이라고 보아야 하겠습니다. 그러나 이 시집에서 음악적 특성 못지않게 『황무지』와 대비해서 차이점이 너무 크기 때문에 그 점에 주목해야 한다는 것을 말씀드리겠습니다. 모더니스트 시인 엘리엇만을 염두에 두고서 읽어서는 안 됩니다. 1922년의 『황무지』와 1943년의 『네 사중주』는 그 20년 사이에 엘리엇은 단순한 나이의 증가 이상으로 크게 인간이 달라진 것입니다. 그 기간은 제1차 세계대전 종전 후의 어수선한 혼란의 시기로부터 제2차 세계대전 후반부에 이르는 세계사적 대변혁기였으며, 시인의 개인사에서도 결혼 후 계속 골칫거리였던 부인 비비엔(Vivienne Haigh-Wood)과의 사실상의 이혼, 그리고 1927년 영국 국교회로의 개종과 영국 시민으로의 귀화 등 그의 인간적 성숙과 감수성 변화에 크게 영향을 미칠 수 있는 큰 사건이 많았던 시기였습니다. 괄목할만한 변화였습니다. 리얼리스트 시인으로부터 그는 사색과 명상의 시인으로 바뀌었습니다. '황무지'의 고발 시인으로부터 '정지점'(still point)의 사색의 시인으로 바뀌었습니다.

이런 기본 지식 위에서 두 작품을 비교 검토해야 후기 시의 이해가 정확해 질 수 있습니다. 『황무지』와 『네 사중주』는 그 주조(dominant tone)가 현격하게 다른 시입니다. 이 차이점의 시사(示唆)는 두 작품의 제목 밑에 나오는 에피그라프에서 읽을 수 있습니다. 『황무지』에는 로마의 시인 페트로니우스(Petronius)의 저술 『새티리콘』(Satyricon)에서의 인용이고, 『네 사중주』에는 희랍 철학자 헤라클리투스(Heraclitus)의 글귀가 원문 그대로 인용되어 있습니다. 번역으로 읽으면 이렇습니다. '말씀(Logos)은 만인에게 공통된 것인데, 사람들은 자기만의 자기 고유의 지식을 가지고 살아간다.' 그 '올라가는 길이나 내려가는 길은 같다.'

『황무지』에 나오는 에피그라프는 영생을 허락받은 무녀(巫女)가 항아리 속에 매달려 생중사(生中死)의 목숨을 이어가면서, 아이들이 소원이 무엇이냐고 물으면 죽고 싶다고 한다는 전설 속의 얘기입니다. 엘리엇은 이러한 비유로써 현대인들의 인간상을 그려냈습니다. 차라리 죽었으면 좋겠다고 생각하는 그 무녀가 시의 주인공이 되어 "4월은 가장 잔인한 달"이라고 자신의 처참한 심정을 토로합니다. 단비 내리는 사월(Geoffrey Chaucer)이 잔인하다는 야유조의 시인의 자세에서 이 시의 모티프를 읽을 수 있습니다.

그런가 하면 『네 사중주』의 에피그라프는 초월자의 지혜의 말씀처럼 들립니다. 첫째 글귀는 인간들이 절대적 진리인 로고스의 '말씀'에 따를 것이지 개인의 생각은 환상일 뿐이라는 말은 거룩한 목사님의 말씀처럼 들리고, 두 번째 글귀에서 올라가는 길이나 내려가는 길이 같다는 말은 영원 세계의 질서에서나 있을 수 있는 말이지, 리얼리티의 세계에서는 통하지 않는 말입니다. 로버트 프로스트(Robert Frost)의「택하지 않은 길」("The Road Not Taken")이 생각납니다. 숲속에 나있는 두 갈래 길에서 망설이다가 한 쪽 길을 택했더니 그 결과는 큰 차이였다는 말입니다. 헤라클리투스의 글귀를 시의 에피그라프로 택한 엘리엇은 이미 리얼리티의 세계를 벗어나 사색과 명상의 자세로 시를 쓰고 있다고 말할 수 있습니다.

나는 그가 종교전환과 관련하여 가톨리시즘에 대하여 '체념의 철학' (philosophy of resignation)이라고 한 말이 생각납니다. 그는 이제 현실에서 체념하고 명상 세계에서나 얻을 수 있는 영원 세계에 몰입한 듯한 인상을 줍니다. 부정적 자세에서 긍정적 자세로 전환(conversion)한 것이지요. 우리는 엘리엇이 이제 현저히 현대인의 감수성에서 멀어져 1970년대 이후부터 영미권 대학의 영문과 커리큘럼에서 찾아볼 수 없게 된 이유를 짐작할 수 있습니다.

그러나 엘리엇의 시는 여전히 아름답습니다. 그가 한편으로는 경험 세계를 바라보면서 어느새 영원 세계의 질서 속으로 몰입하여 들어가 황홀한 도취의 경지를 노래하는 장면들은 유례없는 특유의 명상시라 하겠습니다. 『네 사중주』를 명상시라고 할 때, 그것이 다른 명상시와 구별되는 점에 주의를 기울여야 합니다. 예를 들면「님의 침묵」의 경우처럼 시인이 추상적 실체에 몰입하는 시와는 달리, 엘리엇의 경우는 사실과 초월의 차원이 서로 맞물려서 상호 계기를 이루어 이쪽이 저쪽으로, 저쪽이 이쪽으로 몰입해 들어가는 절묘한 경지를 이룹니다. 『사중주』의 네 편의 시 제목은 모두 고유명사로서 지명에 관련되어 있어서, 일견 풍경시처럼 느껴집니다. 그러나 그 고유명사들은 시인의 사색의 전개 과정에서 경험의 세계가 의미의 세계를 이끌어내는 계기의 구실을 한다고 할 수 있습니다.「번트 노튼」의 경우, 번트 노튼은 지명이 아니라 영국의 치핑 캠든 근처에 있는 한 장원의 이름으로 시인이 1934년 친구와 함께 직접 방문하여 집 뒤에 있는 정원의 풀장을 본 일이 있고, 그 경험이 힌 2, 3년간 머릿속에 내장되어 있다가 명상 과정에서 되살아난 것입니다.

「번트 노튼」에서 엘리엇은 시간을 변화하는 단절의 차원에서 보지 않고 영원의 차원에서 명상을 시작합니다. 영원은 끝내 추상의 세계입니다. "모든 시간이 영원히 현존한다면 / 모든 시간은 되찾을 수 없는 것이다. / 있을 수 있었던 일은 하나의 추상으로 / 다만 사색의 세계에서만 / 영원한 가능성으로 남는 것이다." 이러한 명상이 기억 속의 환상 속으로 흘러들어가 장미원 속으로 연결됩니다. 이 환상의 장미원은 엘리엇이 직접 경험한 치핑 캠든 근처의 번트 노튼의 장미원과 융합되어 한 바탕 아름다운 환상의 장면을 만들어냅니다. 거기에 환상의 새들이 날고, 환상의 꽃이 피고 바싹 마른 연못에 환상의 물이 차오릅니다.

텅 빈 소로를 따라 변두리 화양나무 숲 속으로 들어가
물 마른 연못을 들여다보고 있었다.
연못은 마르고, 콘크리트는 마르고, 변두리는 갈색
햇빛이 비치자 연못은 물로 가득 찼고,
연꽃이 가벼이 가벼이 솟아오르며,
수면은 光心에 부딪쳐 번쩍였다,
그리고 그것들은 우리의 등 위에서 연못에 비치고 있었다.
그러자 한 가닥 구름이 지나니 연못은 텅 비었다.
가라, 새가 말했다. 나뭇잎 밑엔 아이들이 가득
소란하게 웃음을 머금고 숨어있었다.
가라, 가라, 가라, 새가 말했다. . . .

Along the empty alley, into the box circle,
To look down into the drained pool.
Dry the pool, dry concrete, brown edged,
And the pool was filled with water out of sunlight,
And the lotos rose, quietly, quietly,
The surface glittered out of heart of light,
And they were behind us, reflected in the pool.
Then a cloud passed, and the pool was empty.
Go, said the bird, for the leaves were full of children,
Hidden excitedly, containing laughter,
Go, go, go, said the bird: . . .

「번트 노튼」에는 추상적 사유를 요하는 장면이 대부분이어서 시를 읽는 재미를 감소시킵니다. "진흙 속에서 마늘과 청옥은 파묻힌 차축에 엉켜 붙는다. / 핏속에서 떨리는 철선은 / 만성의 상처 밑에서 노래하며" 또는 "회전하는 세계의 정지하는 일점에 肉도 非肉도 아닌 그 곳으로부터도 아니고 그 곳을 향하여서도 아닌, 정지점 거기에 무도가 있다" 등등. 이렇게 시작되어 수십 행씩 이어지는 시인의 추상적 사색의 자취를 좇아가기에는 참을성 있는 독자라야 견뎌낼 것입니다. 그러나 이 「번트 노튼」 중 압권이라고 할 수 있는 제1부는 경험 세계에서 출발하여 환상의 세계로 편입되는 아름다운 장면입니다. 루이스 캐럴(Lewis Carroll)의 『이상한 나라의 앨리스』(Alice's Adventures in Wonderland, 1865)를 연상시키는 이 장면은 시인이 직접 경험한 구체적 장소와 연결될 뿐 아니라 환상의 세계가 극적 구도로 전개되는 데에 시의 묘미가 있다 하겠습니다.

『네 사중주』에는 추상적 사색의 시편들이 많지만, 참을성 있는 독자라면 시인의 종교적 철학적 사색의 메시지를 이해해가며, 명상 시 특유의 리듬에 호흡을 맞추어 읽어 가면 운율의 아름다움에 도취할 수 있고, 그가 이름 붙인 '정지점'(still point)의 투명한 순간들을 체험할 수 있을 것입니다. 그 황홀한 체험을 그는 '불시의 깨달음'(sudden illumination)이라고 말한 일이 있습니다.

시인은 이제 종교적으로 철학적으로 갈등의 단계를 벗어나 『황무지』 시대의 극단적인 편견 없이, 이 변화무쌍한 흥망성쇠의 인간사를 관조하는 자세를 보여줍니다. 이스트 코커는 그의 조상이 미국으로 이민 오기 전에 살던 영국의 도셋셔와 소모셋셔의 경계에 있는 작은 마을인데 그가 잠깐 들른 일이 있고, 조상과 자손의 혈연적인 일체감 위에서 시간의 영원성을 재확인하는 글귀로 시가 시작됩니다. 「이스트 코우커」 제1부 첫머리를 장식하는 이 시절(詩節)을 제시하고서 강연을 마치겠습니다. 한 편의 서정시를 읽는 마음으로 아름다운 이 시를 읽어주시기 바랍니다.

   나의 시작에 나의 끝이 있다. 연달아서
   집들은 서고, 쓰러지고, 허물어지고, 넓혀지고,
   옮겨지고, 파괴되고, 복구되고, 또는 그 자리에

넓은 논밭이나 공장이나 도로가 있다.
낡은 돌이 새 건물에, 낡은 목재는 새 불에,
낡은 불은 재로, 재는 흙으로.
흙은 이미 살이고, 모피이고, 배설물이고,
사람과 짐승의 뼈이고, 곡식대이고 잎이다.
집들은 살다 죽는다. 세우는 시간이 있고,
사는 시간, 생산하는 시간이 있다.
‥‥

나의 시작에 나의 끝이 있다. 이제 빛은
넓은 벌판 전면에 비치는데, 깊숙한 小路는
가지에 가리어 오후엔 깜깜하다.
이 소로에 짐차가 지나갈 때면 사람은 둑에 기대어 길을 비킨다.
이 깊숙한 소로는 줄곧 방향이
마을로 뻗쳐있고, 마을은 강렬한 열(熱) 속에
혼수상태. 따뜻한 안개 속에서 무더운 빛이
      굴절되지 않고 회색 돌에 흡수된다.
다알리아꽃은 텅 빈 적막 속에서 잠들고 있다.
기다려라, 초저녁 부엉이가 나오리라.

    In my beginning is my end. In succession
Houses rise and fall, crumble, are extended,
Are removed, destroyed, restored, or in their place
Is an open field, or a factory, or a by-pass.
Old stone to new building, old timber to new fires,
Old fires to ashes, and ashes to the earth
Which is already flesh, fur and faeces,
Bone of man and beast, cornstalk and leaf.
Houses live and die: there is a time for building
And a time for living and for generation.
‥‥
    In my beginning is my end. Now the light falls
Across the open field. leaving the deep lane
Shuttered with branches, dark in the afternoon,
Where you lean against a bank while a van passes,
And the deep lane insists on the direction
Into the village, in the electric heat
Hypnotised. In a warm haze the sultry light

Is absorbed, not refracted, by grey stone.
The dahlias sleep in the empty silence.
Wait for the early owl.

인용문헌

이창배. 『T. S. 엘리엇: 인간과 문학』. 서울: 동국대학교 출판부, 2001.
____. 『T. S. 엘리엇 전집』. 번역. 서울: 동국대학교 출판부, 2001.
____. 『T. S. 엘리엇 문학비평』. 번역. 서울: 동국대학교 출판부, 2001.
Aristotle. *Aristotle's Theory of Poetry and Fine Art.* Trans. S. H. Butcher. New York: Dover, 1951.
Auerbach, Erich. *Mimesis: The Representation of Reality in Western Literature.* Tr. Willard Trask. Princeton: Princeton UP, 1953.
Bergonzi, Bernard. Ed. *T. S. Eliot: Four Quartets.* London: Faber and Faber, 1969.
Miller, Hillis J. *The Linguistic Moment: From Wordsworth to Stevens.* Princeton: Princeton UP, 1985.
____. *Poets of Reality: Six Twentieth-Century Writers.* Cambridge: Harvard UP, 1966.
Stevens, Wallace. *The Necessary Angel: Essays on Reality and the Imagination.* New York: Vintage Books, 1965.

제2부 사회 社會

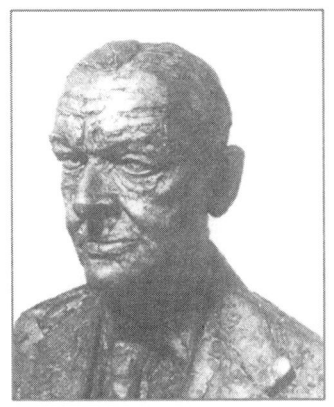

만하임 사회이론에 대한 엘리엇의 응답
-개성배제와 전통의 문제를 중심으로

| 김병옥 |

1. 서론

제2차 세계대전이 끝난 뒤 엘리엇은 『문화의 정의를 위한 각서』[1](*Notes towards the Definition of Culture*, 초판 1948, 제2판 1962)를 내놓았다. 이 책에서 그는 문화라는 어휘로 표현되는 하나의 개념을 다루고자 한다. 개념을 다룬다는 것은 문화라는 말이 어떤 의미로 쓰이는가를 다룬다는 뜻이다. 문화개념을 다룬다고 해서 문화라는 말이 한 가지 의미로 쓰인다고 생각해서는 안 된다. 엘리엇에 따르면 문화란 "인간의 생활양식 전체"(*NTDC* 31), 즉 사회의 구성원인 인간이 습득한 예술, 지식, 신념, 도덕, 법, 관습 등을 내포하는 복합적 총체를 뜻하며 "삶을 가치 있게 하는 것"(*NTDC* 27)이다. 그러나 문화의 의미 규정에 관한 여러 담론에서 혼란이 일고 있음을 엘리엇은 본다. 미래에 문화라는 말이 더 이상 경솔하게 사용되지 않도록 문화를 규정해보자는 것이

---

* 「성 배제와 전통의 문제를 중심으로」로 게재되었던 것을 수정·보완한 것임.
1) 영어 사전에 따르면 notes는 다음과 같이 풀이된다. "Notes are written information," *International Dictionary of English*(Cambridge: Cambridge UP, 1995). 나는 notes를 '각서'로 번역한다. 신 용철, 신 기철 편저 『새 우리 말 큰 사전』(삼성 출판사 1985)에 따르면 각서란 "기억하기 위하여 석어누는 문서, 또는 상대편에 전할 의견·희망 따위 내용을 확실하게 하기 위하여 적은 간단한 문서"를 뜻한다. 이 뜻은 정치 외교나 법률의 영역뿐만 아니라 일반적으로 통용되는 뜻이다.

『문화의 정의를 위한 각서』를 저술하는 엘리엇 의도이다. 서론에서 이 책을 써내는 목적이 문화에 관련되는 "사회철학이나 정치철학의 윤곽잡기"가 아니라 "문화라는 단어를 정의하는 것"이라고 엘리엇은 말한다(NTDC 13).

문화를 정의한다는 것은 인문과학의 영역에 속한다. 하지만 변화 발전하는 역사세계 속에 살면서 역사의 총체를 이해하지 못하는 것이 인간이다. 이 총체로서의 역사세계에 인간은 일정한 제한을 가하고, 그 제한 안에서 살아가며 제한된 의미를 부여할 수밖에 없다. 인문과학의 학구적 담론이란 이처럼 흘러가는 역사라는 시간의 흐름 속에서 수정될 운명인 주관적 사고가 지배하는 가설적 진실 쌓기의 시도이다. 그러나 이런 시도는 세계의 의미를 캐는 인간의 근본적인 욕구에 바탕을 둔 것임이 틀림없다. 이 욕구는 근본적으로 주관성에서 벗어날 수 없다. 그리하여 이런 욕구에는 가설적 진실 쌓기라는 이름이 따르고 객관성과 보편성의 문제가 대두한다. 엘리엇에게 이 보편성 문제는 심각하게 다가온다. 엘리엇 안목에 비치는 여러 사람들의 문화담론은 주관적 사고가 지배하는 가설적 진실 쌓기의 한계를 벗어나지 못한다. 문화란 "우리들이 함부로 의도적으로 노려서 접근할 수 없는 것"(NTDC 19)이라고 엘리엇은 말한다. 주관적 가설 쌓기라는 한계를 넘어서기 위하여 엘리엇은 개성배제와 전통이라는 대의명분을 내건다. 이 대의명분이 주관적 가설 쌓기의 한계를 완전히 극복하는 것은 아니지만, 엘리엇 사상(思想)의 기초 개념[2])으로 작용한다.『문화의 정의를 위한 각서』에서 이 대의명분은 만하임(Karl Mannheim)의 사회이론, 즉 "의식적인 계획을 통한 사회 재건이라는 관념"에 대한 일종의 "응답" 성격을 띠고 나타난다(Chase 194).

『문화의 정의를 위한 각서』가 논의될 때는 으레 만하임이 등장한다. 이 논의에서 특히 두 사람의 글이 나의 관심을 끈다. 하나는 도우슨(Christopher Dawson)의 「문화의 의미에 관한 엘리엇 씨 논고」("Mr. T. S. Eliot on the Meaning of Culture," 1949)이다. 다른 하나는 체이스(William M. Chase)의 『에즈라 파운드와 T. S. 엘리엇의 정치적 정체』(*The Political Identities of Ezra*

---

[2]) 기초 개념이란 철학에서 빌려 온 용어이며 핵심 개념이라는 말과 같은 뜻이다. 기초 개념은 한 사상(思想)의 형성을 위한 출발점이자 토대가 된다.

Pound and T. S. Eliot, 1973)이다. 도우슨의 글에서 엘리엇과 만하임을 비교하는 대목이 나온다. "엘리엇은 가족, 지역, 종교라는 문화의 일차적 요소에 우리들의 관심을 끌고 가지만, 계획사회(planned society)의 옹호자들은 이런 요소를 무시하는 경향이 있다"고 도우슨은 말한다(Dawson 152). 1940년대에 영국에서 계획사회를 주창하던 사람 가운데 한 사람이 만하임이라는 점에 우리는 유의해야한다. 이어서 만하임의 용어로서 "문화창조 집단인 엘리트들(elites)"을 언급하고, 만하임의 "사회를 보는 원자적 안목"(an atomic view of society)을 도우슨은 언급한다. 이런 다음에 개인주의에 입각한 "이 원자적 사회개념은 엘리엇이 배격한다"고 그는 덧붙인다(Dawson 153). 『에즈라 파운드와 T. S. 엘리엇의 정치적 정체』에서 엘리엇은 "만하임의 이름 붙여지지 않은 반대자"라고 체이스는 말한다. 이어서 "엘리엇이 가장 지키고자하는 사회 공익에 가장 위협이 되는 현대 경향들을 만하임은 대표한다"고 체이스는 말한다(Chase 194). 동시에 『문화의 정의를 위한 각서』는 "[만하임의] 사회적 정치적 계획이라는 모든 관념에 대한 저항"이라고 그는 말한다(Chase 195).

도우슨과 체이스는 엘리엇과 만하임 사이의 사상(思想) 대립을 말한다. 나는 이 대립에서 한 가지 중요한 사실을 발견한다. 이 사실이란 엘리엇의 기초 개념과 만하임 기초 개념의 대립과 충돌이다. 엘리엇의 기초 개념은 개성배제와 전통이다. 만하임의 기초 개념은 상황구속(situation-bound, 만하임 용어는 형용사)이라는 개념이다. 이 개념에 따르면 인간의 사고란 사회상황으로부터 결정적인 영향을 받는다. 만하임에 따르면 인간의 사고란 실재(reality)와 일치하는 경지의 탐구가 아니다. 인간의 사고란 항상 상황의 영향을 받는다. 이를 두고 만하임은 상황구속이라고 말한다. 새로운 사회상황이 일어나면 이 새 상황에 대처하기 위하여 인간은 새로운 사고방식을 개발하지 않으면 안 된다. 이와 같이 엘리엇과 만하임의 기초 개념은 조화가 불가능하고 충돌을 일으킬 수밖에 없다. 이 논문에서는 개성배제와 전통이라는 기초 개념에 뿌리내린 엘리엇 문화개념을 토대로 하여 나는 만하임에 대한 엘리엇 응답을 살피고자 한다.

문화를 말하는 엘리엇의 정신 자세는 보수적이다. 『랜슬럿 엔드루즈를 위하여』(*For Lancelot Andrewes*, 1928)에서 자신의 입장을 천명하여 "문학에서는 고전주의자, 종교에서는 영국 국교회 가톨릭파 신도, 정치에서는 왕당파"라고 그는 말한다(*FLA* 7). 1962년『문화의 정의를 위한 각서』제2판 서문에서는 "나 자신을 두고 딱히 왕당파라고 부를 수는 없지만, 나는 군주국가의 지속을 찬성한다"고 엘리엇은 말한다.(*NTDC* 7). 이 말은 1928년『랜슬럿 앤드루즈를 위하여』에서 밝힌 엘리엇 입장, 즉 왕당파라는 말의 반복이라고 말할 수 있다. 그런 의미에서『문화의 정의를 위한 각서』는 문화개념 정립을 빌려 영국의 전통적 군주체제를 옹호하려는 엘리엇의 정치적 입장을 드러낸다. 하지만 엘리엇의 정치적 입장이라고 해서, 이 입장이 그의 문학사상과는 동떨어진 것이라고 생각해서는 안 된다. 그의 정치적 입장은 비평형식으로 나타나는 그의 문학사상에서 연유한다. 엘리엇 사회비평과 정치적 입장의 뿌리는 개성배제와 전통을 근간으로 하는 그의 문학사상이다.

이 논문에서 나는 엘리엇의 문화개념 형성에서 드러나는 개성배제와 전통의 문제를 두 갈래 측면에서 다루고자 한다. 하나는『문화의 정의를 위한 각서』에서 엘리엇의 문화개념이 구체적 형상을 드러내기 전 단계, 즉 예비단계이다. 이 예비단계는 엘리엇의 문화개념 형성을 위한 토대가 된다. 이 단계에서는「전통과 개인의 재능」("Tradition and the Individual Talent", 1919)에 관한 논의를 빠트릴 수 없다. 그밖에 1930년대에 발표한 엘리엇의 사회비평에 관해서도 나는 간략하게 언급하고자 한다. 사회비평에서 엘리엇은 개별화를 추구하는 개인주의와 자유주의를 비판하고 전통을 찾아 나선다. 다른 하나는 이 논문의 중심이 되는『문화의 정의를 위한 각서』이다. 이 책은 개성배제와 전통에 관한 사회학적 논의이자 만하임의 사회이론에 대한 엘리엇 응답의 장(場)이다. 이 책에서 엘리엇은 개성배제라는 말을 쓰지 않는다. 그 대신 개성을 드러내는 만하임의 인식방식을 엘리엇은 비판한다. 엘리엇 문화개념 형성에서 개성배제와 전통에 관한 그의 생각이 어떻게 작용하는가를 이해하자면, 그의 문학비평과 사회비평뿐만 아니라 만하임 사회이론을 살펴보는 것이 중요하다. 나는 이 논문 제3장에서 엘리엇과 만하임의 만남과 엘리엇의 만하임 비판이라는 주제를 설정한다.『문화의 정의를 위한 각서』를 다루는 제4장에서는 만하임에 대한 엘리엇 응답에 초점을 맞추고자 한다.

2. 문화개념 형성 앞 단계에서 개성배제와 전통

드레이(W. H. Dray)의 문화론에 따르면 엘리엇은 전체론(holism)의 대열에 속한다. 문화에 관한 논의에서 전체론(holism)과 개인주의라는 서로 모순되는 용어가 자주 등장한다. 개인주의 논법에 따르면 사회과정이나 사회현상은 "이 과정이나 현상에 참여하거나 연루되는 개개인의 행위를 지배하는 원리와 이들 개개인의 상황"에 입각해서 설명해야 한다. "대규모의 사회사건이나 조건은 이 사건이나 조건에 참여하거나, 반대로 이 사건이나 조건으로 고통 받는 남녀 개개인의 행동, 태도 및 이들 개개인 상호관계의 집적이다." 개인주의자들은 사회과정과 사회현상에 참여하거나 연루되는 사람들의 "상황, 성향, 믿음"을 중시한다(Dray 53). 사회란 "사람들로 구성"되는 것이고 사회에서 일어나는 "여러 사태는 사회를 구성하는 개인들의 행위를 통해서 창조된다"는 것이 개인주의 논법 요체이다(Dray 55). 반면 "전체론이란 자유주의 성향을 띤 정치적 개인주의에 대한 적개심"을 드러내는 용어이다. "개인주의는 전체론자들로부터 거세당하고 있다. 그 이유인즉 개인주의자들은 경제학에서는 자유방임주의, 정치에서는 무정부주의를 조성한다"(Dray 53). 전체론자들 주장에 따르면 자유주의가 저지르는 이런 조성은 인간의 생활 양태 전체를 보지 않는다. 이런 행위는 숲을 보지 않고 나무를 보는 방식으로 "사회생활을 보는 원자론적 안목(atomistic view of society)3)이 낳은 결과이다"(Dray 53). 전체론에 따르면 사회현상이란 "그 현상 자체의 자율적이고 거시적인 수준에서 설명해야 한다"(Dray 55).

개인주의와 전체론의 관계는 모순대당(矛盾對當, contradictory opposition), 즉 양쪽이 동시에 함께 참이 아니면서 동시에 함께 거짓이 아니다. 이 대당은 사회체제를 유지하려는 집단과 사회제제를 변혁하려는 집단 사이의 관계처럼 비양립성(非兩立性)이라는 현실적 모순을 드러낸다. 이 모순은 자연, 사회, 역사 그 자체 속에는 물론 이를 대상으로 하는 인간의 인식행위 자체 내에서도

---

3) 엘리엇은 "사회를 보는 원자적 안목"(atomic view of society)(*NTDC* 37)이라고 말한다. atomistic view와 atomic view 사이에는 의미 차이가 없다고 보아야할 것이다. 다만 atomistic 이라는 단어는 현학적인 냄새를 풍기는 듯하다.

속속들이 침투해 있다. 하지만 이런 모순이야말로 역사의 변화와 발전의 원동력이 된다. 엘리엇은 전체론 대열에 속한다고 말할 수 있다. 엘리엇 논법에 따르면 개인주의는 자유주의를 낳는다. 자유주의는 권위와 전통과 같은 오랜 세대에 걸쳐 뿌리를 다진 여러 이념과 가치관에 도전한다. 엘리엇은 자유주의가 저지르는 위험을 지적한다. 자유주의란 "전통적인 사회관습과 사람들의 자연스런 집단의식을 해체하고, 이 집단의식을 개인을 위한 구성요소"로 바꾸어 놓는다. 뿐만 아니라 자유주의란 "자유주의 자체를 부정하는 길을 튼다"(*CAC* 12). 자유주의를 부정하는 엘리엇 사고는 『문화의 정의를 위한 각서』에서 만하임의 "사회생활을 보는 원자적 안목"(atomic view of social life)(*NTDC* 37) 비판으로 나아간다. 이 비판은 엘리엇의 현대문명 비판이자 『문화의 정의를 위한 각서』서문에서 영국 군주체제의 유지를 옹호하는 엘리엇 이념으로 이어진다. 그는 문학의 세계에서 이 이념의 토대를 세웠다. 그의 문학세계를 살펴보자.

엘리엇의 시 쓰기 방식이란, 소재를 찾아서 묘사할 때 우선 장면, 정경, 분위기를 그린다. 그리하여 소재에 관련되는 여러 자료를 드러내어 독자로 하여금 시의 소재가 어떤 것인가를 스스로 판단하게 한다. 이런 의미에서 엘리엇 시는 개성을 배제하고 객관성을 추구하는 시라고 우리는 말할 수 있다. 이런 시법(詩法)은 문학에서 삶의 현실성을 찾는 방법이다. 그러나 이 현실성 추구가 엘리엇 개인의 편견에 빠질 우려가 있다. 이런 편견은 삶의 진실을 상실한다. 그는 이 진실을 찾아서 전통을 역설(力說)한다. 이 역설은 현재 있는 그대로의 자기보다 더욱 가치 있는 것에 자기를 내맡기는 행위이다. 이처럼 엘리엇은 개인의 완전성을 부정한다. 그가 전통을 말하는 것은, "진리란 공식화될 수 없지만, 전통은 이 진리에 가장 가까운 근사치"를 제공하기 때문이다. 이와 동시에 전통은 "우리가 다양한 시각에서 [진리에] 도달할 수 있게끔 해 준다"(Perl and Tuck 163). 전통에 관한 엘리엇 생각에 따르면 "작가란 혼자 힘만으로 완전한 의미를 지니지 못한다." "새로운 작품이 제작될 때 일어나는 것은, 앞서 간 모든 작가 작품의 경우에도 동시적으로 일어난다"(*SE* 15). 작가에게 요구되는 것은, 호머(Homer) 이후의 문학사를 터득하는 일이며 과거에 대한 의식을 키우는 일이다. 이 같은 의식과 더불어 또 하나의 중요한 것이 있다. 이 다른 하나는 "작가의 발전은 지속적인 자기희생과 개성의 말살"로 나타난다. 작가에게는 "개성이 있는 것이 아니라 소재가 있을 뿐이다"(SE 20).
「전통과 개인의 재능」에서 개인의 완전성을 부정하는 엘리엇은 창작 주체인 개인이라는 주체 개념을 부정한다.4) 그의 논법에 따르면 창작 주체란 체험하는 소재를 작품으로 전환하는 매개기능의 소유자에 불과하다. 작가의 개성이란 호머 이후 현재에 이르는 유럽 정신이라는 유기적 전체에서 소재를 얻어서, 이 소재를 작가의 정신 속에 축적한다. 작가란 유럽 정신이라는 유기체에서 "무수한 감정과 어구와 이미지"를 얻어서, 이를 저장하여 "새로운 합성물을 만드는 그릇"이다(SE 19). 이 그릇은 단순한 그릇이 아니라 작가의 자기 부정이 작용하는 그릇이다. 유럽 정신 앞에서 "자기희생과 자기 말살"(SE 17), 즉 자기를 포기하는 자기 부정을 통하여 작가는 새로운 형상의 소재 결합을 실현한다. 이때 작가의 개성은 작품 속에 정착하는 실체가 아니라 소재를 결합하는 "매개체, 즉 여러 인상과 경험을 특이하고 예기(豫期)를 불허하는 방식으로 결합하는 단순한 매개체"가 된다(SE 20). 이 매개체는 과거의 의식으로는 나타내지 못하는 방식으로 소재 결합을 완성한다. 이렇게 해서 작가란 과거의 유럽 정신을 계승한다. 그러나 이처럼 계승되는 유럽 정신은 작가의 매개기능을 통해서 바뀐 모습으로 드러난다. 이것이 바로 역사가 흐르고 문화가 전승되는 모습이다. 여기서 우리들이 주목해야 할 것은 '작가의 매개기능'이라는 말이다. 엘리엇은 작가의 창조기능이라는 말을 쓰지 않는다. 엘리엇 생각에 창조라는 말은 작가의 개성을 강조하는 말인 듯하다.
「비평의 기능」("The Function of Criticism", 1923)에서 "한 작가가 작품을 만들 때 그 작업은 대부분 비평 활동"이라고 엘리엇은 말한다(SE 30). 비평 활동에서 그는 비평의 기준을 찾고자 한다. 개성배제라는 말과 역사적 감각을 공식화하는 전통이라는 말은 이 기준 찾기의 산물이다. 하지만 1930년대에 들어서 엘리엇 관심이 문학비평에서 사회비평으로 옮겨가면서, 이 기준 찾기는

---

4) 엘리엇의 자율적 자아(the autonomous self) 해체는 브래들리(F. H. Bradley) 철학에서 나온다고 이글턴(Terry Eagleton)은 말한다(Eagleton 2).

더욱 복잡한 양상에 직면한다. 20세기 전반기에서 일어나는 역사의 전환으로 영국 국세는 지나간 시대와는 판이하게 다른 양상을 보인다. 엘리엇에게는 영국의 권위와 전통을 둘러싼 위기의식은 점차 그 정도를 더해가고 있다. 스스로 선택하고 이 선택의 영광 속에서 살고자 했던 영국인들은 이런 역사적 사실을 절실하게 의식하자 않으면 안 된다고 엘리엇은 생각한다. 전통에 관해서 엘리엇은 다음과 같이 말한다.

> 우리들이 이 전통의 세목들을 의식하거나 이 세목들의 중요성을 의식하는 것은, 보통 이 세목들이 폐지되기 시작한 뒤에서라야 일어나는 일이다. 이는 가을바람이 불어 나뭇잎을 날려버리기 시작할 때 우리가 나뭇잎을 의식하는 것과 같다.
>
> We are conscious of these items, or conscious of their importance, usually only after they have begun to fall into desuetude, as we are aware of the leaves of a tree when the autumn wind begins to blow them off. (*ASG* 18)

그리하여 엘리엇은 영국의 국가체제가 직면한 위기를 극복하는 방도를 모색한다. 이런 모색은 『문화의 정의를 위한 각서』가 나오면서 시작된 것은 아니다. 엘리엇은 최초에 전통문제를 문학적 접근방식으로 다루기 시작했다. 실은 이 접근방식에서 출발하는 엘리엇 전통론은 『낯선 신들을 찾아서』(*After Strange Gods*, 1934)와 『기독교 사회의 이념』(*The Idea of a Christian Society*, 1939)이라는 사회비평 서적을 거쳐서 영국의 군주체제를 옹호하는 엘리엇 문화이념으로 이어진다. 이런 의미에서 그의 문화개념은 정치적 성격을 띤다.

사회비평에서 엘리엇은 영국이라는 "국가의 정체성"(Tamplin 118)을 찾고자 한다. 『낯선 신들을 찾아서』에서 엘리엇은 영국 고유의 전통에 따라 "전승된 사회이념에 도전"하는 영국 작가와 지역 사회를 본다. 엘리엇에 따르면 이런 도전은 개인주의 지향의 개별화로 "이탈하는 위험"을 드러낸다. 『낯선 신들을 찾아서』는 "전통과 사회 안정과 동질성으로 돌아가기를 호소"하는 엘리엇의 사회이념을 담고 있다(Tamplin 116). 영국이라는 국가를 구성하는 지역 사회가 개별화하는 양태로 분열하는 현상에 엘리엇은 민감하게 대처한다. 뿐만 아니라 개인을 구성단위로 하는 사회집단이라는 관념을 배격하고 "동일한 곳에서 살고 있는 동일한 사람들로 구성된 혈족관계"(*ASG* 18)라는 전통적 사회 실체를 그는 강조한다. 이 혈족관계에서 이탈하여 원시 신화적 인간상을 그리는 로렌스(D. H. Lawrence)는 당연히 엘리엇의 비판이라는 도마 위에 오르지 않을 수 없다.5) 엘리엇의 개인주의 비판은 이미 1920년대에 나타나기 시작한다. 「어빙 베빗의 인문주의」("The Humanism of Irving Babbit", 1928)에서 개인이라는 원칙에 입각한 베빗의 인문주의 사상을 엘리엇은 비판한다. "인문주의자는 개인주의자"이며 "오직 사적인 생각과 가치판단으로 자기를 통제한다"(*SE* 475, 476).

『기독교 사회의 이념』에서는 "반론 없는 종교적 전제 위에서 신학적 성격뿐만 아니라 사회적 정치적 성격"(Tamplin 117)의 논의가 전개된다. 이 논의에서 엘리엇은 자유주의가 저지르는 위험을 지적한다. 자유주의란 "전통적인 사회 관습과 사람들의 자연스런 집단의식을 해체하고, 이 집단의식을 개인을 위한 구성요소"로 바꾸어 놓는다. 뿐만 아니라 자유주의란 "자유주의 자체를 부정하는 길을 튼다"(*CAC* 12). 자유주의를 거부하는 엘리엇의 사고는 『문화의 정의를 위한 각서』에서 만하임의 "사회생활을 보는 원자적 안목"(atomic view of social life)(*NTDC* 37) 비판으로 나아간다. 만하임 안목은 사회 전체라는 숲을 보지 않고 개인이라는 나무를 보는 격이다. 엘리엇의 문화개념을 이해하자면 엘리엇과 만하임의 만남과 만하임의 사회이론을 살피고 넘어가야 한다.

3. 엘리엇과 만하임의 만남과 엘리엇의 만하임 비판

『문화의 정의를 위한 각서』 서문에서 엘리엇은 만하임에게 감사하는 마음을 털어놓는다. "만하임에게 진 빚은 내가 그의 이론을 검토하는 한 맥락에서 나타나는 것보다 훨씬 더 크다"고 엘리엇은 고백한다(*NTDC* 9). 그러나 아이

---

5) 아이로니컬하게도 엘리엇의 로렌스 비판은 "균형이 잡히지 않고 소란을 일으킨다"는 지적을 받았다. 엘리엇은 이 점을 "인지하였고 『낯선 신들을 찾아서』는 다시 간행되는 일이 없었다"(Bergonzi 30).

로니컬하게도 만하임 이론은 "엘리엇의 거부감을 자아낼 뿐만 아니라 엘리엇이 옹호하는 사회의 공익에 위협이 된다"(Chase 194). 도대체 만하임 사회 이론은 어떻게 형성되고 영국의 사회체제에 어떤 영향을 끼치고자 하는 것일까? 엘리엇 문화개념에 관한 논의에 앞서 나는 만하임 사회이론을 살펴보고자 한다. 이와 함께 엘리엇과 만하임의 만남이 이루어지는 계기도 살펴보고자 한다.

만하임은 1893년 헝가리 부다페스트에서 태어나서 부다페스트 대학을 다녔다. 대학 재학 중 그는 사회주의 성향을 띤 사회과학 연구 모임에 참석하는 한편 루카치(Georg Lukács)가 창립하고 지배하는 사회과학 연구 모임에도 참석했다. 1918년 말 루카치가 헝가리 공산당에 입당할 때 이 모임의 다수 회원들은 그의 뒤를 따르지 않았다. 이 연구 모임의 주관심사는 "정치가 아니라 철학, 문학, 종교" 연구를 통하여 "문화의 위기"와 "정신의 갱신 가능성" 문제였다(Simonds 3). 1919년 헝가리 소비에트 공화국(Hungarian Soviet Republic) 건립과 더불어 루카치는 곧 새 정부 문화 담당 부서의 차관(deputy Commissar for Culture)이 되었다. 그러나 이 공산주의 공동체 운명은 오래가지 않았다. 반혁명 정권이 들어섰다. "만하임과 수십만 명의 사람들은 죽음과 투옥되는 것을 피하여 망명길을 택했다"(Simonds 4). 만하임은 1920년 독일로 건너갔다.

만하임은 독일에서 지식 사회학의 틀을 세웠다. 이 틀의 하나에 따르면 인간의 사고는 사회라는 실체와 관계를 맺는다. 이 관계에 따라 경험세계의 대상은 다르게 보인다. 다른 하나는 만하임 이론의 특징을 나타낸다. 이 특징이란 지식의 타당성을 판단하는데 순수한 사고와 논리만으로 족하다는 기존의 인식론 비판이다. 이 비판에는 사회조건이 개재한다. 사회조건이라는 말에서 만하임의 용어, 즉 상황구속(situationsgebunden, situation-bound, 만하임 용어는 형용사) 또는 존재구속(Seinsgebundenheit, existentiality)[6]이라는 기초 개념이 탄생한다. 이들 개념은 사회상황의 변화에 따라 사람들은 생각을 바꾼다는 뜻이다. 이런 현상을 가리켜서 인간의 사고는 사회상황에 구속되는 것이라고 만하임은 말한다. 그의 주장은 사고와 실재(reality)의 일치가 아니라 사고와 상황의 일치다. 그러므로 시대가 바뀌면 인간의 사고방식과 존재방식은 달라

---

6) existentiality는 Simonds의 번역이다(Simonds 13).

질 수밖에 없고, 인간은 새로운 사회계획과 사회조직을 구상하지 않으면 안 된다. 이처럼 새로운 사회를 지향하는 의식의 형성과 사회조건의 관계라는 주제는 독일에서부터 영국에서 생을 마감할 때까지 만하임의 일관된 연구주제이다. 1933년 만하임은 다시 독일에서 런던으로 망명길을 떠나지 않으면 안 되었다. 그는 유럽 현대사가 낳은 "정치적 유목민"의 한 사람이다. 이런 상황을 안고서 그는 자기가 정착한 사회에서 "그 사회에 대한 새로운 전망"을 주는 "책임"을 다하고자 했다(Simonds 2). 처음에는 그의 사회이론이 독일 사상이라고 해서 영국 지식인들의 거부감이 거세게 일었으나, 이 거부감은 이내 사라졌다. 영국에서 펼친 그의 사회이론은 "독일의 사회문화 맥락 해부"에서 출발하여 영국의 [사회]맥락," 즉 영국의 경제문제와 사회문제라는 맥락 안에서 이루어지고 있다(Loader 149). 라스키(Harold Laski) 추천으로 만하임은 런던 경제대학(London School of Economics)에서 자리를 잡았다.

1938년 4월 영국 국교회 개혁파에 속하는 올댐(J. M. Oldham)이 토론회(The Moot)라는 이름의 모임을 조직하고 국교회에 소속된 사람들 외에 엘리엇, 머리(J. M. Murry), 독일 태생인 뢰베(Adolf Löwe)가 이 모임의 회원이 되었다. 회원들은 해마다 서너 차례 모여서 "유럽에서 일어나는 전체주의 정권"에 관심을 모았다. 이들 회원은 "기독교의 기본원리" 위에서 "유럽 민주국가들이 전체주의 정권의 대안이 될 믿음"을 제시하고자 했다. 같은 해 9월 제2차 모임에는, 이 모임의 회원이자 친구인 뢰베의 추천으로 만하임이 참석하여 정규회원이 되었다. 토론회는 "1947년 만하임의 죽음과 더불어 종지부를 찍었다"(Loader 151). 엘리엇은 『타임즈』지(The Times)에 만하임의 죽음을 애도하는 글을 실었다. "이 나라에서 짧은 기간 동안 거주하면서 만하임은 같은 세대 사람들에게 주목할 만한 영향을 끼쳤다. ... 사람들은 그의 말에 귀를 기울이는 열의를 보였다"고 엘리엇은 썼다(Loader 238 note 16에서 재인용).

만하임은 토론회의 중심인물로서 활동했지만, 이는 "만하임의 활동이 모든 회원들 활동 전반에서 중심역할을 담당했다는 의미가 아니다"(Kojecky, *Eliot's Social Criticism*, Loader 238 note 14에서 재인용). 1940년 토론회 회원 클라크 경(Sir Fred Clarke)의 주선으로 만하임은 런던 대학에 소속된 교육대학(Institute of Education)에서 강의를 맡기 시작하였다. 1946년에는 런던 경제대학을 떠나 교육대학에서 신설된 사회학과 교육학 교수직(Chair of Sociology and Education)에 취임했다. 영국에 거주하는 짧은 기간 동안에 그는 "영국의 교육자와 행정 담당자들 앞에서 강연하고 비비씨 강좌(B.B.C lectures)"에 나가기도 했다(Simonds 6). 만하임은 자신이 살고 있는 시대를 위기에 처한 시대로 진단한다. 그의 생각에 따르면 자유주의가 낳은 현대 사회는 통제 불가능한 사회가 되어서 자유주의의 대극인 전체주의적 독재가 탄생하기 십상이다. 민주주의 가치를 지키기 위해서는 전체주의에서 벗어나야할 뿐만 아니라 자유주의가 내포하는 약점에서도 벗어나야 한다. 이를 위한 실천 가능 수단으로 자유를 위한 계획 세우기를 만하임은 강력히 주장한다. 이 계획은 이를테면 생산과정처럼 삶의 객관적 양태를 통제함으로써 경제적 안정을 확보할 뿐만 아니라 사람들의 취미활동과 같은 주관적 추구에 자유를 줌으로써 문화창조를 조장하는 것이다. 이런 맥락에서 만하임은 민주화를 위한 일차적 수단인 교육에 관심을 기울인다.

만하임의 대표 저작은 『이데올로기와 유토피아』(*Ideology and Utopia*, 독일어 1929, 영역 1936)이다. 이 책에 따르면 인간의 지식 가운데서 특히 정치적 지식은 사회에서 일어나는 사태에 관련되는 이해관계에 좌우된다. 큰 사회계급, 즉 "부르주아 계급과 노동계급이 세상을 바라보는 눈과 활동은 이들 계급이 직면한 특수한 사회상황에 따라 결정된다." 그러나 엘리트라는 이름의 지식인들의 경우는 사정이 다르다. 이들은 이들대로 한 사회계층을 형성하면서도 "어느 특정 계급에 소속하지 않는다"(*IU* 140). 이들 엘리트의 출생은 상층계급에서 하층계급에 이르기까지 뒤섞여 있다. 만하임에 따르면 이 지식인 집단은 하나의 계급적 실체도 아니고 상층계급에 드는 계층도 아니다. 이 집단은 오직 교육이 제공하는 가치관으로 통합된 일종의 혼합계급이라는 실체이다7). 이 혼합계급의 유일한 공통분모는 교육이다. 교육은 이런 혼합계급의 사람들 사이의 경쟁적인 이해관계와 사회적 관심이 마주치는 터전을 형

---

7) 엘리엇에 따르면 엘리트라는 이름의 지식인들은 하나의 집단을 형성할 수 있어도, 이 집단이 곧 사회 계급은 아니다. 만하임은 "엘리트와 사회계급을 혼동하는 것 같다"고 엘리엇은 지적한다(*NTDC* 39).

성한다. 이 터전에서 혼합계급의 지식인들은 "의식하지 못하는 사이에 [상호 간의] 역동적 종합"(*IU* 142)에 이른다. 이들 사이에서 상충하고 경쟁적인 사회지식은 교육이라는 매개체를 거쳐서 사회의 공익을 위한 종합의 단계로 나아간다. 그러므로 이 혼합계급의 지식인들만이 모든 사회계층과 "친화"(*IU* 141)를 맺을 수 있는 위치를 차지하며, 현대 문화의 위기를 해결하는 데 기여할 수 있다.

만하임은 영국과 유럽이 직면한 상황에 관한 사회학적 견해를 묶어서『우리 시대의 진단』(*Diagnosis of Our Time*, 1943)이라는 영문(英文)판 책을 내놓았다. 교육, 자유를 위한 계획, 사회변화는 이 책의 주요 주제이다. 계획이란 "인간의 사고와 행동의 새로운 발전단계"로 나아가는 계획이다. 이 계획을 매개로 하여 만하임은 사회 재건을 촉진한다. 만하임이 주장하는 사회 재건이란 "인간의 사고와 행동의 재건을 전제한다"(Remmling 94). 하지만 이런 계획이나 재건에는 적절한 통제가 뒤따라야 한다. 현대 사회에서 적절한 통제를 받지 않는다면 여러 사회세력의 대립이나 결합은 재앙으로 치닫는다. 이 재앙을 방지하는 길은 교육을 통한 지식인, 즉 엘리트 양성이다. 이런 지식인 집단은 민주적 방법으로 선출되어, 중앙과 지방 사이에서 최선의 균형을 짜고 양질의 사회로 나아가는 길을 닦을 수 있다. 이 길을 닦는 데 중요한 것은 "자유를 위한 계획"이다. 자유를 위한 계획은 "민주적 절차에 따른 합의"의 산물이지만 "여러 부면에서 수정되고 새로이 발생하는 [사회]조건에 맞추어져야 한다"(*DOOT* 144). 이와 같이 새로운 사회상황이 발생하면 사람들은 새로운 사고방식과 행동으로 이 상황에 적극 대처하지 않으면 안 된다는 것이 만하임 논법의 요체이다.

엘리엇과 만하임의 의견대립은 두 갈래의 근원에서 생겨난다. 하나는 미래 사회를 위한 계획이라는 이름을 빌려 만하임은 자기 개성을 드러낸다. 그의 사회계획이란 "여러 사회적 가치들이 실질적인 합리성과 책임이 따르게끔 현대 사회에 적용되도록 하는 것이다"(Loader 153). 이런 사회계획이란 그 계획을 세우는 사람의 주관성에서 벗어날 수 없다. 이와는 달리 엘리엇은 개성을 드러내는 의식작용을 배제하고자 한다. 다른 하나는 엘리엇이 생각하는 그런 전통이 아니라 변화를 중시하는 만하임의 사회이론이다. 사회문제는 오직 의식적인 사회계획과 함께 사회의 잠재력 있는 여러 힘을 의식적으로 활용함으로써 해결될 수 있다고 만하임은 믿는다.『재건 시대의 사회와 인간』(*Man and Society in an Age of Reconstruction*, 1935년 화란에서 독일어 초판, 1940년 영역 증보판)에서 "새로운 형식의 정책은 훨씬 고차원의 의식수준, 즉 실험하고자 하는 열의를 지닌 의식수준에서 성공할 수 있다"고 만하임은 소신을 밝힌다(*MSAR* 7). 만하임 논법에 따르면 상황에 따라서 사람들은 생각하는 방식을 바꿀 줄 알아야한다. 새 시대에서는 종래와는 다른 사회상황이 나타난다. 이런 새 상황을 다스리기 위해서는 "우리 세대에 필요한 그런 사고를 추구하는 용기"(*MSAR* 143) 있는 사람이 있어야 한다. 용기 있는 사람들은 고도의 의식수준과 함께 사회계급에 따르는 제한을 뛰어넘은 사람들이다. 이들은 엘리트라는 이름의 교육받은 지식인들이며 미래의 희망으로 등장하고 "자유롭게 지적 문화적 삶의 꽃을 피울 수 있다"(*MSAR* 101). 이런 지식인 집단의 기능이 없다면 사회생활에서 "기회균등의 원칙은 성취능력을 평가하는 객관적 기준과 사회적 선택이라는 공정한 원칙과 결합될 수 없을 것이다. . . . 파시즘으로 전락하고 만다"고 만하임은 말한다(*MSAR* 92).

『재건 시대의 인간과 사회』에서 "객관적 기준과 공정한 원칙"이라는 말은 엘리엇의 민감한 반응을 자아낸다. 엘리엇 안목으로는 이런 말은 전통에 입각한 기존의 계급구조를 흔들어 놓는 위험한 말이다.『문화의 정의를 위한 각서』에서는 만하임이 말하는 사회변화와 미래의 삶의 방식변화에 대한 불안이 엘리엇 마음속에서 깊이 자리 잡고 있다. 만하임이 권장하는 엘리트 집단에 기대면 "급진적 사회변화"(*NTDC* 37)라는 불안이 일어난다. 엘리엇 논법에 따르면 지나간 문화와 새로운 문화를 비교하자면 "항구적인 기준"(*NTDC* 18)이 있어야 한다. 이 기준 없이 "문화의 발전을 위한 조건"을 생각한다는 것은 "망상"이다(*NTDC* 19). "문화의 조건이란 인간에게 자연스러운 것이다. 문화의 조건을 조성하기 위하여 우리가 할 수 있는 일은 별로 없다"고 엘리엇은 말한다(*NTDC* 20), 엘리엇 말은「전통과 개인의 재능」주제의 반복이다. 엘리엇은 개인의 완전성을 부정한다. 개인은 개성을 말살하고, 자기 자신보다 더 가치 있는 기준을 제시하는 전통을 터득해야한다고 엘리엇은 강조한다. 따라서 엘리엇이 내리는 결론은 간단하다. "문화란 우리들이 [주관적 의식활동을 통해서] 함부로 노릴 수 있는 것이 아니다"(NTDC 19). 그는 주관적 의식작용에서 오는 문화조작을 배격한다. 엘리엇과 만하임 논법을 견주어보자.

엘리엇은 철저한 전통론자이다. 그에 따르면 사회란 그 사회 자체의 삶을 나타내는 "문화의 대물림을 조성할 수 있는 구조체, 즉 유기적으로 계획될 뿐만 아니라 성장하는-구조체이다." 이 구조체가 기능을 다하자면 "사회계급의 존속"이 필수적이다(NTDC 15). 엘리엇에게는 이 존속은 "삶을 가치 있게" (NTDC 27) 하는 문화의 질을 규정하는 근거가 된다. 반면 만하임은 출생이나 재력에 바탕을 두는 사회계급이라는 관념을 거부한다. 그 대신 만하임은 엘리트라는 혼합된 계급집단 개념을 도입한다. 이 개념은 "사회계급을 기능집단으로 간주"하고자 하는 만하임의 시도를 나타낸다(Williams 235). 출생이나 재력이 아니라 교육을 통해서 얻은 능력을 발휘하여 현실사회에서 달성하는 성취능력을 이 기능집단은 강조한다. 이런 만하임 이론에 대한 엘리엇의 반응을 요약하자면 "사회를 보는 원자적 안목"(atomic view of society)(NTDC 37)으로 표현된다. 원자적 안목이란 "인간의 유용성을 경쟁의 방식으로 평가" 하는 "경제 중심의 개인주의 사상"이다(Williams 235-236). 엘리트 집단의 구성 원리란 세대가 바뀔 때마다 새 구성원이 들어서는 데에 있다. 이처럼 새 구성원으로 바뀌는 변화에는 전통의 연속에 대한 보장이 있을 수 없다. 엘리트 집단은 "전문 직업에 대한 관심이라는 공통유대로 구성된 개인들"의 집합체여서 "사회생활에서 응집력이 없다"(NTDC 47).

엘리엇은 만하임의 엘리트라는 개념이 초래할 사회변화를 우려한다. 만하임의 여러 주장들, 즉 엘리트라는 개념, 경쟁과 출세 지향의 개인주의는 사회에서 객관적 기준과 공정한 원칙을 내세운다. 만하임과는 달리 엘리엇이 강조하는 것은, 사회를 구성하는 사람들 삶의 전체적 양태라는 유기적 구조체이다. 이 구조체에서는 "수준이 다른 여러 문화가 존재한다." 이런 여러 수준의 문화전달을 보장하는 것은 "세대를 이어가면서 동일한 생활방식을 계승하는 가족집단들이다." 이들 집단 사이의 "완전한 평등이란 보편적 무책임"을 뜻한다

(*NTDC* 48). "계급 없는 사회, 엘리트가 전적으로 지배하는 사회"란 "믿을만한 근거가 없다"고 엘리엇은 말한다(*NTDC* 44). 그는 교육에 관한 만하임 생각에도 반기를 든다. 교육의 목적은 "지혜를 얻는 것"이지 숙달된 기술을 위한 "지식의 습득"이 아니라는 쪽으로 엘리엇생각이 기운다(*NTDC* 99). 지식 습득의 경향이 증가할수록 사람들의 경쟁심은 더욱 가열된다. 그 결과 사회의 응집력은 사라지고 문화의 토양은 조성되지 않는다. 이렇게 되면 "교육이란 사람들의 마음에 견딜 수 없는 부담을 준다. . . . 교육이란 너무 적게 받거나 너무 많이 받거나 불행을 낳는다"고 엘리엇은 말한다(*NTDC* 100). 엘리엇은 동시대 사람들의 지성을 신뢰하지 않는 듯하다. 1930년 영국 국교회 주교들이 모여서 「람베드 회의 보고서」("The Report of the Lambeth Conference")를 만들었다. 이 보고서에서 동시대 사람들의 발전적인 정신 변화 가능성을 주교들은 주장한다. 반면 엘리엇은 이런 변화 가능성을 인정하지 않는다. "왜냐하면 어느 세대에서나 지성적인 역동성을 갖춘 사람은 언제 어디서나 극소수이기 때문이다"라고 엘리엇은 말한다(*SE* 365).[8] 이와 같이 「전통과 개인의 재능」을 발표한 이후 엘리엇은 근대 역사가 낳은 개인의 주체성을 전반적으로 부정한다. 이 부정에 대한 엘리엇 대안은 개성배제와 전통으로 회기이다.

만하임은 만하임대로 비판의 도마 위에 오른다. 독일에 있을 때에 비하면 영국에 건너 온 이후 만하임의 사회이론은 사변적 성질이 많이 가신 것이 사실이다. 그래도 여전히 그의 이론은 "너무 사변적"이라는 꼬리표를 달고 있었다. 이런 평가에 대한 답변으로 영국의 사회학은 "지나치게 경험적" 성격을 띤다고 만하임은 지적한다. "이론적 요소를 강조하여 영국 사회학의 경험적 특성에 반대 작용을 가한다"는 것이 만하임 입장이다(Loader 174). 하지만 영국에서 펼친 사회계획과 사회재건에 관한 만하임 이론은 "주관적 성격" 때문

---

8) 엘리엇 교육관은 토론회(The Moot) 회원 모두와 동일 한 것은 아니다. 같은 회원이면서도 클라크 경(Sir Fred Clarke)의 『교육과 변화』(*Education and Change*, 1940)는 만하임 입장과 비슷한 내용을 담고 있다. 이 책에서 저자는 "교육과 사회제도의 상호의존"을 강조한다. 교육은 "사회를 움직이는 힘으로 작용하는 역할"을 담당해야 하고, "전통의 보존이 아니라 변화를 주도"하고, "자유롭고 다양성 있는 인격"을 길러야 한다고 저자는 주장한다. 저자인 클라크 경은 영국 교육제도를 비판한다. 영국의 전통적인 교육방식은 "사회의 주류에서 떨어져 고립되고 정지해 있는 상태"라고 그는 말한다(Loader 164에서 재인용).

에 "의도적 오류"(intentional fallacy)에 빠지기 십상이라는 지적을 면할 수 없다(송호근 300). 만하임 이론도 결국은 주관적 사고가 지배하는 가설적 진실 쌓기라는 이름을 떼버릴 수 없는 셈이다.

4. 『문화의 정의를 위한 각서』에서 개성배제와 전통

『문화의 정의를 위한 각서』는 만하임 사회 이론에 대한 엘리엇 응답으로 읽을 수 있다. 만하임의 문화 개념이란 현대의 사회학적 문화개념이어서 사회 변화의 메커니즘에 치중한다. 반면 영국 전통이라는 정신적 가치를 지키고자 하는 기치 아래서 엘리엇은 문화의 보존과 전승을 주축으로 하는 전통문제에 관심을 집중한다. 엘리엇이 보수주의자라면 만하임은 진보주의자에 해당한다. 그렇다면 만하임에 대한 엘리엇의 보수주의적 응답은 어떤 형식으로 구성되고 있는지 살펴보자. 「비평의 기능」을 읽어보면 엘리엇의 응답방식을 짐작할 수 있다. 「비평의 기능」에서는 새로운 작품이 초래하는 전통 질서의 변화에 관한 논의는 없다. 다만 전통 앞에서 작가의 자기 말살이 전면에 부상한다. 이런 가운데 엘리엇은 작품 제작의 원리를 비평이론에 적용한다. 전통이라는 실재(reality) 앞에서 작가가 개성배제라는 자기 말살을 수행하듯, 작가의 작품에 접근할 때 비평가의 개성배제가 요청된다. 이 요청을 통해서 "문학과 비평의 공동체"(SE 34)가 성립한다. 이 공동체 안에서 비평가는 자기 외부에 있는 무엇에 도달하는 가능성을 확실히 할 수 있다. 그러나 그는 이 무엇을 구체적으로 밝히지 않는다. 다만 그는 이 무엇이 들어맞는 "도식"(scheme)(SE 34)을 찾는다는 말로써 「비평의 기능」을 끝맺는다. 『문화의 정의를 위한 각서』 서두에서 그는 제사(題詞) 형식을 빌려 이 도식을 제시한다.

> 내 생각으로는 우리들 연구란 거의 무목적이어야 한다. 우리의 연구 소망이란 수학처럼 순수하게 추구하는 것이다.
>
> I think our studies ought to be all but purposeless. They want to be pursued with chastity like mathematics. (NTDC 13)

문화란 한 사회 전체 "사람들의 생활방식 전체"라는 실체를 뜻한다고 엘리엇은 말한다(NTDC 31). 이 생활방식 전체란 사회를 구성하는 사람들이 습득하고 터득한 관습, 도덕, 윤리, 예술, 신념을 포함한다. 엘리엇은 이처럼 "하나의 전체로서의 사회 패턴에서 [문화]를 보게 된다"고 말한다(NTDC 23). 그러나 방금 인용된 제사(題詞)에서 "무목적"이라는 말이 시사하듯 이 문화 패턴은 문화를 연구대상으로 하는 사람의 주관을 배제, 엘리엇 말을 빌자면 개성배제를 요청한다. 개성배제란 연구대상을 "의도적인 계획이나 조작"을 통해서 다루지 않는 법이다. 이는 화가가 그림을 그릴 때 오직 "캔버스에 관심을 집중"하듯 그 대상 자체에만 집중하는 것이다(NTDC 19). 이 집중이 엘리엇이 말하는 개성배제이자 무목적의 뜻이다.

문화라는 실재에 관심을 집중할 때 엘리엇이 최초에 직접 경험하는 것은 "사람들 삶의 전체적 양태"(NTDC 31)라는 유기적 구조체이다. 유기적 구조란 여러 고립된 요소로 구성되는 모자이크 형태의 총화가 아니라 하나의 전체로서 생명력을 지닌 실체의 성격을 띤다.『문화의 정의를 위한 각서』를 간행하기 몇 해 전에『기독교 뉴스레터』(Christian Newsletter)에서 "문화란 신이 아니면 어느 누구도 계획할 수 없다는 말을 할 수 있다"고 엘리엇은 말한다 (Mulhern 52에서 재인용). 이처럼 문화란 "우리들이 함부로 의도적으로 노릴 수 없다"(NTDC 19). 문화의 정의에 관하여 주관적 의식의 개입을 그는 경계한다.『문화의 정의를 위한 각서』에서 엘리엇은 문화라는 실체를 구성하는 여러 요인들을 열거한다. 말하자면 종교, 가정, 사회집단, 사회계급의 존속 같은 것들이다. 그러나 엘리엇은 이런 모든 요인들을 합쳐서 문화가 형성될 수 있다는 말을 하지 않는다. 다만 이런 문화형성의 조건이 될 요인들이 없다면 "고급문명을 성취할 수 있는 개연성은 없을듯하다"고 엘리엇은 말할 뿐이다 (NTDC 16). 엘리엇 말을 계속 인용한다.

> 문화란 우리들이 완전히 의식할 수 없다. 우리가 전체적으로 의식하는 문화란 결코 문화의 전체일 수 없다. 활력 있는 문화란 소위 문화라는 것을 조작하고 있는 사람들의 활동을 유도하고 있는 것이다.

Culture cannot altogether be brought to consciousness; and the culture of which we are wholly conscious is never the whole of culture: the effective culture is that which is directing the activities of those who are manipulating that which they *call* culture. (*NTDC* 107)

이처럼 엘리엇은 만하임과는 다른 입장을 드러낸다. 반면 엘리트라는 지식인 집단을 내세워 사회와 문화의 발전을 기대하는 것이 만하임 입장이다. 엘리엇에 따르면 전체로서의 사회문화를 배양한다는 것은 이치에 닿지 않는다. "문화를 구성하는 여러 조건이란 인간에게 자연스러운 것이고, 이 자연스런 조건들을 조성하기 위해서 우리가 할 수 있는 일은 별로 없다"(*NTDC* 20). 엘리엇은 자연스럽다는 말뜻을 '무의식적'이라는 뜻으로 풀이한다. "문화란 결코 의식세계로 끌어올 수 없다"고 그는 말한다(*NTDC* 107). 이처럼 문화란 인간의 주관적 행위로 함부로 다룰 수 없을 뿐만 아니라 규정할 수도 없다. 여기서 문화를 논의하는 비평가의 개성배제가 암암리에 요청되고 있음을 엘리엇은 시사한다.

『문화의 정의를 위한 각서』서두에서 엘리엇은 '무목적적인 연구'라는 말을 한다. 20세기 사상(思想)의 핵심 용어 가운데 하나로 '사물 자체로!'(To things themselves!)라는 구호가 있다. 엘리엇이 말하는 무목적적 연구란 이 구호에 가까운 뜻이다. 이 구호는 관념을 배제하고 사물 자체로 돌아가기를 호소한다. 사물 자체라는 개념을 "특별히 [엘리엇의] 주목을 끌어왔던"(*NTDC* 15-16) 사람들의 삶 전체에 우리는 적용해볼 수 있다. 사물 자체라는 개념에 따르면, 사람들의 삶 전체란 관념의 세계가 아니라 구체적 형상의 세계로서 드러내고자 하는 엘리엇 행위의 산물이 된다. 이때 이런 모습이 드러나도록 유도하는 것은 엘리엇의 마음이 아니라 눈이다. 그러나 엘리엇 눈은 **문화**의 모습 전체를 다 볼 수 없다. 그의 눈에는 시각적 한계가 있고, 이 한계는 그의 경험의 한계가 된다. 이 한계란 그의 "주목을 끌어왔던 것"(*NTDC* 15-16)에 한정됨을 말한다. 엘리엇은 이 한정된 세계를 구체적 형상으로 드러내고자 한다. 따라서 엘리엇은 주관성이 배제된 "**자연스런**"(*NTDC* 20) 형상이 독자 앞에 다 가서도록 한다. 다른 한편으로 문화란 정체된 것이 아니라 자체의 생명과 활력으로 시간의 흐름 속에서 바뀐 모습을 드러낸다. 이런 모습이 엘리엇 시각에 잡힌다. 이처럼 시간이라는 요인이 작용하는 모습을 엘리엇은 드러내어 밝힌다.

우리가 어느 정도 자신을 가지고 주장할 수 있는 것들이 있다. 즉 우리 자신의 시대는 쇠퇴의 한 시대이다. 문화의 기준은 50년 전보다 낮다. 이런 쇠퇴의 증거는 인간 활동의 모든 분야에서 눈에 보이게 드러난다.

We can assert with some confidence that our own period is one of decline; that the standards of culture are lower than they were fifty years ago; and that the evidences of this decline are visible in every department of human activity. (*NTDC* 19)

이 인용에서 현대 산업주의가 인간 정신에 끼친 피해가 엘리엇 눈앞에 선명하게 드러난다. 하지만 인간에게는 이런 산업주의 문화를 통제할 절대적인 힘이 없다. 그러므로 "시간이 가져올 수 있는 한 가지 확실한 것은 [과거의 가치관] 소실이다. 이 소실로 얻게 되는 것 또는 이 소실에 대한 보상은 항상 생각할 수 있지만 결코 확실한 것은 아니다"라고 엘리엇은 말한다(*NTDC* 25). 엘리엇은 문화의 조작을 경계한다. 엘리엇 말의 배후에는 만하임이 주장하는 사회계획에 관한 정면 반박이 숨어 있다. 문화를 만드는 조건은 인위적인 것이 아니라 "인간에게 자연스러운"(*NTDC* 20) 것이다. 이와 같이 엘리엇 입장과 만하임 입장은 극명하게 대조된다. "자연스럽다"는 말을 빌려 엘리엇은 자기 개성을 감추고자 한다. 반대로 사회계획이라는 말을 빌려 만하임은 자기 개성을 드러내고자 한다. 엘리엇에 따르면 인간이 내보이는 "열정과 목적이란 항상 일시적인 것이다"(*NTDC* 51). 그러나 이런 엘리엇 말이 인간의 의식작용 자체를 부정한다고 생각해서는 안 된다. 엘리엇 눈앞에 드러나는 사회구조란 정점에서 저변에 이르기까지 서로 다른 문화수준이 역동적으로 연속되는 계층을 이루고 있다. 이 '연속적 계층'이라는 말은 문화의 의미를 결정하는 엘리엇의 한 가지 방법이 된다. 그의 방법을 보자.

사회 전체의 문화란 하나의 큰 유기적 실체다. 어느 한 부분에서 작용이 일어나면, 이 작용은 여타 부분에 두루 영향을 끼친다. 이런 가운데 개인은 집단이나 사회계급에서 일어나는 일, 집단이나 계급은 사회 전체에서 일어나는 일 가운데 관심 있는 일에 참여하여, 이 관심사를 서로 평가하고 나누어 갖는다. 때로는 참여하는 집단 자체나 사회계층 자체 안에서 또는 집단들이나 사회계층들 사이에서 "갈등"(NTDC 24)이 일어날 수 있다. 뿐만 아니라 자기 정체성에 대한 의식이 강한 개인들 마음속에서는 "긴장"(NTDC 25)이 일기도 한다.

개인이나 집단 또는 사회계급이란 사회구조의 자연스런 부속물이다. 그러면서도 이 부속물들은 "문화를 성취하기 위한 의식적 목표"(NTDC 21)를 서로 달리한다. 문화성취의 열정에서 개인은 집단이나 계급보다 더 강하고, 개인과 집단 또는 계급의 열정은 사회 전체보다 더 강하다. 개인이나 집단 또는 사회계급 사이에서는 의식적으로 의도하는 정도에 따라 수준의 차이가 생긴다. 그렇다고 해서 "높은 수준의 사회계급이 낮은 수준의 사회계급보다 양적으로 더 많은 문화를 소유하는 것은 아니다. 높은 수준의 사회계급은 규모가 더 크고 자의식이 따르는 더욱 전문화된 문화를 대표할 뿐이다"(NTDC 48).

이런 가운데 사회 전체를 기준으로 볼 때 개인과 개인 사이, 개인과 집단 사이, 집단과 집단 사이, 계급과 계급 사이의 접촉이나 영향은 별로 의식하지 못하는 수준에서 이루어진다. 의식하지 못하는 수준이란 한 사회 전체 사람들의 주관성 지양, 즉 개성 배제를 시사한다. 이런 개성배제 과정을 거쳐서 사회 전체의 사람들은 그 사회의 문화 전체와 융합한다. 이와 같이 사회의 문화적 통합이란 "대체로 무의식"(NTDC 51) 수준에 머문다. 그렇다면 문화란 이처럼 사람들이 의식하지 않고 있을 때만 타당성을 얻는가라는 의문이 일어난다.

"[문화]란 한 국민의 모든 특징적 활동과 이해관계를 내포한다"고 엘리엇은 말한다(NTDC 31). 그는 사회생활에서 벌어지는 적극적인 의식활동을 포착한다. 그에 따르면 사회계급의 특징이란 "문화의 성취를 위한 의식적 목표"(NTDC 21) 설정에 좌우된다. 어떤 사회계급은 의식작용의 제한을 받지 않은 채 앞장서서 사회를 이끌면서 지배한다. 이런 계급은 특별한 전문 기량을 갖추고 있지만, 이 계급이 자체적으로 문화라는 "삶의 전체적 양태"(NTDC

31)를 만들지 못한다. 반면 낮은 수준의 계급은 의식작용의 제한을 받는다. 이 두 계급의 양태는 결국 사회통합이라는 안정된 현실에 이르고, 모든 사회 구성원들 사이의 접촉과 영향은 "대체로 무의식"(NTDC 51) 수준에 머문다. 이런 무의식 수준의 형태가 "자연스런"(NTDC 20) 삶의 전체적 양태이자 문화를 보는 엘리엇의 전체적 시각이 된다. 그의 시각에 따르면 이런 수준의 상태에서 문화는 성장하고 문화의 질서에 변화가 일어난다. 이런 관점에서 문화란 만하임이 주장하는 주관적인 인위적 계획 앞에 열려 있는 것이 아니라고 엘리엇은 주장한다. 엘리엇 논법에 따르면 지나간 문화와 새로운 문화를 비교하자면 "항구적인 기준"(NTDC 18)이 있어야한다. 이 기준 없이 "문화의 발전을 위한 조건"을 생각한다는 것은 "망상"이다(NTDC 19). "문화의 조건이란 인간에게 자연스러운 것이다. 문화의 조건을 조성하기 위하여 우리가 할 수 있는 일은 별로 없다"고 엘리엇은 말한다(NTDC 20)

『문화의 정의를 위한 각서』에서 인간의 생활양식 전체를 조망하는 엘리엇 태도는 주관성의 지양 외에 다른 하나의 논의, 즉 전통에 관한 사회학적 논의로 나아간다. 하지만 엘리엇의 사회학적 논의는 20세기 사회학이 나아가는 방향과는 거리가 멀다. 20세기 사회학에서 인간의 생활양식 전체를 보는 방법에 결정적인 영향을 끼치는 말은 산업주의이다. 사람들의 일상생활은 이 산업주의 영향에서 벗어나지 못하고 있다. 산업주의 영향으로 사람들의 일상적 사고에는 두 가지 중요 경향이 나타난다. 하나는 "[사회]변화에 관해서 무엇을 배우게 되는 것"이다. 이는 "사회 전체라는 복합적 체제에서 어느 한 요인의 변화는 사회 전체에 심각한 영향을 끼친다"는 사실이다. 다른 하나는 "삶에 관해서 산업주의가 우리에게 강요해왔던 견해는, 삶의 방식이란 결코 보편적인 것도 아니고 영속적인 것도 아니"라는 사실이다(Williams 229). 이 두 가지 중요 경향은 사람들 마음에 전에 없던 자의식을 심어놓는다. 엘리엇은 이런 자의식을 무척 경계한다. 이런 자의식이 "사회와 문화를 갈라놓는 것은 피할 수 없는 일"이기 때문이다(Chase 199).

만하임은 엘리엇과는 전혀 다른 생각을 품고 있다. 만하임에 따르면 사회란 엘리트 집단이 구제할 수 있다. 뿐만 아니라 고급 기술 관료로서 기능을 행사하는 엘리트들은 일상생활의 중요 국면에서 일어나는 혼란을 막을 수 있다. 반면 크리스 젠크스(Chris Jenks)에 따르면 엘리엇 눈에 비치는 현대 사회란 "공유된 가치관과 신념이 없고, 의미 공동사회를 실현하려는 노력은 점차 실패로 끝나고 만다." 그러기에 "문화형성의 심장부 기능을 맡은 언어와 의사전달 체계는 좀먹어 들어가고 있다. . . . 현대 미학은 차이와 새로움과 분열을 통한 창조를 강조한다"(Jenks 104). 이것이 엘리엇에게는 현대라는 시대가 앓고 있는 정신적 질환으로 나타난다. 선의로 해석한다면 이 정신적 질환이란 현대 사상이 낳은 "인습적 예지"(conventional wisdom)(Jenks 104)라고 바꾸어 표현할 수 있을 것이다. 하지만 엘리엇은 이 예지를 배격한다. 이 예지를 극복하는 길은 공유된 가치관의 전통이라는 기치를 내거는 일이다. 그러나 전통에 관한 물음은 상반된 두 가지 해답을 낳을 수 있다. 철학에서 이 물음은 이성(理性)의 문제에 속한다. 이 두 가지 해답이란 진리의 최고 결정 기관이어야 할 이성이 한 입으로 두 가지 말을 함으로써 사람을 기만함이다. 이는 심각한 문제가 아닐 수 없다. 칸트(Immanuel Kant)는 이성의 기만이라는 충격적인 사실을 발견했다. 이성의 기만을 두고 우리는 이성의 패러독스 또는 칸트의 용어를 빌려 이성의 안티노미(antinomy, 이율배반)라고 부른다. 『<존재와 시간> 용어 해설』에서 전통에 관한 하이데거(Martin Heidegger) 견해가 다음과 같이 소개된다. 우리는 이를 칸트의 이율배반 현상, 달리 말해서 오늘날의 해체론 방식으로 읽어볼 수 있다.

> 전통 속에는 어떠한 방식으로든 그 유래와 원천이 숨겨져 있다. 그리고 철학적 탐구는 전통의 지배를 거슬러서 바로 이러한 전통 속에 숨겨진 시원적(始原的) 경험들과 가능성들을 발견하여, 이를 오늘의 우리에게 생산적이고 긍정적으로 되돌려 주어야한다. 이런 작업은 해체를 통해서 수행된다. (이기상, 구연상 245)

이 인용에서 하이데거의 '해체'라는 말을 살펴보자. 우리는 흔히 전통의 연속과 단절이라는 말을 한다. 엄밀히 말해서 단절이란 전통과 결별이 아니라, 전통을 새로 우리 것으로 만들기를 뜻한다고 보아야한다. 역사의 각 시대는 서로 이질적인 성격을 띤다. 그렇다고 각 시대를 전통과 단절이라고만 말할 수 없다. 하이데거는 이 단절을 두고 "전통을 [새로] 근원적으로 우리 것으로 만들기"라고 말한다(Heidegger 262). 하이데거에 따르면 전통의 해체 또는 단절이란 말은 전통을 말살하는 것이 아니라, 전통을 새로운 방식으로 계승하여 우리 것으로 새로 만들기이다. 하이데거에 따르면 이것이 우리들이 역사 발전에 참여하는 길이다.

이런 방식으로 전통을 해석한다면, 만하임 사회이론은 새로운 방식으로 서양의 문화전통을 계승한다고 말할 수 있다. 새로운 사회상황이 발생하면 사람들은 새로운 사고방식으로 이 상황에 적극 대처한다. 만하임에 따르면 각 시대마다 자체의 독자적 사고 스타일을 개발한다. 그러나 이런 개발의 와중에서 한편으로 보수주의 경향과 다른 한편으로 변화를 지향하는 경향이 충돌을 일으킨다.『이데올로기와 유토피아』(*Ideology and Utopia*)에서 이 충돌은 보수주의를 지향하는 '이데올로기'와 변화를 지향하는 '유토피아' 사상의 충돌이라고 만하임은 말한다. 이때 엘리트라는 지식인 집단은 이 충돌을 종합하여 현실성 있는 생활태도에 가장 가까운 근사치를 제공한다. 만하임은 엘리트 집단을 매개체로 하여 역사발전의 길에 들어서고자 한다. 그러나 만하임 사회이론은 "사회변화에 집중"하고 "미래와 변화에 이르는 요인들을 과대평가 한다"(Stark 151). 만하임 입장은 엘리엇에게 사회 안정을 뒤흔들 "급진적인 사회변화"(*NTDC* 37)라는 불안을 자아낸다. 엘리엇 입장에서 본다면, 만하임 주장대로 엘리트 집단을 매개체로 하는 "문화의 민주화계획이란 문화기준의 희석화와 쇠퇴로 나아가고 만다"(Jenks 105).

문화란 인위적으로 조작될 수 없다고 엘리엇은 주장한다. 문화가 성장하자면 적절한 조건이 갖추어져 있어야 한다. 문제는 어떻게 그런 조건을 만드는가이다. 엘리엇이 얻은 해답은 과거의 값진 문화유산과 가치관을 전승하는 영국의 문화전통이다. 엘리엇 논법에 따르면 끊임없이 변화하는 세계에서 문화의 원동력은 전통의 보존에서 생겨난다. 시간의 흐름 속에서 문화란 새로운 방식으로 자체의 모습을 드러낸다. 그러나 이 새로운 모습이 구조와 맥락을 갖추자면 "과거의 문화가 드러낸 최선의 모습과 생활방식이 유지되어야 한다.

전통이란 케케묵고 숨 막히는 그런 것이 쌓여있는 증상이 아니라 현재에도 적절하게 사용되게끔 과거로부터 내려오는 것을 보존한다"(Eliot, "The Frontiers of Culture," Weidner 3에서 재인용). 영국의 사회전통 속에서 오랜 뿌리를 내리고 있는 것 가운데 특히 엘리엇의 주목을 끄는 것은 개인, 집단 또는 계급, 하나의 전체로서의 사회라는 세 가지 역동적인 연계 계층이다. "개인의 문화는 집단이나 계급의 문화에서 분리될 수 없고, 집단이나 계급의 문화는 사회 전체의 문화에서 분리될 수 없다"(NTDC 24). 개인의 문화는 집단이나 계급의 문화와 상관관계를 맺고, 집단이나 계급의 문화는 사회 전체의 문화와 상관관계를 맺는다. 가장 근본적인 것은 사회 전체의 문화이다. 사회란 그 사회 전체의 삶을 담는 "문화의 대물림을 조성할 수 있는 것, 즉 유기적으로 계획될 뿐만 아니라 성장하는-구조체이다." 이 구조체가 기능을 다하자면 "사회계급의 존속"이 필수적이다(NTDC 15).

엘리엇은 계급의 존속에 관한 의의를 밝힌다. 한 국가나 특정 사회의 "문화 전체 가운데 한 특정 계급에 속하는 문화 부분을 유지하는 기능은 그 특정 계급의 몫이다"(NTDC 35). 이처럼 각 사회계급은 자체의 문화를 가지고 그 계급 자체 안에서 문화를 전달한다. 엘리엇 관심을 끄는 "중요한 것은 '정점'에서 '저변'에 이르기까지 여러 문화수준의 연속적 단계를 이루는 사회구조"이다. 귀족계급은 타 계급보다 높은 위치에서 "더욱 자각적이고 전문적인 문화를 대표한다"(NTDC 48). 문화를 보는 엘리엇의 눈은 계급에 따라 구분되고 '정점'이라든가 '저변'이라든가 하는 이름의 계층적 연속체인 문화 모습에 집중한다. 정점의 귀족계급 문화는 하위문화와 섞이는 바 없이 서로 연계되는 형식으로 존속한다. 이런 형식으로 귀족계급의 문화는 사회의 지배 문화로 자리를 확보한다. 이 같은 문화형식 속에서 엘리엇은 개인의 역할을 다음과 같이 규정한다. "내가(엘리엇) 상상하는 사회에서 개인은 자기가 물려받은 사회 지위에 따라 공동체에서 크고 작은 책임을 진다"(NTDC 48). 이 말은 사회적 지위에 연관되는 기능인으로서의 개인에 관한 엘리엇 생각을 나타낸다. 이 이상의 것을 추구하는 개인에 대해서 엘리엇은 다음과 같이 경고한다.

모든 인간이 만사에 평등한 책임을 지는 민주 사회가 있다면, 이는 양심 있는 사람에게는 압제가 되고 그 밖의 사람들은 방종에 빠지게 만들 것이다.

A democracy in which everybody had an equal responsibility in everything would be oppressive for the conscientious and licentious for the rest. (*NTDC* 48)

엘리엇은 민주주의 사회를 불신한다. 이 인용이 시사하는 바는, 개인이란 공동체 안에서 사회적 지위를 계승하는 기능의 소유자에 지나지 않는다. 엘리엇은 개인주의와 자유주의를 배격한다. 전통 앞에서 주체 개념으로서의 개인의 존엄성은 지양되고, 개성배제와 전통이라는 엘리엇 기초 개념이 전면에 부상한다.

5. 결론

문학 비평에서 엘리엇의 입장은 "19세기 역사주의가 도달한 가치의 무정부 상태에 대한 반발"이다. 그가 주창하는 것은 "절대적인 가치위계에 대한 새로운 신념"이며 "고전주의 부활"이다(Wellek 46). 호머 이후의 유럽 문학 전체와 시인의 자국 문학은 "동시적으로 존재하고 동시적 질서를 구성한다"고 엘리엇은 말한다. 그의 말은 문학의 무시간성을 공식화하는 것이고, 이 공식화를 "역사의식"(historical sense)이라고 그는 말한다(*SE* 14). 자신의 개성을 감추는 엘리엇에게는 항상 이 같은 역사의식이 작용한다. 이 역사의식이라는 말은 그에게는 "고전주의와 전통에 부치는 다른 하나의 이름"이다(Wellek 47). 엘리엇의 문학관은 20세기 전반기에 영미 문화권 비평가들에게 커다란 영향을 끼쳤다. 하지만 이 같은 영향은 시와 문학비평에 국한된다. 엘리엇의 사회비평에 이르면 사정은 달라진다.『문화의 정의를 위한 각서』에서 엘리엇은 문화라는 이름을 빌려 사회와 인간이라는 대단히 복합적인 문제를 다룬다. 이 책을 내놓기에 앞서『낯선 신들을 찾아서』에서 "시 쓰기에서는 현실을 다루는 데에 열중하지만 산문 쓰기에서는 이념에 열중한다"고 엘리엇은 말한다(*ASG* 28).『문화의 정의를 위한 각서』제2판(1962) 서문에서 이 이념을 밝히는 일에 관하여 엘리엇은 이렇게 말한다.

> 사람이 성숙하고 더 큰 세상 경험을 쌓아가는 사이에, 세월은 문학 분야의 취미와 견해보다는 사회적 정치적 문제에 관한 안목에 훨씬 더 큰 변화를 가져오지 않을까 싶다.
>
> As a man matures, and acquires greater experience of the world, the years may be expected to bring about even greater changes in his views on social and political matters than in his tastes and opinions in the field of literature. (*NTDC* 7)

세월과 더불어 사회적 정치적 문제에 관한 안목에 훨씬 더 큰 변화가 다가올 개연성을 엘리엇은 예상한다. 하지만 같은 책 서문에서 왕당파에서 영국의 군주국체제를 옹호하는 입장으로 바뀌었노라고 엘리엇은 말할 뿐이다. 이 말에서 현대 영시(英詩)형식의 재건이라는 과업을 완수한 엘리엇과는 전혀 다른 엘리엇 모습이 드러난다. 시와 사회비평 형식을 빌린 산문을 통해서 우리는 엘리엇의 두 갈래 모습을 발견한다. 하나는 시의 수사학적 장치를 통해서 걸러져 나오는 시인 엘리엇의 모습이다. 다른 하나는 사회비평에서 현실 사회의 이념을 말하는 엘리엇 모습이다. 사회이념을 말하는 엘리엇에게는 영국의 권위와 전통을 둘러 싼 위기의식이 감돈다. 이 위기의식이 그를 영국이라는 군주국가 체제를 옹호하는 방향으로 기울게 했으리라고 짐작된다. 영국 사회를 조망하는 엘리엇은 사회계급의 존속을 강조한다.

서양 근대사에서 탄생한 개념들, 이를 테면 개인주의와 자유주의에 대하여 엘리엇은 심한 거부 반응을 드러낸다. 자유주의란 "전통적인 사회관습을 해체하고 사람들의 자연스런 집단의식을 개인적인 구성요인으로 만든다." 뿐만 아니라 "자유주의는 자유주의 자체를 부정하는 길, 즉 인위적이고 기계화되고 야만적인 통제의 길을 튼다"(*CAC* 12). 엘리엇의 요지는 자유주의란 권위, 전통, 확립된 오랜 가치관에 대한 공격이다. 엘리엇에 따르면 자유주의란 우리에게 아무것도 제시할 것이 없다. 영국에서 그가 기대는 곳은 영국의 사회전통이다. 영국의 전통 속에서 "내가(엘리엇) 상상하는 사회에서 개인은 자기가 물려받은 사회 지위에 따라 공동체에서 크고 작은 책임을 물려받는다"고 엘리엇은 말한다(NTDC 48). 엘리엇 말에 따르면 개인의 주된 임무란 공동체 안에서 사회적 지위를 물려받는 기능이라고 우리는 말할 수 있다. 우리는 엘리엇 말을 현대 관리 사회의 통속적 인간관이라고 해석할 수 있다. 이 해석을 요약해 말한다면 세상에서 개인의 생존 의의란 세속 사회 안에서 개인이 물려받는 지위에 있다. 이런 점에서 개성배제와 전통이라는 엘리엇 기초 개념은 역사의 변화와 발전의 문제를 등한시한다는 지적을 면할 수 없다. 그렇다면 현재의 시점에서 이 기초 개념의 의의를 우리는 다시 검토해보아야 할 것이다.

엘리엇의 문학사상은 현대 시형식의 재건이라는 혁신적인 요인을 지니고 있다. 하지만 사회비평에서 엘리엇의 사고방식은 혁신적 성격과는 거리가 있다. 그는 동시대의 역사에 전혀 참여한 바가 없는 듯한 인상을 준다. "문화와 평등주의가 충돌을 일으키는 일이 충격을 준다면, 출생의 이득"이라는 말이 "소름끼치는 소리"로 들린다면 "그런 사람에게 내[엘리엇]는 문화에 대하여 입에 발린 말을 중지할 것을 요청한다"고 엘리엇은 말한다(NTDC 16). 오늘의 사회현실에서 본다면 엘리엇 말은 전혀 의미 없는 말이다. 하지만 엘리엇이 걸었던 철학과 문학의 길에서 본다면 우리는 의미를 찾을 수 있을 것이다.『문화의 정의를 위한 각서』는 문화개념의 정립을 통하여 영국의 전통적 군주체제를 옹호하려는 엘리엇의 정치적 정체를 드러낸다. 그러나 엘리엇의 정치적 정체라고 해서, 이 정체가 그의 문학사상과는 동떨어진 것이라고 생각해서는 안 된다. 뿐만 아니라 이 정체는 엘리엇의 철학사상에 뿌리를 내리고 있다.

엘리엇의 정치적 사고란 현실 정치 이전의 "전정치적"(前政治的, pre-political) 영역에 머물고 있다. 이 영역은 "철학과 상상력 활동"을 통하여 현실 사회와 정치에 끼치는 "영향을 행사"하는 영역이요 "정치적 사고가 뿌리를 내리고 자양분을 얻는 영역"이다(TCTC 144). 이 영역은 현실사회의 "사회적 정치적 영역"과 "일상생활의 이해관계에서 벗어난" 영역이다(Habib 2110). 전

(前)정치적 사고란 정치적 사고의 길잡이가 될 "항구적 기본원리"(*TCTC* 139)를 생각한다. 이 항구적 기본원리를 이해하자면 우리는 먼저 엘리엇의 철학으로 되돌아가야 한다. 엘리엇의 철학 수업이 그로 하여금 시인이 되게 했다고 말할 수 없을지라도, 철학은 "장차 생성해 나올 특유한 시인이자 비평가"라는 엘리엇을 결정하는 데 중요한 역할을 했다"(Bolgan 256). "엘리엇의 시 구성원리뿐만 아니라 그의 문학비평에서 드러나는 중요한 비평개념 배후에는 브래들리(F. H. Bradley)의 정신이 있다"(Bolgan 252). 브래들리에 따르면 인간의 "전달 가능한 인식체계에서는 불가피하게 모순이 발생한다.... 주어와 술어로 구성되는 형식의 사고(predicative thought)는 본질적으로 자기모순을 드러낸다"(Stock 103). 부자는 돈으로 돈을 모은다는 말을 생각해 보자. 이 말은 일리 있는 말인 듯하지만, 그 내면을 캐보면 모순을 안고 있다. 이 말은 사회적 약자들의 분노를 자아내는 말이다. 이런 현상을 두고 칸트(Immanuel Kant)는 이성의 이율배반이라고 말한다. 하지만 한 시대가 바뀔 때마다 앞서 간 시대의 사고방식은 비판의 도마 위에 오른다. 새 시대의 정신에서 보아 앞서 간 시대의 사고방식은 자기모순을 드러낸다는 점에서 브래들리의 말은 설득력을 갖는다. 앞서 간 시대의 사고방식은 특정한 시대가 낳은 주관적 사고방식이어서 한시적일 수밖에 없다. 이 한시적 성질을 극복하자면 개인주의적 개별화를 추구하는 주관적 관념을 배제, 즉 개성을 배제하고 전통이라는 이름의 길을 찾는 데서 가능하다고 엘리엇은 확신한다.

인간은 서로 독자적인 개체이면서 "의미의 공동사회"(community of meaning)(*KE* 161)를 추구해야 한다는 것이 엘리엇의 사회이념이다. 하지만 현실적으로 이 이념으로 가는 엘리엇의 길은 철학을 떠나서 서양의 문학전통에서 찾을 수밖에 없다. 엘리엇의 관념철학은 전통에 이르는 길 모습을 구체적으로 제시하시 못한다. 엘리엇에 따르면 개성배제와 전통이라는 개념은 동전의 양면, 즉 "다른 모습에서 파악하는 동일한 관념"(Habib 165)이다. 문학의 길에 들어선 엘리엇에게 전통은 "진리에 가장 가까운 근사치를 제공한다"(Perl and Tuck 163). 엘리엇에게 전통이란 "무화에 관한 초월적 자아(cultural transcendent ego) 역할을 행사한다"(Habib 167). 따라서 개성배제와 전통이라는 개념은 포스트모더니즘 용어로 초월적 기의(超越的記意, transcendental signified), 즉 엘리엇의 문화개념과 문학비평이 항상 의존하지 않으면 안 되는 참조처(reference)가 된다. 「비평의 기능」("The Function of Criticism", 1923)에서 "공통 원칙"(common principles)(*SE* 29)과 "진정한 판단의 공통된 추구"(common pursuit of true judgement)(*SE* 25)라는 말은 이 개성배제와 전통이라는 "초월적 자아"(Habib 용어)가 낳은 산물로 보아야할 것이다. 따라서 공통원칙과 진정한 판단의 공통된 추구라는 말은 개인주의와 자유주의의 배격을 전제한다.

엘리엇에게 시란 "현재를 구제하기 위한 폭 넓고 야심 찬 기획의 일부"이다. 특히 「비평의 기능」은 "엘리엇의 종교, 문학, 정치에서 행위의 통일을 나타내는 선언"이다(Habib 211). 이 기본 개념이 정치적 성격을 띠게 된 데에는, 엘리엇이 젊었을 적에 프랑스 작가이자 정치 이론가 모라스(Charles Maurras)로부터 받은 영향과 깊은 관련이 있다. 애셔(Kenneth Asher)에 따르면 엘리엇 문학사상은 그의 정치적 사고에 앞서서 독자적으로 성장한 것은 아니다. 프랑스의 보수적 사상가들, 특히 모라스의 정치적 비전에서 엘리엇 시와 산문의 사상적 틀이 잡히기 시작했다(Asher 2-3참조). 엘리엇이 모라스로부터 배운 것은 고전주의 옹호론이다. 프랑스에서 "고전주의라는 말은 1789년 혁명에 대한 광범위한 반감"을 내포한다. 이 반감은 "사람들로 하여금 낭만주의와 민주주의에 반대하는 대열에 들게 한다." 프랑스 보수파 사상가들에 따르면 "낭만주의란 프랑스 혁명을 낳은 정신적 질병"이다. 뿐만 아니라 이들 보수 사상가들이 내거는 기치란 "문학에서 라틴(Latin) 전통, 왕당주의(royalism), 엄격한 계층적 사회조직과 이 조직의 정점에 자리 잡은 세습적 귀족사회"이다(Asher 8). "이런 [보수주의] 이데올로기는 엘리엇의 비평과 시와 극의 틀을 형성한다"(Asher 9).

엘리엇은 이론의 틀을 갖춘 체계적인 글을 쓰지 않았다. 하지만 그의 글을 한데 모으면 "종합적인 문학이론, 영문학의 새 지도, 특징적인 역사철학"이 된다(Wright 166). 엘리엇의 시와 산문은 현대 정신과 현대 역사의 무질서를 폭로하고 우리들이 상실한 질서의 세계를 동경한다. 이 동경은 그를 고전주의로 돌아가게 만든다. 엘리엇에 따르면 고전주의란 과도한 이성적(理性的) 행위도 아니고 과도한 감성적 행위도 아닌 중간의 길을 가는 것이다. 이 길을 '감수성 통합'(unified sensibility)의 길이라고 엘리엇은 이름 붙였다. 동시에 고전주의란 전통이라는 외부 권위에 기대는 자기 규율을 의미한다. 이로써 개성배제와 전통이라는 기초 개념의 확립을 엘리엇은 보게 된다. 이는 엘리엇의 강점이면서 동시에 현재의 시점에서 엘리엇의 약점이기도 하다. 오늘의 시점에서 본다면 한편으로 "지나치게 단순화되고 하나로 통제된 단일 기둥의(monolithic) 전통" 개념과 다른 한편으로 문학의 무시간성을 공식화하는 "무시간적 순간들의 패턴으로 이루어지는 관념론적 역사관"에서 이 기초 개념은 생겨난다(Wright 167). 따라서 엘리엇의 기초 개념은 이제 역사를 이해하는 유용한 방법도 아니고 문학해석의 유용한 기초도 아니다. 하지만 "현대의 무질서, 특히 과학, 자유주의, 휴머니즘이 초래하는 무질서에 대한 깊은 우려를 드러내는 특유한 시인의 [시작(詩作)과정에서 이어지는] '작업장 비평'(workshop criticism)"(Wright 167)의 소산으로 이해한다면, 엘리엇의 기초 개념은 우리에게 여전히 의미를 던져주고 있다.

인용문헌

이기상, 구연상. 『「존재와 시간」의 용어 해설』. 서울: 까치, 1998.
송호근. 『칼 만하임의 지식사회학 연구』 서울: 홍성사, 1983.
Asher, Kenneth. *T. S. Eliot and Ideology*. Cambridge: Cambridge UP, 1995.
Bergonzi, Bernard. "Leavis and Eliot: the long road to rejection." *Critical Quarterly* 26, 1 and 2 (Spring and Summer 1984): 21-43.
Bolgan, Anne C. "The Philosophy of F. H. Bradley and the Mind and Art of T. S. Eliot: An Introduction." *English Literature and British Philosophy: A Collection of Essays Edited with an Introduction*. Ed. S. P. Rosenbaum. Chicago and London: The U. of Chicago P, 1971. 251-277.
Chase, William M. *The Political Identities of Ezra Pound and T. S. Eliot*.

Stanford: Stanford UP, 1973.

Dawson, Christopher. "Mr. T. S. Eliot on the Meaning of Culture." *The Month* 1 (1949): 151-157.

Dray, W. H. "Holism and Individualism in History and Social Science." *The Encyclopedia of Philosophy IV*. New York: Macmillan & The Free P, 1967. 53-58.

Eagleton, Terry. "Nudge-Winking." *London Review of Books*. 19 September 2002. http://72.14.235./04/search?q=cache:OB6yAhKUwKQJ: www.lrb.co.uk/v24/n18/e. . . . 1-8.

Eliot, T. S. *After Strange Gods: A Primer of Modern Heresy*. London: Faber and Faber, 1934. [ASG로 표기]

_____. *Christianity and Culture: The Idea of a Christian Society and Notes toward the Definition of Culture*. New York: Harcourt Brace, 1976. [CAC 로 표기]

_____. *For Lancelot Andrewes: Essays on Style and Order*. London: Faber and Faber, 1928. [FLA로 표기]

_____. *Knowledge and Experience in the Philosophy of F. H. Bradley*. New York: Farrar, Straus, 1964. [KE로 표기]

_____. *Notes toward the Definition of Culture*. 2nd ed. London: Faber and Faber, 1962. [NTDC로 표기]

_____. *Selected Essays*. 3rd ed. Faber and Faber, 1951. [SE로 표기]

_____. *To Criticize the Critic and Other Writings*. London: Faber and Faber, 1965. [TCTC로 표기]

Habib, M. A. R. *The Early T. S. Eliot and Western Philosophy*. Cambridge: Cambridge UP, 1999.

Heidegger, Martin. *Being and Time*. Tr. John Macquarrie and Edward Robinson. New York: Harper and Row, 1962.

Jenks, Chris. *Culture: Key Ideas*. London and New York: Routledge, 1993.

Loader, Colin. *The Intellectual Development of Karl Mannheim*. Cambridge: Cambridge UP, 1985.

Mannheim, Karl. *Diagnosis of Our Time: Wartime Essays of a Sociologist*. London: Routledge, 1943. [DOOT로 표기]

_____. *Ideology and Utopia: An Introduction to the Sociology of Knowledge*. Tr. Louis Wirth and Edward Shills. London: Routledge & Kegan Paul, 1936. [IU로 표기]

_____. *Man and Society in an Age of Reconstruction: Studies in Modern Social Structure*. Tr. Edward Shills. London: Routledge, 1940. [MSAR로 표기]

Mulhern, Francis. *Culture/Metaculture*. London and New York: Routledge, 2000.

Perl, Jeffrey and Tuck, Andrew P. "The Significance of T. S. Eliot's Philosophical Notebooks." *T. S. Eliot: Essays from Southern Review*. Ed. James Olney. Oxford: Clarendon, 1988. 157-177.

Remmling, Gunter W. *The Sociology of Karl Mannheim*. London: Routledge & Kegan Paul, 1975.

Simonds, A. P. *Karl Mannheim's Sociology of Knowledge*. Oxford: Clarendon, 1978.

Stark, Werner. "Mannheim, Karl." *The Encyclopedia of Philosophy V*. New York: Macmillan & The Free P, 1967. 151-152.

Stock, Guy. "Introduction to the Argument of Bradley's Metaphysics." *F. H. Bradley. Writings on Logic and Metaphysics*. Ed. James W. Allard. Oxford: Clarendon, 1994. 103-114.

Tamplin, Ronald. *A Preface to T. S. Eliot*. London and New York: Longman, 1988.

Weidner, Scott. "T. S. Eliot: Poet and Critic as Historical Theorist." http://www.loyno.edu/history/journal/1992-3/weidner.htm. 1-9.

Wellek, René. *Concepts of Criticism*. Ed. Stephen G. Nichols, Jr. New Haven

and London: Yale UP, 1963.
Williams, Raymond. *Culture and Society 1780-1950*. Penguin Books, 1958.
Wright, Iain. "Eliot, Thomas Stern." *A Dictionary of Cultural and Critical Theory*. Ed. Michael Payne. Oxford: Blackwell, 1996. 166-167.

T. S. 엘리엇과 "악숑 프랑세즈"의 정죄

| 노저용 |

1

T. S. 엘리엇은 자신이 편집해서 1927년 11월에 출간한 『월간 크라이테리언』(*The Monthly Criterion*)지의 「논평」("A Commentary")을 통해 지난 10년을 회고하며 동시대 문인들에게 가장 큰 흥미를 유발시킨 세 가지 사건은 "러시아혁명", "이태리의 정치적 변신", 그리고 바티칸에 의한 "악숑 프랑세즈(*Action Française*)의 정죄(定罪)"(385-87)라는 견해를 밝혔다. 이 견해에 부연하여, 그는 러시아혁명은 유럽인들의 관심을 동양으로 돌리게 하는 계기를 제공했고, 이태리의 정치적 변신은 서구 유럽의 정부형태에 관해 관심을 집중시켰으며, "악숑 프랑세즈"의 정죄는 자유와 권위에 관한 문제를 제기 했다고 주장했다. 그 후, 이 세 사건 중에서 엘리엇이 즉각적이며 적극적으로 깊은 관심을 갖고, 역사적 사건의 추이를 살피면서, 자신의 입장을 표명한 것은 "악숑 프랑세즈" 정죄에 관한 사건이다. 사실, 그는 성공회 기관지인 『교회 타임즈』(*The Church Times*)와 『크라이테리언』지를 통하여 유럽을 논쟁의 소용돌이로 몰아넣은 바티칸의 "악숑 프랑세즈" 정죄에 대한 논쟁에 적극적으로 참여했고, 또 바티칸의 정죄에 대한 반항으로 "악숑 프랑세즈"를 지지하는 입장을 표명했다. 제1차 세계대전 이후 10년을 통하여 엘리엇이 가장 주목할 만한 사

---

* 이 글은 『T. S. 엘리엇 연구』 10 (2001)에 영문 「T. S. Eliot and the "Action Française" Condemnation」으로 게재된 논문으로써 번역 후, 수정·보완된 것임.

건 중의 하나로 여겼던 "악숑 프랑세즈"의 정죄가 그로 하여금 문학 외적인 사회, 정치, 종교에 대한 관심을 증폭시킨 사건이라고 볼 때(엘리엇은 1928년에 자신의 입장을 문학에 있어서 고전주의자요, 정치에 있어서는 왕당파요, 종교에 있어서는 앵글로 가톨릭이라고 천명했다.), "악숑 프랑세즈"와 엘리엇의 관계에 대한 연구는 그의 지적 배경과 발전을 살펴볼 수 있는 지극히 중요한 주제이나 엘리엇 연구에 있어서 극히 소홀하게 다루어졌다.1) 이러한 인식에서 본 연구는 "악숑 프랑세즈"와 그 지도자 샤를 모라스(Charles-Marie-Photius Maurras, 1868-1952)의 저서에 대해서 바티칸이 정죄한 배경과 그 정죄가 불러 온 논쟁을 통하여 엘리엇이 "악숑 프랑세즈"와 그 지도자를 어떻게 옹호했는지를 살펴보는 데 있다. 이러한 시도는 윌리엄 체이스(William Chace)가 엘리엇의 정치사상을 면밀하게 고찰하는 것이 쉽지 않다고 언급한 것(xvii)과는 정반대로 엘리엇의 정치사상이 뿌리를 박고 있는 근거를 명확하게 드러낼 수 있다는 점에서 그 의의가 크다고 할 수 있다.

2

교황 피우스 11세(Pius XI, 1857-1939)가 공식적으로 "악숑 프랑세즈" 운동의 창시자요 지도자였던 모라스의 몇몇 저서와 그 운동의 기관지인 『악숑 프랑세즈』(*L'Action Française*)를 가톨릭 신자가 읽는 것을 금지시키고 또 "악숑 프랑세즈" 운동에 참가하는 것조차 금지시킨 칙령을 포고한 날은 1926년

---

1) 엘리엇의 지적, 정치 사상적 일면을 다룬 주목할 만한 학자와 저서들은 다음과 같다. Herbert Howarth, *Notes on Some Figures Behind T. S. Eliot* (London: Chatto & Windus, 1965), 175-8; John D. Margolis, *T. S. Eliot's Intellectual Development: 1922-1939* (Chicago: Chicago UP, 1972), 87-99; William M. Chace, *The Political Identities of Ezra Pound & T. S. Eliot* (Stanford, California: Stanford UP, 1973), 140-1; Michael North, *The Political Aesthetic of Yeats, Eliot, and Pound* (Cambridge: Cambridge UP 1991), 106-19; Peter Dale Scott, "The social critic and his discontents", *The Cambridge Companion to T. S. Eliot*, ed. A. David Moody (Cambridge: Cambridge UP, 1994), 63-5; Kenneth Asher, *T. S. Eliot and Ideology* (Cambridge: Cambridge UP, 1995), 35-59; Jason Harding, *The Criterion: Cultural Politics and Political Networks in Inter-War Britain* (Oxford: Oxford UP, 2002), 180-1.

12월 29일이었다. 비록 교황청이 공식적인 정죄선고를 1926년에 와서 선포했지만, 사실상 모라스가 쓴 몇 권의 저서와 1899년에 창간되어 격주로 발행되었던 『악숑 프랑세즈 리뷰』(Revue de l'Action Française)와 1908년부터 그것이 일간지로 발간된 『악숑 프랑세즈』 신문은 금독 되어도 마땅하다는 논의가 교황청에서 이루어진 것은 13년 전인 1913년 겨울이었다(Gwynn 1928, 62-6). 『악숑 프랑세즈의 정죄』(The "Action Française" Condemnation)의 저자 데니스 권(Denis Gwynn)는 당시 교황이었던 피우스 10세(Pius X, 1835-1914)는 1914년 1월 29일에 모라스의 몇몇 저서와 『악숑 프랑세즈 리뷰』의 독서를 금지키는 것이 마땅하다고 판단하여 그러한 결정에 분명히 재가했다는 것이다. 금독서로 지정된 최초의 모라스의 저서는 『천국으로 가는 길: 신화와 우화』(Le Chemin de Paradis: mythes et fabliaux, 1895), 『앙티네아: 아테네에서 플로렌스까지』(Anthinéa: d'Athènes à Florence, 1901), 『베니스의 연인들: 조르쥐 상드와 뮈세』(Les Amants de Venise: George Sand et Musset, 1902), 『세 가지 정치사상: 샤토브리앙, 미슐레, 생트뵈브』(Trois Idées Politiques: Chateaubriand, Michelet, Sainte-Beuve, 1898)이었고, 또 『종교적 정치』(La Politique Religieuse, 1912), 『만약 무력으로 정권쟁취가 가능하다면』(Si le coup de force est possible, 1924)과 『지성의 미래』(L'Avenir de l'Intelligence, 1905)도 금독서 목록에 포함되어야 한다는 주장이 있었던 것으로 알려졌다. 그리하여 1926년에 바티칸에서 모라스의 정죄를 공식적으로 공포했을 때, 금독서로 지정된 것은 네 권의 초기 저서 외에 세 권의 저서를 추가하여 모두 일곱 권이었다. 이들 중 『지성의 미래』는 1905년에 출판된 저서로서 엘리엇이 어빙 배빗(Irving Babbitt)의 권고를 받아들여 파리 유학을 했던 1911년도부터 그가 읽었던 책이며, 그의 사상에 주춧돌이 된 것 중 하나였다(Menand [54]-75). 그리하여 1926년에 엘리엇 자신이 편집을 하고 있던 잡지 『크라이테리언』의 제호를 바꾸어 『신 크라이테리언』(The New Criterion)으로 출판하게 되어 새로운 편집 원칙을 밝혀야 했을 때, 그는 『신 크라이테리언』이 지향해야 할 경향을 예시하는 저서 중 한 권으로 모라스의 이 저서를 뽑았다. 그 이유는 『지성의 미래』가 "이성의 더 높고 명확한 개념을 보여줄 뿐만 아니라 이성에 의해 감성이 엄격하고 명료하게 지배당하고 있다는 것을 보여주고 있기 때문"("The Idea of a Literary Review" 5)이라고 밝혔다. 이 같이 이성에 바탕을 둔 엘리엇의 고전주의는 모라스가 문화의 야만성에 반하여 고대 희랍의 문화를 찬양하고, 문학과 예술비평에 있어서 미학의 고전화를 그의 정치철학의 출발점으로 삼은 것과 맥을 같이 한다고(DeLeonibus 1-15)할 수 있다.

모라스의 저서와 『악숑 프랑세즈 리뷰』가 죄를 받아 마땅하다고 바티칸측에서 밝힌 이유는 다음과 같다(Gwynn 1928, 51-95). 비록 모라스는 프로방스에서 대학교육까지 가톨릭교육기관에서 교육을 받았지만, 대학을 졸업하고 파리로 진출하면서 교회로부터 멀어졌다. 그리하여 그는 신앙에 있어서는 불가지론자요, 무신론자임을 자처하면서 고대 희랍의 이교사상을 찬미하는 몇 권의 저서를 썼다. 또 그는 당시의 프랑스 문학과 사회를 철저하게 연구하여 프랑스혁명(모라스는 그 혁명을 유태인적인 함의를 가진 영국과 독일의 영향에서 비롯된 산물로 보면서 그것을 프랑스혁명이라고 부르는 것조차 거부했다.)에서부터 비롯된 민주주의가 프랑스를 망치게 한 주원인이라는 이론을 발전시켰다. 특히 그의 정치철학은 프랑스의 혁명에 반대했던 보수적 반혁명주의 사상가들인 조제프 드 메스트르(Joseph de Maistre), 조제프 르낭(Joseph Ernest Renan), 히폴리트 텐(Hippolyte Taine), 모리스 바레스(Maurice Barrès), 오귀스트 콩트(Auguste Comte) 등에 기초를 두었다. 모라스의 주장은 프랑스혁명으로 잘못된 국가를 구제하기 위해서는 프랑스가 다시 왕정체제로 복귀해야만 한다는 것이 핵심이다. 당시 정부체제인 제3공화정부가 프랑스의 전통을 보존하고 있는 가톨릭 교회에 대하여 적의를 가지고 있는 것을 간파한 모라스는 독실한 가톨릭 신자들과 상류 귀족층의 지지를 받아 공화정에 대항하여 왕정 복구를 주창했으며, 곧이어 그는 자신의 왕권복구 프로그램에 호응하는 작가, 지식인, 정치인들을 규합하여 왕정복구 세력의 중심인물이 되었다. 점진적으로 왕당파 지지 세력이 팽창하자 그는 정당뿐만 아니라 정치학파도 설립했고, 그 정치학파는 정기적으로 강의, 선전, 연구회, 공공 활동, 시사 논쟁 등을 조직적으로 수행했으며 "악숑 프랑세즈"라고 칭한 정치활동을 통하여 "통합적 민족주의"(integral nationalism) 사상을 전개하였다. 이런 활동을 전개하면서 모라스는 자신의 활동이 공화정 정치인들에게 대항해서 가톨릭 교회를 옹호하기 위한 것이라고까지 주장했다.

가톨릭 프랑스의 전통에 호소하고, 가톨릭 교회의 적(敵)인 공화정부로부터 교회를 보호하는 데에 기초를 둔 모라스의 왕당파 정치 프로그램은 두 말 할 필요 없이 가톨릭 교회로부터 많은 지지를 얻었다. "악숑 프랑세즈"를 지지했던 가톨릭 교회의 후원자들은 가톨릭 교회에 대하여 공개적인 탄압을 자행해 온 공화정부의 정책을 잊지 못하는 주로 나이 많은 성직자들이었다. 또 모라스를 지지한 명문 집안은 대부분 옛 왕정에 대한 향수를 잊지 못하는 전통적으로 가톨릭교를 신봉하는 귀족계급이었다. 모라스는 귀족 출신도 아니었고, 더욱이 가톨릭교인도 아니면서 독실한 가톨릭 보수주의자들의 앞날을 예언하고 이끄는 지도자 노릇을 한 것이다.

반가톨릭적인 공화정부에 맞서 가톨릭 교회를 옹호했던 "악숑 프랑세즈" 운동이 가톨릭 신자에게 유해하므로 탄압되어야 한다는 비난이 일기 시작한 것은 다름 아닌 가톨릭 교회 내부로부터였다. 일찍이 1910년, 파리 가톨릭 대학의 학장이었고 동시에 소와송(Soissons)의 주교였던 피에르-루이 뻬슈나르(Pierre-Louis Péchenard, 1842-1920)는 모라스와 "악숑 프랑세즈"에 대해 대담한 비판을 서슴지 않은 리라스(Lilas) 교구 사제인 아베 피에르(Abbé Pierre)에게 다음과 같은 서신을 보낸 바 있다.

> 본인은 잔인무도한 교리의 실험실에 대해 당신이 용감하게 폭로한 것을 얼마나 고맙게 여기고 있는지 말하고 싶습니다. 무신론, 유물론, 성스러운 우리 종교에 대한 경멸, 예수 그리스도를 향한 분노, 모든 기독교적인 덕행에 대한 모독, 온갖 욕정·환희·야망·오만에 대한 찬미, 폭력에 대한 숭배, 모든 약한 것들에 대한 억압. 미안한 말씀이지만, 그들은 이런 온갖 부정적인 것들과 폐허 위에 정치적 체제를 세울 것을 꿈꿉니다. 또 그들은 우리가 그와 같은 괴기한 것들 앞에 머리를 숙일 것을 강요할 것입니다!
>
> I wish to tell you how grateful I am to you for your courageous exposure of that laboratory of abominable doctrines: atheism, materialism, contempt for our holy religion, outrage to Jesus Christ, insult to all the

Christian virtues, the glorification of all the lusts, of pleasure, of ambition, of pride, the cults of force, the oppression of all that is weak. And to say that they dream of building a political regime on these negations and these ruins, and that they would force to bow before such monstrosities![2]

위 글과 유사한 맥락에서 "악숑 프랑세즈" 운동의 규제를 강력하게 요청한 또 다른 사람은 다름 아닌 모라스의 옛 스승인 프레쥬(Fréjus)의 주교 쟝·뱁띠스뜨 길리베르(Jean-Baptiste Guillibert, 1842－1926)였다. 그 누구보다도 모라스를 잘 알고 평가할 수 있는 위치에 있었던 그는 1913년 12월 17일에 교황에게 보낸 서신에서 다음과 같이 모라스를 비난했다.

 . . . .모라스는 어린 아이로서, 학생으로서 자신이 교육을 받고, 청각장애자였기에 개인적인 어려움 속에서 온갖 특별한 교육의 혜택을 입은 교목 사제들과 가톨릭 교회로부터 의도적으로 절연했습니다. 그리고는 자신이 이교도 철학과 도덕의 신봉자라고 스스로 공언했습니다. 그리고 자신의 말을 수정할 어떤 기미나 후회도 없이, 그는 되풀이하여 교황님과 프랑스의 가톨릭 교회가 자신을 가톨릭 교회의 이익을 대변하는 투사로 여겨줄 것을 호소합니다.

 . . . . that M. Maurras had deliberately repudiated the Catholic Church, in which he had been educated, and to whose ministers he owed all his education as a boy and as a student, under exceptional personal difficulties due to his deafness; and that he had openly proclaimed himself a believer in pagan philosophies and morals; yet without the smallest sign of recantation or regret he appeals again and again to the Holy See, and to the Church in France, to regard him as being the champion of her interests. (Gwynn 58)

이런 긴밀한 항의 서한에 기초하여 1914년 1월 15일 바티칸에서 모라스의 저서에 대한 정죄를 논의하는 회의가 개최되었고, 그 회의는 모라스의 저서를 금서목록에 올리는 데 합의했다. 그러나 금독령을 언제 선포할 것인가에 관한 권한은 교황에게 남겨두었다. 그러나 교황 피우스 10세는 독서를 금지하는 칙

---

[2] Monsignor Féchenard, "Letter to Abbé Pierre," cited in *The Condemnation of Action Française*, ed. and trans. Leo Ward (London: Sheed and Ward, 1928), 53.

령을 선포하지 않은 채 1914년 8월 20일에 서거하였다. 그 뒤를 이은 교황 베네딕트 15세(Pope Benedict XV, 1854-1922)는 제1차 세계대전의 발발로 "악숑 프랑세즈"에 관한 일보다 훨씬 더 급박한 일들에 몰두하게 되었고, 교황의 금독령 선포는 좀 더 적절한 시기에 하기 위해 유보되었다. 그러나 피우스 10세를 뒤이은 베네딕트 15세도 생전에 결코 금독령을 선포하지는 못한 채 1922년에 세상을 떠났다. 그리하여 1914년에 교황 피우스 10세가 재가한 네 권의 저서에 세 권을 추가하고, "악숑 프랑세즈"의 일간 신문까지 포함시켜 드디어 1926년에 와서야 피우스 11세가 모라스를 정죄하는 금독령을 선포하기에 이르게 된 것이다.

아이러니컬하게도, 모라스의 저서가 가톨릭 신자들의 금서로 바티칸에 의해서 최초로 판결된 이후 약 10여 년은 "악숑 프랑세즈" 운동이 가톨릭 신자들 가운데에서 전성기를 누린 시기였다. 즉 "악숑 프랑세즈" 운동은 프랑스의 가톨릭 교회의 부흥에 지대한 도움을 주었을 뿐만 아니라 그 운동의 최고 지도자인 모라스는 앙리 마시(Henri Massis)나 자크 마리탱(Jacques Maritain)과 같은 젊은 가톨릭 지성인들 사이에서도 당대 최고의 가톨릭 사상가로 인식되었다. 그들에게 일간지『악숑 프랑세즈』는 가톨릭 교회의 이익을 옹호하는 유일한 가톨릭 기관지로 여겨졌다. 심지어 벨기에 출신인 추기경 요셉 메르시에(Désiré-Joseph Mercier, 1851-1926)는 모라스의 저서에 찬사를 보내는 일에 주저함이 없었고, 특히 후일 금독 목록에 오른 그의 저서『세 가지 정치사상』, 『지성의 미래』,『종교적 정치』를 때때로 자신이 즐겨 읽었다는 사실을 모라스에게 보낸 서한에서 밝히기도 했다(Weber 224). 추기경 메르시에가 때때로 탐독했다는 모라스의 세 저서들은 1914년에 이미 바티칸에 의해 금서로 지정된 것들이었다.

1925년도에 이르러 "악숑 프랑세즈"의 영향은 노동자 계급이나 청소년들의 선도를 위한 가톨릭 조직 깊숙이 파급되었다. 그리하여 가끔 가톨릭 사회 봉사원들이 민중의 적인 파시스트들을 왕당파 당원들과 동일시되기도 했다. 왜냐하면, 가톨릭 교회의 조직적이고 훈련된 힘이 가끔은 윙딩과 당원들이나 "왕의 행상"(Camelots du roi)에 의해 제공되었기 때문이다. 그리하여 노동자들을 선교하던 예수회 사제들은 그들에게 가까이 접근할 수조차 없었다. 왜냐하면, 노동자들의 시각에서 보면, 교회와 "악숑 프랑세즈"는 동일한 것으로 보였기 때문이다(Weber 226). 그리하여 1926년에 교황 피우스 11세가 금독령을 선포하게 된 보다 직접적인 원인은 벨기에의 한 가톨릭대학 학부생들에게 실시한 설문조사에서 모라스가 당대의 가장 영향력 있는 작가로 선정되었다는 사실이 알려졌기 때문이다. 퀀에 의하면, 1926년에 교황 피우스 11세가 모라스를 정죄하는 칙령을 공포하게 된 직접적인 배경은 다음과 같다.

첫째, 몇몇 서로 다른 이유에 근거하여 '악숑 프랑세즈'와 가톨릭 교회가 분리될 수 있도록 공식적인 교황의 개입이 있어야 한다는 강력하고 급박한 탄원이 프랑스로부터 있었다. 둘째, 제1차 세계대전 이후 교황의 평화 정책과 '악숑 프랑세즈'의 격렬한 정치, 독일에 대하여 원한 깊은 증오를 교리로 설파하는 '악숑 프랑세즈'의 태도는 교황의 그것과는 정면으로 배치되는 것이었다. 좀 더 구체적으로 얼마 동안 '악숑 프랑세즈'는 파리에 있던 교황청의 특사인 체레티(Ceretti) 추기경에 대하여 신상에 관한 중상모략과 포악한 타도를 자행했었다. 셋째, 이교도의 원칙에 그의 믿음을 표명했고, 비신자인 모라스가 우연히도 벨기에서 가톨릭 학생들에게 본받을만한 스승으로 알려졌다는 점. 그 점에 대한 응답은 그에게 압도적으로 적대적이었다. 그로 인해 벨기에 고위 성직자들이 모라스와 그의 가르침을 막을 수 있게 명확한 선언을 하도록 로마 교황청에 긴급하고 지속적인 탄원을 했다는 것. 후일 교황으로 하여금 결정적인 조처를 취하도록 한 것은 바로 벨기에서 제출한 이 탄원 때문이었다고 신도들을 알현하는 자리에서 교황이 밝혔다고 보드리라르 주교에게 신도들이 말했다는 것이다.

In the first place, strong and most urgent representations were made to the Holy See from France on a number of different grounds, to beseech a formal intervention which would dissociate the Church from the 'Action Française'. Secondly, the 'Action Française' with its violent politics and its gospel of implacable hatred against Germany, had adopted an attitude which was in direct conflict with the pacificatory efforts of the Holy See since the war; and more particularly the 'Action Française' had been for some time conducting an outrageous campaign of personal calumny and misrepresentation against the Papal Nuncio in Paris, Cardinal Ceretti.

Thirdly, it had become known in Belgium almost by accident that M. Maurras, as a non-Catholic who professed his belief in pagan principles, as a desirable master for Catholic students; and the answer was overwhelmingly hostile to him. The Belgium hierarchy hereupon made such urgent and insistent appeals to Rome for a definite pronouncement against M. Maurras and his teaching that the people afterwards said to Mgr. Baudrillart at a private audience that it was this appeal from Belgium that decided him to take action. (Gwynn 97-8)

교황 피우스 11세의 지시에 따라 "악송 프랑세즈" 운동과 그 지도자들에게 비난의 화살을 직접적으로 날린 최초의 사람은 보르도(Bordeaux)의 대주교, 추기경 폴랭-피에르 앙드리외(Paulin-Pierre Andrieu, 1849-1935)였다. 아이러니컬하게도, 추기경 앙드리외는 오랜 기간 동안 "악송 프랑세즈"와 아주 친밀한 관계를 유지해 왔었고, 펜이 칼보다 더 가치가 있다고 하면서 종종 모라스를 칭찬하였다(Weber 230). 그러했던 그가 교황의 지시에 따라 그의 교구에 속하는 보이스카우트와 그들의 부모들에게 "악송 프랑세즈"에 관련된 어떤 질문에 대한 회답에서 "악송 프랑세즈"가 가르치는 것은 무신론, 불가지론, 반기독교주의, 반가톨릭주의, 개인과 사회에 대한 반도덕성이며 또 불의와 폭력으로써 이교도주의의 복구를 가르치는 것이 "악송 프랑세즈"의 지도자들이 가르치는 것이니 그들에게 귀를 기우려서는 안 된다고 말했다(Weber 231)는 것이다. 비록 앙드리외 추기경의 발언은 "악송 프랑세즈"의 지도자들을 통칭해서 비난한 것이지만, 사실은 모라스를 지목하여 한 말이었다. 추기경의 예기치 않은 비난은 "악송 프랑세즈" 운동의 지도자들로부터 즉각적인 반격을 불러왔다. 그들은 교황이 정치적인 목적으로 왕당파 운동을 비난했다고 항의하면서 온갖 정치적 중상을 가하는 것을 주저하지 않았다. 1926년 12월 20일, 교황 피우스 11세는 가톨릭 신자들에게 "악송 프랑세즈"에 대한 지원과 모든 관계를 절연할 것을 종용하는 최후통첩을 보냈다. 이 통첩에 항거하여 "악송 프랑세즈"의 일간지는 그 다음 날 교황의 최후통첩을 게재함과 동시에 「우리는 할 수 없다」("Non Possumus")라는 도전적인 제목의 성명서를 발표했다. 권에 의하면, 그 성명서의 내용은 다음과 같다.

지금 프랑스가 처한 입장에서 본다면, '악숑 프랑세즈'를 죽이는 행위는 순수하거나 원론적으로도 종교적인 조처가 아니다. 그것은 근본적으로 정치적인 행위이고, 프랑스에 중대한 손상을 초래할 행위로써 치명적인 상처를 줄 것이다. 그러한 행위에 호의를 가지는 일은 프랑스를 배신하는 일이다. 우리는 배신자가 되지 않을 것이다. 독실한 가톨릭 신자들이 현재 우리가 처한 위치에 있다면 통렬하게 고통스러운 일이다. 아들이 아버지의 명령에 복종하지 못하는 것은 고통스런 일이다. 그러나 그에게 복종하기 위하여 우리는 친족 살해에 비견할 만한 범죄를 범할 수는 없다. 아들에게 그의 어머니를 살해하도록 요구하는 아버지, 아니 그것과 조금도 다를 바 없는, 어머니가 살해되도록 허락하는 것은 존경스럽게 들릴지도 모른다. 그러나 아들은 복종할 수 없다. 거부함으로써 우리는 훌륭한 가톨릭 신자가 되는 것을 그만둘 수 없다. 그러나 만약 우리가 복종한다면, 프랑스가 최악의 위험에 처했을 때, 우리는 훌륭한 프랑스 인이 되는 것을 포기하는 일이 될 것이다. 왜냐하면, 정부에 의해서 배신당해 온 프랑스는 프랑스의 모든 자녀들로부터 용기와 지성과 정력을 필요로 하기 때문이다. 이 때, 우리는 복종하지 않는다. 우리가 처하게 된 양심의 이 가공스런 상태를 우리가 조장하지 않은 것처럼, 이 국가적 위기도 우리가 조장하지 것은 아니다. 뒤따르는 의무가 아무리 힘들다고 하더라도 그것이 우리의 의무이다. 우리는 그것을 완수할 것이다. 우리의 심장에 상처를 안고 그러나 머뭇거리지 않고, 우리는 끝까지 그것을 이룰 것이다. 우리나라를 우리는 배신할 수 없다. *우리는 할 수 없다.*

In the situation in which France now stands, the act of killing the 'Action Francaise' is not purely, nor even principally, a religious act; it is primarily a political act, an act which would bring grave injury to France, it would injure her mortally. To favour that act would be to betray her. We will not be traitors. For sincere Catholics it is atrociously painful to be placed in our present situation; it is painful for sons to be obliged to disobey the injunctions of a Father. But in order to obey him, we cannot undertake to commit a crime which would be comparable in its gravity to a crime like parricide. The father who asks of his son to kill his mother, or-what comes to the same thing-to allow her to be killed, may be heard with respect, but he cannot be obeyed. We cannot cease to be good Catholics in refusing, but were we to obey we would cease to be good Frenchmen, at a time when France, confronted with the worst dangers, because she has been betrayed by her government, has need of the courage, the intelligence, and the energy of all her children. This time we have not done it. We have no more created this national crisis than we have created this fearful case of conscience to which we have been reduced. However hard for us may be the resulting duty, it is our duty. We are fulfilling it. With a wound in our hearts, but without faltering, we shall accomplish it to the end. We will not betray our country. *Non possumus.* (Gwynn 197-8)

뒤이은 논쟁에서 "악숑 프랑세즈" 측은 교황의 간섭을 월권행위라고 집요하게 주장함과 동시에 "악숑 프랑세즈"의 정죄를 단순히 종교적인 문제로 보지 않고 바티칸의 정치적 개입으로만 간주했다. "악숑 프랑세즈"의 이런 공공연한 저항이 교황청으로 하여금 1926년 12월 29일 자로 모라스의 저서와 『악숑 프랑세즈』 일간지에 대해 금독 조처를 단행하는 데 결정적인 요인으로 작용한 셈이다.

3

교황의 "악숑 프랑세즈"에 대한 정죄선포는 프랑스뿐만 아니라 가톨릭계 전체에 큰 혼란과 지대한 반향을 불러일으켰고, 특히 영국에서의 논란은 프랑스의 그것과 별로 다를 바 없는 격렬한 것이었다.3) 즉, 영국의 로마 가톨릭 캠프와 성공회에서는 "악숑 프랑세즈"에 대해 바티칸이 내린 정죄를 공식적으로 지지했으나, 가톨릭이 아닌 문인들과 지식인들은 물론 심지어 몇몇 성공회 성직자들까지도 "악숑 프랑세즈" 편을 지지하는 것을 주저하지 않을 정도로 혼란을 야기(惹起)시킨 사건이었다. 이러한 세기적 논란이 영국으로 파급되었을 때, 엘리엇도 이 논쟁에 적극적으로 참여했다. 이 논쟁에서 그가 어떤 입장을 취했는지를 살펴보는 일은 모라스가 그에게 미친 영향을 가늠해 볼 수 있는 계기를 제공한다고 할 수 있다. 엘리엇이 공개적으로 모라스의 사상과 "악숑 프랑세즈"를 옹호하는 글을 처음으로 기고한 것은 1928년 2월 17일

---

3) 영국에서 바티칸의 "악숑 프랑세즈"의 징죄에 관한 논평과 논쟁을 다룬 저널은 *The Outlook, The month, The National Review, Blackwood's Magazine, The Nineteenth Century and After, The Church Quarterly Review*와 *The Monthly Criterion* 등이다.

자에 발행된 영국국교의 기관지인 『교회 타임스』의 사설에서 익명의 필자가 바티칸의 선포를 지지하면서 "악송 프랑세즈"의 두 최고 지도자인 모라스와 도데(Léon Daudet, 1849-1935)를 다음과 같이 맹렬하게 비난한 데서 비롯된다.

바티칸과 파리의 '악송 프랑세즈'와의 논쟁은 진정 유럽 전역에 걸쳐 심오한 의미를 갖는다. 영국에서는 전혀 불필요하고 과열된 논쟁이 몇몇 사실들을 흐리게 해 온 일은 유감스럽다. '악송 프랑세즈'는 샤를 모라스와 레옹 도데가 이끄는 왕당파요, 민족주의 일간지이다. 모라스는 아주 저명한 작가이지만, 교회에 대하여 일언반구의 경의도 표하지 않은 이교도이다. 그러나 그의 격렬한 반 공화정치에 대한 선동으로 그는 프랑스 가톨릭 신자들로부터 상당한 지지를 얻은 인물이다. 도데는 이름뿐인 가톨릭 신자다. 그는 몇 권의 애정 소설을 쓴 작가이기도 하지만, 명백하게 약간 정신이 나간 사람이다. 프랑스 가톨릭계에서 가장 훌륭한 모든 것과 실질적으로 전 교회 성직자들이 이 무모한 정치적 투기에 의한 신앙의 착취를 개탄하고 비난해왔다. '악송 프랑세즈' 지를 질책한 교황의 처사는 명백히 옳은 일이다. 교황의 비난은 선동적으로 알려진 것처럼, 교회가 프랑스 왕권주의에 적의를 가졌거나 프랑스 국민의 적절한 요구에 적의를 가져서가 아니라 가톨릭주의가 가장 거칠고 해로운 민족주의와 연계된 것으로 보일는지도 모른다는 공포 때문에 그러하다. 모라스의 관점에서 보면, 교황의 과실은 지속적으로 대담하게 로카르노 조약을 지지해 왔다는 점에 있다. 교황은 추기경 가스파리, 체레티와 더불어 선량한 유럽인의 역할을 수행한 것이다. 훌륭한 유럽인이라면 프랑스의 적임이 틀림없다는 악마의 교리를 모라스는 설교하고 있는 것이다.

The controversy between the Vatican and the Paris *L'Action Française* has a real European significance, and it is regrettable that a quite unnecessary and overheated controversy in England should have obscured the facts. *L'Action Française* is a royalist and Nationalist newspaper, conducted by M. Maurras and M. Léon Daudet. M. Maurras is a writer of very great distinction, a pagan who does not pay even lip homage to the church, but who has contrived to attract a considerable section of French Catholics by his anti-Republican agitation. M. Daudet is a nominal Catholic, the author of a number of erotic novels, and incidentally, is obviously a little mad. All that is best in Catholic France and practically the whole hierarchy have deplored and denounced the exploitation of the Faith by these reckless political adventures. And the Pope's denunciation of *L'Action Française* is quite clearly due, not to any hostility to French Royalism, or, as has been insinuated, to proper French national demands, but to the fear that Catholicism might be associated with wildest and most pernicious form of Nationalism. The Pope's offence, in view of M. Maurras, is that he has steadily and courageously backed Locarno. His holiness with Cardinal Gasperri, and that very enlightened prelate, Cardinal Ceretti, has played the part of a good European. M. Maurras is preaching the devil's doctrine that a good European must necessarily be an enemy of France. ("Summary" 179).

교황 피우스 11세가 모라스와 "악숑 프랑세즈"에 대해 금독령을 선포한 이후, 그 논쟁의 행방을 주의 깊게 살피고 있던 엘리엇은 『교회 타임스』의 사설을 읽었다. 그 뒤, 엘리엇은 위 글의 필자가 드러내는 오류를 반박하는 한편, "악숑 프랑세즈"를 옹호하는 글을 『교회 타임스』의 독자 기고란에 투고했다. 잘 알려져 있지 않는 이 글은 "악숑 프랑세즈"와 모라스의 정죄에 대한 엘리엇의 입장을 잘 드러내주고 있다.

> 본인은 이 기회를 빌미로 "반 천주교"나 개신교를 선전하기 위해 이 사건을 이용할 것이라는 비난을 받지 않고 이 나라에서 살고 있는 몇 되지 않는 '악숑 프랑세즈' 옹호자들 중 한 사람이라고 믿기 때문에 더 무거운 책임을 느낍니다. '악용 프랑세즈' 일간지에 대한 조처들이 충분히 정당화되었다고 믿는 것을 선호했어야만 했는데, 본인은 그렇지 못했습니다. 본인은 자신을 중도파라고 생각합니다. 본인은 교황이나 교황에게 조언을 하는 사람들의 동기에 관해서 의문을 제기할 생각은 없습니다. 또 본인은 금독령 이전의 일이나 그 이후 일어난 일에 관해서도 개의치 않습니다. 본인이 오직 관심을 가지는 의문은 모라스의 작품이 비난받아야 하는지, 아니면 칭찬 받을 만한 지에 관한 것입니다.
> 당연하게도 '전 성직자'가 '악숑 프랑세즈' 지의 관점을 '비난했고 개탄했습니다.' 그러나 고위 성직자들은 당연히 교황의 칙령에 복종하기 마련입니다. 만약 본인이 '교회의 위계질서'의 한 구성원이라면, 본인도 침묵을 지키고 복종했을 것입니다.
> 아마도 최고의 동기인 교황외 그것에 대해서 살못을 문제 삼을 생각는 추호도 없습니다. 그러나 현재 모라스의 견해를 '가장 거칠고 유해한 민족

주의의 한 형태'라고 규정한 사람은 바로 당신입니다. 본인은 모라스의 견해가 적어도 '가장 거칠고,' '가장 해롭지' 않다는 것을 주장할 준비가 되어 있습니다. 왜냐하면 본인은 그 보다 훨씬 더 거칠고, 훨씬 그릇된 사람들의 견해를 제시할 수 있기 때문입니다. 즉, 최근 파리의 중심부에 조그마한 광장이 그 사람의 이름을 빌려 온 고(故) 모리스 바레스의 견해가 한 예입니다. 또 당신은 마샬 폰 힌덴버그의 민족주의나 무솔리니의 민족주의가 모라스의 민족주의 보다 훨씬 덜 '거칠고,' 덜 '해롭다'는 것을 우리에게 증명할 수 있습니까? 이번과 같이 심각한 문제에 있어서 언어는 명료하게 사용되어야 합니다.

끝으로 사설 필자는 모라스가 '악마의 교리를 설교하고', '선량한 유럽인은 필연적으로 프랑스의 적'이어야만 한다고 말했습니다. 이 같은 말을 증명할 수 있는 모라스의 어떤 진술을 당신은 제시할 수 있습니까? 모라스는 '선량한 유럽인'은 프랑스의 친구임이 틀림없다고 주장할 것이라는 점을 본인은 알고 있습니다. '선량한 유럽인'이란 말은 니체에 의해서 유행된 말이란 사실과 모라스는 그의 적대자들에 의해 니체의 제자라는 비난도 받았다는 사실을 언급하고 싶습니다. 아무튼 '훌륭한 유럽인'에 대하여 논하는 사람은 그 어떤 사람(독일 황제 카이저를 교수형에 처하고자 했던 로이드 죠지가 선량한 유럽인인가요?)을 인지해야만 할 것입니다.

I feel the greater obligation, as I believe that I am one of the few defenders of *L'Action Française* in this country who cannot be accused of seizing upon this affair for the purpose of 'No Popery' or Protestant propaganda. I should much have preferred to believe that the operations against *L'Action Française* were amply justified. I considered that I am Moderate. I do not choose to question either the motives of the Pope or the motives of his counsellors. The matter of influences does not interest me; I am not concerned either with what went before or with what has happened since. I concern myself only with the question, whether the work of Charles Maurras was damnable or praiseworthy.

Naturally, 'the whole hierarchy' has 'denounced and deplored' the views of *L'Action Française*; but the hierarchy is bound to obey the decree of the Holy Father. Were I a member of the 'hierarchy,' I should probably be silent and obey.

I am not concerned with impugning the Pope's motives, which are probably of the highest. But it is at present you, Sir, who qualify the doctrine of M. Maurras as 'the wildest and most pernicious form of Nationalism'. I am prepared at least that this cannot be the 'wildest' or the 'most pernicious' because I can mention a wilder and a more perverse, which is that of late Maurice Barrès, after whom a small square in the centre of Paris has lately been named. Will you prove to us that the Nationalism of Marshal von Hindenbrg or the Nationalism of Mussolini is less 'wild' and 'pernicious' than that of Maurras? In so serious matter as this, words ought to be used with precision.

Finally, you say that M. Maurras is preaching the 'devil's doctrine,' that 'a good European must necessarily be an enemy of France.' Can you produce any statement of M. Maurras to reinforce this affirmation? I am aware that M. Maurras would assert that a 'good European' must be a friend of France; and I should mention the fact that the phrase 'good European' was given currency by Nietzsche: so that in any case, people who talk of 'good European' (Mr. Lloyd George, who wanted to hang the Kaiser, is a good European?) ought to make acknowledgement of somebody.[4]

엘리엇이 기고한 이 반박 편지에 대하여 『교회 타임스』의 사설필자는 모라스가 한결같이 로카노(Locarno) 정신을 거부했고, 프랑스, 독일, 벨기에 사이의 불가침조약 체결 당시 프랑스의 수상 아리스티드 브리앙(Aristide Brian, 1862-1932)이 한 역할에 불만을 품고 그를 공격했으며, 또 교황이 로카노 조약을 지지했기 때문에 독일정부의 지지자라고 모라스가 비난한 것에 관해서 엘리엇의 입장이 무엇인지를 물었다. 이 질의에 대해 엘리엇은 『교회 타임스』에 기고한 회신에서 익명의 사설 집필자가 제기한 질의에 대해 구체적으로 각각의 질의에 답변을 하기보다는 모라스의 정치철학에 대한 자신의 입장을 다음과 같이 밝혔다.

> 본인은 샤를 모라스의 정치철학이 합리적인 것이지 군국주의의 복음서가 아니라는 것을 주장할 따름입니다. 물론 모라스의 정치철학은 프랑스를 위해 구축된 것이지만, 다른 나라에서도 적용될 수 있습니다. 그의 철학은 유럽의 평화와 양립할 수 있습니다. ... 전 유럽을 통틀어 모라스의 정치적 예견만큼 일관성 있게 문자 그대로 실현될 것을 공개적으로 예언했던 사람은 거의 없을 것입니다.

---

4) "Letter," *The Church Times* (24 February 1928): 212.

I assert merely that Charles Maurras's political philosophy is a resonable one, and not a gospel of militarism. It is constructed, of course, for France; but it is capable of being applied to other countries, and it is consistent with the peace of Europe. . . . 'There can be few publicists in all Europe who have their consistent political predictions so literally fulfilled as M. Maurras.' (*The Church Times* 240)

『교회 타임스』를 통해서 "악숑 프랑세즈"와 모라스를 옹호한 것과 같은 시기에 엘리엇은『월간 크라이테리언』지에 2회에 걸쳐 모라스의 핵심적인 초기 문학평론 「비평에 관한 소고」("Prologue d'un Essai sur la Critique," 1896)를 본인이 직접 번역하여 1928년 1월과 3월 호에 게재하였다. 그가 1896년에 모라스가 발표한 이 평론을『크라이테리언』지에 실은 이유는 말할 것도 없이 모라스의 글이 바티칸에서 단죄한 것처럼 유해하거나 위험하지 않으며, 낭만주의와 프랑스의 혁명이 프랑스의 전통을 단절시켰다(Sutton 1-10)고 주장하는 모라스가 얼마나 뛰어난 문학 평론가인가를 예증하는 그 나름의 저항행위로 볼 수 있다. 또한 그는 모라스의 평론을 게재함과 동시에 자신이 쓴「"악숑 프랑세즈"와 모라스 씨와 워드 씨」("The *Action Française*, M. Maurras and Mr. Ward")라는 평론도 실었다. 레오 워드(Leo Ward)는 바티칸의 변증자로서 "악숑 프랑세즈"와 모라스의 저서에 대한 교황의 조처를 정당화하는 소책자를 영국에서 발행한 가톨릭 지성인이었다. 이 책자에서 워드는 금독 조처를 받은 모라스의 저서로부터 문제가 되는 부분을 구체적으로 인용한 뒤, 모라스가 더 많은 가톨릭 신자로부터 추종자를 얻기 위해서 가톨릭에 대해 그의 태도를 바꾸었고, 그의 가르침은 추종자들을 기독교의 가르침으로부터 나쁜 길로 빠지게 하며 프랑스를 비기독교화하는 데에 기여했다(Ward 18-9)는 비난을 퍼부었다.

이러한 워드의 주장에 대해서 엘리엇은「"악숑 프랑세즈"와 모라스 씨와 워드 씨」에서 강력한 반박과 함께 항의를 제기한 것이다. 특히 모라스가 더 많은 지지자들을 얻기 위해서 가톨릭교에 대하여 태도를 바꾸었다는 워드의 주장을 터무니없는 모함으로 일축했다. 엘리엇의 견해에 의하면, "악숑 프랑세즈"의 왕권주의의 힘은 중산층과 하류계층으로부터 마음을 바꾼 사람들로부터 나온 것이지 꼭 전통적인 가톨릭 신자들로부터 나온 것이 아니라는 주장이다. 또 모라스가 가톨릭 신자들의 환심을 사기 위하여 공공연하게 반기독교적인 이론을 발전시키는 것을 중단했다는 워드의 주장에 대해서도, 그는 그런 주장은 "파렴치하고 정직하지 않은 책임을 전가하는 행위"(Eliot 1928, 197)라고 반박했다. 엘리엇에게 모라스의 불가지론적 태도는 "믿을 수 없는, 너무나 정직하기 때문에 자신에게 뿐만 아니라 다른 사람들에게도 믿는 체 할 수 없는" 사람의 태도였을 뿐이라고 옹호했다. 특히 "악숑 프랑세즈" 운동이 젊은 가톨릭 신자들에게 이교도 정신을 심어주었다는 워드의 주장에 대해서 엘리엇은 루 후작(Marquis de Roux)의 저서 『샤를 모라스와 민족주의』(*Charles Maurras et le nationalisme*)를 언급하면서 기독교로 개종한 사람들은 모라스의 사상에 접함으로써 훨씬 더 쉽게 개종한 증거가 있다는 것을 지적했다. 이러한 증거로써, 엘리엇은 최근에 경험한 자신의 개종도 포함된다는 점을 다음과 같이 시사했다.

> 모라스의 저서나 혹은 '악숑 프랑세즈' 신문 더미를 연구하는 것만으로 누구나 기독교인이 될 수 있다고 생각한다면, 그것은 터무니없는 비합리적인 것이라고 내 자신이 생각할 것이다. 그러나 진정한 종교적인 영향이 작용하거나 혹은 개인의 영혼에 어떤 종교적인 잠재력이 있다면, 그것들은 강력하게 향상될 것이다.
>
> I should myself consider it preposterous to suppose that the study of the work of Maurras or of the files of the *Action Française* could by itself make a Christian of anybody. But where genuinely religious influences are at work also, or where there is any religious potency in the individual soul, they will be powerfully advanced. ("The *Action Française,* M. Maurras and Mr. Ward" 198)

어떤 사람이 그의 영혼 속에 종교적 잠재력을 가지고 있을 때, 모라스의 저서를 탐독함으로써 강력한 영적 추진력으로 종교에 귀의한 경험을 한 사람은 바로 엘리엇 자신이다 (엘리엇은 1927년 6월 29일에 영국국교의 교인으로 세례를 받았다). 이러한 사실은 엘리엇이 스스로 밝히고 있는 다음의 증언에서도 명확하게 드러난다. 즉, "나는 18년 동안 모라스의 저서를 읽어 왔다. 나에게 [모라스의 저서가 이교도 정신을 심어 주기는커녕] 정확하게 그 정반대의 효과를 가져다주었다"(202)라는 주장이다. 바티칸으로부터 정죄를 받은 모라스의 저서를 탐독함으로써 엘리엇이 개종을 하는 데 크게 도움을 받았다는 이 증언은 폴 모어(Paul Elmer More, 864-1937)가 오스틴 워렌(Austin Warren, 1899-1986))에게 보낸 서신에서도 밝히고 있다. 모어에 의하면, 『황무지』(The Waste Land, 1922)와 『랜스롯 앤드루즈를 위해』(For Lancelot Andrewes, 1928)를 출간하는 중간에 엘리엇은 일종의 개종을 경험했고, 그 개종은 전적으로 모라스와 "악숑 프랑세즈"의 영향 때문이라는 것이다.[5]

바티칸의 모라스에 대한 정죄가 내려진지 20년이 지난 후에도 엘리엇은 종교적 잠재력을 가지고 있던 자기 같은 사람에게 모라스의 영향은 사원의 문으로 인도하는 버질(Virgil)과도 같은 안내자였음을 증언하고 있다.

> 우리 몇 사람들에게 모라스는 사원의 문으로 우리를 인도한 버질과 같은 존재였다. 우리를 인도한 그 힘은 다양해서 어떤 사람을 불가지론이나 부정으로부터 떼어내기도 했고, 어떤 사람을 극단으로 몰고 가서 필연적인 단계를 밟게도 했다. 이성이 신앙의 부름에 반응하도록 요구하는 긍정적인 힘-단지 유혹적인 것과는 다른-가운데서 어떤 사람은 맹신이나 무신앙으로부터 그들 자신이 탈피하지 못한 다른 사람들의 영향을 알아보는 것이다. 기독교인의 관점에서 본다면, 이런 사람들의 영향은 가치 있는 것으로 간주될 수 있다.

> For some of us, Maurras was a kind of Virgil who led us to the doors of the temple. The forces are numerous which tear a man away from agnosticism and denial and drive him to the extremity, to the inevitable step. Among the positive forces which oblige the reason to respond to the call of Faith-forces which one must distinguish from those which are merely seductive-one discerns the influences of other men who themselves have escaped neither from servitude nor unbelief. From the Christian point of view, the influence of these men must be counted as a merit. ("Hommage à Charles Maurras" 6)

---

[5] 1929년 8월 11일, 모어가 오스틴 워렌(Austin Warren)에게 보낸 서한문에서 밝힌 것으로 Arthur Hazard Dakin의 *Paul Elmer More* (Princeton: Princeton UP, 1960), 269 n1에서 재인용.

엘리엇이 영국국교로 개종하고, 영국인으로 국적을 바꾼 고뇌의 결단 이면에는 바티칸에 의한 "악숑 프랑세즈"의 정죄가 있다. 또 "악숑 프랑세즈"의 정죄, 이후 교회와 국가에 관한 엘리엇의 지대한 관심은 『크라이테리언』지의 한 서평에서 드러나듯이 교회와 국가의 조화로운 관계를 주창한 모라스의 이론에 영향 받은바 크다고 할 수 있을 것이다.6)

4

"악숑 프랑세즈"운동에 대한 바티칸의 정죄가 이루어지고 난 직후, 논쟁의 혼란 속에서 엘리엇은 영국국교로 개종하였고, 곧이어 대영제국의 신민이 되었다. 이 사건은 그가 왜 가톨릭으로 개종하지 않고, 대영제국의 국교인 성공회로 개종했는지에 관한 설명에도 전혀 무관하지 않다. 궁극적으로 그는 모라스에 대한 바티칸의 결정에 동의할 수 없었던 것이다. 그러나 시간이 경과하면서, 엘리엇은 모라스에 대해서 몇 가지 관점에서 종래의 절대적인 옹호에서 자신의 입장을 수정하여 그에게 비판적인 태도를 취한다. 그리하여 1939년에 발표한 평론에서 엘리엇은 모라스를 "중산층 자유사고를 하는 프랑스 남부 출신의 문인"(Eliot 1982, 132-36)으로 평했는가하면, 또 모라스가 정치철학에 기여한 바는 높이 평가하면서도 외교정책인 국제관계와 경제학 분야에 이해가 부족하다는 점을 묵과하지 않았다. 무엇보다도 엘리엇이 모라스에 대해 비판적인 점은 그가 조제프 드 메스트르(Joseph de Maistre)와 같은 가톨릭 사상가를 추종하지 않고 실증주의 철학자 콩트의 추종자라는 것이다. 또한 그가 모라스에 대해서 불평을 토로한 점은 모라스가 문학이나 왕권주의에 대한 정치이론에만 몰두하지 않고 자신의 정치철학을 실천에 옮기는 과오를 범했다고 지적했다.

---

6) Review of "*L'Action Française et le Vatican*," *The Monthly Criterion* (October 1927): 380. 익명으로 발표한 이 짧은 서평에서 필자(엘리엇?)는 "교회와 국가의 관계에 대해서 흥미를 가지고 있는 사람은 누구나" 모라스와 도데가 공동으로 서문을 쓴 "이 책을 소화해야만 한다." ("Should be digested by anyone interested in the relations of Church and State")고 주장하고 있다.

만약 나는 샤를 모라스가 자신을 문학 영역, 또는 정치이론에 전념했고, 정당의 설립이나 어떤 정치적 운동도 전개하는 것을 시도하지 않았더라면 하고 가끔 생각한다. 그리하여 정치적 투쟁에 참가하거나 그 투쟁을 심화시키지 않았더라면 하고, 또 만약 그가 적개심을 줄이지 않고 강화하는 식으로 왕정복고를 후원하지 않았더라면 하고. 그랬더라면 그의 건전하고 강력한 사상은 훨씬 넓고, 깊게 당대의 사람들 마음속에 쉽게 파고들었을지도 모른다고 생각한다.

I have sometimes thought that if Charles Maurras had confined himself to literature, and to the literature of political theory, and had never attempted to found a political party, a movement-engaging in, and increasing the acrimony of the political struggle-if he had not given his support to the restoration of the Monarchy in such a way as to strengthen instead of reducing animosities-then those of his ideas which were sound and strong might have spread more widely, and penetrated more deeply, and affect more sensibly the contemporary mind. (*The Literature of Politics* 20)

엘리엇은 모라스의 사상에 깊게 영향을 받아 성공회로 개종했고 또 모라스적인 왕당파 정치사상을 수용했다. 그러나 개종과 함께 영국의 신민이 되면서 자신의 입장이 달라짐에 따라 모라스의 사상에 대한 불만이 늘어난 것은 엘리엇이 모라스의 과오를 경계하고, 그의 한계를 극복하고자하는 동기에서 비롯된 것으로 보인다. 그리하여 개종을 통하여 신앙을 찾고 현실 정치에 직접적으로 참여하지는 않았으나 영국의 정치사회 및 문화에 깊은 이해를 갖고 다양한 문제와 해법을 제시한 엘리엇은 부분적으로 모라스의 한계와 과오를 극복하는 데 성공했다고 할 수 있다.

인용문헌

Asher, Kenneth. *T. S. Eliot and Ideology*. Cambridge: Cambridge UP, 1995.
Chace, William M. *The Political Identities of Ezra Pound & T. S. Eliot*. Stanford, California: Stanford UP, 1973.

DeLeonibus, Gaetano. *Charles Maurras's Classicising Aesthetics: An Aestheticization of Politics.* New York: Peter Lang, 2000.

Dakin, Arthur Hazard. *Paul Elmer More.* Princeton: Princeton UP, 1960. 269 n1.

Eliot, T. S. "The Idea of a Literary Review." *The New Criterion* 4.1 (January 1926): 1-6.

_____. "A Commentary." *The Monthly Criterion* Nov. 1927: 385-87.

_____. "Letter." *The Church Times* (24 February 1928): 212.

_____. "Letter." *The Church Times* (2 March 1928): 240.

_____. "The *Action Française,* M. Maurras and Mr. Ward." *The Monthly Criterion* (March 1928): 195-203.

_____. "Hommage à Charles Maurras." *Aspects de la France du Monde* (25 April 1948): 6.

_____. *The Literature of Politics.* London: The Conservative Political Centre, 1955.

_____. "The Diversity of French Opinion." *The Idea of a Christian Society and Other Writings.* London: Faber and Faber, 1982. 132-6.

Gwynn, Denis. *The "Action Française" Condemnation.* London: Burns Oates & Washbourne, 1928.

_____. "The 'Action Française' and the Holy See." *Dublin Review* (January 1928): 97-8.

Harding, Jason. *The Criterion: Cultural Politics and Political Networks in Inter-War Britain.* Oxford: Oxford UP, 2002.

Howarth, Herbert. *Notes on Some Figures Behind T. S. Eliot.* London: Chatto & Windus, 1965.

Margolis, John D. *T. S. Eliot's Intellectual Development: 1922-1939.* Chicago: Chicago UP, 1972.

Menand, Louis. "T. S. Eliot and the Jews." *American Studies.* New York: Farrar, Straus and Giroux, 2003. [54]-75.

North, Michael. *The Political Aesthetic of Yeats, Eliot and Pound*. Cambridge: Cambridge UP, 1991.

Rev. of *L'Action Française et le Vatican*. *The Monthly Criterion* (October 1927): 380.

Scott, Peter Dale. "The Social critic and his discontents." *The Cambridge Companion to T. S. Eliot*. Ed. A. David Moody. Cambridge: Cambridge UP, 1994.

Sutton, Michael. *Nationalism, Positivism and Catholicism*. Cambridge: Cambridge UP, 2002.

"Summary." *The Church Times* (17 February 1928): 179.

Ward, Leo. Ed. & trans. *The Condemnation of Action Française*. London: Sheed and Ward, 1928.

Weber, Eugen. *Action Française: Royalism and Reaction in Twentieth-century France*. Stanford: U of Stanford P, 1962.

엘리엇은 진정한 고전주의자, 왕당파, 영국국교도인가?

| 서광원 |

1

　엘리엇(T. S. Eliot)이 『랜슬럿 앤드루스를 위하여』(*For Lancelot Andrewes*: 이후 *FLA*로 줄임) 서문에서 공언한 "문학에서 고전주의자, 정치에서 왕당파, 종교에서 영국국교도"라는 요약적 문구는 엘리엇의 독자들에게 일종의 공식처럼 간주되어왔다. 그러나 엘리엇의 작품을 폭넓게 접한 독자라면 이 공식이 철저히 엘리엇을 대변하지 않는다는 사실을 감지할 수 있다. 또한 엘리엇 자신도 이후 이 발언에 대해 자신의 입장을 밝히고 있다. 『이신을 찾아서』(*After Strange Gods*: 이후 *ASG*로 줄임)에서 약간의 변명을 들려주고, 특별히 말년에 쓴 『비평가를 비평하기』에서 그 진의를 소상히 밝혀준다. 이 발언에 관한 한, 문학·정치·종교에서 엘리엇이 지향하는 바가 처음과 크게 벗어나진 않았다. 그러나 시간이 지나면서 의미가 많이 약화된 영역도 있었다. 이를테면 고전주의/낭만주의 논의는 더 이상 엘리엇에게 중요한 의미를 지니지 않게 되었다. 세 영역이 상호연관성이 있으나, 이 세 영역이 긴밀히 연결되는 불가분의 관계를 지닌 것은 아닌데, 독자들은 마치 고전주의자, 왕당파, 영국국교도가 한 묶음으로 살아남든지 아니면 쇠퇴해야 할 것처럼 오해했다고도 말했다. 또한 엘리엇은 세 영역이 그에게 동등한 중요성을 지닌 것도 아니라고 말했다

---

* 이 논문은 『T. S. 엘리엇 연구』 16 (2006)에 「엘리엇은 진정한 고전주의자, 왕당파, 영국 국교도인가?」로 게재된 것을 수정·보완한 것임.

(ASG 27). 『비평가를 비평하기』(To Criticize the Critic, 1961)에서 엘리엇이 덧붙이는 바로는, 또 다른 억측은 자신이 이 공식 같은 발언을 할 때 어떤 거대한 비평체계를 염두에 두고 있었고, 이후 평생 그 원리를 확인시키기 위해 세세한 부분을 채워가려 한 듯 논의되는 것이었다. 그런데 사실 당시 엘리엇이 자신의 입장을 공표해야할 절박함은 있긴 하였지만 이 발언이 큰 비평체계의 씨앗이라는 계산은 없었던 것이었다(To Criticize the Critic 14: 이후 TCC로 줄임).

『비평가를 비평하기』에서, 우리는 그 발언의 진원지에 대해 상세한 설명을 들을 수 있다. 당시 상황을 보면, 1927년 영국국교로 개종한 일은 스승이었던 배빗을 배신한 일이었다. 런던에 들린 배빗 스승에게 엘리엇이 영국국교로 개종한 것을 알렸을 때, 스승은 "내 생각에 자네가 만인에게 공표를 해야 할 것 같네"라고 말했다. 그리하여 당시 출간을 준비 중이던 책자(FLA)의 서문에 쓰게 된 것이었다. 그런데 이 진술이 바로 얼마 전 그의 개종이 일으켰던 큰 파문 이래로 제2차 큰 소용돌이를 일으킨 것이고, 평생 엘리엇의 세계에 맴돌게 된 것이었다. 엘리엇은 그 진술의 근본 생각은 의심할 바 없이 평생 자신의 것이지만, 그런 선언을 하지 않을 수 없었던 젊은 시절의 배경과 한계에 대해서 언급한다. 젊은 날엔 판단의 오류도 있었지만 어조가 잘못될 수 있음을 인정한다. 자신이 지극히 오만하고 독선적이었음을 시인한 것이다. 그리고 가장 큰 문제점은 삼사십 년 전 진술한 논란의 소지가 있는 이 발언이 마치 어제 말하여진 것처럼 인용되는 것이었다. 엘리엇은 언제나 자신의 글에 출간연대를 명기하는데 그것은 독자로 하여금 처음 글 쓸 때와 그 글이 인용된다든지 다시 편집된 시점과 시간의 격차가 있음을 상기하고자 했던 것이다. 한 작은 책자의 서문에 쓰인 문구가 그렇게 평생 엘리엇을 따라다닐 줄 몰랐던 것이다. 그는 오랜 시간 후에 주를 달듯이 조금 수정하여 다시 정리한다. 그의 종교적인 믿음이 변하지 않았고 군주제를 옹호하는 자세도 여전했지만 고전주의/낭만주의 논의는 이전만큼 중요하지 않다. 또한 자신의 독선적인 어조에 대해서 다소 유감으로 생각함도 인정했다. 젊은 시인-비평가 엘리엇은 자신의 입지를 세워야할 때, 서슬이 퍼런 독선적 발언도 종종 서슴지 않았다. 이 젊은 날의 확신이나 열정에 찬 날카로운 발언은 독자들의 마음에 파고들어 깊은 인상을 남긴 것은 사실이었다. 그러나 이후 시인으로서 비평가로서 한 시대를 주도한 이후, 엘리엇은 이전의 단호한 주장을 수정하기도 하고, 더 많은 괄호도 도입하고, 반대 의견도 받아들이고, 적대적 관계에 있던 사람에 대해서도 관대해지고 공감하게도 된다. 그리하여 이전에 신랄하게 공격하던 다른 노선의 시인들을 재평가하는 여유와 아량을 누리게 된다(*TCC* 14-6).

고전주의(classicism), 군주제(royalism), 영국국교(Anglo-Catholicism)는 엘리엇의 세계관에서 어떤 연관이 있는가? 분명 처음 발설할 때는 깊은 연관이 있는 듯 이야기했고, 이후 엘리엇은 세 영역이 연관이 있지만 불가분의 관계는 아니라고 유보했었다. 엘리엇이 시인, 비평가로서 입지를 확고히 해가던 1920년대 전후로, 엘리엇은 프랑스의 보수주의(reactionary) 정치사상에 많은 영향을 받았다. 특별히 모라스(Charles Maurras)의 영향이 컸는데, 이 보수주의 진영에서 내세우는 기치가 문학에서 고전주의, 종교에서 가톨릭, 정치에서 군주정치였다. 이 모델의 영향으로 엘리엇은 자신을 "고전주의자, 영국국교도, 왕당파"로 표현하였다. 프랑스 지성인들이 내세운 "가톨릭교도"(Roman Catholic) 대신에 "영국국교도"(Anglo-Catholic)로 바뀐 것이다. 엘리엇에게는 문학, 정치, 종교는 별개로 생각할 수 없다는 사고가 깊이 뿌리내리고 있었던 것 같다. 강력한 교회와 강력한 정치의 제휴, 정치와 문학의 연관성, 종교적 열매로서 문학 등 세 영역이 자연스럽게 연관되는 사회를 지향했던 것으로 생각된다. 그리고 그 이상형으로 엘리자베스여왕 시대를 바라보는 것으로 생각된다. *FLA* 서두의 글들 -「랜슬럿 앤드루스」와 「존 브램홀」에서, 엘리엇은 강력한 전제정치와 영국국교가 시대의 정신을 표상하며 이상적으로 조화를 이루던 시대를 보여준다. 루이 14세 치하의 프랑스와 스튜어트왕조이 영국에서 강력하고 전제적인 세속 정부가 강력한 국가교회와 함께 조절되고 작동되면서 세력의 균형을 유지하고 있었다. 프랑스에서는 왕권과 교황권 사이의 균형이고, 영국에서는 교황권과 신교(칼뱅교) 사이의 균형 그리고 또한 정부 내에서는 강력한 인물들 사이에 힘의 내적 균형이었다(*FLA* 4, 37; *Selected Essays* 342, 359: 이후 *SE*로 줄임). 역사적으로 볼 때, 문학사조와 정치형태의 연관도

가능하다. 영국과 프랑스에서 개별성을 강조하는 낭만주의는 반교권주의 및 공화정(Anti-Clericalism and Republicanism)과 연관이 있고, 고전주의는 개별성 위에 질서와 권위를 인정하는 가톨릭원리와 상통하며 왕권과 종교제단이 제휴하는 것을 연상시킨다. 프랑스혁명과 이 혁명에 열광했던 낭만주의자들에 반대한 엘리엇이 고전주의, 전제정치의 신념을 공포하는 것은 당연한 것으로 보인다.

이 글에서는 엘리엇의 고전주의자, 왕당파, 영국국교도의 측면을 추적하면서, 아울러 단순히 위의 세 가지 이름으로 엘리엇을 제한시킬 수 없는 다른 측면이 있음을 밝혀보고자 한다. 엘리엇은 고전주의자를 자처하지만, 자신의 작품과 시론에서 낭만주의 대가들의 생각과 이론을 모방 내지 계승한 면을 보여준다. 왕당파라고 해서 실제 정치에 몰입한 것은 아니고, 그런 이상이 현실에서 무력해짐을 보았을 때 더 이상 왕당파로 남지는 않았던 것으로 보인다. 영국국교도인 것이 엘리엇의 일생에서는 굉장히 중요한 사실이지만 그의 작품과 연관시켜 보면 그리 큰 비중을 차지하지 않음을 볼 수 있다. 작품으로 볼 때, 엘리엇은 명목상 영국국교도일 뿐이고, 그 의식(잠재의식) 속에는 로마 가톨릭, 신비주의, 하물며 이교도적 요소, 밀교적 요소까지 포함되어 있음을 알게 된다. 글의 순서는 엘리엇에게도 중요성의 순서가 종교, 문학, 정치로 추정되는 바, 영국국교도, 고전주의자, 왕당파로 할 것이다.

2

엘리엇은 젊어서부터 여러 종교를 편력하였고, 마침내 1927년 종국적인 안식처로 영국국교를 선택하였다. 이후 그의 생애와 작품에서 종교적 추구는 끝까지 지속적으로 행해졌다고 말할 수 있다. 성육신, 원죄, 내세 등 기독교의 교리는 일상생활에서도 강하게 엘리엇을 사로잡은 것으로 보인다. 영국국교로 입문하고 오랜 시간 이후인 1953년 가장 가깝게 지내던 여자 친구(Mary Trevelyan)에게 보인 엘리엇의 모습에서 종교적 몰입이 지속적이었음을 볼 수 있다. 그녀의 일기에 나타난 바로는 엘리엇에게 종교적 삶은 그 존재의 전부라고 믿어졌고, 예를 들면 지옥의 존재도 실제로 받아들였다 한다. 천국이 있다면 또한 반드시 지옥이 있을 것이기 때문에, 엘리엇은 늘 두려움 속에 살아가고 있었다고 말할 정도였다. 그러나 이런 것은 죽음 넘어 있는 것이고 이 땅에서의 이해를 넘어서는 것이지만, 엘리엇은 마치 이런 믿음이 자신의 뼈 속 깊이 자리하고 있으니, 자기 자신이 비정상적인 사람인가 보다고 실토했다고 한다(*Eliot's New Life* 217).[1]

엘리엇은 여러 가지 가능성 중 왜 영국국교로 개종했을까? 엘리엇이 개종을 공언했을 때, 당시 지성인들은 의아해하였고, 더욱이 로마가톨릭교가 아니고 영국국교로의 개종은 더욱 이상한 일로 받아들여졌다고 한다. 당시 유럽의 기독교를 대표하는 것은 로마가톨릭이라고 널리 공인되기 때문이었다. 그러면 엘리엇이 로마가톨릭뿐만 아니라 개신교도 배제하고 영국국교를 선택한 이유는 무엇인가? 여기에 대해 엘리엇은 명확한 해명은 하지 않았다. 그러나 그의 글들을 통해 추정해봄이 가능하다.[2] 영국에서도 로마가톨릭교가 영국국교보다 더 유럽의 전통에 속해 있으나 교회 구성원들이 주로 비영국인이거나, 아일랜드 이민들이었던 것이 사실이었다. 엘리엇이 생각하기로, 로마가톨릭과 개신교 비국교도들은(Protestants dissents) 아무래도 영국적 전통의 외부에 속하였고, 수 세기에 걸쳐 지속된 영국의 주된 문화적 전통은 영국국교에 의해 이어졌다고 할 수 있었다(*SE* 382-3). 여러 가지 정황을 고려해 볼 때, 영국국교가 가장 합당한 유형으로 엘리엇에게 받아들여졌던 것이다. 또한 여러 비평가에 의하면, 1920년대 중반까지 엘리엇이 잠정적으로 로마가톨릭에 경도되긴 했지만 1926년 바티칸에서 "악송 프랑세즈"를 공개적으로 정죄한 것이 엘리엇에게 깊은 충격을 주었으며 가톨릭에 기울던 그의 마음을 종식시켰다고 한다.[3]

---

1) Lyndall Gordon, *Eliot's New Life*, 217. 1947년 엘리엇이 Emily Hale과 소원해지고 1958년 엘리엇이 Valerie와 두 번째 결혼할 때까지 가까이 친구관계로 지낸 여인이 Mary Trevelyan이다. 엘리엇의 당시 모습을 정확히 전해줄 수 있는 인물일 것이다. 1953년 1월 22일 일기에서 엘리엇을 묘사한 모습이다.
2) "Lancelot Andrewes" (1926), "John Bramhall" (1927), "Thoughts after Lambeth" (1931), *Notes towards the Definition of Culture* (1948).
3) Bernard Bergonzi, *T. S. Eliot* (New York, 1972), 171. Rudolf Germer, "T. S. Eliot's Religious

엘리엇에게 영국국교는 무엇인가? 엘리엇 당대에 영국국교는 영국사회에 큰 영향력을 지니지는 못했다. 영국국교에는 빈번한 성찬식, 무릎 꿇고 기도함 등 로마가톨릭 의식이 많이 남아 있었고, 지성인들에게 영국국교는 여러 면에서 다소 경멸스러운 대상이 되기도 하였다. 그러나 영국국교가 형성되던 초창기로 소급해가면, 영국국교는 강력한 왕권의 비호를 받으며 시대정신을 대표하는 최상의 종교였다. 영국의 교회는 엘리자베스 여왕 치세의 산물이었고, 영국국교의 정신인 "중용의 길"(via media)은 바로 엘리자베스 왕조의 시대정신이었다. 정치와 종교가 조화를 이루는 평화롭고 이상적 시대가 엘리자베스 시대에 전개되었던 것이다. 엘리자베스여왕의 기호와 감수성은 당대의 옳은 정책을 직관적으로 인지해냈고, 그 정책을 수행할 옳은 사람들을 선택할 수 있었다. 당대의 훌륭한 정치는 또한 영국국교의 미래를 밝게 해 주었다. 로마교황권(Papacy)과 개신교 사이의 중용을 고집스럽게 견지하면서 엘리자베스여왕이 군림하는 영국국교는, 그야말로 교회적 정치체제의 완성판(a masterpiece of ecclesiastical statesmanship)이었다(SE 341-2). 교황청으로부터도 독자적일 수 있었고, 신흥하는 개신교(칼뱅교, 장로교)에도 침범 당하지 않으며, 중용을 황금률로 구가했다. 4세기 전 영국국교는 엘리엇의 이상에 부합하는 종교임이 틀림없었다. 이런 완벽한 교회를 엘리엇은 향수를 지니고 바라보았다.

영국국교가 형성되던 초기 영국국교의 주교, 목사들은(Hooker, Andrewes, Bramhall, Taylor) 그들의 설교나 신앙지침서를 통해서 교회가 당대 최고 지성인들의 지적인 동의를 얻는 데 기여하면서, 영국교회를 완성해 나갔다. 이들 초창기 인물들은 마치 13세기 철학이 로마 가톨릭 교회에 왕관을 씌워주듯이, 영국국교가 역사의 비판으로부터 살아남을 수 있게 만든 공로자들이었다. 설교와 신학적 사고에서 보여준 중용의 길은 훈련과 극기를 필요로 하며 상상력과 아울러 현실감각을 요구하였다. 영국국교의 중용의 미덕은 교회와 국가에서 질서와 훈련의 결합, 보편성과 지엽성의 결합도 이루었다. 종교가 한 민족 전체의 삶의 방식일 수 있는데, 당시 영국국민의 삶의 방식을 바로 영국국교

Development" in Marianne Thormählen, *T. S. Eliot at the Turn of the Century*, 102에서 재인용. Kenneth Asher, *T. S. Eliot and Ideology*, 161-2.

가 대변해주었다.

또한 영국국교는 17세기 종교시라는 문학적 열매를 맺었다. 영국국교는 단테와 버금가는 문학적 기념비를 세우지 못했고, 성 토마스 같은 지성의 기념비도 세우지 못했고, 십자가의 성 요한 같은 헌신의 기념비(devotional monument)도 세우지 못했지만, 당시 다른 어떤 나라들의 종교시보다 더 훌륭한 17세기 종교시들을 보유하고 있었다(SE 342-3). 던(John Donne), 허버트(George Herbert), 마블(Andrew Marvel), 본(Henry Vaughan), 크래쇼(Richard Crashaw) 등 시인들이 신앙과 문학의 열매였다. 이들 중 크래쇼는 가톨릭 성향이었고, 시인과 설교자로 독보적 존재는 단연 던이라고 할 수 있다. 그러나 당시 영국국교의 신앙을 가장 대변할 수 있는 시인은 허버트이다. 교구목사이며 시인이었던 허버트는 목사로서 헌신의 삶을 살았으며 시집 『성전』(The Temple)을 남길 수 있었다. 허버트의 시에 묘사된 영국교회의 모습을 보면, 영국국교가 추구한 중용의 의미를 이해하는 데 도움이 될 수 있다.

> 적절한 차림으로 좋은 모습인,
> 너무 조야하지도, 너무 야하지도 않은
>   (영국교회는) 가장 좋은 모습 보여준다.
>
> 극단적인 외양은 비교하기 힘들다.
> 왜냐하면 하나는 진하게 화장했고
>   다른 하나는 아예 옷을 입지 않았기에.
>
> A fine aspect in fit array,
> Neither too mean, not yet too gay,
>   Shows who is best.
>
> Outlandish looks may not compare:
> For all they either painted are,
>   Or else undrest. ("The British Church" ll. 7-12)

인용한 시는 허버트의 「영국의 교회」("The British Church")의 일부분이다. 영국국교의 교회는 칼뱅교처럼 너무 수수하거나(mean) 로마 가톨릭처럼 너무

화려하지(gay) 않다. 로마가톨릭과 칼뱅교는 극단적이어서 비교하기조차 힘들 수 있다. 하나는 진하게 화장했고, 다른 하나는 옷을 아예 안 입은 형국이다. 이들의 중용을 취하여 "적절한 차림의 가장 좋은 모습"이 허버트가 바라보는 영국교회의 모습인 것이다. 교리나 의식면에서 볼 때도 영국국교는 중용을 견지하였다. 개신교는 종교의식을 극도로 단순화시키며, 그 예배는 너무 엄격하고 내면적이었다. 반면 로마가톨릭은 예배의식이 복잡하고 건축양식도 바로크 양식에서 보여주듯 절제되지 않고 지나치게 화려했다. 영국국교에서는 지나치게 엄격한 교리를 피하고, 적절한 예배의식과 경건한 양식을 견지하였다. 영국 국교의 경건성의 최상의 모델로 허버트를 들 수 있는데, 이는 "진정한 신사"(gentleman)의 경건성이다. 그런데 물론 최상이 못 될 때는 단지 "점잖은"(genteel)으로 전락할 수도 있다.4) 어떤 좋은 가치도 시간이 경과하고 여건이 변화하면 약화되거나 변질될 수 있을 것이다. 적어도 17세기 초 영국국교는 영국민들의 정신적 중심체로의 역할을 잘 감당할 수 있었다.

그러면 엘리엇이 영국국교도이라는 사실이 그의 작품에서는 어느 정도 반영되어 있을까? 위에서 언급한 설교가나 문인들 중, 엘리엇의 작품이나 비평에서 중요한 두 인물이 앤드루스 주교와 시인이자 주교였던 던이다. 엘리엇의 초기 비평에서 높이 평가되었던 던은 곧 앤드루스와 비교되면서 엘리엇의 취향에 덜 맞는 시인(인물)으로 평가된다.5) (앤드루스와 던의 설교문체의 비교는 이후 낭만주의/고전주의 논의에서 다시 언급할 것이다.) 앤드루스는 엘리엇에게 가장 위대한 영국국교 교회의 설교자이었다. 엘리엇 작품과 연결시킬 때, 개종 직후 쓰인 『정령의 시들』(*Ariel Poems*)과 『재의 수요일』(*Ash-Wednesday*)에서 앤드루스는 압도적인 영향력을 발휘한다. 앤드루스는 제임스 1세의 왕정에서, 교회 달력의 특정 절기에 왕의 면전에서 설교하던 인물이었다. 몇몇 주제를 지속적으로 설교하였는데, 그중 성탄절에 하던 "그리

---

4) W. H. Auden, "Anglican George Herbert" in *George Herbert and the Seventeenth-Century Religious Poets* (A Norton Critical Edition), 232.
5) "The Metaphysical Poets" (1921)에서 그야말로 사상과 감정의 통합을 보여주는 탁월한 감수성의 모델로 제시되었던 John Donne은 1926년 Clark Lectures 이래로 오히려 감수성의 분열, 낭만주의 성향으로 분류된다.

스도 탄생에 관한 설교"(Nativity Sermons)는 1605-24년까지 17번에 거쳐 행해졌다. 그중 한 편의 설교가 엘리엇의 시 「동방박사들의 여행」("Journey of the Magi")의 출처이다(*FLA* 19). 또한 재의 수요일에 행한 회개, 금식의 주제를 다루는 "재의 수요일 설교"(Ash-Wednesday Sermons)들이 1608-24년까지 8회에 거쳐 행해졌다. 이중 한 편의 설교가 엘리엇의 시 『재의 수요일』의 외형적 틀을 제공한다.

1927년 성탄절을 위해 쓴 「동방박사들의 여행」을 보자. 시의 원전은 1622년 행한 앤드루스의 성탄절 설교이다. 동방박사들이 메시아 탄생의 예언을 믿고, 페르시아에서부터 베들레헴까지 먼 여행 끝에 역사적 현장을 목도하고 돌아갔다는 이야기다. 설교의 끝부분이 「랜슬럿 앤드루스」(*SE* 350)에 인용되어 있고,6) 이는 엘리엇 시의 첫 부분과 거의 일치한다.

> 여름의 행군이 아니었다. 추위가 다가오고 있었다. 일 년 중 이 시간에, 일 년 중 바로 최악의 시간에 여행하기란 특별히 긴 여행을 시작하기란 얼마나 어려운가, 길은 푹푹 빠지고, 날씨는 사납고, 날은 짧고,. . . 바로 한 겨울에

> It was no summer progress. A cold coming they had of it, at this time of the year: just the worst time of the year, to take a journey, and specially a long journey in. The ways deep: the weather sharp: the days short. . . . the very dead of winter. (SE 350)

엘리엇의 시 첫 부분에서 거의 똑같이 인용한다.

> 추위가 다가오고 있었다.
> 일 년 중 최악의 시간에
> 여행을 떠나기란, 그렇게 긴 여행을—
> 길은 푹푹 빠지고, 날씨는 사납고,
> 이렇게 한 겨울에

---

6) 설교 전문은 Timmerman, 81에 인용되어 있다.

'A cold coming we had of it,
Just the worst time of the year
For a journey, and such a long journey:
The ways deep and the weather sharp,
The very dead of winter.' (ll.1-5)

17세기 주교의 설교에서 동방박사들의 여정이 그림처럼 펼쳐지고, 그 여행의 어려움은 겨울, 먼 사막 길, 도중에 만날 수 있는 도둑과 살인자들 등 외부적인 어려움이다. 설교의 어조는 이런 험난한 상황에 그리스도의 탄생을 경배하러 온 박사들의 용기 있는 행동에 박수를 보내는 것 같다(Timmerman 81). 당시 그 자신이 신학자였다고 하는 제임스 1세의 왕정에서 설교자나 청중이나 모두 동방박사의 여행에 일치감을 느끼며 그 설교를 통한 영적 여행이 가능했을 것이다. 영국국교는 지배문화를 대변하던 종교였고 영국민들의 정신적 문화적 주체였다. 그러나 엘리엇의 시에서는 이야기 틀과 주제는 성육신(Incarnation)으로서 앤드루스 주교와 같지만 내적 풍경은 많이 다르다. 자연조건 이외에도 적대적인 도시민들, 인간의 욕망 등을 극복해야 하며, 여행이 밤에 진행되는 것으로 묘사된다. 영국국교의 정신과는 다른 신비주의 신앙의 면모를 보여준다. 개종 즈음 엘리엇이 매료되었던 십자가의 성 요한의 영적 훈련과정인 "영혼의 어둔 밤"(dark night of the soul) 분위기와 흡사하다.7) 동방박사들이 밤에 여행을 감행했을까 싶지만 엘리엇의 시에서는 "결국 우리는 밤을 새워 여행기로 했다./새우잠을 자면서"(17-8행), "그리고 새벽에 온화한 골짜기로 내려왔다.... 어두움을 물리치고서"(21-3행) 등으로 묘사되면서 이 여정이 물리적 여행 이상인 것으로 보여준다. 십자가의 성 요한의 신비주의에서는 인간은 욕망을 모두 비우고 혹독한 영혼의 어두운 밤 여정을 거쳐 새벽쯤 신과 합일을 이룰 수 있다고 본다. 엘리엇 시의 내적 분위기는 점잖고 경건한 전통, 극단에 치우치지 않는 중용의 종교인 영국국교의 영적 수준과 많이

---

7) 졸고, 「『네 사중주』에 구체화된 "부정의 원리"」, 『T. S. 엘리엇 연구』 14.1 (2004). BN III와 EC III을 십자가의 성 요한의 부정 신학(Negative Theology)의 원리로 해석하였다. 성 요한의 신비주의에서는 영적 훈련과정을 "영혼의 어둔 밤"에 비유하여, 신과 합일을 이루기 위해서는 인간의 영혼이 어둔 밤 여정의 체험을 통과해야 한다고 본다.

벗어난다. 그렇다고 이 시에서 엘리엇이 본격 신비주의 작품처럼 신과의 황홀한 합일을 구가하지는 않았다. 엘리엇은 체질 상 감정에 탐닉함을 선호하지 않았다. 3연에서 박사 중 한 명이 여러 해 전 감행했던 역사적 여행을 회고하면서, 불만, 불확실, 불안에 사로잡혀 있는 것으로 묘사된다. 박사들은 이방인들 사이에서 아직 율법시대(the old dispensation)에 속해 있으며, 메시아의 탄생에서 (십자가를 예고하는 듯한) 임박한 죽음의 그림자가 서려있음을 본다. "우리가 그 먼 길 이끌려 간 것은/탄생을 위한 것인가? 죽음을 위한 것인가?"(31-2행) 이후 2행 뒤에 ". . . . 이 탄생은/우리에게 어렵고 쓰라린 고뇌였다. 그분의 죽음처럼, 우리의 죽음처럼"(34-5)에서 그리스도 탄생에 십자가도 느끼는 시인의 영적 죽음도 느껴진다. 영국궁전에서 축제분위기였을 동방박사 이야기는, 엘리엇의 시에서는 20세기 현대시인의 치열한 의식 상태, 죽음까지 낮아질 수 있음을 보여준다.

다음으로『재의 수요일』을 보자. 재의 수요일은 부활절을 앞두고, 참회와 금식 등의 의식을 시작하는 사순절의 첫날이다.『재의 수요일』Section I의 원전이 앤드루스 주교의 1619년 "재의 수요일 설교"이다(Timmerman 98-9). 엘리엇이 산문의 대가로 생각하는 앤드루스 주교는 설교문에서 언어의 유희를 대담하게 구사한다. 앤드루스는 성경 요엘 말씀 "너는 내게 돌아서라 온 마음으로"(Turn you unto Me with all your heart 요엘 2장 12-3절)라는 문구를 요리한다. 앤드루스 설교본문에는 "죄로부터 돌아서는 것, 다시는 죄로 향해 돌아서지 않기 위해서 하나님을 향해 돌아서는 것"(a concomitant turning from sin in a turning to God so that one might not turn again to sin) 그리고 "참회란 다름 아닌 선회하는 것, 우리가 죄로 인해 멀어졌던 그분 하나님께 참회로 돌아서는 것"(Repentance itself is nothing else but redire and principia, 'a kind of circling' to turn to Him by repentance, from whom, by sin, we have turned away)으로 나와 있다. 엘리엇의 시에는 이렇게 묘사되었다.

또다시 돌아서기를 원하지 않기 때문에
원하지 않기 때문에
돌아서기를 원하지 않기 때문에

> Because I do not hope to turn again
> Because I do not hope
> Because I do not hope to turn (ll. 1-3)

엘리엇 시의 처음은 앤드루스 주교의 설교와 그 주제가 일치하고 시의 내용도 이를 뒷받침한다. 그러나 이어지는 Section II에서는 참회하는 것은 자아가 죽는 것을 의미하고, 이는 흰 표범들이 시인의 다리, 심장, 간을 먹어치우고 뼈만 남는 이미지로 형상화된다(1-5행). 이때 마른 뼈들이 단테 작품의 여인을 연상시키는 여인(Lady)에게 기쁨으로 기도드리는 모습으로 묘사된다. 『재의 수요일』의 많은 이미지와 내용이 단테의 『신곡』과 『신생』에 의존하고 있고, 특별히 엘리엇의 이 시는 『신생』과 같은 음조로 쓰였다는 비평을 받는다.8) 지옥 연옥 천국의 이미지가 지배적인 이 시의 내적 흐름은 로마가톨릭의 영적 세계이다. 로마가톨릭의 신앙과 정신세계를 영화롭게 하였던 단테는, 시인으로서도 엘리엇이 평생 따르고자 한 모델이었다. 특히 『재의 수요일』은, 엘리엇이 개종 전후 시의 내용이나 방향에서 새로운 모색을 감행하던 시기의 작품이다. 이때 엘리엇에게 단테의 존재는 그야말로 막강한 영향력을 발휘하고 있었다. 향후 엘리엇의 시세계를 이끌어줄 절대적인 존재였다. 천국의 빛이 쏟아지는 신비주의의 극치는 단연 단테의 『신곡』의 마지막 부분이라고 엘리엇이 평한 적이 있다. 『재의 수요일』에서는, 천국이 바라보이는 연옥의 끝부분까지 나아가고 있다. 일상적 의식의 경계를 넘어서 단테가 지옥과 연옥 그리고 천국을 여행하듯 엘리엇의 의식이 확장된다. 이 시는 영국국교의 온건한 경건성의 의식 수준으로는 도달할 수 없는, 단테의 신비주의까지 나아가고 있는 시라고 생각된다.

「동방박사들의 여행」과 『재의 수요일』에서, 우리는 영국국교도임을 공언한 엘리엇이 그 작품에서 영국국교 특유의 신앙에 매이지 않는 시적 세계를 전개함을 알게 되었다. 마지막으로 제시하고자 하는 『네 사중주』에서는 더욱

---

8) 졸고, 「엘리엇 시에서 단테의 활용」, 『T. S. 엘리엇 연구』 13.2 (2003), 105. 이 글에서는 『재의 수요일』뿐만 아니라 『네 사중주』의 「리틀 기딩」 II 시인이 "복합 망령"과 대면하는 장면을 단테의 작품과 견주며 상세히 다루었다.

다양하고 풍부한 전통이 소용돌이침을 알게 될 것이다.

먼저 『네 사중주』에서 엘리엇이 영국국교도임을 환기시켜 주는 부분이 있음을 지적하고자 한다. 이 작품의 마지막 시의 제목이 「리틀 기딩」("Little Gidding")이다. 그런데 교회역사 주변의 문학사에서 보면, 이 작은 교회(신앙 공동체)는 17세기, 시인 허버트의 친구였던 페라(Nicholas Ferrar)에 의해 창시되었다(Gardner, *The Composition* 59). 1633년 허버트가 죽으면서 이후 시집 『성전』에 수록될 시들을 페라에게 보냈다고 한다. 이런 역사를 아는 사람에게 시의 제목 「리틀 기딩」은 시사하는 바가 있다. 독자는 제임스 1세 시절 왕권과 교회가 조화를 이루던 시기로 거슬러 가서, 시인이며 목사였던 허버트의 활동반경을 그려볼 수 있다. 허버트는 생전에 이 교회에 오가며 신앙과 문학을 교류했을 것이다. 독자의 상상력은, 영국 역사의 바로 다음 장에서 크롬웰의 개신교 혁명군이 밀어닥쳤을 때, 이 교회의 평화가 깨어졌을 것을 그려볼 수 있다. 시에서 찰스 2세("a broken king")가 한밤중에 피신하러 들렀던 곳으로 묘사됨으로, 패주하는 전제군주와 파괴되는 영국국교의 현장이 엘리엇의 머릿속에 스쳐갔을 것이다. 이후 왕정복고 때 재건되었다는 이 작은 교회에서 문학, 종교, 정치에 관한 상념이 잠시 엘리엇을 사로잡았을 것이다. 또한 엘리엇의 사고는 현재와도 연결된다. 어둑어둑한 시간에 여기 이 작은 교회에서 영국민이 된 엘리엇이 기도하려 무릎을 꿇고 있다(V 20-24행). 시를 쓸 당시 세계 제2차 대전 중이었다. 당시 영국은 포화 속에서 물리적으로 도덕적으로 그 최하점을 통과하고 있었다. 17세기 종교적 유산으로 남아있는 이 장소가, 바로 엘리엇이 현재, 영국의 역사("Now and in England")를 생각하게 하는 곳이다.

『네 사중주』는 엘리엇의 무수한 목소리가 들어있는 시이다. 서정적인 면, 시인으로서 언어의 문제, 사회비평 등등 그리고 종교적 언급도 다양하다. 비기독교적인 인유도 엄연히 존재한다. 물론 개종 이후 그는 의심할 바 없이 기독교인이고 기독교시인이다. 그러나 기독교인이라고 하여 특정 종파로만 국한시킬 수 없는, 여러 종파의 특성을 공유한 인물이었다 1955년 글 「성자로서의 괴테」("Goethe as the Sage")에서 엘리엇은 자신을 "가톨릭적인 성향, 칼뱅교의 유산, 청교도적 기질을 지닌 기독교인"(*On Poetry and Poets* 209: 이후 *OPP*로 줄임)으로 묘사한다. 1928년 선언한 "종교에서 영국국교도"는 이후 시간이 지나면서 진정한 기독교인으로 남은 것 같다. 특별히 그의 작품에 견주어 보면, 이미 두 시에서 제시한대로 엘리엇은 결코 영국국교도로 한정시킬 수 없는 훨씬 다양하고 깊은 의식을 소유하였다고 말할 수 있다. 그리고 마지막 대작인 『네 사중주』에서 엘리엇의 진면목이 더욱 강력히 드러난다. 종교적 비전에 관한한, 이 시에는 다양한 종류의 심화된 신비주의적 비전이 도처에 자리하고 있다. 십자가의 성 요한의 신비주의(주 7), 노리치의 줄리안(Julian of Norwich)의 계시, 그리고 지옥, 연옥 및 천국을 넘나드는 막강한 단테의 비전이 시를 떠받혀주고 있다. 「리틀 기딩」 II에서 단테의 지옥 내지 연옥의 풍경에서 시인이 "복합 망령"(compound ghost)과 만나는 장면은 신비주의 정수이고, 「리틀 기딩」 V 끝부분도 강력한 천국비전이 나온다(주 8). 신비주의 신앙과는 맞지 않는 영국국교의 강령으로는 설명할 수 없는 부분들이다. 『네 사중주』의 구석구석에서 신비주의 요소를 찾아낸 머리(Paul Murray)는, 엘리엇이 정통 기독교인이면서도 용감하게 기독교의 주요한 신비주의뿐만 아니라 밀교적(occult) 세계를 엿보고 때로는 이교도에게서도 영감을 얻어 자신의 시의 피륙을 짜고 있다고 설명하였다(Murray 263-4). 부연하면, 엘리엇이 일상에서는 영국국교에 뿌리를 내린 기독교 시인이다. 그러나 그는 때때로 기독교 신비주의에 깊이 빠져있고, 또는 밀교적 세계를 넘보고 경계를 넘기도 한다. 그리하여 인간의 의식과 정서의 깊고 높은 경지를 탐험하고자 했다. 물론 명상의 출발점은 엘리엇이 찾은 즉각적 가시적 세계, 구체적 사물이다. 『네 사중주』의 각각의 제목이 보여주듯이. 번트 노튼의 실제 정원, 런던의 지하철, 한적한 곳의 옛 교회 등이다. 그러나 명상(사고 작용)이 진행되면서 번트 노튼의 정원은 에덴동산의 이미지로 확대되고, 런던의 지하철에 지옥내지 연옥의 환상에 짓눌린다. 「리틀 기딩」 II에서 엘리엇은 마음껏 경외하는 시인 단테를 모방한다 (LG II 25행-II 마지막 행). 그러나 지상에 뿌리박은 엘리엇은 단테의 세계(단테와 선배시인, 단테와 버질 등)를 그려보지만, 동시에 바로 얼마 전 타계한 동시대 시인 예이츠의 망령에 사로잡힌다. 머리에 의하면, 이전에 가장 대표적인 현대의 밀교주의자로 예이츠를 공개적으로 공격한 것은 사실은 엘리엇 자신과의 싸움, 자신의 특정적 종교적 감수성과의 비밀스런 숨겨진 싸움이 아니었을까 추정한다. 또한 머리의 추적에 의하면, 수많은 동시대 문인들의 망령과 만나는 이 장면에서 신접론자(theosophist)들도 있다는 것이다. 실제로 엘리엇도 그런 모임에 참석한 적이 있다고 한다. 엘리엇에게 그러한 내재적 충동이나 에너지가 있었고, 이들이 의식 속에 묻혀 있다가(의지의 조절력에 의해 몇 년이고 억제되어 있다가) 마지막 작품인『네 사중주』에서 때로는 확연하게, 때로는 언뜻 언뜻 보이며 분출된 것이 아닌가 생각된다. 이렇듯 밀교적 요소들이 엘리엇의 시의 피륙에 섞여 들어간 것은 충격이 아닐 수 없다. 그러나 엄격하고 정통성에 사로잡힌, 전통을 고수하고, 이교도를 질책하는 엘리엇의 모습이 진정한 기독교시인 엘리엇의 상이라고 생각한다면 많이 빗나간 생각이다. 여기서 우리는 엘리엇이 자신의 작품에서 시와 산문을 비교한 부분을 유추해볼 수 있다. 산문에서는 합법적으로 "이상적인 것들"에 끌리고, 시에서는 오로지 "실제적인 것들"을 취급한다(*ASG* 30). 근엄하고 확신에 찬 산문의 어조가 일상 수준의 의식 상태라면, 더 비밀스럽게 고통하고 회의하는 의식 상태가 시가 산출되는 심적 상태일 것이다. 그리고 영적인 해방감을 얻을 수 있는 곳은 바로 시에서다. 엘리엇의 가장 깊은 내면에는 경건한 신앙전통 영국국교 이상의 것이 추구되고 있는 것이다.

3

"문학에서 고전주의자"로 선언했던 엘리엇은 끝까지 강경한 고전주의자로 남았는가? 이미 언급한대로 고전주의/낭만주의 논의는 이후 그 강도가 많이 약해진다. 그리하여『이신을 찾아서』에 오면 둘의 구별이 큰 의미를 지니지 않는다고 엘리엇은 말한다. 그리고 고전주의/낭만주의 이분법은 정통 기독교/이교도(orthodoxy/heresy)의 잣대로 대치된다(*ASG* 26). 낭만주의를 향했던 엘리엇의 신랄한 비판적 자세는 정통 기독교에 위배되는 시인, 소설가들을 향해 취해진다. 연대기적으로 고전주의/낭만주의에 대한 엘리엇의 자세의 변화를 따라가 보고자 한다.

낭만주의를 격렬하게 공격하던 처음으로 거슬러 올라가 보자. 그 첫 번째 논의가 1923년 「비평의 기능」("The Function of Criticism")에서 펼쳐진다. 엘리엇은 철저히 낭만주의를 옹호하는 머리(Middleton Murry)의 논쟁에 강한 어조로 반박한다. 머리는 주장하기를, 영국의 작가, 성직자, 정치가는 선조들로부터 한 규율만을 전수받았는데, 그것은 그들이 최종 수단으로 의지해야 할 내면의 목소리(the Inner Voice)라는 것이었다(SE 27). 인간이 자기 자신을 파고 들어가서 듣는 소리가 결국 신의 소리라는 이 원리는 다분히 낭만주의의 원리인 것이다. 외적인 권위(Outside Authority)와 반대 개념인 내면의 목소리를 중시하면서 머리는 또한 고전주의란 원래 영국적인 것이 아니라고 주장한다. 그는 고전주의/낭만주의 논쟁이 라틴 국가들에서는 심오하게 펼쳐지지만 영국에서는 별로 큰 중요성을 갖지 못한다고 보았다. 이러한 머리의 논조에 엘리엇은 강하게 반응하면서 영국에서도 이 문제는 진지하게 논의되어야한다고 주장하고, 한걸음 더 나아가 고전주의와 낭만주의의 차이를 "완전한 것과 단편적인 것, 성숙한 것과 미성숙한 것, 질서 잡힌 것과 혼돈된 것"(SE 26)으로 보았다. 엘리엇은 분명히 상위의 개념에 고전주의를, 하위의 개념에 낭만주의를 놓았다. 엘리엇은 둘 중 하나에 헌신해야한다고 믿었고, 이는 의심할 여지없이 당시 그에게는 고전주의였다.

이러한 강경한 태도는 1926년 행해진 클라크 강연(Clark Lectures)에서도 이어진다. 이 강연은 엘리엇 비평의 전환점을 이룬 곳으로 던(John Donne)에 대한 해석이 180도 선회한 곳이다. 1921년 「형이상학파 시인들」에서 감수성의 통합을 이룬 시인으로 던을 꼽았었다. 그러나 클라크 강연에서는 던은 감수성의 분열을 보여주는 시인이고, 단테를 위시한 중세 시인들이 감정과 사고의 융합을 이룬 시인들로 평가하였다. 이후 던에 대한 비평은 감수성의 분열뿐만 아니라 낭만주의 성향의 시인으로 분류된다. 이 강연에서 상당히 신랄하게 낭만주의와 이교도를 하나로 취급하고 있다. 문학에 종교적 잣대를 첨가한 것이다. 3번째 강연에서 중세 기독교가 강력한 신비주의적 요소가 있음에도 불구하고, 사고와 감정의 이상적인 결합을 보여주는 예라고 제시하면서 이를

"고전적"이라 불렀다. 성 빅터 수도원의 리처드, 아퀴나스 그리고 단테의 분석적인 신비주의(analytic mysticism)를 "고전적" 부류로 놓고, 반대로 예수회파(Jesuit Order)와 성 테레사의 유동적 베르그송적인 신비주의(flux-borne Bergsonian mysticism)를 "낭만적" 부류로 놓았다. 그리고 두 번째 부류인 "낭만적"에 치욕적인 이교도(heresy)란 용어를 첨가하였다. 엘리엇이 생각하기로, 낭만적 성향의 신학자들은 심연의 신(the God of Abyss)을 주장하는데, 바로 로렌스(D. H. Lawrence)의 신도 이러한 심연의 신이라고는 것이다(*Varieties* 100). 엘리엇은 이교도와 낭만주의가 동일한 역사적 굴절성(historical flexibility)을 보여준다고 보았다. 클라크 강연은 이교도도 낭만주의도 포용할 수 없는 엘리엇의 자세를 보여준다.

엘리엇의 고전주의/낭만주의 논의를 더 들을 수 있는 곳은 「랜슬럿 앤드루스」(1926)에서 앤드루스 주교의 설교와 던과 설교를 비교하는 부분이다. 「형이상학파 시인들」 이래로 던이 엘리엇의 비평에 차지한 비중과, 앤드루스 주교가 엘리엇의 신앙과 작품에 미친 영향을 알고 있는 독자라면, 엘리엇이 두 설교자를 비교해 놓은 것에 대해 흥미를 아니 가질 수 없으리라 생각된다. 두 사람의 설교를 비교하면서 엘리엇은 앤드루스를 고전주의에 놓고 던은 낭만주의에 놓은 것이다. 영국국교 형성의 역사에 절대적으로 중요한 인물이었던 앤드루스의 경우, 객관적 사고, 감정이입 등 고전적 성향으로 해석 가능했다. 반면 던의 경우는, 더 주관적이고 개성을 드러내는 낭만적 성향이 지배적이다. 엘리엇에게 앤드루스의 정서가 더 순수하게 명상적으로 생각되었다. 앤드루스의 정서는 명상하는 대상에 의해서 야기되고, 대상 속에 포함되고 그 대상에 의해서 설명된다고 한다. 이후 논할 키츠의 객관적 시론과 상통한다. 반면 던의 자세는 전형적인 낭만주의 시인들의 자세이다. 던의 설교에는 당혹시키는 무언가가 있고, 설교자의 개성이 종종 드러난다. 던의 설교는 자기표현(self-expression)의 수단임을 느낄 수 있고, 던은 지속적으로 자신의 느낌을 적절히 표현할 수 있는 대상을 찾고 있다. 설교에서 앤드루스는 대상 속에 완전히 흡수되었기 때문에 적절한 정서로 반응할 수 있고, 자아를 투시하는 던은 더 감정의 노출이 많았다. 엘리엇은 두 사람 중 앤드루스가 더 중세적이라고 보았다. 즉 더 고전주의에 가깝다는 표현이다. 앤드루스가 더 순수하고, 교회와 전통에 유대를 지니고 있으며, 그의 지성은 신학에 의해 만족되고, 그의 감수성은 기도와 의식으로 만족되었다. 반면 던은 더 현대적이라 할 수 있는데, 던은 훨씬 덜 신비주의적, 덜 전통적이고, 일차적으로 인간에게 관심이 있었다고 평가했다(*SE* 351-2 참조). 던에게는 개신교적 요소, 예수회 교단의 요소가 많았는데, 엘리엇이 낭만주의에 놓은 가치들이었다.

고전주의/낭만주의에 관한 논의는 「비평의 기능」이래로 「클라크 강연」과 「랜슬롯 앤드루스」에 이르기까지 강도 높게 이어졌고, 이후 1933년, 버지니아 대학에서 한 강연(이후 *ASG*로 발간됨)에서 일단락된다. 이후 엘리엇은 해묵은 고전주의/낭만주의 논의를 벗어던지게 된다. 고전주의/낭만주의의 대척관계는 이제 창조적인 작가가 과도하게 신경 쓸 일이 아닌 것으로 넘어갔다. 또한 시를 쓸 때에도 규율로 준수해야 되는 것은 아니다. "낭만적" "고전적"의 수식어를 어느 시인에게 붙이는 것은, 문학사 교수들이 저자들을 당대의 독자에게 알리기 위한 일시적 정치적 평가척도일 수 있다고 엘리엇은 논한다. 어떤 작가가 "낭만적"이라고 부르는 것과 한 문예사조 상 "낭만적"이라고 칭하는 것도 또한 차이가 있을 수 있다. 더욱이 어떤 특정한 경우에 한 사조는 모든 미덕과 연결되고, 다른 사조는 악덕과 연결될 수도 있다는 발상도 바람직하지 않다는 논조이다(*ASG* 27-8). 그런데 사실 두 용어가 대변하는 차이는 순수하게 문학적 맥락으로만 한정될 수는 없는 것이었다. 두 용어는 궁극적으로 인간의 모든 가치를, 그것도 개인의 가치체계에 준한 가치를 끌어들이는 것이다. 이후 엘리엇의 사고에서 고전주의/낭만주의 구별은, 정통 기독교(orthodoxy)와 이교도(heresy)의 문제로 대치되었다. 이전에 고전주의가 정치적 선호를 위한 망토였다면, 엘리엇 사고의 새 질서에서는 종교가 그 기능을 담당하는 것이었다. 1930년대는 엘리엇이 정통기독교의 입장에서 사회를 향한 글을 쏟아냈던 시기였다.[9] 엘리엇의 보수주의는 기독교의 정통성을, 자유주의자들의 무정부적 공격으로부터 보호해야했다. 이번에는 낭만주의가 아닌 이교도가 타도해야

---

[9] "Thoughts after Lambeth" (1931), "The 'Pensees' of Pascal" (1931), "Religion and Literature" (1935), *After Strange Gods: A Primer of Modern Heresy* (1934).

할 적이었던 것이다. 이러한 일을 엘리엇은 버지니아대학의 강연으로 행하고자 의도했었다. 그러나 동료문인들을 향한 엘리엇의 너무 독단적인 자세로는 성공적으로 이 일을 수행하지는 못했다. 비평가 애셔(Kenneth Asher)는 『이신을 찾아서』에서의 엘리엇의 논조를 모방하여 이때 상황을 묘사하기를, "모든 예측 가능한 문학적 배교자들, 영국 시골의 도덕주의자들 – 하디, 조지 엘리엇, 최악의 사례로 로렌스는 (엘리엇의 정통성의) 법정에 끌려와서 자유분방한 개인주의라는 친숙한 죄목(heresy)의 유죄판결을 받아야했다"고 평했다. 사실 엘리엇은 너무 비열하게 위의 저자들을 혹평하는 잘못을 저질렀고, 엘리엇 생전에 이 책은 다시 출간되지 않았다(Asher 66).

이후 고전적/낭만적이란 경쟁관계가 더 이상 논의의 대상이 되지 않는 예는, 1945년 버질학회 회장으로 한 연설인 「고전적이란 무엇인가?」("What is Classic?")에서 볼 수 있다. 엘리엇은 버질을 유럽의 가장 고전적인 작가로 간주하면서, "고전적"이란 어떤 언어에서 규범적인 작가(standard author)를 의미할 때 붙여주는 용어가 되었다고 설명한다. 어떤 작가가 자기 분야에서 위대하고 영원하고 중요할 때 사용하는 수식어가 바로 "고전적"이라는 것이다.

"문학에서의 고전주의자" 엘리엇은 지속적으로 반낭만주의자로 남았는가? 엘리엇과 낭만주의 선배시인들과의 관계를 보자. 1932-33년 겨울 하버드대학에서 행한 강연에서 엘리엇은 워즈워스, 콜리지, 셸리, 키츠, 아놀드 등 낭만주의 및 빅토리아조 시인들을 포함한다. 우리는 "고전주의자"로 자칭하는 엘리엇이 이들 낭만주의 대가들에 대해 무조건 비판하는 것이 아님을 알 수 있다. 낭만주의 시인들의 시의 원리를 논하는 부분에서, 엘리엇이 상당부분 이들의 시론에 동조하고 있는 것을 발견할 수도 있다. 필자는 이 강연(이후 『시의 유용성과 비평의 유용성』(*The Use of Poetry & the Use of Criticism*; 이후 UPUC로 줄임)으로 출간됨)과 그 밖의 엘리엇의 글에서 낭만주의 시인들을 어떻게 비평하는지 보고자 한다. 그리하여 시와 시론에서 엘리엇과 낭만주의 시인들이 보여주는 유사성을 짚어보려 한다. 필자는 엘리엇과 낭만주의의 관계를 집중적으로 조명하지는 못할 것이다. 그러나 키츠와 워즈워스 두 시인의 경우를 들어서, 엘리엇이 문학의 중요한 이론에서 낭만주의 선배들의 생각을 계승하고 있다는 점을 밝혀 보고자 한다.

비평가 롭(Edward Lobb)은 1980년대까지 비평을 망라하면서 엘리엇을 낭만주의 전통에 놓는 작업을 집약하였다.10) 엘리엇은 1920년대 고전주의를 표방하는 글들에서 고전주의자를 자처하고, 의심의 여지없이 심정적으로 또한 실제로 고전주의를 지향했지만, 롭이 보기에는, 엘리엇은 상당히 낭만주의 경향을 지닌 시인, 비평가였다. 「보들레르론」("Baudelaire")에서 엘리엇은 보들레르의 고전주의적 성향을 언급한다. 당시 주변의 모든 자료가 낭만주의로 이루어진 상황이므로 보들레르는 자신의 반낭만적 기질에도 불구하고 낭만주의 물결을 피할 수 없었다. 엘리엇은 이 상황을 "낭만주의 시대에 시인은 고전주의 경향을 지닌다 해도 실제로 고전주의 시인이 될 수 없다"고11) 묘사하였다. 롭은 이 비유를 엘리엇의 상황에 적용시켜서, 엘리엇도 막강한 고전주의 물결 속에서 낭만주의 경향이 분명히 있지만 낭만주의 시인이 될 수는 없었다고 평했다(81). 그런데 엘리엇을 낭만주의로 해석하고 있는 사례는 또 다른 비평가 애셔에서도 볼 수 있다. 애셔는 시에서뿐만 아니라 산문에서도, 엘리엇은 그가 그렇게 배격하고자 했던 낭만주의에 깊게 연루되어 있다고 강력하게 주장한다. 몰개성의 원리로 유명한 「전통과 개인의 재능」도 낭만주의적이라고 볼 수 있다고 지적한다. 왜냐하면 엘리엇의 글 자체에서 정서적으로 충만한 것이 느껴지고, 또한 순전히 정서적 바탕에 기초한 시를 변호하고 있기 때문이라고 한다(Asher 163). 이후 이 글에서도 엘리엇의 「전통과 개인의 재능」과 워즈워스의 시론을 비교할 것이다.

엘리엇과 키츠의 유사점을 찾기에 앞서 엘리엇이 키츠에 대해 어떻게 생각했는지 보기로 하자. 「형이상학파 시인들」에서 엘리엇은 셸리와 키츠 모두 폄하했다. 그러나 『시의 유용성과 비평의 유용성』에서는 여전히 셸리는 읽을 수 없는 시인으로 간주하나, 키츠는 달리 보고 있다. 특별히 키츠의 서신에 대

---

10) Edward Lobb, *T. S. Eliot and the Romantic Critical Tradition* (London: Routledge & Kegan Paul Ltd., 1981), 60. Frank Kermode, C.K.Stead, George Bornstein의 논의를 수용, 발전시켜 엘리엇을 낭만주의 전통을 계승한 시인으로 비평하였다.
11) It must not be forgotten that a poet in a romantic age cannot be a 'classical' poet except in tendency. (*SE* 424)

해 높이 평가하고 있다. 엘리엇은 키츠의 서신에 흩어져있는 관찰의 심오함과 빛남을 보았다. 또한 이렇게 사적으로 교환한 서신에서 서신의 모델을 발견할 수 있었고 키츠란 인물도 좋아할 수 있게 되었다고 했다. 시에 대한 키츠의 발언은 상당한 정도로 직관에 가깝고, 키츠 자신이 사회적 문제에 관심이 적지만 그런 주제를 이야기할 때에는 기민하면서 꿰뚫어 볼 수 있는 지성이 드러남도 보았다고 했다. 워즈워스나 셸리 같이 시대의 목소리, 시대의 대변자로서 사상을 이론화하지는 않지만, 엘리엇이 보기에 키츠는 시대를 초월한 셰익스피어 같은 "철학적 정신"을 소유하였고, 시의 지고한 유용성에만 전념하였던 것이다(*UPUC* 101-2). 과연 우리는 엘리엇이 높이 평가한 키츠의 서신의 몇 편에서, 시대를 건너뛰어 엘리엇의 시론과 유사한 면을 발견할 수 있다.

먼저 키츠와 엘리엇 사이에는 영어에 대한 역사적 인식이 유사한 것을 발견할 수 있다. 두 시인은 공통적으로 영어가 지속적인 진보를 이룬 것이 아니라는 생각을 보여준다. 키츠는 밀턴 시대의 시어에서 언어 자체가 타락의 길을 걸었다는 것을 간파하였고, 중요한(major) 시인으로서 처음으로 영어의 지속적인 진보를 부정한 시인이었다(Lobb 63-4). 그리하여 그 이전 엘리자베스 시대의 시어로 돌아가야 한다고 주장하였다("Let us have the old Poets") (*Letters* 61). 언어가 잘못된 방향으로 나아가고 있다는 이러한 키츠의 인식(sense)은, 르네상스 이래로 시의 힘이 약화된 것이 분명하다는 엘리엇의 인식(awareness)과 상당히 유사하다. 두 시인이 밀턴을 어떻게 보고 있는가는 놀랍도록 유사하다.

먼저 키츠의 서신을 인용하면,

> 『실낙원』은 그 자체로서는 너무 훌륭하지만 언어의 타락이다. 그 작품은 그 작품의 고유성으로 보존되어야 한다. 즉 호기심 다시 말하면 하나의 아름답고 거대한 호기심으로 간주되어야 한다. 이 세상의 가장 괄목할만한 작품-그리스어와 라틴어의 어순과 억양에 잘 맞춘 북쪽의 방언(영어)이다. 나는 최근에 와서 겨우 밀턴에 대항하는 방어의 자세를 취하게 되었다. 밀턴에게 생명은 나에겐 죽음일 수 있다. 밀턴의 시는 예술가의 기질이 아니면 써질 수 없는 것이다. 나는 바라건대 나 자신을 그와는 다른 감각의 시에 헌신하고 싶다.

The Paradise Lost though so fine in itself is a corruption of our Language-it should be kept as it is unique-a curiosity. A beautiful and grand Curiosity. The most remarkable Production of the world-A northern dialect accommodating itself to greek and latin inversions and intonations. . . . I have but lately stood on my guard against Milton. Life to him would be death to me. Miltonic verse cannot be written but [in] the vein of art-I wish to devote myself to another sensation. (1819년 9월 To the George Keatses, *Letters* 325)

밀턴을 향한 엘리엇의 비판은, 이미 너무 잘 알려져 있듯이, 「형이상학파 시인들」에 시작하여 「밀턴 I」(1936)에 절정에 이른다. 「형이상학파 시인들」에서 엘리엇은, 밀턴을 영어에서 감수성의 분열을 초래한 장본인 중 한 사람으로 규정하였다. 「밀턴 I」에서는 "밀턴의 작품이 시에서 한 중요한 요소를 탁월하게 달성하고 있지만, 그는 여전히 영어에 피해를 입힌 사람으로 간주될 수 있고, 영어는 그 피해로부터 온전히 회복하지 않았다"고 평했다(*OPP* 145). 또한 밀턴은 영어를 마치 죽은 언어처럼 쓴다고 말해도 과히 잘못된 것이 아니라고까지 엘리엇은 표현했다(*OPP* 141). 밀턴의 시어로부터 벗어나기 위하여 엘리엇이 선호한 대안도 키츠와 유사하게 엘리자베스 시대의 문인들이었다. 키츠가 스펜서(Spenser)와 채프만(Chapman)을 좋아했고, 엘리엇도 채프만, 던 등 엘리자베스시대 시인들에게 끌렸고, 특히 엘리엇은 엘리자베스 시에서의 대화체 어조를 선호했다고 한다(Lobb 67).

또 다른 유사성으로, 우리는 키츠의 서신에서 엘리엇의 대표적인 시론인 몰개성 원리(impersonal theory)를 발견할 수 있다. 낭만주의 시인들의 중요한 주제 중 하나가 시인의 자아의 탐구, 무의식 또는 잠재의식의 탐구였다. 이러한 자기표현(self-expression) 영역에서 키츠는 다른 낭만주의 시인들과 좀 차별화된다. 키츠는 시인들이 자기중심적 유아론에 빠지지 않고 객관적인 시를 쓸 것을 주장하였다. 키츠의 용어를 빌리면 시인의 정체성이 드러나지 않는 시이어야 한다는 것이다. 젊은 시인 키츠가 당대의 대가 워즈워스를 향해 "자기중심적 숭고함을 추구한 유아론에 빠진 시인"으로 비판한 것이다. 물론 워즈워스는 키츠에게 인간의 고통을 다루는 "심장의 시인"의 전형으로 받아들여졌고, 밀턴보다 훨씬 따르고자 한 시인이었다(1818년 5월 3일 John

Hamilton Reynolds에게 보낸 편지, *Letters* 93). 키츠가 어떤 거창한 시론을 전개할 목적으로 쓴 것은 아니었으리라 생각되지만, 엘리엇의 몰개성원리와 유사한 내용을 보자.

> 시인의 성격 그 자체에 관해서 말하건대, (나도 시인 중 한 사람으로 생각하나, 그 유형은 워즈워스적인 또는 숭고한 자기중심적 시인과는 구별되는 시인이다. . . .) 시인은 그 자신이 아니다. 그는 자아를 지니지 않는다. 그는 모든 것이며 동시에 아무 것도 아니다. 그는 개성을 가지지 않는다. 그는 빛과 그림자를 (동시에) 즐긴다. 그것이 추하든 아름답든, 높고 낮든, 부유하든 가난하든, 미천하든 지고하든, 그는 예술적 향기(gusto) 속에 산다. . . . 시인은 존재하는 어떤 것 중에서도 가장 덜 시적인 사람이다. 왜냐하면 그는 정체성이 없기 때문에. . . . 그는 지속적으로 다른 물체(Body)를 받아들여 채운다. 태양, 달, 바다, 그리고 남자 여자들. . . . 시인에게는 정체성이 없다. 그리하여 시인은 신의 창조물 중 가장 덜 시적인 존재이다. . . . 내가 사람들과 한 방에 있을 때, 내 머리 속의 피조물들에 대해 자유롭게 추측한다면, 내 자신이 내게 들어오는 것이 아니다. 대신 곧 나는 없어지고 어른들 사이에서뿐만 아니라 어린아이들 속에서도 나는 사멸되고 (그들이 된다).

> As to the poetical Character itself, (I mean that sort of which, if I am any thing, I am a Member; that sort distinguished from the wordsworthian or egotistical sublime; . . . . it is not itself-it has no self-it is every thing and nothing-It has no character-it enjoys light and shade; it lives in gusto, be it foul or fair, high or low, rich or poor, mean or elevated- . . . . A Poet is the most unpoetical of any thing in existence; because he has no Identity-he is continually in for-and filling some other Body-The Sun, the Moon, the Sea and Men and Women . . . . the poet has none; no identity-he is certainly the most unpoetical of all God's Creatures. . . . When I am in a room with People if I ever am free from speculating on creatures of my own brain, then not myself goes home to myself: but, I am in a very little time annihilated-not only among Men; it would be the same in a Nursery of children. . . . (To Richard Woodhouse 27 Oct. 1818, *Letters* 157)

키츠에게 시인의 과제는 자아(self)나 정체성(identity)에 탐닉하는 것이 아니다. 자아는 소멸되고, 시인이 사고하는 대상이 되어야하는 것이다. 시인은 태양이

되고, 달이 되고, 바다가 되고, 인간이 될 수 있어야 한다. 어른들 사이에서 어른이 되고, 아이들 속에서는 아이가 되어야 한다. 그야말로 감정이입의 대가가 되어야 한다는 것이다. 엘리엇은 「전통과 개인의 재능」에서 시인은 개성을 드러내지 않는 시를 써야한다고 주장한다. 엘리엇은 고통을 느끼는 인간과 이를 예술적으로 표현해내는 시인을 별개여야 한다고 논한다. 또한 엘리엇에게, 시는 시인의 정서의 분출(해방)이 아니고 정서로부터 도피이고, 개성의 표현이 아니고 개성으로부터 도피이다(SE 21). 더 정확한 유사성은, 엘리엇이 시인을 화학반응 시 촉매로 본 비유가 키츠에게서 먼저 사용된 예다.

    천재적인 사람들은 중성인 지성이라는 물질에 작용하는 에틸에테르 화학물질처럼 위대하다. 그러나 그들은 어떤 개별성도 어떤 결정적인 성품도 지니지 않는다. 반면 적절한 자아를 지닌 사람들의 수뇌부를 나는 정력적인 사람들로 부를 수 있을 것이다.

    Men of Genius are great as certain ethereal chemicals operating on the Mass of neutral intellect-but they have not any individuality, any determined character-I would call the top and head of those who have a proper self Men of Power. (To Benjamin Bailey 22 Nov. 1817, *Letters* 36)

위의 인용 부분이 엘리엇이 키츠를 논하는 곳에(UPUC 101) 있다는 것은, 키츠의 이 아이디어를 엘리엇이 알고 있다는 이야기다. 「전통과 개인의 재능」에서, 시인을 화학 반응에서 촉매로 쓰이는 백금 조각에 비유한 것("시인의 마음은 백금 조각이다")과 굉장히 유사하다. 엘리엇의 글에서 "시인은 표현해야하는 개성을 지니지 않는다. 단지 특정한 매체일 뿐이다. 그 매체에서 인상이나 경험들이 특이하고 예기치 못한 방식으로 결합된다"(SE 19-20)고 시인을 묘사했다. 롭은 엘리엇의 표현을 빌려, 엘리엇이 키츠의 서신에서 그 생각을 훔쳤다고까지 표현했다(Lobb 68).[12) 키츠의 객관성의 원리를 들어, 어떤 비평가들은 키츠를 낭만주의와는 구별되는 고전주의 성향의 시인이라고 평하기도 한다. 이러한 면이 엘리엇이 낭만주의 시인 중 키츠를 가장 선호한 이유일 것이

---

12) Immature poets imitate; mature poets steal. ("Philip Massinger")(*SE* 206)

라고 설명하기도 한다. 그러나 엄연히 키츠는 낭만주의 시대의 산물이고, 낭만주의 다양성의 일면을 보유한 것이다. 엘리엇의 시론에서 키츠를 발견할 수 있다는 것은, 엘리엇을 "고전주의자"로만 볼 수 없다는 논리를 뒷받침해 준다고 생각된다.

엘리엇과 워즈워스의 관계를 보자. 엘리엇은 「전통과 개인의 재능」에서 워즈워스의 대표적인 시론인 시의 원천은 "고요한 가운데 회상되는 정서"(emotion recollected in tranquility)라는 공식은 부정확하다고 비판한다. 시인의 업무는 새로운 정서(emotion)를 발견하는 것이 아니고, 일상적인 정서를 사용하여 시로 만들 때, 실제 정서에는 전혀 있지 않은 감정(feeling)을 표현하는 것이다. 그리고 또한 시인이 체험하지 못한 정서도 그에게 친숙한 정서처럼 시가 될 수 있다는 것이다. 결과적으로 워즈워스의 "고요한 가운데 회상된 정서"란 맞지 않는다고 엘리엇은 말한다. 또한 엘리엇은 시에 관해서 정서, 회상, 또한 의미의 곡해 없이는 고요함으로는 설명할 수 없다고 한다. 시는 집중이고 그 집중의 결과인데, 즉 실제적이고 행동적인 사람에게는 전혀 경험으로 보이지 않을 수 있는 수많은 경험들의 집중이고, 이 집중에서 얻어지는 결과인데(*SE* 21), 워즈워스의 시론은 이런 점을 포괄하지 못한다는 어조이다. 과연 워즈워스의 「서문」에서는 어떻게 설명하였나 보자.

    (시는 강력한 감정의 자발적인 분출이다.) 시는 그 원천이 고요한 가운데 회상된 정서이다. 일련의 반응으로 그 고요함이 점차 사라질 때까지 정서가 반추된다. 그리고 먼저 반추대상과 유사한 (친척인) 한 정서가 점차 생겨나서, 마음속에 실제로 자리 잡게 된다.

    (poetry is the spontaneous overflow of powerful feelings:) it takes its origin from emotion recollected in tranquillity: the emotion is contemplated till by a species of reaction the tranquillity gradually disappears, and an emotion, kindred to that which was before the subject of contemplation, is gradually produced, and does itself actually exist in the mind. (*Selected Poems and Prefaces* 461)

우리는 워즈워스의 설명이 엘리엇의 설명과 크게 다르지 않음을 볼 수 있다. 엘리엇에서 "집중"이라는 것이 워즈워스의 "정서가 반추된다"와 상응될 수 있다고 생각된다. 또한 엘리엇에서 직접 체험한 정서와 별개로 보이는 "감정"을 표현한다는 부분도 워즈워스에서 "이전 반추 대상과 유사한 정서"로 묘사함으로 원래 경험된 정서라기보다는 시로 승격한 새로운 모습의 정서로 보인다. 그러므로 엘리엇이, 자신의 시작과정의 치열함이 사실 워즈워스 시작과정에서도 은밀히 작용하고 있는 것을 간과한 것으로 생각된다. 워즈워스가 조용히 앉아서 무의식적으로 떠오르는 이미지를 기다리기만 하는 것은 아닐 것이다.

그런데 우리는 이러한 워즈워스 시의 중요한 제재였던 어린 시절 기억이 엘리엇의 시에서도 작용하는 것을 볼 수 있다. 어린 시절 이미지가 시인의 마음속에 깊이 잠들어 있다가, 오랜 시간이 지난 어느 순간에 의식의 표면 위로 올라오는 것이다. 그 이미지는 새로운 정서로 충전되어 어른 된 엘리엇의 시 속에 들어와 박히게 된다. 『시의 유용성과 비평의 유용성』에서 엘리엇이 워즈워스와 콜리지를 설명하는 부분에, 어린 시절 엘리엇의 체험 같은 예화가 나온다. 바닷가 바위 틈새 물웅덩이를 들여다보고, 생전 처음으로 말미잘을 발견하는 10세 소년의 체험이다. 이 단순한 체험은 (그 아이가 예외적인 아이로 보여 그렇게 단순하다고 할 수 없지만) 아마도 그 마음속에 20여년 잠자고 있을 수도 있다. 그리고 시의 어떤 문맥에서 굉장한 상상력의 중압감으로 충전된 채 변형되어 다시 나타날지 모른다고 설명한다(*UPUC* 78-9). 이 어린이의 체험은 어른 된 시점에서 엘리엇의 시에서 이렇게 표현되었다."물웅덩이 속 바다는 우리 호기심에 제공한다/더 기묘한 바닷말과 말미잘을"(The pools where it offers to our curiosity/The more delicate algae and the sea anemone.)(DS I 21-2행). 엘리엇은 다른 예들도 열거한다. "어느 특별한 장소 어느 특별한 시간에 보았던, 한 마리 새의 노래, 한 마리 물고기의 뛰어오름, 그리고 어느 한 송이 꽃의 향기, 물레방아간이 있던 어느 작은 프랑스의 간이역에서 열린 창으로 바라보았던 카드놀이 하던 여섯 명의 남자들"(*UPUC* 148)-이러한 체험들이 민감한 소년의 기억 속에 묻혀 있다가 그의 시세계의 여기저기에 떠오른다. 새의 기억은 「번트 노튼」 I 마지막 부분에서, 물레방아의 기억과 "열린 문으로 보이는 여섯 명의 놀음하는 사람들"(Six hands at an open door dicing for pieces of silver)은 「동방박사들의 여행」에 나온다.

그런데 어린 시절 체험이 기억 속에 잠들어 있다가 시의 이미지로 다시 태어나는 원리에 대한 엘리엇의 생각이 워즈워스의 경우보다 더 미온적임을 볼 수 있다. 엘리엇은 워즈워스만큼 중요한 체험이 다시 기억될 때, 수반되는 창조적인 힘, 기억의 회복력 같은 것을 믿지 못한 것 같다. 엘리엇은 "이런 기억들은 상징적 가치를 지닐지도 모른다. 그러나 우리는 그것이 무엇인지 말할 수 없다. 왜냐하면 그런 기억들은 우리가 들여다 볼 수 없는 감정의 깊이를 가지고 있기 때문이다. 우리가 과거의 어떤 시기를 시각적으로 회상하려고 할 때, 기억 속에서 단지 자의적으로 선택된 일련의 빈약한 스냅사진만 발견할 뿐이다. 격정적 순간의 빛바랜 유품일 뿐이다"(UPUC 148)라고 표현한다. 기억이 시가 되는 과정의 치유력, 회복력에 대한 확신이 없다. 반면 워즈워스는 적극적으로 어린 시절 체험이 회상될 때, 수반되는 회복력에 대해 의미를 부여한다. 물론 낭만주의 시에서 중시하는 상상력의 소유자에게 가능한 일이다. 일상적인 무언가가 갑자기 깊은 의미를 지니게 되는 순간들은 침체된 마음이 회복되고, 느슨한 상상력이 활성화되는 순간이다. 젊은 날로부터 그러한 "시간의 점"(spots of time)을 회상함이 워즈워스는 자신의 시의 위대한 원천임을 알고 있다 (*The Prelude: Book XII* 208-15행).

엘리엇은 산문에서는 기억된 체험이 마치 빛바랜 스냅사진 정도로 본다고 말하지만, 우리는 엘리엇의 시에서도 워즈워스의 강력한 체험의 순간을 찾아낼 수 있다. 「번트 노튼」 V 장미원에서 새소리, 어린이들의 웃음소리 등 천국 같은 비전을 얻는 부분(BN I 42-4행; BN V 33-7행)을 워즈워스 시에서의 "시간의 점"이라고 말할 수 있지 않을까? 엘리엇은 수많은 생각과 투쟁하며 명상을 마무리하는 지점에서, 자신의 의식 속에 묻혀있었던 어린 시절의 영상이 떠오르며, 존재의 무게를 가볍게 하는 회복의 순간을 맞이한 것이다.

엘리엇과 워즈워스가 거의 일치를 보여주는 견해는 시어에 관한 것이다.

두 시인 모두 시어는 일차적으로 당대에 통용되는 구어체여야 한다는 점이다. 엘리엇은 「시의 음악성」("The Music of Poetry" 1942)에서 워즈워스가 이룬 시의 혁명을 높이 평가한다. 워즈워스는 「『서정 시집』 서문」("Preface to *Lyrical Ballads*", 1802)에서 고전주의 시의 체제를 전복시키는 혁명적인 새로운 유형의 시를 선포하였다. 워즈워스는 시의 주제, 제재에서 혁명적일 뿐만 아니라 시의 언어에 있어서도 혁명적이었다. 시어는 산문체 언어와 근본적으로 다르지 않다는 신념을 가지고, 그는 기존의 "시적 언어"(poetic diction)를 과감하게 버리고 일반인이 사용하는 일상의 언어로 돌아갈 것을 주창하였다. 그리고 그가 뽑은 시의 주인공들은 종종 시골 사람, 하층민, 어린이, 떠돌이, 백치 등 그야말로 문명과는 좀 떨어진 곳에서 자연과 가까이 교류하는 사람들이었다. 워즈워스는 자신의 최상의 시에서 이들의 언어를 채택한 것이다. 단순하고 소박한 이들의 언어가 인간의 근본적인 열정을 담을 수 있고, 가장 좋은 사물들(자연)과 대화를 가능케 하는 언어이기 때문이다.13) 그러나 엘리엇은 시의 주인공들로 특별히 낮은 계층을 염두에 두지 않는 만큼, 사회에서 통용되는 일상의 언어로 시어를 논한다.

엘리엇의 설명을 들어보면,

> 시에서 가장 강력히 작용되는 법칙은 외국으로부터 또는 과거로부터 오는 다양한 조류(시대흐름)나 영향력이 아니다. 그 법칙은 시어가 우리가 사용하고 듣는 일상적 언어에서 너무 멀리 벗어나면 안 되는 것이다. 시가 음의 강약을 기초로 하는 시든, 음절수를 맞추는 시든, 각운을 맞추든 안 맞추든, 정형시건 자유시건, 시어는 일상적인 교류를 담당하는 변화하는 언어와의 접촉을 놓쳐서는 안 된다. (*OPP* 29)
>
> But there is one law of nature more powerful than any of these varying currents, or influences from abroad or from the past: the law that poetry must not stray too far from the ordinary everyday language which we use

---

13) *Lyrical Ballads* 서문에서. . . . because in that condition the passions of men are incorporated with the beautiful and permanent forms of nature. The language, too, of these men is adopted . . . . because such men hourly communicate with the best objects from which the best part of language is originally derived. *The Norton Anthology* (Fifth Edition) Vol. 2, 159.

and hear. Whether poetry is accentual or syllabic, rhymed or rhymeless, formal or free, it cannot afford to lose its contact with the changing language of common intercourse.

시는 시대의 생각을 대변하고 언어(현상)를 담아내는 가장 민감한 도구이다. 시인들은 깨어있어 이러한 현상에 민감하게 반응하고 대응하며, 선도하고 주도해야할 임무를 가진다(OPP 31). 엘리엇은 약 1세기 전 워즈워스가 감행한 시어의 혁명과 자신의 도전을 일치시키고 있다. 시에 있어서 모든 혁명은 일상적 언어로 돌아갈 것, 그리고 그것을 공표하는 것이다. 이것이 바로 워즈워스가 그의 서문(Lyrical Ballads)에서 공표한 것이고 워즈워스는 결국 옳았다고 엘리엇은 평가한다. 똑같은 혁명이 워즈워스로부터 100년 전, 올드햄(Oldham), 월러(Waller), 덴햄(Denham), 드라이든(Dryden)에 의해 행해졌고, 워즈워스로부터 100년 후 같은 혁명이 엘리엇을 위시한 모더니스트들에 의해 시도되고 있는 것이다. 역사적으로 어떠한 시의 혁명이 일어나면, 이 조류를 따르는 시인들이 어떤 한 방향 또는 다른 방향으로 새로운 시적 언어(poetic idiom)를 개발한다. 그들은 시어를 갈고 다듬고 완성시킨다. 그러나 그동안 구어체 언어는 계속해서 변화한다. 그리하여 이전의 시적 언어는 시대에 뒤지게 되고, 시인은 끊임없이 새로운 감수성에 맞는 언어를 발굴하고 연마해야 하는 것이다. 엘리엇이 시어를 논하는 시점에서 보면 낡고 시대에 맞지 않은 드라이든의 문체가, 18세기 가장 감수성이 예민한 사람들에게 얼마나 자연스럽게 들렸으리라는 것을 추측할 수 있다(OPP 31). 엘리엇의 초기 비평에서 낭만주의를 비판했던 자세는 찾아볼 수 없다. 오히려 엘리엇은 기꺼이 드라이든, 워즈워스로 이어지는 시인의 계보에 자신을 놓고자 하는 것을 볼 수 있다.

4

일찍이 엘리엇은 문학에서의 고전주의는 정치에서 보수주의와 상통한다는 생각을, 스승 배빗과 흄으로부터 전해 받았다(1916). 그리고 고전주의, 보수주의의 기치 아래, 어떻게 자신의 시(문학)를 옹호하고 세워나갈 것인가 고심하였다. 당시 영국은 자유주의와 개신교의 물결이 팽배해 있었다. 엘리엇은 이러한 세태에 맞서 정치, 문학, 종교에서 자신의 입지를 확고히 해야 했었다. 이때에 큰 영향을 받은 곳이 바로 프랑스의 보수주의 전통이었다고 이미 지적한 바 있다. 메스뜨르(Joseph de Maistre)로부터 모라스(Charles Maurras)에 이르는 이들 프랑스의 보수주의 지성인들은 프랑스혁명을 혐오하였고, 그 여파로 팽배한 민주주의적 충동도 극도로 혐오하였다. 아울러 그들은 자본주의, 개신교, 절제되지 않은 개인주의 성향의 낭만주의 정신을 모두 강하게 비판하였다. 이들에 대한 대안으로, 그들은 문학에서는 낭만주의 이전-즉 고전주의를 선호하고, 종교로는 가톨릭을 옹호하고, 정치에서는 옛 체제인 왕정복구를 주창하였다(Asher 161). 이때 이론과 행동에서 중심에 섰던 인물은 단연 모라스였다. 모라스는 왕정복구 프로그램에 호응하는 작가, 지식인, 정치인들을 규합하여 "악숑 프랑세즈"라고 칭한 운동을 전개하였다. 당시 공화정인 프랑스에서 전제군주를 세우고자 하는 이들은 소위 왕당파이다. 엘리엇이 "정치에서 왕당파"를 공언할 때 그 모델이었던 것이다. 이들 프랑스의 왕당파들은 점차 세력이 확장되어 정당뿐만 아니라 정치학파도 설립했고, 정기적으로 강의, 선전, 연구회, 공공활동, 시사 논쟁 등을 수행하며 "통합적 민족주의"(integral nationalism)를 향한 그들의 정치적·문화적 운동인 "악숑 프랑세즈" 진척시켰다.14) 그런데 프랑스인들이 정치, 예술, 종교의 세 전선에서 전투를 감행할 때, 초기 엘리엇은 먼저 문학에 치중한 분투를 감행하였다. 엘리엇이 당시 새로운 종류의 시(모더니즘 사조)를 붙들고 투쟁할 때, 프랑스의 보수주의 지성인들처럼 낭만주의를 부정하고 고전주의에 헌신하는 데 선봉에 섰다. 그리고 영국을 구원할 종교로서는 고전주의와 맥을 같이하는 가톨릭을 염두에 두고 있었다. 그러나 1926년 엘리엇에게 충격적인 사건이 일어났다. 모라스가 옹호하는 교회가 비정통적이고(unorthodox) 위험한 것이라고 바티칸에서 정죄 받는 사건이 발생한 것이다. 엘리엇은 로마가톨릭을 향한 마음을 접고, 한 달 뒤

---

14) 노저용, 「"악숑 프랑세즈"의 정죄와 T. S. 엘리엇」, 『T. S. 엘리엇 연구』 13.2 (2003), 71-92.

영국국교를 찾게 되었고, 그 다음해인 1927년 영국국교도가 되었다. 비록 모라스가 지지하는 로마가톨릭을 종교로 선택하진 않았지만, 그 이후도 다년간 모라스의 정치이념에 동조하게 된다.

1910년 22세의 하버드 졸업생 엘리엇은, 모라스의 정치사상이 발산하는 열광적인 분위기에 입문하였고(Asher 30), 이후 1930년대까지도 모라스의 이상(vision)에 따라 기독교사회를 구축하고자 하였다. 그러나 시간이 경과하면서 엘리엇은 모라스에 대한 입장도 변모하게 된다. 모리스가 정치철학을 실천에 옮기지 않고 문학이나 왕권주의 정치이론에만 몰두했으면 계속 엘리엇의 모델로 남을 수 있었을 것인데, 현실정치에 직접 참여하여 실패함으로 엘리엇의 이상에서 멀어졌다고 한다(주 14).

마지막으로, 엘리엇의 경력에서 "정치적으로 왕당파"가 이후 어떤 양상으로 변모했는지를 추적하며 미흡하나마 결론에 도달해보고자 한다. 엘리엇이 "왕당파"를 선언하고, 당시 "악숑 프랑세즈"의 정죄에 대한 뜨거웠던 찬반논의에서 "악숑 프랑세즈"를 옹호하는 입장에 섰었다. 그러나 엘리엇이 전제주의를 선호한 것이 현실적 사회에 기여한 것이 무엇인가 생각해보게 된다. 프랑스에서는 극우파 학생들에 의해서 모라스의 "악숑 프랑세즈"운동이 발간하던 신문의 최종호가 1944년까지 지속되었다고 하지만(Asher 29), 1차 대전이후 인기를 누리던 모라스의 사상은 2차 대전이 임박해오는 급변하는 역사의 과정에서 퇴조하고, 당대 현실에 맞는 정치사상 또는 운동이 요구되었으리라 생각된다. 독일의 나치와 러시아의 공산주의가 발호하는 역사의 격변기에서 엘리엇의 역사의식도 당대 현실에 맞춰졌을 것이다. 1930년대 중반을 넘어서면서 새로운 거센 물결로부터 유럽의 전통과 질서를 지킬 의무가 당시 사회지도자급의 지성인들에게 당연히 요구되었을 것이다. 엘리엇도 1928년 "왕당파"로 선언할 때보다 더 권위를 갖고 당대 사회를 향한 비평을 가할 수 있는 위치에 섰다. 문인으로서도 더욱 확고한 고지에 올라서 더 영향력을 행사할 수 있게 되었다. 1922년 엘리엇이 『크라이테리언』지의 편집을 시작할 때, 그는 당대 최대의 문인들이 유럽의 문학을 교류하고 공유함으로 유럽이 역사와 전통을 지키며 유럽을 새롭게 재구축될 수 있으리라는 희망을 지녔었다. 그러나

1939년 1월, 제2차 대전의 암운이 드리우면서, 그가 그동안 추구했던 노력이 더 이상 실현가능성이 없다는 것을 직감하며 『크라이테리언』지를 종간하였다. 기독교인, 사회적 비평가, 철학자로서 엘리엇에게 문학 이외의 영역에서 역할이 요구되었다. 엘리엇은 적어도 30년대 말부터는 문학이 뒷전에 밀린 것은 아닌지 생각될 정도로 기독교인으로 강한 사회적 소명을 지니고 헌신하고자 하였다.

엘리엇에게서 이전 "왕당파"를 주장하던 정치적인 추구는, 이후 소수의 기독교인 엘리트들의 모임인 "무트 서클"(The Moot)[15]을 통하여 새로운 출구를 찾지 않았나 생각된다. 1938년 시작하여 1947년까지 9년간 지속되었던 이 모임은, 공식적인 단체는 아니었고 친구사이 서클의 성격을 지녔다. 이 구성원들은 전문인, 문인, 종교인 등 엘리트들로서 대부분 기독교인들이거나 적어도 기독교적 관점을 지닌 사람들이었다. 이들은 직접 현실정치에 개입하는 것은 원하지 않았고, 이를테면 정치에 가교역할을 담당하고자 하였다. 정치가들을 정신적으로 철학적으로 지원할 수도 있고, 반대로 비평할 수 있고, 나아가서는 그들의 권력을 전복할 수도 있다고 이들은 믿었다. 이 회원들은 모두 당대 정치적 상황을 염두에 두고, 궁극적으로 정신적 문화적 개혁운동에 헌신하고자 했다. 엘리엇이 적극 동참했던 이 모임에서 교류하였던 토론이 씨앗이 되어 만개한 것이 바로 문화・종교・사회・정치에 대한 균형 잡힌 시각을 보여주는 두 편의 사회비평서이다. (『기독교적 사회의 이상』(The Idea of a Christian Society, 1939)과 『문화의 정의에 관한 소고』(Notes Toward the Definition of Culture, 1948)이다.)

엘리엇은 끝까지 문화・종교・정치, 그리고 궁극적으로 문학에서 합일점을 찾고자 한 것으로 생각된다. 우선 문화와 종교는 실제적으로 동일연장선상에 있는 것으로 보았다. 문화는 사람들의 전체적인 삶의 방식이고, 본질적으로 종교의 화신(incarnation)이다. 특별히 엘리엇은, 단지 기독교의 신이 문화를

---

[15] "The Moot"를 "무트 서클"로 옮긴다. Roger Kojecky, *T. S. Eliot's Social Criticism* (London: Faber and Faber, 1971), 156-97. "무트 서클"의 형성부터 최후 모임(1947년)까지 상세히 연대기적으로 기록되어 있다. John Xiros Cooper, *T. S. Eliot and The Ideology of "Four Quartets"* (Cambridge: Cambridge UP, 1995), 37-9. "무트 서클"의 역할에 대해 논했다.

계획할 수 있다고 보았다. 또한 그에게 명백한 것은, 기독교인 엘리트들에 의해 그 청사진에 접근 가능하며, 설계명세서가 제시될 수 있다고 것이었다. 그는 결코 현실 정치에 동조할 수 없었고, 기독교 소수 정예부대로 세상 사람들의 정신을 개조하고 영적으로 이끌려 하였다. "무트 서클"도 이러한 엘리엇의 노력의 일환이었다고 생각된다. 이 귀중한 9년의 시간이 엘리엇의 정치사상과 문학의 산실이었다. 전쟁이 끝나고 엘리엇은 어느새 사회적·문화적 지도자의 대열에 오를 수 있었고, 영미문화권뿐만 아니라 전 유럽을 통하여 권위 있고 영향력 있는 문인(시인)이 되어 있었다. 그의 『네 사중주』는 전쟁 중 그리고 전쟁 직후 유럽의 문명에 상처 입은 젊은이들에게 큰 위로와 용기를 줄 수 있었다(Cooper 175).

참고문헌

노저용. 「"악송 프랑세즈"의 정죄와 T. S. 엘리엇」. 『T. S. 엘리엇 연구』 13.2 (2003).
서광원. 「엘리엇 시에서 단테의 활용」. 『T. S. 엘리엇 연구』 13.2 (2003).
____. 「『네 사중주』에 구체화된 "부정의 원리"」. 『T. S. 엘리엇 연구』 14.1 (2004).
Asher, Kenneth. *T. S. Eliot and Ideology.* Cambridge: Cambridge UP, 1995.
Cooper, John Xiros. *T. S. Eliot and The Ideology of "Four Quartets".* Cambridge: Cambridge UP, 1995.
Di Cesare, Mario A. Ed. *George Herbert and the Seventeenth-Century Religious Poets.* A Norton Critical Edition. New York and London: W. W. Norton & Company, 1978.
Eliot, T. S. *After Strange Gods: A Primer of Modern Heresy.* New York: Harcourt, Brace and Company, 1933.
____. *For Lancelot Andrewes: Essays in Style and Order.* London: Faber and Faber, 1928.

____. *On Poetry and Poets*. London: Faber and Faber, 1986.

____. *The Complete Poems and Plays of T. S. Eliot*. London: Faber and Faber, 1978.

____. *Selected Essays*. London: Faber and Faber, 1980.

____. *To Criticize the Critic and other writings*. New York: Octagon Books, 1980.

____. *The Use of Poetry and the Use of Criticism*. London: Faber and Faber, 1975.

____. *The Varieties of Metaphysical Poetry*. Ed. Ronald Schuchard. San Diego, New York and London: A Harvest Book, 1993.

Gardner, Helen. *The Composition of Four Quartets*. London: Faber and Faber, 1978.

Gordon, Lyndall. *Eliot's New Life*. New York: The Noonday Press, 1988.

Kojecky, Roger. *T. S. Eliot's Social Criticism*. London: Faber and Faber, 1971.

Lobb, Edward. *T. S. Eliot and the Romantic Critical Tradition*. London: Routledge & Kegan Paul, 1981.

Moody, A. David. *The Cambridge Companion to T. S. Eliot*. Cambridge UP, 1994.

Murray, Paul. *T. S. Eliot & Mysticism: The Secret History of Four Quartets*. The Macmillan Press, 1991.

Thormählen, Marianne. Ed. *T. S. Eliot at the Turn of the Century*. Lund UP, 1994.

Timmerman, John H. *Eliot's Ariel Poems: The Poetics of Recovery*. London and Toronto: Bucknell UP, 1994.

Wordsworth, William. *Selected Poems and Prefaces*. Ed. Jack Stillinger. Boston: Houghton Mifflin Company, 1965.

T. S. 엘리엇을 통해 본 문학 경제학

| 양병현 |

　문화 경제학은 문화를 경제적 결과에 관련시키는 경제학의 한 분야로 정의되는 문화와 경제학의 결합 형태라 할 수 있다. 문화 경제학의 발달은 나름의 학문적 경계가 있어 보이나 여전히 경제학자 중심의 주류 경제학의 아류로 분류되고 있거나 문화를 연구하는 사회과학자 중심의 사회연구의 하나에 해당되어 보인다. 사회학이 사회현상을 계량과학의 하나로 체계적이고 도식적 분석을 시작한 이래 문화의 사회현상에 대한 경제적 가치분석을 시도한 것은 그리 오래된 과제는 아니다. 하지만 문화는 사회, 경제, 문학, 예술, 정치, 종교, 과학 등 한 공동체의 총체적 삶의 현상을 아우르는 포괄적인 의미에서 인문학의 영역을 벗어나 본 적이 없다. 인문학의 주체는 인간이다. 한 사회의 문화적 활동은 의식적으로나 무의식적으로나 그 구성원들의 경제적 동인에서 비롯될 수 있다는 마르크스주의자들이 아니라고 하더라도 인간의 활동은 경제활동을 떠나 설명하기 어렵다.
　예술과 문학 경제학의 경우 두 분야를 같은 범주로 분류하여 문화 경제학 연구의 하나로 다루는 경향이 있다. 문화 경제학 측면에서 보면 예술이나 문학 경제학 모두 작품을 경제학적 접근으로 연구하는 사회과학의 한 분야로

---

* 이 논문은 『T. S. 엘리엇 연구』 20 (2010)에 「T. S. 엘리엇을 통해본 문학 경제학」으로 게재되었던 것을 수정·보완한 것임.

볼 수 있다. 경제학적 접근이란 제도경제를 연구하는 제도경제학이나 인간 행동의 경제적 특성이나 유형을 연구하는 행동경제학의 어느 경우에도 해당되지만, 사회구성원인 개인의 행동과 제도 사이의 상호작용에서 나타나는 자본주의 경제와 관련이 있어 보인다. 경제활동이란 뜻은 개인의 목적 행동의 결과로서 시장, 돈, 생산에 의한 사유재산권이 시간에 걸쳐 진화한다는 개념에서 출발한다고 할 수 있다. 이로 보아 문학 경제학은 문학의 생산과 소비 시스템, 즉 시장의 문학 수요와 공급을 창출하기 위한 개인의 경제활동에서 출발한다고 보아야 한다. 알렉산더 포우프(Alexander Pope)의 경우 자신의 호머 번역서를 출판업자 버나드 린톳(Bernard Lintot)으로부터 권당 2백 기니를 받고자 거래를 성사시킨 일은 잘 알려져 있다(양병현 767). 또한 괴테(Goethe)의 경우 자신의 문학작품에 대한 시장가치를 결정하고자 출판업자인 비벡(Vieweg)과 은밀한 거래를 추진하였다고 한다(Moldovanu & Tietzel 854). 하지만 문학 작품 자체의 미학이 작품의 시장가치와 어떤 연관이 있느냐는 조금 더 세밀하게 검토할 사항이다. 시대의 사회경제 조건과 작품 내용과의 상관관계, 그에 따른 시장가치의 형성은 작품 자체의 작품 미학과는 다소 다른 가치를 형성한다.

　20세기 문호 엘리엇은 『크라이테리언』(*The Criterion*)의 편집자로서의 지위를 가지고, 그리고 페이버 앤 페이버(Faber & Faber) 출판사의 이사로서 시 목록(the poetry list) 선정의 책임을 갖고 문학사상 시에 대한 가장 영향력 있는 출판업자가 되었다(Gupta 26). 시인과 비평가가 동일 인물이라는 사실 외에도 엘리엇이 출판업자의 지위를 갖고 있던 점은 그가 유통과 소비를 경험한 문학 경제학 연구에 정말 중요한 인물이라는 것을 말해준다. 대체로 문학 경제학은 출판 사업과 시장에서의 문학 작품의 경제적 가치를 다루게 된다. 엘리엇은 1917년에서 1925년까지 영국 런던 로이즈 은행(Lloyds Bank)에서 금융 분석가로서 8년의 경험이 있는 데다 그 이후 65세까지 40여년을 페이버 출판사에서 이사로서 평생 직업을 가진 인물이었다. 그러므로 엘리엇의 경우 자신이 출판업자는 아니었지만 오랫동안 출판업자 지위를 가졌던 경험이 있기 때문에 출판 관련 문학 작품의 가치와 시장의 결정 요인을 잘 알고 있었으리라 여겨진다. 엘리엇이 대중문화의 양상과 질을 바꾸고, 사람들의 문학 활동을 변화시키며 문학의 창조, 보급, 소비의 경제패턴을 주도하며 문학의 가치를 창조한 것으로 보아 그의 출판 관련 활동은 문학 경제학 연구에 상당한 의미를 주고 있다. 즉, 문학에 대한 돈의 가치를 환산해보는 기준은 시장의 수요와 공급을 생각하여 문학 생산과 소비를 진단해 보는 일이다. 그 만큼 실제적인 소비를 생각하지 않는 문화 현상이란 존재하지 않는다는 의미일 수 있다.

대체적으로 1) 예술과 문학 경제학은 문화 경제학의 한 영역이다. 2) 문학 경제학은 출판과 문학의 경제적 가치를 논한다. 본 글에서는 문학의 사용가치(문학의 미학적 가치)와 교환가치(문학의 실용적 가치)를 중심으로 문학의 경제적 가치를 논하고 이와 관련된 엘리엇의 출판활동을 검토하고자 한다.

문학의 사용가치는 문학 고유의 값어치(worth)라 할 수 있다. 마르크스는 문학의 규범적 가치로서 사용가치(use value)를, 그리고 자본의 가치로서 교환가치(exchange value)를 사용하였다(Nethersole 83). 따라서 문학 경제학의 경우 문학 작품을 값어치로서 사용가치를 살펴보기 위해 문학 내적 가치를 논해야 하는 제한경제학과, 작품의 내용과 형식을 반영시키는 출판 정책이나 전략과 관련된 생산, 유통, 소비 기반의 일반경제학을 동시에 탐구해야하는 과제를 준다(양병현 767-68). 작가가 생산한 문학 작품의 질과 미학적 가치는 그 고유한 사용가치에 비해 교환가치는 다소 제한적이지만 출판 관련자들이나 문학 비평가들에 의해 결정된다. 우선 작가가 생산한 작품은 시장 메커니즘에 의해 가격이 형성되기보다는 출판업자와 문학 비평가들의 평가가 공급을 결정하게 된다. 다음으로 시장에서 소비자에 의해 작품의 수요가 자본으로 교환된다. 자본주의의 경우 문학 수준에 대한 평가는 단순한 글자에서 벗어나 상품의 사용가치는 물론 그 교환가치가 자본으로 결정된다는 뜻이다. 영어 사전을 보면 자본의 'capital'은 크게 대문자의 뜻과 자본의 뜻이 있다. 대문자는 '으뜸'의 뜻으로 그 자체 특별한 신분과 지위를 갖게 되는 경우이다. 자본은 최고의 경제적 지위를 갖기에 경제의 으뜸이 되는 요소이다(Nethersole 79). 이런 의미에서 문학의 미학적 가치는 물론 경제적 가치는 그 자체 특별한 신분과 지위가 소비와 불가분의 관계가 있기 때문에 글을 생산하는 작가의 글짓은 문학의 사용·교환가치로 설명이 된다.

경제학 개념으로 보아 글짓과 글의 경제 가치 사이의 개념은 다소 모호할 수 있다. 하지만 문학의 가치를 새로운 경제적 아이디어로 검토할 수 있게 된 것은 그리 오래된 일은 아니다. 일찍이 유명한 칸트의 미학 판단 개념은 문학이 문학 나름의 목적이 있다는 뜻이다. 문학의 미학은 실용적인 측면에서 보았을 때 공공의 이익과는 다소 거리가 먼 비공리적 즐거움 등을 강조한다. 바로 시장, 거래, 경쟁, 선택에 의해 생산되는 가치를 중시하는 경제적 주장은 천박하다는 시각이 있다. 달리 문학 비평가들이 고려하는 가치는 문학의 순수 가치이다. 순수 미학 개념으로 문학을 평가하는 가치는 보편적 가치로 돈과는 전혀 관계가 없는 사회적인 행위로 간주된다. 그럼에도 불구하고 문학을 소비하는 즐거움은 마치 돈처럼 구매의 표준이 되기도 한다.

레인가르드 네더소울(Reingard Nethersole)에 따르면 문학은, 특히 고대사회에서부터 시는 "신으로부터 오는 광기의 산물"이라 평가되고 있고, "신의 재능"이라고 하여 시는 신성시되어 온 전통이 있다(85). 또한 축제날 시인의 과업은 "노래로 하늘의 재능을 사람들에게 제공하는 것"이었다. 영감의 시가 있는 곳에 작가(the writer-author)는 세속화된 세상의 개인 독자에게 새로우면서도 새로운 형태의 상상적 우주를 제공하게 된다. 시는 같은 기호를 갖는 독자에게 "정신과 마음의 보이지 않는 교제" 형식을 제공하고, 시적 낱말은 불확실하지만 독자의 정신적 성장을 자극한다. 외견상 목적이 없고, 비공리적 즐거움에 의해 지배된 문학의 생산과 사색은 특별한 상품 생산과 소비행위라 할 수 있었다.

문학 작품 중에서도 오늘날 시는 산문으로 이야기 형식인 소설과 대화체 형식인 희곡과는 달리 운문으로서 시장 가치를 결정하기가 가장 어려운 장르이다. 더욱이 시장에서 시집을 사가는 소비자는 매우 한정되어 있다. 그래서 시 분야는 문학 비평가의 활동이 매우 중요할 수밖에 없다. 문학 비평가의 몫은 시 작품의 시장 요인을 결정하고 유통과 소비를 촉진시키는 기능을 동시에 맡게 된다. 하물며 엘리엇은 오랫동안 그 스스로 시인이며 비평가였고 출판업자의 지위를 가지고 있었다. 오늘날 시각으로 보아 엘리엇은 문학 사업가인 셈이다. 특히 그 중에서도 시에 대한 기업가 정신이 있었다. 시에 대한 사업과 기업 정신을 상품화할 수 있다면 다른 문학 장르에 대한 시장 메커니즘 연구는 부차적인 과제일 수 있다. 오늘날 대부분의 시는 소극적이고 야망이 없는 사람이, 혹은 부끄럼 많고 은둔적인 외톨이적 이미지를 주는 사람으로 생각하기 쉽다. 그래서 시인은 종종 시장과는 늘 거리감이 있어 보이거나 초연해 보이기까지 한다. 시장에 성공하는 시인이 있다면 엘리엇은 문학의 미학적 가치와 교환 가치 연구에 새로운 의미를 주게 된다.

엘리엇은 재능이 있는 시인이었지만 그렇다고 그가 한가하게 외톨이적 이미지로 시를 쓴 것은 아니다. 그가 시를 쓰는 행위는 영어 언어로 정말 힘들게 작업하는 일이면서도 가장 '으뜸'가는 작가로서 명성을 세우는 일에 해당된다. 그 결과는 노벨문학상 수상이었을 것이다. 하지만 이러한 엘리엇의 성과가 우연은 아닐 것이다. 시인과 출판업자였던 엘리엇은 자신의 시 작품의 생산, 유통, 소비에 대한 의식을 늘 갖고 있었던 것으로 보인다. 즉 시 작품의 미학가치는 물론 교환가치를 결정하는 시인이며 비평가이며 동시에 생산자이며 유통업자이며 그 자신 기존의 문학을 소비하는 독자인 셈이다.

엘리엇의 경우를 문학 경제학으로 접근해 보면 그의 문학비평과 출판활동에 따라 제한경제학과 일반경제학 연구가 가능해진다. 한편으로 문학 미학의 특수성을 인정하는 입장은 문학비평의 역할로 이어지며 여전히 특수한 시장 가치를 창출하는 의미가 있다. 하지만 문학 외적인 경향으로 마르크스의 상품 물신주의(commodity fetishism) 개념이 엘리엇에게서 발견된다. 물신주의란 생산과정에서 작가와 소비자의 의식이 상품과 완전히 소외되거나 격리되는 현상이다. 생산과 유통과정에서의 생산자나 소비자의 이러한 소외의식은 소위 허위의식으로 불린다(Lukács 60-61). 자본주의 상품구조는 상품이 사람들 간의 사회관계에 기여하기보다 그 자체가 자율적인 힘에 의해 객관성을 소유하는 경향이 있다고 한다(Selden 421-22). 엘리엇이 출판 사업의 위치에서 문학 상품의 물신주의 현상을 불러일으킨 것은 매우 중요한 부분이다. 문학비평 활동은 시장의 자율적인 손에 의지하는 차원에서 보다는 한정된 시장의 수요를 자극하는 의미가 있다. 아마도 학문분야 사이의 아이디어와 그로 인한 학문

교류는 고도의 물신현상과 특수한 상품의 유통을 기반으로 한 출판 경제학이라 할 수 있을 것이다.

오늘날 산업자본으로서 문학의 목적적 사용가치를 보면 작가인 시인이나 소설가의 자본은 언어이다. 마르크스가 말하듯이 자본은 재질로 구성되기보다, 그 재질의 가치로 구성된다(Marx 261). 그 재질의 가치가 글짓의 가치이며 있는 그대로의 미학 형태로서 사색을 위한 가치 혹은 심미성을 주는 가치에서 글짓의 가치이다. 현대 문학비평의 지식과 평가기술은 매우 숙련된 과정을 거친다. 문학 비평가의 기술은 고도의 숙련성을 요구하며 습득되는 것이며, 이들의 글짓은 문학텍스트를 해석하고 그 가치를 발굴하는 과정을 의미한다. 문학비평은 일단 작품에 전념하여 다른 비문학적 작품과 별도로 상품가치를 결정한다. 이러한 문학비평 활동은 문화적 자본을 결정하는 공간과 담론의 기능 모두를 생산해내게 된다.

그러나 문화적 성취, 즉 성장이나 교육 가치의 값어치를 의미하는 문학 텍스트 지식만으로는 오늘날 시장에서 소비자의 만족을 충족시키기가 부족하다. 그래서 문학 작품과 문학 비평가의 활동은 지금까지 정전 논쟁에서 의심을 받아왔다. 문화 자본으로서 텍스트를 보기보다는 어떤 종류의 작품 혹은 어떤 텍스트가 미학적 판단, 즉 미학 이데올로기에 적합한가에 대한 선택의 문제였기 때문이다. 문학 비평가가 문학 작품의 선정 과정에 개입하면서도 미학적 판단과 함께 시장을 생각하지 않는 경우가 있다. 예를 들어 선택은 높은 취향을 요구하는 문학 작품에서부터 일반문서는 물론 대중작품까지 그 대상에 포함된다. 하지만 위험한 것은 선택과 성역화의 조건을 결정하는 권력추구 에이전트들이나 제도권들의 입장에 따른 여러 이해 싸움으로 시장과는 거리가 먼 선택을 하는 경우이다. 그럼에도 불구하고 여전히 문학 연구는 상징적 권력을 소유하고 있다. 비평가들이 문학의 교환가치에 대한 의문을 제기하고 걱정을 드러내는 일은 놀랍지가 않다. 하지만 데릭 앗트릿즈(Derek Attridge)는 여전히 자본화된 으뜸 문학의 우수성을 사색의 가치에서 찾고 있다. 앗트릿즈는 합리적인 설명이 없어도 문학의 초월적 경험이 여전히 필요하다고 강조한다(3). 이런 초월적 차원에서 보면 엘리엇은 특별한 문학인이다. 그의 문학과 경제활동은 시인으로서 문화적 자본을 생산하는 일이고, 비평가로서 담론을 생산하며 시장을 창출하는 것을 의미한다.

엘리엇의 경우 1, 2차 세계대전 기간 동안 『크라이테리언』에 대한 그의 평론활동은 많은 작가들의 작품 생산에 영향을 미쳤고 적어도 한 시대의 사회적, 문화적 의미를 광범위하게 들여다 볼 수 있게 해준다. 시인으로서 비평가로서 엘리엇의 역할은 크지 않을 수 있지만 유통과 소비를 생각하는 출판업자의 위치로서 그의 이사의 역할은 새로운 시인들의 시장 활동을 촉진하는 의미가 크다. 『크라이테리언』에 출판된 시들은 적어도 엘리엇의 승인이 있어야 가능하였다(Harding 389). 그러한 예로는 허버트 리드(Herbert Read)의 「성자 데니스의 애가」("The Lament of Saint Denis"), 유지니오 몬타일(Eugenio Montale)의 「알세니오」("Arsenio"), 휴 식스 데이비스(Hugh Sykes Davies)의 「페트론」("Petron"), 그리고 F. T. 프린스(Prince)의 「페트론에게 보낸 편지」("Epistle to a Patron") 등은 엘리엇 유형의 시 형식을 추구하였던 당시 젊은 시인들로 알려져 있다(389). 이들은 『크라이테리언』의 편집자이며 당시 『황무지』(*The Waste Land*)로 명성이 알려져 있던 엘리엇 시의 젊은 추종자들인 셈이었다. 엘리엇은 미국의 비극적 시인이었던 하트 크레인(Hart Crane)의 『브리지』(*The Bridge*) 시의 한 부분인 「터널」("The Tunnel")을 출판해 주기도 하였다(389).

엘리엇의 출판활동을 보면 중요한 것은 출판에 관한 그의 표준 정책들, 소위 그의 편집 원칙이라 할 수 있다. 그러한 내용에서 가장 중요한 요인으로는 작품의 목록 선정과 인쇄비용 등과 관련된 생산자와 출판업자 모두의 수익구조일 것이다. 선정 작업 또한 확실한 것, 혹은 다소 미온적인 것, 혹은 거부할 것에 대한 논의와 그 선정에 대한 철학적 논쟁은 물론 수익구조에 미치는 요인 분석이라 할 수가 있다. 엘리엇이 확실하게 승인하고 출판을 권유한 시인들로는 당시 위스턴 오든(W. H. Auden), 조지 바커(George Barker), 버논 왓킨스(Vernon Watkins), 헨리 트리스(Henry Treece), 로널드 보트롤(Ronald Bottrall), 마리안느 무어(Marianne Moore) 등 영국과 미국 모두에 걸쳐 있다(Gupta 27). 엘리엇의 선정 기준은 정확하게 규정하기는 어렵고 어떤 일반적인 선정 패턴을 찾기는 쉽지가 않다. 다만 모더니즘 계열의 시인들일 것이라는 추정은 가능하다. 특히 무어의 경우 엘리엇의 스폰서십은 모더니즘 계열의 시인으로서 그녀의 명성에 상당한 연관성이 있어 보인다.

그럼에도 불구하고 『크라이테리언』에 실린 66개의 엘리엇 논설 어느 것도 단행본으로 출간되지가 않았다(Harding 391). 다소 변덕스럽다고 지적되고 있지만 1926년 1월 『뉴 크라이테리언』(the New Criterion)의 첫 호에 실렸던 「문학 서평에 관한 사고」("The Idea of a Literary Review")가 가장 잘 알려진 엘리엇의 편집 원칙으로 지적되고 있다(391). 이 논설은 제1호에 실렸기 때문에 일종의 선언으로서 그의 편집과 비평의 원칙을 과거보다 훨씬 더 강하게 나타내고 있었다. 일반적으로 그는 소위 "'고전적' 경향"('classical' tendency)을 선호하고 상대적으로 "잡다하거나 표현이 애매한 시"(the vagueness of a miscellany)나 "학파 중심의 프로그램"(a sectarian program)을 거부하였다(391). 이즈음 엘리엇의 비평은 보다 투명한 이성 중심의, 즉 감성에 대한 보다 엄격하고 평온한 이성의 통제를 선호하는 경향이 강하였다. 『뉴 크라이테리언』 지에서의 이러한 엘리엇 선언은 페이버 출판사에서 안정된 직업을 가진 이후에 더욱 강조되며 유지되었다. 심지어 엘리엇은 과거 『크라이테리언』 서평에 실리기는 하였지만 마음에 들지 않던 작가의 책을 페이버에서 출판하는 것은 피하고 싶다고 사장인 제프리 페이버(Jeoffrey Faber) 씨에게 직접 언급하기까지 하였다(Schuchard 70).

페이버 출판사에서 출판이사로 활동하던 때 엘리엇의 선정 거부 사유를 살펴보면 전망은 있지만 성숙하지 못하다고 생각하는 경우나 전망도 성숙도 없어 보인다고 생각하는 작가들에게서 찾아 볼 수 있다. 주로 이들에게는 나름의 논평과 충언을 서한 형식으로 제시하는 경향이 있다. 케이스 더글라스(Keith Douglas)의 경우는 전망은 있지만 성숙하지 못한 경우이고, 존 힐리(Jhon Vincent Healy)의 경우는 전망도 성숙도 보이지 않은 경우에 해당된다(Gupta 28). 이들에 대한 평가는 편집자와 문학 비평가로서의 엘리엇의 역할이 주목된다. 그의 비평은 적어도 페이버 출판사에서 해당 작품의 출판과 관련이 크기 때문이다. 그 중에서 힐리의 경우는 반유태주의에 대한 직접적인 비난에 대한 답신이어서 상당한 주목을 받았다. 1932년 11월 22일 힐리에게 보낸 서한에는 거절에 대한 사유로 "번지르르한 스타일"(a tumid style)과 "감정의 생성"(generality of emotion), "이미지의 부정확성"(imprecision of image) 등이 언급되고 있다(Gupta 28 재인용). 그 이외에도 서간의 내용에는 영어 사전을 사용하고, 사운드의 의미를 우선시하는 운문 등을 결코 희생해서는 안 된다는 지적과 설명문 유형과 내러티브 유형의 산문을 많이 연습하라는 충언이 언급되고 있다. 다소 엄격한 지적이기는 하지만 전형적인 평가는 아니다. 무엇보다 스토리를 쓸 경우도 내러티브 보다 개인적이든 역사적이든 실제 사건을 쓰는 연습을 강조하고 있다.

엘리엇은 『크라이테리언』에서 제임스 조이스(James Joyce)가 쓴 『율리시스』(*Ulysses*)의 신화적인 구조를 경탄한 적이 있다. 하지만 당시 이 작품은 『진행 중 작품』(*Work in Progress*) 단계였기 때문에 그 완성도 측면에서 엘리엇의 직접적 비판을 받았다. 조이스의 작품은 후에 『페니간의 경야』(*Fennegans Wake*)로 완성되기는 하였다(Gupta 29-30). 대부분 엘리엇은 『낯선 신을 쫓아서』(*After Strange Gods*)에서 조이스의 작품을 기독교적 정서가 깃든 작품으로 긍정적 평가를 하였다. 또한 엘리엇은 조지 오웰(George Owell)의 『동물 농장』(*Animal Farm*)의 출판을 거부한 일도 있다. 훌륭한 작품이기는 하지만 상업적 성공에 대한 이유를 떠나서 그 형태가 비현실적이고 정치적인 우화라는 이유에서다. 일반적으로 러시아 공산주의 혁명가 트로츠키 유형의 시각이 작품을 지배하고 있다고 논평하고, 내용으로는 순수한 공산주의 유형인지 작은 나라들에 대한 경고인지가 매우 불분명하다는 지적이 따른다(*Times Literary Supplement* 2).

엘리엇의 비평이 다른 작가들을 위해 상업적 성공을 촉진시키거나 혹은 반대로 방해한 평론활동으로 보기 어렵지만 적어도 비평을 통해 전문 학계는 물론 출판계에 활력을 불어 넣어 준 것은 확실하다. 페이버에서 출판업자로서 지위를 갖고 활동한 40여년은 조이스, 오든, 무어는 물론 데이빗 존스(David Jones), 로버트 로웰(Robert Lowell), 테드 휴즈(Ted Hughes), 실비아 플라스(Sylvia Plath), 그리고 톰 건(Thom Gunn)의 상업적 성공에 기여한 바가 크다고 할 수 있다. 1959년 4월 휴즈가 구겐하임 지원금(the Guggenheim grant)을 받게 된 배경에 엘리엇이 한때 기꺼이 휴즈의 심사위원으로서 활동한 내력이 알려져 있다(Broderick 1). 엘리엇은 1930년대 이후 편집자 및 출판업자로서 모더니즘 계열의 글쓰기의 상업적 성공에 기여한 것이 분명하다. 피터 악로이드(Peter Ackroyd)에 따르면 페이버에서 엘리엇의 출판일은 30년대에서부터 60년대까지 영시의 형성을 결정할 정도였다고 한다(182). 이런 차원에서 다른 문학 비평가들과는 다르게 엘리엇은 모던 계열의 글쓰기에 권위를 부여한데다 그 의미를 찾는 것은 물론이고, 자신이 선정한 작품을 보다 넓은 차원의 대중을 향하게 하고 접근하게 한 출판업자이다. 특히 엘리엇은 어떻게 문학적 명성을 만들 수 있는지, 그리고 출판업자의 상업적 성공을 위해 글쓰기 유형과 내용은 어떠해야 한지를 잘 알고 있는 인물처럼 보인다. 엘리엇은 페이버에서 경제적으로 안정된 이후 자신의 문학적 능력은 물론 신사로서 기질을 다듬고 보다 따뜻하고 세련된 정신을 소유하게 되었다(Newcomb 401). 무엇보다 파운드와의 지속적인 관계는 문학인으로서 동시에 출판업자로서 엘리엇에게 오늘날 잘 알려진 "고급 모던 정전"(the High Modernist Canon)을 형성시키고 관련 출판 산업을 촉진시킨 계기가 되었다(403).

1922년 9월 25일 버지니아 울프(Virginia Woolf)가 보낸 서한을 보면 엘리엇이 로이즈 은행을 그만 두고 페이버 출판사에서 풀타임 이사직을 결정하게 된 것은 브룸스베리 그룹(the Bloomsbury Group)의 기여가 큰 것으로 알려져 있다. 이 그룹은 엘리엇 생전에 그의 개인적 수입('Eliot Fellow Fund'로 알려져 있음)에 상당한 기여를 하고 있었다. 이 그룹과 엘리엇 간의 인연은 특별하다. 최근 영국도서관은 2009년 9월 14일에서부터 12월 6일까지 "브룸스베리 광장: 출판업자 T. S. 엘리엇"('In a Bloomsbury Square': T. S. Eliot the Publisher) 전람 코너를 마련하였다. 영국사회가 출판업자, 편집자, 그리고 작가로서 엘리엇에 대한 페이버 근무 80주년 기념행사를 주관하고 있는 점에서 작품 생산자들과 유통업자 간의 문학사적 관계를 들여다보게 한다(Pearson 1-6). 따라서 이 그룹의 후원을 어느 정도 받기는 하였지만(이 자체도 엘리엇의 출판사업가적 능력의 일부) 엘리엇 스스로 작가이면서도 대중에게 지속적인 영향과 의미를 갖는 작가들을 발전시키고 육성한 능력은 오늘날에도 흥미로운 주제일 수밖에 없다.

  엘리엇을 이사로 선임한 당시 출판업자 페이버 씨의 결정은 출판 산업에 있어서도 자신의 회사를 결정적 성공으로 이끈 원동력이 되었다. 이 경우 출판업에 있어 엘리엇의 상업적 성공을 살펴보게 해준다. 페이버 회사의 조건과 자신의 역할이라는 두 세계를 하나로 결합시킨 엘리엇은 시인이면서 사업가의 정신을 동시에 가진 것이기 때문에 그를 통한 문학의 경제활동이 주목된다. 일반적으로 우리는 문학에 대해 사용가치 및 교환가치 용어를 사용하는 데 어색해 한다. 문학비평 또한 마찬가지로 편하게 사용하지 않는 경향이 있다. 오히려 이 용어들은 18세기 유럽에서 경제학이 출현하면서 발전한 개념들이다. 경제학에서 가장 중시되는 개념은 상업이다. 따라서 경제학 분야와는 달리 시, 문학, 창조적 기능 등에 상업 개념을 적용하는 일은 고대사회에서부터 로마사람들, 중세교회 그리고 유럽 낭만주의에 의해 경멸을 당하였다(Nethersole 79). 전통적으로 영국에서도 존 베이컨(John Bacon) 시대부터 포우프 시기까지 시인들이나 다른 문학인들이 공공경제 정책에 대한 논의에 적극 개입하면서도 상업에 대한 것은 상당히 불편한 문제였다(Hoxby 522). 존 드라이든(John Dryden)이나 존 밀턴(John Milton)도 여기에 포함되고 있다. 특히 밀턴의 경우 코머스(Comus)와 레이디(Lady) 간에 주고받은 대화 내용은 물론 『실낙원』(*Paradise Lost*)이나 『삼손의 분노』(*Samson Agonistes*)에서도 상업과 관련된 사람들의 동기와 활동에 대해 상당한 불신을 보여주고 있다(522-23). 오늘날까지도 문학하는 사람들이 상업을 의식하여 작품 활동을 하는 것은 다소 바람직하지 않다고 믿고 있기 때문에 그러한 영국사회에서 생활한, 문학의 엘리트로 알려진 엘리엇의 직업 정신은 특별하게 보인다.

  문학 활동을 상업의 의미에서 접근한 배경은 막스 베버(Max Weber)에서 찾아진다. 베버는 일의 윤리(work ethics)를 프로테스탄트 개혁의 중심 가치로 강조하게 된다. 그에게 일은 모든 인간 활동의 공통분모가 된다(Nethersole 80). 일단 노동의 의미에서 일은 사회일반의 상호작용의 중심 가치로서 노동이론으로 출현한다. 은행직에서 출판사직으로의 이동은 엘리엇의 일에 대한 가치를 이해하는 일이기도 하다. 이러한 이해는 존 록(John Locke)이 일에서 재산의 기원을 발견하였을 때와 아담 스미스(Adam Smith)가 자신의 유명한『국부론의 기원에 대한 탐구』(Inquiry into the Nature and Causes of the Wealth of Nations, 1776)에서 일을 모든 부의 근원으로 진화시킬 때부터 지속(Nethersole 80)되고 있었지만 문학 영역에서는 문학 활동이 일이라는 경제학적 의미가 간과되고 있었다. 엘리엇은 시를 쓰는 인문학도였음에도 불구하고 은행직을 동시에 갖고 있던 점에서 일에 대한 경제학적 가치를 중요하게 생각하였을 것이다. 아마도 엘리엇은 경제학의 고전이라는 리카르도(Ricardo)의『자본론』(Capital)을 읽었을 것이고,『자본론』을 통해 글짓을 일로 간주한, 즉 상업이라는 차원에서 적극 이해하였을 것이다. 엘리엇으로부터 글에 대한 경제 개념과 출판활동을 상업으로 접근한 예를 찾기는 어렵지 않다. 일반적으로 기억기술이라는 전문성과 창조가 요구되는 일은 문학에서 읽고 쓰는 행위와 아이디어 산출이라 할 수 있다. 따라서 쓰는 행위는 개인의 창조활동으로 일의 성격으로 보게 된다. 직관적 창조라는 차원에서 접근되던 시를 상업 차원에서 생산의 시로 접근한 인물은 아마도 엘리엇이 아닐까 한다. 구체적으로 엘리엇은 모더니즘 정신이라 할 감성의 객관화, 진지한 스타일, 정확한 이미지 구성, 문화적, 역사적 배경은 물론 에피소드 중심의 내러티브 전개 등을 자신의 비평과 출판정책의 주요인으로 규정하고 있었다. 이처럼 엘리엇에 의해 문학 생산과 출판 결과가 동일한 인물에 의해 결정이 되고 있었다. 과거에는 철학의 한 영역으로 미학이 탄생되었다면 엘리엇의 문학이나 문학비평은 생산과 상업 중산층을 상대로 출판의 상업적 성장을 촉진시킨 예라 할 수 있다. 이로 보아 그의 문학비평 담론을 경제 담론과 분리하여 설명할 필요는 없다.

사실 문학비평 담론과 경제 담론은 출판과 인쇄 문화 내부에서는 같은 가치론적 전제를 토대로 하고 있어 보인다. 그것은 문화적, 상징적 자본을 축적하여 자신의 자원을 팽창하려는 인간의 능력에 관한 것이다. 엘리엇은 문학에서의 창조능력과 비판능력을 경제 담론으로 전이시킬 수 있는 충분한 경험을 보여주고 있다. 무엇보다 그의 문학비평 담론은 문학작품을 자본으로서 자본화한다는 것을 의미한다. 작품의 '값어치'와 '가치'는 17세기 경우 유사한 의미로 사용되었다고 한다. 값어치는 물질적 속성이고 라틴어에서 가치는 좋은 건강, 힘, 능력을 의미하며 쓰였다고 한다(Nethersol 83). 무엇이 '값어치'가 있다는 표현은 그 자체가 '좋다'라는 의미를 수반하게 된다. 미학적으로 '값어치'는 그리스의 선-미-진을 표현하고, 파생되지 않은 '좋음'을 의미하며, 그 자체 목적상 읽는 즐거움이나 기쁨을 의미한다. 작품에 대해 '좋다'라는 차원에서 작품의 '값어치'를 찾는 일은 일단 마르크스의 사용가치 개념에 상응한다. 반면에 교환가치는 유용한 측면에서 찾아진다. 인성교육과 사회비평이 그 예이다. 이때는 작품이 노동의 산물로 유익한 측면에서 자본에 의해 교환가치로 발전하게 된다. 그래서 시의 경우도, 말하자면 무엇보다 시의 실용적인 측면을 필수적으로 고려하게 된다. 출판업자로서 엘리엇의 위치가 여기에 있었고 그는 작가로서 성공한 것이다. 그는 단지 시인으로서 은행 직원으로서의 전형적인 유형에 만족하지 않고 세상과의 소통을 위해 적극적으로 자신의 위치를 설정한 것이다. 그의 전문성은 언어 사용에 있었고 시대의 흐름을 읽고 있었다. 페이버 사장의 엘리엇 선택은 여기에 있었다.

엘리엇은 자신이 출판하려는 시에서 특정한 경제적 속성을 찾고 있었다. 시의 박자와 언어에 대한 구사력, 진정한 감성의 울림 등은 시의 요소이지만 엘리엇의 성공은 시인과 출판사의 수익에 해당된다. 또한 진지함이나 소리의 속성, 그리고 표현의 정확성이나 간결함은 엘리엇 비평의 핵심이지만 시 생산의 기본 요건이기도 한다. 그렇다고 과거의 엄격한 형식성과 규칙성을 찾기 보다는 새로운 시의 유형을 찾고 있었다. 그리고 출판업자로서 자신의 비평에 대한 제도화를 모색한 것이 엘리엇의 출판 기준이라 여겨진다. 동시에 이러한 출판 기준은 전망이 있는 시인에게 더욱 성숙한 그 무엇인가를 요구하게 되고 그 결과는 명성과 함께 금전적인 안정을 가져다주는 일이기도 한다. 1951년 12월 30일 트리스에게 보낸 서한에 보면 엘리엇은 작품의 판매를 우선 사항으로 여기지 않고 있다. 자신의 출판 기준에 부합한다면 판매에 구애받지 않고 출판을 한다는 엘리엇은 출판을 거부할 작품을 '결함이 있는 축음기'(a defective gramophone)에 비유한다(Gupta 33). 계속해서 같은 사운드를 반복하는 축음기를 선정할 이유가 없기 때문에 작품이 선정될 때까지 그저 기다리거나 다른 곳으로 가지고 가라는 뜻이다. 훌륭한 시를 평가하는 엘리엇의 기준은 시인의 재능에 있다. 물론 엘리엇이 시인으로서 특별한 재능이 있다고 생각한 것은 사실이다. 그러한 예는 그의 에세이 「전통과 개인의 재능」("Tradition and the Individual Talent," 1917)에서 찾아 볼 수가 있다. 1937년 6월 27일 바커에게 보낸 서한에서 엘리엇은 글쓰기를 즉각적인 금전적 보상으로 추구하기보다, 혹은 보다 쉬운 재능을 펼치는 것보다, "어느 것도 두 번 행할 가치가 없다"(nothing is worth doing twice)는 정신으로 시를 생산할 것을 주문한다(Gupta 34). 모더니즘의 정신인 자의식적인 창의력과 몰개성적 재능을 강조한 엘리엇 주변에 소위 '크라이테리언 그룹'(Criterion group)이 목격되는 것은 자연적인 현상일 수밖에 없고, 이러한 현상은 당시의 브룸스베리 그룹의 문학 담론의 방향과 유사한 특성을 보여준다. 이러한 문학 담론은 문화 생산과 관련된 문학 경제학과 밀접한 관련을 갖게 된다.

엘리엇의 엘리트주의는 마르크스의 용어인 상품 물신주의 개념에 가깝다. 특정한 상품의 희귀성은 상품의 질에서 사용가치를 높이기도 하지만 시장에서의 교환가치를 높이기 때문이다. 출판업자로서 상품의 수준을 정하는 일은 대중들에게 그 효용가치를 찾게 하는 것이기도 하지만 구매력을 증강시켜 시장을 지배하는 현상으로 나타날 수 있다. 가이 드보르(Guy Debord)는 소비자로서 개인은 작품 내용보다 대상 자체에 친숙함을 느끼는 소비패턴을 보이게 된다고 한다(Thesis 67, 양병현 769). 또한 상품 물신주의는 소위 마르크스 유형의 허위의식이 아니라 생산자인 작가, 상품으로서 작품, 소비자로서 독자의 관계가 "실제 현상"(a real phenomena)이라고 한다(Wenning 1; 양병현 769). 페이버 출판사의 작품들은 대중들이 실제로 당연히 구매해 보는 효과를 창출한다는 뜻이다. 그래서 엘리엇에게 시장의 변수는 우선 요인이라기보다 어떻게 상품을 잘 만드는가에 달려있게 된다. 예를 들면, 자동차 브랜드인 페라로나 포르세를 구입하려는 소비자의 욕구는 자신의 신분과 명예라는 사회적 신분을 표시하는 행위이다. 이러한 성향은 작품의 특별한 사용가치가 시장에서의 교환가치를 결정하는 주요인으로 작용한다. 혹은 이미 엘리엇은 교환가치의 효과뿐만 아니라 상업적 성공을 염두에 두고 작품의 값어치를 결정하는 생산업자이며 유통업자라 할 수 있다.

엘리엇의 일상을 살펴보건대 문학과 사업이라는 일은 상호 배타적이지 않다. 페이버 출판사의 이사직은 엘리엇에게 사업가로서, 편집자로서, 신망을 받는 시인으로서의 경험을 인정받은 지위였다. 출판은 런던 사업가로서 그의 일상의 삶이 되었고 문학과 사업에 대한 관심을 주목받게 하였다. 그의 편집활동으로 페이버 회사는 저명한 시집 출판사로 유명하여졌고 모더니즘이라는 자신의 글쓰기에 어울리는 출판문화를 창출하였다. 그가 새로운 시집을 출판할 때마다, 특히 정신적 명상에 가까운 『네 사중주』(*Four Quartets*)를 1942년 출간할 때는 독자들이 그의 초기 시들을 더 많이 쓰기를 원하기도 하였다. 말년에 창의력에 지나치게 의존하는 시 쓰는 일을 포기하고 쓴 『칵테일 파티』(*The Cocktail Party*) 희곡 작품은 공전의 히트를 기록하여 400회의 브로드웨이 공연을 성사시켰다.

엘리엇이 사적, 공적 생활 모두에서 시인, 비평가, 출판업자로서 문학의 가치와 경제적 성공을 거둔 일은 문학과 경제학의 시장가치를 검토해 볼 수 있는 살아 있는 경험이라 할 수 있다. 비록 시대가 변하여 모더니즘의 한계로 그의 문학활동이 평가 절하된다고 하더라도 오늘날 위축되어 보이는 인문학과 출판사업이 찾아야 하는 길은 성실하고 진지한 문학인과 질이 있는 작품 선정으로 상품의 가치를 높이는 일이기에 엘리엇의 경제활동이 크게 주목되는 것이다. 경제학자는 주위 분석에 비교적 유리한 위치에서 경제 수단들을 선호하지만 엘리엇의 경우 일상의 삶에서 경제적 결정과 원칙에 대한 개인적, 사회적 준거를 탐구하고, 규범적이며 윤리적 문제에 많은 관심을 갖고 있기 때문이다(양병현 771). 경제학자처럼 엘리엇이 생산자를 위한 충분한 이익을 수치로 측정해 보여준 예를 찾기는 어렵지만 소비자의 즐거움을 최대 수량화하는 출판 사업을 한 것은 부정하기 어렵다. 니일 멕켄드릭(Neil McKendrick)은 경제학보다 문학비평이 인간조건에 대해 보다 근본적이면서도 넓은 범위의 주제들을 다루고 있기 때문에 보다 높은 소명을 보이고 있다고 한다(108). 필립 윅스티드(Philip Wicksteed) 또한 "예언자와 시인은 경제학자 없이 세상을 재생한 수 있지만, 경제학자는 그들 없이 세상을 재생할 수 없다"고 한다(123). 작품의 사용가치와 교환가치를 증가시키기 위한 글쓰기 모형을 찾는다면 작품 미학은 물론 도덕성, 그리고 그 내용에 있어서 사회비판의식과 사회 경제활동이라 할 수 있다(양병현 776). 문학비평가인 머레이 크리에거(Murray Krieger)는 이들보다 훨씬 급진적이다. 그는 시의 경우 도덕성의 문제보다 미학적 경험이 가치의 대상일 수 있다고 생각한다(413). 그렇지만 엘리엇처럼 늘 독자의 필요와 수준을 느끼며 사회경제활동을 한 인물은 드물다. 작품의 사회적 유용성과 개인적 이익은 작가, 작품, 독자라는 사회관계의 결과도 중요하지만 엘리엇은 일단 구체적으로 작품의 성격과 내용을 작품의 유용성과 이익에 연결시키고 있다.

결과적으로 엘리엇으로부터 문학 작품의 사용가치와 교환가치 사이의 차이는 문학 내재 가치와 외재 가치사이에 대한 철학적 차이라 할 수 있고, 문학 작품의 경제적 가치로 볼 때 교환은 문화나 문학 자본의 교환을 의미하고 있다. 다만 작품 자체가 비평가에 의해 지나치게 물신주의로 흐르면 작가의 사회비판의식과 독자의 교감을 방해할 수 있다는 마르크스의 걱정을 무시하기는 어렵다. 하지만 인간과 사회에 대한 통찰력이 생산적 부가가치로서 자본의 성격을 가질 수 있다면 문학의 값어치는 충분하기 때문에 소비자의 물신주의를 비합리적 시장 행동이라고 하기는 어렵다. 이로 보아 엘리엇을 통해 본 문학 경제학 연구는 인문학의 본질인 사용가치와 경제학의 본질인 교환가치를 찾아 볼 수 있는 시간과 경험이고 또한 문학의 경제적 측면을 위해 필요한 연구라 여겨진다. 엘리엇을 통해 본 문학의 생산, 출판, 유통, 소비라는 문학 경제학의 검토는 본 글에서 어느 정도 긍정적 요인들을 진단할 수 있는 기회로 여겨진다. 다만 페이버 출판사에서 활동하며 엘리엇이 진단하였을 시 창작방향, 소비경향, 시장조사, 출판비용 등에 관한 관련 자료 조사가 선행되어야 하는 과제를 주게 된다.

인용문헌

양병현. 「문학 경제학-사용가치에서 교환가치로의 전이」. 『영어영문학』 55.5 (2009 겨울): 767-792.

Ackroyd, Peter. *T. S. Eliot: A Life.* New York: Simon, 1984.
Attridge, Derek. *The Singularity of Literature.* London: Routledge, 2004.
Broderick, Helen. "Ted Hughes and T. S. Eliot." Posted on 09 September 2009. 04 April 2010. <http://www.typepad.com/services/trackback/6a00d8341c46 4853ef0120a55b8bfc970b>.
Debord, Guy. *The Society of the Spectacle.* (1967). Ed. & Trans. Black & Red, 1977. Transcript by Greg Adargo. 15 October 2009. <http://www.marxists.org/reference/archive/debord/society.htm>.
Gupta, Suman. "In Search of Genius: T. S. Eliot as Publisher." *Journal of Modern Literature,* 27.1/2 (Fall 2003): 26-35.
Harding, Jason. "Keeping Critical Thought Alive: Eliot's Editorialship of the Criterion." Ed. David E. Chinitz. *A Company to T. S. Eliot.* Chichester, West Sussex, UK: Wiley-Blackwell, 2009. 388-398.
Hoxby, Blair. *Mammon's Music: Literature and Economics in the Age of Milton.* New Haven/London: Yale UP, 2003. 15 March 2010.
Lukács, Georg. "Art and Objective Truth." Ed. Raman Selden. *The Theory of Criticism from Plato to the Present: A Reader.* London and New York: Longman, 1990. 59-66.
Marx, Karl. *Selected Writings.* Ed. with Introduction by Lawrence H. Simon. Indianapolis: Hackett Publishing Co., 1994.
McKendrick, N. "Gentlemen and Players Revisited: The Gentlemanly Ideal, the Business Ideal, and the Professional Ideal in English Literary Culture." *Business Life and Public Policy: Essays in Honor of D.C. Coleman.* Cambridge: Cambridge UP, 1986. 93-136.
Moldovanu, Benny and Manfred Tietzel. "Goethe's Second-Price Auction." *Journal of Political Economy* 106.4 (1998): 854-59. 18 March 2008. <http://www.vwl.tuwien.ac.at/hanappi/Lehre/GameTheory/ATVO2.pdf>.
Nethersole, Reingard. "On the Significance of Capitalization: The Value of

Literature with Capital L." *Neohelicon* 34.1 (2007): 79-91.

Newcomb, John Timberman. "Making Modernism: Eliot as Publisher." Ed. David E. Chinitz. *A Company to T. S. Eliot.* Chichester, West Sussex, UK: Wiley-Blackwell, 2009. 399-410.

Pearson, Rebecca. "'In a Bloomsbury Square': T. S. Eliot the Publisher." Posted 27 August 2009. 02 April 2010. <http://www.bl.uk/news/2009/pressrelease20090827.html>.

Schuchard, Ronald. "T. S. Eliot at Fabers: Book Reports, Blurbs, Young Poets." *Areté* 23 (Autumn 2007): 63-87.

Selden, Raman. *The Theory of Criticism from Plato to the Present: A Reader.* London and New York: Longman, 1990.

Times Literary Supplement. "T. S. Eliot and "Animal Farm": Reasons for Rejection." Full text of the T. S. Eliot rejection letter from Valery Eliot (6 January 1969). 15 April 2010. <http://archive.timesonline.co.uk/tol/viewArticle.arc?articleId=ARCHIVE-The_Times-1969-01-06-09-004&pageId=ARCHIVE-The_Times-1969-01-06-09.>

Wenning, Mario. "The Reality behind Commodity Fetishism." Sic et Non-Forum for Philosophy and Culture (2002). 17 October 2009. <http://www.sicetnon.org/modules.php?op=modload&name=PagEd&file=index&topic_id=2&page_id=77>.

Wicksteed, P. H. *The Commonsense of Political Economy.* Vol. Two. London and New York: Routledge, 2008.

T. S. 엘리엇의 반유태주의 논쟁

| 이만식 |

엘리엇(T. S. Eliot)은 더 이상 영시나 영문학의 패러다임이 아니다. 『율리시즈』(*Ulysses*)와 『황무지』(*The Waste Land*)의 발간 50주년을 기념하던 1972년과 현재의 상황은 판이하게 다르다. "1950년대의 대학에서 엘리엇은 사실상 신앙과 같은 숭배의 대상이었기에, 그가 사망한 후 회중(會衆)이 요구하는 신성(神性)의 수준에 부응하지 못한다는 사실에 대한 반작용처럼 비난이 집중되었다"(Harwood 52). 이제 이러한 반작용은 보편적이 되었으며, 엘리엇은 학문적 공격의 손쉬운 대상이 되는 경향이 있다.

엘리엇에 대한 공격을 학계에서 본격적으로 전개하게 만든 시발점은 1995년 말에 출간된 줄리어스(Anthony Julius)의 『T. S. 엘리엇, 반유태주의와 문학적 형식』(*T. S. Eliot, Anti-Semitism and Literary Form*)이다. 그러나 엘리엇의 반유태주의에 대한 비판을 시작한 사람이 줄리어스는 아니며 그 비판의 내용이 새로운 것도 아니다. 줄리어스의 책의 내용은 1971년 4월 29일자 『리스너』(*Listener*)에 실린 조지 스타이너(George Steiner)의 반유태주의 비판을 요약한 것 같다. 스타이너는 「게론티온」("Gerontion"), 「베데카를 든 버뱅크와 시가를 문 블라이쉬타인」("Burbank with a Baedeker: Bleistein with a Cigar": 이하 「버뱅크」로 줄여서 언급함)과 「나이팅게일에 에워싸인 스위니」

---

* 이 논문은 『현대영미시 연구』 15.1 (2009)에 「T. S. 엘리엇의 반유태주의 논쟁」으로 게재된 논문을 수정 보완한 것임.

("Sweeney Among the Nightingales")에서 줄리어스가 인용하는 부분과 똑같은 부분을 언급하면서 "감당하기 어려운 골칫거리는 엘리엇의 꼴사나운 필치들이 아주 좋은 시의 핵심에서 발생하는 경향이 있다는 것이다(파운드(Pound)의 경우는 사정이 다르다)"(Ricks 28 재인용).라고 주장하는데, 이는 줄리어스의 핵심 주장이다.

줄리어스의 책이 1996년 초여름부터 광범위한 주목을 받기 시작하는 이유가 부분적으로는 줄리어스가 문학박사이면서 다이애나(Diana) 왕세자비의 이혼담당 변호사로서 그 자신이 명사였다는 사실에 있을 것이다(Passaro 1)[1]. 그러나 보다 본질적인 이유는 반유태주의의 혐의로 엘리엇을 기소한다는 줄리어스의 법률가로서의 태도가 소수파나 약자인 인종・성에 대한 편견이나 차별이 없는 언동인 정치적 올바름(political correctness)에 의거하는 일반 독자의 경향에 편승한 문단의 환영을 받았다는 데에 있다(Gordon 109). 이러한 기소의 대상이 20세기 내내 도덕적 권위의 상징이었으며 우상화될 정도의 명성을 갖고 있었던 엘리엇이었기에 그 반작용은 더욱 강력했을 것이다. 엘리엇이 일반 독자의 손쉬운 공격 대상이 되어버린 현재의 상황이 다소 비정상적인 것처럼 보이지만, 줄리어스의 책의 영향력 때문에 엘리엇의 반유태주의 성향이 상대적으로 사소한 문제라는 점에 대체로 동의하지 않는 경향이 있다.

줄리어스의 기소장의 핵심은 반유태주의가 엘리엇의 시작품, 특히 1920년에 발간된 시집인『아라 보스 프렉』(*Ara Vos Prec*)에 수록된「게론티온」,「버뱅크」,「나이팅게일에 에워싸인 스위니」와「요리용 달걀」("A Cooking Egg") 그리고『황무지: 에즈라 파운드의 주석을 포함한 원본 초고들의 복제본과 복사본』(*The Waste Land: A Facsimile And Transcript of The Original Darfts Including The Annotations of Ezra Pound*)에 수록된「만가」("Dirge")의 중심 내용이라는 것이다. 줄리어스의 책에 대한 반대의견에 있어서 우드(James Wood)는 "줄리어스가 용감하며 이따금씩은 옳다. 그의 분노에는 의로운 행위가 갖는 열정이 있다. 그러나 순진함의 어조가 있다. 그의 책은 편향적이며 잘못 인도하며 끈질기게 적대적이다."라고 지적한다(1). 그리고 코제키(Roger

---

[1] 전자저널의 경우 프린트 아웃된 A4 용지의 쪽수를 표시함.

Kojecky)는 "엘리엇이 반유태주의자라는 점에 관한 설득력 있는 소송사건을 구축하는 것은 어렵다. 이런 종류의 극단적인 철학을 보유하는 것과 소수의 모호한 표현들을 허용하는 것은 서로 다른 일이다."라고 이견을 제시한다(12). 줄리어스의 기소장에 관한 이와 같은 단편적인 비판들은 많이 있었지만, 엘리엇을 위한 체계적인 변론이 제시된 바가 드물었다. 본 논문에서는 반유태주의가 엘리엇 시세계의 중심사상이라는 줄리어스의 기소장의 내용을 조목조목 반박하고자 한다.

줄리어스의 기본 논리는 "작품이나 작품의 현저한 부분이 반유태주의적이라면, 반유태주의자의 작품이다"(1)라는 것이다. 전기적 사실에 의거할 때 엘리엇을 반유태주의자라고 평가할 근거가 없다는 점에는 줄리어스가 동의를 하면서, 엘리엇의 시작품의 일부가 반유태주의적이라는 점에서 엘리엇을 반유태주의자라고 판단할 수 있다고 주장하고 있다. 엘리엇은 시적 형식으로서 극적 독백의 한계를 탐색하였다. 그런데 문제가 제기된 작품이나 작품의 현저한 부분이 극적 독백이라고 판명된다면 시인 자신이 아니라 시적 화자의 발언이라고 비평적으로 판단해야 한다. 따라서 시인 자신의 발언이 아니기 때문에 그 부분을 시인이 반유태주의자라는 증거로서 채택할 수 없다. 그러므로 문제가 제기된 작품이나 작품의 현저한 부분이 "고백적(the confessional)"이라는 비평적 판단이 있어야 한다(Julius 3). 줄리어스는 여기서 한 걸음 더 나아가 반유태주의가 엘리엇의 뮤즈[詩神]로서 예술을 방해한다기보다 "적극적으로 권한을 부여하는(positively empowering)" 힘을 갖고 있다고 설명한다(28). 엘리엇의 반유태주의가 "창조적(creative)"이며 반유태주의를 "상상력이 만들어낸 용도(imaginative use)"에 적용하였다라고 줄리어스가 주장하는 이유는 엘리엇의 반유태주의가 1920년대에 흔히 있었던 사회적 편견의 반영일 뿐이라는 설명을 반박하기 위해서다(33).

"조이스(Joyce), E. M. 포스터(Foster), 미들톤 머리(Middleton Murry)와 올더스 헉슬리(Aldous Huxley)(Gordon 104)" 등처럼 엘리엇이 반유태주의적인 편견들을 작품 속에서 표출하지 않을 수도 있었다는 사실에도 불구하고, 반유태주의적인 편견들이 사회적으로 팽배했었다는 설명은 문제가 제기된 작품들의 시대적인 배경을 이해하는 데에 있어서 중요한 자료가 아닐 수 없다. 1948년 조지 오웰(George Orwell)은 사회적으로 팽배했던 반유태주의적 편견의 자연스러운 분출이었다고 다음과 같이 엘리엇을 변호하고 있다.

> 물론 그의 초기 작품에서 지금 반유태주의적 언급이라고 지칭될 수 있는 것을 발견할 수 있지만, 그 당시 누가 그런 것들을 말하지 않았었던가? 1934년[역자 주: 히틀러의 유태인 박해가 시작되던 해] 이전에 말해졌던 것과 그 이후에 말해졌던 것을 구분 지어야만 한다. 물론 이러한 모든 민족적 편견들이 우스꽝스럽지만, 유태인들을 싫어하는 것이 검둥이들이나 미국인들이나 다른 부류의 민족을 싫어하는 것보다 본질적으로 더 나쁜 것은 아니다. 20년대 초, 엘리엇의 반유태주의적 언급들은 기숙학교의 기숙사들에서 영국계 인도 지방 유지들에게 자동적으로 던지는 조소와 거의 동등한 수준이었다. (Ricks 64 재인용)

줄리어스의 책에서는 반유태주의가 강력하게 표출된 공공연한 사회적 편견들의 사례가 딱 두 군데에서 언급된다. 한 번은 1854년 스위스 연방의 바젤(Basel) 주(州)에서는 벌금형으로 시민들이 유태인들을 자기 집에 들여놓지 못하도록 금하였으며, 1882년 독일의 법규가 동부 유럽의 유태인들이 입국할 때 이를 잡도록 하였다는 내용이며(Julius 47), 다른 한 번은 1894년 미국의 반유태주의적 고위 인사들이 이민 금지 동맹을 결성하였고 사립학교들과 대학교들의 총장들, 컨트리클럽들의 경영진들과 법률회사들의 공동경영자들은 유태인들의 접근을 제한하였으며 영국에서는 그러한 제재가 제도권 자체에 의해 강요되었고 중부 유럽에서는 공법(公法)에 의거하였다는 내용이다(Julius 159).

엘리엇의 작품 전체에서 반유태주의적인 성향의 증거로 가장 많이 언급되는 부분은 『이신을 찾아서』(After Strange Gods)의 다음 부분이다.

> 주민은 균질성이 있어야 한다. 두 개나 그 이상의 문화들이 동일한 장소에 존재하는 곳에서는 격렬하게 자의식적이 되기 쉽거나 아니면 둘 다 불순해지기 쉽다. 더 더욱 중요한 것은 종교적 배경의 단일성이다. 그래서 인종과 종교의 이유들을 합치면 다수의 유태인 자유사상가들이 바람직스럽지 못하게 된다. (ASG 20)

"다수의 유태인 자유사상가들"이 바람직스럽지 못하다고 주장하는 이 부분이 유태인을 직접적으로 언급하면서 부정적으로 평가하고 있기 때문에 가장 잘 알려져 있는 반유태주의적인 언급이다. 줄리어스가 "유태인 자유사상가들을 공격한다는 것은 모든 유태인들을 공격하는 하나의 방식이다(158)"라고 주장하고 있지만, 이는 이 부분의 해석을 단순무식하게 했기 때문에 전개된 논리일 따름이다.

줄리어스가 엘리엇의 시와 산문을 일부러 구분하면서, 시에서 드러난 "두드러진 효과"(striking effect)를 연출하는 천재적인 기술과 비교할 때 산문의 반유태주의적 논리는 "상투 어구"(clichés)를 사용하고 있고 "평이하게"(plain) 보이며 "진부한 말"(banality)일 뿐이라고 평가절하하고 있다(174-75). 이는 반유태주의가 엘리엇 문학의 중심사상이라고 좀 더 포괄적으로 기소할 수 있을 가능성을 줄리어스가 스스로 포기하는 셈이다. 그 대신 반유태주의가 엘리엇의 문학세계 전체가 아닌 시세계의 중심사상이라고 축소하여 주장하는 이유가 『이신을 찾아서』의 문제가 되고 있는 이 부분의 너무 단순한 해석에서 드러난다.

『이신을 찾아서』의 이 부분을 오늘날의 용어로 설명하자면 "다문화주의(multiculturalism)"가 자체 모순되는 개념이라는 엘리엇의 견해인데, 근대화의 영향에서 자유로운 시골 생활에 대한 향수의 난폭하고 편협한 주장이다(Lentricchia 280-81). 엘리엇의 "유토피아(utopia)"에 불가지론자, 무신론자, 자유사상가(free-thinker)의 자리는 없다는 것으로 반유태주의적 언급이라고 여겨지는 부분을 해석할 수 있다(Ellmann 50). 자유사상가(free-thinker)는 종교의 적대자와 반대자라는 점에서 자유주의자(liberalist)의 다른 이름이라고 말할 수 있다. 다시 말하자면 "정통 유태인들의 공동체는 유태인의 유대관계에 의해 확립된 강력한 사회적 결속력 때문에 사회적으로 '바람직할' 것이라는 해석이 가능해진다"(Kojecky 12).

『이신을 찾아서』의 반유태주의적 언급이라고 여겨지는 부분에 대한 J. V. 힐리(Healy)의 문의에 대한 1940년 5월 10일자 엘리엇의 답신이 다음과 같이 공개되어 있어서 엘리엇의 의도를 보다 확실하게 알 수 있다.

나의 추정되는 반유태주의에 관한 질문에 있어서, 나는 당신의 인상이 당신이 인용한 특수한 문장에 기반을 두고 있다고 상상했습니다. 하지만 나는 당신이 또 다시 읽으면 내가 말했던 것을 정확하게 의미하였다라고 간주하게 될 것이라고 희망합니다. 유태인 자유사상가들에 의해 나는 기독교인들이 되거나 또 다른 교조적인 종교에 소속되지 않고서 그들 자신의 종교의 관습과 신앙을 포기해버린 유태인들을 의미합니다. 내가 어느 인종이든 다수의 자유사상가들이 바람직스럽지 못하다고 생각하는 것은 명백해야 합니다. 그리고 유태인 자유사상가들은 특별한 사례일 뿐입니다. 유태인의 종교는 불운하게도 아주 휴대용이지는 않은 것입니다. 그리고 전통적 관습들, 행사들과 메시아주의가 없으면, 온순하고 개성이 없는 형식의 유니테리언파의 교리가 되는 경향이 있습니다. 유럽인이나 유럽 인종의 미국인 자유사상가는 대부분의 경우 기독교의 도덕적 습관들과 관습들을 아주 많이 간직하고 있습니다. 그가 개인적으로는 그것들을 간직하고 있지 않을지라도, 이러한 습관들이 어느 정도까지는 여전히 공동체 속에 살아남아 있습니다. 그러므로 자신의 종교적 신앙과 분리되어 있는 유태인은 기독교의 후손들보다 훨씬 더 뿌리 뽑혀 있습니다. 그리고 내가 위험스럽고 무책임해지는 경향이 있다고 생각하는 것은 바로 이러한 뿌리 뽑혀 있음입니다. 그러나 나의 견해는 인종을 기반으로 하는 어떠한 편견도 의미하지 않으며, 단지 내게 역사적이고 사회적인 상황인 것 같다는 것의 인식일 따름입니다. 물론 시간이 경과하면서 기독교의 후손이 되는 모든 사람들이 기독교에서 해방이 되어서 나의 이 문장이 어떤 의미도 갖기를 중단하게 되는 것도 아주 가능한 일입니다. (Ricks 44에서 재인용)

『이신을 찾아서』의 반유태주의적 언급이라고 여겨지는 부분에서 엘리엇이 말하려고 의도했던 바는 인종적인 측면이 아니라 종교적인 측면이었던 것이다. 종교의 적대자이며 반대자인 자유사상가들이 이상적 문화의 구축에 걸림돌이 된다는 주장이었으며, 유태인들을 특별히 언급한 것은 당시의 역사적이고 사회적인 상황에서 자유사상가들의 두드러지는 사례였기 때문이었을 뿐이라고 엘리엇이 뚜렷하게 설명하고 있다. 엘만(Maud Ellmann)은 엘리엇이 이 부분의 "반유태주의에 당황해서 『이신을 찾아서』의 재판(再版)을 거부했다"(35)라고 주장하고 있지만, 1940년 6월 19일자 엘리엇의 뒤이은 답신에서 "그리고 내가 지금 수정하기를 바라야 하는 많은 진술들이나 주장들이 포함되어 있다고 확신합니다. 그러나 문제가 되고 있는 그 문장이 그것들 중의 하나라고는 생각하지 않습니다. 적어도, 내가 당신에게 제공했던 설명이 주어져 있기에, 나는 재해석의 가능성들에 대해서 유감을 표명할 수만 있을 것입니다(Ricks 47 재인용)."라고 엘만이 제기하는 가능성을 엘리엇이 강력하게 부인하고 있다. 요컨대 지금까지『이신을 찾아서』의 반유태주의적인 언급이라고 여겨져 왔던 부분을 엘리엇의 반유태주의적인 표현이라고 더 이상 주장할 수는 없는 상황이다.

줄리어스의 기소장의 핵심은 반유태주의가 엘리엇의 시작품, 예를 들면「게론티온」등의 중심 내용이라는 것이다. 줄리어스가「게론티온」에서 반유태주의적 표현이라고 특별히 지적하고 있는 부분은 다음과 같다.

> 창문턱에 쭈그리고 앉은 유태인, 그것이 집 주인
> 앤트워프의 어느 술집에서 내질러져서
> 브뤼셀에서 물집 잡혀, 런던에 와서 고약 바르고, 껍질 벗은 치.
>
> And the Jew squats on the window sill, the owner,
> Spawned in some estaminet of Antwerp,
> Blistered in Brussel, patched and peeled in London. (*CPP* 37)

「게론티온」은 극적 독백으로 구성되어 있다. 그런데 극적 독백의 형식을 가진 문학적 자료는 엘리엇에 대한 반유태주의 혐의의 기소장의 증거로 채택되기 어렵다. 왜냐하면 극적 독백의 표현은 시인 자신이 아니라 시적 화자의 발언이라고 판단해야 하기 때문이다. 줄리어스 자신이 기소장의 전제로 그와 같이 설명한 바 있다(3). 그런데 이제 와서 줄리어스가「게론티온」에 관해서 "유태인의 혐오를 명료하게 발음하는 이 시는 유태인을 혐오하는 사람을 그 주체로 갖고 있다. 이는 반유태주의자의 반유태주의적 극화다."라는 논리를 제시하고 있다(73). 줄리어스의 논리가 너무 단순하다는 점이 증명되고 있다. 「게론티온」의 이 부분이 반유태주의적 극화라는 점에 동의한다고 하더라도 그런 극적 독백을 창작한 시인이 반유태주의자라고 단정할 수는 없는 것이며, 그러기 위해서는 보다 정교한 논리기 요구되기 때문이다. 우드는 "엘리엇 자신의 내면의 독백과 일치하는" 측면이 있다고 주장하면서 유태인(Jew)의 식자(植字)가

1963년까지 소문자[jew]로 사용되었고 "활자체를 바꾼 것은 게론티온이 아니라 엘리엇이었다."라는 사실을 들고 있다(Wood 8).

파사로(Vince Passaro)와 플레스너(Robert F. Fleissner)는 "술집(estaminet)"이란 단어가 앤트워프의 프랑스어에서는 어원적으로 구유(manger)라는 의미를 갖고 있기 때문에 유태인이 구유에서 태어난 예수를 뜻하며, 그렇기 때문에 전혀 반유태주의적인 표현이 아니라는 점을 지적하고 있다(Passaro 9, Fleissner 1). 스미스(Grover Smith Jr)도 "풍자적이기는 하지만" 유태인이 그리스도와 연결될 수 있다는 점에 동의한다(60). 창문턱에 쭈그리고 앉아 있는 유태인의 분변학적인 자세에서 이 시의 뒤에 등장하는 우리를 집어삼키기 위해 뛰는 범[虎] 그리스도(Christ the tiger)의 모습을 연상할 수도 있다(Passaro 9).

줄리어스에 의해 「게론티온」에서 반유태주의적 표현이라고 특별히 지적되고 있는 이 부분에 대한 결정적인 반론은 다음과 같다. 이 부분이 「게론티온」의 중심 부분이나 핵심 부분이 아니라는 것이다. 줄리어스의 기본 논리는 "작품이나 작품의 현저한 부분이 반유태주의적이라면, 반유태주의자의 작품이다"라는 것이다[강조: 필자]. 그런데 줄리어스가 문제를 제기하고 있는 「게론티온」의 소위 반유태주의적인 표현은 작품의 '현저한 부분'이 아니다. 이미 인용한 부분에서 16행까지의 1연의 바로 뒷부분은 다음과 같다.

> 밤에는 윗녘들에서 염소가 기침하고,
> 바위 · 이끼 · 꿩의 비름 · 쇠붙이 · 똥오줌.
> 여편네는 부엌에 들어 박혀 차를 끓이고,
> 저녁 땐 기분 사나운 수챗구멍 쑤시다 재채기한다.
>   나는 늙은이
> 바람 찬[滿] 허공중의 멍청한 머리통.

> The goat coughs at night in the field overhead;
> Rocks, moss, stonecrop, iron, merds.
> The woman keeps the kitchen, makes tea,
> Sneezes at evening, poking the peevish gutter.
>   an old man,
> A dull head among windy spaces. (*CPP* 37)

고리대금업을 하는 유태인이 상징하는 돈의 힘에 의해 근대의 세계가 소유되고 노예화되어 있음이 묘사된 다음에, 게론티온의 거주지의 배경에 있는 "바위·이끼·꿩의 비름·쇠붙이·똥오줌"의 들판이 제시된다. 이러한 배경은 나태하고 기계화되고 부패한 불모의 분위기를 전달해준다. 배경의 그림은 비참한 여인의 모습으로 완성된다. 그녀는 비옥함과 애정의 상징인 어머니로서 기능하는 것이 아니라 수챗구멍을 쑤시는 보잘것없는 인물이다. 늙은이 게론티온은 "썩어 문드러진 문명을 상징한다"(Smith 60). 그리고 "이 시의 화자는 프루프록 같은 등장인물이 아니며 비인간적인 상징이다"(Lall 53). 「게론티온」의 첫 30행은 이 작품의 "배경"을 형성할 뿐이며 이 작품의 '현저한 부분'이 될 수가 없다(Spurr 13). 줄리어스가 반유태주의적인 표현이라고 지적하는 「게론티온」의 8-10행이 만약에 반유태주의적이라고 하더라도, 그것은 시인 엘리엇의 반유태주의의 표현이 아니라 「게론티온」의 앞부분이 제시하는 이 시의 배경의 하나로서 유럽 문명의 모습을 상징하는 표현일 뿐인 것이다. 줄리어스도 이런 문제점을 무의식적으로 감지하고 있었는지 "왜 반유태주의가 이 시에서 좀 더 폭넓은 표현을 발견하지 못하였는가?"라고 질문하고 있다(58). 그 대답으로 제시된 "「게론티온」이 반유태주의를 포함한 모든 위로가 되는 비전들을 거부하였기 때문이다"라는 말은 줄리어스의 논리가 너무 단순하다는 또 다른 증거일 뿐이다(Julius 59).

줄리어스가 「나이팅게일에 에워싸인 스위니」에서 반유태주의적 표현이라고 문제를 제기하고 있는 곳은 다음과 같은 부분이다.

    레이첼, 결혼 전 성(姓)은 라비노비치 여인이
    살인적인 발톱으로 포도알을 잡아 찢는다.

    Rachel *née* Rabinovitch
    Tears at the grapes with murderous paws; (*CPP* 56)

라비노비치는 러시아 인명이며 레이첼은 유태인 인명이다. 따라서 이 여인은 러시아계 유태인이다. 유태인이 살인적인 발톱을 사용한다는 표현이 반유태주의적이라는 것이 줄리어스의 주장이다. 이 표현이 축자적인 묘사일 수도 있고 은유적인 표현일 수도 있기는 하지만(Pittock 32-33), 유태인에게 부정적인 이미지가 사용되었다는 점에서 이 부분을 반유태주의적이라고 판단할 수 있다. 그렇지만 러시아계 유태인의 혈통의 언급에 무언가 불길한 기운이 돈다고 빗대어 말할 수 있는 "비합리적인 편견"이 있다는 것을 부정할 수는 없으며, 예를 들면 스코틀랜드 인명인 "플로라 네 맥더미드(Flora née Macdiarmid)"로는 불가능한 분위기가 창출된다(Pittock 34).

줄리어스는 「나이팅게일에 에워싸인 스위니」가 극적 독백이 아니라는 점을 증명하기 위하여 노력한다(85-86). 왜냐하면 극적 독백의 형식을 가진 문학적 자료는 반유태주의 혐의의 기소장의 증거로 채택되기 어려운데, 극적 독백의 표현은 시인 자신이 아니라 시적 화자의 발언이라고 판단해야 하기 때문이다. 「나이팅게일에 에워싸인 스위니」가 극적 독백의 형식을 갖고 있지 않다고 주장하더라도 시인의 고백(告白) 또는 자백(自白)이라고 판단할 수는 없는 형식을 갖고 있다는 데에 문제의 본질이 있다. 위의 인용된 부분에 바로 이어지는 7연은 다음과 같다.

> 이 여인과 그 케이프 걸친 부인은
> 수상하다, 한 패가 된 모양이다.
> 그래서 눈이 흐릿한 그 사나이는
> 미끼를 거절하고, 피로의 빛을 나타낸다.
>
> She and the lady in the cape
> Are suspect, thought to be in league;
> Therefore the man with heavy eyes
> Declines the gambit, shows fatigue, (*CPP* 56-7)

시인의 직접적인 고백이나 자백이 아니라 화자의 묘사라는 점이 확실해진다. 이 화자는 스위니 패거리들과 방 안에 함께 앉아 있지만 자신이 보고 있는 것을 제대로 이해하지 못하고 있으며 도대체 무슨 일이 벌어지고 있는지 알지 못하고 있다(Pittock 35). "케이프 걸친 부인"이라는 표현 등은 아이러니하다. 나이팅게일이 창녀의 은어라는 사실을 감안할 때, "극단적으로 초연하며 반어적인 관찰자의 서술"이다(Spender 59). 화자는 레이첼과 케이프 걸친 부인이 왜 수상한지 그들이 무엇을 위해서 한 패가 되는 것인지 알지 못한다. 그저 두 여인이 수상하며 한 패가 되었다는 소리를 들었거나 짐작한 것일 뿐이다. 불안한 예감의 분위기가 "아, 치명상을 당했구나."라는 이 시의 제사(題詞)를 포함하여 첫 부분부터 계속 제시되면서 아가멤논의 이야기 등에서까지 증폭되지만 그뿐이며 사실의 확인은 불가능하다. 피톡(Malcolm Pittock)이 말하는 것처럼 "이 시가 출판된 지 50년이 더 지난 뒤에도 스위니가 살해될 것인지, 강도를 당할 것인지 그냥 내버려둬질 것인지 또는 '커피 색 갈색 옷을 입은 말없는 그 사나이'나 '눈이 흐릿한 그 사나이'(혹은 정말로 이들이 동일한 인물인지 아닌지)에게 이런 사건들이나 불발 사건들이 벌어질 것인지 확신하는 게 불가능하다는 것이 분명하다는 점을 지적하는 것이 확실히 합리적이다"(Pittock 29).

줄리어스의 기소장의 핵심은 반유태주의적 표현이 가끔 사용되었다는 것이 아니라 반유태주의가 엘리엇 시작품의 중심 내용이며 그렇기 때문에 엘리엇이 반유태주의자라는 것이다. 「나이팅게일에 에워싸인 스위니」는 기소장을 위한 증거로 사용하기에는 너무나도 모호한 자료이며 그저 반유태주의적인 표현이—그것도 축자적인 묘사인지 아니면 은유적인 표현인지 확인하는 게 불가능하다—하나 발견된다고 말할 수 있을 뿐이다.

「요리용 달걀」에 대한 줄리어스의 기소 내용은 다음과 같다.

> 이 시의 반유태주의는 한 쌍과 하나의 대조에 위치하고 있다. 거리 청소부들과 '함께 있으며' 필립 시드니 경과 '대립되는' 몬드가 그것이다. 대조들은 저런 초기의 전형적인 대립에서 흘러나온다. 즉 영웅주의의 이타주의 대 적립의 이기주의, 자본 대 기사도, 상인과 구이, 유대인들과 이방인들. (137)

그 당시 잘 알려져 있던 유태인 자본가이며 영국 산업계의 거물이었던 앨프릿 몬드(1868-1930) 경을 이타주의적인 기사도의 상징인 필립 시드니 경과 대비시키고 있기 때문에 몬드를 부정적으로 표현하게 되어 반유태주의적이라는 주장이다.

이 시는 세 부분으로 나뉘는데 1-8행은 장면을 제시하고 9-24행은 미래를 예측해보며 25-33행은 과거를 회상한다. 줄리어스가 반유태주의적 표현이라고 지적하는 문제의 부분은 미래의 천국을 예측하는 두 번째 부분에 속한다. 다소 길지만 이 두 번째 부분을 전부 읽어보아야 줄리어스의 대조가 무엇을 의미하는지 파악할 수 있을 것이다.

나는 천국에서의 명예 같은 것은 원치 않을 것이다.
    필립 시드니 경을 만나게 될 것이니까.
그리고 코리올라누스나
    그런 류의 다른 영웅들과 얘기할 것이니까.

나는 천국에서의 자본 같은 것은 원치 않을 것이다.
    앨프릿 몬드 경을 만나게 되니까,
우리 둘은 함께 누워 있으리라,
    5 퍼센트 이자 국고 채권에 에워싸여.

나는 천국에서의 사교계 같은 것은 원치 않을 것이다.
    루크레티아 보르지아가 나의 신부가 될 것이니까.
그녀의 얘기는 피피트의 경험보다
    훨씬 더 재미있을 것이니까.

나는 천국에서 피피트를 원치 않을 것이다.
    마담 블라바트스키가
<일곱 가지 성스런 황홀>을 나에게 가르쳐 주고
    피카르다 데 도나티가 나를 인도할 것이니까.

I shall not want Honour in Heaven
    For I shall meet Sir Philip Sudney
And have talk with Coriolanus
    And other heroes of that kidney.

I shall not want Capital in Heaven.
    For I shall meet Sir Alfred Mond.
We two shall lie together, lapt
    In a five per cent. Exchequer Bond.

I shall not want Pipit in Heaven.
  Madame Blavatsky will instruct me
In the Seven Sacred Trances;
  Piccarda de Donati will conduct me. (*CPP* 44)

작품을 실제로 읽어보면 필립 시드니 경만이 앨프릿 몬드 경과 대조적으로 제시되어 있다고 읽어야 하는 이유를 발견할 수가 없다. 그리고 몬드 경이 자본의 행복한 상징으로 제시되어 있을 뿐이지 화자가 부정적인 시선으로 표현하고 있지 않음을 확인할 수 있다. 요컨대 당대의 저명한 몬드 경이 자본의 대표적인 인물로 언급되었다는 점 외에는 이 시의 어느 부분에서라도 반유태주의는커녕 유태인과 관련하여 제시되었다는 증거는 없다. 「요리용 달걀」에 대한 줄리어스의 기소 내용은 조울병의 억울 상태에 있는 환자에게 자주 보이는 남이 자기에게 해를 입힌다고 생각하는 피해 망상적 상태의 표현일 뿐이다.

줄리어스의 기소장의 핵심은 「버뱅크」다. 그 이외의 시작품은 작품 전체가 아니라 그 일부분만을 문제 삼고 있다. 줄리어스는 「버뱅크」를 다음과 같이 설명한다(99-101). 블라이쉬타인과 페르디난드 클라인 경(Sir Ferdinand Klein)은 상보적인 한 쌍이다. 하나는 속물이고 다른 하나는 귀족인데 둘 다 유태인이다. 이 시는 버뱅크가 베니스와 다른 신비로운 일들을 명상하는 사색적인 자세로 결론지어진다. 버뱅크는 미국문화와 유럽문화의 만남이라는 헨리 제임스 주제의 상징주의적인 재현이라고 읽힐 수 있다. 버뱅크와 클라인의 볼루피네 공주와의 만남들이 있다. 베니스의 문화와 역사에 대한 버뱅크와 블라이쉬타인의 접촉들도 있다. 독자는 버뱅크가 생각하는 바를 공유한다. 그가 "우리 사람"이며 블라이쉬타인은 우리가 보는 것의 일부일 뿐이고 그에게는 "내면의 생활"이 없다(Julius 101). 블라이쉬타인은 이해하지 못하기 때문에 그저 "응시한다"(stares)(*CPP* 40). 버뱅크가 블라이쉬타인과 클라인 경 등 유태인을 부정적으로 보는 것이 시의 내용이기 때문에 버뱅크는 반유태주의자라고 줄리어스가 결론을 내린다. 줄리어스가 제시하는 「버뱅크」의 핵심적인 반유태주의적 표현은 다음과 같다.

짐짝 밑엔 쥐새끼들.
경매대 밑엔 유태인들.
모피 밑엔 돈.

The rats are underneath the piles.
The Jew is underneath the lot.
Money in furs. (*CPP* 41)

줄리어스의 기소 내용에 대한 반론은 다음과 같이 제시될 수 있을 것이다. 「게론티온」의 첫 30행이 작품의 배경, 특히 그 중에서도 「게론티온」의 반유태주의적 표현이라고 줄리어스에 의해 지적되었던 부분이 고리대금업을 하는 유태인이 상징하는 돈의 힘에 의해 소유되고 노예화되어 있는 근대 세계를 묘사하였던 것처럼 「버뱅크」도 근대 세계라는 사회적 배경을 묘사하고 있다는 것이다. 캘더(Angus Calder)가 바로 위에서 인용한 부분을 "그 당시의 상례적인 중상층 미국 주류의 반유태주의(Calder 45)"의 표현이라고 설명하고, 고든(Lyndall Gordon)이 "진부한(banal)(Gordon 104)" 풍자화라고 말하는 이유도 당대의 사회적 배경의 재현일 따름이기 때문이다. 스펜더(Stephen Spender)는 "1918년이나 1919년 유태인을 자본가·산업가 착취의 상징으로 그렇게 언급하는 것은 오늘날 스코틀랜드인을 쩨쩨하다고 언급하는 것보다 더 심한 편견은 거의 아니었다."라고 말한다(57). 요컨대 「버뱅크」에서 반유태주의적 표현들이 발견된다 하더라도 그것들은 시인 엘리엇의 견해가 아니라 당대의 사회적 배경을 실감나게 제시하기 위해서 반유태주의적 표현들을 동원한 것일 뿐이라는 것이다. 「버뱅크」는 "근대 사회의 꼴사나운 불모성과 쇠퇴"의 표현이며 "버뱅크, 볼루피네 공주, 블라이쉬타인과 페르디난드 클라인 경은 사실적인 드라마의 등장인물들이라기보다는 가치관의 갈등 속에 있는 상징적 체현물들이다"(Lall 78).

발레리 엘리엇(Valerie Eliot)이 출간되지 않은 원고로 남아 있는 시편들을 편집한 『황무지: 에즈라 파운드의 주석을 포함한 원본 초고들의 복제본과 복사본』에 들어 있는 「만가」의 1연에는 다음과 같이 「버뱅크」에서 나왔던 블라이쉬타인이 등장한다.

수심 30피트 아래에 당신의 블라이쉬타인이 누워있어요
가자미들과 오징어들 밑에.
무덤의 질병이 죽은 유태인의 눈 속에 있네요!
    게가 눈꺼풀을 먹어버렸어요.
        부두 생쥐들이 뛰어드는 곳보다 더 낮은 곳에서
        그가 바다의 변화를 겪고 있지만
        여전히 값비싸게 부유하고 이상하지요

Full fathom five your Bleistein lies
Under the flatfish and the squids.
Grave's Disease in a dead jew's eyes!
    When the crabs have eat the lids.
        Lower than the wharf rats dive
        Though he suffer a sea-change
        Still expensive rich and strange (Valerie Eliot 121)

줄리어스의 기소 내용은 「만가」가 "매우 불쾌한 작품"인데 그 이유는 주로 "몸이 여전히 질병의 장소가 되고 치욕의 대상이 되는 죽은 유태인을 고요 속에서 만족스러운 듯이 바라보는 방식" 때문이라는 것이다(132). 그런데 이 「만가」는 『황무지』의 아주 짧은 제4부 「익사」("Death by Water")의 다음과 같은 마지막 3행과 연관하여 읽을 수 있다.

        이교도이건 유태인이건
그대 키 바퀴를 잡고 바람머리를 내다보는 자여,
플레바스를 생각하라, 그대나 다름없이 한때는 미남이었고 키가 컸던 그를.

        Gentle or Jew
O you who turn the wheel and look to windward,
Consider Phlebas, who was once handsome and tall as you. (*CPP* 71)

한 때는 키 큰 미남이었던 플레바스도 물에 빠져 죽게 되면 무덤에서 얻게 되는 질병에 걸리게 되고 게에게 눈꺼풀을 먹혀버리게 될 것이므로, 줄리어스가 치욕의 대상이 되어버렸다고 주장하는 유태인 블라이쉬타인과 같은 입장이

되어버린다. 요컨대 플레바스 같은 이교도이건 블라이쉬타인 같은 유태인이건 물에 빠져 죽게 되면 같은 입장이 되어버린다고 『황무지』를 읽는다면, 엘리엇이 「만가」에서 블라이쉬타인이 유태인이기에 특별히 치욕스럽다고 판단할 만큼의 지독한 대접을 했다고는 여겨지지 않는다. 그러므로 "유태인의 고난을" 작품 속에 진심으로 망라할 수 없는 시인에 의해 쓰였다고 비난하는 것은 너무 과장된 표현이다(Julius 167).

줄리어스는 그 이유를 설명하지 않으면서 "1922년에 이르러 반유태주의가 엘리엇의 상상력에서 억제되게 되었다고 믿는다"(143). 그러니까 줄리어스의 기소 내용은 엘리엇이 1922년까지만 반유태주의자였다는 것이다. 「게론티온」에서 반유태주의적 표현이라고 줄리어스에 의해 지적되었던 곳이 작품의 시대적 배경을 설명하는 부분에 속해 있다는 점과 「버뱅크」가 근대 세계의 사회적 배경을 묘사하고 있다는 점을 생각해보면, 1922년에 이르러 엘리엇이 자신의 시세계에서 시대적 배경을 더 이상 사용하지 않게 되었다는 것을 의미한다. 뒤집어 말하면, 반유태주의가 팽배했던 시대적 배경이 등장하는 엘리엇의 시편들에서만 반유태주의적 표현들이 등장했었으며 이는 시 작품의 일부 표현들을 증거로 엘리엇이 반유태주의자였다라고 주장할 수 없다는 것을 의미한다.

"엘리엇이 『크라이테리언』(*The Criterion*)의 편집자로서 파운드에게 유태인 괴롭히기를 그만두지 않는다면 그들의 서신 교환을 중단할 것이라고 경고하였다"(Omer 325 재인용).라는 증거에서 보더라도 엘리엇이 의도적으로 반유태주의자였던 적은 없다는 점에는 누구나 동의하고 있는 것 같다. 엘리엇은 자신이 결코 반유태주의자였던 적이 없었다고 말하면서, "사람에게 그렇게도 광범위하고 분명치 않은 정의를 갖고 있는 그런 용어를 사용한다는 것은 불행한 일로 보인다."라고 말하며, "그건 인간에게 대한 끔찍한 비방이다."라고 덧붙인바 있다(Julius 30).

유태인 레오나드 울프(Leonard Woolf)가 "나는 T. S. 엘리엇이 유별나지 않은 모호한 방식으로 약간 반유태주의적이었다고 생각한다."라고 내린 평가가 공정한 것처럼 보인다(Ricks 62에서 재인용). 요컨대 줄리어스의 문제점은 경범죄에 해당되어 경찰이 훈방 조치를 하여야 할 사건에 대하여 검사가 되어 정식으로 기소를 하는 중범죄로 다루었다는 것이다. 미국의 평론가 폴 드만(Paul de Man)이 벨기에 살던 21살에서 23살이던 시절에 독일 점령군에게 호의적인 신문에 문학적인 칼럼을 썼다는 사실에 대한 반유태주의 논란이 최근에 있었다. 자크 데리다(Jacques Derrida)는 이러한 논쟁에 대하여 "이는 아마도 거의 미소 정도의 대접을 받아야 할 것이며 나는 그저 어깨를 으쓱해버릴 것이다."라고 우선 말한 다음에 "그렇지만 언제나 그런 것은 아니다. 오늘 나는 나의 분개와 나의 걱정에 대해 말할 것이다."라고 일갈한다(242). 줄리어스의 기소장도 같은 대접을 받아야 할 것이다. 그저 미소를 지으며 어깨를 으쓱해버릴 사건을 이렇게 크게 벌여버리는 악의적인 행동에 대해서 분개하고 걱정하지 않을 수 없기 때문이다.

인용문헌

Calder, Angus. *T. S. Eliot*. Atlantic Highlands, NJ: Humanities Press International Inc., 1987.

Derrida, Jacques. *Memoires for Paul de Man*. Tr. Cecil Lindsay, Jonathan Culler, Eduardo Cadava & Peggy Kamuf. New York: Columbia UP, 1989.

Eliot, T. S. *After Strange Gods*. New York: Harcourt, Brace and Company, 1934. Abbreviated here as *ASG*.

_____. *The Complete Poems and Plays of T. S. Eliot*. London & Boston: Faber and Faber, 1969. Abbreviated here as *CPP*.

Eliot, Valerie. Ed. *The Waste Land: A Facsimile And Transcript of The Original Darfts Including The Annotations of Ezra Pound*. London and Boston: Faber and Faber, 1971.

Ellmann, Maud. *The Poetics of Impersonality: T. S. Eliot and Ezra Pound*. Brighton, Sussex: The Harvester P, 1987.

Fleissner, Robert F. "Eliot's Sweeney Among the Nightingales." *Explicator* 54.1 (1995): 30-32. <http://search.global.epnet.com>
Gordon, Lyndall. *T. S. Eliot: An Imperfect Life*. New York and London: W. W. Norton & Company, 1998.
Harwood, John. *Eliot to Derrida: The Poverty of Interpretation*. London: Macmillan, 1995.
Julius, Anthony. *T. S. Eliot, Anti-Semitism and Literary Form*. Cambridge: Cambridge UP, 1995.
Kojecky, Roger. *T. S. Eliot's Social Criticism*. London: Faber and Faber, 1971.
Lall, Ramji. *T. S. Eliot: An Evaluation of His Poetry*. Delhi: Surjeet Publications, 1993.
Lentricchia, Frank. *Modernist Quartet*. Cambridge: Cambridge UP, 1994.
Omer, Ranen. "'It Is I Who Have Been Defending a Religion Called Judaism': The T. S. Eliot and Horace M. Kallen Correpondence." *Texas Studies in Literature and Language* 39.4 (1997): 321-56.
Passaro, Vince. "A Flapping of Scolds." *Harper's Magazine* 294.1760 (1997): 62-9. <http://search.global.epnet.com>
Pittock, Malcolm. "Poet and Narrator in Sweeney Among the Nightingales." *Essays in Criticism* 30.1 (1980): 29-41.
Ricks, Christopher. *T. S. Eliot and Prejudice*. London: Faber and Faber, 1988.
Smith, Grover Jr. *T. S. Eliot's Poetry and Plays: A Study in Sources and Meaning*. Chicago: The U of Chicago P, 1958.
Spender, Stephen. *T. S. Eliot*. Harmondsworth: Penguin Books, 1975.
Spurr, David. "Conflicts of Mind and Vision in 'Prufrock' and 'Gerontion'." *Yeats Eliot Review* 6.1 (1979): 10-5.
Wood, James. "After Strange Gods." *New Republic* 215.5 (1996): 30-8. <http://search.global.epnet.com>

근대성과 기억: 발터 벤야민과 T. S. 엘리엇

| 이홍섭 |

1

근대성 연구의 대표적인 이론가들 중 한 사람인 발터 벤야민(Walter Benjamin)이 근대성과 기억의 문제에 대한 자신의 사유를 전개하고 있는 대표적인 작품은 1939년에 발표된 「보들레르의 몇 가지 모티브에 관하여」("On Some Motives of Baudelaire")이다. 보들레르(Charles Baudelaire)는 벤야민이 본격 자본주의의 수도라고 칭했던 19세기 중엽의 파리를 자신의 작품들의 주 배경으로 하였던 시인으로 벤야민의 근대성 연구에서 핵심적인 위치를 차지하고 있는 인물이다. 제목에서 알 수 있듯이 벤야민의 이 에세이는 보들레르의 작품 세계에 나타난 몇 가지 핵심적인 모티브들을 다루고 있으며 기억에 관한 그의 사유는 전반부의 중심적인 의제로 등장하고 있다. 하지만 이론적인 체계의 구축이나 논리 정연한 설명이 지닌 개념적 사고에 비판적이었던 벤야민의 다른 작품들이 그러한 것처럼 이 에세이에서 근대의 경험과 기억에 대한 그의 사유는 단편적(fragmentary)이면서도 비선형적(non-linear)인 형태로 표현된다. 벤야민이 즐겨 사용하였던 "성좌"(constellation)라는 표현을 빌려 말하자면 꽤 긴 분량의 이 에세이에서 그는 베르그송(Henri Bergson), 프루스트(Marcel Proust), 프로이트(Sigmund Freud) 등과 같은 인물들이 이 주제에 대해

---

* 이 논문은 『T. S. 엘리엇 연구』 20.2 (2010)에 「근대성과 기억: 발터 벤야민과 T. S. 엘리엇」으로 게재되었던 것을 수정·보완한 것임.

지닌 사유들을 상호 연관된 별처럼 배치하고 이를 통해서 자신의 사색의 편린들을 간접적으로 드러나게 하고 있다.

벤야민에 의하면 서구에서 인간의 경험구조와 기억에 대한 관심과 연구가 본격화된 것은 19세기 후반부터이며 문학, 철학, 심리학, 생물학 등과 같은 다양한 분야에서 일어났던 이러한 현상의 이면에는 산업화와 도시화로 대표되는 본격적인 근대(high modernity)로 접어들면서 이에 상응하는 경험 구조의 급격한 변화가 이 시대에 있었다는 점이다. 이러한 근대적 경험의 다양한 변화들 중 문학의 영역에 있었던 단적인 한 예로 벤야민은 19세기 중엽의 시인인 보들레르가 직면했던 독서시장에서의 서정시의 위기를 꼽고 있다. 19세기에 접어들면서 독자 대중들은 점점 더 감각적인 즐거움을 탐닉하게 되며 의지력이나 집중력을 요구하는 서정시를 멀리하게 되었다. 이런 상황에서 서정시인은 "라마르틴만 해도 그랬던 것과는 달리.... 더 이상 '음유시인'이 아니"라 "하나의 장르를 대표하는 자에 불과"(『보들』180)하게 되었다. 또한 출간 당시 굉장한 주목을 끌었던 위고(Victor Hugo)의 시집과는 달리 보들레르의 시대에는 서정시에 대한 대중적인 관심이나 인기를 기대하기는 거의 불가능하게 되었다. 『악의 꽃』(Les Fleurs du mal)을 출간하기 이전에 보들레르는 이미 시집이 대중적인 성공을 거둘 수 있으리라는 희망을 접었으며 이 시집의 서시에 언급된 "위선적인 독자여, - 내 동포여, - 내 형제여"(FE 6)라는 표현에는 감각적 쾌락과 물질적 부의 추구에만 관심이 있는 독자 대중들에 대한 반감이 짙게 깔려 있다. 다른 한편, 보들레르의 이 언급은 비록 부정적인 형태나마 시인이 자신의 시에 대한 독자들의 반응을 예민하게 의식하고 있음을 드러내고 있다. 자신의 시 세계에 공감해 줄 독자("형제")들을 여전히 의식하고 있는 보들레르와는 달리 비의적인 시로 잘 알려진 랭보(Arthur Rimbaud)에 이르면 서정시는 대중과 사회로부터 철저하게 단절되게 된다.

19세기의 시인들이 겪었던 자기 시대의 독자들과의 갈등적인-혹은 심한 경우 대립적인-관계 이면에는 산업자본주의의 본격화에 따른 대중들의 경험과 취향의 급격한 변화가 자리하고 있으며, 이러한 사회적 변화에 대응하여 딜타이(Wilhelm Dilthey)를 중심으로 하는 생철학(Lebensphilosophi)은 진정한 경험의 가능성에 대한 모색을 시도한다. 19세기 후반에 등장한 생철학은 근대의 기계론적인 사유에 대립하여 생명의 자율성과 창의성을 주창하였으며, 특히 독일의 대표적인 생철학자인 딜타이는 기존의 철학사에서 크게 주목받지 못했던 경험이라는 개념을 자신의 연구의 중심주제로 삼아 진정한 경험의 가능성에 대한 이론적인 탐구에 매진하였다. 하지만 벤야민에 의하면, 딜타이를 포함한 19세기 후반의 독일의 생철학자들 대부분은 진정한 삶과 경험의 가능성을 사회 속의 인간에서 찾기보다는 문학, 자연, 그리고 마지막에는 특히 신화적 시대에 호소하였다는 점에서 문제가 있다. 경험의 실제적 현장인 사회 현실로부터 벗어난 관념적이고 이상화된 영역에서 경험의 진정성을 찾는 이러한 경향은 딜타이의 『체험과 문학』(Das Erlebnis und die Dichtung)에서 이미 나타나기 시작하였으며, 20세기에 들어서면 다수의 독일 생철학자들이 신화적 세계나 게르만 민족의 순수성을 강조하게 되고 결국 파시즘에 동조하는 사상으로 전락하게 된다.

20세기 초 프랑스 생철학을 대표하는 베르그송은 동시대 속 독일의 생철학이 지닌 낭만적인 관념론에서 벗어나 자신의 생기론적인 사유를 당시의 과학적인 성과와 접목시켜 구체화하였다. 특히 그의 초기작이자 주저들 중 하나인 『물질과 기억』(Matiere et memoire)에서 물질과 정신을 양자택일의 관점에서 접근하는 기존의 유물론과 관념론을 비판하며 물질과 정신의 실재성을 함께 긍정한다. 이러한 물질과 정신의 통합에서 핵심적인 것은 기억으로, 베르그송은 기억을 "정신과 물질의 교차점"(『물질』 27)이며 "기억의 구조가 경험의 철학적 구조에서 결정적인 요소"(『보들』 182) 라고 주장한다. 그에 의하면 인간의 행위가 일어나는 공간은 물리적인 형태를 취하며 이 공간에서 발생하는 주체의 지각과 행위 사이의 간격에 개입하고 있는 것이 기억이다. 베르그송에 의하면 순수지각은 인간의 신체가 자신의 활동과 무관한 외적 작용을 통과하게 하고 남는 것에 의해 형성되며 물질과 순수지각 사이에는 정도의 차이만 있다. 객관 대상에 바탕을 두고 있는 이러한 순수 지각과 달리 실제적인 지각은 내적이고 주관적인 기억의 층에 덮여 있을 뿐만 아니라 수많은 외적 이미지들을 한 순간에 직관적으로 파악하고 종합하기 위해서 응축(contraction)

시키는 기억의 작용에 의존한다. 베르그송에 의하면 지각된 것을 끊임없이 응축시켜 보존하는 기억의 작용에 의해 과거는 사라지는 것이 아니라 지속되고 있다.

과거는 기억 속에 보존되고 이러한 지속이 경험의 본질을 이룬다는 베르그송의 이론을 뒷받침하고 있는 것은 그의 잠재성의 철학이다. 베르그송에 의하면 과거는 현재에서 지나가버린 시간이 아니라 잠재적인 형태로 현재에 지속하고 있으며 현재의 매 순간은 전체로서의 과거와 늘 동시적으로 존재한다. 즉, 매 순간은 수량화할 수 있는 동질적인 시간으로 구성된 것이 아니라 현재와의 결합을 통해 끊임없이 유동하며 변화하는 이질적인 과거로 구성되어 있다. 베르그송이 순수 기억(pure memory)이라고 이름붙인 이러한 전체로서의 과거는 이미지-기억이라는 표상적인 형태를 취하며 현재의 지각에서 현실화(actualization)된다. 순수 기억은 그 자체로서는 비활동적이며 잠재적인 상태에 머무르고 있다는 점에서 의지나 의식의 작용과 관련된 것이 아니라 무의지적이며 무의식적이다. 이러한 순수기억과는 대조적으로 습관기억은 반복적인 학습과 노력에 의해 기억된 것으로 단순한 충동에 의해서도 작동하는 일종의 자동기계이다.

기억과 지속에 대한 베르그송의 사유에 대한 벤야민은 평가는 다분히 양가적이다. 한편으로는 경험의 구조가 지속되는 기억에 의해 구성된다는 베르그송의 이론을 벤야민은 철학사에 큰 획을 그은 획기적인 사상으로 높이 평가하며, 『물질과 기억』을 "대단히 뛰어난 기념비적 저작으로서 우뚝 솟아 있다"(『보들』 181)라고 극찬한다. 하지만 벤야민은 베르그송의 철학이 지각과 기억에 대한 이론의 영역에서 거둔 큰 업적을 인정함에도 불구하고 이 이론에 내재된 부분적인 한계를 지적한다. 그 첫 번째 한계는 베르그송의 철학에서는 경험과 기억을 역사적으로 규정하려는 시도가 나타나지 않는다는 점이다. 물론 이는 어떤 측면에서 베르그송의 철학이 현실에서의 실제적 경험을 추상화하는 이론적인 작업이라는 점에서 기인한 점이 있다. 그럼에도 불구하고 베르그송이 이러한 추상화된 이론 구축을 위해 경험의 성격이 역사적으로 규정되고 변화한다는 측면 자체를 도외시한 것은 문제적이다. 벤야민에 의하면 베르그송의 철학은 경험의 역사성에 대한 이론적인 탐구가 부족할 뿐만 아니라 기억에 대한 자신의 이론이 근본적으로 자신의 몸담고 있는 근대의 경험에서 비롯된 측면이 있다는 사실을 간과하고 있다. "그러한 경험은 거대한 산업사회 시대의 몰인정하고 사람의 눈을 현혹하는 경험이다. 이러한 경험에 직면할 경우 감기게 되는 눈에는 이러한 경험의 동시적이고 순간적인 잔상으로서 보완적 성격을 띤 어떤 경험이 나타난다. 베르그송의 철학은 그러한 잔상을 상세하게 설명하고 또 확고하게 고정하려는 시도이다"(『보들』 182).

베르그송의 기억 이론에 대한 벤야민의 또 다른 비판은 『잃어버린 시간을 찾아서』(*A la recherche du temps perdu*)의 작가인 프루스트에 대한 평가를 통해 이루어진다. 벤야민에 의하면 프루스트는 베르그송의 기억에 대한 사유를 자신의 삶과 자신의 시대에 적용하여 이를 문학적으로 재구성해낸 작가이다. 경험을 구성하는 것은 개별적인 사실들의 기억(Erinnerung)이 아니라 의식되지 않는 자료들이 함께 축적되어 합쳐진 종합적 기억(Gedachtnis)이라는 베르그송의 통찰력에 대해 프루스트는 기본적으로 찬성하고 있다. 하지만 벤야민에 의하면 "베르그송은 종합적 기억으로부터 생겨나는 특수한 관조적 삶(*vita contemplativa*)과 활동적 삶(*vita activa*)"을 대립적으로 설정함으로서 "삶의 흐름을 관조적으로 현재화하는 일"(『보들』 183)이 자율적으로 결정되는 것처럼 설명하며, 프루스트는 베르그송의 이러한 문제점을 간파하고 있었다. 종합적 기억 혹은 순수 기억에서 주체의 의지나 지적인 판단이 지니는 역할을 인정하고 있는 베르그송과는 달리 프루스트에게는 진정한 기억의 영역은 의지나 지성의 영향으로부터 벗어나 있다. 베르그송의 순수기억에 해당되는 것이 프루스트의 무의지적 기억(involuntary memory)으로 그에게 과거의 경험을 진정으로 보존하고 있는 것은 이러한 무의지적 기억이다.

의지적 기억과 무의지적 기억이 지니는 차이에 대한 프루스트의 인식의 구체적인 한 예는 『잃어버린 시간을 찾아서』의 서두 부분에 나타나 있다. 자신이 유년기의 한 시절을 보냈던 꽁브레 마을에서의 행복했던 시절들을 되살리려는 여러 번의 시도가 실패로 끝나는 이 부분에서 프루스트는 과거를 억지적으로 불러내는 것은 불가능하다는 것을 점차적으로 자각하게 된다. 즉 그는 과거에 대한 온전한 기억은 이지적 능력의 밖에 존재하며 과거에 대한 단순한 사실이나 정보들에는 과거의 경험의 흔적이 보존되어 있지 않다는 점을 깨닫게 된다. 한편, 이러한 의지적 기억과 대립되는 무의지적인 기억의 한 예로 프루스트는 마들렌 과자와 얽힌 일화를 소개한다. 어느 날 오후 우연히 맛본 이 과자의 맛을 통해 그는 이제껏 여러 차례 주의를 집중해도 떠오르지 않던 꽁브레 마을에서의 어린 시절이 갑작스럽게 생생하게 떠오르는 경험을 하게 된다. 물론 하나의 일회적 사건으로서 과거의 경험은 동일하게 반복될 수 없지만 그 과거의 흔적을 온전히 다시 느낄 수 있는 것은 무의지적 기억을 통해서이며 우연성은 프루스트에게 이러한 무의지적 기억을 촉발하는 핵심적인 계기에 해당된다.

프루스트에 대한 벤야민의 평가는 베르그송에 대한 그의 태도와 마찬가지로 기본적으로 양가적인 것으로, 경험과 기억에 대한 사유의 역사에서 하나의 분수령을 이룬 그의 성찰을 높이 평가하면서도 그것이 지닌 부분적인 문제점들을 지적한다. 우선, 벤야민은 프루스트의 무의지적 기억은 기억을 의지나 이지적 능력과 관련이 없는 별개의 영역임을 분명히 하였다는 점에서 기억에 대한 이해의 새로운 지평을 열었다고 평가한다. 그럼에도 불구하고 그에 의하면 경험과 기억에 대한 프루스트의 사유는 이 주제를 사적인 영역의 차원에서만 접근한다는 점에서 문제적이다.1) 경험이 지닌 집단적 혹은 사회적 성격은 배제한 채 사적인 측면에만 관심을 기울이는 이러한 현상은 근대에 두드러진 현상으로 결코 보편적이거나 초역사적인 현상이 아니다. 즉, 프루스트의 작품에 나타나는 경험과 기억의 이러한 사적인 성격은 벤야민이 지적하듯이 주위세

---

1) 프루스트의 무의지적 기억이 지닌 또 다른 문제점은 우연성을 필연적인 요소로 간주한다는 점이다. 벤야민은 무의지적 기억과 우연성의 결합은 프루스트가 생각하듯이 당연한 것이 아니라 이러한 결합의 물적 토대에는 근대라는 사회적 조건이 자리하고 있다고 지적한다. 프루스트의 무의지적 기억에서 우연이 일종의 필연적인 계기로 작용하고 있는 반면 벤야민에 의하면 과거에 대한 새로운 인식이 가능한 것은 우연이 아니라 이러한 인식의 사회적 조건이 형성되어 있는 하나의 역사적 순간이다. 벤야민은 현재와 과거와 순간적으로 성좌를 이룬 상태에서 섬광처럼 떠오르는 이미지를 변증법적 이미지(dialectic image)라고 칭한다. 벤야민의 변증법적 이미지는 프루스트의 무의지적 기억이 그런 것처럼 무의적이지만 이 이미지는 우연에 의해서가 아니라 역사적 조건이라는 물적 토대위에 떠오르는 순간적인 상(image)이다.

계와의 공감이나 개인들 사이의 경험의 공유가 점차로 줄어드는 근대의 삶이라는 물적 토대에서 비롯된다. "인간의 내면적 관심사들은 이것들이 어쩔 수 없이 지니게 마련인 사적인 성격을 천성적으로 타고나는 것이 아니다. 인간의 내면적 관심사들이 사적인 성격을 띠는 것은 주위의 외적 사실들을 자신의 경험에 동화할 수 있는 가능성이 점점 줄어들었기 때문이다"(『보들』 185).

벤야민에 의하면 근대사회는 정보의 양이 점차적으로 증대되는 '정보의 시대'이며 역설적으로 이렇게 넘쳐나는 정보가 공유된 경험의 부재를 양산한다. 정보의 형태로 접하는 사건은 의식적으로 인식되고 의식적인 기억의 형태로 저장될 수 있지만 경험의 내용이 되기는 어렵다. 왜냐하면 경험이란 "기억(Erinnerung) 속에 엄격히 고정되어 있는 개별적 사실들에 의해 형성되는 산물이 아니라 종종 의식조차 되지 않는 자료들이 축적되어 하나로 합쳐진 종합적 기억(Gedachtnis)의 산물"(『보들』 182)이기 때문이다. 정보와 경험이 지닌 이러한 대립적인 관계의 대표적인 한 예로 벤야민은 신문을 들고 있다. 신문은 개인과 자신의 주위세계를 경험이 아닌 정보를 통해 인식하는 경향이 농후해진 근대 세계의 대표적인 정보전달 수단들 중 하나이다. 신속, 정확, 간결성 등을 중시하는 신문은 사건에 대한 많은 정보들을 독자들에게 전달해 주지만 이러한 의식적인 인식은 독자들의 경험의 일부가 되지 못한다. 또한, 신문과 같은 매체를 통해 정보의 형식으로 전달되는 사건은 의식적인 체험과 의식적인 기억과 관련된 것으로 무의지적 기억의 내용이 될 수 없다. 프루스트의 무의지적 기억은 의식적 체험의 비중이 점점 커지고 정보가 의사소통의 중심적인 형식이 되어가는 시대를 배경으로 등장한 것으로, 그는 이러한 시대적 흐름을 거슬러 자신의 사적인 영역에서만이라도 경험과 기억의 진정성을 회복하고자 한다. 이런 측면에서 프루스트가 지향하는 무의지적 기억의 세계는 경험이 사라져가는 자신의 시대에 대한 저항이자 도피의 성격을 동시에 지니고 있다.

무의지적 기억에 나타난 프루스트의 경험과 기억에 대한 사유는 벤야민이 지적하고 있듯이 프로이트 학파의 기억 이론과 밀접한 연관이 있다. 기억에 대한 프로이트 학파의 기본 명제는 프로이트가 『쾌락원칙을 넘어서』(Beyond *the Pleasure Principle*)에서 언급한 "의식은 기억의 흔적을 대신해서 생겨난 다"(『보들』 187에서 재인용)는 정식이다. 프로이트에 의하면 의식과 기억은 상충적인 것으로 의식화 되지 않는 것만이 (무의지적) 기억의 내용이 될 수 있다. 기억과 의식의 대립적인 관계에 대한 프로이트의 이론은 그의 제자인 라이크(Theodor Reik)에 의해 프루스트의 무/의지적 기억과 연관되게 된다. 프루스트가 구분한 기억의 두 종류를 받아들여 라이크는 기억을 종합적 기억과 기계적 기억으로 나눈다. 그에 의하면 프루스트의 의지적 기억에 해당되는 기계적 기억은 인상들을 해체하는 반면 무의지적 기억에 해당되는 종합적 기억은 인상들을 보호한다. 이런 측면에서 "종합적 기억은 본질적으로 보존적이고 기계적 기억은 파괴적"(『보들』 187에서 재인용)이다. 프루스트와 마찬가지로 라이크에게도 종합적 혹은 무의지적 기억들은 기계적 기억과 같은 의식적인 활동에서 벗어난 잔재들이 보존된 것이며 의식과 의지는 종합적 기억에 방해가 되는 것이다.

기억과 의식을 상호 대립적인 것으로 상정하는 프로이트에 의하면 의식은 기억과 상충되는 다른 중요한 기능, 즉 자극에 대한 방어의 기능을 한다. 유기체의 생존을 위해서는 자극에 대한 방어는 자극의 수용보다 중요한 역할을 하며 의식은 외부의 충격적인 자극으로부터 자신의 신체를 보호하는 기능을 한다. 또한 의식이 외적 충격에 익숙하면 할수록 이러한 충격이 주는 효과는 감소할 것이다. 반대로 의식이 자극에 대한 방어기제의 역할을 하는 데 실패하는 경우 외부의 자극은 주체로 하여금 공포와 같은 감정을 느끼게 한다. 의식의 이러한 기능에 대한 실마리를 프로이트는 사고를 당한 노이로제 환자들의 꿈의 분석을 통해 찾게 되었다. 이 환자들은 자신이 겪었던 사고와 연관된 것들을 꿈꾸는데 이런 종류의 꿈은 자신이 겪었던 충격적인 자극을 뒤늦게나마 극복하려는 시도에서 비롯된 것이다. 반면 이러한 자극 극복이 결여되거나 실패하는 경우 이것은 충격성 노이로제의 원인이 된다고 프로이트는 설명한다.

벤야민은 자극(충격)과 의식의 관계에 대한 프로이트의 통찰을 수용하며 이를 근대의 경험과 기억이라는 자신의 연구 주제에 창의적으로 적용한다. 먼저 벤야민은 베르그송과 프루스트의 기억 이론에 대한 설명에서 언급하였던 자신의 경험과 체험에 대한 구분을 프로이트의 자극과 의식과 관계에 대한 이론에 접목시킨다. 그에 의하면 외부의 자극에 대한 의식의 제어가 실패한 경우 이 자극을 유발했던 사건은 (무의지적) 기억 속에 보존되며 경험(*Erfahrung*)적 성격을 지니게 된다. 반면, 의식은 충격적인 자극을 방어하게 되면 될수록 "그 충격을 야기한 사건에 명확한 의미의 체험(*Erlebnis*)적 성격을 부여한다"(『보들』 190). 또한 경험과 체험의 범주에서 보자면 근대는 "충격 체험이 규범이 되어버린"(『보들』 190) 사회로서, 사람들은 매 순간 변화의 연속인 시간과 낯선 이들과 조우가 일상이 되어 버린 공간에서 살아간다. 외부세계의 자극들을 끊임없이 의식하고 방어하며 이 과정에서 자신의 삶을 체험으로 채우는 근대인들에게 자신의 체험은 극복의 대상이 되며 경험과 (무의지적) 기억은 문제적인 형태로만 남게 된다.

2

벤야민의 근대성 연구의 핵심적인 주제들 중 하나인 경험과 기억의 문제는 근대의 대도시들을 주 배경으로 하는 엘리엇(T. S. Eliot)의 전반기 작품들에서도 중심적인 주제들 중 하나가 된다. 「J. 알프레드 프루프록의 사랑노래」("The Love Song of J. Alfred Prufrock")나 『황무지』(*The Waste Land*)와 같은 그의 대표작들을 포함한 그의 전반기 작품들에 등장하는 인물들은 주로 런던, 파리, 보스턴 등과 같은 대도시에 거주하는 사람들로 이들은 자신이 속한 계급, 젠더, 문화의 차이와 개인이 처한 특수한 상황에 따라 다양한 삶을 살아가고 있지만 그들 대다수는 자신이 속한 근대를 지옥'같은 시/공간으로 느끼고 있다는 점에서 공통점이 있다. 엘리엇의 잘 알려져 있는 작품인 「프루프록의 사랑노래」에서 프루프록이 상상하는 여인들과의 사랑이나 그가 꿈꾸는 삶의 모습은 중년남성의 부질없는 단순한 몽상이 아니라 자신이 몸담고 있는 근대라는 끔찍한 이 시/공간을 탈주하려는 그의 욕망과 맞닿아 있다. 엘리엇의 또 다른 초기 시인 「런던에서의 간주곡」("Interlude in London")에서는 탈주를 욕망하는 프루프록과 대조적으로 집안의 "벽돌들 안에서 동면하고"(hibernate among the bricks)(*IM* 16)있는 사람들이 등장한다. 하지만 이들의 무관심과 체념은 자신이 속한 근대라는 시/공간에서의 진정한 경험에 대한 어떠한 기대도 포기하였다는 점에서 몽상 속에서나마 근대의 경험에서 벗어나고자 하는 프루프록의 모습과 실제로 별반 다를 것이 없다.

경험과 체험에 대한 벤야민의 구분에 따르자면 엘리엇의 시에 등장하는 도시인들은 대다수는 체험이 지배적인 삶을 살아가며 또한 그들의 기억은 베르그송적인 순수기억이나 프루스트적인 무의지적 기억이 아니라 기계적 혹은 습관적 기억과 연관되어 있다. 엘리엇이 자신의 후기 대작인『네 사중주들』(*Four Quartets*)에서 "기억의 용도"(the use of memory)는 "과거뿐만 아니라 미래로부터 해방"(liberation / From the future as well as the past)(*CPP* 195)이라고 현자의 목소리로 기억의 해방적인 기능을 독자들에게 환기시켰던 반면, 기억의 이러한 기능에 대한 직접적인 언급은 그의 전반기 작품들 어디에도 나타나지 않는다. 종교의 차원까지 승화된 기억의 이러한 구원적인 역할은 차치하고라도 현재의 고단함이나 고독함에 대한 일시적인 위안이나마 제공해주는 기억의 긍정적인 기능마저 근대적 시/공간을 배경으로 하는 그의 작품들 어디에서도 찾아보기 어렵다. 이런 측면에서「프루프록의 저녁」("Prufrock's Pervigilium")에서 "세상을 경험하고자 창가로 더듬거리며 나아간"(fumbled to the window to experience the world)(*IM* 43) 프루프록의 광기어린 다음의 고백은 근대의 체험과 그것에 대한 기억이 지닌 문제를 충격적인 형태로 드러나게 한다. "어둠이 벽을 따라 기어 다니고 . . . 세상이 굴러서 하나의 공이 되고서는 / 갑자기 녹고 없어지는 것을 보았지"(have seen the darkness creep along the wall. . . . have seen the world roll up into a ball / Then suddenly dissolve and fall away)(*IM* 44).

엘리엇이 20대 초반에 쓴 미발표시들 중 하나인「금붕어」("Goldfish")는 파편화된 근대성의 경험과 기억을 문제화하고 있는 작가의 비판적인 시각이 잘 드러나 있는 초기 작품들 중 하나이다. 4편의 짧은 시들로 이루어진「금붕어」의 마지막 편에서 유한 계층에 속하는 젊은 남성은 화려한 여흥으로 여름 휴가를 보낸 후 다소 권태어린 목소리로 지나간 나날에 대해 회상한다.

가을이 조종을 울리는
한해의 잔해들 중에—
오래된 편지들, 행사 일정들, 지불하지 않는 청구서들
사진들, 테니스 신발, 그리고 더 많은 것들
넥타이, 엽서,
망각의 장롱 서랍을 채우는 것들—
가을이 조종을 울리는
한해의 잔해들 중에
"곤돌라의 뱃노래"라는 제목이 붙은 이것을 찾았다.

Among the debris of the year
Of which the autumn takes its toll:—
Old letters, programmes, unpaid bills
Photographs, tennis shoes, and more,
Ties, postal cards, the mass that fills
The limbo of a bureau drawer—
Of which October takes its toll
Among the debris of the year
I find this headed "Barcarolle" (*IM* 29)

일상의 흔적을 간직하고 있는 물품들을 통해 젊은 남성의 과거가 재현되고 있는 이 대목에서 그의 경험과 기억은 여러 겹으로 문제화되고 있다. 우선 이 시에 등장하는 일상의 목록들은 그의 일상의 단편을 보여주는 알레고리적인 기호로서 일차적으로 그가 경제적으로 다소 여유가 있는 계층으로 분주하면서도 활발한 나날들을 보내는 인물임을 나타낸다. 다른 한편, 아무런 연관 없이 잔해의 형태로 남아있는 이 물품들의 이미지는 이 기표들이 의미화하고 있는 그의 체험들이 유의미한 상관관계나 지속성이 결여된 파편화된 것임을 암시하고 있다. 또한, 기억의 차원에서 보면 이 일상의 물품들은 종합적 기억 내지 무의지적 기억과 관련되기보다는 기계적 혹은 습관적 기억과 관련된다. 장롱 속에 아무런 관심도 받지 못한 채 내버려져 있는 이미지가 암시해 주듯이 기계적으로 반복되는 일상의 나날들을 살아온 흔적들인 이들 기억의 파편들은 현재에 어떠한 의미도 부여해주지 못하는 과거의 '유품'에 불과하다. 장롱 서랍을 열면 매번 마주치는 과거의 이 잔해들은 프루스트적인 무의지적인 기억과 달리 과거의 경험을 생생하게 다시 불러오기보다는 기계적이고 무의미한 과거의 나날들을 반복적으로 재확인해 줄 뿐이다. 또한 이 서랍을 수식하는 "망각"으로 번역된 "limbo"라는 표현은 개별적인 기억을 해체하여 보존하는 종합적 기억이나 순수 기억이 지닌 생산적인 의미에서의 망각의 기능과 관련 되기보다는 주체로부터도 완전히 잊어진 기억의 초라한 형상을 보여주고 있다. 이 단어가 지닌 또 다른 사전적인 의미인 "죽은 사람들의 영혼이 천국이나 지옥 그 어디에도 가지 못한 채 머무르는 장소"(네이버 백과사전 참조)라는 뜻 역시 이 시에서 경험과 기억이 현재에 어떠한 생명력도 지니지 못한 채 죽은 것과 마찬가지인 상태라는 것을 암시하는 데 기여하고 있다.

흥미롭게도, 장롱 속에 쌓여 있는 일상의 잔해들을 통해 근대의 체험과 기억을 문제화하고 있는 엘리엇의 이 시와 유사하게 벤야민은 「중앙공원」("Central Park")에서 기념/품(the souvenir)을 근대의 경험과 기억에 대한 대표적인 알레고리의 하나로 들고 있다.

> 기념품은 "고립된 경험"의 보충물이다. 자신의 과거를 죽은 소지품으로 목록화하는 사람들의 점증하는 자기-소외가 그 속에서 촉진된다. 19세기에 알레고리는 주위 세계에서 물러나 내부세계에 정착했다. 유골은 시체에서 생겨나고 기념품은 완곡히 표현하자면 스스로를 살아있는 것으로 여긴 죽은 경험에서 생겨났다.

> The souvenir is the complement to "isolated experience." In it is precipitated the increasing self-estrangement, whose past is inventoried as dead effects. In the nineteenth century, allegory withdrew from the world around us to settle in the inner world. The relic comes from the cadaver; the souvenir comes from the defunct experience [*Erfahrung*] which thinks of itself, euphemistically, as living [*Erlebenis*]. (*WM* 159)

불어에서 "souvenir"는 기억이라는 뜻 외에도 "추억, 회상, 기념, 기념물, 기념품"(네이버 프랑스어 사전 참조) 등 다양한 의미를 지닌 단어로서, 인용문에서 벤야민은 이를 체험 혹은 "죽은 경험"과 연관된 의미로 사용한다는 점에서 이들 중 "기념품" 혹은 "기념물" 정도가 적당한 번역일 것이다. 기념품은 또한 과거의 체험을 기억하려는 시도와 관련되어 있다는 점에서 의지적 기억에 대한 하나의 알레고리적인 기호의 역할을 한다. 하지만 과거를 의지적/기계적 형태의 기억으로나 보존하려는 이러한 노력은 만약 회상하려는 과거의 사건이나 상황이 몸으로 진정하게 느꼈던 경험으로 내재화되지 않으면 아무런 성과가 없을 것이다. 마치 현대인들이 지나가는 시간을 영원히 붙잡아 놓을 수 있는 양 카메라나 비디오를 동원하지만 이들 매체에 기록된 것은 과거의 경험이 아니라 과거에 대한 정보인 것과 마찬가지로 기념품의 형태로 보존되는 과거에는 진정한 경험의 흔적은 남아있지 않다.

매일 새로운 일들이 일어나고 낯선 이들과의 조우가 다반사인 대도시에서의 삶이 지닌 역설들 중의 하나는 외형상 매우 역동적인 이 시/공간에서 경험은 오히려 축소 내지 왜소해 지고 있다는 점이다. "새로움," "진보" 등을 모토(motto)로 하는 산업화된 근대는 다양한 경험을 위한 물질적 토대를 마련해주지만, 앞서 언급됐던 자극에 대한 방어기제로서의 의식과 체험의 측면에서 표현하자면 근대가 제공하는 새롭고 놀라운 자극들에 비례해서 사람들은 더욱 더 의식적 – 그리고 자의식적 – 이 되고 경험이 아닌 체험이 삶의 규정적인 양식이 된다. 도시에서의 삶이 지닌 이러한 성격에 대한 엘리엇의 비판적인 시각은 그의 또 다른 미발표 시인 「침묵」("Silence")에 드러나고 있다. 16행으로 된 이 초기 시에서 시적 화자는 인파로 붐비는 도시의 거리를 거닐면서 만조(滿潮)의 바다에 비유된 이 거리의 모든 것들이 갑작스럽게 정지하는 순간을 경험하게 된다. 근대의 대표적인 표상공간인 도시의 거리에서 겪은 이 환상적인 순간이 의미화하고 있는 것은 도시에 대한 신비화가 아니라 도시/근대로부터 탈주하고 싶은 욕망이다. "수다스러운 삶의 물결"(the garrulous waves of life)과 "천개의 사건들"(a thousand incidents)로 가득 찬 도시에서 진정한 경험은 존재하지 않고 이러한 경험의 가능성은 역설적으로 도시/근대의 논리가 더 이상 작동하지 않는 정지의 순간이다. 엘리엇은 이를 "삶이 정당화되는 궁극적인 시간"(the ultimate hour / When life is justified)은 "경험의 바다들이 갑작스럽게 정지되는"(The seas of experience. . . . Are suddenly still)(*IM* 18) 순간이라고 말한다. 나날이 변모하는 거리들, 진기한 상품들이 전시된 가게들, 부와 성공을 쫓아 분주히 움직이는 사람들로 가득 찬 도시의 한복판에서 젊은 시인이 환상 속에 느꼈던 정지의 순간에는 쉼 없이 달려가는 진보의 시간과 의미 없는 나날들로 분주한 도시의 삶을 멈추게 하고 싶은 그의 소망이 내장되어 있다.

근대/도시의 삶에 대한 발본적인 문제제기를 하고 있는 엘리엇에게 과학과 기술문명에 대한 맹신이라는 '근대의 신화' 역시 신랄한 비판의 대상이 된다. 앞서 살펴보았듯이 「금붕어」는 근대의 경험과 기억에 대한 엘리엇의 우울한 시선이 압축적으로 나타나 있는 작품으로 특히 2연은 이 시가 창작된 해인 1910년 무렵의 사회적 관심사로 대두된 극지 탐험과 당시의 과학적인 이슈에 대한 짧은 언급을 통해 동시대의 과학과 자연에 대한 정복욕을 문제화하고 있다. "신경 장애가 있는 바람"(The neuropathic winds)이 "남극과 북극으로부터의 소식과 4차원에 대한 지식을 가져다"(Bringing the news from either Pole / Or knowledge of the fourth dimension) 준다고 언급한 대목에 바로 이어, 이러한 서구의 기술문명과 과학이 세상의 모든 문제를 해결해줄 거라고 믿고 있는 근대의 시민들에게는 화자는 조롱조의 목소리로 "제발 영혼에 대한 소소한 문제들이나 신경써주시길 간청합니다"(We beg to call to your attention / Some minor problems of the soul)(*IM* 29)라고 비웃고 있다. 이 당시 아문센과 스코트의 남극 원정 경쟁은 세기의 대결로 불리면서 사람들의 주목을 끌었으며 결국 1911년 아문센의 남극 등반 성공과 경쟁자인 스코트와 동료 탐험대원의 비극적인 죽음으로 막을 내렸다.[2] 20세기 초 서구인의 이목을 집중시켰던 이 원정 대결에서 보듯이 경쟁과 정복욕, 이를 부추기는 언론, 자극적인 뉴스거리를 애타게 기다리는 대중들은 근대에 들어 점차 증대되는 현상으로, 엘리엇이 이를 "신경 장애가 있는 바람"과 연결시키는 데서 짐작할 수 있듯이 그에게는 이러한 현상은 근대가 앓고 있는 심각한 정신질환들 중 하나에 해당된다.

동시대인인 엘리엇과 벤야민이 활동하였던 20세기 전반기의 대표적인 정

---

[2] 메이어(John T. Mayer)가 지적하듯이(61) 엘리엇은 비록 기본적으로 비판적인 관점을 유지하고 있었지만 동시대의 여러 사람들과 마찬가지로 남극 원정에 대한 큰 관심을 가지고 있었으며 이 원정과 관련된 언급이 『황무지』의 주석(*CPP* 79)에 나타나기도 한다.

보전달 수단은 신문으로 「금붕어」에서 언급된 자극적인 뉴스들 역시 신문을 통해 일반 대중들에게 전달되었다. 벤야민에 의하면 자신의 시대에는 "신문은 대량의 발행 부수로 발간"되고 전례 없이 사람들은 "'다른 사람의 이야기'를 쉽게 손에 넣"게 되었다. 하지만 정보를 신속히 독자들에게 알리는 것을 지향하는 신문은 "독자로 하여금 그들의 경험에 영향을 미칠지도 모르는 영역으로부터 제반 사건을 차단한다." 즉 정보를 가능한 한 객관적으로 알리는 것을 목적으로 하는 신문은 사건의 사실적인 측면에 치중하며 관련 인물이 느낀 경험적인 차원은 배제한다, 반면 전달의 가장 오래된 형태인 이야기는 "사건을 바로 그 이야기를 하고 있는 보고자의 삶 속으로 침투시키는데, 그것은 그 사건을 듣는 청중에게 경험으로 함께 전해주기 위해서이다"(『보들』 185).

경험이 아닌 정보 전달에 치중한 신문이 지닌 또 다른 문제점은 특정 신문의 권력이 비대화되면 여론을 독점-심지어 조작-하게 되고 대중들은 이를 무비판적으로 수용한다는 점이다. 신문 매체가 지닌 이러한 문제점에 대한 엘리엇의 신랄한 풍자는 「뽐내는 팔레스타인, 2번」("Airs of Palestine, No 2") 이라는 작품에 잘 나타나 있다. 이 미발표시는 릭스(Christopher Ricks)가 지적하듯이 엘리엇이 웨스트민스터 가제트 지와 1916년 뒤르켐 (Émile Durkheim)의 저작에 대한 서평과 관련된 문제로 관계를 청산한 것이 한 계기가 된 작품(*IM* 283)으로, 직접적인 풍자 대상은 당시 가제트 지의 편집인인 스펜더(J. A. Spender)이다. 스펜더를 무소불위의 권능을 가진 기고만장한 인물로 묘사하기 위해 그를 출애굽기에 나오는 모세와 같은 권능을 지닌 예언자에 비유하면서, 그의 주도하에 신문이 발행되는 장면을 우스꽝스럽게 묘사하고 있다. "스펜더가 살아 있는 바위를 치자. . . . 그 살아 있는 바위는 젖고, 이후로 거기서 웨스트민스터 가제트 지가 12시에 나온다"(Spender struck the living Rock. . . . the living Rock was wet, / From which henceforth at twelve o'clock / Issues the Westminster Gazette)(*IM* 84). 풍자적인 이 작품의 주된 공격 대상은 편집인인 스펜더이지만 신문의 내용을 맹신하는 독자들 역시 거짓 예언자에 열광하여 세례를 받는 광신도의 모습으로 희화화된다. "그들은 이단으로부터 구원받고 / 자신들의 완고함을 잊어버린다. / 웨스트민스터 가제트 지 덕택에 / 눈에서 눈곱이 떨어지구나"(They are redeemed from heresies / And all their frowardness forget; / The scales are fallen from their eyes / Thanks to the Westminster Gazette)(*IM* 84).

「뽐내는 팔레스타인, 2번」에 나타난 신문 매체에 대한 엘리엇의 비판은 웨스트민스터 가제트 지의 편집진과의 갈등이라는 우발적인 사건에서 비롯되었지만 그 이면에는 신문으로 대표되는 당시의 언론매체에 대한 그의 깊은 불신이 자리하고 있다. 1920년 1월에 시프(Sydney Schiff)에게 쓴 편지는 엘리엇의 이러한 비판적인 시각이 직접적으로 표출된 한 예에 해당된다. 이 편지에서 엘리엇은 자신의 시대에 시들은 언론 매체들을 통해 과잉 생산될 뿐만 아니라 소비마저 이들에 의해 좌우됨을 개탄한다. 엘리엇이 "언론 기계"(journalistic machine)라고 칭한 이들 매체들은 비평이나 서평의 형식을 통해 독자들의 선택을 미리 조종하며 심지어 "태어날 때부터 완전히 죽은 작품들조차도 환상적인 삶을 즐기게"(works born perfectly dead enjoy an illusionary life) 할 정도로 무소불위의 힘을 지녔다고 비난한다. 엘리엇에 의하면 이 "언론 기계"는 "근대 산업사회의 매우 적합한 일원"(a quite suitable member of modern industrial society)으로 날로 성장하여, "현재로서는. . . . 몰락할 징조가 전혀 없음"(At present I see no sign of. . . . collapsing)(*L* 356)을 개탄한다.

엘리엇에게 신문으로 대표되는 언론 매체들이 지닌 문제점은 단지 이들이 산업사회의 독점적인 문화 권력이자 대중들을 우민화하는 대표적인 기제라는 점에만 국한된 것이 아니다. 엘리엇은 동시대의 벤야민과 유사하게 신문이라는 정보 수단이 사람들로 하여금 삶의 진정한 경험으로부터 소외시킨다는 점을 피부로 느끼고 있었다. 이러한 그의 문제의식은 「보스턴 이브닝 트랜스크립트 지」("Boston Evening Transcript")라는 짧은 시에 암시적으로 나타나고 있다.

보스턴 이브닝 트랜스크립트 지의 독자들이
익은 보리밭처럼 바람에 흔들린다.

희미한 거리에서 저녁이 걸음을 재촉할 때,
어떤 이들에게 삶에 대한 욕망을 일깨우고
또 다른 이들에게 보스턴 이브닝 트랜스크립트 지를 가져다 줄때

나는 계단을 올라가 벨을 누르고, 지쳐서
돌아선다, 거리가 시간이고 라 로슈푸코가 거리의 끝에 서 있다면
누군가가 그에게 작별인사를 하기 위해 뒤 돌아 보듯이
그리고 나는 말하지, "헤리엣 사촌, 보스턴 이브닝 트랜스크립트 지 왔어"

The readers of the Boston Evening Transcript
Sway in the blind like a field of ripe corn.

When evening quickens faintly in the street,
Wakening the appetites of life in some
And to others bringing the Boston Evening Transcript.

I mount the steps and ring the bell, turning
Wearily, as one would turn to nod good-bye to La Rochefoucauld
If the street were time and he at the end of the street,
And I say, "Cousin Harriet, here is the Boston Evening Transcript." (CPP 28)[3]

펄(Jeffrey M. Perl)이 지적하고 있듯이, 이 시에 등장하는 인물들은 "삶에 대한 욕망"을 지닌 사람들과 보스턴 이브닝 트랜스크립트 지를 찾는 부류로 양분된다(136). 하지만 진정한 삶을 추구하는 자와 석간신문을 찾은 이 두 부류의 배분은 후자가 이 짧은 시의 대부분을 차지할 정도로 비대칭적이며, 이러한 비대칭적인 배치 그 자체가 진정성 있는 경험을 하는 이들이 소수에 불과하다는 것을 구조적으로 암시하고 있다. 마치 현재 인터넷 세대들 일부가 그렇듯이 자신의 집 안에 틀어박혀 신문을 통해 세상과 인생에 대해 인식하고 소통하는 이들은 삶을 경험하는 것이 아니라 단지 간접적인 체험의 세계에 갇혀있을 뿐이다. "익은 보리밭처럼 바람에 흔들린다"라는 표현은 이러한 독자들이 신문에서 언급한 것을 무비판적으로 그대로 받아들이는 수동적인 무리

---

3) 엘리엇의 발표된 시들에 대한 번역은 이창배 역 『T. S. 엘리엇 전집: 시와 시극』을 바탕으로 하여 필요한 경우 수정하였음.

임을 이미지화 하고 있는 것으로 이들은 앞의 「팔레스타인」에 언급되었던 독자들처럼 신문 기사에 일희일비하며 진정한 자신의 삶의 가능성에 대한 추구를 포기한 채 살아가고 있다.

이 시에 나타난 비대칭적 배치가 지닌 또 다른 주목할 점은 신문이라는 정보의 세계에 갇혀있는 사람들과 달리 "삶에 대한 욕망"을 지닌 사람들에 대한 언급은 일종의 "현존하는 부재"(present absence)라는 점이다. 텍스트에서 마치 유령처럼 사라져버린 이들의 '존재 이유'에 대한 실마리는 작품 속의 또 다른 유령인 로슈푸코가 제공해준다. 로슈푸코는 프랑스의 고전주의 작가로서 특히 역설적인 진실을 간결하게 표현하는 그의 금언(maxim)들로 유명하다. 그의 금언들은 현학적인 지식이나 관념적인 구호가 아니라 정치적인 갈등뿐만 아니라 신교도와 구교도간의 종교 간의 갈등이 파국으로 치닫던 17세기 전반기에 자신이 직접 겪었던 정치적 고난과 전쟁터에서의 경험 등을 바탕으로 한 것으로 참된 인생을 모색하는 이들에게 주는 생생한 조언들이다. 하지만 신문이 전해주는 자극적인 뉴스에 젖어 있는 이 도시의 사람들은 그의 귀환을 환대하지 않으며, 이제 그는 "거리의 끝에 서"서 경험이 사라져가는 근대의 이 시/공간에 "작별인사"를 하고 있다. 이 유령의 작별 인사가 암시하듯이 이 도시에서 진정한 삶에 대한 욕망을 지닌 자들은 거의 존재하지 않으며 이것이 그들이 비대칭적 대칭의 한 부분으로 존재하지만 작품에서 유령처럼 사라진 이유이다. 이러한 근대의 도시인들을 바라보는 젊은 시인의 우울한 모습은 작가의 모습이 투영된 시적 화자가 신문을 배달하는 장면에 등장하는 "지쳐서"(Wearily) 라는 표현에 녹아있다. 이런 측면에서, 이 시의 마지막을 장식하는 대사인 "헤리엇 사촌, 여기 보스턴 이브닝 트랜스크립트 지가 있어"에는 자신만의 방안에서 세상을 훔쳐보는 세태에 대해 작가가 느끼고 있는 연민과 조롱감이라는 반대되는 두 감정/음성이 동시에 내장되어 있으며, 이 이중적인 (double-edged) 소리만이 시대의 어둠을 암시하는 것 같은 이 어두운 거리에 쓸쓸하게 울려 퍼진다.

3

　근대의 경험/체험을 비판적인 의제로 삼고 있는 엘리엇의 작품들 중 「바람 부는 밤의 광상곡」("Rhapsody on a Windy Night")은 특히 이 문제를 기억의 차원에서 집중적으로 부각하고 있는 그의 대표적인 작품에 해당된다. 총 6연으로 구성된 이 시에서 도시의 기억은 처음부터 부정되어야 할 것(Mcintire 53)으로 문제화되고 있다.

열두 시
달의 종합 속에 갇힌
펼쳐진 거리를 따라
속삭이는 달의 주문은
기억의 바닥을 녹인다.
그리고 그것의 모든 분명한 관계와,
그 구분과 정확성을.
내가 지나가는 모든 가로등은
숙명적인 북처럼 울리고,
어두운 공간들을 지나면서
한밤은 기억을 뒤흔든다,
광인이 죽은 제라늄을 뒤흔들듯이.

　　Twelve o'clock.
　　Along the reaches of the street
　　Held in a lunar synthesis,
　　Whispering lunar incantations
　　Dissolve the floors of memory
　　And all its clear relations,
　　Its divisions and precisions,
　　Every street lamp that I pass
　　Beats like a fatalistic drum,
　　And through the spaces of the dark
　　Midnight shakes the memory
　　As a madman shakes a dead geranium. (*CPP* 24)

"모든 분명한 관계와, / 그 구분과 정확성"을 지닌 기억이라는 표현에서 짐작할 수 있듯이 1연에서 언급되는 기억은 해체적 종합의 성격을 지닌 베르그송적인 순수기억이나 프루스트적인 무의지적인 기억이 아니라 습관적 내지 기계적 기억과 관련이 있다. 기억과 연관된 표현들인 "분명함," "구분," "정확성"은 합리성과 확실성을 중시하는 근대의 논리와 맞닿아 있는 것으로 이런 점에서 이 기억은 또한 근대의 기억이기도 하다. 이러한 근대적 논리가 내제화된 자신의 의식과 기억을 해체할 수 있는 경험을 찾아서 이 남성화자는 도시의 밤거리로 나선다.

1연에 등장하는 달과 가로등은 기억과 마찬가지로 작품 전체에 걸쳐 지속적으로 등장하며, 단순히 도시의 밤을 밝히는 불빛들이라는 배경의 차원을 넘어 작품의 핵심적인 모티브의 역할을 하고 있다. 작품 전체적으로 보자면 달과 가로등은 젠더와 시간성(temporality)의 양 측면에서 대립적인 관계를 형성하고 있다. 젠더의 차원에서 보면 달은 서양에서 관습적으로 여성적인 것으로 간주되었으며, 이 시에서는 이러한 전통적인 이미지뿐만 아니라 4연에서 창녀로 의인화되어 나타난다는 점에서 여성성을 확고히 한다. 반면 가로등은 2연에서부터 마지막 연까지 의인화된 형태로 등장하여 밤거리를 배회하는 남성화자의 행동 하나 하나를 엄격히 통제하고 규제하는 있으며, 이런 측면에서 가로등의 이미지에는 지배와 규율을 중시하는 전통적인 남성성이 각인되어 있다. 한편 시간성의 차원에서 보면 가로등은 근대의 산물이자 근대의 밤을 밝히는 대표적인 장치라는 점에서 근대성을 표상하고 있는 반면, 달의 이미지에는 근대와 비-근대의 시간이 동시적으로 존재한다. 즉, 4연에서 달은 도시의 매춘부와 이미지의 중첩을 통해 근대적 시간성을 각인 받고 있지만 동시에 달의 시간성은 달의 존재사가 그러하듯 태곳적이자 선사(先史)적이다. 이런 비-근대의 시간들을 저장하고 있는 달빛은 근대적 시/공간으로 부터의 탈주를 꿈꾸는 화자로 하여금 선사적인 시/공간에 대한 기억을 떠올리게 하며, 이러한 시간성의 무의지적 환기에 의해 도시의 밤은 갑작스럽게 한밤중의 정글로 변하고 이런 상황에서 심지어 근대의 기표인 가로등마저 야생의 "숙명적인 북"이라는 선사적인 의미를 각인 받게 된다.

하지만 1연에서 보였던 근대적인 시/공간으로부터 탈주를 꿈꾸는 주체적인 화자의 모습은 2연에 들어서는 순간 완전히 사라져 버릴 뿐만 아니라 심지어 시적 화자의 목소리마저 지워져 버리고 가로등이 화자를 대신하여 작품의 시/공간적 배경과 사건들을 소개한다. 이러한 화자의 소멸 내지 '유령화'는 충격적이며, 이 충격 미학이 주는 효과는 단지 형식적인 차원에서 그치는 것이 아니라 내용적인 차원에서 이 젊은 남성은 가로등이 의미화하고 있는 파놉티콘적인(panoptical) 근대성에 완전히 포획되어 있으며 근대의 시공간을 위반하고자 했던 그의 욕망마저 가로등-근대에 의해 조종됨을 극명하게 드러낸다.

> 한 시 반
> 가로등은 지껄이고
> 가로등은 중얼대고,
> 가로등은 말했다.
> "저 여자를 보라,
>
> Half-past one,
> The street lamp sputtered,
> The street lamp muttered,
> The street lamp said,
> 'Regard that woman (*CPP* 24)

화자를 대체하는 가로등의 목소리와 시선의 도입과 더불어 1연에서 잠시 나타났던 선사적인 시간과 무의지적 기억 역시 사라지고 근대적 시간과 기억만 남게 된다. 특히 이 시의 2연, 4연, 5연은 각각 "한 시 반," "두 시 반," "세 시 반"으로 시작되는데 이러한 시계-시간(clock-time)의 전경(前景)적 배치는 인간의 활동 시간을 분, 초의 동질적인 단위로 분할하고 규제하는 공간화된 근대의 시간이 이 도시의 거리를 지배하고 있음을 보여준다. 근대의 기억으로부터 해방되고자 하는 화자의 소망과는 달리 유령적인 존재인 그는 이제 자신의 '눈'마저 상실한 채 가로등이 보여주는 것을 바로 입력하는 일종의 자동기계가 된다. 즉 가로등은 외부에 존재하는 감시와 규제의 시선을 넘어서 화자의 신체 속에 내재화된 눈이 되고 그의 뇌에는 가로등/근대가 보여주는 것을 그대로 지각하고 이를 저장하는 기계적인 기억만 남게 된다.[4]

가로등으로 표상되는 근대의 시/공간에서 자동화된 기계와 같은 존재로 전락한 남성화자가 지닌 기억의 문제는 3연의 중심적인 의제로 등장한다. 가로등에게 시선과 목소리의 '권력'을 빼앗긴 이 남성은 자신의 '뇌' 속에서마저 주체의 자리를 상실하게 되며, 그의 과거는 더 이상 "그의 기억"이 아니라 능동적인 존재의 위치로 부상한 객관화된 "기억"(the memory)에 의해 자기-재현 된다(Gupta 257).

    기억은 많은 비틀린 것들을
    해안으로 내던진다;
    해변의 비틀린 나뭇가지 하나
    부식되어 매끈하고 윤이 난다,
    마치 세상이
    뻣뻣하고 하얀
    그 뼈대의 비밀을 포기한 양.
    공장 마당의 부러진 용수철,
    힘이 가해져 단단하고 둥글게 감기고,
    언제든 철컥거릴 것 같던 그 형체에 달라붙은 녹.

    The memory throws up high and dry
    A crowd of twisted things;
    A twisted branch upon the beach
    Eaten smooth, and polished
    As if the world gave up
    The secret of its skeleton,
    Stiff and white.
    A broken spring in a factory yard,
    Rust that clings to the form that the strength has left
    Hard and curled and ready to snap. (*CPP* 24-25)

---

[4] 「광상곡」을 포함한 엘리엇 전반기 시들에 나타난 근대성과 시선의 문제에 대한 보다 자세한 논의는 졸고 「엘리엇 시에 나타난 파편적 신체와 근대성의 눈들」 참조.

기억 속에 저장되었다가 "삶의 해변"에 밀려온 이 나뭇가지, 용수철, 녹 등은 일상에서 흔히 목격할 수 있는 버려진 잔해들이자 이 남성 화자의 세계를 문제화하고 있는 알레고리적 기표들이다. 앙상한 뼈대만 남아있는 나뭇가지와 공장 마당에 내버려진 부서진 용수철과 녹은 세상으로부터 버림받은 존재라는 이미지를 공유하고 있으며, 이러한 이미지는 이 남성 화자의 형해[形骸]된 삶과 기억들을 생생하게 의미화하고 있다. 이러한 기억의 이미지들 중 특히 공장의 용수철은 계급적인 기표로서 이 남성 화자가 노동계급에 속한 인물임을 암시하고 있으며 이런 측면에서 용수철과 더불어 등장하는 녹의 이미지에는 이 남성이 처한 비루한 현실과 더불어 그가 이 세상에서 용도를 다하면 폐기될 존재의 위치에 있음을 인접성에 근거한 환유(metonymy)적 장치를 통해 각인시키고 있다.

근대적 기억의 계급적 측면이 부각된 3연과 달리 달·창녀가 등장하는 5연은 근대적 기억에 내장된 젠더적인 측면들이 드러나고 있다. 새벽으로 접어드는 3시 반에 도시의 거리를 배회하고 있는 이 남성 화자에게 생산성과 합리성을 강제하는 훈육적인 근대성/남성성을 표상하고 있는 가로등은 달을 바라다 볼 것을 주문한다. 훈육적인 근대성/남성성의 시선을 내재화하고 있는 남성 화자에게 포착된 도시의 달은 태곳적의 시간을 간직한 신비한 존재가 아니라 근대/도시의 남루한 여인의 이미지를 지니고 있다.

세 시 반,
가로등이 지껄여댔고
가로등이 어둠속에서 중얼거렸다.
가로등이 웅얼거렸다.
"저 달을 보라.
달은 아무런 원한도 없다.
그녀는 희미한 눈을 깜박거리며,
구석구석에 미소를 보낸다.
그녀는 풀의 털을 쓰다듬는다.
달은 기억을 잃어버렸다.
그녀는 홀로
머릿속을 교차하고 또 교차하는

온갖 밤의 묵은 냄새와 더불어 있다.
추억이 떠오른다.
햇빛 못 받은 마른 제라늄과
틈새에 낀 먼지와
거리의 밤나무 냄새와
덧문 닫힌 방들에서의 여인들의 냄새와
회랑의 담배와
선술집에서의 칵테일 냄새의 추억이.

Half-past three,
The lamp sputtered,
The lamp muttered in the dark.
The lamp hummed:
'Regard the moon,
La lune ne garde aucune rancune,
She winks a feeble eye,
She smiles into corners.
She smooths the hair of the grass.
The moon has lost her memory.
She is alone
With all the old nocturnal smells
That cross and cross across her brain.
The reminiscence comes
Of sunless dry geraniums
And dust in crevices,
Smells of chestnuts in the streets,
And female smells in shuttered rooms,
And cigarettes in corridors
And cocktail smells in bars. (*CPP* 25)

시의 기법 측면에서 5연이 지닌 한 특징은 시가 진행될수록 화자의 목소리/시선은 사라져가는 반면 달-여성의 자기 고백적인 목소리/시선은 점차 커져간다는 점이다. 묘사 기법의 차원에서 보면 달-여성의 이미지에도 역시 미묘한 변화가 나타난다. 5연의 전반부에 등장하는 달-여성은 연약하지만 온화한 여성의 이미지를 지니고 있으며 특히 "풀의 털을 쓰다듬는" 모습은 대지의 생명체를 품에 안은 자애로운 어머니-달의 이미지를 연상시킨다. 반면 담배연기 자욱한 술집과 여인들의 냄새가 짙게 밴 방들이 등장하는 후반부에는 술집에서 남자들을 상대로 하는 여인의 퇴폐적인 일상이 파편적으로 전개된다. 3연에서 언급된 용수철에 달라붙은 "녹"이 남성 화자의 계급성과 더불어 그의 비루한 삶에 대한 기호로 작용하였듯이 이제 "틈새에 낀 먼지"는 이 달-여성의 피폐한 일상과 더불어 사회적 타자로서의 그녀의 위치를 환기시키는 환유적인 기표가 된다.

 달-여성의 급격한 이미지 전환에 나타난 또 다른 주목할 점은 이 전환이 "달은 기억을 잃어버렸다"는 구절과 더불어 시작된다는 점이며, 달-여성의 몰락과 그녀의 기억의 상실이라는 이러한 조응은 기억, 젠더, 근대성의 의제들이 혼재된 형태로 각인되게 한다. 먼저 달-여성의 한 축인 달과 관련되어서는 "달은 기억을 잃어버렸다"는 표현에 나타난 기억의 상실의 주체는 실상 달이 아니라 도시인들이다, 즉 도시의 밤에 비추어진 달은 더 이상 태고의 신비를 간직한 존재이거나 어머니-자연의 이미지와 연관되어 도시인들에게 다가오지 않으며 이런 측면에서 산업화된 사회 이전에 존재했던 달에 대한 집단적 기억들은 상실되어 버렸다. 기억, 젠더, 근대성의 이러한 융합된 의제들은 달-여성의 다른 한 축인 여성의 경우에 변주된 형태로 다시 나타난다. 우선 근대성과 젠더의 측면에서 보면 어머니-달에서 윤락녀로의 급격한 이미지 전환은 아기를 잠재우는 자상한 어머니상이 아니라 어둠 속에서 남자를 유혹하는 여인이 근대의 밤을 표상하는 여성성의 대표적인 한 이미지임을 암시적으로 드러내고 있다. 또한 이러한 여성의 표상의 변화를 달-여인의 기억의 상실과 연관시킴으로써 이러한 변화의 원인이자 결과에는 어머니-달이 상징하는 여성적 존엄성에 대한 기억의 상실과 맞닿아 있음을 암시한다. 달-여성에 대한 언급은 사라지고 방안의 여인들과 담배와 칵테일 냄새의 소묘만 등장하는 5연의 마지막 3행은 자신의 기억/정체성을 상실한 채 버려진 사물로 전락한 근대/도시의 여인이 처한 '존재의 밤'의 스산한 풍경을 보여준다,

 달-여성에 나타난 기억의 상실과 주체의 존재적 몰락의 상응관계는 「광상곡」의 마지막 연인 6연에서 집으로 귀환하는 남성 화자를 통해 차이를 동반한

반복의 형태로 나타난다. 노동 계급에 속하는 이 남성 화자의 존재적인 위치와 기억의 문제는 앞에서 언급한 객관화된 "기억"(the memory)을 통해 환기된 용수철에 붙은 녹을 통해 이미 어느 정도 나타나고 있다. 자신의 고단한 삶에 대한 회상으로부터 마저 소외된 남성 화자의 기억과의 이러한 간격은 이제 기억이 이제 독립된 실체가 되어 객체화/기계화된 남성의 몸을 조종하는 순간 그 정점에 이르게 된다.

> 기억!
> 네가 열쇠를 가지고 있다.
> 작은 등이 계단에 원을 펼친다.
> 올라가라.
> 침대는 비어있다. 칫솔이 벽에 걸려있다.
> 신발을 문간에 놓아라, 잠자라, 삶에 대비하라
>
> Memory!
> You have the key,
> The little lamp spreads a ring on the stair,
> Mount.
> The bed is open; the tooth-brush hangs on the wall,
> Put your shoes at the door, sleep, prepare for life.' (*CPP* 26)

규율적인 근대의 논리와 기억이 주체의 의식과 행동을 전일적으로 통제하는 이러한 조건에서 벤야민적인 의미에서의 경험(*Erfarhung*)에 대한 기억은 비-존재의 형태로만 남게 되며, 습관이라는 이름의 반복적/기계적 기억만 존재하게 된다. 용수철에 붙은 녹이나 문틈의 먼지처럼 사물화된 존재로서 자본의 시장에서 자신의 몸을 팔아야 되는 노동자나 매춘부에게 밝아오는 도시의 새벽은 새로운 하루에 대한 기대를 불러일으키는 것이 아니라 비참한 하루를 똑같이 반복해야 됨을 재각인 시키는 동일성의 시간이다. 이러한 근대의 시/공간에서 프루스트가 추구했던 비의지적 기억의 가능성은 사라져 버리고 대신 라이크가 말한 기계적 기억 내지 베르그송적인 습관(적인 기억)이 기억의 자리를 대신하게 된다. 이것이 「광상곡」의 마지막 대목에서 엘리엇이 근대의 밤을 표상하는 가로등을 통해 남성화자가 아니라 "기억! 네가 열쇠를 가지고 있다"라고 우리/근대인들에게 말하는 이유이다.

인용문헌

발터 벤야민. 『보들레르의 작품에 나타난 제2제정기의 파리 / 보들레르의 몇 가지 모티프에 관하여 외』. 김영옥, 황현산 역. 서울: 길, 2010. [『보들』로 표기함]

앙리 베르그송. 『물질과 기억』. 박종원 역. 서울: 아카넷, 2005. [『물질』로 표기함]

이창배 역. 『T. S. 엘리엇 전집: 시와 시극』. 서울: 동국대학교 출판부, 2001.

이홍섭. 「엘리엇 시에 나타난 파편적 신체와 근대성의 눈들」. 『T. S. 엘리엇 연구』 14.1 (2004): 103-120.

Baudelaire, Charles. *Les Fleurs Du Mal*. Trans. Richard Howard. New York: David R Godine, 1985. [*FE*로 표기함]

Benjamin, Walter. *The Writer of Modern Life: Essays on Charles Baudelaire*. Ed. Michael W. Jennings. Trans. Howard Eiland and Edmund Jephcott. Harvard: Harvard UP, 2006. [*WM*으로 표기함]

Gupta, Suman. "T. S. Eliot, Prufrock and Other Observations" *Aestheticism and Modernism: Debating Twentieth-Century Literature 1900-1960*. Ed. Richard Danson Brown and Suman Gupta. London: Routledge, 2005.

Eliot, T. S. *The Complete Poems and Plays of T. S. Eliot*. London: Faber and Faber, 1969. [*CPP*로 표기함]

_____. *Inventions of the March Hare: Poems 1909-1917*. Ed. Christopher Ricks. San Diego: Harvest Brace & Co., 1996. [*IM*으로 표기함]

_____. *The Letters of T. S. Eliot, Volume I 1898-1922*. Ed. Valerie Eliot and Hugh Haughton. London: Harcourt, 1988. [*L*로 표기함]

Mayer, John T. *T. S. Eliot's Silent Voices*. New York: Oxford UP, 1989.

Mcintire, Gabrielle. *Modernism, Memory, and Desire*: *T. S. Eliot and Virginia Woolf.* Cambridge: Cambridge UP, 2008.

Perl, Jeffrey M. "Disambivalent Quatrains." *A Companion to T. S. Eliot.* Ed. David E. Chinitz. Oxford: Wiley-Blackwell Publishing, 2009.

성범죄와 식인과 T. S. 엘리엇

| 존 지로스 쿠퍼 |

최근 T. S. 엘리엇의 비평은 그가 혐오했을 것으로 여겨지는 (혹은 충분히 되씹어 불만한 정도로 매혹적인) 모든 것들을 숙고해 왔고, 또 그것들에 관해서 집착해 왔다. 이 모든 것들의 목록은 이제 아주 친숙하다. 단지 그 몇 가지를 열거하면, 그것은 유대인, 여성, 아프리카계 미국인, 엘리엇의 아내, 진보적 인문주의자들, 스페인의 노동조합주의자, 여드름투성이의 젊은이 그리고 음성적 점쟁이들이다. 텔레비전에서 다음에 나오는 프로그램이 "거친 언어, 선정성, 그리고 폭력성"이 있다는 것을 시청자들에게 미리 경고하는 것처럼, 필자도 유사한 경고를 발표해야 할 것만 같다. 필자가 검토하려고 하는 시기에 엘리엇은 아직 젊은이였고, 다른 많은 젊은이들처럼 똑같은 공포, 근심, 욕망과 편견을 가지고 있었다는 것을 기억하는 것도 역시 중요하다고 생각된다. 만약 우리 젊은이들의 강박관념이나 특이함이 성숙한 우리 자아에 비춰진다면, 우리 중 그 누가 행복하다고 할 것인지 나는 모르겠다.

엘리엇의 서한집 제1권은 1922년 12월에 끝난다. 그 다음 서한집은 1923년 1월부터 시작하는데, 그 서한집에는 1월 8일 자에 그가 『데일리 메일』(*The Daily Mail*)지의 편집장에게 보낸 편지가 있다(*Letters* II 7-8). 이 편지에서 엘리엇은 자신을 그 신문의 독실한 구독자로 소개하면서, 그 신문이 최근 세상

---

* 이 논문은 『T. S. 엘리엇 연구』 21 (2011)에 게재된 영문 논문을 국문으로 번역한 것임.

을 놀라게 한 살인 사건들을 보도한 것에 특별한 관심을 드러내고 있다. 『메일』지는 이 시기에 성범죄 혹은 치정(癡情) 범죄 혹은 현대 생활에서 연상되는 사회적 자유주의(항상 성적이고 또 항상 여성이 연류 되어 있는 사건)의 다양성에 관한 보도에 있어서 애매모호한 접근으로 아주 많은 구독자를 확보하고 있었다. 예를 들면, 1922년 10월 2일자에 실린 「코카인 전염병」("Cocaine Plague")이라는 기사는 처녀들이 런던으로 끌러 와서 "그들이 필수적으로 결핍된 반짝이는 눈과 화사한 매너를 갖기 위해 코카인으로 몸을 돌린" 중부지역 출신의 "공순이"(factory girls)에 관한 이야기를 싣고 있다.

> 그들의 의상과 댄스클럽과 카페에서 보내는 밤 생활과는 별나게 대조를 이루는 더러운 환경에서 단칸방에서 그들은 두세 명씩 떼로 다녔다.
>
> They herd together, two and three in one room, in filthy surroundings which contrast strangely with their clothes and their night life in the dance club and cafés. (5)

1922년도 10월 하순에 『메일』지는 「런던의 헬런: 현대 바빌론의 로망스」("Helen of London: A Romance of Modern Babylon")라는 새 작품을 연재했는데, 그 작품은 "여드름투성이 젊은이"(young man carbuncular)같은 몇몇 사원을 포함한 젊은이들과 연쇄적으로 성행위를 하는 여성 주인공에 초점을 두고 있다. 그때의 관습에 비춰본다면, 그 주인공이 불행한 결말을 맞게 되는 것은 놀랄만한 일이 되지 않을 것이다. 더욱 흥미로운 한 가지 사실은 연재물의 산문 문체가 『황무지』(*The Waste Land*)의 「불의 설교」("The Fire Sermon")에 등장하는 타이피스트의 겁탈과 유혹에 사용된 언어의 부자연스럽고, 경직된 수사적 매너리즘을 긴밀하게 닮아있다는 것이다. 「런던의 헬런」처럼, 『황무지』의 그 부분에서 엘리엇은 지독히 반어적인 방법으로 연작 로망스의 산문체를 의도적으로 개작한 것처럼 보인다. 청년 엘리엇은 젊은 여인들의 탈선적인 행위에 특별한 즐거움을 누렸던 것으로 보인다. 1915년 4월 24일 미국에 있는 그의 사촌 엘리노어 힝클리(Eleanor Hinkley)에게 보낸 편지에서, 엘리엇은 옥스퍼드와 런던을 왔다 갔다 했다는 것과 특히 완벽하게 현대화된 여성들과의 만남에 대해서 적고 있다. 그 편지에서, 그는 다소 특이하고, 매호하게 다음과 같이 선정적인 어조로 "내 고백하건데, 여인들이 담배 피우는 것을 보는 데 큰 즐거움을 느끼지. 그 점에 있어 비록 즐거움을 느끼지 못하는 누군가를 내가 알고 있지는 않지만"(Letter I [개정판] 105)이라고 그는 덧붙였다.

 그러나 일반 독자에게 가장 큰 흥미를 자극한 것은 흥미진진한 범죄 사건들, 특히 여성에 대한 또 여성에 의한 범죄에 대한 『데일리 메일』의 보도였고, 엘리엇도 그러했던 것처럼 보인다. 사실, 그 신문의 실제 소유자의 이름은 앨프레드 함즈워스(Alfred Harmsworth)였고, 다채로운 노스클리프 경(Lord Northcliffe)에게 여성은 특별한 관심의 중심에 있었다. 그 신문은 여성을 겨냥한 일간지로서 언론계를 개척했다(Carson 169-95). 우선 여성은 의복, 화장품, 장식용 세간, 저속한 로망스 그리고 그림의 구매자로 여겨졌던 것 같다. 특이한 일이지만, 『메일』지의 사설란에 비친 "현대"(modern) 여성에 대한 전반적인 태도는 공공연한 여성 혐오는 아니었지만 항시 경멸적이었다. 이것은 특이한 일이다. 왜냐하면, 『메일』지의 광고 전략은 구매자인 여성에게 전적으로 의존했고, 영국에서 "현대" 여인상(象)의 사회적 구축에 있어서 여성이 주요한 공로자였기 때문이다. 이 모순을 토착화시키는 것은 만족할 줄 모르는 구매자로서 여성을 시장사회의 새로운 변화에 적응하도록 성에 대한 고정관념의 형성에 흥미로운 이데올로기적 일화를 만들어내는 일이다.

 엘리엇이 『메일』지의 정기 독자였던 시기 그 이전에 발행된 신문은 기획 내용이나 광고가 모두 여성에 관한 것으로 충당되었다. 규정상, 특별 기획 뉴스나 광고는 (오늘날에도 그런 것처럼) 자주 상호작용했다. 패션과 가구를 광고하는 작가들은 어떤 특정한 스타일을 강조할 것이고, 상인들은 그 스타일에 맞는 의상과 가구로써 이들 기획기사를 보완했을 것이다. 노동자 계급과 하류 중산층 여인들은 그들 자신과 그들이 당면한 가정환경에 맞는 "스타일"(look)이라고 우리가 부르는 그 무엇을 구매하도록 장려하는 상류 계층의 스타일 전략을 모방하도록 권장했다. 예를 들면, 1920년 9월 1일자에 『메일』지는 "일본 스타일"(le style Japonais) 화장품, 의상, 가구 그리고 엘리엇이 에즈라 파운드(Ezra Pound)와 공동으로 작업하기 전인 초기 『황무지』의 더 긴 버전

(version)에 포함시킨 타이피스트의 "화려한 기모노"(bright kimono)나 "위조 일본 판화"(false Japanese print)와 같은 상호 보완적인 장식에 관한 광고를 지면 양면으로 실은 적인 있다. 출판된『황무지』에 타이피스트의 "마르는 콤비네이션"(drying combinations)은 초기본의 편집 과정에서 삭제되지 않았다. 매일 매일 디스플레이 광고에 "콤비네이션"이나 두드러지게 눈에 띄게 기획된 다양한 여성 속옷을 싣고 있던『메일』지의 광고지면을 엘리엇이 읽는 동안 그에게 타이피스트의 "마르는 콤비네이션"이 눈에 들어 왔을지도 모른다. 이들 광고는 매우 흥미롭다. "콤비네이션"은 바디 스타킹(body stocking)의 초기 형태였고, 소녀처럼 보이지만 풍만한 여인의 그림에 두드러진 특징으로 나타났다. 새침하게 순진한 눈길과 요염하게 성숙한 육체의 결합은 아주 명백하게 그 시대의 어떤 성적인 패션에 호소하는 바가 있었다. 비록 여성 구매자들을 겨냥한 것인데도 불구하고, 이 그림들은 남자들에게도 흥미를 자아내는 것일 수 있었다.

비록 많은 학문연구가 유럽의 문학적 전통에 엘리엇이 신세진 바를 규명해왔지만, 그가『메일』지와 같은 대중 잡지를 읽고 거기로부터 빌려온 것에 대한 조사가 이루어진 최근에 와서야 그와 대중문화의 관계에 흥미를 갖게 되었다. 예를 들면,『황무지』에 등장하는 "건포도를 포켓에 가득 채운"(with a pocket full of currants) 스미르나 상인 유지니디스(Eugenides) 씨는 아마도 당대 케말 아타튀르크(Kemal Ataturk, 1881-1938)의 치하에서 소생한 터키인들에 의해 스미르나 지역에서 최근 인종 청소를 당한 "희랍 건포도 상인"(a Greek currant merchant)을 포함하여, 수많은 다국적 사람들의 의료적 요구 ("스위스에서 폐 치료")를 충족시켜주는 스위스 요양원에 관한 내용으로 1920년 9월 1일자『데일지 메일』에 등장하는 인물이다. 그 당시『메일』지는 그리스와 터키의 전쟁에 관해 생생하고 다양한 해설을 싣고 있었다. 엘리엇은 (유혈과 잔혹한 행위를 강조했던)『메일』지의 보도에 끔찍하고 강한 인상을 받았음에 틀림없다. 왜냐하면, 그 신문의 편집장에게 2년 이상이 지나서 쓴 편지에서 엘리엇은 그 신문에 실린 이야기들에 대해 감탄했던 일을 잘 기억했기 때문이다.

1920년 9월 1일자 『메일』지에서 엘리엇은 서섹스 주의 이스트본(Eastbourne)에서 살았던 아이린 문로(Irene Munro)라는 이름의 "비서"(confidential clerk)였던 17세 처녀의 치정살인 사건에 대한 기사도 읽었을 것이다. 그 신문은 무당(巫堂)이 살인자의 인상착의를 확보하기 위해 죽은 처녀의 영혼과 접촉하려는 시도가 여러 번 있었다는 것을 보도했다. 그런데 그 무당의 이름이 소소스트리스(Sosostris)는 아니었다. 사실, 아이린의 영(靈)이 어떤 사람을 살인자로 지목했다. 이 사람이 어디에 있는지 알려달라고 하자, 그 무당은 아이린의 메시지를 해석하길 "그는 침대에 있어요. 그는 소호(Soho)에 있는 A. . . . 호텔에 잠적해 있어요. 그 호텔이 어디에 있는지 지금 당장은 알려줄 수 없네요. 그 호텔의 흰 외부는 지저분하고 금색 글자가 새겨져 있네요."라고 말했다는 것이다.

엘리엇의 편지가 『메일』지에 게재되기 일주일 전인 1923년 1월 1일자에 네 건의 치정관련 살인사건이 그 신문에 보도되었다. 끝으로 『메일』지에 보낸 엘리엇의 편지는 그 유명한 일포드(Ilford) 살인사건의 재판에 관한 판결을 언급하고 있기에 이 방면에 관한 『메일』지의 보도 활동에 엘리엇의 흥미를 보여주고 있다고 할 수 있다. 일포드 사건은 1922년 12월 11일자에 판결이 나기 전 여러 달에 걸쳐 영국의 신문에 보도되었다. 그 해 가을 내내 『메일』지는 그 사건의 조사와 재판에 관해 지대한 관심을 쏟았다. 타블로이드판 신문에서 익숙한 형태인 그 사건은 판에 박힌 잘못된 금욕주의를 매일 매일에 기초한 그 사건의 온갖 끔찍한 세부 상황의 미세한 분석과 뒤섞였다. 심약하고 법을 준수하는 연인과 공모하여 그녀의 남편을 살해한 이유로 기소된 카리스마 있는 이디스 톰슨(Edith Thompson)은 상당한 흥미를 불러일으켰다. 『메일』지는 그녀가 매혹적으로 아름답고, 평시에는 말이 없으나 통찰력 있는 응시를 하는 요부―사악하고, 가차 없이 무정한 여인으로 보도했다. 그 신문은 독자층을 겨냥해서 완벽한 성적 매력이 있는 인물로 그녀를 구성하는데 어떤 형용사도 아끼지 않았다. 그 신문에 기고한 저명한 인물 중 더 잘 알려진 앨프레드 에지(Alfred Edge)는 오늘날 우리가 "해설기사"(think piece)라고 부를 기획기사에서 『메일』지가 강력하게 사로잡힌 그러나 일반적으로 거칠고 매정한 "그 여인"(that woman)에 대한 최후 판결을 다음과 같이 요약했다. 그 기사에는 「사악한 여인들」("Wicked Women")이라는 제목이 붙어 있었다.

> 세상에는 그들의 남편을 혐오하지만, 그럼에도 계속 살아가는 여인들이 있다. 이들 중 몇몇 사람은 실제로 살인 녀는 아니지만 마음으로는 살인자들이다. 비록 그들이 웃음 띠며 현실에 안주하는 아내로 내내 살아갈지라도, 그들은 남편이 죽길 기원한다.
> 사악한 여인의 삶이란 이해하기 어렵다. 그 녀가 평상시 보다 더 많은 애정을 보인다면, 그 때가 바로 그녀가 당신을 가장 증오하는 때일 수도 있다.

에디스와 그녀의 연하 연인에 대해 배심원의 유죄판결이 내린 그 다음날인 1922년 12월 12일자에 발행된 『메일』지에서 엘리엇은 위의 기사를 읽었을 것이다. 12월 13일, 그 재판의 마지막 날 발행된 『메일』지의 사설은 배심원의 유죄판결과 법원의 사형선고를 환영했다. 어떤 종류의 감상벽의 지배 아래("여인들이 교수형에 처해져야하나?" 13 Dec. 1922, 8) 고통 받고 있는 자유민주주의적 신문들이 요구하는 자비의 요구에 법원이 귀를 기울이지 않은 것을 『메일』지는 칭찬했다.

엘리엇의 편지는 특유하게 자유민주주의적, 진보적 의견에 혹평을 쏟아내었고 또 영국에서 그 같은 의견의 대표성에 의문을 제기하기도 했다.

> 일포드(Ilford) 살인사건에 대해서 당신의 태도는, 내가 읽은 영국 국민의 대다수를 대표했다고 단언하는 너무나 뻔뻔스런 다른 신문들의 연약한 감상벽과 두드러진 대조를 보입니다. (*Letters* II 12)

그런데 동일한 편지의 후미에서 엘리엇은 『메일』지에 실린 1922년 베니토 무솔리니(Benito Mussolini)의 로마 진입 행군과 파시스트 국가 건설에 찬동해서 이태리에서 보내 온 일련의 기사에 대해서도 칭찬을 보냈다. 이태리에서 보내 온 기사에는 무솔리니의 쿠데타에 반대한 공산주의자들과 사회주의자들의 투옥과 고문에 관한 내용이 상술되어 있었다.

그 당시 엘리엇에게 흥미를 일으킨 범죄 사건이 일포드 살인사건이 유일한 것은 아니었다. 그로브 스미스(Grove Smith)가 암시한 것처럼, 저 유명한 크리펜(Crippen) 살인재판은 의사 크리펜이 자신을 변호하기 위해 불러들일 수 있는 증인이 사라진 형태로서 아마도 스위니(Sweeny)란 인물의 출처였을 것이다. 왜냐하면 스위니는 발견되지 않았기 때문이다 (이것이 또 『노련한 고양이들에 관한 늙은 주머니쥐의 책』(Old Possum's Book of Practical Cats)에 등장하는 사라진 고양이, 마카비티(Macavity)의 출처일 수도 있다.). 핵심을 말하자면, 톰과 비비언(Vivienne)이 크로퍼드 맨션(Crawford Mansion)이나 그 뒤 클라렌스 게이트(Clarence Gate)―두 곳 다 에즈웨어 로드(Edgeware Road)에서 가까운 곳―에 살았을 때, 그들은 세실 말트바이(Cecil Maltby)라는 사람의 집에서 단지 몇 구역 밖에 떨어져 있지 않았다.

1923년, 『데일리 메일』과 런던에 있는 신문의 대부분이 에일 코트(Yale Court)라고 불리는 아파트구역의 전 거주자 앨리스 힐다 미들턴(Alice Hilda Middleton)이라는 사람이 감쪽같이 사라진 사건을 보도했다. 그녀는 상선의 일등항해사의 부인이었다. 미들턴 씨의 임무는 그가 집에서 오랫동안 거주할 수 없었다는 것을 의미했다. 앨리스는 남편이 주는 매월 18파운드로 예일 코트에 있는 아파트에서 살았다. 그때 그녀는 말트바이라는 재단사를 만나 사랑에 빠졌다. 그 다음에 그녀 남편이 멀리 떠났을 때, 아파트와 매월 생활비 18파운드를 포기했다. 그녀는 클래런스 게이트에서 몇 블록 떨어진 말레번(Maryleborne)에 있는 말트바이의 작은 집으로 이주했다. 훗날 그녀의 시신이 발견된 곳은 바로 이 집이었다. 그녀의 새 애인 말트바이가 그녀를 살해했고, 사실 "한 소녀를 죽여"(did a girl in) 말트바이가 앉아 식사를 한 널빤지로 덮은 목욕탕에 그녀의 시신을 보관했다. 1923년, 경찰이 실종된 미들턴 부인을 수색하느라고 말트바이의 집 문을 부서뜨렸을 때, 그는 체포당해 기소되기 전에 권총으로 자살했다. 그 당시에 『데일리 메일』을 포함한 선정주의적 신문에서 그가 연인의 인육을 먹었는지에 관한 일반적인 추측이 만연했다.

이미 지적된 것처럼, 엘리엇의 작품에는, 예를 들면, 여인의 성기 절단이 졸시(拙詩)의 한 연(聯)에 익살의 핵심이 되는 추기 콜롬보와 볼로(Columbo and Bolo) 시에서부터 어느 시점에는 여인들의 합창이 "몇몇 소녀들"(Collected

Plays 16)의 신비로운 실종 — 아마도 성범죄자들에 의한 살해 — 를 언급하는 『대성당에서의 시해』(*Murder in the Cathedral*)에 이르기까지 성 폭행이 당혹스럽게도 자주 일어난다. 린들 고든(Lyndall Gordon)은 『가족 재회』(*The Family Reunion*)에서 해리의 "살인적인 심장"(Murderous heart)에 우리의 관심을 집중시켰다(*Eliot's Early Years* 62). 해리가 정말 그의 아내를 살해했는가? 또 『황무지』에는 정원의 가장자리에 시신을 매장한 스테트슨(Stetson)이라는 수상한 남자가 있다. 누군가는 대중적인 영국의 범죄 소설에서 가져온 인물이라고 덧붙일지 모른다. 그는 사람과 가장 친한 친구 인 개가 "그의 발톱으로" "그 그것을 다시 파낼"(ll. 69-75) 것에 대해 경고한다. 우연하게도, "정원의 가장자리"(the bottom of the garden)는 특이하게 사회적 담론에 있어서 영국의 전통적인 주제이다. 일반 사람들의 가상세계에는 온갖 지저분한 것들이 정원이 가장자리에서 끝나거나 일어난다. 그곳은 단순히 쓰레기를 가져다 놓는 곳일 수도 있고, 아니면 살해된 자들의 고정적인 무덤일 수도 있다. 『황무지』에도 역시 "야만적인 왕"(Barbarous king)(ll. 99-103)인 테레우스(Tereus)이 저진 필러멜(Philomel)의 겁탈과 그녀 혀의 절단에 관한 이야기가 오비드(Ovid)로부터에서 기원한 것임을 우리는 안다. 그 이야기의 결론은 테레우스가 부지불식간에 아들의 인육을 먹는 동종포식(同種 飽食) 의 일화로 이끈다. 또한 「불의 설교」("The Fire Sermon")에는 적어도 두 가지 이상의 겁탈 — 타이피스트와 테임즈 강의 딸 — 이 있다. 초고에서 기록을 볼 수 있듯이, 엘리엇이 『황무지』를 짓고 있을 동안(3), 그는 요셉 콘라드(Joseph Conrad)의 소설 『어둠의 심연』(*The Heart of Darkness*)에 흥미를 가지고 있었다고 지적될 수 있을 것이다. 쿠르츠(Kurtz)가 저질을 수 있는 아프리카 비행은 말로 표현할 수 없는 성적 관행에서 인간제물과 동종포식에 이른다는 추측도 있다.

    아마도 성적인 것과 폭력성이 뒤엉켜 있는 가장 친숙한 엘리엇의 작품은 『삼월 산토끼의 노래』(*Inventions of the March Hare* 78-9)에 수록되어 있고, 1914년 7월에 쓴 「성 세반스찬의 연가」("The Love Song of Saint Sebastian") 일 것이다. 성자와 여인 사이의 장면들은 이상할 정도로 성적이고, 공중도덕의 관점에서 명백하고 통절히 관습을 거스르는 것들이다.

내가 머리카락의 셔츠를 입고 올 거야.
. . . .
내가 피를 흘릴 때까지 날 매질했을 것이고
그리고 기도와 고문과 환희의
시간 후
. . . .
나는 그대의 개종자가 될 거야.
. . . .
그대가 이끄는 곳을 뒤쫓기 위해
. . . .
그대 침대를 향해 어둠속에서
. . . .
손에 수건을 쥐고 와서
내 무릎 아래로 그대 머릴 굽힐 것이네.
. . . .
결국 그대는 이해할 거라고 나는 생각한다.
. . . .
나는 그대를 목 졸라 죽어야 했고
그리고 나의 오명 때문에 그댄 날 사랑했을 거야.
그리고 그댈 난도질했기에 난 그댈 더욱 사랑해야만 했지.

I would come in a shirt of hair
. . . .
I would flog myself until I bled,
And after hour on hour of prayer
And torture and delight
. . . .
I should arise your neophyte
. . . .
To follow where you lead,
. . . .
In the darkness toward your bed.
. . . .
I would come with a towel in my hand
And bend your head beneath my knees;
. . . .
I think that at last you would understand.

....
You would love me because I should have strangled you
And because of my infamy;
And I should love you the more because I had mangled you. ...

위의 시행에 대한 고든의 읽기는 문자 그대로의 사건에 조금이라도 접근하는 것을 진정 원하지 않는 비평가들의 전형을 보여준다. 성 세반스찬은 실제가 아니다 (그것은 안심이다)라고 고든은 적고 있다. 성 세반스찬은 "어떤 관념"(represents an idea)을 나타낸다. 부분적으로 서배서천의 희석된 실체는 다행스럽게도 엘리엇은 "성 세반스찬이나 혹은 스위니 같은 인물"(62)과는 정반대의 인물이라는 사실로 되돌려진다는 것이다. 즉 1927년 엘리엇이 개종하기 전에 육체와 영혼의 갈등을 해결할 수 없었던 "그는 이 갈등의 개인적인 경험을 우화적인 인물들의 틀에 박힌 외골수의 행동 속에 감출 수 있었다"(62)고 고든은 적고 있다. 다른 한편으로 1924년 7월 25일자에 콘래드 에이컨(Conrad Aiken)에게 보낸 편지에서 엘리엇은 성적 요소가 그 시에 있어서 능동적인 힘인 것을 인정하고 있다 (*Letters* I, rev. ed., 48-9; cf. Kaye 108-09). 분명히, 엘리엇은 성적인 요소를 그 중심에 위치시키고 있으며, 다른 의미들의 우의적 로켓발사를 위한 발사대로 사용하고 있지는 않고 있다.

그 시의 두 번째 세션에서, 고든은 세상이 열과 얼음 속에 용해되어 가고 있는 동안 절망적인 성자에서 본능적인 인간으로의 변신을 지킬과 하이드(Jekyll and Hyde)의 변신으로 보고 있다. 사회적 속박에서 벗어나서 그 연인은 "사악한 자애"(62)로 그녀를 목 졸라 죽이려고 나아간다. 그의 수건(기이하게도 성적인 살인 도구)을 휘두르는 관능주의자적 세반스찬의 측면으로부터 엘리엇은 그의 "후기 인물들, 야만적이고 매음굴에서 면도칼로 장난을 하는 스위니와 살인적인 심장을 가진 해리"(62)로 발전시켰다고 고든은 주장하고 있다. 고든이 왜 그 시의 세속성과 가학피학증의 암류(暗流)를 축소하는 지를 우리는 이해할 수 있다. 사실, 고든이 쓴 저서의 의사목록을 우리가 주목할 때, 말하자면, 이것은 성스러움으로 향한 엘리엇의 고통스런 궤적을 표시하는 그 라프 위의 점들로서 이것과 다른 시들을 배치시키는 것은 필연적인 비평의 날

줄이다. 그러나 그때, 우리는 또 기억해야만 하다. 즉 고든이 이 초기 시에 대한 해설을 집필할 때, 그녀는 『삼월 산토끼 노트북』(March Hare Notebook)에 수록된 엘리엇의 초고 원고들과 시들을 크리스토퍼 릭스(Christopher Ricks) 교수가 꼼꼼하게 편집한 저서의 혜택을 받지 못했다는 사실을.

성 세반스찬의 「연가」("Love Song")의 비도덕적 세속성은 세반스찬 시를 지었을 때, 엘리엇이 썼던 시행들을 살펴보면 더욱 명백해진다. 엘리엇의 『노트북』에서 릭스가 "다양한 글 11쪽"(miscellaneous leaf 11)이라고 한 것은 (우리가 성 세반스찬의 시편 78-79를 발견할 수 있는) "다양한 글 11쪽"이 쓰진 것과 같은 시기에 쓴 것으로 추측할 수 있다고 필자는 생각한다. 『노트북』에서 그 다음 쪽에 있는 시행들, 즉 12쪽 (80)은 제목이 없지만, "어떻게 내가 느끼는 것을 나는 아는가? 내가 뭘 생각하는지 내가 아는가?"(Do I know how I feel? Do I know how I think?)로 시작한다. (비록 두 번째 시가 언제 쓴 것인지 불확실한 것으로 남겨둔 채, 릭스 교수는 두 시의 언어적 유사성을 주목하지 않고 있다.) 12번째 쪽에 있는 시에서, 화자는 3부로 된 노래에서 두 번째로 끼어들어 기이한 전환을 하는 프루프록 형태의 다른 버전이다.

> 어떻게 느끼는지를 내가 알까? 내가 어떻게 생각하는지를 알까? /
> 딱 내 손가락 끝에 단단하나 미끈거리는 무엇이 있다.
> [프루프록 음조]
> 거기에는 크레오소트의 냄새와 무엇이 떨어지는 소리
> 뾰족한 턱수염을 가진 검은 가방과 그의 숨결에는 담배
> 화학약품과 나이프로
> 생명의 원인이기도 했던 죽음의 원인을 조사할 것이다.―
> 뇌 속에는 작은 속삭임
> 옛 고통의 새로운 도짐
> 아니면 이것은 내가 찾을 수 없는 비밀인 다른 촉감이었던가?

> Do I know how I feel? Do I know how I think?
> There is something which should be firm but slips, just at my finger tips.
> [the Prufrock note]
> There will be a smell of creolin and the sound of something that drips
> A black bag with a pointed beard and tobacco on his breath

> With chemicals and a knife
> Will investigate the cause of death that was also the cause of life—
> Would there be a little whisper in the brain
> A new assertion of the ancient pain
> Or would this other touch the secret which I cannot find? (80)

릭스 교수에 의하면, "크레올인"(훨씬 보편적으로 "크레오소트")은 강력한 살균제이다(276). 옥스퍼드영영사전에서 이 단어의 정의는 제이의 유동체와 리졸의 인용과 함께 있는 것을 발견할 수 있다. 1891년, 그것은 "크레올인"(creoline)으로 언급되었다. 어원에서 그 단어는 19세기에 희랍 원소로부터 새로운 단어로 만들어졌다. 그 희랍 말의 뜻은 다소 뒤섞여 있으나 "육신"(kreas)을 의미하는 것으로 추정된다. "보존"(preserving)과 "구제"(saving). 그러나 "구제"라는 단어로 선택된 희랍 단어는 구원의 의미에서 구제를 의미하지 신체적 보존을 뜻하지는 않는다. 어쨌든, 엘리엇이 명백한 뜻으로 사용하고 있는 그 용어의 의미는 아마도 "방부제"(antiseptic preservative)와 같은 것을 의미한다.

릭스는 오스카 와일드(Oscar Wilde)의 『도리언 그레이의 초상화』(The Picture of Dorian Gray)에 나타나는 살인 사건에 대해 계속해서 여러 번 구체적인 암유를 언급하고 있다. (화학약품의 궤, 나이프와 질산의 사용을 포함하고 있다 [276].) 또 엘리엇의 프랑스 시에는 트리스탕 코르비에르(Tristan Corbiére, 1845-1875)와 샤를 루이 필리프(Charles-Louis Phillipe, 1874-1909)의 『마리 도나듀』(Marie Donadieu, 1904)에 들어 있는 몇몇 시구도 암유하고 있다. 우연하게도 필리프는『뷔뷔 드 몽파르나스』(Bubu de Montparnasse, 1901)라는 소설의 저자이고, 1932년도 그 소설의 영문 번역판에 서문을 쓴 사람은 엘리엇이다. 그러나 위에서 인용한 시의 19행 "죽음의 원인을 조사할 것이다. . . ."(Will investigate the cause of death. . . .)에서 릭스는 1917년도 출판된 엘리엇의 중세적인 판타지인「엘드롭과 애플프렉스」("Eeldrop and Appleplex")로부터 다음의 구절을 인용했다. 곱섬(Gopsum)가(街)에서 한 사나이가 그의 정부를 살해했다 [. . . .]. 그 사람의 이웃들에게 중요한 사실은 그 사람이 그녀를 무엇으로 죽였는가? 또 정확하게 몇 시에? 누가 그 시체를 발견했는가? "깨친 대중"(enlightened public)에게 그 살인 사건은 단지 음주 문제이거나 혹은 실업 혹은 개혁되어야 할 일들의 다른 범주에 대한 유일한 증거일 뿐이다. 그러나 벌(罰)의 영원함을 주장하는 중세는 "훨씬 더 진리에 인접한 무엇인가를 표현했다"("Eeldrop. . . ." 9). 엘리엇이 엘드롭을 쓴 지 22년이 지난 1939년에 출간한 『기독교 사회의 이상』(*The Idea of a Christian Society*)에서 우리가 "부정적인 진보 사회"(18)라고 부르는 그의 견해는 수십 년을 통해 매우 일관성이 있다.

잠시 릭스의 책에서 "부록 A"(Appendix A)에 포함된 「콜롬보와 볼로」("Colombo and Bolo") 시의 일부와 조각들을 살펴보자. 거기에는 1920년대 초기에 엘리엇이 쓴 『삼월 산토끼 노트북』에서 절단하여 파운드에게 건너간 시들이 있다. 그것들은 이제 예일 대학교 바이네케(Beinecke) 희귀 도서와 원고 도서관에 보관 중이다. 그것은 모두 엘리엇이 20대 중반이었던 1910년부터 늦어도 1916년까지 쓴 것들이다. 절단된 쪽들 중 많은 쪽이 날짜가 명기되어 있지 않기에 그들이 언제 쓰진 것인가를 명확하게 확신하기는 어렵지만, 아마도 그들은 6년 사이에 쓰인 것임이 틀림없을 것이다. 1915년 초에 윈드햄 루이스 (Wyndham Lewis)의 『폭발』(*Blast*)이라는 잡지의 전쟁 특집호에는 「헛소리의 승리」("The Triumph of Bullshit" 307)와 「뚱보 루루를 위한 발라드」("Ballade pour la grosse Lulu" 311-12)의 게재에 관한 이야기가 있었다. 파운드에게 보낸 정감어리고, 날자는 명기되지 않았지만 1915년 7월 이전 언젠가가 쓴 편지에서 루이스는 "−Uck, −Unt"와 "−Ugger"라는 단어가 들어가는 어떤 작품도 『폭발』지에 게재하지 않을 것임을 명시하면서, 엘리엇의 두 편의 시를 이미 출간하지 않기로 "순진한 결정"(naif determination)을 했다고 밝히고 있다 (*Pound / Lewis* 8).

최근에 엘리엇의 졸시(拙詩) 「콜롬보와 볼로」에 대해 상당한 검토가 있었다. 필연적으로 이들 시에 들어 있는 아프리카계 미국인에 대한 언급과 출처에 관한 결과로서 이 시들이 항상 인종차별적인 문맥에서 비판적으로 논의 되었다. 마이클 노스(Michael North)의 『모더니즘의 변증법』(*Dialect of*

Modernism), 조나단 길(Jonathan Gill)의 평론과 다른 비평가들이 인종에 대한 암류에 이르기 위해 이 시들을 이용한다. 그럼에도 필자는 그것이 엘리엇의 볼로(Bolo) 세계를 움직이게 하는 주요한 비평적 지렛대인가에 대해 의구심을 갖고 있다. 의심할 바 없이 인종이 이 작품들의 중요한 관점이다. 아마도 그것이 최고로 중요한 측면이다. 그렇지만 필자는 이 판단에 대한 최종의 적절성에 관해 아직 전적으로 확신하지 못하고 있다. 아마도 이 관심의 초점은 인종에 관한 일이 사회적, 정치적 담론에 배어 있는 미국에 있어서의 비평적, 학문적 특징으로 보인다. 그렇다. 인종이 문제이지만 계층도 그렇다. 계층이 문제인 것은 아마도 혁명적인 정치적 운동이 좌익 쪽에서 상승했을 때였던 20세기 초의 정치적 맥락 때문에 그랬을 것이다. 노동자 계급인 스위니의 세계는 후기 19세기와 20세기 초에 행군 중이었다. 그러나 잠시 후에 그 사실에 대해 다시 언급하겠다.

그 대신, 잠시 남근의 둘레 치수에 대해서 생각해보자. 필자는 "콜롬보, 그는 스페인에서 살았다. . . ."(Columbo he lived over in Spain 315-19)로 시작하는 콜롬보와 볼로 시편에서 잘 알려진 한 연(聯)을 인용하겠다. 필자가 마음에 두고 있는 그 연은 어느 카리브 섬의 제왕인 볼로에 관해 이야기를 하고 있다.

> 볼로 왕의 거무스레한 경호원은
> 저지의 백합이라고 불렀다.
> 거칠고 강인한 흑인들
> 매독에도 겁먹지 않는.
> 그들은 마편초 화관의
> 국립 유니폼을 입었고,
> 그리고 엄청나게 크고 털이 난 두 개의 불알과
> 크고 시커먼 울퉁불퉁한 성기를 갖고 있었다.

> King Bolo's swarthy bodyguard
> Were called the Jersey Lilies
> A wild and hardy set of blacks
> Undaunted by syphilis.

They wore the national uniform
Of a garland of verbenas
And a pair of great big hairy balls
And a big black knotty penis. (316)

위 글에서 모든 성분이 인종차별주의자의 감수성에 관해서 말해 주고 있다. 볼로 왕과 그의 경호원의 피부 색깔에서부터 그들의 거대한 성기에 이르기까지. 위 글과 같은 연(聯)은 감출 수 없는 인종 공항을 드러낸다고 사람들은 말할 수 있을 것이다. 그러나 이것이 기본적으로 진정한 인종에 관한 문제일까? 비평문학에 있어서 그 시가 쓰진 것처럼 인종에 대한 집착이 그 시를 왜곡시켰다. 볼로 왕과 그의 부하들은 콜롬보 서사(敍事)에서 중요한 비중을 차지하지 않는다. 사실, 그들은 아주 작은 부분을 차지한다. 주요한 행동은 백인 유럽 남성이 성폭력을 하기 위해 백인 유럽 여성을 방문하는 것을 내포하고 있는 것이다.

어느 일요일 아침 출항한
그 선박은 지브롤터를 통과했다.
콜롬보는 선미루에 앉아
시편을 읽고 있었다.
판장의 아내가 양동이에
쇠똥을 가득 채워 갑판으로 올라왔다.
콜로보가 그녀의 목을 움켜잡고
돛대 위에서 그녀를 겁탈했다.

One Sunday morning out at sea
The vessel passed Gibraltar
Columbo sat upon the poop
A-reading in the psalter.
The bosuns wife came up on deck
With a bucket full of cowshit
Columbo grabbed her round the neck
And raped her on the bowsprit. (317)

엘리엇의 『노트북』에서 이 시편들을 선행하는 쪽에는 또 다른 다소 큼직한 생식기가 있지만, 그것에 의미 깊은 아프리카계 미국인에 대한 함의는 없다.

> 그의 무릎까지 대롱거리는 24인치나 되는 그것을 달고
> 바다를 가로질러 온 쾌활한 땜장이가 있었다.
> 합창 그의 길고, 붉게 갈래진
>   은밀한 생식기
>   그의 무릎까지 매달고서

> There was a jolly tinker came across the sea
> With his four and twenty inches hanging to his knee
> Chorus With his long-pronged hongpronged
>   Underhanded babyfetcher
>   Hanging to his knee. (314)

엄격하게 말해서 땜장이는 냄비나 주전자를 수선하며 떠돌아다니는 수선공이다. "바다를 가로질러" 온다는 것은 19세기 후반 뉴잉글랜드의 정치적 특징을 영구히 바꾼 아일랜드인의 이민을 의미하고 있는 듯하다. 그러나 옥스퍼드 영영사전은 땜장이에 대한 후기 뜻으로서 "거칠고 손쉬운 노동자"라는 의미도 싣고 있다. 어쨌든, 첫 연과 합창은 우리가 무엇을 다루고 있는지를 명백하게 보여준다. 거대한 생식기를 가지고 있는 사나이. 그 다음 연에서 땜장이의 장비는 훨씬 더 거대하다. "48인치"이다. 사실, 이 시에서 화자의 "딸"인 젊은 여인은 삼각기(三脚器)라고 할 만한 이 사나이를 사랑한다. 비록 경고를 받았음에도 불구하고, 그녀는 자신의 사랑을 완성하려고 고집 부린다. 뒤따르는 몇 가지 결과는 추하다.

> 오, 엄마 엄마 내가 할 수 있을 것으로 생각했는데.
> 그는 내 **로부터 배꼽까지 배를 갈라놓았네.

> O mother dear mother I thought that I was able
> But he ripped up my belly from my c**t to my navel.

아주 끔찍한 이미지다. 그러나 분명히 여기서 우리는 토막 살인자 잭의 지역을 횡단한 것이다. 그리고 훗날 절단된 『황무지』에 등장하는 여드름투성이의 청년에 대해서 파운드가 삭제한 그 흉한 구절을 인용하면, 이것은 약간 "초점을 벗어났다"(Facsimile 47)는 것이다. 아마도 엘리엇 자신만이 아니라 19세기 말에 하버드대학교 학부생과 뉴잉글랜드의 상류층의 성격 분석적 전기(傳記)에 있어서 연구된 것보다도 훨씬 더 많은 연구가 있어야 할 것 같다. 위 시행들이 추한 만큼, 그들이 인종에 대한 공황상태의 존재를 필연적으로 드러내지는 않는다. 필자는 이 시행들에서 어떤 종류의 조바심과 전전긍긍하는 심리적 영향이 작용한다는 것을 부정하지는 않는다. 그러나 아마도 인종이 근본 원인은 아닐 수도 있다. 사실, 인종에 관한 문제보다도 1910년 혹은 1911년에 성장한 엘리엇 집안 출신의 한 젊은이에게 있어서 계층과 하류층의 정치적 출현은 문화/정치적 공황에 대해 훨씬 더 효과적인 자극제가 될 수 있었을 것이다. 필자는 20세기에 있어서 아프리카계 미국 흑인 시민과 정치적 투쟁성에 관한 전문가는 아니다. 그러나 아프리카계 미국인의 급진주의나 심지어는 성적취향에서 오는 어떤 감지된 위협보다도 스위니 같이, 말하자면, 안락한 중산층 영국과 미국인들에게 계급 갈등문제로서 하류계층에서 상승하는 아일랜드인의 문제가 즉각적인 위험이 되었다는 사실에 기꺼이 확신을 갖고 싶다. 또 필자는 거대하고, 파괴적인 성기에 대한 공상은 사람들이 어떤 종류의 구체적인 위협에 의존해서 시간에 따라서 변한다고 말하고 싶다. 그것은 점진적으로 밀어붙이는 노동자 계급이 제기하는 위협 혹은 1910년 보스턴 지역에서 명백한 아일랜드 색조의 위협 혹은 1960년대와 1970년대에 아프리카계 미국인들의 행동주의의 위협 혹은 우리 자신의 시대에 있는 심지어 별난 투쟁성에 의한 위협이 있을 때도 그러했다. 아마도 우리가 필요로 하는 것은 새로운 역사적 하부분야이다. 그것은 지배계층 혹은 집단 혹은 심지어 그들의 세력을 유지하는데 구체적 위협에 직면하는 국가들의 공상적 삶을 조사하는 학문분야다. 프랑스 귀족들은 프랑스의 역겨운 변호사, 작가, 공무원으로서 1789년 테니스장에서 서약을 하려고 모였을 때, 어떤 종류의 생식기를 꿈꾸었던가?

이것이 특정하게 어떤 미국의 인종차별주의자의 편집증으로부터 아주 멀리 떨어진『데일리 메일』지의 성범죄 기사에 대해 엘리엇이 흥미를 가졌던 이유로 더욱 타당하다. 그렇지만, 아일랜드에서 내정자치를 위해 투쟁성이 고조되고 있을 때, 영국의 문화가 전체적으로 그랬던 것처럼, 더욱 일반적으로 노동자 계급의 자기주장의 상승에 대해 뿌리 깊게 박힌 공포가 증폭된『메일』지는 아마도 아일랜드 편집증으로 기우려졌을 것이다. 로버트 크로퍼드(Robert Crawford)가 그의 저서『미개인과 도시』(*The Savage and the City*)에서 논한 것처럼, 야만인들이 인류학적인 내륙지역 그 어디에 있는 것이 아니라 문명의 전형인 바로 도시 한 가운데 있는 것이다. 그들은 볼로 왕이나 버베나의 화환으로 치장한 경호원들도 아니었다. 그들은 말트바이와 문로의 살인자이고, 엘리엇이『데일리 메일』지를 통해서 읽었던 다른 모든 스위니와 같은 인물이다. 그리하여, 「아곤의 파편」("Fragment of an Agon,『스위니 아고니스테스』(*Sweeney Agonistes*의 두 번째 부분)을 "민족적 문화라기보다는, 인종이 그 시 파편들의 두 번째에서 문제가 되는 것"(Race, rather than national culture, becomes the issue in the second of the poem's fragments)과 함께 논해야 된다(McNeilly 35)는 주장은 필자가 보기에 잘못된 것 같다. 사실은 "민족적 문화"(national culture)가 결코 요점은 아니다. 그 핵심은 추진력이고 특이한 힘이며 계급의식의 시학이라고 불릴지도 모를 "잘못된"(errant) 서정성으로서 계급 탐색과정이다. 도리스(Doris)를 "카니발 섬"(a cannibal isle)로 끌고 가서 "게걸스럽게"(gobble) 그녀를 먹어치우겠다는 스위니의 협박은 정서적 영역의 일부이다. 도리스가 묻는다.

   도리스: 당신이 날 데리고 간다고요? 식인 섬으로?
   스위니: 난 식인이 될 거야.
   도리스 [놀이를 하듯이]: 난 선교사가 될 거예요.
      당신을 개종시킬 거요!
   스위니: 내가 널 개종시키겠어!
     스튜로.
     아주 작고, 하얗게 작은, 포교 스튜
   도리스: 날 잡아 먹지는 않겠지요!
   스위니: 아니, 널 먹어치울 거야!

아주 작고, 하얗게 작은, 부드럽게 작은, 연하게 작은,
즙이 많은 작은, 아주 작은, 포교 스튜.

```
DORIS: You'll carry me off? To a cannibal isle?
SWEENEY: I'll be the cannibal.
DORIS [playing the game]: I'll be the missionary.
        I'll convert you!
SWEENEY:                I'll convert you!
        Into a stew.
        A nice little, white little, missionary stew.
DORIS: You wouldn't eat me!
SWEENEY:                Yes I'd eat you!
        In a nice little, white little, soft little, tender little,
        Juicy little, right little, missionary stew. (130)
```

물론 식인들이 "식인 섬"이나 아메리카 대륙이나 남태평양 혹은 아프리카의 심장부에 존재하는 것이 아니라 독자들이 살고 있는 바로 도로의 아래쪽에 있는 것으로 판명된다.

스위니: 옛날 한 남자가 소녀를 죽였지.
         어떤 사내라도 소녀를 죽일 수 있을 거야.
         어떤 사내라도 평생 한번은 소녀를
         죽여야 하고, 그럴 필요가 있고, 그러길 원하지.
         그런데 그 사낸 그녀를 욕탕에 숨겼지
         리졸 1갤런을 부은 욕탕에.
스워츠: 이런 자들은 결국에는 늘 걸려들지.
스노우: 미안하지만, 그들은 결국 모두 걸려들지는 않습니다.
         엡섬 히스에 있는 그 뼈들은 어떻게 된 것입니까?
         신문에서 그것들을 봤는데.
         그들은 끝내 모두 걸려들지는 않지요.
도리스: 여자는 끔찍한 위험을 무릅쓰죠.

```
SWEENEY: I knew a man once did a girl in.
         Any man might do girl in
         Any man has to, needs to, wants to
```

	Once in a lifetime, do a girl in
	Well he kept her there in a bath
	With a gallon of Lysol in a bath
SWARTS:	These fellows always get pinched in the end.
SNOW:	Excuse me, they don't all get pinched in the end.
	What about them bones on Epsom Heath?
	I seen that in the papers
	They *don't* all get pinched in the end.
DORIS:	A woman runs a terrible risk. (134)

스위니가 말한 것처럼, 단지 한 여성만이 아니라 욕정에 사로잡힌 괴물들에 의해 아래로부터 협박을 받은 전 계층이 수개월 동안 시신과 함께 살아가면서 우유를 들이키고 평상시처럼 집세를 지불하고, 엘리엇이「엘드롭과 애플프렉스」("Eeldrop and Appleplex")에서 다른 상상적인 성범죄에 대해서 말한 것처럼, "경계를 넘었다"(crossed the frontier)(9). 크로퍼드는 이것을 심리학적인 관점에서 생각하고 있다. 즉 특정한 개인들은 야만성의 은밀한 영역 속으로 넘어 들어가는 것이다. 그러나 엘리엇의 사나이, 스위니는 하나의 일반성이고 한 유형이다. 그리고 도리스도 그와 같다. 이들은 잘못된 개인을 대표할 뿐만 아니라 집단적으로 잘못된 것이다. 엘리엇의 두 번째로 중요한 계획된 비평적 선언문인「비평의 기능」("The Function of Criticism", 1923)에서 그가 쓰고 있는 것처럼, "허영, 공포, 욕정의 영원한 메시지를 내뱉는 은밀한 목소리에 귀를 기우리면서 스완지에서 열리는 축구경기를 보기 위해 한 객실에 열 명이 타고"(16) 가는 사람들은 노동자층의 젊은이들이고, 하류 중간층에 속하는 청년들이다. 아마도 이 야만인들은 미국의 남부 혹은 카리브 해의 뭇 섬 혹은 아프리카의 "어둠의 심연"(heart of darkness)에서 출현한 것이 아니라 더 깊은 심연에서 솟아올라 우리 가운데서 나타나서 경계를 넘어 동종포식(同種飽食)으로 건너갈지도 모른다. 이것이 아마도 좋은 가정에서 자랐고, 하버드대학교에서 교육을 받은 상류 중산층 문인이 현대성의 중심에서 사회 - 정치적 공포를 상상하고 노래한 것인지도 모른다.

(노저용 역)

인용문헌

Carson, William E. *Northcliffe: Britain's Man of Power.* New York: Dodge Publishing, 1918.

Crawford, Robert. *The Savage and the City in the Work of T. S. Eliot.* Oxford: Clarendon P, 1987.

Eliot, T. S. *Collected Plays.* London: Faber, 1962.

_____. 'Eeldrop and Appleplex I'. *Little Review* (Chicago) IV.1 (May 1917): 7-11.

_____. 'Fragment of an Agon'. In *Collected Poems, 1909-1962.* London: Faber, 1968: 130-136.

_____. 'The Function of Criticism'. *Selected Essays: New Edition.* New York: Harcourt, Brace & World, 1964: 12-22.

_____. *The Idea of a Christian Society.* London: Faber, 1939.

_____. *Inventions of the March Hare, Poems 1909-1917.* Ed. Christopher Ricks. San Diego: Harcourt Brace, 1998.

_____. *The Letters, 1898-1922.* Vol. 1 (rev. ed.). Ed. Valerie Eliot and Hugh Haughton. London: Faber, 2009.

_____. *The Letters, 1923-1925.* Vol 2. Ed. Valerie Eliot and Hugh Haughton. London: Faber, 2009.

_____. *The Waste Land: A Facsimile and Transcript of the Original Drafts Including the Annotations of Ezra Pound.* Ed. Valerie Eliot. London: Faber, 1971.

_____. 'The Waste Land 1922'. In *Collected Poems, 1909-1962.* London: Faber, 1968: 61-86.

Gill, Jonathan. 'Protective Coloring: Modernism and Blackface Minstrelsy in the Bolo Poems'. In *T. S. Eliot's Orchestra: Critical Essays in Poetry and Music.* Ed. John Xiros Cooper. New York: Routledge, 2000. 65-84.

Gordon, Lyndall. *Eliot's Early Years.* Oxford: Oxford UP, 1977.

Kaye, Richard A. "A Splendid Readiness for Death: T. S. Eliot, the Homosexual Cult of St. Sebastian, and World War I." *Modernism / Modernity* 6.2 (1999): 107-134.

McNeilly, Kevin. 'Culture, Race, Rhythm: *Sweeney Agonistes* and the Live Jazz Break'. *T. S. Eliot's Orchestra: Critical Essays on Poetry and Music.* Ed. John Xiros Cooper. New York: Routledge, 2000. 25-47.

North, Michael. *The Dialect of Modernism: Race, Language, and Twentieth-Century Literature.* New York: Oxford UP, 1994.

Pound / Lewis: The Correspondence of Ezra Pound and Wyndham Lewis. Ed. Timothy Materer. New York: New Directions, 1985.

미국 청교주의에 대한 엘리엇의 태도:
낙관성과 진보지향주의에 대한 반대를 중심으로

| 한현숙 |

1. 머리말

　엘리엇은 자신의 시가 동시대 영국에서 쓰인 그 어떤 것보다도 미국인들의 작품들과 더 많은 공통점을 지닌 것으로 인식하고 있으며, 그 근원이나 감정의 바탕에서 볼 때 미국에서 나온 것으로 인정하고 있다(Donald Hall 69-70). 이처럼 엘리엇이 의식하고 있는 자신의 미국적인 요소, 그의 작품에서 드러나고 있는 미국적인 특징은 구체적으로 미국의 청교주의적 유산과 관련지어 논의될 수 있다. 본고에서는 미국 청교도들의 주요한 수사인 '탄가'(the American Puritan Jeremiad)를 통해 드러나는 그들의 낙관적 진보지향주의에 대한 엘리엇의 반응을 중심으로 청교주의에 대한 엘리엇의 다소 이중적이고 복합적인 태도를 살펴보고자 한다.

　미국 청교도 공동체의 가장 큰 특징은 서로 모순되는 듯한 전제나 교리 위에 묘하게 긴장과 균형을 유지하고 있다는 점이다. 이들은 처음부터 여러 가지 상호 모순적인 면들을 안고 출발하고 있었다. 그 가장 주요한 예로 자신들을 죄인으로 규정하는 깔뱅(Calvin)주의의 원죄론을 기본교리로 삼지만, 역설적이게도 집단으로서의 선민의식, 즉 신의 도성을 위해 선택된 새로운 이스라

---

* 이 논문은 『T. S. 엘리엇 연구』 13 (2003)에 「미국 청교주의에 대한 엘리엇의 태도」로 게재되었던 것을 수정·보완한 것임.

엘 민족이라는 선민의식의 강화를 통해 오히려 원죄론을 희석시키는 결과를 낳는다는 점을 들 수 있다. 이러한 역설을 가장 잘 드러내 줄 뿐 아니라 미국화를 가속화하는 이데올로기로 작용한 것이 바로 청교도들의 '탄가'라는 수사이다(Bercovitch 1978, xi).[1] 예레미야 식 설교라고도 불리는 이 탄가는 청교도 목사들이 회중을 꾸짖는 데 사용한 상투적인 설교이다. 이것은 하나님의 국가 건설이라는 본래의 신성한 목적을 상실한 데 대한 질타이며 탄식이지만 결국은 공동체의 저항과 일탈 세력을 포섭하고 궁극적 성공의 약속을 재확인시키는 수사라고 할 수 있다. 이들의 설교에서 드러나는 17세기 미국 탄가의 전형적인 특징을 보면 다음과 같다. 첫째로 공통의 규범을 세울 만한 선례를 성경에서 취한다. 그리고 나서 공동체의 실제 상태를 상세하게 보여주는 그들이 맞고 있는 일련의 저주들을 그린다. 그 과정에서 동시에 성공을 확신케 하는 계약된 약속들을 암시한다. 마지막으로 약속을 드러내고, 다가올 선한 일들을 공표하고, 사실과 이상 사이의 간격을 해소시키는 예언적 비전을 제시한다(Bercovitch 1978, 16). 그러나 엘리엇은 청교도들의 수사에 내재되어 당대까지 이어져 내려오는 이러한 진보지향적, 낙관적 수사에 저항한다.

2. 엘리엇의 청교도 낙관성과 진보지향주의에의 반대

청교도 공동체로서 출발한 미국이 청교도들의 설교 양식인 탄가를 자신들의 주요한 수사로 발전시켰음은 수긍할만하다. 또한 대대로 수많은 목사를 배출해 낸 성직자 전통의 집안 태생인 엘리엇에게 미친 이 수사의 영향이란 미국의 그 어느 작가에게보다도 더 두드러진 것이리라 짐작된다. 미국 청교도 탄가의 역할에 대한 버코비치의 이해를 도구로 활용하고 있는 차일즈(Donald Childs)는 엘리엇의 내러티브 전략이 청교도 선조들로부터 물려받은 수사

---

[1] 버코비치가 지칭하는 '수사'(rhetoric)는 단지 좁은 의미의 '수사' 자체라기보다는 '언어로 나타나는 이데올로기'라고 표현될만한 좀 더 넓은 의미까지 포함한다. 마찬가지로 본고에서 엘리엇이 청교도들의 수사에 저항한다고 할 때도 그 수사로 대표되는 청교주의 정신-그 부정적 측면-까지 포함하는 의미로 사용하고 있다.

(rhetoric)의 패턴과 이데올로기에 대항하기도 하지만 동시에 그것을 되풀이 한다고 주장한다(Childs 78). 즉 청교도적인 사유형태와 담론 양식, 특히 버코비치가 미국 문학 속에서 찾아내고 있는 예레미야 식 설교의 수사구조가 엘리엇 작품에도 그대로 드러난다고 주장하는 것이다. 엘리엇이 이런 수사구조에 동의하지 않을 뿐더러 어느 정도 대항, 극복하고자 노력하고 있는 면이 있음을 인정하지만 그럼에도 불구하고, 차일즈는 그러한 저항 자체도 이미 청교도적 수사에 포함되는 것으로 규정한다. 그러나 차일즈 식의 결론에는 동의하기 어렵다. 물론 그의 주장처럼 엘리엇에게도 청교도들의 진보지향적 수사가 어느 정도 나타나는 것은 사실이다. 하지만 현대 문명의 주된 병폐로서의 낙관주의와 진보지향주의에 대한 엘리엇의 강도 높은 비판이나 저항을 고려해 볼 때 이는 아주 미미한 것이다. 더욱이 유서 깊은 청교도 집안의 후예로서 청교주의와 충분한 거리를 유지하기 어려웠던 자신에 대해 누구보다도 예리하게 의식하고 있었던 만큼 엘리엇의 저항과 비판은 자기비판에 다름 아니었다. 좀 더 세심하고 복잡한 결의 논의가 요구되는 지점에서, 이처럼 엘리엇의 저항이나 비판 자체를 단순히 진보지향주의 수사 안에 포함시켜 버리는 차일즈 식의 태도야말로 오히려 문학에 있어서의 모든 일탈이나 저항 세력을 거대 담론에 포섭해 버리는 결과를 낳는다고 볼 수 있다.

주목해야 할 것은 청교도들의 수사에 대한 엘리엇의 반응이 결코 단순하지 않다는 점이다. 차일즈가 지적하듯 엘리엇에게는 청교도들의 수사를 그대로 따르고 있다고 볼 수 있는 면도 있다(Childs 80). 할아버지 윌리엄 엘리엇(William Greenleaf Eliot)을 모세에 비유하는 엘리엇의 수사는 윌리엄 브래드포드(Bradford)나 코튼 매더(Cotton Mather) 같은 미국 청교도 역사가들의 예형론(typological language)의 울림을 보여준다고도 할 수 있다(Oser 28). 또한 엘리엇에게는 그의 어머니 샬롯의 영향도 배제할 수 없는데, 오저는 「수요 클럽」("The Wednesday Club")이라는 샬롯의 시를 분석함으로써 그 영향을 살펴보고 있다. 「수요 클럽」은 엘리엇이 열두 살 때 쓰인 시로 그의 어머니가 그에게 이 시를 보여주었는지는 정확히 알 수 없다. 하지만 오저가 지적하고 있듯이 이 시에 나타나는 진보주의자의 메시지 (progressivist message)는 엘리엇이 열여섯 살에 발표한 스미스 아카데미 졸업시(Smith Academy graduation poem)와 많이 닮아 있다(Oser 31).2) 이처럼 엘리엇은 할아버지와 어머니로 대표되는 그의 집안의 수사를 일찌감치 체득하고 있었다.

그러나 한편 엘리엇의 청교도 수사에 대한 저항은 「프루프록의 연가」("The Love Song of J. Alfred Prufrock") 같은 초기 시에서도 이미 분명하게 드러난다. 오저도 지적하듯, 이 시에서는 그의 어머니 샬롯 엘리엇의 설교적인 글쓰기에 대한 엘리엇의 저항이 엿보인다. 엘리엇이 이 시에서 그리고 있는 세례 요한을 샬롯 엘리엇의 「신의 왕국이 가까웠노라. 회개하라!」("God's Kingdom Is at Hand. Repent!")라는 시에서와 비교해 보면 둘 사이의 차이점은 단적으로 드러난다.

> 그의 소리는 황량한 유대 땅에 울렸다.
>   기쁨과 탄식의 외침
> 강렬하고 분명한 소리로 외쳤나니
>   "하나님의 나라가 가까웠노라, 회개하라!"
>   . . . .
> 그 외침은 여전히 울리노라
>   우리도 듣고 놀라 주의하나
> 우린 우리의 보물을 부여잡고 우리의 가진 바를 세나니
>   "하나님의 나라가 가까웠노라, 회개하라!"

> His voice was heard in wild Judaea,--
>   A voice of gladness and lament
> He cried in a accents strong and clear:
>   "God's kingdom is at hand. Repent!"
>   . . . .
> That voice still echoing remains.
>   We listen, startled and attent;
> We grasp our treasures, count our gains:
>   "God's kingdom is at hand. Repent!"3)

---

2) "And let thy motto be, proud and serene, / Still as the years pass by, the word 'Progress!'" "[At Graduation 1905]," Eliot 1967, 17.

3) Oser 37에서 재인용.

다음은 「프루프록의 연가」에서 빗대어지는 요한의 모습이다.

그리고 오후가, 저녁이, 이처럼 편안히 잠자는구나!
긴 손가락의 애무를 받으며
잠들고 . . . 피곤해하고 . . . 혹은 아픈 체 한다
여기 너와 내 옆, 마루에 몸을 쭉 뻗은 채.

차와 케이크와 아이스크림을 먹은 후
나는 그 순간을 위기로 몰고 갈 힘이 있을까?
그러나 내 비록 울고 금식하고, 울고 기도했어도,
비록 내 머리가 (약간 벗겨진 채로) 쟁반에 담겨 내
오는 것을 보았어도,
나는 선지자가 아니야 그리고 여기엔 예언할 만큼 큰일도 없고
나는 내 위대함의 순간이 껌뻑거리는 것을 보았지,
그리고 영원한 하인이 내 웃옷을 들고 킥킥대는 것을 보았어,
간단히 말해, 나는 겁이 났어.4)

And the afternoon, the evening, sleeps so peacefully!
Smoothed by long fingers,
Asleep. . . . tired. . . . or it malingers,
Stretched on the floor, here beside you and me.
Should I, after tea and cakes and ices,
Have the strength to force the moment to its crisis?
But though I have wept and fasted, wept and prayed,
Though I have seen my head (grown slightly bald) brought in upon a platter,
I am no prophet and here's no great matter;
I have seen the moment of my greatness flicker,
And I have seen the eternal Footman hold my coat, and snicker,
And in short, I was afraid. (*CPP* 15)

세례요한을 회화화함으로써 엘리엇이 청교도적 정체성을 부정하는 장면 이다. 물론 이 '쟁반에 담겨져 나오는 머리'는 프루프록 자신에 대한 회화화

---

4) 본고에서 엘리엇 시의 번역은 이창배 역 『T. S. Eliot 전집』과 황동규 역 『황무지』를 참조하였음.

(self-parody)임이 틀림없다. 이는 자신을 선지자 요한에 빗대어 이야기하는, 자신을 선지자와 은근히 동일시하는 프루프록의 수사에 대한 패러디이기도하다.

요한의 행적은 청교도 목사들이 즐겨 사용하던 예화이다. 사막에서 외치는 자의 소리인 요한은 미국이라는 광야에 선 자신들의 형편에 비유하기에 적합한 인물이었다. 다음의 댄포드(Samuel Danforth)의 설교를 통해서도 알 수 있듯이 세례 요한의 상징적인 사용은 뉴잉글랜드 설교단상에서 특징적으로 나타난 현상이다.

요한은, 그리스도를 대면하기 직전 그의 강림과 그의 왕국을 선포하며 사람들이 그를 맞이할 준비를 하도록 보내진 그리스도의 사자였습니다. . . . .요한은 그 이전에 있었던 그 어떤 예언자들보다 위대했습니다. 이는 그의 개인적인 은총과 미덕 때문이 아니라(믿음의 은혜에 있어서 그가 아브라함보다 뛰어났다고, 또는 온유함에 있어서 모세나, 신실함에 있어서 다윗을, 또는 지혜에 있어서 솔로몬을 능가했다고 그 누가 우리를 설득시킬 수 있겠습니까?), 신의 섭리의 관점에서 볼 때 그랬던 것입니다. . . . 성경에서는 "그러나 천국에서는 극히 작은 자라도 저보다 크니라" (마태 11:11, 눅 7:28)라고 말씀하십니다. 천국에서는 그리스도의 승천 이후 극히 작은 예언자, 즉 극히 작은 성직자라도 요한보다 더 큰 자입니다. 그의 개인적 재능이나 소명의 관점에서 볼 때 그렇다는 것이 아니라, . . . 그리스도의 계시의 정도에서 볼 때 그렇다는 것입니다. 세례 요한이 밝게 타는 빛처럼 나타나서, . . . (약속되었고 오랫동안 기다려왔던) 메시아의 오심과 그 왕국을 선포했던 때보다 오늘날 그리스도의 계시가 훨씬 더 분명하고 충만한 것입니다.

John was the Christ's herald sent immediately before his face to proclaim his coming and kingdom and prepare the people for the reception of him. . . . John was greater than any of the prophets that were before him, not in the respect of his personal graces and virtues(for who shall persuade us that he excelled Abraham in the grace of faith. . . . or Moses in meekness. . . . or David in faithfulness. . . . or Solomon in wisdom. . . ?), but in respect of the manner of his dispensation. . . . "But he that is least in the kingdom of heaven is greater than John" (Mat. 11.11; Luke 7.28). The least prophet in the kingdom of heaven, i. e., the least minister of the

Gospel since Christ's ascension, is greater than John; not in respect of the measure of his personal gifts nor in respect of the manner of his calling, but in respect of the. . . degree of the revelation of Christ, which is far more clear and full. . . than in the day when John the Baptist arose like a bright and burning light. . . proclaiming the coming and kingdom of the Messiah(which had oft been promised and long expected). (Bercovitch 1978, 13에서 재인용)

버코비치도 지적하고 있듯이, 댄포드는 그의 설교에서 영원의 관점에서 본 역사를 제시한다(Bercovitch 1978, 13). 믿는 자 모두는 그리스도 안에서 하나이고 뉴잉글랜드가 지닌 사명(errand)이라는 것도 다른 성인들의 사명에 다름 아니다. 결국 미국의 이 광야는 본질적으로 모세의 광야나, 세례요한의 광야와 다르지 않다. 마침내 "구약의 모든 것은 신약을 위한 사명이고, 그리스도께서 육신으로 오신 이후의 모든 역사는 재림을 위한 사명이다"(All of the Old Testament is an errand to the New; and all of history after Incarnation, an errand to Christ's Second Coming)라는 주장이 가능해지는 것이다(Bercovitch 1978, 14). 약속을 성취와 연결시키고, 모세를 요한과 연결시키고 또다시 요한을 댄포드 자신과 연결시킨다. 또한 구약을 신약과 연결시켜, 가나안에 있는 이스라엘 백성을 미국의 새로운 이스라엘 백성과 연결 짓는 구도이다.

엘리엇이 이러한 청교도들의 수사를 모를 리 없다. 엘리엇은 자신의 청교도적 자아(Puritan-self)와 거리두기의 한 방편으로서 세례요한을 회화화함으로써 청교도들의 이러한 수사 자체, 그 수사가 함의하는 청교주의 정신 자체를 거부하고 있다고도 볼 수 있다. 그러나 한편 이런 청교도들의 수사가 지닌 이중적이면서도 이데올로기적인 측면을 예리하게 간파하고 있으면서도 엘리엇은 초기 이주민들이 가질 수 있었던 희망과 가능성을 동경한 면이 없지 않다. 요한은 광야에서 메뚜기와 석청을 먹고 살았다. 차와 달콤한 아이스크림을 먹은 화자가 요한처럼 될 수 없음은 자명하다. 따라서 프루프록은 "차와 케이크와 아이스크림을 먹은 후/ 나는 그 순간을 위기로 몰아갈 힘이 있을까?"(Should I, after tea and cakes and ices,/ Have the strength to force the moment to its crisis?) 라고 자문할 수밖에 없는 것이다. 울고 단식하고 기도한

적이 있다 해도, 선지자도 아니고 선지자도 될 수 없다. 이 세대에는 순교를 하려고 해야 할 수도 없다. 요한은 이제 아무런 힘도 의미도 지니지 못한 채 무력하기 짝이 없는 모습으로, 더욱이 머리가 약간 벗겨진 채 쟁반 위에 받쳐져 나오는 모습으로 제시된다. 요한의 순교라는 것이 아무런 의미를 지니지 못하는 현실과 함께 오늘 날 요한이 등장한다 해도 더 이상 스스로 선지자라는 인식조차 가질 수 없는 현실을 꼬집고 있는 것이다. 이는 무력한 개인의 고백인 동시에 세속화된 사회에 대한 비판이다.

엘리엇 집안으로 대표되는, 또 그 자신도 거기서 결코 자유로울 수 없는 미국 청교도 수사를 비판할 때 엘리엇의 관심은 청교도들이 지닌 어떤 문제가 청교도 특유의 수사를 만들어내는가 하는 점에 모아진다. 그의 시에서 흔히 그려지고 비판되는 보스턴 속물 사회의 배경에는 청교도들의 진보지향적인 문화가 자리하고 있으며 이런 문화가 낳은 현재는 죽은 것일 수밖에 없다는 것이 엘리엇의 진단이다.

물론 이처럼 '죽은 현재에의 대항'이 엘리엇 시의 주요한 내용이라고 한다면 버코비치가 지적하듯, 이 대항이야말로 엘리엇 시를 청교도 탄가형태로 볼 수 있는 가장 주요한 증거가 될 수 있기는 하다.[5] 엘리엇 시는 처음부터 잘못 인도된 '죽은' 현재(misdirected 'dead' present)에 대항하는 것이라고 할 수 있기 때문이다.

　　　　환영(幻影)의 도시
　　　　겨울 새벽의 갈색 안개 밑으로
　　　　한 떼의 사람들이 런던교 위로 흘러갔다.
　　　　그처럼 많은 사람을 죽음이 망쳤다고 나는 생각도 못했다.
　　　　이따금 짧은 한숨을 내쉬며
　　　　각자 발치만 내려 보면서
　　　　언덕을 넘어 킹 윌리엄 가를 내려가
　　　　성(聖) 메어리 울노스 성당이 죽은 소리로
　　　　마침내 아홉시를 알리는 곳으로

---

[5] 버코비치는 '죽은' 현재에 대항하는 것을 청교도 탄가의 주요한 특징으로 보고 있다 (Bercovitch 1975), 184.

Unreal City,
Under the brown fog of a winter dawn,
A crowd flowed over London Bridge, so many,
I had not thought death had undone so many.
Sighs, short and infrequent, were exhaled,
And each man fixed his eyes before his feet.
Flowed up the hill and down King William Street,
To where Saint Mary Woolnoth kept the hours
With a dead sound on the final stroke of nine. (*CPP* 62)

삶과 죽음이 분리되지 않고, 구분되지도 않는, 삶도 죽음도 아닌 환영(幻影) 같은 현실, 그리고 이런 현실 속에서의 삶은 오히려 죽음보다 더한 지옥으로 그려진다. 어떻게 보면 엘리엇의 고민은 청교도 목사들의 고민과 유사하기도 하다. 청교도들이 그들이 처한 현실에 한탄하고 있듯이 엘리엇도 자신이 직면한 20세기 초 미국의 모습, 나아가 현대문명 전체에 대해 탄식한다. 그러나 엘리엇의 고민이 청교도들과 유사하기는 해도 그 성격이 정확히 같은 것은 아니다. 엘리엇이 볼 때 미국 청교도들은 현실을 개탄하지만 그럼에도 물질주의적 성공과 세속화에 만족하고, 그 진보를 믿었다. 즉 청교도들의 현실 비판은 종교적 신념과 세속적 성공을 결합한 진보에 대한 확고한 믿음에 근거함으로써 단순히 비관적으로 보기는 어렵다. 예를 들어 댄포드(Samuel Danforth)를 비롯한 청교도 목사들의 설교를 보면, 자신들이 맞고 있는 재난에 대한 설명으로 청교도 공동체의 결점을 들면서 시작하지만, 자신들에게 친근한 선례들을 불러일으키면서 결국은 신의 약속이 성취될 비전으로 끝맺는다(Bercovitch 1978, 16). 그러나 엘리엇은 청교도들의 수사에 내재되어 있는 이러한 낙관성에 동의하지 않는다. 사실과 이상 사이의 간격을 결코 손쉽게 해결될 수 있는 것으로 보지 않으며, "광야로의 탈출"(flight into the wilderness)이라는 뉴잉글랜드 청교도 선조들이 제시하는 사명 자체도 받아들이고 있지 않다. 오히려 그 반대로 엘리엇은 "유럽 문명에로의 사명"(errand into European civilization)을 택했다고 볼 수 있다(Childs 81).

사실, 엘리엇이 저항하는 '진보'라는 요소는 엘리엇 집안의 유니테리어니즘(Unitarianism)6) 속에 여실히 존재하고 있었던 미국청교도 탄가의 잔존물이 었다(Childs 81). 엘리엇이 1914년 유럽으로 떠나면서 유니테리어니즘과 결별하고, 하버드와 결별했던 이유도 같은 맥락에서 얘기될 수 있다. 미국에서 떠나기 하루 전날 밤, 엘리엇은 당시 자신이 회장이었던 하버드 철학클럽에서 다음과 같이 말했다.

나는 진보라는 개념의 중독적이고 자극적인 가치를 비난하려드는 것은 아니다. 나는 인류의 전진적이고 영원한 진보를 하나의 교리로 취하고 있는 교회에 속해있다. 이 문구가 의미하는 바를 이해하지는 못하더라도 열정을 바칠만한 가치를 지닌 것임을 인정한다. 우리가 열정이나 열정주의자들을 아무리 불신한다 해도, 그들을 반드시 지지해줄 수 있어야 한다. 사람들이 진보의 개념을 단지 노력을 위한 자극쯤으로 사용하는 한은 무해한 자극을 즐길 수 있다. . . . 그러나 진보를 뭔가 인간적 필요와 의미로부터 독립된 어떤 존재로 만드는, 그래서 오히려 인간의 필요와 의미가 그 존재에 의존하게 되는 그 순간, 인간은 사회의 실재를 장악할 힘을 잃어버리고, 지적인 주정뱅이가 되어버리는 것이다.

I do not plan to deprecate the alcoholic or stimulant value of the idea of Progress. I belong to a church of which one of the tenets refers to the Progress of Mankind onward and upward forever. I do not understand what this phrase means, but I acknowledge its value for enthusiasm; and however we may distrust enthusiasm or enthusiasts, we must not fail to provide for them. So long as people use the concept of Progress simply as an incentive to endeavor, they enjoy a harmless stimulant. . . . But as soon as a man makes of Progress something independent of human need and human meaning, something upon which these rather are dependent-then he is losing his hold upon social reality, he is become an intellectual drunkard.7)

---

6) 엘리엇은 유니테리어니즘도 청교주의의 좀 더 속화된 형태로 보고 있다. 애초 청교주의가 지니고 있던 예정설과 인간의 자유의지라는 모순된 전제에서 인간의 자유의지를 극단으로 밀고 간 것이 초월주의라고 본다면 그 예정설의 전면부정은 유니테리어니즘에서 발견된다고 볼 수 있다.
7) T. S. Eliot, "Relation between Politics and Metaphysics," Eliot Collection (Houghton Library, Harvard University), 11-12. Childs 82에서 재인용.

차일즈가 지적하고 있듯이 이것은 대문자 P로 기술되는 '진보'(Progress)에 대한 일종의 분명한 공격이었다(Childs 82). 진보라는 개념이 인간의 필요를 위해 일하는 것이 아니라 그 자체로 독립적인 기능을 하면서 오히려 인간이 진보 자체를 위해 일하도록 만드는 현실을 비판하고 있는 것이다. 하지만 엘리엇의 공격은 유니테리어니즘에만 한정된 것은 아니다. 사실 엘리엇은 인간의 역사에서 거론되는 '진보'(progress) 그 자체에 반대한다. 청교도 유산 속에 내재하는 진보에 대한 비판은 엘리엇의 현실 비판이 20세기 사회와 경제 비판으로 호소력을 띠는 주요한 이유이기도 하다. 엘리엇은 청교도 안에 내재된 이 '진보' 개념을 간파하고 있을 뿐 아니라, 이것을 미국뿐 아니라 현대가 안고 있는 문제의 핵심 원인으로 인식하고 있다. 일련의 "Sweeney" 시편들에서는 미국인이든 유럽인이든 미래에 대해 낙관적인 이들을 아주 재치 있고도 신랄하게 비판하고 있다. "Sweeney Erect"에서는 이러한 진보에 대한 믿음의 대변자로서의 에머슨(R. W. Emerson)을 겨냥하고 있다

(한 인간의 길어진 그림자가
역사라고 에머슨이 말했다
하지만 그는 스위니의 실루엣이 햇볕 속에서
성큼성큼 걷는 것을 본 일이 없었다.)

(The Lengthened shadow of a man
Is history, said Emerson
Who had not seen the silhouette
Of Sweeney straddled in the sun.) (*CPP* 43)

이는 청교주의에서 초월주의로 이어지는 미국 특유의 낙관성에 대한 반감을 표명하고 있는 것이다.8) 이 대목은 에머슨의 『에세이』(*Essays*)에서 얘기되는 근본적인 두 가지 생각에 대한 비난이 될 수 있다. 즉 엘리엇은 에머슨의 자아(self)의 개념과 인간 양심의 순수성에 대한 믿음을 비판하고 있다. 위의 시구는 에머슨의 「자립」("Self-Reliance")의 다음 구절에서 옮겨온 것이다.

---

8) 엘리엇은 초월주의가 청교주의의 변모라고 보고 있다. Eliot, "American Literature" 236 참조.

진정한 인간은 하나의 근원이며, 한 나라이며 한 시대이다; (그는) 그의 계획을 완전히 실현하기 위해서 무한한 시간과 공간을 필요로 한다, 후손들은 졸개의 행렬처럼 그의 발자취를 따르는 것 같다. 카이사르라는 한 사람이 태어나고 이후 수세기 동안 로마제국을 따르게 된다. 그리스도가 태어나고 수백만이 일어나 그 천재에게 매달리는 바람에 그는 인간의 미덕과 가능성으로 혼동된다. *하나의 제도는 한 인간의 길어진 그림자이다*; 은둔자 앤쏘니의 수도원제도; 루터의 종교개혁; 폭스의 퀘이커교; 웨슬리의 감리교; 클락슨의 노예제 폐지. 밀턴이 "로마의 최고"라고 불렀던 시피오 장군; 모든 역사는 소수의 강하고 열성적인 사람들의 전기로 쉽게 설명할 수 있다.

> Every true man is a cause, a country, and an age; requires infinite spaces and numbers and time fully to accomplish his design; -and posterity seem to follow his steps as a train of clients. A man Caesar is born, and for ages after we have a Roman Empire. Christ is born, and millions of minds so grow and cleave to his genius that he is confounded with virtue and the possible of man. *An institution is the lengthened shadow of one man;* as Monarchism, of the Hermit Anthony; the Reformation, of Luther; Quakerism, of Fox; Methodism, of Wesley; Abolition, of Clarkson. Scipio, Milton called "the height of Rome"; and all history resolves itself very easily into the biography of a few stout and earnest persons. (Emerson, 185 인용자 이탤릭 강조)

여기서 엘리엇은 "institution"을 "history"로 바꿈으로써 오히려 에머슨의 의미를 분명히 해주는 면이 있다. 또한 그렇게 함으로써 엘리엇은 에머슨의 에세이 처음 두 장에 나오는 「역사」("History")와 「자립」("Self-Reliance") 두 글 모두를 문제 삼고 있는 것이 아닌가 싶다. 에머슨은 소위 '영웅사관'(great men theory of history)을 지지하고 있는데, 엘리엇에게는 이런 역사관이 터무니없는 것으로 보였을 것이다. 에머슨은 위대한 인물들뿐 아니라 스위니들 또한 자신들의 그림자를 드리운다는 사실을 깨닫지 못하고 있는 것 같다. 하지만 '스위니의 실루엣이 햇볕 속을 걷는 것'을 이미 보아 버린 엘리엇에게는 인간 영혼의 무한한 능력에 대한 에머슨의 믿음이 참으로 순진(naive)하게 보였을 것이다. 그리고 무엇보다도 에머슨의 인간의 죄와 악에 대한 도외시는 완전히 정도를 벗어난 것으로 여겨졌을 것이다(Cook 223-26). 에머슨이 믿기에 유일하게 선한 것은 자립 (self-reliance), 양심(conscience) 또는 도덕적 정서 (moral sentiments)에 순종하는 것이고, 유일하게 악한 것은 이러한 정서를 위반하는 것이다. 에머슨의 이러한 도덕적 견해는 인간의 본성이 순수하고 건강하고 선하다고 믿는 것을 전제한다. 엘리엇의 관점에서 보면 에머슨은 스위니의 동물적인 영혼을 결코 보지 못했다는 얘기가 된다.

다시 말해서 엘리엇의 에머슨에 대한 반대는 인간의 완전성에 대한 믿음에 반대, 인간 양심의 선함을 믿는 것에 대한 반대로 요약될 수 있다. 엘리엇의 입장에서 보면 에머슨은 악의 실제, 무비판적인 휴머니즘의 한계를 결코 제대로 인식하지 못하고 있는 것이다. 엘리엇이 이처럼 인간의 완전성에 대한 믿음이나 인간의 양심의 선함을 믿는 것에 대해 반발하는 데에는 단순히 깔뱅주의 특유의 종교적 차원의 문제만으로 한정할 수는 없다. 엘리엇은 당대 미국사회에 팽배한 맹목에 가까운 지나친 낙관주의가 인간의 힘으로 모든 것이 가능하다고 믿는, 즉 인간의 이성이나 과학에 대한 무조건적인 믿음에서 비롯된다고 판단하기 때문이다. 엘리엇의 관점에서 보자면 에머슨의 결점은 미국의 한계이기도 하다. 에머슨은 "보스턴 지평의 편협함"(the narrowness of Boston horizon)을 드러내주는 상징으로 사용되고 있을 뿐이다(Eliot, "Review of Henry Adams: A Sceptical Patrician" 361). 엘리엇 비평의 대상은 에머슨주의(Emersonianism)이지 단지 에머슨인 것만은 아니다.

엘리엇은 호손의 위대성을 논하는 자리에서 그 위대성의 한 증거로 호손이 에머슨류의 초월주의에 매몰되지 않았던 것을 삼고 있다. 그리고 호손이 초월주의로부터 독립적일 수 있었던 이유로 어스킨(Erskine) 의 설명을 그대로 인용하고 있다.

> 그는 신비적이지 않다.... 그는 철학척인 실험가였다. 그의 방법에는 어떤 종류의 선입관이나 낙관주의가 끼어들 여지가 없었다. 초월주의자들은 자신들이 그렇다고 여겼지만, 호손이야말로 진정한 탐구자였고, 초연한 관찰자였다.

He was no mystic. . . . He was a philosophical experimenter, in whose method was no room for **optimism** or for prepossessions of any kind. He was really the questioner, the detached observer, that other Transcendentalists thought they were. (Eliot, "American Literature" 237. 인용자 강조)

그리고 엘리엇은 다음과 같이 덧붙인다.

에머슨도 다른 누구도 도덕적인 삶의 진정한 관찰자는 아니었다. 호손 이야말로 그랬다. 그는 진정한 리얼리스트였다.

Neither Emerson nor any of the others, was a real observer of the moral life. Hawthorne was, and was a realist.

이처럼 호손이 대표하는 '도덕적인 삶의 진정한 관찰자, 진정한 리얼리스트'와는 달리 엘리엇이 문제 삼는 에머슨류의 초월주의자들의 한계는 그들의 낙관성에 기초하여 삶을 제대로 보지 못하고 있다는 데 있다. 사실 "Nature" 서두에서 주장하는 에머슨의 미국적 자아라는 것은 유럽의 과거뿐 아니라 청교도들의 암흑지대에서 벗어난 전혀 새로운 시공간을 상징하는 미국의 자연을 배경으로 삼는다. '투명한 눈알'(transparent eyeball)에 관한 명상 또한 유럽으로부터 이어지는 역사는 물론 미국 청교도 역사라는 짐까지 떨쳐 버린 빈 벌판에서 이루어진다는 사실은 의미심장하다.9) 이러한 사실은 청교도 역사라는 짐에서 한 치도 벗어나지 못한 호손이나, 늘 이 짐에 가위눌리는 현대 미국 작가들, 특히 엘리엇과의 차이점을 만들어 내는 요소이기도 하다.

분명한 것은 엘리엇이 주로 자신이 경험한 기독교 문명사회에 대한 혐오

---

9) 에머슨의 "Nature"의 다음 대목 참조.

'Standing on the bare ground, -my head bathed by the blithe air and uplifted into infinite space, -all man egotism banishes. I become a transparent eyeball; I am nothing; I see all; the currents of the Universal Being circulate through me; I am part of parcel of God: The name of the nearest sounds then foreign and accidental; to *be* bothers, to be acquaintances, master or servant, is then a trifle and a disturbance. I am the lover of uncontained and immortal beauty. In the wilderness, I find something more deer and connate than in streets or villages. In the tranquil landscape, and especially in the distant line of the horizon, man beholds somewhat beautiful as his own nature.' (Emerson 39)

와 거부를 그려내는 일련의 시들에서 유니테리어니즘이나 초월주의 모두의 공통된 속성을 비판하고 있다는 것이다. 물론 에머슨의 초월주의를 사회와의 관계 속에서 살펴보자면 이는 유니테리어니즘에 대한 대항이요, 상업주의에 대한 반발이었다(Miller 198). 에머슨은 소로우(H. D. Thoreau)와 함께 당대의 물질주의와 상업주의적인 경향에 대해 매우 비판적이었다. 한편으로 엘리엇의 보스턴 사회에 대한 반발이라는 것도 사실 에머슨의 반발과 크게 다르지 않을 수 있다. 그럼에도 주목해야할 것은 엘리엇이 유니테리어니즘 못지않게 에머슨의 초월주의에도 반대하고 있다는 사실이다. 결국 유니테리어니즘과 초월주의 모두의 공통된 특성을 상정하고 있으며 이를 비판하고 있다고 볼 수 있다. 엘리엇은 유니테리어니즘이나 초월주의의 기반을 얄팍한 낙관주의(shallow optimism)라고 생각한다(Clendenning 212). 어쨌든 엘리엇이 보기에, 이러한 낙관주의를 가능하게 하는 힘은 과학과 이성의 이름으로, 또는 그것이 이성(reason)이 되었든 대령(Over-Soul)이 되었든 불완전한 인간적인 것이 절대(absolute)를 대신할 수 있다는 믿음이다. 엘리엇은 이런 에머슨류의 믿음이 지닌 위험성, 나아가 부정적 의미에서의 인간중심 사회를 비판하는 것이다. 에머슨의 이름이 명시되는 또 한편의 시가 있다.

    낸시 엘리코트 양은
    언덕을 가로질러 내달리며 뭉갰다.-
    황폐한 뉴잉글랜드 언덕을-
    사냥개를 앞세워
    목초지 너머로

    엘리코트 양은 담배를 피웠고
    온갖 현대적인 춤을 추었다.
    그녀의 아줌마들은 어찌해야 할 바를 알지 못했지만
    어쨌든 그것이 현대적인 것만은 알았다

    찬란하게 빛나는 서가(書架)위에서 지켜보고 있나니
    매튜와 왈도, 신앙의 수호자들이,
    변할 수 없는 율법의 군대가.

Miss Nancy Ellicott
Strode across the hills and broke them,
Rode across the hills and broke them-
The barren New England hills-
Riding to hounds
Over the cow-pasture,
Miss Nancy Ellicott smoked
And danced all the modem dances;
And her aunts were not quite sure how they felt about it
But they knew that it was modem

Upon the glazen shelves kept watch
Matthew and Waldo, guardians of the faith,
The army of unalterable law. (*CPP* 30)

　이「사촌 낸시」("Cousin Nancy")는 엘리엇의 다른 주요한 시들에 비해 비교적 덜 주목받아온 시이지만 엘리엇의 청교주의적인 특성을 논하는 본 논의에서는 중요한 시사점을 제공하는 시이다. 조금만 주의 깊게 보아도 이 시가 짧지만 결코 단순하지 않은 작품임은 쉽게 알 수 있다. 이 시에는 청교주의 역사와 아놀드로 대표되는 19세기 영국 문화와 동시대 미국의 에머슨 등 어느 한 가지도 쉽게 정리되기 어려운 논의들이 서로 무관하지 않게 얽혀 있다. 또한 제목에서 명시하듯 이 시의 주인공인 낸시라는 인물은 화자의 사촌이다. 결국 이 모든 이야기가 엘리엇 집안의 이야기이자 자신의 이야기인 것이다. 다소 풍자적인 분위기를 풍기지만 매우 착잡하고 곤혹스러운 엘리엇의 심정을 엿볼 수 있는 시이기도 하다.

　먼저 낸시의 엘리코트(Ellicott)라는 성은 뉴잉글랜드 역사가들에게 유명한 실존인물인 엔디코트(John Endicott)와 엘리엇 자신의 성을 결합해서 만든 것이라고 볼 수 있다(Oser 42). 엔디코트는 매사추세츠 주의 첫 번째 지사이며, 호손이「메리 마운트의 오월제 기둥」("The May-Pole of Merry Mount")에서 언급하고 있듯이 "청교도 중의 청교도"(the Puritan of Puritans)라고 할 수 있는 인물이다. 엘리엇은 호손이 제목을 부치는 데도 천재적 재능이 있음을 지적하면서「엔디코트와 붉은 십자가」("Endicott and the Red Cross")를 그 예로 든 적이 있다(Eliot, "American Literature" 237). 따라서 엘리엇이 엔디코트라는 이름을 몰랐을 리 없으며 엘리코트라는 이 이름을 생각해낼 때 실존인물인 엔디코트는 물론 호손의 등장인물 엔디코트까지도 염두에 두었을 것이다. 영국 군기에서 붉은 십자가를 뜯어낸 과격한 엔디코트의 행동을 일종의 반란(rebellion)으로 볼 수 있듯이 담배를 피우고 모든 현대적 춤을 추는 낸시 엘리코트의 행위도 반란으로 간주할 수 있겠다. 동시에 낸시는 엘리엇의 행동이 투사된 분신으로 볼 수 있는 면이 있다. 아줌마들을 화나게 할 만큼 반항적인 낸시처럼 보스턴 사회에 염증 난 엘리엇 자신도 사회적 관습에 맞서 반항적으로, 일명 '현대적'인 활동에 가담하기도 했다. '황폐한 뉴잉글랜드 언덕'(the barren New England hill)이라는 구절에서도 엿볼 수 있듯이, 그 황량한 들판을 누비고 다니는 낸시와 황폐한 보스턴 사회에 저항하는 엘리엇은 어딘가 닮은 점이 있다는 것이다. 그러나 한편으로 낸시가 '내달려 뭉개고 다니는 언덕'(strode across the hills and broke them)이라는 구절에서 아우구스티누스(St. Augustinus)의 '신의 도시'(City of God)를 세속에서 구현하려는 신대륙공동체의 이상을 담은 윈스럽(John Winthrop)의 '언덕 위의 도시'(a city upon a hill)를 떠올리게 된다면 비약일까? 청교도 중의 청교도 엔디코트의 후예인 낸시 엘리코트는 그 언덕을 가로질러 뭉개고 다닌다. 짧지만 결코 단순치 않은 청교주의 역사를 떠올릴 수도 있는 대목이다.

또 다른 각도에서 생각해 보면 호손이 그리고 있는 엔디코트의 시대와 호손 당대의 공통점, 나아가 엘리엇의 시대까지 이어지는 악한(vicious) 세태를 그리고 있다고 볼 수도 있다. 엘리코트와 엔디코트 시대의 공통점, 즉 낸시가 살고 있는 오늘날의 뉴잉글랜드와 엔디코트의 뉴잉글랜드가 별 차이 없이 꼭 같이 속물적이고 타락했음을 드러내고자 하는 의도일 수 있다는 것이다. 낸시의 시대와 과거와의 질긴 끈 같은 것, 그리고 과거 뉴잉글랜드에서 행해진 부도덕한 행위들이 낳은 오늘날의 뉴잉글랜드 상황이 시 속에서 그려지고 있다고 볼 수도 있다.

다른 한편으로 부시(Ronald Bush)는 이 시의 '사냥개를 앞세워'(Riding to hounds)라는 구절과 엘리엇의 「낭만주의적 귀족」("A Romantic Patrician")이라는 글에서 윈담(G. Wyndham)에 대한 설명 중 "도원경을 바라보듯 경이로움에 차서 세상을 바라보며 사냥개를 앞세워 글을 써 내려가는 낭만주의적 귀족"(a Romantic, riding to hounds across his prose, looking with wonder upon the world as upon a fairyland)이라는 대목의 일치를 지적한다(Bush 22-23). 사촌 낸시가 황폐한 뉴잉글랜드 언덕을 동화(fairy tales)로 변형하기 위해 "현대적"(modern) 자세를 취하는 방식은 윈담이 "현실세계"(the real world)를 자신의 이상세계로 바꾸는 방식과 일치한다는 것이다. 낸시의 서가에 꽂혀있는 에머슨과 아놀드는 각각 19세기 미국과 영국에서 지성의 대표자요, 어떤 점에서는 낭만주의의 대변자이기도 하다. 아주 단순하고 조야하게 표현한다면 엘리엇은, 종교를 대신할 수 있는 문학을 주장하는 아놀드나 대령(Over-Soul)을 표방한 인간이 신 (God)이라는 절대를 대신할 수 있다는 에머슨의 생각, 그리고 그것을 근대성으로 받아들이는 낸시의 사회에 대한 비판을 겸하고 있는 것이다.

에머슨과 아놀드가 취하는 낭만적 내지 낙관적 전망, 그리고 나아가 낸시로 대표되는 미국 청교도들(또는 청교도 후예들)이 지닌 문제점은 엘리엇이 보기에는 현대 휴머니즘의 약점 내지 결점과도 연결될 수 있는 성질의 것이다.[10] 애초에 원죄론을 기본교리로 삼아 출발했던 미국 청교도들이 역설적이게도 탄가라는 낙관적 수사를 통해 죄의식을 지워버리며 발전시킨 문명은 결국에는 휴머니즘이란 이름의 전혀 다른 얼굴을 갖게 되는 것이다.

휴머니스트들의 가장 큰 특징이라면 인간이나 자연의 불완전성에 대한 믿음을 거절하는 것이다(Hulme 3-23). 현대 휴머니스트들은 인간은 완벽하고 따라서 무한한 발전을 할 수 있다고 믿는다. 이런 관점에서 볼 때는 각 발전의 단계는 정도의 차이일 뿐이고 항상 더 나은 정도가 있기 때문에 이 발전은 언

---

10) 엘리엇은 아놀드를 소위 현대 휴머니즘이라고 부르는 것의 선구자라고 지적한다. "Arnold is rather a friend than a leader. He was a champion of 'ideas' most of whose ideas we no longer take seriously. His culture is powerless to aid or to harm. But he is at least a forerunner of what is now called humanism, . . . how far Arnold is responsible for the birth of Humanism would be difficult to say; we can say that it issues very naturally from his doctrine, that Charles Eliot Norton is largely responsible for its American form, and that therefore Arnold is another likely ancestor." ("Arnold and Pater")(*SE* 433-4.)

제나 거듭될 수 있다. 또한 인간의 완전성을 믿는 이들은 더 이상 그 어떤 외적인 권위에 의해서도 통제 받으려 하지 않는다. 이런 점에서 볼 때, 엘리엇이 지적하듯, 인간의 이성을 강조하는 모든 휴머니스트들은 개인주의자(individualist)라고 할 수 있다. 자신의 사적인 개념이나 판단-사실 이것은 상당히 불안정한 것인데-이외에는 자기 자신을 통제할 그 어떤 것도 남지 않게 되며 이 시점에서 현대 휴머니스트들에게는 악의 문제가 사라지는 것이다. 따라서 죄의 개념도 사라진다고 볼 수 있다(SE 49). 엘리엇이 우려하는 바는 바로 이 점이다. 휴머니즘 자체에 반대하는 것은 아니라고 하면서도 결국 원죄와 절대(Absolute)의 부정이 엘리엇이 휴머니즘을 문제 삼는 핵심임을 밝힌다(SE 491).

1928년 엘리엇이 스스로를 규정하는 "문학에서는 고전주의자요, 정치에서는 왕당파, 종교에 서는 영국정교도"(classicist in literature, royalist in politics, an anglo-catholic in religion)(*For Lancelot Andrews* ix)라는 진술도 이런 맥락에서 이해해야 한다. 자유 진보주의 일변도의 당대 사회에서 굳이 하지 않아도 좋을 이러한 선언의 저변에 깔린 엘리엇의 진정한 의도를 생각해 보아야 한다. 당대 미국문화의 중심이 되었던 보스턴 사회의 중추 역할을 담당하였던 것은 자유주의 성격을 띤 유니테리어니즘이었다고 볼 수 있다. 그리고 엘리엇의 유니테리어니즘과의 충돌에서 가장 쟁점이 되었던 것은 다름 아닌 '원죄의 부정'이었다(Sigg 5-6). 엘리엇의 기준에 의하면 원죄의 인정 여하에 따라 고전주의와 반고전주의로 나뉠 수 있다. 고전주의란 원죄를 믿는 것, 엄격한 훈련(discipline)의 필요를 믿는 것이다. 그 반대는 휴머니즘으로 인간 본성의 선함을 믿는 것이다. 엘리엇이, 신학이 원죄를 포기한 것을 문제 삼는 것은, 바로 이것이야말로 현대 문명을 그가 잘못이라고 간주하는 것으로 이끌었기 때문이다. 엘리엇은 이런 잘못들에 낭만주의, 민주주의, 프로테스탄티즘이라 이름 붙이고 있다. 어떤 면에서는 휴머니즘이나 미국 계몽주의에서 태어난 이성이란 신(神)이 엘리엇 비판의 주요대상인 것이다. 이런 관점에서 볼 때, 엘리엇이 자신과 자신의 가문의 수사에 대한 저항을 기점으로 미국 청교주의의 낙관적, 진보 지향적 수사에 대한 비판과 더불어 20세기 문명 비판으로 이어가는 이 대목에서 문제의 근원을 '원죄의 부정'이라는 한 점으로 몰아가는 것도 그리 의아한 일은 아닌 것이다.

3. 결론을 대신하여

엘리엇은 그의 문학적 작업을 통해서 자신이 직면한 현대 미국 사회를 비판하면서 20세기 미국을 이루고 있는 정신 또는 이데올로기라고도 할 수 있는 구체적 내용이 무엇인가에 대한 고찰을 시도한다고 볼 수 있다. 그는 미국 문명에 내재한 질병을 비단 미국만의 문제라고 생각지 않고 유럽을 포함한 서구 전반의 문제로 보면서 그 근원까지 캐묻는다. 그리고 그 시발점을 영국 '청교주의 혁명'으로 삼는다. 이 혁명을 문제 삼는 저변에는 종교적 혁명의 이름으로 행해진 정치적·경제적 혁명의 부정성, 속물주의 (Philistinism)로 변모할 가능성이 있는 청교주의의 양면성에 대한 저항이 자리하고 있다. 사실 유럽대륙에서 시작된 청교주의 운동은 아메리카라는 신대륙에서 더욱 부정적인 면모를 띠며, 버코비치의 지적대로 뉴잉글랜드는 분명 근대 자본주의 세계의 전초기지가 되었다고도 생각할 만하다(Bercovitch 1978, 20).

어떤 점에서 보면 엘리엇이 겨냥하는 것은 좁은 의미의 미국 청교주의만은 아니다. 크게 보면 그것이 초월주의이든 유니테리어니즘이든, 또는 계몽주의나 자유주의이든, 휴머니즘이든 여러 가지 이름으로 여러 가지 형태로 그 모습을 바꿔가며 현대까지 이어져온 이 청교주의 운동의 부정적 양상으로서 엘리엇이 보아왔던 것이다. 그리고 본고에서 주목하는 것은 이러한 부정적 양상에 대한 엘리엇의 저항은 어디까지나 엘리엇의 시인으로서의 관심사를 크게 벗어난 것이 아니며, 언제나 그의 시와의 연장선상에서 이루어졌다는 점이다. 이런 관점에서 생각해 볼 때, 미국 청교도들의 수사에 대한 엘리엇의 관점은 지극히 당연한 것이며 자신에게 미친 이 수사의 영향에 대해 엘리엇이 보이는 예민함 또한 그리 놀라운 것은 아니다.

청교주의 수사가 지닌 진보 지향적 낙관성에 대한 엘리엇의 반대는 한편으로 에머슨에 대한 비판으로도 이어진다. 물론 엘리엇의 보스턴 속물사회에 대한 비판이나 획일적 개인주의에 대한 반대는 에머슨과도 같은 선상에 있는 것임을 부정하기 어려우며 엘리엇 자신 이에 대해 전혀 모를 리 없다. 그럼에도 엘리엇은 그 에머슨주의가 지닐 수 있는 위험, 즉 자본주의적 산업화의 기본신념을 대변함으로써 오히려 당대 사회를 지탱하는 논리가 되어버릴 수 있는 데 대한 경계를 보여준다. 실제로 에머슨의 주장이 어떠한 것이든 결과적으로 엘리엇 당대에서 바라볼 때 에머슨의 영향력은 미국의 개인주의를 공고히 하고, 자본주의를 강화시켜준 요인이 되어버렸기 때문이다.

엘리엇의 초기 시에 존재하는 모순이나 갈등의 대부분은 미국 청교도들의 모순에 다름 아니다. 따라서 청교도에 대한 비판과 관련하여서도 객관적 거리를 유지하거나 엄정해지기가 쉽지 않았을 듯싶다. 미국 청교도들에 대한 엘리엇의 비판은 당대 사회의 과학적 합리성과 물질주의에 대한 반발로 나가고 있다. 이 과정에서 엘리엇은 현대인의 원죄의식의 회복이라는 일종의 해결책을 제시한다. 이와 같은 엘리엇의 원죄의식의 강조는 미국 청교주의적인 그의 선민의식 내지 엘리트 의식에서 발현되었다고 설명할 수 있다. 그러나 그러한 설명과는 상관없이 과연 이것이 얼마나 과학적이고 제대로 된 인식인지는 여전히 더 천착해 볼 만한 문제이다. 더 나아가 엘리엇의 미국 청교주의 비판이 얼마나 객관적이고 철저한 것이었는가 또한 여전히 남는 문제이다.

그러나 이러한 남는 문제나 여전히 해결되지 못한 엘리엇의 갈등이나 모순에도 불구하고 우리가 결코 소홀히 할 수 없는 것은 그의 시속에 내재하는 팽팽한 긴장감과 전율이 이루어내는 시적 성취이다. 이 긴장감이야말로 그 어느 것보다 그의 시에 활력을 불어넣고 그것을 돋보이게 하는 매력으로 작용한다.

참고문헌

이창배 역. 『T. S. Eliot 전집』. 서울: 민음사, 1988.
황동규 역. 『황무지』. 1974. 서울: 민음사, 2000.
Bercovitch, Sacvan. *The American Jeremiad*. Madison: U of Wisconsin P, 1978.

_____. *The Puritan Origins of American Self.* New Haven: Yale UP, 1975.

Bush, Ronald. *T. S. Eliot: A Study in Character and Style.* New York: Oxford UP, 1983.

Childs, Donald. "American Dissent/ Descent." *Cohesion and Dissent in America.* Ed. Carol Colatrella. Albany: State U of New York P, 1994. 77-94.

Clendenning, John. "Time, Doubt and Vision: Notes on Emerson and T. S. Eliot." *Critical Essays on T. S. Eliot: The Sweeney Motif.* Ed. Kinley E. Roby. Boston: G. K. Hall & Co, 1985. 210-20.

Cook, Robert G. "Emerson's 'Self-Reliance', Sweeney, and Prufrock." *Critical Essays on T. S. Eliot: The Sweeney Motif.* Ed. Kinley E. Roby. Boston: G. K. Hall & Co, 1985. 43-47.

Emerson, R. W. *Selected Essays.* Ed. Larzer Ziff. New York: Penguin, 1982.

Eliot, T. S. "American Literature." *The Athenaeum* 4643 (25 April, 1919): 236-7.

_____. *The Complete Poems and Plays of T. S. Eliot.* London: Faber & Faber, 1969.

_____. *For Lancelot Andrews: Essays in Style and Order.* London: Faber & Gwyer, 1928.

_____. *Poems Written in Early youth.* New York: Ferrar, Straus and Giroux, 1967.

_____. "Review of Henry Adams; A Sceptical Patrician." *The Athenaeum* 4647 (May 1919): 361-2.

_____. *Selected Essays.* 1932; London: Faber & Faber, 1980.

Hall, Donalds. "The Art of Poetry 1: T. S. Eliot, an Interview." *Paris Review* 21 (Spring-Summer 1959).

Hulme, T. E. *Speculations: Essays on Humanism and The Philosophy of Art.* Ed. Herbert Read. 1924. London: Routledge & Kegan Paul, 1960.

Hawthorne, N. "Endicott and the Red Cross." *Nathaniel Hawthorne's Tales.* Ed. McIntosh. New York: Norton, 1987.

Miller, Perry. *Errand into the Wilderness.* Cambridge, Massachusetts: The Belknap Press of Harvard UP, 1956.

Oser, Lee. *T. S. Eliot and American Poetry.* Columbia & London: U of Missouri P, 1998.

Sigg, Eric. *The American T. S. Eliot: A Study of the Early Writings.* Cambridge: Cambridge UP, 1989.

제3부 예술 藝術

엘리엇의 모더니즘: 고급문화와 대중문화의 대립과 통합

| 권승혁 |

1

엘리엇(T. S. Eliot)을 모더니즘을 대표하는 시인, 극작가, 비평가라고 평가하는 많은 비평가들은 모더니즘과 대중문화를 서로 대조적인 문화 또는 전혀 관계없는 문화로 정의한다. 엘리엇의 제자이며 동시에 비판적인 옹호자인 클레멘트 그린버그(Clement Greenberg)는 「아방가르드와 키치」("Avant-Garde and Kitsch")에서 "같은 문명이 동시에 엘리엇의 시와 '틴 팬 앨리'의 노래(a Tin Pan Alley song)와 같은 두 가지 상이한 것들을 동시에 만들어 내었음에도 불구하고" 이 둘 사이에는 아무 관계가 없다고 주장한다(3). 존 케리(John Carey)는 『지식인들과 대중』(*The Intellectuals and the Masses*)에서 "모더니스트 문학과 문화가 작동한 원칙은 대중을 배제하는 것이며, 그들의 권력을 타파하는 것이며, 그들이 읽고 쓸 수 있는 능력을 박탈하는 것이며, 그들의 인간성을 부정하는 것이었다"(21)고 주장한다. 케리처럼 대중문화와 엘리트 문화를 엄격하게 구분하지 않았던 안드레아스 휘센(Andreas Huyssen)은 『거대한 분열 이후』(*After the Great Divide*)에서, "현대 대중문화의 침탈로부터 고급예술의

---

* 이 논문은 『T. S. 엘리엇 연구』 16 (2006)에 「엘리엇의 초기시와 대중문화」로 게재되었던 것을 수정한 것임.

순수성을 구하는 것이 엘리엇과 오르테가 이 가셋(Ortega y Gasset)의 임무였다"라고 거듭해서 강조했다(163). 엘런 베리(Ellen E. Berry)는 엘리엇과 파운드를 "제도화된 예술의 자율성과 완전성"을 보전하고 "진정한 예술과 엉터리 대중문화 사이의 경계"를 강화하고자 애쓴 작가들이라고 평가한다. 여러 비평가들의 평가를 근거로 하자면, 20세기의 영문학사에서 엘리엇은 리차즈(I. A. Richards), 리비스(F. R. Leavis)와 같은 신비평가들과 더불어, 신성한 고급문화를 저급한 문화의 오염으로부터 지켜내려고 노력하는 영웅으로 볼 수 있다.

나드 겐드런(Bernad Gendron)은 모더니즘을 "자율적인 예술의 이상에 몰두하고," "정치와는 아무 상관없으며," "미학적인 목적에만" 충실한 예술로 규정지었는데(5, 19), 이러한 특징을 가진 모더니즘의 전령사였던 엘리엇의 작품에 이와 전혀 관련 없어 보이는 대중문화 또는 하층문화의 요소나 이에 대한 언급이 전혀 없지 않다는 것은 분명하다. 엘리엇은 「여인의 초상」("Portrait of a Lady")에서 대중문화를 대표하는 신문에 실린 선정적인 세상이야기, 만화 또는 스포츠 기사나, 살인, 사기 등을 다룬 자극적인 기사로 세상을 이해하는 현대도시인을 제시한다. 그리고 『황무지』(The Waste Land)의 3부인 「불의 설교」에서 시정배와의 의미 없는 성교를 끝낸 여성타자수가 "축음기 위에 레코드판을 올려놓는" 장면은 생명력 없는 대중문화의 예로 받아들여진다. 이 시 구절은 직장 상사가 불러주는 글을 기계적으로 타자하는 여성타자수가 경험하는 성교는 기계적으로 같은 소리를 반복적으로 재생하는 축음기의 기능과 같이 현대문명의 물화된 상태를 나타내는 비유로 사용되었다고 이해되어진다.

오랫동안 많은 비평가들과 이론가들은 엘리엇이 그의 시에서 재현하고 있는 현대 도시의 유기적 문화의 상실 또는 문화공동체의 파괴와 생명력 없는 문화와 개인의 정체성 혼란 등의 문제를 19세기 중엽 이후 새롭게 등장한 대중들과 그들의 문화와 연계지어 설명하고자 하였다. 그들은 대중과 대중문화라는 개념을 사회 병리적 현상으로 파악하여 이를 응징하거나 교육을 통해 대중문화의 질을 향상시키려는 입장을 취하였다. 이러한 입장을 취한 대표적인 인물들로는 거칠고 세련되지 못한 노동계급의 대중문화를 문화의 무정부 상태로 본 매슈 아놀드(Matthew Arnold)나, 대중문화를 평준화와 하향화의 속성을 지닌 추방되어야 할 위험스러운 해악으로 간주한 리비스가 있다. 이들은 공통적으로 바람직한 사회와 문화의 모델을 산업혁명 이전의 자연스런 농촌 공동체와 유기체적인 전통문화에 두었다. 특히 리비스에 따르면, 대중문화는 곧장 중독적 약물이나 자위행위에 다름 아니기에, 이를 퇴치할 학교와 인문학적 지식인의 책임이 강조된다. 마르크스주의라는 이념적 입장에서 출발하였던 프랑크푸르트학파 역시 대중문화를 사회변혁을 가로막는 해악적 상품과 이데올로기로 파악한다는 점에서 리비스주의와 유사한 결론을 내린다.

그러나 최근의 문화 이론가들은 대중문화를 고급문화와 대조하여 정의내리는 대신에, 대중문화를 어떤 본질적이거나 고정된 형태를 갖추고 있는 것이 아니며, 한 사회 내에서 계속적으로 작용하는 다양한 힘들에 의해 구성되거나 생성되는 것이라고 규정한다. 레이몬드 윌리엄스(Raymond Williams)는 『주제어』(Keywords)에서 문화를 정의하는 것은 상당히 어려운 일이라는 단서를 달고, 문화를 크게 세 가지로 나누어서 논한다. 우선, 전통적 의미로서의 문화는 "지적이며 정신적이며, 미학적인" 발전의 일반적인 과정이라는 개념이다. 둘째로, 인류학적 의미에서 논의되는 문화는 "한 인간이나 시대 또는 집단의 특정 생활방식"을 지시한다. 셋째로, 문화는 "지적이며 특히 예술적 활동이나 그 결과물인 작품"을 가리킨다. 이 개념이 가장 널리 쓰이는 문화의 개념이다. 이는 음악, 문학, 그림 및 조각, 연극과 영화 등을 포괄하며, 철학이나, 역사 등의 학문 영역까지도 포괄하는 개념으로 사용된다(87, 90). 최근의 대중문화론은 윌리엄스가 정의하였던 문화의 두 번째와 세 번째의 개념에서 출발한다. 포스트모더니즘이론이 도입된 이후, 문화는 "의미를 나타내는 모든 실천행위"로서, 의미를 생산하고 전달하고 이를 해석하는 모든 실천적 습속이나 과정이 포함된다. 클래식 음악 감상뿐만 아니라 대중가요, 영화, 만화, 심지어 일반인의 옷차림도 문화 연구의 영역 안으로 포섭된다. 즉 문화란 "우리가 살아가는 일상적 삶의 방식"이 된다. 이제 문화는 더 이상 예술가의 고상한 정신이나 심미적 작품, 품위 있는 공연장에 머물지 않고 소박하고 복잡다단하며 시끌벅적한 일상으로 내려온다. 다시 말하자면, 최근의 문학론에서는 문화를 평범한 우리가 매일 매일 살아가고 즐기는 방식으로 규정짓고, 그 안에서 나름의 문화적 생명력을 찾고자 한다. 이런 의미에서 문화는 고급문화와 대중문화로 양분되어, 전자는 숭앙받고 후자는 폄하될 수 없게 되었다. 이제 문화는 우리의 삶 그 자체라고 볼 수 있다(Storey 1-19).

대중문화를 고급문화와 구별되는 하위적인 개념으로 보는 대신에 현대인의 일상적인 삶과 관계된 모든 문화적 현상을 일컫는 개념으로 보는 입장에서 엘리엇의 삶과 작품을 읽은 데이빗 치니츠(David Chinitz), 로날드 슈하드(Ronald Schuchard), 후안 수아레즈(Juan A. Suarez), 로레타 존슨(Loretta Johnson) 등은 그가 실제로 대중문화를 잘 알고 있었으며 이를 즐겼을 뿐만 아니라 이를 작품에 포함시켰다는 것을 밝혔다. 치니츠는 「엘리엇과 문화의 분열」("T. S. Eliot and the Cultural Divide")에서 엘리엇이 어릴 때부터 대중문화에 상당히 많이 노출되어 있었으며, 이를 매우 잘 알고 있었으며, 평생 이를 즐겼음을 밝혔다. 엘리엇은 「미친 고양이」("Krazy Kat"), 「머트와 제프」("Mutt and Jeff")와 같은 만화, 권투, 속된 은어, 멜로드라마, 보드빌, 선정적인 이야깃거리(특히 살인에 관한 것), 브로드웨이와 틴 팬 앨리(Tin Pan Alley)의 음악, 배우이며 극작가였던 어니 로팅가(Ernie Lotinga)의 음란한 코미디 등을 즐겼다. 또한 그는 여러 편의 음란한 시를 썼으며, 술을 과하게 마시고, 십자말풀이 콘테스트에 참여하거나, 맑스 형제(the Marx Brothers)가 연출하고 출연한 코미디 영화를 보거나, 줄리우스 그라우초 맑스(Julius Groucho Marx)에게 애호가의 편지를 보내기도 했다(237). 또한 엘리엇의 전기 작가인 피터 애크로이드(Peter Ackryod)에 의하면, 그는 평생 동안 아서 코난 도일(Arthur Conan Doyle)과 조르쥬 시므농(Georges Simenon)과 레이몬드 챈들러(Raymond Chandler)의 탐정소설을 즐겨 읽었다(167).

슈하드는 『엘리엇의 사악한 천사』(Eliot's Dark Angel)에서 엘리엇이 1914년 8월 영국에 도착하였을 때, 그는 이미 미국의 보드빌(Vaudeville) 쇼와 민스트렐(minstrel) 쇼에서 불리던 노래를 잘 알고 있었으며, 멜로드라마의 공연을 보기 위해 보스턴의 그랜드 오페라 하우스(the Grand Opera House)를 자주 드나들었으며, 또한 런던에서는 여러 뮤직홀(Music Hall)의 공연을 즐겼다고 설명한다. 그 중에서도 런던의 "궁전극장"(the Palace Theatre)이란 뮤직홀은 이미 미국 보드빌의 열렬한 광이었던 젊은 여행가의 관심을 끌만큼 큰 곳이었다. 미국의 보드빌, 베를린의 바리에테(Variete), 런던의 뮤직홀에서 공연된 쇼 프로그램은 "익살스런 개회 쇼에 이어서 곡예, 동물쇼, 마술, 가무 공연이 이어졌다. 마지막은 다시 익살스런 쇼가 장식했다. . . .영화 상영은 이 같은 프로그램 진행에 항상 끼어 있었다"고 한다(패히 18). 엘리엇은 이 뮤직홀에서 공연된 쇼를 즐기기만 한 것이 아니라, 코미디 쇼의 여러 가지 유머에 사용된 다양한 기교들을 연습하여 이를 「스위니 시편」에 적용하였다고 슈하드는 주장한다. 하나의 예를 들자면, "원시인"으로 분장한 조지 로비(George Robey)의 배역은 우스꽝스러운 모습을 한 야만인, 스위니의 전형으로 볼 만하다(Schuchard 102-18).

후안 수아레즈는 축음기를 모더니스트의 담론 네트워크의 하나로 주장하는 논문에서, "엘리엇이 축음기를 무척이나 좋아했다"고 주장한다(747). 「마리 로이드」("Marie Lloyd")라는 에세이에서 엘리엇은 영화, 라디오와 더불어 축음기를 표준화되고 활기 없는 문화산업의 산물로서 간주하여 "유기적"인 것을 대체하는 매체로 비난하였음에도 불구하고(459), 그는 축음기에서 흘러나오는 고전음악뿐만 아니라 대중음악을 듣기를 좋아했다. 1912년 2월 5일 장 베르드날(Jean Verdenal)이 보낸 편지에 의하면, 엘리엇이 파리에 머무르는 동안 베르드날과 그는 바그너(Wagner)의 『트리스탄과 이졸데』(*Tristan and Isolde*)와 세자르 프랑크(Cesar Franck)의 음악을 같이 들은 것으로 추정되며, 그는 엘리엇이 이 음악들을 계속 듣고 있는지를 매우 궁금해 한다(*Letters* 32). 수아레즈는 엘리엇이 소리를 녹음하고 이를 재연할 수 있는 축음기라는 새로운 매체를 통하여 연주되는 음악을 즐겼고, 또한 이 음악 소리와 현대 대도시의 일상생활의 소리들을 자신의 시에 체화하였다고 주장한다(756-765).

엘리엇은 축음기가 기계적으로 재연하는 여러 종류의 음악 듣기를 즐겼을 뿐만 아니라, 이에 맞추어 춤추는 것 역시 좋아했다. 엘리엇의 첫 번째 부인이었던 비비언(Vivienne)의 전기 작가인 캐롤 세이모어-존스(Carole Seymour-Jones)는 비비언이 가장 좋아하는 오락은 달콤한 연애사건을 재현하는 할리우드의 무성영화를 보는 것이었을 뿐만 아니라, 춤을 추는 것이었다고 한다. 그리고 엘리엇은 영국에 온 뒤에도, 무용 신발을 신고는 하버드 대학 재학 시절에 배웠던 춤 연습을 했다고 한다(64, 76). 엘리엇은 런던의 큰 호텔에서 열리는 무도회에 종종 초대받아 몇 명의 영국 아가씨들과 춤을 추기도 했는데, 그가 비비언을 만난 곳도 이런 무도회장이었다(*Letters* 105). 세이모어-존스는 엘리엇과 비비언이 결혼 후에도 사보이 호텔뿐만 아니라 퀸스웨이(Queensway) 근처에 있는 홀에 매주 일요일 저녁 춤을 추러 갔으며, 친구들을 집으로 초대하여 축음기에서 흘러나오는 음악에 맞추어서 춤을 추기도 하였다고 주장한다(151-2). 비비언은 발레뿐만 아니라 현대 대중 음악에 맞추어 출 수 있는 춤에 대한 관심도 많았다. 그녀는 1917년 가을 친구였던 메리 허친슨(Mary Hutchinson)에게 보낸 편지에서, 흑인의 래그타임에 맞추어 엘리엇과 함께 춤을 추어볼 것을 권하기도 하였다(209).

로레타 존슨은 많은 모더니스트 비평가들이 고급문화론의 준거로서 자주 인용하였던 엘리엇의 중요한 에세이인 「전통과 개인의 재능」("Tradition and the Individual Talent")에서 논의되었던 전통과 개인의 재능의 의미를 재론하였다. 엘리엇이 논의하였던 전통은 주로 서양의 고전 문학 등을 포함한 고급문화로만 이루어진 것이며, 개인의 재능은 이 전통에 기여할 수 있는 객관적이거나 몰개성적인 것으로만 생각되었다. 그러나 엘리엇의 전통에 대한 보수적이거나 형식주의적인 해석에 대하여 비판적인 입장을 취한 존슨은 "시적이며 도덕적 선택을 할 때 전통과 개인의 재능이 동시에 영향을 미친다"고 주장한다. 또한 존슨은 전통의 개념에 "과거, 개인적이거나 기록된 경험, 법, 관습, 공동체의 의견, 부모, 사회에서 통용되는 도덕률" 등을 포함시켜, 시인이 시를 짓기 위해 선택을 하게 될 때 그는 이 모든 것을 고려할 것이라고 주장한다(24). 다시 말하자면, 존슨의 전통에 대한 해석은 고급문화뿐만 아니라 대중문화를 포괄해야 한다는 것이다.

이들의 연구는 엘리엇이 고급문화와 대중문화를 이분하여, 대중문화를 부정적인 것으로만 여겼다거나 또는 경멸했다는 모더니스트 비평가들의 확고했던 주장을 재고하게 만든다. 이 글은 엘리엇의 삶과 시에 나타난 대중문화에 대한 최근의 연구에 기초하여, 그의 초기시에는 고급문화의 요소뿐만 아니라 대중문화의 요소가 많이 섞여 있음을 살펴보고자 한다. 다시 말하자면, 이 글은 그의 시에 나타난 대중문화의 요소가 현대문명의 타락이나 해악이라고 주장하려는 것이 아니라, 대중문화는 현대도시인이었던 엘리엇의 삶과 시의 중요한 일부였음을 논하고자 한다.

2

린달 고든(Lyndall Gordon)이 『엘리엇의 청년 시절』(*Eliot's Early Years*)에서 "당대의 비종교적인 분위기에도 불구하고 엘리엇은 자신의 인생을 종교적인 탐색 여정으로 간주하는 등장인물을 시로 써냄으로써 자신의 전기를 써나갔다"(1)고 주장하였듯이, 엘리엇은 그의 인생의 이른 시기부터 종교적인 문제에 대하여 깊이 생각하고 이를 시로 썼다. 엘리엇은 하버드대학을 떠나기 전에 4편의 종교적인 시「영감 받았던 날들이 지난 후에」("After the turning of the inspired days. . . ."), 「나는 구원이로소이다. . . .」("I am the Resurrection. . . ."), 「저녁 내내, 자주빛 하늘아래」("So through the evening. . . ."), 「타버린 춤꾼」("The Burnt Dancer")을 썼으며, 1914년 7월 독일에서 「성 세바스찬의 연가」("The Love Song of St. Sebastian")를 썼다. 엘리엇이 1910년에서 1912년 사이에 쓴 시들이 진리를 추구하다 이에 도달하지 못하여 좌절하는 철학자를 다루고 있었다면, 그 이후에 쓰인 종교시들은 정열적인 순교자 또는 성인이 겪는 종교 문제로 급격하게 선회하였다. 이 시들은 혼돈스런 밤에 일어나는 신의 방문이나 신성한 영적 교섭, 종교에 입문하거나 죄를 씻기 위하여 수련자 자신을 대중으로부터 격리시키려는 금욕적인 충동으로 인하여 산이나 사막으로 떠나려는 행동을 보여주기도 하지만, 무엇보다도 가장 두드러진 것은 순교자의 수난에 대한 환영 등의 문제를 다룬다. 그렇지만 이 시들은 종교에 대한 엘리엇의 헌신이 열정에 이끌려서 행해지는 것이면서 동시에 망설이는 면이 있는 것이기도 하다는 것을 분명하게 보여준다(58-62).

한편으로 엘리엇이 영혼의 구원이란 종교적이며 추상적인 문제를 심도 깊게 논의하고 있었지만, 다른 한편으로 그는 난잡한 내용의 시를 쓰고 있었다.

엘리엇이 『황무지』(The Waste Land)를 1922년 10월 『크라이테리언』(The Criterion)과 『다이얼』(The Dial)에 동시에 출판한 후, 그는 습작시를 모아 놓은 공책인 「삼월 토끼의 노래」("Inventions of the March Hare")를 뉴욕의 변호사인 존 퀸(John Quinn)에게 선물로 주었다. 1916년 에즈라 파운드(Ezra Pound)가 퀸을 엘리엇에게 소개해준 뒤, 퀸은 그에게 여러 가지 호의를 베풀었다. 금전적인 도움을 주었을 뿐만 아니라, 퀸은 그의 작품이 출판되는 데 여러 가지 도움을 주었다. 1917년 7월 런던의 에고이스트 사(the Egoist)가 엘리엇의 첫 번째 시집인 『프루프록과 기타 관찰들』(Prufrock and Other Observations)을 출판하였을 때, 퀸은 알프레드 크노프(Alfred Knopf)로 하여금 이 시집을 미국에서 출판하도록 설득하였다. 퀸의 가장 큰 호의는, 무엇보다도, 『황무지』가 출판되도록 출판사를 설득하였고, 또한 이 시집의 출판과 더불어 『다이얼』이 선정하는 상과 상금 2,000달러를 받게 해준 것이다. 이에 대한 보답으로 엘리엇은 그의 원고 모음을 퀸에게 선물로 주었다. 이 때 그는 공책에 들어 있는 시들이 그의 원고 대부분이며, 이를 결코 출판해서는 안 된다는 조건을 달았다. 그러나 엘리엇이 퀸에게 그의 공책에 적어 놓았던 시 모두를 준 것은 아니었으며, 또한 이 원고 묶음에 있던 시 전부를 출판해서는 안 된다고 생각한 것도 아니었다. 그가 퀸에게 공책을 주기 훨씬 이전인 1916년에, 엘리엇은 그의 공책에서 시 4편을 찢어내어 이를 파운드에게 주었다. 엘리엇이 찢어서 파운드에게 주었던 시 4편은 크리스토퍼 릭스(Christopher Ricks)가 편집한 『삼월 토끼의 노래』의 "부록 A"에 실려 있다. 이 시들은 「헛소리의 승리」("The Triumph of Bullshit"), 「뚱보 루루를 위한 발라드」("Ballade pour la grosse Lulu"), 「단편: 멋진 떠돌이가 바다를 건너 왔다오」("Fragments: There was a jolly tinker came across the sea"), 「콜롬보와 볼로 시편들」("Columbo and Bolo verses")이다. 파운드는 이 시편들을 "T.S.E. 외설시들"("T.S.E. Chancons ithyphallique")이라고 이름 붙였다. 이 시들은 지금 예일 대학교 바이네케 희귀도서 및 원고 도서관(Beinecke Rare Book and Manuscript Library)에 소장되어 있다(Inventions xvi).

엘리엇이 파운드에게 이 4편의 시를 찢어주기 훨씬 전에, 그는 이 시들을 윈담 루이스(Wyndham Lewis)에게 보내 출판해줄 것을 부탁했다. 1915년 1월 파운드에게 보낸 편지에서 루이스는 이렇게 썼다. "엘리엇이 내게 「헛소리의 승리」와 「뚱보 루이스를 위한 발라드」(the Ballad for Big Louise)를 보내왔소. 이 시들은 전문적인 상스러움을 보여주는 훌륭한 시들이오. 나도 이 시들을 『블래스트』(Blast)에 싣고 싶기는 한데, "-Uck," "-Unt"와 "-Ugger"로 끝나는 말은 절대로 안 된다는 내 고지식한 신념 때문에 [이 시들의 출판은] 어렵겠소"(Pound 8). 루이스는 파운드에게 보낸 편지에서 엘리엇의 시 4편 중 오직 두 편만을 언급하였다. 그리고 두 번째 시의 제목 역시 정확한 것은 아니었다. 그 시의 정확한 제목은 「뚱보 루이스를 위한 발라드」가 아니라 「뚱보 루루를 위한 발라드」이다. 루이스가 편지에서 언급한 두 편의 시에는 이 어미들로 끝나는 단어들이 나오지 않고 마지막 시 두 편에 나오는데, 이는 루이스가 엘리엇의 음탕한 시 모두를 읽었다는 것을 의미한다. 얼마 후 엘리엇은 자신의 시가 출판되지 않고 있는 것과 관련된 불평의 편지를 파운드에게 보냈다. 엘리엇은 이 편지에서 "루이스와 편지 왕래를 하였는데, 그의 청교도적인 신념이 내 시의 출판을 막고 있어요. 「볼로 왕과 그의 거대한 흑인 여왕」("King Bolo and his Big Black Kween")이 출판될 것 같지 않아요"(Letters 93)라고 불평하였다.

바이네케 도서관에 소장되어있는 파운드 원고 사이에 끼어 있는 엘리엇의 이 시 원고에 의하면, 그는 이 시들의 첫 두 편을 1910년과 1916년 사이에 썼음이 틀림없다. 나머지 두 편보다 덜 음탕한 내용을 다루고 있는 이 두 편의 시는 표준어가 아닌 말로 비범하지 못한 편집자와 변덕스러운 출판업계를 풍자하고 있다. 첫 번째 시는 8행이 한 연인 세 개의 연과 4행이 한 연인 마지막 연으로 이루어졌다. 이 시의 화자는 그의 작품을 읽고 있는 여성 편집자를 조롱하듯이 그녀 앞에서 구멍을 쑤시고 있다. 이 여성 편집자는 이 작품을 출판할지 거절할지를 결정할 것이다. 첫 3연에서 화자는 "내 관심이 온통 쏠린 여성들," "내 의도가 우습다고 생각할 여성들," "내가 과도하게 큰 소리로 떠들고 있다고 생각할 여성들"에게 말을 걸고 있다. 그렇지만 각 연은 "제기랄 엿이나 먹어라"라는 조롱이 심하게 섞인 후렴구로 끝을 맺고 있다.

이 시의 제목의 일부인 "헛소리(bullshit)"란 단어는, 『옥스퍼드 영어사전』(Oxford English Dictionary)에 의하면, 1915년에 루이스가 엘리엇의 시에 대하여 파운드에게 쓴 편지에서 처음으로 인용되었다. 그렇지만 1915년 이전에 "bull" 또는 "bull dung"이란 말은 "헛소리"란 말로 이미 널리 사용되고 있었다. 이 시에 대한 릭스의 주석에 의하면, 엘리엇은 헤겔의 『역사철학』(Philosophy of History) 책의 여백에 "BULL"이라고 적어 놓았다고 한다(Inventions 308). 그럼에도 불구하고 이 시의 제목에 들어 있는 "헛소리"란 뜻을 가진 이 영어 단어는 윈담 루이스를 포함하여 고상하거나 고귀한 것을 요구하던 독자들에게 상당히 충격적이었을 것이다.

이 시의 첫 번째 판본은 아마도 1910년에 썼거나 그 이전에 썼던 것을 옮겨 적은 것이다. 엘리엇이 이 시를 썼을 때에는『스미스 레코드』(Smith Record)와 『하버드 애드버컷』(Harvard Advocate)에 실린 시를 제외하고는 다른 어느 곳에서도 발표한 것이 없었다. 당시에 출판사의 여성 편집자는 거의 없었기에, 엘리엇은 이 시의 첫 판본에서 시적 화자가 '비평가'에게 말을 거는 것으로 표현하였다. 그렇지만 1916년 판본에서 엘리엇은 "비평가"란 말을 지워버리고 "여성들"이란 말로 바꾸었을 때, 그 의미는 상당히 바뀐다. 릭스가 주장하였듯이, 이 시를 발표하고자 할 당시에 엘리엇은 자신의 운명이 자신의 아내였던 비비언을 포함하여 많은 다른 여성들, 특히 출판계의 여성 편집자의 의지에 달려 있다고 생각하였다(Inventions 308). 아내 이외의 다른 여성들은 『새 자유 부인』(The New Freewoman)의 편집자였던 도라 마르스덴(Dora Marsden)과 해리엇 위버(Harriet Weaver)뿐만 아니라, 엘리엇의 시를 시카고에서 출판하였던 해리엇 먼로(Harriet Monroe) 등을 포함한다. 먼로는 파운드의 끈질긴 설득으로 엘리엇의 『프루프록의 연가』를 1915년에 출판하였고, 그 해 10월 호에 『보스턴 석간신문』("The Boston Evening Transcript"), 「사촌 낸시」("Cousin Nancy"), 「헬렌 아주머니」("Aunt Helen")를 실어 주었다. 물론 「여인의 초상」("Portrait of a Lady")을 실어준 알프레드 크렘보그(Alfred Kreymborg)와 같은 남성 편집자들도 있었지만, 그의 시 대부분의 출판 여부는 여성편집자의 취향에 달려 있었다.

엘리엇이 자신의 공책의 제목을 『삼월 토끼의 노래』라고 붙인 것에서 미루어 짐작해볼 수 있는 것처럼, 그는 아마도 감수성이 예민한 여성의 비위를 거스르려는 의도를 갖고 있었는지도 모른다. 그는 자신의 운명과 작품의 운명을 결정하거나, 또는 대중의 취향에 영향을 미치는 "여성들 [또는 여성 편집자]"에 대해서 비판적인 태도를 갖고 있었는지도 모른다. 1915년 그가 마지막으로 아버지를 만났을 때, 그의 아버지가 그를 인생의 실패자로 생각하고 있다는 것을 엘리엇은 너무도 잘 알고 있었다. 하버드 대학교의 철학과 교수가 될 수 있었으나 아무도 알아주지 않는 시인이 되기로 결심한 그는 시를 발표하여 성공한 인생을 당당하게 살고 있음을 아버지에게 보여주고 싶어 했다. 바로 그러한 때에 그의 시들의 출판 여부는 여성 편집자의 취향에 달려 있었다. 이런 요소가 엘리엇이 당대의 출판계를 좌우지하던 "비평가"란 말 대신에 "여성들"이란 말로 바꾸게 한 것일 것이다.

두 번째 시인 「뚱보 루루를 위한 발라드」 역시 첫 번째 시와 같이 출판계에 대한 불만을 토로하고 있으나, 다른 한 편으로 이 시는 「콜롬보와 볼로 시편」에 나오는 "뚱보 흑인 여황"에 긴밀하게 연결된다. 이 시의 형식은 앞 시와 거의 같다. 이 시는 4연으로 이루어져 있으며, 각 연은 8행으로 이루어져 있다. 각 연은 "「전망」이 면담컨대"로 시작하여, "그러나, 루루, 빨간 속바지를 입고 / 갈보집 춤잔치에나 가라!"고 끝을 맺는다. 모든 연이 같은 구조-면담자의 이름, 면담 제목, 인용 구절, 풍자된 출판계-를 갖고 있다. 화자는 『크리스천 유니온』(The Christian Union)이었던 『전망』(The Outlook)을 그의 비난의 대상으로 삼았다. 엘리엇은 이 시에서 현대적이며 이성적인 종교를 강조하였던 『크리스천 유니온』의 입장을 풍자한다. 그는 "그것이 당신에게 의미하는 것은 / 바로 하느님이 하늘에 계시다는 거요"라고 말한 이 잡지의 편집자이며 목사인 라이먼 애벗(Lymon Abbot), 기고자이며 편집자인 씨오도르 루즈벨트(Theodore Roosevelt), "노예로부터" 해방된 경험을 글로 기고한 부커 T. 워싱턴(Booker T. Washington), 시카고 대학 교회의 재정보증인인 존 D. 록펠러(John D. Rockefeller) 등을 풍자하고 있다(Inventions 312-3).

이 시가 풍자하는 대상이 누구이든지 간에, 이 시와 대중문화를 연결하는 고리는 바로 시적 화자가 말을 거는 "루루"이다. 이 시에서 루루는 화자로 하여금 고리타분한 사회적 관습에서 벗어날 수 있게 해주는 역할을 맡는다. 루루라는 이름을 가진 여성은 만화의 등장인물에서부터 록 스타에 이르기까지 다양한 종류의 대중문화에 다양한 양태로 등장한다. 그렇지만 엘리엇 당시에 루루는 음란한 시나 음악에 잘 등장하였다. 예를 들면,「가지 말아요, 루루」("Don't Go Lulu")라거나「빵! 빵! 루루」("Bang Bang Lulu")와 같은 노래에서, 루루는 창녀이거나, 놀라운 사건을 일으킬만한 능력이 있는 여성으로 그려진다. 이 노래에서 루루는 인생의 여러 어두운 면과 긴밀하게 연결되어 있지만, 엘리엇이 쓴 발라드의 루루는 성적인 면이 두드러진다는 점에서 볼로왕의 "뚱보 흑인 여황"과 겹친다.

치니즈에 의하면, 엘리엇 생전에 미출간되었던 초기시집인『삼월 토끼의 노래』가 출판된 이후인 1996년과 1997년 사이에, 엘리엇이 루이스에게 보냈던 세 번째 시인「단편」은 출전과 출처에 대한 논쟁을 불러일으켰다. 이 논쟁은 엘리엇이 과연 이 음란한 시들인「단편」("Fragments")의 저자인가, 만일 그렇지 않다면 오래된 발라드인「키리에무어의 고환」("The Ball of Kirriemuir"),「멋진 떠돌이」("The Jolly Tinker"),「하이랜드 떠돌이」("The Highland Tinker") 등을 단지 베껴 쓴 것인가에 대한 것이었다. 서로 순서를 바꾸어도 무방한 연속적인 연의 형식으로 쓰인「키리에무어의 고환」은 성적으로 퇴폐적인 잔치를 그리고,「멋진 떠돌이」는 과도하게 재능이 많은 떠돌이의 이야기를 그로테스크하게 풀어낸다.「단편」이 위의 작품과 매우 유사한 양식으로 전개된다는 점에서, 이「단편」에 연루된 논쟁의 결론은 엘리엇이 기존의 텍스트를 그의 "단편"에 베껴 쓴 것으로 맺었다. 그렇지만 치니즈는 엘리엇이 이 시들을 베껴 쓴 것이 아니라, 이 시들은 엘리엇의 작품이라고 주장한다. 그는「키리에무어의 고환」의 변종들이 약 200편이 넘는데, 이 변종들과 엘리엇의 "단편"들을 자세히 살펴보아도 서로 겹치는 부분이 없다는 점에서 "단편"을 엘리엇의 작품으로 보아야 한다고 주장한다("Eliot's Blue Verses" 330). 크리스토퍼 릭스 역시 이 시들을 엘리엇의 것으로 간주하지만, 그의 주장의 근거는 구전 전통과 닿아 있다. 그는 이런 종류의 발라드는 정전이 없기 때문에,

엘리엇이 이와 같은 구전 전통이 강한 노래 또는 시의 변종을 베껴 적었다기보다는 누군가가 부른 노래를 듣고 이를 시로 옮겼다고 주장한다(48).

엘리엇이 「단편」을 구전되는 시나 노래를 베껴 썼건 아니면 새로 창작을 하였건, 이 시는 단지 예로부터 전해지는 시나 노래를 모으는 것 이상의 의미를 갖는다. 그가 이 시들을 다시 쓸 때, 그는 단지 옛 시들을 모아 재편집하는 것 이상의 역할을 맡았다. 누더기된 파피루스 위에 쓰여 전해지고 있는 사포의 시처럼, 엘리엇은 「떠돌이」의 제목을 "단편"이라고 붙였으며, 시의 연의 번호를 임의로 1, 2, 13, 24, 25, 41과 50으로 붙였다. 이렇게 함으로써 엘리엇이 이 노래를 예전부터 존재하던 것이 아니라, 잊혔던 옛 노래를 새로 발굴하여 세상에 알린 것처럼 만들었다는 것을 보여준다. 이렇게 함으로써, 엘리엇은 이 노래를 자신의 것이면서 동시에 전통적인 것으로 만들었다.

「콜롬보와 볼로 시편」은 루이스에게 출판 의뢰를 하였던 마지막 시편이다. 1914년 7월 19일 콘라드 에이큰(Conrad Aiken)에게 보낸 엘리엇의 편지에는 볼로의 캐리커쳐와 "볼로 시편"이 일부 포함되어 있다. 편지에서 그는 "지금까지 약 50행에 이르는 시를 썼는데, 내가 이것 때문에 죽도록 고생했고, 앞으로도 더 그럴 것 같아. 만약에 조금이라도 더 읽을 만해지면, 그것을 보내줄게. . . .여하튼 내가 보내는 이 시는 잠자러갈 때 읽으라고"(*Letters* 46)라고 썼다. 에이큰에게 보낸 시는 다음과 같다.

　　　자 콜롬보와 그의 부하들이
　　　아이스크림소다를 마시는데,
　　　볼로 왕의 뚱뚱하고 검은 여황이 갑자기 터트렸어
　　　그 유명하고 엄청난 궁둥이 적(재기)를.
　　　바로 그때 점심을 알리는 종이 울리며
　　　식사가 시삭뇌었어. 음식은 튀긴 하이에나.
　　　콜롬보가 말했지, "꼬리를 드시겠습니까?
　　　아니면 음(경)이라도?"

　　　Now while Columbo and his men
　　　Were drinking ice cream soda
　　　In burst King Bolo's big black queen

> That famous old breech l(oader).
> Just then they rang the bell for lunch
> And served up-Fried Hyenas;
> And Columbo said "Will you take tail?
> Or just a bit of p(enis)?

　　엘리엇이 「단편」에 불규칙한 번호를 매김으로써 예로부터 전해 내려오는 누더기된 파피루스나 양피지에 쓰인 시를 복구한 효과를 일부러 노렸던 것처럼, "볼로 시편"에서는 알아볼 수 없는 글자를 복구하여 괄호 안에 표기하는 방법을 취함으로써 동일한 효과를 꾀했다. 엘리엇은 이러한 효과를 극대화하기 위해, "엄청난 직관을 가진 학자"인 가공의 편집자를 상상해내었다. 이 시에 대한 설명에서, 엘리엇은 "가공의 편집자인 하젠페퍼 박사(Prof. Dr. Hasenpfeffer)가 절친한 친구인 한스 프리거 박사(Dr. Hans Frigger)(유명한 시인)와 비엔나 출신의 쉬니첼 씨(Herr Schnitzel)의 도움을 받아 괄호 안에 글자를 복구하였다"고 썼다. 엘리엇은 "이 시의 마지막 두 행에는 이중적인 의미가 있는데, 이 멋진 농담이 긴 세월동안 잊혀 있었다"는 편집자의 말을 인용하고, "그와 같은 훌륭한 천재가 이런 수수께끼를 풀어내길 바란다"고 덧붙임으로써, 이 시의 희극적인 효과를 강조하고 있다(*Letters* 46-7).

　　이 부분은 엘리엇이 출판을 꾀하였던 최종 판본에서 삭제되었으며, 최종 판본은 에이큰에게 보낸 것 보다 조금 더 길다. 최종 판본의 시는 대체로 8행이 한 연을 이루는 17개의 시련이 난교, 난봉, 배변 등의 저속한 내용을 다루고 있다. 『스위니 아고니스테스』(*Sweeney Agonistes*)에서처럼, 이 시의 처음과 끝에는 연극에 쓰이는 무대지시가 표시되어 있고, 중간에는 음악 지시가 표시되어 있다. 시가 도입되기 전에는 "오보에로 팡파르를 연주하라. 왕과 왕비의 등장."이라고 표시되어 있고, 시가 끝난 다음에는 "팡파르. 소요와 경고. 밖에서의 고함소리. 왕과 왕비 개별 퇴장."이라고 표시되어 있다. 이 무대지시와 음악지시는 엘리자베스기의 연극에서 사용된 무대에서 일어났던 것과 비슷한 효과를 자아내기 위한 수법이다. 이 시의 첫 연은 다음과 같다.

콜롬보 그는 스페인에 살았지
그곳에는 의사가 많지 않았지
마을에 딱 하나밖에 없는 의사는
베니라는 이름의 망할 놈의 유태인
그 베니를 콜롬보가 찾아갔지
너무도 평온한 얼굴로
베니는 콜롬보의 음경에
염화수소를 가득 채워주었지

Columbo he lived over in Spain
Where doctors are not many
The only doctor in his town
Was a bastard jew named Benny
To Benny then Columbo went
With countenance so placid
And Benney filled Columbo's prick
With Muriatic Acid. (ll. 1-8)

　다음 연에는 스페인의 왕과 여왕이 소개되고, 이들과 콜롬보가 만나는 내용을 다룬다. 나머지 연들은 의사영웅체로 크리스토퍼 콜럼버스와 이사벨라 여왕과 볼로 왕과 그의 여왕 사이의 성적인 기괴한 짓과 콜럼버스와 그의 선원 사이의 비역을 다룬다. 다시 말하자면, 콜럼버스가 이사벨라 여왕과 실없이 꺼불거리고 웃으며 자꾸 떠들어 대거나 그의 선원과 비역하는 짓거리를 쿠바의 정글에 사는 볼로 왕과 그의 여왕 역시 똑같이 한다는 것을 알아내고는 스페인으로 돌아와 더 많은 창녀와 놀아난다는 내용을 다루고 있다. 만주 제이드카(Manju Jaidka)는 엘리엇이 이 시를 통해 "점잖은 품행이라는 마스크를 벗어 버리고, 이런 종류의 유머에 빠져들" 수 있었다고 주장하였다(55).
　치니즈는 엘리엇이 「단편」보다는 「콜롬보」("Columbo") 시편들을 로버트 번즈(Robert Burns)나 월터 스콧(Sir Walter Scott) 류의 발라드로 발전시켰다고 주장한다. 이 시에 들어있는 분변 기호벽(coprophilia), 항문애(anal-eroticism)와 성적인 폭력은 엘리엇의 독자들에게 충격을 주었을 법하지만, 이러한 것들은 이미 「크리스토퍼 콜롬보」("Christopher Columbo")라는 발라드에서 따온 것들이다("T. S. Eliot's Blue Verses" 329-333). 엘리엇은 「단편」에서 그렇게 했던 것처럼, 「콜롬보와 볼로」("Columbo and Bolo") 시편에서도 민속적인 주제를 원작에서 조금씩 따다가, 어떤 부분은 버리고, 어떤 부분은 더욱 자세하게 그림으로써, 자신의 시로 만들었다. 다시 말하자면, 엘리엇은 『황무지』에서 그랬던 것처럼 다른 작품으로부터 인유하고 인용함으로써 기존의 작품을 자신만의 작품으로 바꾸었다고 볼 수 있다.

　엘리엇이 이러한 시들을 기존의 발라드에서 베껴왔든 스스로 만든 것이든 그의 초기시에 나타난 대중문화의 요소는 그의 시 세계가 온전히 도시 하층계급의 대중문화를 비판함으로써 유기적인 농촌을 배경으로 한 고급문화를 만들려는 노력으로만 점철되어 있다고 보기 어렵게 만든다. 비록 이 시들은 엘리엇의 생전에 발표되지 않았음에도 불구하고, 엘리엇의 시에 나타난 동시대의 대중문화를 그가 단지 지양해야할 것이라고 판단하는 것을 유보하게 만든다. 이러한 시들은 엘리엇이 대중문화를 고급문화 보다 저급한 것으로만 취급하였다는 많은 비평가들의 주장을 다시 살펴보게 만든다. 위에서 살펴본 시에 의하면, 엘리엇은 어느 하나를 일방적으로 비난하는 것이라기보다는 이 모두가 하나의 현대 문명을 읽어내는 증후라고 여긴다.

　엘리엇은 여러 에세이에서 자신의 선택이 일방적이지 않다는 것을 밝히고 있다. 그는 복합적인 것을 추구하였다. 그는 어느 하나를 선택하는 대신에, 양자의 타협을 추구하였다. 그가 평생 동안 논의하고, 이를 그의 시에 실현하고자 하였던 문제인 사상과 감정의 관계는 상호 대립적인 것으로 보이지만, 실제로는 서로 양립하는 것으로 만들고자 하였다. 엘리엇은 1926년 캠브리지의 트리너티 칼리지(Trinity College)에서 행한 「클라크 강연」("The Clark Lectures")에서 "내가 정의내리고자 하는 종류의 시의 특징은 감각을 추상적인 사고에 의해서만 얻을 수 있는 그런 영역으로 순간적으로 고양시키는 것이며, 다른 한편으로는 육체의 고통스런 즐거움으로 잠시 동안 추상에 옷을 입히는 것"(55)이라고 주장하였다. 그리고 사상과 감정이 서로 양립하는 가장 좋은 시로 존 단(John Donne)의 연애시를 예로 들었다. 단의 연애시는 육체적인 저급한 (낮은) 것을 보여줄 뿐만 아니라 추상적인 종교적인 시이기도 하다. 엘리엇은 존단의 연애시가 보여주는 양가적인 면을 차츰 그의 시에도 나타나도록 시도하고 있다. 감각과 사상의 관계뿐만 아니라, 엘리엇은 고급문화와 대중문화의 관계에서도 어느 하나를 일방적으로 택하기보다는 양가적인 태도를 취한다.

3

엘리엇이 1923년에 매리언 무어(Marianne Moore)의 『결혼』(*Marriage*)에 대한 에세이에서 대중문화와 고급예술은 근본적으로 같은 종류라는 대담한 주장을 하였다. 무어의 시집의 서문에서 글렌웨이 웨스콧(Glenway Wescott)이 프롤레타리아예술과 귀족예술이라는 '인위적이며 중요하지 않은 구분'을 한 것을 그는 맹비난하였다. 이 구분은 "위험한 결과"를 초래할 것이며, 대중문화와 고급문화를 분리시키는 것은 대중문화를 빈곤하게 만들 것이며 고급문화를 절멸시킬 것이라고 그는 경고한다. 대중문화는 고급문화의 타락이라는 함축을 보인 웨스콧의 비평과는 반대로, 모든 예술이 유효하기 위해서는 대중문화에 근거를 두어야한다고 그는 주장한다("Marianne Moore" 594-97).

놀랍게도 엘리엇은 "하층계급의 사람들이 즐기는 종류의 예술" 또는 대중문화였던 뮤직홀의 코미디 배우였던 마리 로이드의 공연을 저급한 대중문화의 하나로 비난하는 대신에, 그녀의 공연을 높이 평가하였다. 엘리엇은 로이드가 "어느 정도까지는 영국이란 나라의 '가장 훌륭한 생명력과 관심거리'를 재현하고 표현할 수 있었다"고 생각하였기에, 그녀를 당대의 영국에서 "뛰어난 재능을 가진 예술가이며, 다른 어떤 코미디언보다 뛰어난 코미디언"이며, "천재성을 가진 코미디언"이라고 평가하였다. 그녀는 "공연에 동참하였던 관객의 삶에 적절한 표현을 주었을 뿐만 아니라 사람들의 영혼을 표현하는 능력"을 갖고 있었으며, "[관객들에게] 도덕적 우월성을 보여주며, 사람에 대한 이해와 사람에 대한 동정을 갖고 있으며, 개인적인 삶에서 [관객들이] 진정으로 존경했던 덕을 로이드가 갖고 있었다는 사실을 사람들이 알고" 있었다고 엘리엇은 주장하였다. 그렇지만 엘리엇이 로이드를 가장 훌륭한 예술가라고 생각했던 이유는 그녀가 "공연을 지켜보던 관객으로 하여금 공연에 동참하게 만들었기"

때문이다. "뮤직홀에 가서 마리 로이드를 보고 노래를 같이 불렀던 노동자는 그 공연의 일부에 스스로 참여한 것이다. 그는 다른 청중들과 더불어 예술가의 공연에 기여"한 것이다. 엘리엇은 청중이 공연에 동참하는 것이야말로 "모든 예술에 특히 극적인 예술에 가장 명백하게 필요한 것"이라고 주장하였다 ("Marie Lloyd" 456-9). 엘리엇은 뮤직홀에서 진행된 로이드의 공연을 보고, 노년에 쓴 시극의 이상을 관중과 극이 서로 화답하는 대중예술의 형식에 두었다. 또한 엘리엇은 로이드의 공연이 벌어지는 뮤직홀에서 셰익스피어의 극장에서 볼 수 있었던 "유기적 문화공동체" 또는 통합된 감수성의 재현을 보았다.

대중문화의 상승 내지는 발흥은 현대 문명의 정신적 위기에 가장 밀접하게 연관되어 있다는 비평가들의 주장과는 달리, 엘리엇은 대중문화에서 현대 문명이 추구해야할 문화공동체의 싹을 찾았다. 다시 말하여, 현대 산업사회의 문화적이며 정신적 위기를 극복하기 위해 필수불가결한 살아 있는 감수성의 형태를 발견하기 위해, 17세기의 '자연적'이며 '유기체적' 농촌사회나 또는 18세기 영국의 세련된 범절들로 돌아가는 대신에, 엘리엇은 현대의 대중문화 속에서 육체와 영혼, 사상과 감정이 통합된 감수성을 찾았다. 그의 박사학위논문에서 실재와 현상 사이의 구별을 더 이상 추구하지 않고 실재와 현상이 동일한 것이라고 주장한 것처럼, 무어의 시에 대한 에세이에서 대중문화와 고급예술이 같은 종류라고 주장한 것처럼, 「클라크 강연」에서 존 단(John Donne)의 활기 넘치는 시가 육체와 영혼, 사상과 감정을 통합하고 있는 것을 칭찬하고 있는 것처럼, 로이드의 공연에서 관객과 극이 서로 화답하는 것을 높이 평가하고 있는 것처럼, 엘리엇 자신도 대중문화와 고급문화를 구별 내지는 차별하기 보다는 그의 시, 산문, 극뿐만 아니라 그의 삶 속에서 두 문화를 통합함으로써 20세기의 유기적 문화공동체를 실현하려고 애썼다.

참고문헌

요하힘 패히. 『영화와 문학에 대하여』. 임정택 옮김. 서울: 민음사, 1997.
Ackroyd, Peter. *T. S. Eliot*. London: Hamish Hamilton, 1984.

Berry, Ellen E. "Modernism/Mass Culture/Postmodernism: The Case of Gertrude Stein." *Reading the New: A Backward Glance at Modernism.* Ed. Kevin J. H. Dettmar. Ann Arbor: U of Michigan P, 1992. 167-89.

Carey, John. *The Intellectuals and the Masses.* Chicago: Academy Chicago, 2002.

Chinitz, David. "T. S. Eliot and the Cultural Divide." *PMLA* 110.2 (1995): 236-47.

_____. "T. S. Eliot's Blue Verses and Their Sources in the Folk Tradition." *Journal of Modern Literature* 23.2 (1999): 329-333.

Eliot, T. S. "The Clark Lectures." *The Varieties of Metaphysical Poetry.* Ed. Ronald Schuchard. New York: Harcourt, 1994. 39-228.

_____. *Inventions of the March Hare.* Ed. Christopher Ricks. New York: Harcourt, 1996.

_____. *The Letters of T. S. Eliot.* Vol. 1. 1898-1922. Eds. Valerie Eliot & Hugh Haughton. New Haven: Yale UP, 2011.

_____. "Marianne Moore" *The Dial* 75.6 (December, 1923): 594-97.

_____. "Marie Lloyd." *Selected Essays.* London: Faber, 1972. 456-9.

Gendron, Bernard. "Jamming at Le Boeuf: Jazz and the Paris Avant-Garde." *Discourse* 12.1 (1989-90): 3-27.

Gordon, Lyndall. *Eliot's Early Years.* New York: Farrar, Straus and Giroux, 1977.

Greenberg, Clement. *Art and Culture: Critical Essays.* Boston: Beacon, 1961.

Huyssen, Andreas. *After the Great Divide: Modernism, Mass Culture, Postmodernism.* Bloomington: Indiana UP, 1986.

Jaidka, Manju. *T. S. Eliot's Popular Sources.* Lewiston: Edwin Mellen, 1997.

Johnson, Loretta. "T. S. Eliot's Bawdy Verse: Lulu, Bolo and More Ties." *Journal of Modern Literature* 27.1/2 (2003): 14-25.

Pound, Ezra. *Pound/Lewis: The Letters of Ezra Pound and Wyndham Lewis.* Ed. Timothy Materer. New York: New Directions, 1985.

Ricks, Christopher. "Crabby." *New Republic* (9 June 1997): 48.
Schuchard, Ronald. *Eliot's Dark Angel: Intersections of Art and Life*. New York: Oxford UP, 1999.
Storey, John. *An Introductory Guide to Cultural Theory and Popular Culture*. Athens: The U of Georgia P, 1993.
Suarez, Juan A. "T. S. Eliot's *The Waste Land*, the Gramophone, and the Modernist Discourse Network." *New Literary History* 32 (2001): 747-768.
Williams, Raymond. *Keywords: A Vocabulary of Culture and Society*. New York: Oxford UP, 1985.

문학과 음악의 관계:
이론적 배경과 T. S. 엘리엇의 관점

| 배순정 |

1

엘리엇(T. S. Eliot)은 전기와 후기에 걸쳐서 주제, 은유, 형식으로서의 음악에 대하여 지속적인 관심을 가지고 있었다. 초기 작품인「J. 알프레드 프루프록의 사랑노래」("The Love Song of J. Alfred Prufrock")부터『네 사중주』(Four Quartets)에 걸쳐서「광상곡」("Rhapsody"),「서곡」("Prelude") 등의 작품 제목과『황무지』(The Waste Land)에 인유된 바그너(Richard Wagner)의 작품들과 래그(rag) 그리고 여러 비평문들 속에서 엘리엇의 음악에 대한 관심이 나타나 있다. 특히 엘리엇은 그의 후기 작품 세계를 대표하는『네 사중주』의 종교적 사상과 경험을 구현하는 방법으로서 음악적 형식을 이용하였는데, 많은 비평가들은 이 작품을 루트비히 반 베토벤(Ludwig van Beethoven)이나 벨라 바르톡(Bela Bartok)의 후기 사중주 형식과 연관관계가 있다고 주장해왔다. 예컨대, 반돌러(David Barndollar)[1], 할러웨이(John Holloway)[2], 스미스(Grover

---

* 이 논문은『T. S. 엘리엇 연구』16.2 (2006)에「문학과 음악의 관계: 문학사적인 배경과 T. S. 엘리엇의 관점」으로 실린 것을 수정·보완한 것임.

1) David Barndollar, "Movements in Time: Four Quartets and the Late String Quartets of Beethoven," T. S. Eliot's Orchestra, ed. John Xiros Cooper (New York: Garland Publishing, 2000), 179-180.

2) John Holloway, "Eliot's Four Quartets and Beethoven's Last Quartets," The Fire and the

Smith)3)와 같은 비평가들은 『네 사중주』와 베토벤의 후기 사중주 Op. 127, 130-32, 135들과의 유사성을 지적하였고, 케너(Hugh Kenner)4), 보아즈 (Mildred Boaz)5)와 같은 비평가들은 엘리엇이 이 작품을 창작하는 동안 바르톡의 사중주 작품을 염두에 두었음을 지적하였다. 또한 비평가들은 엘리엇의 초기 작품들 중 대표작인 『황무지』와 음악과의 연관성을 언급하였다. 케너6), 데이나(Margaret E. Dana)7)와 같은 비평가들은 이 작품의 전체 구조 즉 주제의 조직, 일련의 인물들, 음조의 효과, 바그너의 오페라에서 나온 인유 등을 통해서 이 작품이 음악과 유사한 구조를 가지며 오페라와 같은 효과를 나타낸다고 주장하였다. 특히 데이나는 이 작품의 등장인물들의 복합적인 목소리들이 그들을 병렬의 패턴으로 인도하는 관현악적인 논평이 수반된 복합적인 악기들과 유사하다고 주장하였다. 이 글은 엘리엇의 작품에 나타난 이 음악적 형식, 구조의 전제 조건인 음악과 문학의 관계에 대한 이론적인 배경과 엘리엇의 관점을 알아보는 것이다.

2

미학적 형식의 관점에서 예술가들과 이론가들은 문학, 미술, 음악의 구분을 무시하고 다른 장르의 예술들로부터 창작을 위한 이상이나 방법론 그리고 비평을 위한 용어 등을 이용하는 경향을 보여 왔으며, 이런 경향은 미술, 음악, 문학 등을 혼동하는 낭만적 경향과 관련된다. 다양한 예술들을 함께 혼합하려

Rose: *New Essays on T. S. Eliot*, ed. Vinod Sena and Rajiv Verma (Dehli: Oxford UP, 1992), 148.

3) Grover Smith, *T. S. Eliot's Poetry and Plays* (Chicago: The U of Chicago P, 1950), 249.
4) Hugh Kenner, *The Invisible Poet: T. S. Eliot* (London: Methuen,1960), 261.
5) Mildred Meyer Boaz, ""You Are the Music": Tuning in to Eliot, "*Approaches to Teaching Eliot's Poetry and Plays,* ed. Jewel Spears Brooker (New York: The Modern Language Association of America, 1988), 64.
6) Hugh Kenner, 146.
7) Margaret E. Dana, "Orchestrating The Waste Land," *T. S. Eliot's Orchestra*, ed. John Xiros Cooper (New York: Garland Publishing, 2000), 272.

는 종합예술(*Gesammtkunst*)8)에 대한 바그너의 이상, 그림을 전달하는 음악을 작곡하려는 19세기 후반의 경향, 보통 음악에 의해 일어나는 감정들을 불러일으키는 것과 같은 방법으로 그림을 그리려는 의도들, 혹은 보통 하나의 감각에만 호소하는 것이 아니라 다른 감각들에도 호소하도록 창작된 시의 공감각적인 이미지가 상이한 예술들 사이의 구분을 극복하려는 경향의 대표적인 예들이다. 그런데 이런 경향들은 낭만주의 이전부터도 존재했었고, 특히 르네상스 이후로 호라티우스(Horace)의 "시는 그림과 같다"(ut pictura poesis)에 따라서 많은 이론가들은 미술과 문학 사이의 유사성을 끌어내는 데 관심을 가졌다. 그러나 문학과 미술 사이에서 공통점을 찾으려는 경향은 18세기 독일의 이론가인 레싱(Gotthold Ephraim Lessing)에 의해 비판받게 된다. 레싱은 르네상스부터 18세기까지 이어져온 미적 형식의 개념 즉 미적 형식은 전통적인 규칙들에 의해 제공되는 외적인 배열이 아니라 예술 매체의 감각적 본질과 인간의 지각의 조건들 사이의 관계라고 생각하였다. 그래서 형식은 예술 작품이 지각 앞에 주어질 때 예술 작품의 조직으로부터 자발적으로 발생한다는 것이다. 레싱은 미술과 시는 다른 감각적인 매체를 통해서 작용되기 때문에 그것들의 창작에 있어서 근본적으로 다른 법칙에 지배받는다고 주장하였다. 미술이나 조형예술은 공간 속에서 색채나 형태를 이용하며 객체의 시각적인 측면들이 한 순간에 병치되어 표현되기 때문에 공간적인 반면에 시나 문학은 시간을 통해 진행되는 단어들로 구성된 언어를 이용하기 때문에 시간적이라는 것이다. 그리고 미술과 문학은 이런 다른 종류의 매체에 상응하는 주제들을 표현할 수 있기 때문에 문학 작품에 공간에서의 연장, 물질적인 표면, 조형적 조화나 총체성을 연상시키는 용어들이 첨가되면 중대한 문제와 왜곡이 발생된다는 것이다. 레싱은 이와 같은 논의를 이용하여 당시 유행하던 회화시(pictorial poetry)와 우화적인 회화(allegorical painting)를 비판하였으며, 아킬레우스(Achilles)의 방패에 대한 호메로스(Homer)의 묘사가 시 예술의 시간적인 속성

---

8) 이 용어는 독일의 작곡가 바그너가 제시한 "종합예술"(the total work of art)이라는 개념임. 바그너는 단일한 작품 안에서 나양한 상르의 예술들이 종합되기를 열망했으며 그렇게 함으로써 힘과 총체적인 비전이 생기는 것을 원했고 자신의 악극에서 이 이상을 실현하고자 하였다.

때문에 단어로 이루어진 그림이 아니라 방패의 철을 불리는 과정에 대한 묘사라고 주장하였다.

레싱의 지적 이후로 많은 작가들은 시간 예술인 음악과 문학의 관계에 주목하였다. 포우(Edgar Allan Poe), 페이터(Walter Pater)를 포함한 19세기 시인들은 시를 시간예술로 간주하고 음악을 시가 추구해야 하는 완벽한 모범으로 생각했던 이론적 경향을 가지고 있었다. 또한 그들은 음악적인 시가 리듬과 소리의 유려한 부드러움(smoothness)을 나타내는 것으로 생각하였으며, 음악을 "비언어성"(unspeakability)에 대한 문학적 수사(trope)로서 사고와 논리적 혹은 합리적 구조를 초월하는 표현력을 가진 예술로 간주하였다. 또한 문학과 음악의 관계에 있어서 작가들은 시 특히 서정시가 음악과 가장 밀접한 관계를 갖는다고 생각하였다.

전통적으로 서양 문학에 있어서 시는 서사시, 이야기시, 극시(희곡)를 의미했으며, 시의 기본 요소는 운문과 이야기라고 간주되었다. 아리스토텔레스가 운문으로 된 철학이 시가 아닌 이유는 그것이 허구가 아니기 때문이라고 한 이래 운문은 단지 치장을 위한 겉옷에 불과하다는 생각이 확고히 자리 잡았으나 낭만주의 시대에 이르러서 운문은 내용과 분리될 수 없는 시의 본질적 요소라는 생각이 확립되었다. 그리고 19세기 중엽에 소설문학이 주도권을 장악하게 되면서 문학 전반을 의미했던 <포에트리>라는 말은 <리터러처>라는 말에 의해 대체되고, <포에트리>는 이야기 문학이 아닌 시문학을 의미하게 되었다. 이처럼 이야기, 즉 허구적 요소가 제외된 시는 결국 감정 또는 생각의 서술이나 표현이 되며, 낭만주의의 유기적 형식론에서 운문은 시인의 감정과 사상의 표현에 필연적으로 수반하는 자발적 요소인 운율(리듬)에 의해 형성된다는 관념에 의해서 시는 감정의 율동적 표현이란 뜻으로 집약되었다.

이야기가 배제된 감정 혹은 생각의 표현인 시는 곧 서정시를 의미한다. 서정시는 아리스토텔레스가 그의 『시학』(Poetics)에서 "디튀람보스"(dithyramb)라는 이름으로 처음 언급하였지만 19세기까지 발전된 이론을 갖지 못하였다. 낭만주의와 더불어 서정시는 문학의 대표적 또는 본질적 장르라는 인식에서 쓰인 문학론을 갖추게 되었으며, 19세기 시인들이 상정한 서정시의 차별성은 그 감정성과 운율성의 극대화와 더불어 서사성 내지 허구성과 지적 내용의 축소 또는 배제에 있다. 그들은 사상이나 교훈적인 내용도 서정시의 상징과 암시에 의하여 시안에 흡수되며, 서정시의 힘 있는 암시성에 의하여 독자들을 감동시킬 수 있다고 믿었다. 그리고 19세기 작가들은 서정시가 독자들에게 정서적 감동을 주는 암시성과 함께 음악성의 특징을 갖는다고 생각하였다. 음악은 강력한 정서적 효과를 주면서도 직접 의미를 구성하지 않으며, 순수 예술 중 가장 비모방적, 반모방적이다.

칼라일(Thomas Carlyle), 뉴만(John Henry Newman), 밀(John Stuart Mill) 등과 같은 19세기 사상가들은 서정시가 정서적 감동을 준다는 점에서 음악과 유사하다는 주장을 하였다. 청년 시절에 워즈워드(William Wordsworth)의 시를 읽고 새 인생관을 가지게 된 후 시에 대한 견해를 밝혔던 밀은 워즈워드를 비롯한 시인들의 작품에서 얻은 정서적 감동이 대단히 윤리적인 것이며, 이 시적 효과를 위해서 운문이 필요하다고 주장하였다.

일반적으로 율동적인 발화 그리고 특히 운문의 기원에 대한 이런 관점은 자연히 짧은 시를 필요로 하는데, 유창한 산문보다 더 율동적인 운율을 요구할 만큼 너무나 강렬한 감정은 가장 높은 고양의 단계에서 오랫동안 그 자체를 유지하는 것이 불가능하기 때문이다. 그리고 (비록 그 의견이 이단적이어도) 우리들은 문자화된 책들의 부재가 기억의 편리함을 위해서 모든 것들을 운문화 시켰던 시대나 운문 글이 유행이 되었던 다른 시대들을 제외하고 장편 시는 항상 (아마도 무의식적일지라도) 부자연스럽고 공허한 것이고 후손들이 읽도록 혹은 적어도 통독하도록 유도하기 위하여 호메로스, 단테, 밀턴의 천재성을 필요로 하는 것으로 생각한다.

This view of the origin of rhythmic utterance in general, and verse in particular, naturally demands short poems, it being impossible that feeling so intense as to require a more rhythmical cadence than that of eloquent prose, should sustain itself at its highest elevation for long together; and we think (heretical as the opinion may be) that, except in the ages when the absence of written books occasioned all things to be thrown into verse for facility of memory, or in those other ages in which writing in verse may happen to be a fashion, a long poem will always be felt (though perhaps unconsciously)

to be something unnatural and hollow; something which it requires the
genius of a Homer, a Dante, or a Milton, to induce posterity to read, or at
least to read through. (Mill 184-185)

밀 스스로 말하듯이 그가 요청하는 시학은 강렬한 감정을 표현하는 짧은 시, 곧 서정시를 다룰 수 있어야 한다. 동시에 그는 긴 시, 서사시와 사색적인 장시는 "부자연스럽고, 공허한" 것이 되었으며, 호머, 단테, 밀턴과 같은 작가들의 시대에나 가능한 것임을 함축하였다.

앞에서 언급한 포우도 서정시가 주는 정서적 감동에 의해 서정시를 음악과 연관시켰고 시적 정감의 최고 상태가 음악이며, 이 시적 감동이 아름다움에 대한 깊은 본능에 직결되어 있다고 주장하였다.

  시적 감수성에 의해 영감 받을 때 영혼이 도달하려는 위대한 목적 즉 천상의 미의 창조에 매우 근접하게 도달하는 것은 아마도 음악 안에서이다. 사실상 이 숭엄한 목적은 때때로 도달될 수도 있다. 우리들은 떨리는 기쁨으로 지상의 하프로부터 천사들에게 낯설지 않은 음들이 울리는 것을 종종 느끼게 된다. 그렇게 해서 시와 통속적인 의미의 음악의 결합 속에서 우리들은 시적 발전을 위한 가장 넓은 분야를 발견하게 될 것이고, 옛날 음유시인들이 우리가 소유하지 못한 장점들을 가지고 있었으며 자신의 노래들을 부르는 토마스 무어가 가장 합법적인 방식으로 그것들을 시로 완성시켰다는 것은 의심의 여지가 없다.

  It is in Music, perhaps, that the soul most nearly attains the great end for which, when inspired by the Poetic Sentiment, it struggles-the creation of supernal Beauty. It may be, indeed, that here this sublime end is, now and then, attained in fact. We are often made to feel, with a shivering delight, that from an earthly harp are stricken notes which cannot have been unfamiliar to the angels. And thus there can be little doubt that in the union of Poetry with Music in its popular sense, we shall find the widest field for the Poetic development. The old Bards and Minnesingers had advantages which we do not possess-and Thomas Moore, singing his own songs, was, in the most legitimate manner, perfecting them as poems. (Poe 354)

이 인용부분에서 포우는 "시적 감수성"에 의해 영감을 받은 "영혼"이 "천상의 아름다움"에 도달하기 위해서는 음악의 상태에 있어야 한다고 주장하였다. 그러나 음악이나 서정시를 통해서 엿보게 되는 천상의 아름다움은 일시적인 것이어서 시인은 이 세상에 발붙이고 사는 몸이면서도 초월적 아름다움을 붙잡으려고 고투하지만 끝내 도달할 수 없는 숙명을 애통하는 특별한 정신 구조를 부여받은 존재이다.

정서적 감동을 준다는 점에서 서정시와 음악을 연관시킨 포우와 같은 의견 외에도 완벽한 형식 예술인 음악을 서정시의 모범으로 간주한 비평가인 페이터가 있었다. 모든 예술이 음악의 상태를 지향한다는 유명한 의견을 밝혔던 19세기 후반의 심미주의 비평가인 페이터는 음악이야말로 소재와 형식이 완벽하게 결합된 이상적인 예술이며 음악의 정점의 순간에서는 목적과 수단, 형식과 소재, 주제와 표현이 구별되지 않고 상호간에 완벽하게 삼투되므로, 음악은 모든 예술이 열망하고 지향하는 완벽한 순간이라고 주장하였다.

> 모든 예술은 부단히 음악의 상태를 갈망한다. 왜냐하면 모든 다른 종류의 예술들에서 내용과 형식을 구분하는 것이 가능하며 오성이 항상 이런 구별을 가능하게 할 수 있는 반면에 그것을 감추려는 예술의 부단한 노력이 있기 때문이다. 예를 들면, 시의 단순한 소재, 그것의 주제 말하자면 주어진 사건들이나 상황-그림의 단순한 소재, 사건의 실제 상황, 풍경의 실제 지형-은 처리의 형식, 정수 없이는 아무 것도 아니며, 이 형식, 이 처리의 방식이 그 자체로 목적이 되고 내용의 모든 부분에 침투해야 한다는 것이며 이것이야말로 모든 예술이 부단히 추구하고 다른 정도로 달성하는 것이다.

> All art constantly aspires towards the condition of music. For while in all other kinds of art it is possible to distinguish the matter from the form, and the understanding can always make this distinction, yet it is the constant effort of art to obliterate it. That the mere matter of a poem, for instance, its subject, namely, its given incidents or situation-that the mere matter of a picture, the actual circumstances of an event, the actual topography of a landscape-should be nothing without the form, the spirit, of the handling, that this form, this mode of handling, should become an end in itself, should penetrate every part of the matter: this is what all art constantly strives after, and achieves in different degrees. (Pater 106)

페이터에게 주제 그 자체만으로는 중요한 것이 아니고 가장 문제가 되는 것은 특별한 매체의 형식적 속성들과 주제의 보이지 않는 혼합이었다. 그래서 페이터는 모든 예술이 형식과 내용의 완벽한 결합을 지향하며 형식과 내용의 구별이 없는 절대적 상태인 음악의 상태를 열망한다고 주장하였다.

그런데 음악은 특별한 능동적 능력에 의하여 형식과 소재를 통합하여 가지고 있는 것이 아니라 순수한 형식, 오직 전적으로 형식인 까닭에 내용 또는 소재의 문제에서 벗어난 행복한 상태에 있다. 시나 그림은 예술가의 독특한 능력의 발휘로 소재인 일상생활의 단편들이 변화된 것이지만 그 소재들이 어느 정도 예술 작품 안에 드러난다. 그러나 음악은 일상생활의 어떤 부분도 모방하지 않으며 피아노의 선율은 일상생활의 어떤 소음도 닮지 않는다. 페이터는 모든 예술의 지향점이 음악의 상태라는 점을 주장함으로써 예술에서 일상생활의 반 예술적 세력을 없애려 하는 것이다. 이것은 그러한 세력을 예술과 통합하려는 노력과는 매우 다른 것이다.

페이터는 소재의 영향이 어느 정도 남아있다고 간주되는 예술 장르들 중에서 시 특히 음악성이 가장 앞서는 짧은 서정시가 형식과 소재의 구별이 가장 미약하다고 생각하였다. 그는 소재와 서정시 자체의 의미를 엄격히 구별하였으며, 시의 소재가 막연히 번져나가는 성질이 있음을 지적하고 바로 이 막연함을 억눌러야만 서정시의 순수성이 살아난다고 생각하였다. 시 자체의 의미는 이 막연한 소재에서 우러나는 것이 아니라 우리의 이해력을 통과하지 않고 우리에게 직접 와 닿는 특수한 효과의 하나라고 생각한 페이터는 블레이크(William Blake)의 상징적인 작품이나 셰익스피어(William Shakespeare)의 희곡에 삽입된 노래들이 대표적인 경우라고 지적하였다.

> 예술은 그렇게 해서 항상 순수 지성으로부터 독립적이고 순전한 지각의 문제가 되려고 하며 그것의 주제 혹은 소재에 대한 책임감을 제거하려고 하며 시와 그림의 이상적인 모범들이 창작의 구성 요소들이 너무나 함께 융합되어서 소재나 주제가 더 이상 지성에게만 호소하지 않는 것들이고, 또한 형식이 눈이나 귀에만 호소하지 않는 것들이며, 형식과 소재가 그 융합이나 동일성 속에서 상상적 이성, 모든 사고와 감정이 그것의 감각적인 유사물 혹은 상징과 함께 쌍생되는 복합적인 능력에 하나의 단일 효과를

제공하게 된다. 가장 완벽하게 이 예술가의 이상, 소재와 형식의 이 완벽한 동일성을 구현하는 것은 음악 예술이다. 그것의 정점의 순간들 속에서 목적은 수단과, 형식은 소재와, 주제는 표현과 구분되지 않으며 그것들은 내재하여 완벽하게 서로 서로를 삼투시키고 그러므로 그것을 향해 그것의 완벽한 순간들의 상태를 향해 모든 예술들은 부단히 지향하고 갈망하도록 되어 있다. 그럴 경우에 음악에서 오히려 시 속에서 완성된 예술의 진정한 유형 혹은 척도를 발견할 수 있다.

> Art, then, is thus always striving to be independent of the mere intelligence, to become a matter of pure perception, to get rid of its responsibilities to its subject or material; the ideal examples of poetry and painting being those in which the constituent elements of the composition are so welded together, that the material or subject no longer strikes the intellect only; nor the form, the eye or the ear only; but form and matter, in their union or identity, present one single effect to the "imaginative reason," that complex faculty for which every thought and feeling is twin-born with its sensible analogue or symbol. It is the art of music which most completely realises this artistic ideal, this perfect identification of matter and form. In its consummate moments, the end is not distinct from the means, the form from the matter, the subject from the expression; they inhere in and completely saturate each other; and to it, therefore, to the condition of its perfect moments, all the arts may be supposed constantly to tend and aspire. In music, then, rather than in poetry, is to be found the true type or measure of perfected art. (Pater 108-109)

이 인용 부분에서 페이터는 소재 주제 내용의 문제가 아예 생기지 않는 음악을 예술의 최고 이상으로 삼음으로써 근원적으로 갈등의 소지를 제외하고 있다. 음악은 본질적으로 소재, 주제, 내용 등의 현실 생활과의 연관성을 가지지 않으므로 음악에서 형식과 내용이 결합된다는 말은 무의미한 것이나. 그러한 음악의 형식적 완벽성을 받아들이는 정신은 감각이나 지성 중 어느 한 쪽에만 호소하는 것이 아니라 감각과 지성의 결합이며, 모든 사상과 감정이 그것의 감각적 유사물 혹은 상징과 함께 동시에 생성되는 복잡한 능력인 "상상적 이성"(imaginative reason)의 효과를 나타낸다는 것이다.

3

엘리엇은 문학과 음악의 관계에 대해 관심을 가졌고, 이 두 예술 장르에 대한 관심을 자신의 작품이나 비평에서 표현하였다. 『시의 효용과 비평의 효용』(The Use of Poetry and The Use of Criticism)에서 엘리엇은 아놀드(Matthew Arnold)가 그의 비평에서 시적 스타일의 장점이자 근본적 요소인 운문의 음악적 특징에 민감하지 못했다고 하면서 "청각적 상상력"의 개념을 다음과 같이 설명하였다.

> 내가 '청각적 상상력'으로 부르는 것은 음절과 리듬에 대한 감정이며 사상과 감정의 의식적인 단계 밑을 훨씬 통과하여 모든 단어의 원기를 돋구고 가장 원시적이고 잊혀진 것으로 침잠하고 기원으로 돌아가서 무엇인가를 가져오며, 시작과 끝을 추적한다. 그것은 확실히 의미를 통해 작용하거나 일상적인 의미 없이 작용하지 않으며 낡고 잊혀지고 진부한 것과 최신의 새롭고 놀라운 것, 가장 오래된 정신과 가장 문명화된 정신을 융합시킨다.

> What I call the 'auditory imagination' is the feeling for syllable and rhythm, penetrating far below the conscious levels of thought and feeling, invigorating every word; sinking to the most primitive and forgotten, returning to the origin and bringing something back, seeking the beginning and the end. It works through meanings, certainly, or not without meanings in the ordinary sense, and fuses the old and obliterated and the trite, the current, and the new and surprising, the most ancient and the most civilised mentality. (*UPUC* 118-119)

엘리엇의 청각적 상상력은 음절과 리듬에 대한 감정이며, 사상과 감정의 의식적인 단계 아래까지 침투해 들어가서 가장 잊히고 원시적인 단계 아래까지 내려 갈 수 있으며, 시의 소리와 의미의 총체성을 파악한다. 존 아담스(John Adames)는 엘리엇의 이 청각적 상상력이 시의 복합적인 반향(resonance)을 설명하려는 페이터의 "상상적 이성"과 유사성을 갖는다고 주장하면서 두 개념 모두 감각과 지성에 대한 시의 호소를 이용하며 시가 음악의 상태를 향해 도달하려는 것을 제시한다고 주장하였다(Adames 131). 엘리엇은 이런 음악의 초월적인 특징을 시 창작의 목적과 연결시킨 주장을 하였다. 「영국의 문인 작가들」("English Letter Writers", 1933)에서 엘리엇은 베토벤의 후기 사중주 작품들이 음악을 넘어서려고 시도했던 것처럼 시작품도 언어를 넘어서려고 노력해야 한다고 말하면서 그는 "그대로 드러난 시 혹은 너무나 투명해서 우리들이 시를 볼 수 없는 작품"(a poetry standing naked in its bones, or poetry so transparent that we should not see the poetry)을 창작하려는 자신의 의견을 나타내었다(Bucknell 111 재인용). 또한 1933년 턴불(Turnbull)강연에서 『네 사중주』의 "진흙 속에서 마늘과 청옥은/ 파묻힌 차축에 엉겨 붙는다"(Garlic and Sapphires in the mud / Clot the bedded axle-tree)의 원천이라고 할 수 있는 말라르메(Stéphane Mallarmé)의 시를 원용하면서 직유나 비유법이 항상 가시적이 되어야 한다고 생각하는 것은 잘못이라고 하였다. 그는 합리성, 정확성 그리고 모호함의 요소들이 모두 시에 적합하며 산문과 구별되는 것으로서의 시안의 각각의 단어가 그 자체만으로 절대적 가치를 가진다고 설명하였다. 그는 "시가 이미지일 뿐만 아니라 주문이다"(Poetry is incantation as well as imagery)라고 하면서 말라르메의 "천둥과 루비들"(thunder and rubies)들은 가시화되거나 들리거나 생각될 수 없지만 그것들이 나란히 설정이 되면 각각의 시어들이 가지고 있는 함축적인 의미를 가져온다고 하였다.

이렇게 엘리엇은 문학과 음악의 관계에 대해 관심을 가지고 있었지만, 문학의 음악의 관계에 있어서 그 한계를 의식하였다. 이 두 예술 형식들은 시간적인 특성을 공유하였지만 대등하지(equivalent)않으며, 작곡가와 시인의 창작 방식이 다르기 때문에 음악의 악절(musical phrase)과 시적 발화(poetic utterance)는 다른 것이다. 또한 음악은 내용이 필요 없는 순수한 형식의 예술이자 외부의 지시 대상을 필요로 하지 않는 추상 예술이기 때문에 문학이 음악을 그 지향점으로 삼을 경우 결국 문학의 죽음을 초래할 수도 있다. 이처럼 음악을 문학의 모범으로 간주하는 경향의 한계를 의식하였던 엘리엇은 시의 음악성과 연관된 자신의 개념인 청각적 상상력에 대해서도 한계를 두었다. 밀턴처럼 작가들이 작품 창작 시 의미의 정확성보다 청각적 상상력이나 "언어적 음악"(verbal music)을 강조할 경우 인위적인 시어와 대단히 복잡하고 뒤틀린 (tortuous) 문체의 작품을 생산하게 될 수 있음을 경고하였다. 이렇게 엘리엇은 시어가 의미를 염두에 두지 않고 소리에만 집중하는 것에 대해 경계하였고, 시어의 음악과 의미는 밀접하게 연결되어 있다고 주장하였다.

> 내가 시의 '음악'에 대해 말할 것을 공언할 때 나는 대화에 대단한 강조를 한다는 것은 이상한 것처럼 보일 수도 있다. 그러나 우선 나는 시의 음악은 의미와 떨어져서 존재하는 것이 아님을 상기시키고자 한다. 그렇지 않다면 우리들은 아무 의미도 없는 위대한 음악적 아름다움이 있는 시를 가질 수도 있겠지만 나는 그런 시를 접해본 적이 없다.
>
> It may appear strange, that when I profess to be talking about the 'music' of poetry, I put such emphasis upon conversation. But I would remind you, first, that the music of poetry is not something which exists apart from the meaning. Otherwise, we could have poetry of great musical beauty which made no sense, and I have never come across such poetry. (*OPP* 21)

「에즈라 파운드: 그의 운율과 시」("Ezra Pound: His Metric and Poetry", 1917)에서 엘리엇은 시가 음악의 조건에 도달하기 위하여 시에 의미가 없어야 한다는 생각을 일갈하였으며, 「시인으로서의 스윈번」("Swinburne as Poet", 1920)에서는 언어의 음악성과 의미가 모두 존중되어야 한다고 주장했다. 음악성과 내용의 아름다움이 잘 나타나 있는 캠피온(Thomas Campion)과 달리 스윈번(Algernon Charles Swinburne)은 그 두 가지가 모두 하나인 것처럼 표현하고 있으며 오히려 단어의 의미를 이용했다는 것이다.

또한 엘리엇은 시가 비언어적이고 재현 불가능한 것을 표현할 수 있는 음악의 능력을 지향하더라도 시의 음악성은 명료성(intelligibility)과 질서를 통해서 작용된다고 생각하였다. 「존 드라이든」("John Dyrden", 1921)에서 엘리엇은 "명제"(statement)의 시를 쓸 수 있는 능력 때문에 드라이든을 칭찬하면서 다음과 같이 드라이든을 스윈번과 비교하였다.

스윈번은 또한 언어의 장인이지만 스윈번의 언어는 모두 암시이고 명시적 의미가 아니며 만약 그것들이 아무 것도 암시하지 않는다면 그것은 그것들이 너무 많은 것을 암시하기 때문이다. 반면에 드라이든의 언어는 정확하고, 그것들은 거대하게 설명하지만 그것들의 암시성은 종종 아무 것도 아니다.

Swinburne was also a master of words, but Swinburne's words are all suggestions and no denotation; if they suggest nothing, it is because they suggest too much. Dryden's words, on the other hand, are precise, they state immensely, but their suggestiveness is often nothing. (*SE* 314-315)

엘리엇은 올드햄(Oldham)에 대한 드라이든의 엘레지 전체를 인용하고 드라이든에게 있어서 "암시성"(suggestivenenss)의 부족은 만족스러운 명제의 완벽성에 의해 보상된다고 주장하였다. 그는 더 나아가서 시어가 "언어"(speech)의 수준으로 복귀되어야 한다고 생각하였으며, 이것은 그의 운문과 비평에 있어서 끊임없는 관심사였다. 그래서 드라이든을 비롯하여 던(John Donne), 쟈코비언 극작가들(Jacobean Dramatists) 그리고 라포르그(Jules Laforgue)를 평가할 때도 그들의 작품에 이용된 이런 요소들을 발견하려고 하였다. 「단테」("Dante", 1929)에서 그는 단테의 작품에 나타난 언어의 특징을 설명함으로써 자신이 이상적이라고 생각한 시어의 특징을 밝혔다. 엘리엇에 따르면 단테(Dante Alighieri)는 유럽이 아직 분열되기 이전에 유럽의 공통어라고 할 수 있는 라틴어와 가장 비슷한 "세속 이태리어"(the Italian vernacular)를 이용하여 작품활동을 하였고 그가 활동한 시대는 아직 개별 국가로 분열되기 이전의 유럽으로서, 공통된 문화를 가지고 있었기 때문에 그의 작품에는 "명확성"(lucidity)과 "보편성"(universality)이 존재한다. 단테의 상상력은 "시각적 상상력"(visual imagination)으로서 자신이 보았던 것을 독자들도 보게 하는 것이 목적이었다. 이 목적을 위해서 단테는 우화(allegory)와 거의 비유가 사용되지 않는 아주 단순한 언어를 사용하였다. 뿐만 아니라 단테의 언어는 "완벽한 일상 언어"(the perfection of a common language) 이다. 그래서 엘리엇은 단테의 작품으로부터 시인이 훌륭한 시를 쓸 수 있는 조건을 배울 수 있다고 주장하였다.

엘리엇은 시인이 사용하는 언어가 일상생활에서 쓰이는 대화에 기반을 두어야 한다고 생각하였으며, 그는 어떤 종류의 시든지 간에 "일상적 교류에서 변화하는 언어"(the changing language of common intercourse)를 잃어서는 안 된다고 주장하였다. 엘리엇이 시어와 일상 언어의 밀접한 연관성을 강조한 것은「밀턴 I」("Milton I", 1936)에서 드라이든의 영향력이 밀턴보다 더 건전하다고 주장하는 것에서도 나타난다. "감수성의 분열"을 가져온 두 장본인인 밀턴과 드라이든 중에서 엘리엇은 비록 사상에만 치중하는 시어를 영시의 전통에 심어놓은 장본인이지만 일상 언어와의 관계를 밀접하게 유지했다는 점에서 드라이든의 영향력이 더 건전한 것이라고 생각하였다. 시어가 일상 언어와 동떨어져서는 안 된다는 생각은 엘리엇만의 독특한 생각은 아니다. 그도 밝혔듯이 영시 사상 모든 혁명적인 사건은 바로 "일상 언어로의 복귀"(a return to common speech) 라는 목적을 가지고 있었으며, 많은 시인들이 이 목적에 공감했었다. 비록 일상 언어와 직접적인 관계를 회복하자는 의도에서 일어난 운동을 통해 시어가 새로워진다고 하더라도 시간이 지나면 구시대의 산물로 남게 된다. 예를 들어 드라이든의 시어가 당시에는 상당히 자연스럽고 새롭게 들렸을지라도 현대인에게서 그런 반응을 찾기는 어려울 것이다. 또한 일상 언어가 시인이 시에서 표현하는 언어와 정확히 같은 것이라고 기대하기도 어렵다. 그러나 일상 언어는 시인이 살고 있는 동시대 사람들의 감수성을 잘 반영하고 있으므로 시가 대중에게 공감을 얻기 위해서는 끊임없이 일상 언어와 관련을 맺어야 한다.

시와 음악의 관계와 그 한계를 의식하였던 엘리엇은「시의 음악」("The Music of Poetry", 1942)에서 무엇이 시의 음악을 구성하는 가에 대한 총괄적인 관점을 설명하였다. 그는 두운, 유음, 조화(consonance)와 같은 소리 덩어리들을 포함시켰지만 멜로디는 단지 시의 음악성의 한 국면일 뿐이라고 하였다. 다시 말하면 엘리엇은 시의 음악성을 추구하는 데 있어서 멜로디와 같은 순전히 음악적 요소만을 강조하는 것에 한계를 둔 것이다. 엘리엇은 시의 음악성을 유창함(mellifluousness)이나 반향(sonority)과 동일시하는 것을 경계하였다. 그는 벌떼의 소리나 느릅나무 숲 속의 비둘기 울음 소리이외에도 표현할 것이 많다고 하면서 불협화음조차도 자신의 자리를 가진다고 하였다. 또한 그는 상당한 길이의 어떤 시라도 전체적인 음악적 구조에 기여하는 감정적 강도의 다른 수준들을 조절하기 위하여 시어의 높은 수준과 낮은 수준 사이에 변하는 부분들을 포함해야 한다고 하였다. 어떤 시인도 산문의 장인이 되지 못한다면 큰 폭의 시를 쓸 수 없다고 하면서 시의 폭은 그 시에 나타난 단어들의 문학적인 역사를 포함하고 있으며, 그에게 이런 종류의 인유는 시의 음악의 우월한 종류에 해당하는 것이다.

엘리엇은 음악적 시는 소리의 음악적 패턴과 그 시를 구성하는 단어들의 제2의 의미들의 음악적인 패턴을 가지고 있는 것이며, 이 두 패턴들이 분리되지 않고 하나인 시라고 설명하였다. 이처럼 엘리엇은 시의 음악성이 단어들의 율동적인 특성들의 패턴과 단어들의 이차적 의미들로 구성된 패턴에 대한 비유적인 생각도 가지고 있었다. 엘리엇에게 단어의 음악성은 공시성과 통시성의 결합지점에서 창조되는 것이다. 「시의 음악」에서 엘리엇은 단어의 음악은 교차점에 있다고 말하였다. 단어의 음악은 그 단어의 바로 앞과 뒤에 있는 단어들과의 관계 그리고 그 단어의 문맥 나머지들과의 관계에서부터 나타나며 또한 그것은 다른 관계 즉 그 단어가 위치한 문맥에서의 직접적인 의미와 그 단어가 다른 문맥에서 가졌던 다른 의미들과의 관계 혹은 그 단어의 더 크거나 더 빈약한 풍부한 연상과의 관계로부터 나온다는 것이다. 엘리엇은 이처럼 단어의 복잡한 연쇄관계를 시의 음악성으로 간주하는 동시에 시의 음악성은 그 시대의 일상 언어에 숨어 있는 음악이 되어야 한다고 말하였다.

4

이 글은 『네 사중주』의 종교적 사상과 경험을 구현하는 방법인 음악적 형식의 전제 조건인 음악과 문학의 관계에 대한 문학사적인 배경과 엘리엇의 관점을 알아보았다. 미학적 형식의 관점에서 문학과 미술 사이의 공통점을 찾으려는 경향이 18세기 독일의 이론가인 레싱에 의해 비판받게 된 이후로 문학과 음악이 시간을 통해 진행되는 단어와 소리를 매체로 이용하는 예술 형식이라는 것이 예술가들과 이론가들 사이에서 인식되었다. 음악은 포우, 페이터 등과 같은 19세기 시인들과 이론가들에게 소리의 아름다움을 강조하는 음악적인 시의 모범으로 간주되었을 뿐만 아니라 내면의 정서와 사고 그리고 논리적 구조를 초월하는 실재를 표현할 수 있는 완벽한 형식의 예술로 간주되어 왔다. 엘리엇은 문학과 음악의 관계에 대해 관심을 가졌고, 이 두 예술 장르에 대한 관심을 자신의 작품이나 비평에서 표현하였다. 특히『시의 효용과 비평의 효용』에서 나타난 "청각적 상상력"은 엘리엇의 음악에 대한 관심을 반영하는 대표적인 개념이다. 그러나 엘리엇은 음악과 문학이 사용하는 매체가 다르다는 점을 인식하고 문학이 음악을 모범으로 삼는 것에 한계가 있음을 인식하였기 때문에 문학과 음악의 유추 관계에 있어서 명료성과 질서를 강조하였다.

인용문헌

이상섭.『영미비평사 2: 낭만주의에서 심미주의까지 1800-1900』. 서울: 민음사, 1996.

Adames, John. "Eliot's Ars Musica Poetica: Sources in French Symbolism." *T. S. Eliot's Orchestra*. Ed. John Xiros Cooper. New York: Garland Publishing, 2000. 129-140.

Bate, Walter Jackson. Ed. *Criticism: The Major Texts*. New York: Harcourt Brace Jovanovich, 1952.

Boaz, Mildred Meyer. ""You Are the Music": Tuning in to Eliot." *Approaches to Teaching Eliot's Poetry and Plays*. Ed. Jewel Spears Brooker. New York: The Modern Language Association of America, 1988. 60-65.

Bucknell, Brad. "Eliot's Impossible Music." *T. S. Eliot's Orchestra*. Ed. John Xiros Cooper. New York: Garland Publishing, 2000. 111-128.

Cooper, John Xirous. Ed. *T. S. Eliot's Orchestra: Critical Essays on Poetry and Music*. New York: Garland Publishing, 2000.

Dana, Margaret E. "Orchestrating *The Waste Land*." *T. S. Eliot's Orchestra*. Ed. John XirosCooper. New York: Garland Publishing, 2000.

Eliot, T. S. *On Poetry and Poets*. New York: The Noonday Press, 1976. (*OPP*로 약함)

____. *Selected Essays*. London: Faber and Faber, 1932. (*SE*로 약함)

____. *The Use of Poetry and The Use of Criticism*. London: Faber and Faber, 1933. (*UPUC*로 약함)

Holloway, John. "Eliot's *Four Quartets* and Beethoven's Last Quartets." *The Fire and the Rose: New Essays on T. S. Eliot*. Ed. Vinod Sena and Rajiv Verma. Dehli: Oxford UP, 1992. 145-159.

Kenner, Hugh. *The Invisible poet: T. S. Eliot*. London: Methuen, 1960.

Mill, John Stuart. *John Stuart Mill: Literary Essays*. Ed. Edward Alexander. New York: BobbsMerill, 1967.

Pater, Walter. *The Renaissance: Studies in Art and Poetry*. Ed. Donald L. Hill. Berkeley: U of California P, 1980.

Poe, Edgar Allan. "The Poetic Principle." *Criticism: The Major Texts*. Ed. Walter Jackson Bate. New York: Harcourt Brace Jovanovich, 1952. 351-355.

Smith, Grover Jr. *T. S. Eliot's Poetry and Plays*. Chicago: The U of Chicago P, 1950.

엘리엇의 음악에 대한 여러 배경지식들

| 줄리안 홀 |

엘리엇의 작품 안에서 음악의 영향과 존재는 20세기 초에 생겨난 예술 형식들의 일시적인 융합에 중요하고 언제까지나 울림을 주는 공헌을 하였다. 모더니즘의 등장으로, 지금까지 넓어졌던 음악과 문학 사이는 일시적으로 잊혔다. 이는 시대의 자연적인 다이너미즘으로 예술들이 일반적으로 방법론들에 대한 재고가 강요되었는데 이들은, 필연적으로, 생각의 충돌들과 그들 사이의 절차에 대한 가능성들은 열려있었다. 이처럼, 음악과 문학의 관계는 이 시대에 특히 흥미로웠는데 그중에서도 저자들이 음악적인 언어를 말의 언어로 번역하는 생각에 몰두하는 것처럼 말이다. 이러한 점을 바탕으로, 이 글에서는 여러 배경지식들을 살펴볼 것인데, 주로 그의 산문을 볼 것이며, 엘리엇의 시와 시극에서 그의 음악적 사용을 볼 것이다.

대중문화와 조이스와의 유사성

엘리엇의 인생에서 중요하고 오래 지속되는 존재로 있는 것 이외에도, 음

---

* 이 논문은 『T. S. 엘리엇 연구』 18.1 (2008)에 「Some Backgrounds to Eliot's Music」으로 게재된 것으로서 번역 후 수정·보완된 것임.

악은 그의 작품에 있어 또한 주목할 만한 배경이다. 동료 모더니즘 거장인 제임스 조이스가 음악에 대해 그의 문학적 산물에 비교하여 비슷하거나 우발적인 흥미보다도 더욱 전념했다는 것은 우연이 아닐 것이다. 이러한 측면에서는 조이스와 중요한 유사성을 띠며, 특히 그들의 음악적인 흥미들과 문학적 영향 패턴이 형성되는 기원 안에서 두드러지게 나타난다. 조이스와 마찬가지로, 엘리엇의 음악에 대한 관여는 어린나이 때부터 시작하였다. 얼마 지나지 않아 엘리엇은 그의 고향인 미주리 주의 세인트루이스의 상대적인 문화적 고립과 뉴잉글랜드, 보스턴, 매사추세츠의 앤 곶(Cape of Ann)에서 보낸 정교함의 여름들과의 대조를 마주하게 되었다. 조이스의 더블린에서의 어린 시절은 그로 하여금 오페라, 오페레타, 대중가요와 뮤직홀을 포함시키는 다양한 음악적 문화에 노출시키게 하였으며 이는 모두 역동적인 예술이 도시에서 유행을 형성시켰다. 두 작가 모두 이후에 현대적인 음악 현장이 생기 넘치는 힘인 문화적으로 역동적인 유럽 도시들에서 경험하게 된다.-엘리엇은 런던과 파리에서, 조이스는 파리와 취리히에서 경험하게 된다. 그리고 두 작가 모두 유명한 음악적인 숙어와 함께 개인적인 친근감을 가지고 있다.

세기의 전환기에 래그타임(Ragtime) 음악의 발생지와 출처의 중심지였던 세인트루이스(St. Louis)에서의 엘리엇의 출생은 미국의 대중음악의 근원과 연관시켜 주었으며 지식인에게 돋보이게 하는 역할을 제공하였으며 가끔 뉴잉글랜드에서의 허세적인 음악적 삶을 제공하였다. 에릭 시그(Eric Sigg)는 심지어 주장하기를 엘리엇의 할아버지, 목사 엘리엇의 폐지론자들에 대한 옹호를 통한 반노예운동과의 엘리엇 집안의 연관성은 엘리엇에게 흑인 미국문화, 그들의 발화리듬 그리고 특히 음악에 대한 동감을 물려주었다.1) 그것은 아마도 『스위니 아고니스테스』(*Sweeney Agonistes*)에서 「아곤의 파편」("Fragment of an Agon")과 같은 작품에서처럼 이 문화적인 유산을 다루는 것에 원인이 되는 개인적인 연관성일 것이다.2) 그 풍자적인 노래 "대나무 아래서"("Under the

---

1) Eric Sigg 참고, 'Eliot as a product of America', A. David Moody ed., *The Cambridge Companion to T. S. Eliot* (Cambridge, 1994), 14-30.
2) 엘리엇의 개인적인 1947년 「아곤의 파편」의 읽기는 장면에서 등장인물들을 구별하는 데 필요한 목소리의 다른 톤들을 피하여 단어들의 끊임없는 리듬을 전달하려고 갖가지 시도를 하

Bamboo tree")의 당김음으로 된 리듬들은 흑인 중서부 아메리카에서 파생되었다. 초기 재즈음악은 그러한 중요성을 지니고 있었는데 왜냐면 발화리듬 안에서의 근원과 이러한 것의 자연스런 부분으로 당김음화(syncopation)이 있었기 때문이다. 『황무지』(The Waste Land)의 초고는 그의 가장 시작부분에 네 개의 동시대의 미국 곡들로 이루어져있다.3) 엘리엇의 초기 시작품들 안의 음악에 대한 참조들로 예를 들어, 「어떤 부인의 초상」("Portrait of a Lady")과 「사랑의 대화」("Conversation Galante")는 자신들이 가지고 싶어 하는 이국적인 유럽문화를 위한 허세적인 존경을 갈망하는 중신층 계급의 뉴잉글랜드 인들을 위한 음악에 대한 퇴폐적이고 가시적인 태도의 전형으로 보인다.

그러나 엘리엇과 조이스의 음악적 배경지식의 차이들은 모더니즘 학계에서 음악의 만연하는 힘을 예증하는 역할만 할 뿐이다. 조이스는 음악이 문학보다 소중히 여겨지는 집안에서 자라났으며, 그 자신의 음악적인 능력들과 지식은 상당하였다. 반면, 엘리엇은 음악에 대한 해설자로서 그의 자질들을 감시받았고 여러 번 어떠한 주목할 만한 기술적인 능숙함이 부정하였다. 그것은 아마도 조이스가 내면안의 연주를 할 수 있는 자연스런 재능과 함께, 엘리엇 자신이 공유하지 못한 그런 것이며 이는 그의 후기 작품 안에서의 음악적 감성을 위한 이유로 조이스의 부분적인 실명에 관심을 가지게 된다. 엘리엇은 실로 조이스의 글의 주된 매력은 시각적인 상상력이 아니라 귀에 있다고 주장하였으며, 그것이 완전히 올바르게 평가되려면, 『피네간의 경야』(Finnegans Wake)는 큰소리로 읽혀야 한다.4) 조이스의 음악에 대한 심미안(tastes)은 광범하였고, 이탈리안 오페라, 부소니(Busoni), 쇤베르크(Schonberg), 글루크(Gluck), 그가 취리히에서 만난 스위스 작곡가 오트마 쇠크(Othmar Schoeck) 그리고 조이스

였다. 음원 녹음 참조 Stratis Haviaras ed., *The Poet's Voice. Poets reading aloud and commenting upon their works* (Cambridge, MA, 1978).
3) 위에 있는 장에서 언급한대로 시그(Sigg)는 이 자료의 출처에 대한 유용한 참조들을 보여준다. 그는 또한 『황무지』에 나오는 "오 오 오 오 그 셰익스피어적인 래그" 시구는 1912년의 지그펠드 폴리스(Ziegfeld Follies)를 위해 쓰인 래그로 부터 유래되었으며 이는 아마 엘리엇이 보스턴에 있을 당시에 가져왔을 것이다(28쪽 참고). 이 시구는 단어 "셰익스피어적인"에 시 규칙적인 리듬을 낭김음이 된 것으로 방해되는, 다섯 번째 음절의 예상치 못한 추가가 주목할 만하다.
4) T. S. 엘리엇, 'The Approach to James Joyce', *The Listener* 30 (October 1943), 446-7.

가 원고자료들로부터 자주 복사한 루트연주자-작곡가들에 의한 엘리자베스 풍 작품들을 포함하였다. 이 후자의 흥밋거리가 「실내악」(Chamber Music)의 제목과 구성의 원인이 되었다. 엘리엇의 편협하고 더욱 온건한 음악적 흥미의 범위는 - 베토벤에 대한 지대한 집중, 그러나 바르톡(Bartok)의 사중주에는 모호한 친밀감으로 예로 들었고 - 아마도 또한 그가 자신의 열의들을 알리는 데 조금 덜한 화려한 방식을 가리키는 것일 것이다. 조이스 개인적인 한 두 개의 음악적인 작품들은 살아남고 - 예이츠의 시작품에 선율의 시구들로, 「누가 퍼거스와 동행하는가?」("Who Goes with Fergus")와 「그때 안녕」("Bid Adieu"), 그의 초기 시기의 시들, 「실내악」에서 그가 그의 단어들로 쓴 곡이다. 엘리엇이 1934년에 막을 올린 교회 야외극 「반석」(The Rock)에 공언했던 자료들은 그가 실제로 음악적인 작곡을 가깝게 하였다. 또 다른 중요한 차이는, 당연히, 음악적 지식, 형태 그리고 이론을 말하는 형태로 응용하는 데 있다. 엘리엇의 경우에는 이는 시와 시극에 해당되었고 조이스의 경우에는 주로 산문 소설에 해당되었다.

엘리엇의 「반석」 프로젝트 참여는 순수예술과 대중예술 모두를 가끔 구분하는 그의 전념들을 대표한다. 「반석」의 대중적 요수 중심에는 뮤직홀에 대한 그의 흥미가 있다. 1920년에 엘리엇은 *The Dial* 지의 런던 특파원이 되었고 자주 뮤직홀에 대해 논의할 수 있는 기회를 사용하였다.5) 그는 이미 미국에서 대다수의 보드빌 레퍼토리를 그가 영국에서 1914년에 도착했을 때부터 알고 있었고, 런던과 옥스퍼드에서 뮤직홀을 자주 다녔고, 심지어 이들의 훗날에 쇠퇴할 때까지 그리하였다. 이는 『황무지』의 두 번째 섹션에서의 '술집-장면'에 나오고, 미완된 「스위니 아고니스테스」 안에서 나오며, 이는 1926-7년의 『크라이테리언』(The Criterion)에 연재되었고 미완성 작품으로 1932년에 출판되었다. 이 후자에서, 뮤직홀 전통은 빠른 연속으로 많은 다른 화자들에게 대화의 똑같은 시구를 주는 테크닉을 말한다. 엘리엇은 또한 뮤직홀 예술가인 마리 엘로이드(Marie Lloyd)의 평전을 썼고, 그녀의 1922년 죽음은 그에게 상당

---

5) T. S. 엘리엇 참조, 'London Letter', *The Dial* 70.4 (April 1921), 448-53, 보드빌의 쇠퇴를 다루며 마리 로이드(Marie Lloyd)를 언급한다, 또한 6월 간행물(70.6: 686-91)에서도 언급해 뮤직홀과 레뷔의 차이를 논의한다. 엘리엇은 열렬히 전자를 선호한다.

한 영향을 미쳤으며, 그는 그녀의 관중들을 지식인의 지성주의에 의지함 없이 예술적으로 사로잡는 엔터테이너의 능력을 존경하였다. 이런 순수예술을 많은 이들에게 성공적으로 전달하는 딜레마와 가끔 부딪칠 때, 엘리엇은 음악을 완전히 이해하거나 해독할 필요 없이 고양된 수준에서 감상할 수 있는 수단으로 생각하고 돌아선다. 뮤직홀 여흥은 시와 함께 여흥의 직접성을 결합한 것이며, 그가 『신성한 숲』(The Sacred Wood) 글에서 언급한 것처럼 엘리엇은 이를 엘리자베스풍의 극의 현대 동등물이고, ". . . .우리의 문제는 여흥의 형태를 가지고, 그것을 예술의 형태로 나누는 과정으로 겪게 만드는 것이다. 아마도 뮤직홀 희극배우는 최고의 재료이다."6) 비슷한 정서들이 『시의 효용(效用)과 비평의 효용』(The Use of Poetry and the Use of Criticism)의 일부에서 표현되는데 시의 한 기능은 다수의 사람들에게 즐거움을 주는 것이고 이 때문에, ". . . . 하나의 관점에서, 시인은 뮤직홀 희극인의 상태를 갈망한다.7) 엘리엇의 뮤직홀에 대한 흥미는 그의 극들 안에서 코러스 사용에 공헌을 하였다. 엘리엇 자신이 「시와 극」("Poetry and Drama") 글과 그의 산문 다른 곳에서 시사했듯이, 『가족의 재회』(The Family Reunion)와 『칵테일 파티』(The Cocktail Party) 모두에서 관객들의 이목을 집중시키기 위한 중요한 목적은 두 가지 단계로 쓰는 것: 기본이해 단계(코러스)와 인간 정신적인 깊은 단계(등장인물들 간의 더욱 사적인 교류들)를 말한다. 따라서 이런 실험적인 방법은 동시에 스릴러와 심리학적인 수사의 특성의 극으로 발달된다.

    극의 본질과 구성에 관련된 이러한 언급들 이외에도, 엘리엇의 산문 안에서 그가 어떠한 특정 대중음악과 매력에 이끌렸다는 자인은 찾아보기 힘들다. 엘리엇은 쇼(Bernard Shaw)의 『피그말리온』(Pygmalion)보다 훨씬 더 『마이 페어 레이디』(My Fair Lady)를 즐겼다고 한다. 엘리엇이 이러한 흥미로 인해 부끄러움을 느낄 수도 있을 거라는 사실이외에도, 그리고 그것의 예술적인 기능 외에, 그의 뮤직홀에 대한 흥미는 가면 혹은 익명을 위한 장치로 보일수도 있다. 조나 맥킨(Jonna Mackin)은 그녀의 글, 「예술의 본질로 승화하는 삶」

---

6) T. S. 엘리엇, 'The Possibility of a Poetic Drama', *The Sacred Wood* (London, 1932), 70.
7) T. S. 엘리엇, *The Use of Poetry and the Use of Criticism* (London, 1933), 32.

("Raising Life to a Kind of Art")에서 엘리엇과 뮤직홀을 비평적으로 다루며, 대중예술을 문화를 위한 계급 매개자로 보는 그의 관점은 지나치게 낭만화 되어있고 뮤직홀에 대한 그의 흥미는 대체로 성적으로 명백한 주체를 다루는 수단임을 시사한다.8) 그녀는 뮤직홀이 독점적인 노동자 계층의 오락인 것이 정확하지 않다는 엘리엇의 관찰들을 묵살시켰으며 엘리엇이 참석한 공연들은 당시 연애중인 중산층 계급의 관객들이 참석한 것이라고 주장하였다. 그러나 나는 엘리엇의 사회-문화적인 정치활동의 판단을 시도하고 싶지 않다, 혹은 심지어 그의 뮤직홀 전통에 대한 흥미와 사용에 대한 정신분석적인 사유들도 말이다.

음악적 미학과 산문 배경지식

조이스의 소설들 안에서의 자료 이외에는, 조이스 자신이 음악에 대해 저술했다는 근거는 상대적으로 적다. 일반적으로 음악의 이론과 연습에 대한 언급은 정확하며 특정 작곡가들 혹은 공연들에 대한 것도 마찬가지이다. 조이스의 편지들에는 후자에 대한 몇 가지 설명이 있는데 이런 것을 말하는 것은 사실이나, 대부분의 이들은 특정 수령인에게 보내는 독선적인 가식적인 태도처럼 읽힌다. 엘리엇의 비평적인 글쓰기랑은 전혀 다른 경우이다. 이것은 더욱 고려되어야 하며, 음악적인 언어가 말하는 언어와 비교되거나 번역될 수 있는 정도까지 글쓰기는 가끔 가벼운 글이 되기도 한다. 엘리엇의 학식에서 만들어지고, 이 여정에서 『네 사중주』로 인해 가정된 중요하게 여겨지는 구조와 실제를 위한 빈번한 탐색들의 관점에서, 필요한 배경지식은 엘리엇의 음악에 관한 산물 글쓰기이고, 관련된 시가 선행하고 따라오는 글쓰기를 말한다. 그러나 시작품들과 음악 작품들의 긴밀한 유사성의 정당성 문제제기와 문학적인 과정을 음악적인 것과 동일시하는 바람을 행하는 데 있어서는 어느 정도 주의를 기울여야 한다. 엘리엇 자신 스스로도 이러한 위험성들을 인지하고 있다.

---

8) Jonna Mackin, 'Raising Life to a Kind of Art' in John Xiros Cooper ed., *T. S. Eliot's Orchestra: Critical Essays on Poetry and Music* (New York, 2000), 49-63(50-1).

하버드에서 강연한 강의와 1951년에 『시와 극』의 제목으로 출판된 책에서, 엘리엇은 어렴풋이, 시에서만이 표현될 수 있는 감정의 범위를 서술하였다. 그는 또한 이러한 관점에서 음악과의 비교를 언급하였다. 논지의 방향은 표현의 강도와 담론의 한계들로 향했다:

> 이런 순간에, 우리는 음악이 표현할 수 있는 그러한 감정들의 경계를 건드린다. 우리는 결코 음악을 모방할 수 없다, 왜냐면 음악의 상태에 도달한다는 것은 시의 소멸이기 때문이다. . . .9)

엘리엇에 따르면, 시에서의 너무 정확하거나 완성된 음악적인 시뮬레이션은 그것 혹은 다른 것 아니면 둘 모두의 파멸로 이끌 수 있다. 시에서 "음악적" 재료 혹은 행위들의 포함은 이상주의(관념론)의 정신 안에서 행해져야 하고 그들의 불가능한 조합의 신기루를 향해서 작업되어야 한다. 바리첼리(J. P. Barricelli)는 그의 책 *Melopoiesis*(1988)에 '음악-도서관 연구에서 비평적인 한계들'이라는 부제의 서문에서 엘리엇의 『네 사중주』는 "음악적"인 작품으로 칭할 수 없다고 주장했다.10) 그가 "음악적"이라는 단어를 비평가들과 엘리엇 자신이 그의 글인 「시의 음악」에서 쓴 것을 간주하였고, 그의 주장은 매우 피상적이다. 바리첼리는 음악에서 쓰이는 단순한 구조적인 원리들과 『네 사중주』에서 사용된 것 사이에서의 피상적인 유사함은 인정하였으나 시는 음악적인 용어들에서 분석으로써의 효력은 인정되지 않는다고 하였다. 나는 엘리엇의 시는, 특히『네 사중주』와 그 시들과 동시대에 쓰인 시극은, 음악적인 분석으로 인한 평가나 음악적으로 인정하기 위하여 어떤 작품과 함께 음악적인 유추로 인한 평가를 받을 필요가 없다고 주장한다. 실로, 그의 시는 이처럼 정확한 비교로 하여금 시달리게 만들었다. 엘리엇이 의미하는 문학적인 음악성에 대한 많은 단서들은 그자신의 산문글 안에서 찾을 수 있다.

엘리엇은 존 헤이워드(John Hayward)에게 보낸 1942년의 편지에 단어 "쿼

---

9) T. S. 엘리엇, "Poetry and Drama", *On Poetry and Poets* (London, 1957), 87. 이후에 'Drama'로 인용 됨.
10) J. P. Barricelli, *Melopoiesis: Approaches to the Study of Literature and Music* (New York, 1988), 8.

텟"(사중주)이 "소나타"(sonata)보다 사중주를 만드는 데 더 좋은 제목이라고 진술하였다.11) "소나타"를 그는 "너무 음악적"("too musical")이 아니라 "너무 음악적"("*too* musical")이라고 간주하였고, (여기서 내 이태리 체가) 지시하는 바는 약간의 유사성들은 독자들로 인해 음악과 함께 만들어 질 수 있으나 아마도 분석적인 것이 아닐 것이다. 엘리엇이 계속하기를, "그것은 나에게 세 가지 혹은 네 가지의 표면적으로 연관되지 않는 주제들을 모두 엮어서 시를 만드는 개념을 시사한다, '시'는 그들로부터 완전히 새로운 것을 만들어내는 성공의 정도이다.12)

더 이전에 썼던 편지에서 엘리엇은 플레처(J. Gould Fletcher)의 「푸른 교향곡」("Symphony in Blue")의 예를 인용하면서, '교향곡'처럼 다분히 음악적인 제목을 문학 작품에 적용할 때 발생하게 되는 위험에 대해 주목하게 한다. 음악의 기교적인 지식을 거부하는 엘리엇의 다른 논평에 비추어 볼 때, 이러한 조심성은 이해할만하다.13) 그렇지만 "사중주"라는 말은 악기나 목소리가 소재를 다루는 방법만이 아니라, 구조적인 기초를 제시하며 용어상의 중압감을 주는 "소나타"와는 다르지 않는가? 엘리엇이 현악 사중주를 의미한다고 가정할 때, 역사적으로 사중주는 보통 적어도 소나타 형식의 한 악장을 포함하며, 상충하는 소재의 작용, 발달, 수정이라는 근원적인 원리가 있는 과정이다. 사중주는 또한, 가장 발달된 형식과 가능한 가장 유기적인 방법으로 네 개의 악기를 사용했다. 다시 말해서, 하나의 목소리는 다른 목소리들만큼이나 전체의 논지에 꼭 필요한 부분이며, 전체에서 그것이 차지하는 역할을 분명히 나타내기 위해서 각각의 목소리들은 서로 의지한다.

엘리엇의 설명은 이것이 어느 정도 사실임을 입증한다. "표면적으로는 전혀 관련이 없는 서너 개의 주제"를 하나의 새로운 전체로 통합시키기 위해서 "함께 엮는 것"은 다음의 두 가지 관념을 융합시키게 된다. 하나는 대비되는

---

11) Letter of September 3 1942 in Helen Gardner, *The Composition of "Four Quartets"* (New York, 1978), 26. 이후로 *Composition*으로 표기함.
12) *Composition*, 26.
13) 엘리엇이 E. Martin Browne의 *The Making of T. S. Eliot's Plays* (Cambridge, 1969), 13에서 Martin Shaw에게 보낸 날짜가 기록되지 않은 편지를 보라. 또한 엘리엇의 『시와 음악』(*On Poetry and Poets*) (London, 1957), 38을 참조. 이후 「음악」으로 표기함.

소재를 개발하는 형식적인 원리이고, 다른 하나는 이것을 하기 위한 여러 가지 목소리의 사용이다. 이러한 설명은 주제가 목소리와 같다는 것을 시사한다. 예를 들어, 「번트 노튼」("Burnt Norton")의 시작 부분에 나오는 장미원에서의 경험은 하나의 악기에만 속해 있는 멜로디이다. 그리고 그 멜로디는 이 생각이 다시 들 때마다 같은 목소리로 발화된다. 물론, 이것은 매우 흔치 않은 사중주일 것이고, 엘리엇의 간결한 묘사는 음악적인 용어로 확장될 필요가 있다.

키스 올드릿(Keith Aldritt)가 『엘리엇의 사중주, 실내악으로서의 시』(*Eliot's Four Quartet, Poetry as Chamber Music*. London, 1978)에서 보여준 것처럼, 『사중주』에는 지속적으로 재결합되는 목소리와 주제들이 있고, 이러한 방식으로 현악 사중주의 소재가 전달되고 단편적으로 발전된다. 시간, 경험의 성질, 예술가와 말의 관계, 역사에 대한 주제, 이주에 대한 주제, 모든 이러한 것들은 어조가 변화하며 서로 다른 목소리로 다루어진다. 엘리엇의 "사중주"라는 단어의 노출은 그 안에 소나타 형식의 원리, 즉 1927에 나온 설리반(J. W. N. Sullivan)의 저서 『베토벤: 그의 정신적 성장』(*Beethoven: his Spiritual Development*)을 통해 엘리엇이 익숙했었을 소나타 형식에 대한 음악적인 변수를 내포하고 있는 것 같다. 그는 또한 두 개의 악기와 하나의 솔로 악기, 혹은 두 그룹의 악기를 위한 곡을 의미하는 "소나타"라는 용어의 사용을 과연 피할 수 있었을까? 같은 정도의 독립된 목소리들의 복합은 『사중주』의 전체 조건이 되는 것처럼 보인다. "사중주"는 소나타 형식의 구조적인 엄격함을 내포하면서도 명백하게 나타낸다.

1932년 엘리엇은 트렌드(J. B. Trend)에 의해 『크라이테리언』(*The Criterion*)에 소나타에 관한 에세이를 게재했다. 트렌드는 이미 『크라이테리언』 1928년 3월자 발행지에서 베토벤에 관해 쓴 설리반의 저서를, 음악에 대한 적절한 문학석인 접근이라고 인정했었다. 엘리엇의 에세이에서 언어는 의도적으로 비전문적이며, 음악적인 요소보다도 구조적인 요소를 자세히 설명한다.

> 소나타의 첫 번째 악장은 카펫의 유형(pattern)과 같다. 그 유형 안에서 각각의 섹션은 외관상 분명하게 구분이 되며, 대비된다. 그러다가도 그 유형은 결국은 시작했던 지점으로 다시 돌아온다.[14]

트렌드는 후에, 소나타 형식의 구조에 있어서 재현부와 연극에서 "때 맞춰 절박한 상황을 수습하기 위해 등장하는" 인물 사이의 유사성을 밝힌다. 구조에 있어서 두 번째 주제의 재현은 "또 다른 인물을 인식하는 것과 같은" 것으로 말해진다.15) 엘리엇은 그가 『크라이테리언』에 실었던 논문에 세심한 주의를 기울였는데, "유형"이라는 단어가 자주 등장한다는 사실에 주목해 보는 것은 흥미로운 일이다. 트렌드는 위의 인용문과, 음악과 문학의 유사성에 대한 논의에서, 그리고 드라마와 음악의 연관성에 있어서 이 "유형"이라는 말을 고집스럽게 사용했었다. 엘리엇은 주나 반스(Djuna Barnes)의 『나이트우드』(Nightwood)에 대한 비평에서, "반스 양의 산문은 산문체의 산문 리듬을 가지고 있고, 시의 형식과는 또 다른 음악적인 형식을 지니고 있다."고 논평했다.16) 그는 소설의 인물들을 이야기하면서 "소설이 만들어 내는 전체적인 형식"에 감탄한다.17)

「시극의 필요」("The Need for Poetic Drama")라는 논문은, 교육방송(Schools Broadcast)으로부터 『청자』(The Listener)를 위해서 준비되었는데, 산문 극작가의 임무와 음악가의 임무를 비교한다. ". . . . 그것은 전체를 하나의 완전한 음악적 유형으로 보는 것이다. 그리고 이것은 완전히 연극과 음악이 구분되는 것이다. 그것은 오페라와 같지 않고, 소나타나 혹은 푸가의 음악형식과 같다."18) 이러한 유형의 역할은 겉으로 드러나는 움직임을 일으키는 심층의 동력이 되는 역할이다. "완벽하게 이해할 수 있는 행위 아래는 더 깊고도 덜 분명한 정도의 감정으로 우리의 흥분을 강화시킴으로써 그것을 강렬하게 하는 음악적인 유형이 있어야만 한다."19)

「시의 음악」("The music of Poetry")에서 "음악적인" 시는 "소리의 음악적

---

14) J. B. Trend, "The Oxford History", *The criterion* 11, 45 (July 1932), 698-704 (702). 이후 'Oxford History'로 표기.
15) 'Oxford History' 702-3.
16) T. S. Eliot, '*Nightwood*, By Djuna Barnes', *The Criterion* 16, 64 (April 1937), 560- 64(561). 이후 *Nightwood* 로 표기.
17) *Nightwood* 563.
18) T. S. Eliot, 「시극의 필요」, *The Listener* 16 (November 25, 1936), 994-5(994). 이후로 「시극」으로 표기.
19) 「시극」 994.

인 유형과 시를 구성하는 말의 부수적인 의미에 대한 음악적인 유형을 지닌다. 그리고 그 두 유형은 분리될 수 없는 하나이다."20) 에세이 「시와 극」("Poetry and Drama")은 『로미오와 줄리엣』(*Romeo and Juliet*)의 장면에서 "초기 베토벤에서의 유형과 같은. . . ." 목소리의 배열에 대해 이야기 한다.21) 나는 "유형"이라는 말을 디자인 감각을 의미하기 위해서 사용한다. 그것은 많은 이질적인 요소들의 결합으로부터 나오고, 결코 임의적이지는 않아도 덜 인위적이고 덜 의식적인 수준으로 작용한다. 『시의 효용과 비평의 효용』(*The Use of Poetry and the Use of Criticism*)에는 시에서의 소리와 전의식적인 생각을 연결하는 비슷한 구절이 있다. "내가 '청각적인 상상력'이라 일컫는 것은 음절과 리듬에 대한 감정이며, 그것은 생각과 감정의 의식적인 수준보다 훨씬 더 낮은 곳을 꿰뚫으며 모든 말에 활기를 부여한다."22) 유형에 대한 이러한 깊은 감각은 「시극의 필요」("The Need for Poetic Drama")에 있는 구절이다. 6번째 형식을 위해 민감하게 지시된 산문에서 "음악적인 유형"이라는 말의 사용이 시사하는 것은, 엘리엇이 온전하게 형성된 음악적 구조를, 리듬, 멜로디, 혹은 하모니와 같은 표면적인 특성들보다도, 시(여기서, 물론 그는 시극을 논하고 있다)를 설명하기 위한 유용한 패러다임으로 여긴다는 것이다. "더 깊고 덜 분명한 정도의 감정을 강화시킴으로써 우리의 흥분을 강화하는 음악적인 유형"은 그가 더 구체적인 언어로 표현할 수 없는 과정을 단지 혼란스럽게 하려는 것은 아니다. 엘리엇에게, 시에 있어서 가장 가치 있는 의사소통 형식은 항상 그 의미를 완전히 이해하기 전에 이루어진다. 그것은 갑작스럽고, 직접적이며, 외부의 지식을 필요로 하지 않는다. 단테에 관한 그의 에세이에서 잘 알려진 ". . . . 진정한 시는 이해되기 전에 소통할 수 있다"고 표현한 것은 명백히 음악적인 충동과 시적인 충동 사이의 연합을 암시하기 위한 음악적인 유형에 대한 논평을 뒷받침 한다.23)

---

20) 「음악」, 33.
21) 「시극」, 87.
22) T. S. Eliot, *The Use of Poetry and the Use of Criticism* (London, 1933), 118-9.
23) T. S. Eliot, "Dante", *Selected Prose*, ed. Frank Kermode (London, 1975), 206. 이후 『선집』으로 표기. Remarks from the lecture *The Frontiers of Criticism* similary stress the value of hearing the words before explaining them. Here much of *Finnegans Wake* is described as

더 이전의 소나타 혹은 대위법과의 비유는, 오페라 작곡가들처럼 작가가 마음대로 자신의 구조를 창조할 수 있는 것이 아니라, 단호하면서도, 일련의 주어진 규칙을 따르는 구조의 존재를 나타낸다. 이것은 문학에 대한 음악적인 모델은, 말의 배열이라기보다 오히려 기악작곡, 혹은 오케스트라 작곡임을 의미한다. 「시의 음악」의 마지막 부분은 이에 잘 어울린다. "시의 발생이 빠르게 되는 것은 오페라 하우스보다 연주실에서이다."24) 이것은 분명히 엘리엇이 음악감상을 선호하는 것이 잘 알려져서 나온 말이다. 노래와 오페라의 목소리, 공연에 매료되었던 조이스와는 달리, 엘리엇은 실내악 – 특히 베토벤과 바르톡(Bartok)의 현악 사중주로, 형식이 물리적인 소리를 주도하는 음악 – 을 선호하는 경향이 있다.

표면 아래의 필연성은 통사론과 유사하지만 반드시 의미론적이지는 않은 음악적 개념을 가리킨다. 음악에 대한 사전적인 정의는 없지만, 그 의미는 유형을 통해서 창조되고 암시된다. 이러한 유형은 즉각적으로 발화되거나 분석되지는 않는다면, 비전문적인 청자도 표면으로 올라오는 파묻힌 구조를 단서로 통일적인 특성을 느낄 수 있다. 그것은 엘리엇에게 용어들 사이에 계산된 방정식에 의존하지 않고 가장 만족할만하게 시로 번역하는 음악의 양상인 것처럼 보인다.

「시의 음악」("The Music of Poetry")

나는 엘리엇의 작품 중에서 음악적인 논쟁을 해명하기 위해 가장 흔하게 환기되는 글 하나를 좀 더 상세히 제시하려고 한다. 즉, 「시의 음악」이라는 제목의 이 글은 1942년 글래스고 대학(Glasgow University)에서 세 번째였던 커의 기념 강연(W. P. Ker Memorial Lecture)의 전문이다. 이 글의 주된 쟁점은, 우리가 시에서 흔히 "음악"이라고 일컫는 부분은 일상적인 말의 소리와 리듬

"beautiful nonsense" and Eliot longs for a recording of Joyce reading it. See T. S. Eliot, *The Frontiers of Criticism*(Minneapolis, 1956), 10.
24) 「음악」 38.

으로부터 나온다는 것이다. 엘리엇은 이에 대해 소리와 의미 사이에 존재하는 이분(분리) 때문에 그렇다고 말한다. 시의 소리는 의미를 지니고 있어야 하지만, 그것을 시로 인식하기 전에 그 의미를 이해할 필요는 없다. 의미가 없는 소리는 음악이 될 수도 있지만, 시에서의 소리는 의미가 따르는 음악적 요소이다(「시의 음악」, 29-30). 또 다른 시의 음악적인 특성은, 그것이 일상적인 말과 유사하다는 점이다－"그래서, 시가 산문 리듬에서 전달할 수 있는 이상의 것을 전달하고자 하지만, 그것은 여전히 한 사람이 다른 사람과 이야기하는 것과 다를 게 없다. 이것은 노래를 해도 마찬가지인지, 왜냐하면 노래 또한 이야기의 또 다른 방식이기 때문이다."(「시의 음악」 31) 여기서 엘리엇은 시를 음악적으로 만드는 속성을 논하려는 것이 아니라, 시를 산문과 구분할 때 꼭 필요한 시의 음악적 속성을 규명하고 있는 것이다.

엘리엇이 문학과 음악적 장치 사이의 유사성이나 동질성을 나타내는 경우는 드물다. 목적은 그게 아니며, 그런 의도를 내비치지도 않는다. 더욱이, 아주 심도 있게 꿰뚫고 있는 것은 아닐지라도, 시인에 대한 다음과 같이 주장에서, 예술 전반에 생각에 대한 공통적인 인식이 존재한다.

. . . . 시인은, 조각가와 같이 자기 작품의 매개체에 충실해야 한다. 그가 만들어야만 하는 멜로디와 하모니는 그가 들은 음에서 나온다.

모든 예술이 가진 구조적인 속성에 대한 개념은 이 논문의 시작에서 언급한 것으로, 나는 그것이 이 시기에 음악-문학적인 영향을 연구하는 데 핵심적인 것으로 믿는다. 그러나, 그것은 바로 지금 관심이 가는 이 에세이에서 가리키는 구체적인 음악 용어이다. 엘리엇이 시에서 멜로디와 하모니를 정말로 구별된 것으로 생각하고 있었는지, 혹은 그것들이 막연하게 사용되는 용어인지를 추측해 보는 것은 도움이 된다. 에세이의 후반에서는 시의 관점에서 "리듬"에 대한 평가가 이어지는데, 음악의 주요한 요소들이 시적 과정과 동등하다는 것을 암시하는 것처럼 보인다.

멜로디에 관해서, 엘리엇은 모든 시가 "듣기 좋은"것은 아니라고 말한다. 멜로디는 "말의 음악성"에 주요한 요소가 아니며, "불협화음" 역시 시의 특성이기도 하다고 말한다. 이것은 분명히 음악에 있어서는 사실이다. 그가 그것들의 문맥과 관련하는 말의 미추(美醜)에 대해서 이야기 할 때, 그리고 "한 말의 음악은 교차점에 있다"(「시의 음악」 32)라고 말할 때, 그는 분명히 음악에 있어서 작곡 과정 또한 염두에 두고 있는 것이다. 왜냐하면 하나의 음은 그것에 미적 가치를 부여하는 주변의 음들 없이는 다른 음보다 더 본질적인 미를 지니지 않기 때문이다. 시는 음악과 유사한 방식으로 문맥과 연관성을 필요로 한다.

음악적인 용어를 공명하는 또 다른 언급은 "분명히, 모든 단어가 한결같이 풍부하고 잘 연결된 것은 아니다. 빈약한 것 사이에 풍부한 것을 적절히 배치하는 것이 시인의 임무의 일부이다...."라는 말로 시작한다. 여기서 엘리엇은 하모니에 대해서 생각하며, 멜로디나 건반의 서로 다른 음이 함축하는 하모니의 가치에 대해서 생각했을까, 또한 온음계의 위계적인 본질에 대해서 생각했던 것일까. 회화나 건축과는 다르게, 음악과 문학은 한정된 어휘를 가지고 있다. 비록 그 어휘 안에서 결합 가능한 숫자가 무한할지라도, 창조적인 예술가가 사용할 수 있는 어형과 음에 있어서는 소재의 수가 제한적이다.25) 결과적으로, 말과 음 한정된 수의 재료들이 창조적인 예술가에게 허락된 단어와 음표들의 형식으로 존재한다.

결과적으로, 어휘에 서로 다른 구성 요소들에 특정한 기능을 부여하는 위계적인 시스템과 특정한 문맥 속에서 그들의 쓰임을 총괄하는 연관성은 쉽게 발달할 수 있다. "풍부한" 말이 너무 많이 있어서는 안 된다. 그렇지 않으면 그 효과를 망쳐버릴 것이다. 엘리엇의 음악적인 지식은 이러한 통찰력을 뒷받침 하는 데 충분했는데, 트렌드에 의해서 『크라이테리언』에 음악적인 형식에 관한 논문들을 게재할 때 특히 그랬다. "한 마디의 말로 언어와 문명의 전 역사를 암시할 수 있는 것은 바로 특정한 순간뿐이다"라는 주장 역시, 엘리엇이 직접 쓰지는 않았지만, 같은 문단에서 음악에 대해서 또 다른 언급을 한 것이 있는 것으로 보아 음악과 관계가 있다. 특별한 음악적인 전통 속의 모든 스타

---

25) 조이스의 『피네간의 경야』(*Finnegans Wake*)는 이 가정에 대한 소수의 예외들 중 하나이다. 왜냐하면 피네간의 경야는 새로운 단어뿐만 아니라 새로운 문법과 구문론을 실험하기 때문이다.

일의 음악에 공명하는 음계의 특정한 하모니, 혹은 조합에 대해서 그렇다. 이러한 암시는 ". . . . 특정 타입의 시에서 쓰이는 유행이나 기풍이 아니라, 언어의 성질에 들어 있는 암시성이며, 각종 시인들이 동일하게 관심을 기울이는 것이다."(「시의 음악」 33)

이 에세이에서 자주 인용되는 엘리엇의 말은, 음악적인 시는 소리 유형의 조합, 그리고 "그것을 구성하는 말의 부수적인 의미"의 유형이라는 것이다. 그러나 "부수적인 의미"라는 것은 정확이 무엇을 의미하는가? 그 의미는 앞의 행과, 시의 음악적인 특성으로서의 멜로디와 하모니에 대한 그의 개념 뒤에서 단서를 찾을 수 있다. 엘리엇에게 시에서 소리와 의미가 동시에 존재한다는 것은 필수적인 것이다. 여기서 "부수적인 의미"라는 것은, 다른 문맥 속에서 그 말이 가지는 또 다른 의미로, 우리는 작가가 의도하는 의미와 그것을 비교한다. 예를 들어, 『사중주』에서 사용된 "음악"이라는 말은, 독자들에게 많은 부수적인 의미를 지닐지도 모른다. 예를 들어, "관목 숲 속에 가려 들리지 않는 음악"(「번트 노튼」 I) "단지 형식과 유형에 의해서만 / 말과 음악은 / 고요에 이를 수 있는가?"(「번트 노튼」 V), 혹은 ". . . . 너무나도 심원한 음악이기에 / 전혀 들리지 않지만, 당신이 음악이다 / 음악이 지속되는 동안"(「드라이 셀베이지스」("The Dry Salvages" V)과 같은 행에서, "음악"은 독자에게 엘리엇의 단어 사용을 비교 검토하는 더 구체적이거나 혹은 더 일반적인 의미를 줄지도 모른다. 나는 "음악"이라는 단어로 예를 들었는데, 그 이유는 『사중주』를 이루는 시에서 "음악"이라는 말은 여러 다른 문맥 속에서 사용되기 때문이다. 그리고 엘리엇이 그에 대해 언급할 때, 이 시를 염두에 두었다고 믿기 때문이다. 캔버스는 충분히 커서, 말이 시의 구성에 있어 단계가 다른 곳에서 반복될 수 있고, 엘리엇이 어느 정도 자신만의 "부수적인 의미"를 창소하기 위해서 이러한 반복의 과정 중에 다른 연관성이 발달할 수 있다. 말의 연관성의 중요성은 훨씬 광범위하다. 엘리엇에게, 말은 지역 사회 속에서 공명하고 풍부함을 가져다주는 것이다. 그리고 그 연관성은 단테에 관한 에세이에서 가리키는, 전 문명의 발달 뒤에, 지역 사회 속의 모든 사람들에게 잘 알려져 있다.

『네 사중주』가 바로 이런 생각의 모델이라고 제안하는 또 다른 구절에서는 산문과 시의 구역에 대한 분배를 논의하고 있다. 다음의 두 사실 "어떤 길이의 시에서든, 보다 크고 작은 강도의 구절사이에 전환이 반드시 있어야 하고, 그것은 전체 음악구조에 아주 중요한 변화적 감정의 리듬을 주기 위해서다." 그리고 "어떤 시인도 그가 산문의 전문가가 아니라면 진폭의 시를 쓸 수 없다."(「음악」 32)에서는 『네 사중주』 구조에서의 확장된 길이에 대해 지적하고 있으며, 시와 함께 '산문'의 구절에 대한 교체와 구조에도 초점을 맞추고 있다.

그것은 아마도 엘리엇이 음악에서 "멜로디"와 동일시하는 "소리"의 특징이고, 그가 "의미"(또는 "부수적인 의미")를 하모니와 비교하는 특징일 것이다. 그것은 소리와 의미(「음악」 29-30)에 대해, 이런 긴 단락이 그가 이전 단락 끝에 규정한 용어들의 정의보다 더 정확한 정의를 시도한 것이 가능하다는 것이다. 또한 그는 시의 순수 음악적 속성만이 소리라는 의심을 미리 고려한다. 여기서 소리는 "시에 나오는 소리가 그 시로부터 의미만큼이나 큰 크기의 추상화된 것이다"(「음악」, 33)라고 관찰함으로써 만들어지는 소리를 말한다. 명확하게 음악의 경우가 아니어도, 소리와 의미는 시 안에서 의심할 여지없이 분리할 수 없는 음악적 기능을 가지고 있음을 의미한다.

그렇다면 이 강연은 시안에 있는 음악의 특정 요소에 대한 고려에서 벗어난 것처럼 보인다. 현대 언어가 시에, 그리고 무운시가 드라마에 영향을 끼쳤다는 논쟁이 있지만 이것은 주로 리듬의 평가로 판명된다. 게다가 멜로디와 하모니, 이것은 음악의 세 번째 주요 요소이다. 엘리엇은 시적 리듬의 역사에 관한 이론을 개발 또는 순화를 가진 혁신 혹은 탐구기간을 번갈아 제의한 후, 구조를 가진 시의 리듬을 연결하고자 시도한다. 음악에 대한 연구는 다음 두 가지 "리듬 감각과 구조의 이해"(「음악」 38) 그리고 리듬이 시의 구조에 의도하지 않은 영향을 미칠 수 있다는 것 모두 시인에게 가치 있는 일이라 말하고 있다. —". . . . 시는 표현이 말에 미치기 전에 하나의 특정한 리듬 그 자체로서 먼저 인식하려는 경향이 있을지 모른다. . . ."(「음악」 38) 이것은 위에 인용된 다른 산문작품들에서 나온 구절들을 떠오르게 하는데, 그 구절들은 사전 의식된 창조적인 생각들 속에서 유효한 음악적 자극들을 말하며, 이것은 시의 근본적 특성으로서 리듬의 경우를 만드는데 멜로디와 하모니도 뒤에 과정으로 올 수 있다. 리듬은 시의 생각과 이미지 설계를 구체화할 수 있고, 따라서 시의 구조가 뚜렷이 드러난다. 이런 말들을 따르는 시와 음악 사이의 일반적인 유사성에 관하여 최종적으로 주목할 것은 리듬에 대한 단평으로부터 힌트를 얻을 수 있다는 점이다. 그것들은 엘리엇이 반복되는 테마와 전환 구절, 대위법 배열을 언급하면서 특히 『네 사중주』와 같은 장문의 시를 염두에 두고 있음을 시사하고 있다. 시안에서의 전환과 교향곡 혹은 사중주의(「음악」 38) 다른 악장들 사이 비교는 명확하지 않다. – 이것은 다음 두 가지를 의미하는 것인가? 첫째, 장편 시들의 그 다른 부분 혹은 구역들이 더 긴 악곡의 다른 악장들과 비교될 수 있다는 것, 그리고 그것은 음악의 전개를 위한 동일한 기능을 가짐을 뜻하는가? 혹은 "전환"이 더 구체적인 무엇인가를 의미하는가? 음악 내에서 단어란, 같은 악장의 더 긴 악절들과, 혹은 분리된 악장들을 연결하면서 따로따로 갈라진 하나의 짧은 악절을 의미하기 쉽다. 그 반면에, 엘리엇은 시의 한줄 자체에서가 아니라, 시의 부분의 리듬이나 음색의 미묘한 단계적 변화에서 힌트를 얻어왔을 수도 있다. 만약 시에 관해서만 유일하게 말하는 경우라면, 아마도 엘리엇은 여전히 이 단어의 "움직임"을 사용했을 것이다. 그리고 그는 진정으로 『네 사중주』를 다른 "악장"들로 구성된 하나의 음악적 구조로서 생각하고 있었다.

더 넓은 차원에서의 엘리엇의 음악

어태까지 엘리엇이 어느 징도 구체적인 용어를 자신의 시에 적용했는지를 어느 정도 살펴보았다. 하나 혹은 두 개 정도의 추상적인 주장이 검토되었는데, 나는 이제 엘리엇이 어떻게 예술이라는 일반적인 영역에서의 음악의 역할을 생각했는지를 살펴볼 것이다. 하나의 종합적인 전체를 성취하기 위해 다양한 요소늘이 매우 필요하다는 생각은 엘리엇의 다른 산문에서도 발견되는 생각이다. 『문화의 정의에 관한 소고』(*Notes towards the Definition of Culture*,

1948)에서 나타나는 그의 유기적인 원리는 문화라는 것이 예술의 영역 내에서 수없이 다양한 요소들이 서로 영향을 주고받는 데서 생겨난다는 것이다. 문화는 "우리가 의도적으로 만들어 낼 수 있는 그런 것이 아닌" 것이며, 단지 그 자체로서 다양한 예술적 활동들이 한데 모여 있는 것이라고 할 수 있다.26) 시에 현전하는 음악에 대한 그의 묘사를 살펴보면, 엘리엇은 또 다시 "패턴"이라는 단어를 새로운 전체를 창조하기 위해 다양한 요소들이 창의적인 방식으로 관련 맺는 방식을 묘사하기 위해 사용하고 있다. 문화는 단 하나의 영역, 혹은 개인에게서는 발견될 수 없는 것이라고 말하면서, "결국 우리는 그것을 하나의 전체로서 사회의 패턴 속에서 발견하게 될 것이다"(Notes 23). 내적인 다양성에 대한 통일성의 개념은 기본적으로 종교와 문화사이의 연합에 근거하고 있으며 또한 공통의 믿음이 없으면 사회속의 다양한 힘들이 하나로 유지될 수 없으며, 결국 문화는 쇠퇴하게 되고 궁극적으로 몰락한다는 믿음에 근거하고 있다.

> 왜냐하면 그러한 노력 없이는 균형이 유지될 수 없다.... 기독교 국가는 하나여야만 한다.... 하지만 그러한 통일성 안에는 다양한 생각들의 끊임없는 갈등이 있을 수 밖에 없다. 왜냐하면 그것은 잘못된 생각으로 나타나는 것에 끊임없이 저항하려는 노력에 의해서만 진실은 확대되고 분명해지기 때문이다.... (Notes 82)

더 큰 구조속의 이러한 요소의 균형은 엘리엇에게 사상의 모델이 되었고, 동시에 『네 사중주』의 골격에 대한 단서가 되었을 것이다. 부록(1946년 독일에서의 방송내용)편에 이를 때까지 음악에 대해서는 구체적으로 언급되지 않았지만, 엘리엇이 영어의 리듬에 대해서 토론을 하려고 할 때, 그는 영어가 "시를 쓰는 가장 풍부한 언어"라는 것을 정당화하려고 하였다 (Notes 110). 다양한 다른 언어의 영향(북유럽, 독일, 라틴, 노르만)을 주된 이유로 언급하면서, 엘리엇은 그 언어들의 리듬에 관심을 갖는다. ─ "이들 각각의 언어는 모두 자기 자신만의 음악을 가지고 있다. 그리고 그 음운적 요소의 다양성에서 영어

---

26) T. S. Eliot, *Notes towards the Definition of Culture* (London, 1948), 19. 이후로 Notes로 표기함.

는 시를 쓰기에 가장 풍요로운 언어다"(Notes 111). 다시, 음악은 다양한 요소들을 종합하는 과정에 대한 묘사에서 다시 나타나게 된다. 이런 경우, 언어의 음악적 속성은 그러한 과정의 일부에 지나지 않지만-음악적이라고 묘사되는 그 자체로서의 과정이 아니라- 나는 엘리엇이 그러한 상호영향적이 과정을 음악적이라고 보는 데에는 그가 지속적으로 자신의 음악-문학적 맥락에서 "패턴"이라는 단어를 썼던 것에 기인한다고 주장하고 싶다. 그러한 결정은 그가 문화의 의미에 대한 텍스트 속 언어의 음악적 측면과, 음악에 대한 그의 개념이 리듬, 멜로디, 화음에 대한 즉각적인 영향관계에 포함되는데, 이것은 다시 모든 예술들 사이의 관계에 대한 은유가 된다.

여기에는 엘리엇에게 영향을 미쳤을 초기 모더니즘의 다양한 예술들 간의 상호영향관계에 대한 보다 폭넓은 관점을 위한 선례들이 있다. 자신의 "중요한 형식"의 개념을 발전시키면서 클라이브 벨은 자신의 1914년 저서 예술에서 모든 형태의 예술-처음에는 시각예술이었다가 이후에는 음악에 대한 일반적인 비교를 통해서-에 공통적인 요소를 발견하려고 하였다. 엘리엇은 1916년부터 게링스톤을 방문하던 기간 동안 벨을 만나게 되는데, 이들의 우정은 이후 오랫동안 지속되게 된다. 벨은 매우 미학적 아름다움의 정의와 기원에 대해 매우 형식주의적인 사람이었다:

> 예술작품을 이해하기 위해서 우리는 삶에서 아무것도 가져올 필요가 없다. 삶에 대한 관념과 사건들, 그리고 그 감정에 대한 익숙함 어느 것도 필요하지 않기 때문이다. 예술은 우리들을 인간행동의 세계에서부터 환희의 미학적인 세계로 이동시켜주는 것이다(클라이브 벨, 예술 (런던, 1914), 36).

이것은 비슷한 시기에 쓰인 엘리엇의 '전통과 개인의 재능'의 주장과 더욱 잘 맞아 떨어진다. 여기에서 엘리엇은 시란 "감정의 분출이 아니라 감정으로부터의 도피"라고 주장한다.27) '시의 음악'이 나올 무렵 엘리엇은 미적으로 독립된 것이기 보다는 문화적 바탕의 일부로서의 예술의 개념이라는 생각을 갖게

---

27) T. S. Eliot, 'Tradition and the Individual Talent', *Selected Prose*, ed. John Hayward (London, 1953), 30.

된다. - 벨은 미학적 신념과 문화적 자각 사이에 대립적인 구도를 세우게 되는데, 여기서 그는 항상 어느 쪽에도 머무를 수 없었다. 하지만, 그는 음악의 형식에 대한 깊은 신념을 표현한다. 이것은 그러한 신념이 어느 구체적인 지식에서가 아니라 "예술가가 느끼는 감정"(「예술」, 64)에서 시작된다는 점에서 엘리엇의 주장과 유사하다. 이러한 감정들은 본능으로 여겨지는데, 이것은 개발된다면 스스로 움직이는 형식을 창조해 낸다. ". . . . 언제든지 나는 음악을 순수한 음악적 형식으로 감상한다, 그것은 마치 소리가 신비스러운 필요성에 결합되어있거나, 순수한 예술이 그것 자체의 막대한 중요성을 가지고 있는 것 그리고 삶의 중요성에는 아무런 관련이 없는 것처럼 말이다. . . ."(「예술」 41). 이것은 마치 엘리엇이 『네 사중주』에서 보여준 주장과 비슷하다. - "오직 형식에 의해서만, 패턴에 의해서만 / 음악은, 언어는 이 적막함에/ 도달할 수 있다. . . ." 그리고 또다시 엘리엇의 희곡『개인 비서』(*The Confidential Clerk*, 1953)의 주제가 되는데, 여기서 나타나는 대화의 대부분은 마치『네 사중주』생각나게 한다. 이 작품에서 클라우드 경의 캐릭터는 형식이 질료에 앞서는 세계의 필요성에 대해서 설명한다. - "나는 형식이 곧 실재인 세계를 원한다/ 그곳에서 질료 단지 그림자일 뿐이지" 그리고 그의 이러한 설명은 좌절된 오르가니스트 콜비에 의해서 해답을 얻게 된다. 그는 이것을 음악의 관점에서 그려낸다.[28] 1930년 즈음에 이르기까지 그것이 엘리엇에게 가용한 유일한 방법은 아니었겠지만, 형식에 대한 그러한 강조는 예술의 창조를 바라보는 하나의 가능한 관점일수 있다. 더 나아가 벨이 발전시킨 것으로 여겨지는 본능적인 예술적 감정은 어느 언어에서든지 발화하는 표현 이전의 무의식적인 영역에서 유래하는 것으로서 엘리엇의 '시적 드라마의 필요성' '시와 비평의 이용' 그리고 '시의 음악'에서 시인의 방법을 변호한 것의 일부이기도 하다.

나는 여기서 조이스와 비교하면서 간략히 살펴보았던 엘리엇의 음악적 요소의 배경에 대한 연구를 끝맺으려고 한다. 조이스와 엘리엇 모두에게 공통적인 또 하나의 주제는 그들이 모두 신화적인 요소를 광범위하게 사용했다는 것

---

[28] T. S. Eliot, *The Complete Poems and Plays* (London, 1969), 464.

이다. 이러한 신화적 요소는 두 작가가 보다 폭넓은 예술적 세계와 실험적인 측면에 연관되는 요소이기도 하다. 신화에 대한 이러한 관심은 음악적인 관심과 양립할 수 있는 요소라고 믿는다.『황무지』와『율리시즈』모두에는 신화적 요소에 의해서 다양한 이종적, 이질적 요소들이 매우 높은 통일성을 성취하고 있다. 신화는 언어와 역사의 문제에 대한 대안을 제시하고 있는 것처럼 보일 뿐 아니라 매우 유기적인 도구로 여겨진다. 엘리엇, 조이스 그리고 토마스 만에게 있어서의 문학적인 이용은 별개로 하더라도, 신화는 음악가에게 아주 유용한 도구로 쓰이기도 한다. 가장 널리 알려진 예는 바로 바그너와 스트라빈스키 일 것인데, 이 두 사람의 음악에 드러나는 거대한 구조적인 패턴은 바로 신화에 기인한다. 상징적인 담론으로 사용되면서, 신화는 관습적인 언어의 상징을 대체하는 것으로 보이기도 한다. 또한 동시에 신화는 영원히 반복되는 행동을 상징하는 어떤 유형, 전형적인 캐릭터, 혹은 사상이 나타나는 영원의 세계에 대한 재현이기도 하다. 역사와 순간 속에서 영원이 나타난다는 생각은 엘리엇의 작품에 매우 일관적인 주제이기도 하다.

> 우리는 미래에 대해서 별로 알 수 있는 것이 없다
> 세대와 세대 사이에
> 똑같은 일이 반복해서 일어나고 일어난다는 것을 빼고는[29]

신화를 차용하는 유기적 구성의 방법은 분절적이고 불연속적인 것으로 보이는 현재를 또 다른 관점에서 바라보게 하는데, 그것으로 우리는 통일성을 회복할 수 있다. 신화는 과거와 현재의 연속성을 보여줄 뿐만 아니라 과거와 현재가 평행하게 움직이고, 특히 엘리엇에 의해서 이루어졌지만, 현대사회의 단점을 보완하는 형태로 보이기도 하다. "신화는 통제하고, 질서를 부여하고, 형태와 중요성을 막대하게 펼쳐진 무의미와 무질서한 현대의 역사에 부여해준다."[30] 엘리엇은 율리시즈에서 나타난 조이스의 방법을 의미하면서 이 글을

---

29) T. S. Eliot, *Murder in the Cathedral* (London, 1935), 24.
30) T. S. Eliot, '*Ulysses*, Order and Myth', *The Dial* 75, 5 (November 1923), 480-3(483). This article is cited as *The Dial* hereafter.

썼는데, 조이스는 그것이 미래의 글쓰기의 선구자이며, 이미 예이츠의 작품에서 나타난 것으로 보았다. 신화는 분명이 서사를 대체하기 위한 것으로 여겨진다.

> 서사의 방법 대신에, 우리는 신화적인 방법을 사용할 수도 있다. 신화는, 나는 정말 진지하게 믿는 바이지만, 분명 현대 사회를 예술이 가능한 곳으로 만들 수 있기 것이다.

신화의 문학적인 사용은 또한 현대 심리학의 발달을 반영하기도 하는데, 그것은 특히 프로이트 그리고 집단 무의식에 대한 융의 사상에 의한 것이다. 희생, 부활, 재통합과 같은 신화의 관념은 황무지의 단일한 주제의식으로 나타나고, 그와 동시에 교회가 맡고 있던 주된 역할과 이상적인 공동체에 대한 원형으로 보이기도 한다. 이러한 이상들은 엘리엇이 개종한 이후의 작품들, 즉 『반석』(The Rock, 1934) 『기독교 사회의 사상』(The Idea of a Christian Society, 1939) 그리고 이미 언급되었지만 『문화의 정의에 관한 소고』 등의 작품의 주된 주제가 되었다. 구조적인 방법에서의 통일성에 대한 탐구는 엘리엇이 단테에게서 발견했던 것이기도 한데, 단테는 자신의 신곡 Divina Commedia에서 오히려 신화보다 알레고리를 사용하였던 것이다. 이것은 엘리엇에 의해 바로 그 시대를 위한 ". . . . 하나의 유럽적인 방법"으로 설명되었다. 알레고리를 사용한 좋은 글은 엘리엇에게 시의 의미를 이해하기 전에 시를 즐기는 중요한 요소였다. 그리고 여기에는 엘리엇이 조이스의 산문에서 신화를 사용한 것과 비슷한 방식을 발견했다고 상정할 만한 이유가 있다. 율리시스에 나타난 조이스의 신화사용은 엘리엇도 느꼈다시피 소설 속에서 더 큰 형식의 필요에 대한 해결책이었으며, 그것은 결국 그동안 받아들여지던 일반적인 경계를 허무는 것이었다. 1923년 엘리엇은 『한 젊은 예술가의 초상』(A Portrait of the Artist as a Young Man)이 조이스의 유일한 소설이며 『율리시스』(Ulysess)의 방법에 대한 그의 언급은 형식이 제한적일 뿐만 아니라 매우 중요하다는 사실을 보여주고 있다.

만약 그것이 소설이 아니라면, 그것은 소설이 이젠 더 이상 효력이 없는 형식이기 때문이다. 그것은 소설이 단지 하나의 형식이라는 것 대신에 어떤 시대가 뭔가 더 엄격한 모든 형식을 충분히 잃어버리지 않은 시대의 표현이기 때문이다.31)

조이스, 엘리엇, 그리고 또 다른 작가들의 신화의 사용이 일종의 음악적 발현이라고 주장하는 것은 매우 빈약한 주장일지 모른다. 하지만, 엘리엇의 경우, 음악은 일종의 통일성을 부여하는 역할을 하는 장치이고, 최소한 거기에는 다양한 특징들을 동시적으로 구현하는 방법을 통한 것이다. 이것은 또한 엘리엇이 음악에 대한 논의에서 강조했던 "패턴화"라는 관념과도 일치하는 것이다. 신화의 사용에서 가능한 구조적인 패턴은 음악에서 나타났던 것과 같은 비슷한 방식으로 시적인 형태의 실험적인 형태에서 이용되어왔다. 음악으로부터 구조적인 영향의 가능성을 흡수한 두 모더니스트작가들은 아마도 신화를 비슷한 방식으로 사용했었을 것이며, 아마도 현대 문학에 패러다임적 영향을 끼치는 음악의 역할을 보다 설득력 있게 설명해 줄 것이다.

인용문헌

Primary Sources

Eliot, T. S. 'The Approach to James Joyce'. *The Listener* 30 (October 14 1943): 446-7.

_____. *The Complete Poems and Plays of T. S. Eliot.* London: Faber & Faber, 1969.

_____. Ed. *The Criterion. A quarterly review.* London: Cobden-Sanderson, 18 volumes.

_____. *The Frontiers of Criticism.* Minneapolis: University of Minnesota, 1956.

_____. *The Idea of a Christian Society.* London: Faber & Faber, 1939.

---

31) *The Dial* 482.

_____. *The Letters of T. S. Eliot: 1898-1922*. Ed. Valerie Eliot. London: Faber & Faber, 1988.

_____. 'London Letter'. *The Dial*. 70, 4 (April 1921): 448-53.

_____. *Murder in the Cathedral*. London: Faber & Faber, 1935.

_____. *The Music of Poetry*. 'Third W. P. Ker Memorial Lecture', given 24th February 1942. Glasgow: Jackson, 1942.

_____. 'The Need for Poetic Drama'. *The Listener* 16 (November 25 1936): 994-5.

_____. '*Nightwood* By Djuna Barnes', *The Criterion* 16, 64 (April 1937): 560-4.

_____. *Notes toward the Definition of Culture*. London: Faber & Faber, 1948.

_____. *On Poetry and Poets*. London: Faber & Faber, 1957.

_____. *The Rock*. London: Faber & Faber, 1934.

_____. *The Sacred Wood*. London: Faber & Faber, 1932.

_____. *Selected Essays 1917-1932*. London: Faber & Faber, 1932.

_____. *Selected Prose*. Ed. John Hayward. London: Faber & Faber, 1953.

_____. *Selected Prose*. Ed. Frank Kermode. London: Faber & Faber, 1975.

_____. '*Ulysses*, Order and myth', *The Dial* 75, 5 (November 1923): 480-3.

_____. *The Use of Poetry and the Use of Criticism*. London: Faber & Faber, 1933.

_____. *The Waste Land: A Facsimile and Transcript of the Original Drafts*. Ed. Valerie Eliot. London: Faber & Faber, 1971.

Joyce, James. *A Portrait of the Artist as a Young Man*. New York: B. W. Huebsch, 1916.

_____. *Chamber Music*. London: Elkin Matthews, 1907.

_____. *Finnegans Wake*. London: Faber & Faber, 1939.

_____. *Ulysses*. Paris: Shakespeare & Co., 1922.

Secondary Sources

Aldritt, Keith. *Eliot's Four Quartets, Poetry as Chamber Music.* London: Woburn Press, 1978.

Barricelli, Jean-Pierre. *Melopoiesis: Approaches to the Study of Literature and Music.* New York: New York University Press, 1988.

Bell, Clive. *Art.* London: Chatto & Windus, 1914.

Browne, E. Martin. *The Making of T. S. Eliot's Plays.* Cambridge: Cambridge University Press, 1969.

Copper, John Xiros. Ed. *T. S. Eliot's Orchestra: Critical Essays on Poetry and Music.* New York: Garland Publishing, 2000.

Gardner, Helen. *The Composition of "Four Quartets."* London: Faber & Faber, 1978.

Sullivan, John William Navin. *Beethoven: His Spiritual Development.* London: Jonathan Cape, 1927.

Trend, J. B. 'The Oxford History of Music.' *The Criterion* 11, 45 (July 1932): 698-704.

Sound Recording

Haviaras, Stratis. Ed. *The Poet's Voice. Poets reading aloud and commenting upon their works.* Cambridge, MA: Harvard University Press, 1978.

엘리엇 문학의 대중문화적 요소
-『투사 스위니』(Sweeney Agonistes)를 중심으로

| 최영승 |

1

"문학적으로 고전주의자"(Eliot 1970: 7)임을 밝힌 순수문학가인 엘리엇(T. S. Eliot)은 콜린스(Wilkie Collins)나 디킨스(Charles Dickens)와 같은 대중문화의 중심에 있었던 작가들에 대해서도 관심을 보였다. 엘리엇은 실제로 종교적인 주제들을 세속적인 극 속에서도 드러나게 하기 위해서 재즈 리듬(jazz rhythm)이나 범죄이야기와 같은 대중 문화적 요소를 도입했다. 그는 이러한 목적에 맞도록 인간이 지니고 있는 자연스러운 리듬을 이용하여 도덕적인 죄의식과 형법적 범죄의 연관관계를 극이라는 이야기 틀 속에다 설정했다.

그 동안 이 주제에 대한 학계의 연구는 활발하지 못한 편이었으며, 더욱이 국내는 다른 연구자의 후속연구가 전무하다. 대부분의 해외연구는 엘리엇의 극작품 일부에서 미스터리 스릴러(mystery thriller) 요소를 추적했지만 산발적이었고, 『투사 스위니』(Sweeney Agonistes)에 대해서는 이 주제를 집요하게 추적하지 못했으며, 엘리엇이 대중문화 요소를 도입한 사실에 대해서도 만족스

---

* 이 논문은 『T. S. 엘리엇 연구』 18 (2008)에 「엘리엇 문학의 대중문화적 요소: 투사 스위니를 중심으로」로 게재되었던 것을 수정·보완한 것임.
** 이 논문은 2005년도 정부(교육인적자원부)의 재원으로 한국학술 진흥재단의 지원을 받아 수행된 연구임(KRF-2005-041-A00590).

러운 이유를 제시하지 못하고 있다. 치니츠(David E. Chinitz)는 『엘리엇과 문화경계』(*T. S. Eliot and the Cultural Divide*)에서 재즈 반조린(jazz-banjorine)에 역점을 두어 재즈표현의 연원과 출처에 초점을 맞추어 논의를 하면서도 사용의도와 목적 및 기능에 관해서는 다루지 않고 있으며, 로비(Kinley Roby)와 맬러머드(Randy Malamud)는 간략하게 언급만 하고 있을 정도다. 그리고 『엘리엇 작품의 발전에 관한 6편의 에세이』(*Six Essays on the Development of T. S. Eliot*)에서 탐정소설 수법을 간략히 언급한 윌슨(Frank Wilson)은 논의를 지속시키지 못했으며, 쿠퍼(John Xiros Cooper)는 고전음악과의 관계에 집중했다(85-104). 『엘리엇 극』(*The Plays of T. S. Eliot*)에서 존스(David Jones)는 범죄소설적인 요소의 분석에 일관성을 부여하지 못했고, 『보이지 않는 시인』(*The Invisible Poet*)에서 케너(Hugh Kenner)는 엘리엇 극의 추리소설적 요소에 대해 나름대로 통찰력을 제시했으나 대중 문화적 요소에 대한 의미에 관심을 집중시키지 못했다. 이런 점에서 사실상 엘리엇 연구의 미진한 부분인 문화연구의 공백은 메워져야 하며, 특히 그의 대중문화에 대한 인식은 여러 면에서 재평가되어야 할 것이다. 그런데 그 재평가작업의 시발점이 되는 가장 중요한 연구대상이 바로 『투사 스위니』인 것이다. 물론 이전의 작품에서도 대중문화적 요소가 산재했지만, 이 작품에서는 융합되어 표현되었기 때문이다. 본 연구의 목적은 엘리엇의 극인 『투사 스위니』에 대한 분석을 통하여 그의 극에서 사용된 대중화된 오락의 형식을 취하고 있는 재즈 리듬과 같은 박자 맞추기를 비롯하여 전화벨 소리와 노크 소리 및 휘파람 소리 같은 극적 장치의 기능, 그리고 종교적 의미를 내포하면서 주제역할을 하는 현대범죄소설이나 스릴러 작품에서 볼 수 있는 미스터리 수법과 같은 대중문화요소를 찾아내어 그 용도와 의미를 파악해보는 데 있다. 이 주제에 대한 세밀하고 심도 있는 연구는 문화적 읽기로서의 문학작품해석에 의미 있는 기여를 할 것이다.

　본 연구의 효율성을 확보하기 위해, 엘리엇이 사용하고 있는 대중음악적 장치에 대한 탐사와 독자의 추리적 관심을 끌어낼 범죄 소설적 요소에 대한 논의를 포함시켜 그의 문학과 종교에 대한 사상이나 통찰력의 인식지평을 넓혀 볼 것이다. 랙타임 재즈(ragtime jazz)나 벨소리와 같은 감각적 리듬을 포함하여, 오락의 근원이자 중요한 의미의 장르로 간주한 추리탐정소설에 대한 생각과 대중문화 장르로서 지니는 오락적 요소는 엘리엇의 문화적 직관력을 이해하는 데 도움을 줄 수 있을 것이다. 대부분의 그의 작품이 지니는 종교적인 색채 때문에, 대중음악이나 범죄라는 주제를 엘리엇의 극작품에서 탐색해보는 연구는 약간 부자연스럽게 보일 수도 있다. 하지만 그의 작품에 드러나 있는 여러 대중음악적 요소와 범죄소설적인 요소는 분명히 그의 작품분석에 대한 새로운 비평적 안목을 마련해줄 수 있을 것이다. 그러므로 엘리엇의 작품에 대한 해석공간을 넓힐 수 있는 이러한 연구는 긴요하다.

2

『투사 스위니』에서 엘리엇은 고급문화와 저급문화, 우아함과 난폭함, 고전성과 조야함의 복합적 병치를 통해서 급진적 형식의 문화비평을 완성하고 있다. 엘리엇이 1936년 1월 더블린 라디오(Dublin Radio)와의 인터뷰를 통해 "10시에서 아침 5시 까지 이틀 밤에 걸쳐 젊음의 열정과 한 병의 진의 도움을 받아썼다"(Litz 10)고 밝힌 이 작품의 두 단편인 「서사의 단편」("Fragment of a Prologue")과 「애곤의 단편」("Fragment of an Agon")은 각각 1925년과 1926년에 『크라이테리언』(The Criterion)지에 게재되었으며, 1931년에 두 단편이 현재의 제목으로 합본되었다. 제목이 있는 페이지에 두 개의 서사가 덧붙여졌는데, 하나는 애스킬러스(Aeschylus)의 『오레스테이아』(Oresteia)에서 빌려온 것이고 다른 하나는 십자가의 성 요한(St. John of the Cross)에서 인용한 것이다. 여기에 "아리스토파네스적 멜로드라마(Aristophanic melodrama)"라는 부제가 추가되었다. 이 제사들은 1932년 책 형태로 극이 모습을 보이고 나서야 비로소 인쇄되었다. 밀턴적인 현재의 제목은 나중에 붙여진 것으로 원제인 『집에 갈래, 아가씨?』(Wanna Go Home, Baby?)[1]를 교체한 것이다. 원래 이 제목

---

[1] 이 제목은 근원으로의 회귀에 대한 원시적인 관념을 환기시키는 한편 재즈시대의 성적인 제안을 표현하는 어구(Chinitz 112)로 되어있는데, "Baby"라는 호칭은 애정의 표현으로 미국적인 것(Everett 246)이다.

에 대한 선입견만으로 보면 이 작품에는 극의 "문학적" 장치가 외관상 어디에도 없었고 그 대신 제의적인 재즈 리듬만이 산포되어 있는 듯 보인다.

정말 이 작품은 극이라고 간주하기가 어려울 정도로, 인물과 구성의 전개가 거의 없거나 행위는 제한되어 있어서 피상적이며, 극적 움직임이나 대단원이 없는 등, 극이 지니는 대부분의 본질적인 요소들을 결여하고 있기 때문에, 엘리엇 극비평가들은 이 단편작품에 대한 연구에 관심을 기울이지 않고 있다. 그러나 이 극이 그의 나머지 작품들과는 성격이 다르다는 점에서 동시에 연구해볼 만한 가치가 있다고 본다. 엘리엇이 이 작품에서 지식인들에게 호소력을 지닐 수 있는 대중적 요소를 활용했다는 치니츠의 지적(149)에서도 알 수 있듯이, 그 가치는 그가 아주 색다른 문화적 모형을 채택하여 자신의 극작의 시발점으로 삼고 있다는 점에 있다. 주제와 인물묘사는 초기 스위니 시편의 주제와 인물묘사와 같으며, 스위니는 이들 시편과 극의 중요한 주 인물(protagonist)의 역할을 하고 있다. 두 단편 사이의 깊은 연결 관계와 두 편 모두에서 나오는 도리스(Doris)와 코러스(Chorus)의 출현이 암시적 연관성을 보이고 있기 때문에, 이 작품에 내재한 어떤 일관성 내지는 통일성이 발견되고 있다.

그러나 이들 연속성이나 관련성보다도 재미있는 것은 엘리엇 후기 극에 나타나는 어떤 주제와 기교에 대한 기대감이다. 단편들 또한 이들 주제를 드러내는 장치로서 재즈 리듬과 미스터리 스릴러 요소가 사용되었음을 나타내고 있으며, 이런 점에서 또한 후기 극을 기대해볼 수가 있다. 이러한 장치는 이미 스위니의 단편들을 통해서도 나타났고, 엘리엇의 초기 시편들의 몇몇 주제를 지속시키는 수법으로도 설정되었던 것이다. 존스(32)와 톰슨(T. H. Thompson)(161-69)은 다른 방식으로 스위니 시편들과 극의 단편들 사이의 관계를 설명했지만, 단편들에 나타난 주제와 인물묘사의 연속성에 대해서는 더 구체화시킬 필요가 있다.

두 편의 시에서 주인공인 스위니는 부차적인 인물의 역할을 맡고 있으나, 그의 수성(獸性)은 이들 시에서 반복해서 나타나고 있다. 시에서 그는 짐승 같은 면모로 자기 다리에 면도질하면서 여자들을 위협하는 인물로 묘사되고 있으며, 『투사 스위니』에서는 폭력으로 친구인 도리스를 위협하는 야만적인 인물로 표현되고 있다. 이 시극의 중심을 이루고 있는 스위니가 처한 곤경은 갈등에 빠진 그를 암시하는 통합된 제목을 이끌어내는 원천인 정신적 갈등인데, 그것은 곧 세속적인 삶에 대한 그의 혼란스럽고 불명확한 좌절감에서 비롯된다. 또한 거기서 도피하려는 단정적인 방법을 찾아내지 못하는 그의 무능함에서 비롯된 것이기도 하다. 이러한 상황은 엘리엇이 『대성당의 살인』 (Murder in the Cathedral)과 이후의 다른 극들에서 정교하게 발전시키고 있는 죄와 보속의 기본적인 주제를 암시한다.

스위니의 관점에서 삶은 욕망과 육체만의 문제로 국한되고 있다. 시행들의 반복은 성적 쾌락에 전념하고 있는 존재의 단조로움과 권태감 및 공포감을 강조하고 있는데, 이 시행들은 인간존재가 영위하는 감각적인 삶이나 동물들의 삶에서 보들레르(Baudelaire)적인 대비를 엘리엇이 인정하고 있음을 나타낸다. 보들레르의 관점에서는 이 단편적인 작품에 나타나고 있는 현대의 삶은 상징적으로는 도덕적 가치로부터 절연되었기에 황폐하게 보인다. 그것은 욕정과 선정성 속에 투영된 인간의 본원적인 죄와 그 인식을 억압하거나 외면하고 있으며, 남녀 간의 관계를 이러한 존재가 지니는 권태감과 공포감으로부터 도피하는 장치로 만들고 있다. 과도한 성에 대한 선입견은 영적인 사랑에 대한 인식으로부터 인간을 떨어져 있게 한다. 이 가벼운 관능성을 극복하기 위해서 스위니는 악어섬으로 삶을 찾아 도피하려는지 모른다. 악어섬에서의 삶은 역시 섹스에 대한 선입견과 풍요로운 휴식의 특징을 지니고 있다. 스위니에게 비록 그 삶이 현대생활과 자연적인 삶이 주는 단조로움과 무의미함에 대한 대안으로 부각될지 모르지만, 도리스에게는 공포를 준다. 마치 이들 말을 심술궂게 행동으로 옮기려는 의도를 보이듯 스위니는 자기가 사랑하는 대상들에 대한 살해를 제안하는데, 도리스에 대한 위협은 케너의 지적처럼, 사랑하는 사람의 육신을 먹는 "야만인 의식을 초월하는 실체화 과정"(195)이라고 여겨지며, 때로는 기독교 의식인 성찬식을 연상시킨다.

제안된 사랑의 희생자인 도리스는 전례에 따라 희생하는 기독교 선교사들의 방식으로 이교도를 개종시키고 자신을 구하길 주장한다. 고생해가면서 스위니를 개종시키려는 그녀의 제의는 『대성당의 살인』에서의 토마스 베켓

(Thomas Beckett)의 역할 및 『칵테일파티』(*The Cocktail Party*)에서의 씰리아 (Celia)의 역할을 전조하고 있다. 자신을 바쳐 희생하려는 도리스의 각오는 상징적으로 표현된 과도한 성적 사랑과 폭력에의 탐닉을 낳은 인간의 죄악 때문에 생긴 물질적 존재에 의미를 부여하는 기독교적 방식을 강조하고 있다. 비록 스위니가 악한 대상이기는 하지만, 사육제의 역할을 하겠다고 제안한 사실은 그렇지 않을 경우 단조롭고 권태로우며 무의미할 수도 있는 삶에 어떤 의미를 부여한다. 이는 다시 한번 보들레르에 관해 쓴 엘리엇의 에세이를 상기시켜준다.

> 우리가 인간인 한, 우리가 하는 일은 악한 것이거나 선한 것임이 틀림이 없다. 우리가 악행을 하거나 선행을 하는 한 우리는 인간이다. 그래서 역설적인 방식이기는 하지만, 아무 것도 하지 않는 것보다는 악행이라도 하는 편이 낫다. 적어도 우리가 존재한다면 말이다.
>
> So far as we are human, what we do must be either evil or good; so far as we do evil or good, we are human; and it is better, in a paradoxical way, to do evil than to do nothing; at least we exist.
>
> (Eliot 1980, 429)

스위니의 위협이 함축하고 있는 폭력행위는 해방의 수단이자 탄생과 교미 및 죽음과 같은 기계적인 일상적 삶에서 나오는 수단으로 생각되어야 한다. 이러한 행위가 궁극적으로 스위니를 구제할 것이냐의 여부는 논의할 문제이겠지만, 만일 첫 단편에서의 카드놀이에 대한 예측이 『황무지』(*The Waste Land*)에서 사용되었던 태롯카드(Tarot card)의 미래예측과 같은 길잡이 구실을 할 수 있다면, 스위니의 행위는 부활이나 보속보다는 죽음으로 향할 가능성이 있는 것이다. 폭력이라는 위협적인 행위는 "논쟁, 소외감, 친구와의 이별, 관"(125-26)[2]이라는 일련의 카드놀이의 예측에 중요한 의미를 부여해준다. 첫 번째 예측의 단편을 다시 읽도록 독자를 유도할 때, 그 행위에 공포적인 요소

---

[2] T. S. Eliot, *Collected Poems 1909-1962* (London: Faber and Faber Limited, 1963), 125-26. 이후의 시극작품 원문인용은 위의 문헌에 의거하여 괄호 속에 인용면수만 밝히기로 한다.

를 도입하여 누구를 살해할 것이냐에 관한 서스펜스(suspense)를 조성하고 있다. 그것은 제2부에서 스위니의 범죄 이야기에 대한 전조 역할을 한다.

덧붙여 말하면, 위의 이 모든 세부적인 암시가 개연적이냐의 여부에 상관없이 스위니 단편에서는 엘리엇이 두 가지 일을 동시에 수행하고 있다. 하나는 태블로이드(tabloid) 판 신문양식과 살인 미스터리 바로 직후에 감각적인 요소들을 도입하고 있으며, 다른 하나는 그것들을 통하여 선정주의와는 아무 상관없이 종교적인 인식이라는 본질에 내재하는 생각을 제시하고 있다는 점이다. 그가 이런 일을 해야 한다는 사실이 전혀 놀라운 일은 아니다. 그러한 평행관계는 그의 초기시의 특징 중의 하나이며 여전히 극에서도 더욱 필요하다. 그가 스스로 말했듯, 극작가는 감수성을 지닌 지성적인 관객구성원들은 물론이고 물질주의적이고 극단적 심성만 있지 상상력이나 비전이 없는 사람들에게도 자신의 의미를 전달하도록 노력해야한다. 이러한 엘리엇의 노력이 돋보이는 부분이 코러스다.

짧은 서사는 코러스에 상당한 영향을 주면서 명징성과 정확성을 드러내고 있다. 그 탐정소설적 형식은 선정적인 이야기들과 유사한 형식으로 각색되어 있다.

> 스위니: 난 알았지 언젠가 한 남자가 한 여자를 죽였다고
> 　　　　어떤 남자든 여자를 죽일 수 있을 거야
> 　　　　어떤 남자든 그래야 하고, 그럴 필요가 있으며, 그러고 싶어 하지
> 　　　　일생에 한번은, 여자를 죽이지.
> 　　　　그런데 그는 그녀를 욕조에 두었어.
> 　　　　한 갤런의 리졸액과 함께 욕조에.

> SWEENEY: I knew a man once did a girl in
> 　　　　　Any man might do a girl in
> 　　　　　Any man has to, needs to, wants to
> 　　　　　Once in a lifetime, do a girl in.
> 　　　　　Well he kept her there in a bath
> 　　　　　With a gallon of lysol in a bath (134)

스위니의 서사는 『칵테일파티』에서의 알렉스(Alex)의 살인 보고서를 예견하는 듯 보이는데, 모든 미스터리 소설의 본질적인 내용들을 포함하면서 범죄(한 여성에 대한 살해)와 시체의 은닉(리졸이 섞인 욕조 안에 은닉) 및 살해범의 도주에 관해 언급한다. 하지만 적절한 탐정소설이라고 부르기에는 너무 짧고 우연성이 많으며 불완전하다. 이는 엘리엇이 밝힌 탐정소설구조의 정의와도 부합된다. 그는 탐정소설에는 아무 것도 일어나지 않으며, 범죄는 이미 저질러 진 상태이고 나머지 이야기가 증거의 취합과 선택 및 조합으로 구성되고 있다(Eliot 1927b, 360)고 했다. 하지만 스위니의 서사에서 범인이 발각되지 않을 가능성은 전혀 없다. 만일 탐정이 전면에 나선다고 하더라도, 아이러니컬하게도 별 의미 없는 대상으로 등장하게 될 것이다. 즉 여기서는 탐정의 부재에 의해서만 극이 분명해진다고 할 수 있다.

이극에서 미스터리 스릴러 요소의 사용은 제한적이다. 경우에 따라서 어떤 종교적인 주제나 사상을 암시하거나 간헐적으로 정교하게 다듬기 위해서 사용했다. 스위니가 자기 이야기를 하는 첫 행 다음에 곧 이어지는 악을 저지르려는 인간들의 일반화된 성향에 관한 표현에서 살해의 심각성은 자명해진다. 이와 같은 일반화로 보면 살인 미스터리는 자연스럽게 그 차원을 확장하여 개별적 살인범의 이야기일 뿐만 아니라, 잠재적 범인으로 그 행위에 연출될 수 있는 모든 남자들의 이야기로 확장된다. 관객은 서사적 내용에 사로 잡혀 전형적인 암시를 간파하거나 간파하지 못할 수도 있겠지만, 살인 미스터리는 범죄와 악에 대한 인간의 보편적인 성향을 놓치지 않고 제시하고 있다. 여기서 신문은 이러한 성향을 강화시켜주는 과학적인 역할을 맡는다.

   스와츠: 그런 놈들은 늘 결국엔 잡히지
   스노우: 실례지만, 그들이 결국 모두 잡히지는 않지.
      엡섬 히스의 유골은 어떻게 됐어?
      내가 신문에서 보았어
      당신도 그걸 신문에서 보았지
      그들이 결국 모두 잡히는 건 *아니야.*

SWARTS: These fellows always get pinched in the end.
SNOW: Excuse me, they don't all get pinched in the end.
　　　　What about them bones on Epsom Heath?
　　　　I seen that in the papers
　　　　You seen it in the papers.
　　　　They *don't* all get pinched in the end. (134)

　살인사건을 보도한 신문은 현대적 삶이 피폐한 정도와 도덕적 가치의 붕괴를 나타내고 있다. 살인미스터리는 폭력과 범죄라는 행위에 의해 제기된 영원히 흥미로운 운명과 자유의지의 문제를 다루고 있다. 악의 성향이 일반적인 것이냐 아니냐의 문제나 혹은 모든 사람들의 죄의식이나 어떤 사람의 죄의식이 궁극적으로 드러나느냐의 문제는 논쟁의 여지가 있다. 그래서 두 사람의 생각은 모두 타당하게 보인다. 스노우(Snow)의 생각은 범죄자의 범행이 발각되지 않아서 처벌을 피하고 지냄을 뜻한다. 반면에 스와츠(Swarts)의 생각은 범인의 범죄가 한동안 발각되지 않은 채로 남겠지만 그의 범죄사실이나 도덕상의 죄는 어쩔 수 없이 드러나서 처벌받게 마련임을 암시한다. 만일 애스킬러스의『오레스테이아』에서 끌어 온 제사가 어떤 길잡이가 될 수 있다면, 복수의 신(the Furies)은 이미 살해범을 추적하고 있다.

　　　오레스티스: 넌 그들을 못 보지, 네겐 안보이자 하지만 난 그들이 보여:
　　　　　　　　그들이 나를 쫓아오니, 난 가야겠어.

　　　Orestes: You don't see them, you don't-but I see them:
　　　　　　　they are hunting me down, I must move on. (121)

　엘리엇은 스위니의 초점을 수시문제에 두는 것이 아니라 살인범의 심적인 상태에 두고 있다. 관객에게 죄인의 인성에 끼치는 악의 영향을 절실히 느끼게 하고 있다. 폭행 장면은 삶과 죽음 사이뿐만 아니라 살인자와 희생자 사이를 구분해주는 모든 감각들을 상실하고 있는 듯이 보이는 살인자를 정신적으로 착란 시킨다.

스위니: . . . .
　　　그는 자신이 살아있는지를 몰랐지
　　　　　　그녀가 죽었는지도
　　　그는 그녀가 살아있는지를 몰랐지
　　　　　　자기가 죽었는지도
　　　그는 그들이 모두 살아있는지
　　　　　　혹은 둘 다 죽었는지도 몰랐어.

SWEENEY: . . . .
　　　He didn't know if he was alive
　　　　　　and the girl was dead
　　　He didn't know if the girl was alive
　　　　　　and he was dead
　　　He didn't know if they both were alive
　　　　　　or both were dead. (135)

여기에 묘사된 살인자의 왜곡된 심리는 인간의 타락 이후의 도덕적 혼란을 강조하는 기독교적인 교의에서 비롯된다. 스위니 자신은 실제로 살인자와 모든 살아있는 사람들 사이가 동등하다는 일종의 평등성을 암시하면서 그 상황을 객관화시켜버린다.

　　　스와츠: 그가 뭘 했는데?
　　　　　　줄곧, 그가 뭘 했지?
　　　스위니: 그가 뭘 했냐고! 그가 뭘 했지?
　　　　　　그건 문제 안 돼.
　　　　　　살아있는 사람들에게 그들이 뭘 하는 지에 대해 말해.
　　　　　　그는 가끔 나를 보러 오곤 했지
　　　　　　난 그에게 한잔 사주고 기운을 북돋우어 줬어

　　　SWARTS: What did he do?
　　　　　　All that time, what did he do?
　　　SWEENEY: What did he do! what did he do?
　　　　　　That don't apply.
　　　　　　Talk to live men about what they do.
　　　　　　He used to come and see me sometimes
　　　　　　I'd give him a drink and cheer him up (134-5)

이는 또한 인간이 일상적으로도 죄인으로 죄의식을 회피하고 있다는 종교적인 생각을 나타낸다. "live"라는 어휘는 일상적이고도 종교적인 의미를 지닌다. 그것은 정신적으로 의식이 있을 뿐만 아니라 육체적으로 살아있음을 뜻한다. 마찬가지로, "death"라는 어휘는 육체적인 의미에서 죽음뿐만 아니라 정신적인 맹목성이나 무감각을 뜻하기도 한다. 스위니에 의해 제시된 "살아 있는 사람들"과 살해범 사이의 등식관계는 죄지은 사람의 정신적인 죽음을 암시해 준다. 보통 사람들과 살해범 사이의 이러한 평행관계와 도덕상의 죄와 형법상의 범죄 사이의 평행관계를 통해서, 엘리엇은 양자 간의 차이를 좁히려고 시도하고 있다. 이 관계는 후기 극, 특히 『원로 정치가』(*The Elder Statesman*)에서의 엘리엇의 주제와 기교를 예견하게 하고 있다. 게다가, 이러한 평행적 의미는 또한 스위니의 인물성격에 어떤 모순성을 만들어 내고 있다. 스위니는 인간생존의 무의미함을 정신적으로 이해하여 도피구를 찾고 싶어 하는 사람으로 비치고 있다.

다른 한편으로 살해범에 대한 그의 진술은 자신의 정신적인 각성에 대한 의구심을 만들어내고 있다. 그의 범죄에 대한 서사를 그 자신의 체험에 대한 기술로 읽는 일도 가능하다. 여기서 엘리엇은 확실히 잘 알려진 인물과 미스터리에 대한 대중적 기억을 시험하고 있다. 「일어 선 스위니」("Sweeney Erect")에서 자기 다리에 면도를 하는 장면과 에드가 앨른 포우(Edgar Allen Poe)의 「르 모르그 가의 살인」("The Murders in the Rue Morgue")을 떠올리게 하는 오랑우탕(orang-outang)의 역할은, 자기의 친구인 살해범에 대한 동정심이 반향을 일으키게 해놓고, 의도적으로 스위니를 욕조 속의 여성을 살해할 가능성이 높은 살해범으로 독자가 생각하게 유도하고 있다. 그러나 동시에 범죄일화 이야기에 깔린 스위니의 의도가 명확하기 때문에, 자기 친구인 살해범을 격려하는 행위를 약자와 죄지은 자에 대해 보이는 동정심어린 뛰어난 행위로 해석하는 일도 역시 가능하다. 이는 스위니의 동정심의 행위를 인간의 본원적인 죄지음에 대하여 그가 이해한 결과로 비쳐지게 하여, 『가족의 재회』(*The Family Reunion*)에서는 살해범을 알 수 없다는 생각으로 이어지게 한다.

여기서 후기 극에서 아주 중요한 보속이라는 주제가 「애곤의 단편」에서 집세라는 개념을 통해서 도입되고 있다. "누군가 집세를 지불해야 했지"(And somebody's gotta pay the rent)(135)에서 "rent"라는 어휘는 두 편의 단편에서는 다른 의미로 사용되고 있는데, 「애곤의 단편」에서 보면 그것은 금전적인 보상이라기보다는 어떤 종류의 희생을 나타내면서 저지른 악행에 대해서 궁극적으로 보상하는 사람이 집세 납부자임을 뜻한다. 「서사의 단편」에서 더스티(Dusty)와 도리스 소유의 아파트에 대한 통상적인 집세 납부자인 페레이라(Pereira)는 「애곤의 단편」에서는 자신의 신분이 밝혀지지 않는 집세 납부인으로 바뀌고 있다.

  도리스: 난 누군지 알아
  스위니: 하지만 나완 아무 상관없어 그리고 네게도 상관없지.

  DORIS: I know who
  SWEENEY: But that's nothing to me and nothing to you. (136)

따라서 궁극적인 집세납부자의 신원은 스위니의 서사 속에 나오는 살해범이 그렇듯 밝혀지지 않은 채로 남는다. 살해범이 일반적으로 악을 나타내고 있는 것처럼, 집세 납부라는 의무적 행위는 피할 수없는 보속이라는 생각을 암시한다.

 범죄스릴러가 어쩌면 가장 인기 있는 독서형식으로 자리 잡은 시대에, 이와 같은 대중오락적 장치는 범죄와 양심상의 죄 사이의 균형과 범죄의 편재성과 도덕적 죄의 보편성 사이의 균형을 이용하는 방식보다 훨씬 더 폭 넓은 관객에게 다가갈 수 있는 최상의 방법일 것이다. 그는 극적인 목적에 맞게 "모든 인간은 죄인"이라는 생각을 "모든 인간은 범죄자"라는 생각으로 옮기고 있다. 이것이 네빌 코길(Nevil Coghill)과의 대화에서도 지적되고 있는데(84), 여기서 엘리엇은 죄인과 범죄자를 동일시하는 평행적 의미패턴을 사용하고 있다. 『투사 스위니』는 연이어진 극에서 사용된 중요한 장치를 예견해주는데, 특히 종교적인 주제들을 세속적인 극 속에 살아남게 하려고 미스터리 스릴러를 사용하고 있다. 평행적 주제를 이렇게 이용한 결과 인물성격에 약간 모호하고 불분명한 점이 있다는 사실이 드러나고도 있지만, 이러한 애매성과 불분명함은 오히려 계속 이어지는 극 속에 엘리엇이 제시하여 용해된 주제의 핵심을 이룬다.

3

엘리엇 단편극에 삽입된 범죄 미스터리 요소는 주요한 극적 행위를 나타내는 코러스에 중요한 역할을 한다. 코러스 사용은 엘리엇의 극 이론과 실제에 핵심이 되는 관객의 참여라는 생각을 유효하게 하려는 그의 노력이 강화된 결과다. 이런 생각이 『대성당의 살인』과 이어지는 극들과 『투사 스위니』에서 더 직접적으로 발견되고 있지만, 뮤직홀에 대한 엘리엇의 생각에서도 찾아볼 수가 있다. 엘리엇은 관객과 배우의 공조를 위해서 주로 뮤직홀을 높이 평가했다. 뮤직홀 희극배우인 마리 로이드(Marie Lloyd)에 관한 언급에 엘리엇은 다음의 관찰을 덧붙이고 있다.

> 뮤직홀에 간 근로자가 마리 로이드를 본 뒤 코러스에 동참하여 직접 역할 연기를 연출하고 있었다. 그는 모든 예술과 극예술에 대단히 필요한 예술가와 관객의 공동참여에 합세한 것이다.
>
> The working man who went to the music-hall and saw Marie Lloyd and joined in the chorus was himself performing part of the act; he was engaged in that collaboration of the audience with the artist which is necessary in all art and most obviously in dramatic art. (Eliot 1980, 458)

엘리엇노 관객의 참여를 실현하기 위해 뮤직홀의 랙타임(ragtime) 리듬과 재즈패터(jazz-patter)를 도입하고 있을 뿐만 아니라, 이런 목적을 성취하려고 두 번째 단편에 범죄와 공포 및 미스터리를 접목시키고 있다. 『투사 스위니』가 재즈반주와 함께 공연되기도 했다(Malamud 36)는 사실이 이를 뒷받침해 준다.

1920년대에 영국의 대중오락매체 구실을 한 곳은 음악실이었으며, 재즈를 들을 수 있었던 곳도 바로 거기였다. 엘리엇은 노래와 무용단원들 속에서 재즈식의 빠른 말투를 탐색하고 슬픔을 흉내 내는 희극배우들과 희가극 광대들에게도 떠들썩하고 음란한 흥겨움을 발견했으며, 심지어 곡예사들의 기술에서도 전체 움직임에 부합되는 리듬을 찾아내었다. 그는 1923년에 마리 로이드에 대한 회고에세이 속에서 이러한 형식의 대중오락과 그것을 만들어내는 희가극 공연가들을 아주 높이 평가하고 있다. 그는 리듬감 외에도 희가극 기술에서 또 다른 장점을 발견해내었는데, 다른 형식의 극예술에서는 사라져버린 공연가와 관객간의 관계에서 남아 있는 사회적 통합이 지속되기를 희망했다(Chinitz 53).

『투사 스위니』의 대중적 요소는 현대생활을 그린 극의 허무적 비전속에 복잡하게 이해되고 있다. 현대성이 갖는 정신적 공허함의 징후로서 재즈나 다른 대중문화 장르의 무의미함을 노출시키기 위해 엘리엇이 대중문화 형식을 사용한다는 논의도 있다.3) 매리앤 무어(Marianne Moore)도 『투사 스위니』의 엘리엇과 다른 사람들과의 닮은 점을 제시하면서, 엘리엇이 자기 시에 옷을 입힌 대중적 요소는 실로 보잘것없는 것으로 글이 지니는 언어의 풍부함과 그 뉘앙스를 교묘하게 감추고 있다고 보았다(108). 대중적 요소가 아주 보잘것없다는 무어의 주장은 극을 잘못 읽고 있는 태도에서 비롯된다. 극은 현대생활 자체가 죽음과 같은 것이 아니라, 현대적인 삶조차도 모든 책략을 지닌 죽음과도 같은 선상에 있음을 보여주려 하고 있기 때문이다. 엘리엇은 뮤지컬 양식의 이 극에서 그와 같은 정서를 구현하고 있다. 어쨌든 엘리엇이 『투사 스위니』에서 현대적 삶의 붕괴를 나타내기 위해서 대중문화 요소를 활용하고 있다는 명제는 지지할 수 없다. 또한 7시간이라는 짧은 시간에 걸쳐 술을 마시며 썼다는 엘리엇의 회고도 여기서 큰 의미를 지닌다. 시인이 대중문화를 버렸다는 편견 없이 읽는 다면 『투사 스위니』는 빈틈이 없는 작품이다. 뒤플

---

3) 그로버 스미스(Grover Smith)는 『투사 스위니』의 재즈가 『위대한 갯스비』(The Great Gatsby)에서와 마찬가지로 시대의 지리멸렬함을 드러내고 있다고 주장하고 있으며(114), 캐럴 스미스(Carol Smith)도 극 속의 재즈요소를 현대적 삶에 대한 엘리엇의 태도를 나타내는 기계적 리듬과 유사하게 보고 있다(90).

레시스(DuPlessis)가 지적하듯이, "극적 전통을 최대한 이용한 일반적 인유의 과중한 혼합은 작품을 유동적으로 만들어서 젠체하고, 현학적이며, 양식화되어 조롱하는 듯이 보이므로, 고정시키거나 얽어매기가 어렵다"(103). 이 불가해한 효과는 우리가 엘리엇의 초기 작품에서 보았던 미국적인 대중문화와 그 표현에 대한 그의 양면적 태도에서도 완벽하게 공명하고 있다.

『투사 스위니』는 대중오락으로 구성되어 있다. 즉 극의 대중적 요소는 엘리엇의 『황무지』 비전이 수많은 다양한 관객에게 전달될 지도 모르는 매개체로서 기여하고 있다. 장르와 문체상 차이는 있겠지만 엘리엇은 후기 극에도 같은 전략을 상당히 사용하고 있다. 신학적 사상은 응접실 희극으로도 실현되고 있으며, 응접실용 희극은 형이상학적 시상에 표현을 부여하도록 확장되기도 한다. 이극의 주인공이 영국적인 데 반해 사용하는 대사는 부분적으로 미국적이라고 주장하는 바브라 에버렛(Barbara Everett)의 주장(246)과 속어를 사용하는 흑인작가들의 전형적인 모델로 이 작품을 해석하려는 게이츠(Henry Louis Gates, Jr)의 생각(289)은 미국의 대중 문화적 요소가 이극에 배어있을 수 있다는 추측을 간접적으로 제시하고 있다.

대중문화 전략은 엘리엇 자신의 이론과도 일치하는 듯이 보이는데, 그는 무어에 대한 에세이에서 시와 같이 섬세한 예술은 대중문화의 확장이라고 생각했다. 엘리엇이 미국방언과의 혼합을 피하기 위해서가 아니라 미국방언과의 교접한 표현가능성에 기여했다는 이유로 무어를 칭찬한 시기는 『투사 스위니』에 대한 구상이 그의 상상력을 통해 형성되어 갔던 1923년경이었다. 무어의 토속어는 "미국어의 특징인 회화체"와 "생기발랄한 자의식적인 농담"(Eliot 1923: 596)이 섞인 언어이다. 이에 대한 시인의 감정이 무엇이든 엘리엇의 "미국언어"에 대한 인식은 항상 복잡하게 얽혀 있다. 엘리엇이 여기서 무어에게 적용시키고 있는 기준으로 판정해보면, 『투사 스위니』는 게이츠가 높이 평가하듯, "미국의 조야한 말"(289)과 그 리듬에서 대단한 성취를 이루었기 때문에 보기 드문 성공작으로 간주되어야 한다.

『투사 스위니』가 미완의 극으로 남은 이유를 명확히 찾을 수는 없겠지만, 새로운 소재에 대한 엘리엇의 자신감의 부족에서 비롯되었다고 볼 수 있다.

애크로이드(Peter Ackroyd)는 극작계획이 아주 전례가 없을 정도로 혁명적이었으므로 문학전통의 틀 안에서 작업을 했던 엘리엇이 창작의욕을 잃고 말았다고 보았다.

> 아무도 이전에는 그와 같은 것을 시도하지 않았는데, 그는 발레나 뮤직홀에서 가져온 비문학적 자료만으로는 충분히 자신이 없었던 것처럼 보였다.
>
> no one had done anything quite like it before, and he did not seem able to trust himself sufficiently with only the non-literary material derived from the ballet or the music hall. (147)

실제로 대화치고는 너무 빠른 리듬의 전달이 무대 위에서 지속되는 데 따른 부담감 때문에 엘리엇이 극을 완성할 수 없었다는 지적은 타당하다 (Schuchard 114).

그러나 극에서의 제의의 부활이라는 문제를 간과할 수 없다. 스위니 극을 작업하기 시작했을 때 막 출간한 에세이 「등장인물」("Dramatis Personae")에서 "철저한 인습과 제의를 채택하자"(305)는 권유를 통해서 엘리엇은 명백하게 자기의 의도를 밝히고 있다. 『투사 스위니』는 단순한 한편의 제의가 아니라 폭력에 의해 제의 그 자체를 소생시키려고 시도하고 있다. 엘리엇이 일반적으로 예민하게 인식하고 있듯이 인습은 그 위에서 부과될 수 없다. 인습들이 현존하는 대중전통을 구성하지 않으면 대중적 극을 위한 토대로 쓸모가 없다. 엘리엇이 스위니 프로젝트가 와해되어버린 직후인 1925년에 쓴 「발레」("The Ballet")에서 "믿음을 되살리지 않으면 제의를 부활시킬 수 없다"(Eliot 1924-5, 443)고 한 말은 적절하다. 그는 제의를 부활시킬 수 없기에 『투사 스위니』를 완결 지을 수 없었다. 극은 시초부터 그렇게 예정되어있었던 것이다. 엘리엇은 이러한 문제에 대한 해결책을 찾아내려고, 본질적으로 인기 있는 대중적인 것을 향해 갈등하는 욕구의 산물인 작품을 만들어내는 극작가로서 자신의 남은 경력을 쓰게 되었는지도 모른다.

엘리엇은 『투사 스위니』에 「희극적 음유시인의 단편들」("Fragments of a Comic Minstrelsy")이라는 부제를 붙일 생각을 했을 정도로(Sidnell 263), 민스트렐 쇼(minstrel show)는 이극에서 복잡하지만 아주 중요한 요소가 된다. 노예와 인종 불평등과 관련된 긴장들을 의심할 여지없이 정화시켜 준 의식인 대중적 민스트렐 쇼는 엘리엇의 목적에 아주 잘 들어맞는 듯했다(Lyon 153). 음유악인의 연예시가는 민속전통으로부터 적어도 어부왕 신화를 포함하여 고대 풍요의식에서 비롯된 다양한 원형과 구성요소들을 매혹적으로 흡수하였다.『투사 스위니』의 민스트렐 요소는 극의 아리스토파네스적인 멜로드라마의 근원에 이르는 일을 보완해준다.

원시적이면서도 아주 전위적인 시극이라는 잠재적 새 형식에 맞는 모델을 제공하고 있는 러시아 발레가 인습화되고 비개성적이며 성스러우므로, 드마라의 비전이 곧 제의라고 엘리엇은 강조한다(Eliot 1980, 406-7). 엘리엇은 개성이 강하고 동정적이며 자연에 친근감을 보이고 있는 로이드로부터 영감을 얻는다. 그녀는 뮤직홀 희극에 토대를 두면서 활발하고 매력적인 현대 대중문화에 안정된 뿌리를 두고 있는 시극이라는 새로운 형식의 가능성을 타진했다. 마찬가지로 대중문화에 대한 엘리엇의 양면적 태도는 긴장상태에 있는 상반된 두 대상인 제의와 인습을 견지할 수 있는 그의 실험적 능력에서 비롯된다.

극을 제의적인 희극적 모델 같이 구성해보려는 엘리엇의 정교한 노력은 표상적이라고 판단된다. 코러스는 악몽 같은 꿈을 통하여 그 상황을 표출시킨다. 엘리엇의 성유적 효과는 코러스에서 언어적 형식과 내용의 어울림을 바탕으로 한다.

전체 코러스: 워코프, 호스폴, 클립스타인, 크럼팩커
. . . .
당신은 악몽의 정수를 본 것이다
　　당신에게는 후하라는 소리가 나올 것이다.
후 후 후
당신은 꿈을 꾸고 일곱 시에 일어난다
　　안개 끼고 습하고 새벽이며 어두운 가운데
당신은 노크소리의 자물쇠 도는 소리를 기다린다
　　왜냐면 사형집행인이 당신을 기다리고 있다는 걸 알고 있으니

FULL CHORUS: WAUCHOPE, HORSEFALL, KLIPSTEIN, KRUMPACKER
. . . .
You've had a cream of a nightmare dream and
    you've got the hoo-ha's coming to you.
Hoo hoo hoo
You dreamt you waked up at seven o'clock and it's
    foggy and it's damp and it's dawn and it's dark
And you wait for a knock and the turning of a lock
    for you know the hangman's waiting for you. (136)

"hoo-ha's"와 "knocks"는 처음에는 소문자로 나중에는 블록체로 되어 살해범의 고조되는 공포감을 극화시키고 있다. 형 집행인이 기다리고 있다는 탐색의 필연성은 스왓츠의 견해를 강화시키고 있다. 노크소리와 자물쇠 도는 소리는 기다리는 사람의 초조함과 급박함을 드러내는 일종의 리듬장치라고 볼 수 있다. 극의 마지막 부분은 엘리엇이 이러한 구조를 세심하게 따를 계획이었다는 사실을 나타내고 있다(Crawford 163-64). 싸움이나 요리, 축제, 제물 등으로 스케치된 장면들은 모두가 풍요나 제의 형식에서 그려진 것이다4).

엘리엇이 많은 관객들을 위해 시극을 무대에 올리려고 시도했다면 뮤직홀 희극과 민스트렐 시 및 재즈에 입은 힘은 적지 않을 것이다. 엘리엇의 재즈 극은 동인예술에서 처음으로 벗어났음을 나타내려는 의도를 보였는데, 제목과 부제나 제사를 제외하면 문학적 환기 못지않게 음악적 반향에도 의존한다. 앤소니 버제스(Anthony Burgess)는 이 점에 대해서 "신학뿐만 아니라 재즈 리듬으로 지옥의 비전과 보속의 거부를 표현하는 것은 아주 큰 문학적 업적"(103)이라고 진단하면서 엘리엇의 성공을 인정했다.

    도리스: 당신이 나를 데려가 버린다고? 식인종 섬으로?
    스위니: 난 식인종이 될 테야.
    도리스: 난 선교사가 될 텐데.

---

4) 그로버 스미스가 지적한 것처럼, 시작 장면에서 카드를 읽는 일은 희생자를 위한 운명의 캐스팅과 일치한다(115). 나중에 엘리엇은 인물들이 마스크를 쓰도록 의도했으며, 스위니는 무대 가운데서 "에그 스크램블을 만드는 풍로 딸린 탁상냄비를 갖고" 서게 했다(Flanagan 83).

당신을 개종시키지!
스위니: 내가 널 바꿀 거야!
스튜로.
맛있고 예쁜, 하얗고 예쁜, 선교사 스튜로.
도리스: 당신은 날 못 먹을 거예요!
스위니: 아니 널 먹을 거야!
맛있고 예쁜, 하얗고 예쁜, 연하고 예쁜, 부드럽고 예쁜,
즙이 많고 예쁜, 알맞게 예쁜, 선교사 스튜로.

DORIS: You'll carry me off? To a cannibal isle?
SWEENEY: I'll be the cannibal.
DORIS: I'll be the missionary.
     I'll convert you!
SWEENEY: I'll convert you!
          Into a stew.
          A nice little, white little, missionary stew.
DORIS: You wouldn't eat me!
SWEENEY: Yes I'd eat you!
          In a nice little, white little, soft little, tender little,
          Juicy little, right little, missionary stew. (130)

여기서 원시적인 폭력성과 종교적인 교화의 대립이 반복되는 응답식의 간단한 교송단위로 시행이 나뉘어져서 되받아치는 짧은 대화형식의 이중패턴이 재현되고 있다. 강한 박자가 이어지는 약음절과 연결되어 재즈 패터와 싱커페이션(syncopation) 효과를 창출한다.

엘리엇은 아리스토파네스 식으로 제의화한 극과 대중극 사이의 간극을 인정하지 않았을지도 모른다. 「매리앤 무어」에서 엘리엇은 제의 자체가 대중적인 현상이라고 주목했다. "제의만큼 사람들에게 저절히 귀속되는 것도 없다"(597)고 단언했으나, 제의적 패턴을 무대에 올리는 극이 인기를 얻을 정도로 대중적이지는 않다. 예를 들어 스위니의 스크램블 에그(scramble egg)는 재생이나 부활을 의미하지만, 오늘날 영국에서 에그 스크램블은 사람들의 인식에는 아침을 나타낸다. 사실주의에 흠뻑 빠진 관색이나 제의에 익숙하지 않은 관객에게는 무거우리만치 양식적이고, 성스러운 극이 선구적이긴 하지만 또

한편으로는 실험적일 수밖에 없다. 신뢰할 만한 제의의 효과는 살아있는 전통의 부재 상황에서는 환기될 수 없기 때문이다.

4

시극이라는 예술작품에 도입하여 관객의 흥미를 유발시키는 대중문화장치에 대한 진지한 검토가 여태까지 제대로 진행되지 못했다. 그 결과, 이 극은 물론이고 엘리엇의 다른 시극에서 보이는 민스트렐 쇼나 랙타임 재즈 및 스릴러수법 등과 같은 대중 문화적 요소의 중요성이 간과된 나머지 작품해석에 부분적 한계를 드러내었다. 그러나 재미있는 사실은 엘리엇 후기 극에 나타나는 어떤 주제와 사상의 단편들에 대한 기대감이 이와 같은 대중 문화적 장치를 통해서 예견되고 있다는 점이다. 『투사 스위니』의 단편들 또한 이런 주제를 드러내는 장치로서 미스터리 스릴러 요소와 재즈 리듬의 사용을 나타내고 있으며, 또한 이런 관점에서 후기 극을 생각해 볼 수가 있다. 그러므로 본 연구가 『투사 스위니』의 재미있는 부분을 관찰한 것은 앞으로 쓸 엘리엇의 주제와 기교를 미리 짐작하게 해주는 이러한 속성이 이극에 두드러지게 나타나 있기 때문이다.

비록 이 작품이 미완성 극이지만, 엘리엇은 "고대와 현대를 연결시키고 진지한 것과 사소한 것을 융합하여 세련된 것과 조야한 것을 상관시켜(Schuchard 117) 가면서 다수의 관객에게 여흥으로 즐거움을 주는 동시에 그들에게 시학을 심어주려는 의도를 가졌던 것이다(Carol Smith 52-53)[5]. 분명 그는 이를 통해 자신의 은밀한 고립으로부터 벗어날 뿐만 아니라, 자신의 문학적 기질에 속하는 '시인과 광대'를 결합시키고 있다. 이는 어쩌면 순수문학과 고급문화만을 고집한 전통적 고전주의자의 면모 못지않게 대중들을 겨냥한 저급문화도 배려하는 세속적 대중주의자로서의 기질의 표출일지도 모른다. 또한 그의 태도는 어쩌면 그의 문화론인 『문화정의를 위한 소고』(*Notes towards a Definition of Culture*)에서와 같이, 그가 꿈꾸는 이상세계가 실현되지 못하더라도, 그 세계의

---

[5] 캐럴 스미스는 엘리엇이 새로운 극은 오락적인 면을 원하면서도 시를 감내하려는 대중관객과 함께 출발해야 한다는 생각을 가졌음을 분명히 밝히고 있다.

실현을 위한 한 문화론자의 고도의 계산된 책략일 수 있는 것이다. 그래서 엘리엇의 결정적인 주장이 논리적으로 기독교적 신앙에만 의존한다기보다는, 비신자적인 생각도 동일하게 관심을 두고 보아야 한다는 주장(Mulhern 103)이 설득력 있게 들린다. 1940년대의 영국의 대중문화에 대한 그의 생각을 21세기에 끌어와서 억지로 접목시킬 필요는 없겠으나, 적어도 전후의 문화정책의 일반적 감각이 대체로 아놀드(Matthew Arnold)적이었다는 점을 감안하면, 엘리엇은 분명히 개방적인 대중문화관을 지녔다.

본 연구는 엘리엇의 문화관에 대한 기존의 인식을 보다 더 넓혀서 전체적 공 영역에로의 문화 확산이라는 전제를 바탕으로,『투사 스위니』라는 대표적인 그의 시극에 대한 분석을 통해서 대중문화적인 소재에 대한 기능을 살펴보았다. 동일한 관점과 논지를 엘리엇의 후기 극까지 연관시켜서 후속연구가 원만히 진행된다면 엘리엇 시극에 대한 해석영역의 외연은 그만큼 확장될 것이다.

참고문헌

Ackroyd, Peter. *T. S. Eliot: A Life*. New York: Simon and Schuster, 1984.
Burgess, Anthony. *This Man and Music*. New York: McGraw, 1983.
Chinitz, David E. *T. S. Eliot and the Cultural Divide*. Chicago: The U of Chicago P, 2003.
Coghill, Neville. "Sweeney Agonistes." *T. S. Eliot: A Symposium*. Richard March and Tambimutti, eds. Freeport, New York: Books for Libraries, 1949.
Cooper, John Xiros. Ed. *T. S. Eliot's Orchestra: Critical Essays on Poetry and Music*. New York: Garland, 2000.
Crawford, Robert. *The Savage and the City in the Work of T. S. Eliot*. Oxford: Clarendon, 1987.
DuPlessis, Rachel Blau. *Genders, Races, and Religious Cultures in Modern*

American Poetry, 1908-1934. Cambridge: Cambridge UP, 2001.
Eliot, T. S. "The Ballet." *The Criterion* 3 (1924-25): 441-43.
____. *The Complete Poems and Plays of T. S. Eliot*. London: Faber, 1978.
____. "A Commentary[Jan. 1927]." *The Criterion* 5 (1927a): 139-43.
____. "A Commentary[Jun. 1927]." *The Criterion* 6 (1927b): 359-62.
____. "A Commentary[Apr. 1927]." *The Criterion* 8 (1929): 551-59.
____. "Dramatis Personae." *The Criterion* 1 (1922-23): 303-06.
____. *For Lancelot Andrews*. London: Faber, 1970.
____. "Marianne Moore." *The Dial* (December 1923): 594-97.
____. *Notes towards a Definition of Culture*. London: Faber, 1968.
____. *Selected Essays*. London: Faber, 1980.
Everett, Barbara. "The New Style of Sweeney Agonistes." *Yearbook of English Studies* 14 (1984): 243-63.
Gates, Henry Louis, Jr. *Signifying Monkey: A Theory of African-American Literary Criticism*. New York: Oxford UP, 1988.
Jones, David E. *The Plays of T. S. Eliot*, London: Routledge, 1969.
Kenner, Hugh. *The Invisible Poet*. London: Methuen & Co. Ltd., 1979.
Malamud, Randy. *T. S. Eliot's Drama: A Research and Production Sourcebook*. New York: Greenwood, 1992.
Moore, Marianne. "Review of *Sweeney Agonistes* by T. S. Eliot." *Poetry* 42 (1933): 108-09.
Mulhern, Francis, *Culture/ Metaculture*. London: Routledge, 2000.
North, Michael. *The Political Aesthetic of Yeats, Eliot, and Pound*. Cambridge: Cambridge UP, 1991.
Roby, Kinley E. Ed. *Critical Essays on T. S. Eliot: The Sweeney Motif*. Boston: Hall, 1985.
Schuchard, Ronald. *Eliot's Dark Angel : Intersections of Life and Art*. New York: Oxford UP, 1999.

Sidnell, Michael J. *Dances of Death: The Group Theatre of London in the Thirties.* London: Faber, 1984.

Smith, Carol H. *T. S. Eliot's Dramatic Theory and Practice.* Princeton: Princeton UP, 1963.

Smith, Grover *T. S. Eliot's Poetry and Plays.* Chicago: The U of Chicago P, 1974.

Thompson, T. H. "The Bloody Wood." *T. S. Eliot: A Selected Critique.* Ed. L. Unger. New York: Reinehart & Co., Inc., 1948. 161-69.

Wilson, Frank, *Six Essays on the Development of T. S. Eliot.* London: West Richard, 1980.

🙵 편집 후기

1991년 창립된 한국T.S.엘리엇학회는 창립 20주년을 기념하기 위해 2011년 당시 안중은 회장 임기 때 부회장이었던 김양순 교수가 재직하던 고려대학교에서 국제학술대회를 성대히 개최하는 기회를 갖게 되었습니다. 이 국제학술대회는 학회의 위상과 학문적 성과를 내외에 알리는 좋은 경험이 되었습니다. 우리 학회는 현재 매회 2회 이상의 학술발표회와 2013년 10월 현재 총 23권 1호에 이르는 학술논문집을 발간해 오고 있습니다. 2001년에는 창립 10주년을 기념하고자 20세기 최고의 지성인인 엘리엇의 업적을 기리기 위해 단행본 『T. S. 엘리엇을 기리며』를 발간하였습니다. 그리고 학회 창립 10주년을 기념하고자 노저용 발간위원장을 중심으로 2006년 총서 1권 『T. S. 엘리엇 詩』, 2007년 총서 2권 『T. S. 엘리엇 批評』, 2009년 총서 3권 『T. S. 엘리엇 詩劇』을 발간하였습니다. 이어 2011년 학회 창립 20주년을 기념하기 위해 그간의 학술적 업적을 정리하기 위해 『T. S. 엘리엇을 기리며』 단행본을 수정 보완해 발간하였습니다.

2013년은 학술지 발간 20주년이 되는 해입니다. 이를 기념하고자 김재화 회장의 뜻을 담아 본 학회는 그간의 학술적 업적을 정리하고자 총서 제4권과 대표논문집을 발간하게 되었습니다. 총서 4권은 시·사회·예술을 주제로 논문을 선정하였고, 대표논문집은 학회를 대표하는 우수한 논문들을 모았습니다. 총서 발간을 위해 시간을 내고 수고를 아끼지 않으셨던 관련 임원들을 격려해주셨으면 합니다.

총서 발간을 위해 모임을 갖기 시작한 것은 2013년 1월이었습니다. 학회 편집위원장으로 계신 양병현 교수가 8월 정년퇴임을 앞두고, 학회의 창립회원이시고 학회의 발전을 위해 헌신해 오신 노저용 교수의 안을 토대로 총서발간위원회를 구성하였습니다. 광화문 인근에서 모임을 갖기 시작하여 그간 김재화, 양병현, 노저용, 이만식, 조병화, 김양순, 양재용, 이철희, 박성칠, 배순정, 김성현 등을 중심으로 논문 선정의 주제와 방향, 그리고 목록 작업에 대해 심도 있는 논의를 계속하였습니다. 2009년까지 총서 3권 작업에 당시 우수 논문들이 주제에 맞지 않아 상당부분 누락되었던 사실과, 그 후 상당한 분량의 논문이 출간된 사실을 기초로 논문 선정에 대한 기준을 마련하였습니다. 우선 총서 4권을 발행하기로 하고, 그 주제를 언어・사회・문화・정치 등으로 정해 18편의 관련 논문을 선정하였습니다. 그러나 최종 편집과정에서 변화가 생겨 주제를 시・사회・예술로 바꾸게 되었습니다. 4차 모임 때 창간 20주년 기념에 맞추어 그간 발간된 우수 논문들을 모아 특집을 발행하자는 김재화 회장의 뜻에 따라 대표논문집 총서를 별도로 출간하기로 하고, 관련 저자를 선정하였습니다. 총서 4권의 타이틀은 시・사회・예술로 하고, 세 파트로 분류하였습니다. 편집위원장 중심으로 배순정 선생님은 논문 목록, 저자 연락, 출판사 연락 등을 맡기로 하였고, 대표논문집은 김성현 선생님이 맡아 일을 추진해 왔습니다. 총서 4권 출판은 그간 총서를 발행하였던 동인출판사에서, 대표논문집 출판은 이만식 교수의 도움으로 LIE 출판사에서 발행하기로 하였습니다.

　재정과 인력이 부족해 일의 추진에 많은 어려움이 있었음에도 불구하고 그간의 총서발간 과정에 적극 협조해주시고 협력해 주신 총서발간위원회 위원 여러분에게 이 지면을 빌려 감사의 말씀을 드리며, 발간사를 기꺼이 맡아주신 노저용 교수에게 심심한 사의를 표합니다. 무엇보다 총서 4권과 대표논문집에 옥고를 싣게 해주신 저자들에게 학회를 대신해 감사의 마음을 전합니다. 그리고 자문을 해주신 안중은 교수와 허정자 선생님에게도 감사를 드립니다. 특히, 기꺼이 도와주신 동인출판사 이성모 사장님과 민계연 선생님, LIE 출판사 정구형 사장님에게 학회를 대신해 감사의 마음을 전합니다.

2013년 10월 10일
총서발간 편집위원장　양병현

T. S. 엘리엇 詩 · 社會 · 藝術

초판 발행일 2013년 12월 30일

지은이 한국 T. S. 엘리엇학회 편
발행인 이성모
발행처 도서출판 동인
주 소 서울시 종로구 명륜2가 237 아남수상복합아파트 118호
등 록 제1-1599호
T E L (02) 765-7145 / **FAX** (02) 765-7165
E-mail dongin60@chol.com
I S B N 978-89-5506-552-7
정 가 40,000원

※ 잘못 만들어진 책은 바꿔 드립니다.

필진

- 권승혁　　　서울여자대학교 교수
- 김구슬　　　협성대학교 교수
- 김병옥　　　인하대학교 명예교수
- 김성현　　　서울과학기술대학교 강사
- 김양순　　　고려대학교 교수
- 김희성　　　서울여자대학교 교수
- 노저용　　　전 영남대학교 교수
- 배순정　　　강원대학교 강사
- 서광원　　　백석대학교 강사
- 양병현　　　상지대학교 교수
- 이만식　　　가천대학교 교수
- 이정호　　　전 서울대학교 교수
- 이창배　　　전 동국대학교 명예교수
- 이홍섭　　　인제대학교 교수
- 존 지로스 쿠퍼　브리티시 콜롬비아 대학교 명예교수
- 줄리안 홀　　서강대학교 대우교수
- 최영승　　　동아대학교 교수
- 한현숙　　　중앙대학교 강사

발간위원장 : 노저용(전 영남대)
발간위원　 : 김양순(고려대), 김성현(과기대), 김재화(성공회대),
　　　　　　　배순정(연세대), 양병현(상지대), 양재용(강원대),
　　　　　　　이만식(가천대), 이철희(동양대), 조병화(거제대)